배우는

Visual C++ 2022
MFC 윈도우
프로그래밍

정일홍 지음

생능출판

저자 소개

정일홍

애리조나 주립대학교 컴퓨터공학과 공학 박사

현재) 대전대학교 컴퓨터공학과 교수

단계별로 쉽게 배우는
Visual C++ 2022 MFC 윈도우 프로그래밍

초판발행 2023년 1월 30일

제1판2쇄 2024년 2월 7일

지은이 정일홍

펴낸이 김승기

펴낸곳 (주)생능출판사 / **주소** 경기도 파주시 광인사길 143

출판사 등록일 2005년 1월 21일 / **신고번호** 제406-2005-000002호

대표전화 (031)955-0761 / **팩스** (031)955-0768

홈페이지 www.booksr.co.kr

책임편집 신성민 / **편집** 이종무, 최동진 / **디자인** 유준범, 노유안

마케팅 최복락, 김민수, 심수경, 차종필, 백수정, 송성환, 최태웅, 명하나, 김민정

인쇄 · 제본 (주)상지사P&B

ISBN 978-89-7050-658-6 93000

정가 39,000원

머리말

Microsoft에서 Visual C++이 나온 지 어느덧 30년이 지났습니다. 저자가 2001년부터 Visual C++ 관련 책을 출판한 이후 많은 대학에서 교재로 사용해 주시면서 교수님과 독자들의 여러 가지 피드백을 받았습니다. 올해 Visual Studio 2022가 나왔고 Community 버전을 통해 개인 사용자가 Visual Studio 2022 프로그램을 무료로 이용할 수 있습니다. 그러나 아직 사용할 만한 참고 서적이나 대학 교재가 출간되지 않았습니다. 많은 독자가 원하는 것은 좋은 서적을 통해 단기간 내에 쉽게 MFC 윈도우 프로그래밍을 마스터하는 것이라 생각하고 본 저서를 집필하게 되었습니다.

본 저서의 저자가 대학 강단에서 학생들에게 MFC 윈도우 프로그래밍을 20년 이상 지도하면서 느낀 점은 MFC를 이용하여 윈도우 프로그램을 작성하는 방법을 강의할 때 기초에서 고급기술에 이르기까지 전반적인 내용을 상세하고 알기 쉽게 설명한 체계적인 참고 서적이나 교재가 부족하다는 것이었습니다. 기존의 Visual C++ 책들은 방대한 MFC의 내용을 설명하거나, 많은 실습 예제들을 수록하였으나, 실습 예제를 작성하는 방법에 대해 단계별로 자세히 설명하지 않아서 처음 Visual C++를 접하는 대부분 독자가 매우 고생하면서 책과 씨름하는 것을 보았습니다. 이 책은 처음으로 Visual C++을 접하는 대학 초년생, 그리고 몇 번 Visual C++ 책과 씨름하였으나 아직도 윈도우 프로그램을 작성하는 데 어려움이 있는 독자들을 위해 실습을 중심으로 단계별로 따라 하면서 자연스럽게 MFC 윈도우 프로그래밍을 배울 수 있는 가장 쉽고 체계적인 Visual C++ 2022 입문서가 될 수 있도록 집필하였습니다. 이 책을 통해 빨리 윈도우 프로그램을 제작하는 방법을 익히고 많은 시간은 프로그램의 기본 능력을 배양하는 데 시간을 할애하시기 바랍니다.

기존의 Visual C++ 입문서와의 차별화된 특징을 소개하면 다음과 같습니다.

① 이 책은 기본적인 C 또는 C++의 문법적 내용은 수록하지 않았습니다. 대신 Visual C++ 2022를 사용하여 윈도우 프로그래밍을 하는 방법을 알기 쉽게 수록하고 있습니다. 따라서 이 책을 보기 위해서는 C/C++의 기본적인 지식이 필요합니다.

② 컴퓨터의 조작 시 표시되는 실제 화면을 그대로 수록하고 장문의 설명을 탈피하여 아주 일반적인 컴퓨터 조작 능력만 있으면 실습 예제를 단계별로 따라가면서 다양한 실습을 직접 구현해 보고 그 결과를 완전히 자기 것으로 만든 후에 다음 단계로 진행되도록 구성되어 있습니다.

③ Visual C++ 2022를 사용하여 프로젝트를 작성하는데 장문의 설명 중심의 나열식이 아닌 문제 해결 중심의 실습 위주로 다양하고 필요한 내용만을 선택하여 쉽게 구성하였습니다. 이러한 간단한 설명과 실습 방법이 독특하고 실용적이기에 C 또는 C++ 언어를 배우고 처음으로 Visual C++ 2022를 이용하여 윈도우 애플리케이션을 만드는 방법을 익히기 위한 독자들에게는 최고의 입문서가 될 것입니다.

④ 대학에서 이 책을 교재로 하여 한 학기 강의할 때 중간고사와 기말고사를 제외한 13주에 한 단원씩 완성할 수 있도록 구성되어 있으며 각 단원 마지막 부분에는 연습 문제를 두어 본인 스스로 실습과제를 통해 배운 내용을 다시 한번 확인할 수 있는 기회를 제공하였습니다.

이 책이 완성되기까지 많은 수고를 해준 대전대학교 컴퓨터공학과 컴퓨터 그래픽스 연구실 연구원들에게 고마움을 표합니다. 또한, 이 책의 출판을 위하여 적극적으로 후원하여 주신 생능출판사 김승기 사장님과 직원 여러분께 심심한 감사를 드립니다.

2022년 12월
용수골에서 저자 씀

Visual Studio 2022의 새로운 기능

1. 성능 향상

Visual Studio 2022는 단연 최고의 Visual Studio입니다. Microsoft는 Visual Studio 2022가 64bit 버전이며, 이에 따라 기본 실행 프로세스(devenv.exe)는 더 이상 최대 4GB 메모리로 제한되지 않을 것이라고 밝혔습니다. 64bit로의 전환은 구성요소 메모리 사용량을 줄이고, 32bit 설계를 최적화할 수 있다고 합니다. 코드 입력 및 분기 전환과 같이 매일 수행하는 작업이 더욱 유연하게 반응합니다. Visual Studio 2022는 더 빠르고 더 접근성이 좋고 더 경량이며, 산업 규모 솔루션을 구축하는 개발자와 학습자 모두를 위해 설계되었습니다.

① Windows의 Visual Studio 2022는 이제 64비트 응용 프로그램입니다. 즉, 메모리 부족 없이 가장 크고 복잡한 솔루션도 열고, 편집하고, 실행하고, 디버그할 수 있습니다
② 새로운 색인 검색을 통해 파일에서 찾기가 훨씬 빨라졌습니다. 이제 오차드 코어와 같은 대형 솔루션을 검색할 때 3배 더 빠릅니다.

2. 더 빠르게 앱 개발

Visual Studio 2022를 사용하면 Azure를 사용하여 최신 클라우드 기반 애플리케이션을 빠르고 쉽게 빌드할 수 있습니다. 또한 Visual Studio 2022는 .NET 6과 Windows 및 Mac 개발자 모두를 위한 웹, 클라이언트 및 모바일 앱을 위한 통합 프레임워크를 완벽하게 지원합니다. 또한 Visual Studio 2022에는 새로운 생산성 기능, C++ 20 도구 및 IntelliSense를 통해 C++ 워크로드에 대한 강력한 지원이 포함되어 있습니다.

① Visual Studio 2022에는 C++ 20 지원을 포함하는 더 나은 플랫폼 간 앱 개발 도구와 최신 버전의 C++ 빌드 도구가 포함되어 있습니다. 또한 애플리케이션이 실행되는 동안 C++ 또는 .NET 프로젝트를 편집할 수 있도록 Hot Reload가 업데이트되고 있습니다. 새로운 C++ 20 언어 기능은 대규모 코드베이스 관리를 간소화하고 업그레이드된 진단을 통해 템플릿과 콘셉트를 사용하여 어려운 문제를 쉽게 디버깅할 수 있습니다.

② Visual Studio 2022에는 Blazor 및 Razor 편집기를 위한 대규모 업데이트와 파일을 저장할 때 또는 CSS 파일에 변경 내용을 라이브로 적용할 때 Hot Reload를 포함하여 ASP.NET Core의 Hot Reload를 위한 새로운 기능이 포함되어 있습니다.

3. IntelliCode 개선

AI 기반 코딩 컴패니언 IntelliCode는 코드 컨텍스트(변수 이름, 함수, 작성 중인 코드 유형)를 이해하는 강력한 자동 코드 완성 도구 세트로 일상적인 워크플로우에 더욱더 심층적으로 통합돼 적절한 곳에서 적시에 적절한 조처를 할 수 있도록 지원합니다.

① Visual Studio 2022에서 IntelliCode 기능은 이제 한 번에 전체 줄까지 코드를 자동으로 완성할 수 있으므로 더 정확하고 자신 있게 코딩할 수 있습니다.
② Visual Studio 2022의 새로운 기능인 IntelliCode는 이제 일반적인 작업을 수행할 때 이를 파악하고 올바른 빠른 작업을 권장하여 입력할 때 바로 완료할 수 있습니다.
③ IntelliCode 제안은 이제 더 나은 맞춤형 반복 편집 제안을 제공하고 한 번에 여러 제안을 검토하고 적용할 수 있는 기능을 추가합니다.

4. 모든 사용자를 위해 디자인

Visual Studio 2022는 업데이트된 아이콘, 새로운 어두운 테마 및 집중 모드를 통해 모든 개발자를 위한 탁월한 경험에 대한 광범위한 노력을 반영합니다. 또한 레이아웃, 글꼴, 테마, 아이콘, 메뉴, 사용자 지정 알림 및 업데이트 일정을 포함하여 작업 영역의 미세 조정을 더욱 세밀하게 제어할 수 있습니다.

① 개발자의 작업 흐름을 유지하기 위해 사용자 인터페이스(UI)가 새로워지고 있습니다. 이를테면 선명도, 대비, 가독성을 높이기 위해 아이콘이 업데이트됐고 고정폭 글꼴인 카스카디아코드(Cascadia Code)가 적용됐습니다
② 제품 테마도 새롭게 개선됐습니다. 접근성 인사이트(Accessibility Insights)와 통합해 접근성 문제를 조기에 감지하기도 합니다. 전반적으로 복잡성과 인지부하를 줄이는 것을 목표로 한다고 합니다.

이 책의 구성과 강의 계획안

1. 이 책의 구성

요즘 대부분 대학이 한 학기에 15주 강의를 하고 있습니다. 따라서 이 책을 교재로 하여 한 학기 강의할 때 중간고사와 기말고사를 제외한 13주에 한 단원씩 공부할 수 있도록 구성되어 있습니다. 각 단원마다 개념 설명 이후에 장문의 설명 중심이 아닌 문제 해결 중심의 실습 위주로 다양하고 필요한 내용만 쉽게 구성하여 이해력을 높이고 실제 화면과 코드를 일일이 보여주기 때문에 쉽게 따라 할 수 있게 하였습니다. 실습에서 사용되는 MFC 클래스의 멤버 함수에 대해 원형 및 기능에 대해 자세히 설명되어 있고 단원 마지막 부분에 연습 문제를 두어 본인 스스로 본문에서 익힌 내용을 다시 한번 확인하고 응용력을 키울 수 있는 기회를 제공하였습니다.

2. 강의 계획안

주	해당 장	주제
1	1장	윈도우 프로그래밍의 이해
2	2장	MFC 개요 및 아키텍처
3	3장	메시지 처리
4	4장	대화상자
5	5장	도큐먼트 파일 입출력 및 템플릿
6	6장	사용자 인터페이스
7	7장	그래픽 객체의 사용
8		중간 고사
9	8장	컨트롤 및 리소스 Ⅰ
10	9장	컨트롤 및 리소스 Ⅱ
11	10장	고급 컨트롤 및 리본
12	11장	다양한 뷰 클래스 및 분할 윈도우
13	12장	동적 연결 라이브러리
14	13장	네트워크 프로그래밍
15		기말 고사

CONTENTS

차례

머리말	3
Visual Studio 2022의 새로운 기능	5
이 책의 구성과 강의 계획안	7

CHAPTER 01 윈도우 프로그래밍의 이해

1.1 윈도우 프로그래밍의 개념	14
1.2 Win32 SDK 윈도우 프로그램의 기본구조	16
실습 1-1 간단한 Win32 SDK 윈도우 프로그램 만들기	18
1.3 간단한 윈도우 애플리케이션의 분석	28
1.4 윈도우 프로그램의 기본 형식	36
■ 연습문제	44

CHAPTER 02 MFC 개요 및 아키텍처

2.1 MFC의 개요	50
2.2 MFC 프로그램의 구조	51
2.3 Visual C++의 시작	53
실습 2-1 MFC 애플리케이션 마법사 익히기	54
2.4 MFC 애플리케이션 아키텍처	70
실습 2-2 간단한 MFC 프로젝트 만들기	73
■ 연습문제	108

CHAPTER 03 메시지 처리

3.1 메시지 처리의 기본 개념	112
3.2 메시지 박스(Message Box)	115
실습 3-1 메시지 박스 생성하기	117
3.3 마우스 메시지(Mouse Message)	126
실습 3-2 디지털시계 만들기	128
3.4 키보드 메시지(Keyboard Message)	147

실습 3-3 문자를 입력하고 이동시키기   149
■ 연습문제   171

CHAPTER 04 대화상자

4.1 CDialogEx 클래스   179
4.2 대화상자 기반의 프로그램   179
4.3 MFC 기본 컨트롤   181
실습 4-1 MFC의 기본 컨트롤(Control) 사용법 익히기   182
4.4 모달(Modal) 대화상자와 모덜리스(Modeless) 대화상자   224
4.5 공용 대화상자   226
실습 4-2 단위 변환 프로그램 만들기   230
■ 연습문제   265

CHAPTER 05 도큐먼트 파일 입출력 및 템플릿

5.1 도큐먼트   272
5.2 파일 입출력   275
실습 5-1 학생 카드 작성하기   275
5.3 SDI 템플릿   302
5.4 MDI 템플릿   304
실습 5-2 MDI 기반의 문자열 출력하기   307
■ 연습문제   323

CHAPTER 06 사용자 인터페이스

6.1 메뉴(Menu)   330
실습 6-1 간단한 메뉴와 단축키 만들기   336
6.2 툴바(Toolbar)   363
실습 6-2 간단한 툴바 만들기   364
6.3 상태 표시줄(Status Bar)   371
실습 6-3 상태 표시줄에 팬을 만들고 문자열을 출력하기   372
6.4 도킹 팬(Docking Pane) 윈도우   383
실습 6-4 개인정보 출력 도킹 팬 만들기   383
■ 연습문제   420

CONTENTS

CHAPTER 07 그래픽 객체의 사용

7.1 GDI와 DC의 개념 428

7.2 GDI 객체 431

실습 7-1 직선, 곡선, 도형 그리기 443

7.3 GDI+의 개념 464

실습 7-2 그림판 만들기 474

■ 연습문제 507

CHAPTER 08 컨트롤 및 리소스 Ⅰ

8.1 리스트 컨트롤(List Control) 516

실습 8-1 대화상자에 List Control 사용하기 518

8.2 트리 컨트롤(Tree Control) 549

실습 8-2 대화상자에서 Tree Control 사용하기 550

■ 연습문제 574

CHAPTER 09 컨트롤 및 리소스 Ⅱ

9.1 탭 컨트롤(Tab Control) 584

9.2 슬라이더 컨트롤(Slider Control) 585

실습 9-1 도형의 종류와 색상을 대화상자에 출력하기 586

9.3 스핀 컨트롤(Spin Control) 631

9.4 프로그레스 바 컨트롤(Progress Bar Control) 633

9.5 IP 주소 컨트롤(IP Address Control) 633

9.6 네트워크 주소 컨트롤(Network Address Control) 634

9.7 날짜/시간 선택 컨트롤(Date Time Picker) 635

9.8 애니메이션 컨트롤(Animation Control) 636

실습 9-2 각종 컨트롤을 이용한 데이터 전송 Simulator 작성하기 636

■ 연습문제 654

CHAPTER 10 고급 컨트롤 및 리본

10.1 MFC Feature 컨트롤(MFC Feature Controls) 660

실습 10-1 간단한 명함 제작 프로그램 만들기 664

10.2 리본(Ribbon)   694

실습 10-2 리본 메뉴 및 각종 리본 컨트롤 사용하기   698

■ 연습문제   734

CHAPTER 11 다양한 뷰 클래스 및 분할 윈도우

11.1 다양한 뷰 클래스   742

실습 11-1 Form View를 이용하여 문자 출력하기   746

11.2 분할 윈도우   770

실습 11-2 정적 분할 윈도우를 이용한 트리를 생성하는 프로그램 만들기   774

11.3 다중 뷰   795

실습 11-3 다중 뷰 만들기   795

■ 연습문제   812

CHAPTER 12 동적 연결 라이브러리 DLL

12.1 DLL의 링크   820

12.2 DLL의 종류   822

실습 12-1 Implicit 링킹을 통한 정규 DLL 달력 만들기   824

실습 12-2 Explicit 링킹을 통한 정규 DLL 달력 만들기   844

실습 12-3 확장 DLL을 통한 비만도 계산 프로그램 만들기   847

■ 연습문제   874

CHAPTER 13 네트워크 프로그래밍

13.1 네트워크 프로그램의 개요   882

실습 13-1 채팅 프로그램 제작하기   883

■ 연습문제   919

부록 Visual C++ 2022 설치   924

찾아보기   929

윈도우 프로그래밍의 이해

contents

1.1 윈도우 프로그래밍의 개념

1.2 Win32 SDK 윈도우 프로그램의 기본구조

1.3 간단한 윈도우 애플리케이션의 분석

1.4 윈도우 프로그램의 기본 형식

01 윈도우 프로그래밍의 이해

이 장에서는 윈도우 프로그래밍의 기본 개념과 Win32 SDK를 이용하여 윈도우 프로그램을 작성하는 방법에 관해 설명한다. 그리고 윈도우 프로그램의 기본 형식에 대해 자세히 알아본다. Win32 SDK를 이용한 윈도우 프로그램의 기본구조를 이해하면 MFC를 사용하여 윈도우 프로그램을 작성하는 데 많은 도움이 될 것이다.

1.1 윈도우 프로그래밍의 개념

우리가 처음 프로그래밍 언어(C 또는 C++)를 배울 때 주로 MS-DOS나 UNIX 환경에서 배우게 된다. 그 이유는 프로그래밍 언어(C 또는 C++) 그 자체에 전념할 수 있기 때문이다. 이런 환경에서 프로그래밍하다가 처음 윈도우 같은 그래픽 사용자 인터페이스 환경에서 프로그래밍하려고 하면 매우 어려움을 겪게 된다. 프로그래밍하는 방법이 전혀 다르기 때문이다. DOS 환경에서는 프로그래밍의 수행 절차가 프로그래머가 구현한 순서대로 실행되는 반면 윈도우 환경에서의 프로그래밍은 사용자가 발생시키는 이벤트에 의한 메시지를 처리하는 방식으로 실행된다. 이러한 윈도우 환경에서의 프로그래밍을 메시지 기반(message driven) 또는 이벤트 기반(event driven) 프로그래밍이라고 한다.

윈도우 시스템의 모든 애플리케이션은 메시지(또는 이벤트)를 기반으로 구동된다. 메시지 기반 프로그래밍은 예를 들어 사용자가 왼쪽 마우스 버튼을 눌렀을 경우 왼쪽 마우스 버튼을 눌렀다는 이벤트에 대해 윈도우 시스템은 해당 애플리케이션에 "왼쪽 마우스 버튼이 눌렸다(WM_LBUTTONDOWN)"라는 메시지를 보낸다. 이 메시지를 받은 애플리케이션에서는 이런 특정 메시지에 대해 어떠한 일을 수행할 것인가에 대한 처리 루틴을 만들어 주어야 한다. 다시 말해 윈도우 프로그래밍은 애플리케이션에서 사용자가 발생시키는 메시지에 대한 처리 루틴을 만들어 주는 것이 프로그래밍하는 것이라고 말할 수 있다.

여기서 꼭 알아야 하는 것은 운영체제인 윈도우가 애플리케이션으로 메시지를 보낸다는 점이다. 우리가 작성한 애플리케이션이 윈도우 시스템에 메시지를 보내는 것이 아니라는 점을 기억하기 바란다. 그 뜻은 애플리케이션 내의 어떤 함수를 윈도우 시스템이 호출한다는 것이며, 이 함수의 인자는 특정 메시지를 의미하는 것으로 각자의 애플리케이션에 있는 이 함수는 윈도우 프로시저라 한다. 결론적으로 메시지가 발생하면 윈도우 시스템이 메시지에 해당하는 애플리케이션의 윈도우 프로시저를 호출한다는 것이다. [그림 1-1]은 윈도우 애플리케이션의 메시지 처리 과정을 도식화한 것이다.

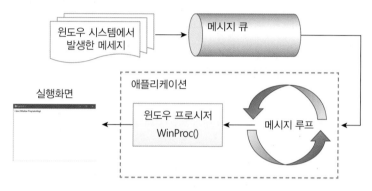

[그림 1-1] 윈도우 애플리케이션의 메시지 처리 개념

윈도우 프로그래밍을 작성하는 방법은 크게 두 가지로 나눌 수 있다. 첫 번째는 Win32 SDK를 이용하는 방법이다. Win32 SDK(Software Development Kit)는 윈도우에서 애플리케이션 프로그램을 개발할 때 필요한 C언어용 표준 라이브러리이다. 두 번째는 MFC를 이용하는 방법이다. MFC(Microsoft Foundation Class)는 윈도우에서 애플리케이션 프로그램을 개발할 때 필요한 C++로 작성된 클래스 라이브러리이다. 앞으로 여러분들이 이 책을 통해 배워야 할 내용이 바로 이 MFC에 관한 내용이다.

첫 번째 방법인 Win32 SDK를 사용하여 윈도우 프로그래밍하는 경우에는 윈도우 클래스를 만들어 등록하고, 프레임 윈도우를 생성하여 그 윈도우를 화면에 보여주고 메시지를 처리하는 모든 부분을 프로그래머가 코딩을 해주어야 한다. 그러나 두 번째 방법인 MFC는 매우 구조적으로 만들어져 있어 이런 대부분 윈도우를 만들 때 필요한 코드를 자동으로 생성해 주어서 프로그래머가 윈도우 프로그램을 쉽게 작성할 수 있도록 해준다. 그러나 쉽게 윈도우 프로그램을 작성할 수 있는 반면 윈도우 클래스를 만들어 등록하고, 프레임 윈도우를 생성하여 그 윈도우를 화면에 보여주고, 메시지를 처리하는 모든 부분이 프레임워크(framework) 안에 숨겨져 있기 때문에 윈도우 프로그래밍을 이해하는 데 어려움이 있다. 그래서 Win32 SDK를 이용하여 작성한 윈도우 프로그램의 기본구조를 이해하면 MFC를 사용하여 윈도우 프로그래밍을 작성하는 데 많은 도움이 될 것이다.

1.2 Win32 SDK 윈도우 프로그램의 기본구조

여기서는 Win32 SDK를 이용하여 윈도우 프로그램을 작성하였을 때 윈도우 프로그램의 기본구조에 관해 설명하겠다. 윈도우 프로그램은 크게 초기화하는 부분과 메시지를 처리하는 부분으로 나눌 수 있다. 실제 프로그램에서 초기화 부분은 WinMain() 함수에서 담당하고 메시지를 처리하는 부분은 WndProc() 함수에서 담당한다. C/C++에서 프로그램이 main() 함수에서 시작해서 main() 함수가 끝나면 프로그램이 종료되듯이 윈도우 프로그램에서도 WinMain() 함수에서 시작해서 WinMain() 함수가 끝나면 프로그램이 종료된다.

초기화 부분을 담당하는 WinMain() 함수는 먼저 윈도우 클래스를 만들어 등록하고, 그다음 프레임 윈도우를 생성하여 화면에 표시한다. 여기에서 말한 클래스는 C++에서 배운 클래스의 개념이 아니고 윈도우의 종류를 나타내는 것으로 단지 윈도우의 특징 등을 정의하고 등록한 후 윈도우를 생성한다고 생각하면 된다. 마지막으로 메시지 큐로부터 메시지를 받아와 메시지를 해당 윈도우 프로시저로 보낸다. 윈도우 프로시저에서는 윈도우 시스템에서 들어온 메시지를 처리한다. 이러한 루틴은 매우 전형적인 것으로 한 번 이해한 후 거의 모든 애플리케이션에 똑같이 적용하여 사용하면 된다. 다음은 WinMain() 함수의 원형과 초기화 내용이다.

```
int WINAPI WinMain(HINSTANCE hInstance, HINSTANCE hPrevInstance,
          LPTSTR lpszCmdLine, int nCmdShow)
{
    윈도우 클래스 생성
    윈도우 클래스 등록
    프레임 윈도우 생성
    프레임 윈도우 화면에 표시
    메시지 큐로부터 메시지를 받아 해당 프로시저로 보냄
}
```

WinMain() 함수의 주요 매개변수에 대해 살펴보면 WINAPI 형은 윈도우 애플리케이션이라는 의미이고 첫 번째 매개변수인 hInstance은 애플리케이션 프로그램의 ID이다. 애플리케이션이 구동되면 윈도우 시스템에서 애플리케이션에 ID를 부여한다. hPrevInstance 매개변수는 같은 프로그램이 이전에 구동되었을 때 설정되는 인스턴스의 핸들인데 사실, 이 값은 항상 NULL이다. 프로그램의 중복실행을 방지하기 위해 만든 것이지만 윈도우 95 이후부터는 사용하지 않는다. lpszCmdLine은 프로그램을 구동할 때 같이 들어오는 매개변수로 실행 파일의 경로 등을 나타내는 문자열 포인터이다. nCmdShow는 윈도우가 처음 화면에 표시될 때 최대화, 최소화 또는 정상 상태로 보여줄 것인지를 결정해주는 매개변수이다.

메시지를 처리하는 부분을 담당하는 WndProc() 함수는 윈도우 시스템에서 들어온 메시지를 switch 문을 이용하여 처리하는 루틴이다. 함수 이름에 Proc가 붙으면 주로 메시지를 처리하는 함수로 윈도우 클래스마다 필요하다. 다음은 WndProc() 함수의 원형과 메시지 처리 형태를 보여주고 있다.

```
LRESULT CALLBACK WndProc(HWND hwnd, UINT message, WPARAM wParam, LPARAM lParam)
{
    switch(message)
    {
        해당 메시지에 대한 처리
    }
}
```

LRESULT는 결괏값을 저장하는 32bit 자료형이다. CALLBACK 함수는 뒤에서 어떤 메시지에 의해 감추어진 형태로 구동되는 함수라는 의미로 역으로 호출받는 함수이다. WndProc() 함수는 WinMain() 함수에서 직접 호출하는 코드는 없다. WndProc() 함수는 CALLBACK 함수이므로 WinMain() 함수의 while 메시지 루프에 의하여 뒤에서 감추어진 상태로 구동된다. 실제로 WndProc() 함수를 호출하는 함수는 메인 메시지 루프의 DispatchMessage() 함수이다.

WndProc() 함수의 매개변수를 살펴보면 첫 번째 매개변수 hwnd는 윈도우의 핸들이고, 두 번째 매개변수 message는 WinMain() 함수에서 보내주는 메시지이다. wParam와 lParam는 메시지와 함께 필요한 정보가 들어오는 매개변수이다.

실제로 Win32 SDK를 이용하여 간단한 프로그램을 만들어 보자.

실습 1-1 **간단한 Win32 SDK 윈도우 프로그램 만들기**

이 실습은 화면에 윈도우를 생성하고 윈도우에 "I love Window Programming!"이라는 텍스트를 출력하고 키보드와 마우스 이벤트에 대한 메시지를 출력하는 Win32 SDK 기반의 프로그램을 작성하는 것이다. 이 실습을 통해 Win32 SDK를 이용한 윈도우 프로그램이 어떻게 만들어지고 어떻게 작동되는지를 공부하게 될 것이다. Win32 SDK를 이용한 윈도우 프로그램을 완전히 이해하면 앞으로 배우게 될 MFC를 사용한 윈도우 프로그램을 작성하는 데 많은 도움이 될 것이다.

Step 1 Win32 SDK 프로젝트를 만든다.

① Visual C++ 2022를 실행시켜서 시작 화면에서 [새 프로젝트 만들기]를 선택한다.

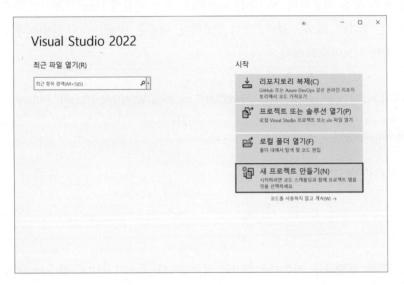

② [새 프로젝트 만들기]를 선택하면 다음과 같은 컨트롤 시트가 나온다. 프로젝트 템플릿에서 [Window 데스크톱 마법사] 템플릿을 선택하고 다음(N) 버튼을 누른다.

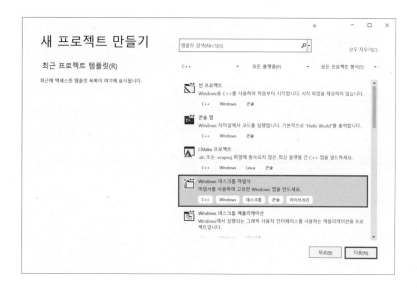

③ [새 프로젝트 구성] 컨트롤 시트가 나오면 [프로젝트 이름] 항목에 프로젝트 이름을
"Practice1a"이라 입력한다. 그러면 [위치]에 default로 현재 [문서]-[source]-[repos]
폴더에 Practice1a라는 폴더가 만들어진다. 다른 곳에 폴더를 만들기를 원하면 [위치]
옆의 찾아보기 버튼(...)을 눌러 원하는 디렉터리로 변경하면 된다. [솔루션 및 프로젝
트를 같은 디렉터리에 배치] 항목은 default로 체크 표시가 되어 있는데 이 의미는 솔
루션용 디렉터리를 만들지 않아 프로젝트를 단순하게 만들 수 있다는 것이다. 솔루션에
여러 개의 프로젝트를 추가하고자 한다면 체크 표시를 해제한 후 새로운 프로젝트를
생성하면 된다. 여기서는 간단하게 프로젝트를 생성하기 위하여 [솔루션 및 프로젝트를
같은 디렉터리에 배치] 항목이 체크 표시가 되도록 default 값을 그대로 두고 만들기(C)
버튼을 누른다.

④ <u>만들기(C)</u> 버튼을 누르면 다음과 같은 대화상자가 나온다. [애플리케이션 종류] 콤보 박스에 [데스크톱 애플리케이션(.exe)] 항목을 선택한다. Win32 SDK를 이용하여 윈도우 프로그램을 작성하기 위해서는 반드시 이 항목을 선택해 주어야 한다. 만약 이 항목을 선택하지 않으면 프로그램이 제대로 작동되지 않는다. [추가 옵션]에서 [빈 프로젝트]를 반드시 체크하고 <u>확인</u> 버튼을 누르면 프로젝트가 만들어진다.

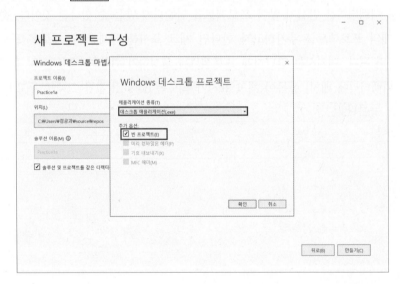

Step 2   프로젝트에 소스 파일을 삽입한다.

① 프로젝트가 생성되면 [솔루션 탐색기]의 [소스 파일]을 오른쪽 마우스를 눌러 나오는 메뉴에서 [추가]-[새 항목]을 선택한다.

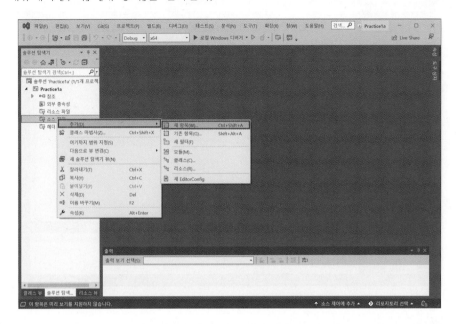

② [추가]-[새 항목]을 선택하면 다음과 같은 컨트롤 시트가 나오는데 왼쪽 창에서 [코드]를 선택한 후 오른쪽 창에서 [C++ 파일(.cpp)] 항목을 선택한다. 그리고 하단 부에 [이름] 항목에 파일 이름을 "Practice1a"라 입력한다. cpp 확장자는 입력하지 않아도 자동으로 삽입된다.

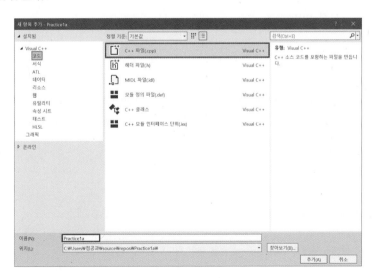

③ 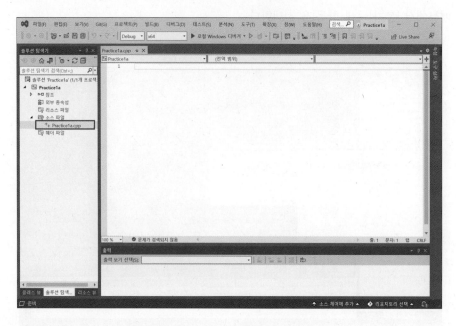 추가(A) 버튼을 누르면 Practice1a.cpp라는 파일이 프로젝트에 삽입된다. 다음과 같이 Practice1a.cpp 파일이 생성되어 있는지 확인해보자.

Step 3 Practice1a.cpp 파일에 다음의 소스 코드를 입력한다.

① 화면에 윈도우를 출력하고 그 윈도우에 "I love Window Programming!이라는 문자열을 출력한다. 그리고 키보드를 눌렀을 때 "키보드가 눌러졌습니다."라는 문자열을 출력하고 키보드가 떼어졌을 때 "키보드가 떼어졌습니다."라는 문자열을 출력한다. 왼쪽 마우스를 더블 클릭할 때 "마우스 더블 클릭!"이란 문자열을 가진 메시지 상자를 출력하는 소스 코드를 입력한다.

```
#include <windows.h>

LRESULT CALLBACK WndProc(HWND hwnd, UINT message, WPARAM wParam, LPARAM lParam);
int WINAPI WinMain(HINSTANCE hInstance, HINSTANCE hPrevInstance, LPTSTR lpszCmdLine,
                int nCmdShow)
{
    HWND            hwnd;               // 윈도우 핸들
    MSG             msg;                // 메시지 구조체
    WNDCLASSEX      WndClass;           // 윈도우 클래스 구조체

    // ① 윈도우 클래스 구조체 WndClass에 값을 채워 윈도우 클래스를 등록한다.
```

```
WndClass.cbSize           = sizeof(WNDCLASSEX);                          // 구조체 크기
WndClass.style            = CS_HREDRAW | CS_VREDRAW | CS_DBLCLKS;        // 클래스 스타일
WndClass.lpfnWndProc      = WndProc;                                     // 윈도우 프로시저
WndClass.cbClsExtra       = 0;                                          // 윈도우클래스 데이터영역
WndClass.cbWndExtra       = 0;                                          // 윈도우의 데이터영역
WndClass.hInstance        = hInstance;                                   // 인스턴스 핸들
WndClass.hIcon            = LoadIcon(NULL, IDI_APPLICATION);            // 아이콘 핸들
WndClass.hCursor          = LoadCursor(NULL, IDC_ARROW);               // 커서 핸들
WndClass.hbrBackground    = (HBRUSH)GetStockObject(WHITE_BRUSH);        // 배경 브러시 핸들
WndClass.lpszMenuName     = NULL;                                       // 메뉴 이름
WndClass.lpszClassName    = "EasyText";                                 // 윈도우 클래스 이름
WndClass.hIconSm          = 0;                                          // 기본적인 작은 아이콘

// 윈도우 클래스를 등록한다.
RegisterClassEx(&WndClass);

// ② 프레임 윈도우를 생성한다.
hwnd = CreateWindow(                    // 윈도우 생성 API  함수
        "EasyText",                     // 등록된 윈도우 클래스 이름
        "Practice1a",                   // 타이틀 바에 출력될 문자열
        WS_OVERLAPPEDWINDOW,            // 윈도우 스타일
        CW_USEDEFAULT,                  // 윈도우 좌측 상단의 x 좌표
        CW_USEDEFAULT,                  // 윈도우 좌측 상단의 y 좌표
        CW_USEDEFAULT,                  // 윈도우의 너비
        CW_USEDEFAULT,                  // 윈도우의 높이
        NULL,                           // 부모 윈도우의 핸들
        NULL,                           // 메뉴 또는 자식 윈도우의 핸들
        hInstance,                      // 애플리케이션 인스턴스 핸들
        NULL                            // 윈도우 생성 데이터의 주소
        );

// 프레임 윈도우를 화면에 표시한다.
ShowWindow(hwnd, nCmdShow);
UpdateWindow(hwnd);

// ③ 메시지 큐로부터 메시지를 받아와 메시지를 해당 윈도우 프로시저로 보낸다.
while(GetMessage(&msg, NULL, 0, 0))
{
   TranslateMessage(&msg);          // 메시지를 번역한다.
```

```
        DispatchMessage(&msg);          // 메시지를 해당 윈도우 프로시저로 보낸다.
    }
    return msg.wParam;
}

LRESULT CALLBACK WndProc(HWND hwnd, UINT message, WPARAM wParam, LPARAM lParam)
{
    HDC hdc;                                             // 디바이스 컨텍스트
    RECT rect;                                           // RECT 구조체
    PAINTSTRUCT ps;                                      // 페인트 구조체
    LPCSTR szMsg1 = "I love Window Programming!";        // 윈도우에 출력될 문자열
    LPCSTR szMsg2 = "키보드가 눌러졌습니다.";               // 키보드를 눌렀을 때 출력될 문자열
    LPCSTR szMsg3 = "키보드가 떼어졌습니다.";               // 키보드를 떼었을 때 출력될 문자열

    // ① 커널에서 들어온 메시지를 switch 문을 이용하여 처리
    switch(message)
    {
      case WM_CREATE :                                   // 윈도우 생성 메시지가 온 경우
          break;
      case WM_PAINT :                                    // 화면에 출력 메시지가 온 경우
          hdc = BeginPaint(hwnd, &ps);
          TextOut(hdc, 10, 10, szMsg1, strlen(szMsg1));  // 윈도우에 문자열을 출력
          EndPaint(hwnd, &ps);
          break;
      case WM_KEYDOWN :                                  // 키보드의 키가 눌린 경우
          hdc = GetDC(hwnd);
          GetClientRect(hwnd, &rect);
          DrawText(hdc, szMsg2, strlen(szMsg2), &rect, DT_SINGLELINE | DT_CENTER | DT_VCENTER);
          ReleaseDC(hwnd, hdc);
          break;
      case WM_KEYUP :                                    // 키보드의 키가 떼어진 경우
          hdc = GetDC(hwnd);
          GetClientRect(hwnd, &rect);
          DrawText(hdc, szMsg3, strlen(szMsg3), &rect, DT_SINGLELINE | DT_CENTER | DT_VCENTER);
          ReleaseDC(hwnd, hdc);
          break;
      case WM_LBUTTONDBLCLK:                             // 왼쪽 마우스를 더블 클릭한 경우
          MessageBox(hwnd, "마우스 더블 클릭!", "마우스 메시지", MB_OK | MB_ICONASTERISK);
          break;
```

```
    case WM_DESTROY :                              // 프로그램 종료 메시지가 온 경우
        PostQuitMessage(0);
        break;
    default :                                      // 그 외의 메시지가 온 경우
        return DefWindowProc(hwnd, message, wParam, lParam);
    }
    return 0;
}
```

Step 4 프로젝트의 문자 인코딩 속성을 변경한다.

① Visual Studio에서는 문자 인코딩을 설정할 수 있는데 문자 인코딩은 유니코드와 멀티바이트로 나누이고 디폴트로 유니코드 형식으로 설정되어 있다. 전통적인 문자 표기 방식은 멀티바이트 형식으로 인코딩 형식을 변경하지 않고 빌드를 하면 문자 인코딩에 관한 에러 메시지가 발생한다. 문자 인코딩을 변경하기 위해 [프로젝트] 메뉴에서 [Practice1a 속성]을 선택한다.

② [Practice1a 속성]을 선택하면 다음과 같은 컨트롤 시트가 나오는데 왼쪽 창에서 [구성 속성]-[고급]을 선택한 후 오른쪽 창을 보면 [문자 집합] 항목에 [유니코드 문자 집합 사용]으로 설정되어 있을 것이다. 이번 실습에서는 오른쪽 창의 [문자 집합] 항목에서 [멀티바이트 문자 집합 사용]을 선택한 후 　확인　 버튼을 누른다.

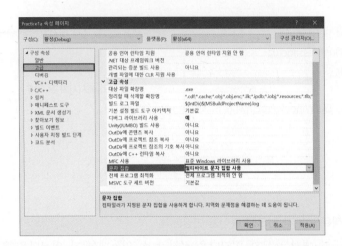

유니코드(Universal Code System) 란?

국제표준으로 제정된 2바이트 계의 만국 공통의 국제 문자부호 체계(UCS: Universal Code System)를 말한다. 애플컴퓨터 · IBM · 마이크로소프트 등이 컨소시엄으로 설립한 유니코드(Unicode)가 1990년에 첫 버전을 발표하였고, ISO/IEC JTC1에서 1995년 9월 국제표준으로 제정하였다.

데이터의 교환을 원활하게 하려고 문자 1개에 부여되는 값을 16bit로 통일하였다. 전통적인 문자 표기 방식은 ASCII 코드를 이용하여 1바이트로 영문 알파벳 하나를 표기하는 것으로 싱글 바이트 문자 체제라고 하고, 한글이나 일본어는 2바이트의 값을 지니는데 이를 멀티바이트 문자 체제라고 한다.

Visual Studio 2022에서는 기본적으로 유니코드를 사용하고 있다. 따라서 기본적으로 문자열을 처리하기 위해서는 CString 클래스를 사용하고, _T() 매크로를 이용하여 문자열을 표기하면 편리하다. _T() 매크로와 TEXT() 매크로는 같은 매크로이고, _T() 매크로를 사용하게 되면 프로젝트 세팅에 유니코드가 정의되어 있으면 유니코드 문자열로 컴파일하고 그렇지 않으면 ANSI 문자열(멀티바이트 포함)로 컴파일된다. 만일 L 접두사 형식으로 문자열을 처리하면 유니코드 문자열로 컴파일하므로 오류가 발생할 가능성이 크다. _T() 매크로를 사용하면 이런 걱정을 할 필요가 없다.

Step 5 프로그램을 실행시켜보자.

① [Ctrl]+[Shift]+[B] 키를 누르거나 [빌드] 메뉴에서 [솔루션 빌드]를 선택하여 컴파일과 링크를 시킨다.

② `Ctrl`+`F5`를 누르거나 [디버그] 메뉴에서 [디버그하지 않고 시작]을 선택하여 프로그램을 실행시키면 다음과 같은 실행 화면이 나온다.

③ 키보드에서 아무 키를 눌렀다가 떼어보면 다음과 같이 중앙에 메시지가 나올 것이다.

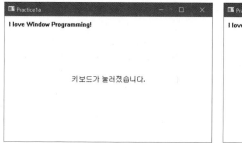

[키보드가 눌린 경우]   [키보드가 떼어진 경우]

④ 왼쪽 마우스를 더블 클릭하면 다음과 같이 중앙에 메시지 박스가 나올 것이다.

[왼쪽 마우스를 더블 클릭한 경우]

1.3 간단한 윈도우 애플리케이션의 분석

〈실습 1-1〉에서 하나의 윈도우를 출력하고 그 윈도우에 텍스트를 출력하기 위해서 윈도우 프로그램에 대해 아무것도 모르면서 Practice1a.cpp를 작성하였다. 이제 작성한 윈도우 프로그램을 자세히 분석해 보자.

먼저 프로그램의 처음에 다음과 같이 windows.h 파일을 인클루드 한다.

```
#include <windows.h>
```

windows.h 파일은 윈도우 애플리케이션을 작성하는데 필요한 매크로, 각종 API 함수, 메시지 등이 선언된 헤더 파일이다. 메시지와 각종 API 함수를 사용하기 위해서는 이 헤더 파일을 반드시 윈도우 애플리케이션에 인클루드 시켜야 한다.

1) WinMain() 함수

모든 윈도우 애플리케이션은 WinMain() 함수를 포함해야 한다. 초기화 부분을 담당하는 WinMain() 함수는 다음과 같은 세 가지 기본적인 작업을 수행한다.

① 운영체제에 윈도우를 등록한다.

② 메모리에 프레임 윈도우를 생성하고 속성을 초기화하여 화면에 표시될 수 있도록 한다.

③ 메시지 루프를 생성하여 해당 윈도우에 대한 메시지를 메시지 큐로부터 받아와 메시지를 해
당 윈도우 프로시저로 보낸다.

이들 각각의 작업에 대해 소스 코드를 분석하면서 자세히 살펴보자.

① 윈도우 클래스를 등록한다.

모든 윈도우 애플리케이션의 시작점은 WinMain() 함수이다. WinMain() 함수는 윈도우
클래스 구조체인 WNDCLASSEX 데이터 구조체를 생성하고 구조체 멤버에 값을 채워 초
기화한 다음, RegisterClassEx() API 함수를 호출하여 운영체제에 등록한다. 이 데이터
구조체는 윈도우 스타일, 메시지 핸들러의 주소, 인스턴스 핸들, 윈도우 배경 색상, 애플리
케이션 아이콘, 그리고 디폴트 커서와 같은 윈도우의 특징을 정의한다. 즉 윈도우 클래스
는 윈도우의 기본 외관 및 특성을 정의한 것이다.

```
WNDCLASSEX          WndClass;                                    // 윈도우 클래스 구조체

// 윈도우 클래스 구조체 WndClass에 값을 채워 윈도우 클래스를 생성한다.
WndClass.cbSize         = sizeof(WNDCLASSEX);                     // 구조체 크기
WndClass.style          = CS_HREDRAW | CS_VREDRAW | CS_DBLCLKS;   // 클래스 스타일
WndClass.lpfnWndProc    = WndProc;                               // 윈도우 프로시저
WndClass.cbClsExtra     = 0;                                     // 윈도우클래스 데이터영역
WndClass.cbWndExtra     = 0;                                     // 윈도우의 데이터영역
WndClass.hInstance      = hInstance;                            // 인스턴스 핸들
WndClass.hIcon          = LoadIcon(NULL, IDI_APPLICATION);      // 아이콘 핸들
WndClass.hCursor        = LoadCursor(NULL, IDC_ARROW);          // 커서 핸들
WndClass.hbrBackground  = (HBRUSH)GetStockObject(WHITE_BRUSH);  // 배경 브러시 핸들
WndClass.lpszMenuName   = NULL;                                 // 메뉴 이름
WndClass.lpszClassName  = "EasyText";                           // 윈도우 클래스 이름
WndClass.hIconSm        = 0;                                    // 기본적인 작은 아이콘

// 윈도우 클래스를 등록한다.
RegisterClassEx(&WndClass);
```

WndClass 구조체 멤버의 값을 설정할 때 가장 유심히 보아야 할 점은 세 번째 멤버인 윈
도우 프로시저를 등록하는 부분이다. WndProc() 함수를 아직 구현하지 않았지만, 이 함
수를 윈도우 프로시저로 등록하였다.

② 프레임 윈도우를 생성하고 화면에 표시한다.

일단 윈도우 클래스가 등록되면 WinMain() 함수는 CreateWindow() API 함수를 호출하여 애플리케이션의 프레임 윈도우를 생성한다. CreateWindow() 함수는 윈도우 이름, 윈도우 위치, 윈도우 크기에 대한 정보를 넘겨줌으로써 윈도우의 형태를 좀 더 세부적으로 정의한다. 첫 번째 인수는 윈도우 클래스에서 정의한 것과 같은 이름으로 해야 한다.

```
// 프레임 윈도우를 생성한다.
hwnd = CreateWindow(              // 윈도우 생성 API  함수
        "EasyText",               // 등록된 윈도우 클래스 이름
        "Practice1a",             // 타이틀 바에 출력될 문자열
        WS_OVERLAPPEDWINDOW,      // 윈도우 스타일
        CW_USEDEFAULT,            // 윈도우 좌측 상단의 x 좌표
        CW_USEDEFAULT,            // 윈도우 좌측 상단의 y 좌표
        CW_USEDEFAULT,            // 윈도우의 너비
        CW_USEDEFAULT,            // 윈도우의 높이
        NULL,                     // 부모 윈도우의 핸들
        NULL,                     // 메뉴 또는 자식 윈도우의 핸들
        hInstance,                // 애플리케이션 인스턴스 핸들
        NULL                      // 윈도우 생성 데이터의 주소
        );
```

윈도우를 생성한 후 ShowWindow() 함수와 UpdateWindow() 함수를 호출하여 윈도우를 화면에 나타나게 한다. ShowWindow() 함수는 윈도우를 화면에 보이거나 감추는 기능을 하는 함수이고, UpdateWindow() 함수는 윈도우의 외관을 다시 그려주는 기능을 하는 함수이다.

```
// 프레임 윈도우를 화면에 표시한다.
ShowWindow(hwnd, nCmdShow);
UpdateWindow(hwnd);
```

③ 메시지를 윈도우 프로시저로 보낸다.

마지막으로 메시지 루프(message loop)는 해당 윈도우에 대한 메시지를 메시지 큐로부터 받아와 메시지를 해당 윈도우 프로시저로 보낸다. 이 작업은 WinMain() 함수에서 while 루프를 사용하여 수행된다.

```
// 메시지 큐로부터 메시지를 받아와 메시지를 해당 윈도우 프로시저로 보낸다.
while(GetMessage(&msg, NULL, 0, 0))
{
    TranslateMessage(&msg);          // 메시지를 번역한다.
    DispatchMessage(&msg);           // 메시지를 해당 윈도우 프로시저로 보낸다.
}
```

GetMessage() 함수는 메시지 큐에서 메시지를 꺼내와 MSG 데이터 구조체에 저장한다. TranslateMessage() 함수는 가상 키(virtual-key) 메시지를 문자 메시지로 변환한다. 그리고 DispatchMessage() 함수는 내부적으로 윈도우 프로시저 함수를 호출하여 윈도우 프로시저 함수에 메시지를 전달한다. WM_QUIT 메시지를 받을 때 GetMessage() 함수는 0을 리턴하며, WinMain() 함수가 끝나면서 프로그램이 종료된다.

2) WndProc() 함수

윈도우 클래스를 등록하는 가장 큰 목적 중의 하나는 윈도우를 윈도우 프로시저에 연관시키는 것이다. 윈도우 프로시저는 윈도우가 클라이언트 영역에 표시해야 할 것과 사용자 입력에 대하여 반응하는 방법을 결정한다. 윈도우 프로시저는 윈도우 시스템에서 들어온 메시지에 대하여 switch 문을 이용하여 메시지 종류에 따라 적절한 작업을 처리하거나, 디폴트 윈도우 프로시저에 메시지를 넘겨줄 수 있다.

디폴트 윈도우 프로시저 DefWindowProc() 함수는 윈도우 시스템에서 제공되며, 윈도우의 아이콘 표시나 화면 복귀, 전체화면 표시, 메뉴 리소스 표시등 일반적인 Win32 애플리케이션의 많은 행위를 구현한다. 만약 DefWindowProc() 함수가 메시지를 처리하지 않으면 해당 메시지는 무시된다.

〈실습 1-1〉에서 윈도우 프로시저는 WndProc() 함수이다. 윈도우 프로시저는 어떠한 이름이라도 가질 수 있다. 물론 다른 이름과 중복되지 않아야 한다. 윈도우 애플리케이션은 각각 다른 이름을 갖는 하나 이상의 윈도우 프로시저를 포함할 수 있다. 일반적으로 윈도우 프로시저는 switch 문과 case 문을 이용하여 메시지를 처리한다. 이번 실습에서 WndProc() 함수는 여섯 개의 메시지를 즉, WM_CREATE, WM_PAINT, WM_KEYDOWN, WM_KEYUP, WM_LBUTTONDBLCLK, WM_DESTROY를 처리한다. 다른 메시지가 들어오면 DefWindowProc() 함수가 호출된다.

WM_CREATE 메시지는 윈도우가 처음 생성될 때 발생하는 메시지이고, WM_PAINT 메시지는 윈도우를 다시 그려야 할 때 발생하는 메시지이다. 그리고 WM_KEYDOWN 메시지와 WM_KEYUP 메시지는 각각 키보드의 키 하나를 누르거나 뗄 때 발생하는 메시지이고, WM_LBUTTONDBLCLK 메시지는 왼쪽 마우스를 더블 클릭할 때 발생하는 메시지이다. 마지막으로 WM_DESTROY 메시지는 윈도우가 종료될 때 발생하는 메시지이다. 특정 메시지가 언제 발생하고, 어떻게 메시지를 처리해야지 어떤 결과를 얻는지 아는 것이 윈도우 프로그래밍을 배우는 것이라 할 수 있다.

```cpp
LRESULT CALLBACK WndProc(HWND hwnd, UINT message, WPARAM wParam, LPARAM lParam)
{
    HDC hdc;                                        // 디바이스 컨텍스트
    RECT rect;                                      // RECT 구조체
    PAINTSTRUCT ps;                                 // 페인트 구조체
    LPCSTR szMsg1 = "I love Window Programming!";   // 윈도우에 출력될 문자열
    LPCSTR szMsg2 = "키보드가 눌려졌습니다.";        // 키보드를 눌렀을 때 출력될 문자열
    LPCSTR szMsg3 = "키보드가 떼어졌습니다.";        // 키보드를 떼었을 때 출력될 문자열

    // 커널에서 들어온 메시지를 switch 문을 이용하여 처리
    switch(message)
    {
      case WM_CREATE :                              // 윈도우 생성 메시지가 온 경우
          break;
      case WM_PAINT :                               // 화면에 출력 메시지가 온 경우
          hdc = BeginPaint(hwnd, &ps);
          TextOut(hdc, 10, 10, szMsg1, strlen(szMsg1));   // 윈도우에 문자열을 출력
          EndPaint(hwnd, &ps);
          break;
      case WM_KEYDOWN :                             // 키보드의 키가 눌린 경우
          hdc = GetDC(hwnd);
          GetClientRect(hwnd, &rect);
          DrawText(hdc, szMsg2, strlen(szMsg2), &rect, DT_SINGLELINE | DT_CENTER | DT_VCENTER);
          ReleaseDC(hwnd, hdc);
          break;
      case WM_KEYUP :                               // 키보드의 키가 떼어진 경우
          hdc = GetDC(hwnd);
          GetClientRect(hwnd, &rect);
          DrawText(hdc, szMsg3, strlen(szMsg3), &rect, DT_SINGLELINE | DT_CENTER | DT_VCENTER);
          ReleaseDC(hwnd, hdc);
```

```
        break;
    case WM_LBUTTONDBLCLK:                          // 왼쪽 마우스를 더블 클릭한 경우
        MessageBox(hwnd, "마우스 더블 클릭!", "마우스 메시지", MB_OK | MB_ICONASTERISK);
        break;
    case WM_DESTROY :                               // 프로그램 종료 메시지가 온 경우
        PostQuitMessage(0);
        break;
    default :                                       // 그 외의 메시지가 온 경우
        return DefWindowProc(hwnd, message, wParam, lParam);
    }
    return 0;
}
```

3) 윈도우에서 문자열 표현 형식

윈도우에서는 문자열 처리를 위해서 char* 형을 그대로 쓰기보다는 LPCSTR 등의 표현으로 대치해 사용함으로써 개발의 편의성을 돕고 있다. 비슷한 알파벳들을 조합해서 하나의 표현이 되는데 각 알파벳의 의미를 살펴보자.

LP는 Long Pointer의 약자이고 C는 constant의 약자로 함수 내부에서 인자 값을 변경하지 말라는 의미이다. STR은 string의 약자로 내부적으로 char 배열로 마지막 종료 값 null을 가지고 있다. W는 wide char의 약자로 유니코드를 의미한다. T는 TCHAR의 약자로 Microsoft가 제공하는 Visual Studio를 각 나라의 언어에 맞게 개발하기에 효율성이 떨어져서 유니코드 기반으로 개발을 시작했다. 그런데 char 형식은 1바이트를 사용하고 wide char 형식은 2바이트를 사용하기 때문에 호환성의 문제가 많다고 판단하여 컴파일러가 precompile option을 보고 환경에 맞게 컴파일할 수 있도록 만든 형식이 TCHAR 변수 형식입니다. 프로젝트 세팅에 유니코드가 정의되어 있으면 유니코드 문자열 wchar_t 형으로 변환되고 그렇지 않으면 ANSI 문자열(멀티바이트 포함) char 형으로 자동 변환이 된다.

함수의 파라미터로 문자열을 넘길 때 char* 이나 wchar_t* 를 사용하기보단 LPSTR 등의 표현을 사용하는 것을 권장한다. 윈도우에서 사용되는 문자열 표현 형식을 [표 1-1]과 같이 정리할 수 있다.

[표 1-1] 윈도우에서 문자열 표현 형식

문자열 형식	의미
LPSTR (long pointer string)	char*
LPCSTR (long pointer constant string)	const char*
LPWSTR (long pointer wide string)	wchar_t*
LPCWSTR (long pointer constant wide string)	const wchar_t*
LPTSTR (long pointer t_string)	TCHAR*
LPCTSTR (long pointer constant t_string)	const TCHAR*

4) 윈도우에 문자열을 출력하는 방법

윈도우에 문자열을 출력하기 위해서는 반드시 디바이스 컨텍스트 핸들을 얻어 와야 한다. WndProc() 함수에서 WM_PAINT 메시지 경우에는 BeginPaint() 함수를 사용하여 디바이스 컨텍스트를 얻었고, WM_KEYDOWN과 WM_KEYUP 메시지 경우에는 GetDC() 함수를 사용하여 디바이스 컨텍스트를 얻었다. 디바이스 컨텍스트를 얻는 방법은 4가지 방법이 있는데 이 방법들은 7장 그래픽 처리에서 자세히 다룰 것이다. 지금은 디바이스 컨텍스트를 통해서 문자열을 출력한다는 정도만 이해하면 된다.

디바이스 컨텍스트를 얻은 후 윈도우에 문자열을 출력하기 위해서는 TextOut() 함수나 DrawText() 함수를 사용하면 된다. TextOut() 함수는 화면의 지정된 위치에 문자열을 출력하는 함수이고, DrawText() 함수는 영역을 정하고 이 영역에 출력 형식에 맞게 문자열을 출력하는 함수이다. 윈도우의 클라이언트 영역의 크기를 알아내는 함수는 CWnd 클래스의 GetClientRect() 멤버 함수이다. 이 함수는 윈도우의 클라이언트 영역을 RECT 구조체로 반환한다.

메시지 박스는 사용자에게 간단한 메시지를 출력하는 데 사용되는 대화상자이다. 메시지 박스를 출력하려면 MessageBox() 함수를 사용한다. 함수의 매개변수로 출력할 메시지 문자열, 타이틀에 나타날 문자열, 아이콘 모양, 버튼의 종류를 지정할 수 있다.

TextOut() 함수

TextOut() 함수는 화면의 지정된 위치에 기본적인 문자열을 출력하는 함수이다. 함수의 원형은 다음과 같다.

BOOL TextOut(HDC hdc, int nXStart, int nYStart, LPCTSTR lpString, int cbString);

- hdc   : 디바이스 컨텍스트 핸들
- nXStart : 문자열 출력 시작점 X 좌표
- nYStart : 문자열 출력 시작점 Y 좌표
- lpString : 출력할 문자열
- cbString : 문자열의 길이

DrawText() 함수

DrawText() 함수는 화면에 문자열을 출력할 때 어느 영역을 정하고 이 영역에 출력 형식에 맞게 문자열을 출력하는 함수이다. 함수의 원형은 다음과 같다.

BOOL DrawText(HDC hdc, LPCTSTR lpString, int nLength, LPRECT lpRect, UINT Flags);

- hdc   : 디바이스 컨텍스트 핸들
- lpString : 출력할 문자열
- nLength : 문자열의 길이
- lpRect   : 출력할 영역의 주소
- Flags   : 출력 형식 플러그이고, 설정할 수 있는 플러그의 값은 다음과 같다.

플러그 값	내 용
DT_TOP	설정된 영역의 상단으로 정렬
DT_BOTTOM	설정된 영역의 하단으로 정렬
DT_LEFT	설정된 영역의 좌측으로 정렬
DT_RIGHT	설정된 영역의 우측으로 정렬(DT_SINGLELINE과 함께 지정되어야 한다.)
DT_CENTER	설정된 영역의 가로 중앙에 정렬
DT_VCENTER	설정된 영역의 세로 중앙에 정렬(DT_SINGLELINE과 함께 지정되어야 한다.)
DT_CALCRECT	문자열을 출력할 사각형의 영역을 계산
DT_SINGLELINE	행 바꿈과 라인 피드를 무시하고 한 줄로 출력
DT_NOCLIP	클리핑 없이 문자를 출력
DT_EXPANDTABS	문자열에 탭이 포함되어 있을 때 공백을 출력

MessageBox() 함수

MessageBox() 함수는 사용자에게 간단한 메시지를 출력하는 데 사용하는 대화상자를 출력하는 함수이다. 함수의 원형은 다음과 같다.

int WINAPI MessageBox(HWND hWnd, LPCTSTR lpText, LPCTSTR lpCaption, UINT nType);

- hWnd   : 상위 윈도우의 핸들
- lpText   : 출력할 메시지 문자열
- lpCaption : 메시지 박스 타이틀에 나타날 문자열
- nType   : 메시지 박스의 동작 방식, 아이콘 모양, 버튼의 종류

---

5) MFC에서의 WinMain() 함수와 윈도우 프로시저

Win32 SDK를 이용하여 작성한 모든 윈도우 프로그램과 마찬가지로 MFC 애플리케이션도 WinMain() 함수를 갖는다. 그러나 프로그래머는 MFC 애플리케이션에 WinMain() 함수를 작성할 필요가 없다. 이 함수는 프레임워크(Framework)에서 제공되며 애플리케이션이 시작될 때 호출된다.

MFC는 클래스가 생성하는 대부분의 메시지를 처리하는 내부적인 메시징 시스템을 갖고 있다. 그러나 MFC 안에서 메시지를 처리할 수 없을 때 애플리케이션은 디폴트 윈도우 프로시저, 즉 DefWindowProc() 함수를 호출해서 해당 메시지를 처리한다.

이렇게 MFC에서는 WinMain() 함수와 윈도우 프로시저가 프레임워크 안에 숨어 있기 때문에 이러한 개념을 모르는 상태에서 처음 MFC를 배우려고 하는 사람들은 윈도우 프로그램을 작성하는데 상당히 어려움을 겪게 된다.

1.4 윈도우 프로그램의 기본 형식

C/C++ 언어를 배운 사람이라도 C언어를 이용한 Win32 SDK로 작성된 윈도우 프로그램을 보면 무슨 내용인지 하나도 모를 것이다. 왜냐하면, C/C++ 언어의 표준 자료형은 없고 처음 보는 자료형들이 많이 나오기 때문이다. 이러한 자료형들은 windows.h에 정의된 윈도우 프로그램을 위한 구조체들이다. 윈도우 프로그램에서 H로 시작하지 않는 자료형은 모두 구조체로 생각하면 된다. 모르는 구조체의 내용을 알고자 한다면 간단하게 그 구조체에 커서를 놓고 [F1]을 눌러 도움말을 이용하면 된다. 윈도우 프로그래밍을 할 때 도움말을 참조하는 것은 필수적이다.

또한, 윈도우 프로그램을 이해하는 데 가장 중요한 것 중의 하나는 핸들의 개념이다. 윈도우에서 모든 자원은 핸들이 관리한다. 핸들이란 자원을 식별하기 위한 정수 번호이다. 윈도우는 핸들이라는 번호를 윈도우 시스템이 관리하는 모든 자원에 부여한다. 쉽게 설명하면 윈도우 프로그램은 앞에서 언급한 구조체를 이용해 모든 것을 객체화하였다. 이 객체들을 조정하기 위해 핸들이 필요하다. 자동차나 자전거를 조종하기 위해 핸들이 필요한 것과 같은 개념이라 생각하면 된다. Win32 SDK에서는 핸들 자료형은 앞에 H가 붙는다. 예를 들면 〈실습 1–1〉에서 WndProc() 함수의 매개변수에서 hwnd가 윈도우에 대한 핸들이라 생각하면 된다. 윈도우 프로그램은 핸들을 받거나 만들어서 사용한다고 생각하면 된다.

1) 새로운 데이터 형식

MS–DOS 상에서 C/C++ 언어를 공부한 사람들은 Practice1a와 같은 기본적인 윈도우 프로그램에서 사용되는 여러 가지 데이터 형식들이 생소할 것이다. 그 이유는 MS–DOS와는 다른 운영체제인 윈도우라는 인터페이스 덕분에 여러 가지 자료 형들이 정의되었기 때문이다. 그럼 앞에서 작성한 프로그램에서 나오는 몇몇 데이터 형식에 대해서 알아보도록 하자.

① MSG 구조체

MSG 구조체는 메시지 큐에 저장되는 메시지 정보를 담고 있는 구조체이다. WinMain() 함수에서 메시지 루프를 보면, GetMessage() 함수를 볼 수 있다. 이 함수는 메시지 큐에서 메시지를 가져와서 MSG 구조체에 메시지 정보를 입력하게 된다. 그러고 나서 윈도우 프로시저가 이 메시지를 처리하게 된다.

이 구조체는 windows.h 파일에 다음과 같이 정의되어 있다.

```
typedef struct tagMSG {
    HWND      hwnd;
    UINT      message;
    WPARAM    wParam;
    LPARAM    lParam;
    DWORD     time;
    POINT     pt;
} MSG;
```

- hwnd : 이 메시지를 받아서 처리할 윈도우에 대한 핸들을 나타낸다.
- message : 발생한 메시지를 가지고 있으며, 내부적으로 정수형으로 정의되어 있다.
- wParam : 메시지에 대한 추가적인 정보를 담고 있으며, 이 내용은 메시지의 종류에 따라 다른 값을 가질 수 있다.
- lParam : 메시지에 대한 추가적인 정보를 담고 있으며, 이 내용은 메시지의 종류에 따라 다른 값을 가질 수 있다.
- time : 메시지가 발생한 시간을 담고 있다. 우리가 생각하는 시간이 아니라 시스템의 시간이다.
- pt : 메시지가 발생했을 때, 화면상의 스크린 좌표를 담고 있다.

② WNDCLASSEX 구조체

이 구조체에는 윈도우 속성에 대한 정보를 포함한다. 이 데이터 형식 또한 windows.h 파일에 다음과 같이 정의되어 있다.

```
typedef struct tagWNDCLASSEX {
    UINT        cbSize;
    UINT        style;
    WNDPROC     lpfnWndProc;
    int         cbClsExtra;
    int         cbWndExtra;
    HANDLE      hInstance;
    HICON       hIcon;
    HCURSOR     hCursor;
    HBRUSH      hbrBackground;
    LPCTSTR     lpszMenuName;
    LPCTSTR     lpszClassName;
    HICON       hIConSm;
} WNDCLASSEX;
```

- cbSize : 구조체의 크기를 나타낸다.
- style : 윈도우의 스타일을 지정한다. 정숫값의 조합으로 지정된다.
- lpfnWndProc : 윈도우 프로시저에 대한 포인터를 지정한다.
- cbClsExtra : 윈도우 클래스의 데이터영역을 나타낸다.
- cbWndExtra : 윈도우의 데이터영역을 나타낸다.

- hInstance : 프로그램 자체에 대한 즉, 인스턴스에 대한 핸들을 지정한다.
- hIcon : 이 윈도우에서 사용될 아이콘에 대한 핸들을 지정한다.
- hCursor : 이 윈도우에서 사용할 커서에 대한 핸들을 지정한다.
- hbrBackground : 윈도우의 백그라운드 브러시에 대한 핸들을 지정한다.
- lpszMenuName : 윈도우에서 메뉴의 이름을 지정하며, 리소스에서 사용된다.
- lpszClassName : 윈도우 클래스의 이름을 명시한다.
- hIconSm : 기본적인 작은 아이콘에 대한 핸들을 지정한다.

③ PAINTSTRUCT 구조체

이 구조체는 텍스트나 이미지를 윈도우의 클라이언트 영역에 그리고자 할 때 사용할 정보를 포함하며 다음과 같이 정의되어 있다.

```
typedef struct tagPAINTSTRUCT {
    HDC     hdc;
    BOOL    fErase;
    RECT    rcPaint;
    BOOL    fRestore;
    BOOL    fIncUpdate;
    BYTE    rgbReserved[16];
} PAINTSTRUCT;
```

- hdc : 디스플레이 컨텍스트에 대한 핸들을 지정한다.
- fErase : 윈도우의 백그라운드를 다시 그릴지 지정한다.
- rcPaint : 그리고자 하는 영역을 사각형 구조체를 이용해 지정한다.
- fRestore : 시스템에 예약되어 있으며, 내부적으로 사용된다.
- fIncUpdate : 시스템에 예약되어 있으며, 내부적으로 사용된다.
- rgbReserved : 시스템에 예약되어 있으며, 내부적으로 사용된다.

④ RECT 구조체

이 구조체는 사각형 형태의 좌표를 지정하며, 왼쪽 상단 좌표와 오른쪽 하단 좌표를 저장한다.

```
typedef struct tagRECT {
    LONG    left;
    LONG    top;
    LONG    right;
    LONG    bottom;
} RECT;
```

- left : 사각형 영역의 왼쪽 x 좌표를 명시한다.
- top : 사각형 영역의 위쪽 y 좌표를 명시한다.
- right : 사각형 영역의 오른쪽 x 좌표를 명시한다.
- bottom : 사각형 영역의 아래쪽 y 좌표를 명시한다.

2) 헝가리언 표기법(Hungarian Notation)

위에서 작성한 프로그램을 살펴보면, 특이하게 지정된 변수 이름들을 볼 수 있을 것이다. 좀 이상하게 생각되어도 나름대로 규칙이 있게 명시되어 있는 것이다. 꼭 이러한 변수 명명법을 사용하라는 뜻은 아니지만, 다수의 윈도우 프로그래머들이 이러한 방법으로 프로그래밍하고 있으며, 지금까지 개발된 라이브러리 또한 이런 변수 명명법을 따르고 있다. 또한, 알정한 변수 명명법을 사용하면, 변수에 대한 이해를 쉽게 할 뿐 아니라, 다른 개발자들과 프로그래밍 언어로써 대화가 쉬워질 것이다.

헝가리언 표기법(Hungarian Notation)이란 Microsoft의 헝가리 출생 프로그래머인 찰스 시모니(Charles Simonyi)를 기리는 뜻으로 붙여진 이름이며, 변수 이름은 그 데이터 형식을 의미하는 하나 이상의 소문자로 시작한다. 헝가리언 표기법은 작성한 프로그램에서 오류나 버그가 발생하기 전에 에러를 방지할 수 있게 해준다. 왜냐하면, 변수의 사용과 더불어 데이터 형식을 기술해 줌으로써, 데이터 형식 불일치 같은 것을 포함해 코딩 오류를 사전에 방지할 수 있기 때문이다.

다음에 제시하는 [표 1-2]는 헝가리언 표기법에서 일반적인 변수에 대한 접두어를 나타내고 있다.

[표 1-2] 헝가리언 표기법에서의 접두어

접두어	데이터 형식	접두어	데이터 형식
c or ch	char	l	LONG(long)
by	BYTE(unsigned char)	p	pointer
i or n	int	lp	long pointer
f	float	h	handle
d	double	fn	function
ld	long double	lpfn	function pointer (64bit)
b	BOOL(int)	str	string
dw	DWORD(unsigned long)	sz	null 문자로 끝나는 문자열
w	WORD(unsigned long)	lpsz	문자열을 가리키는 포인터(64bit)

3) 윈도우 시스템의 이해

우리는 윈도우라는 운영체제에서 애플리케이션을 개발하고자 지금까지 공부했고, 또 공부할 것이다. 그렇다면, 우리가 사용하고 있는 윈도우라는 운영체제에 대해 좀 더 이해하고 있다면, 더욱 뛰어난 개발자가 될 수 있다고 생각한다. MS-DOS 상에서 C 또는 C++를 이용해 프로그래밍하던 시절을 생각해보자. 그때 시절과 지금을 비교한다면 너무나도 많은 것이 바뀌었고, 특히 프로그램하는 방법이 변했다는 것을 느낄 수 있을 것이다. 그러므로 우리가 윈도우 프로그래밍 전문가가 되기 위해서는 윈도우 시스템의 특징들을 확실히 이해하여야 한다. 이번에는 윈도우 시스템을 개발자의 관점에서 간단히 이해하고 배워보기로 한다.

① 윈도우는 GUI(Graphic User Interface)이다.

MS-DOS 시절로 돌아가 생각해보면, 컴퓨터와 대화하는 방법이라고는 기본적으로 도스 커맨드 라인과 기타 입력 장치 등이 있었다. 하지만, 윈도우는 그래픽을 이용한 인터페이스를 구현하면서 사용자가 좀 더 쉽게 컴퓨터를 이용하게 했으며 응용 프로그램과 사용자 사이의 대화를 친밀하게 만들었다.

또한, 윈도우는 일관된 사용자 인터페이스를 제공한다. 이 이야기는 윈도우 기본 프로그램들을 다룰 줄 알고 있다면, 다른 애플리케이션을 기본적으로 사용하는데 어려움이 덜 하다는 이야기이다. 참으로 윈도우는 사용자로 볼 때 많은 것을 고려한 운영체제라 할 수 있다.

그러면 개발자의 입장에서 생각해 보자. 윈도우가 GUI를 기본 바탕으로 하고 있으므로 개발자 또한 도스 시절보다 좀 더 보기 좋고, 사용이 편리한 인터페이스를 구현할 수 있다. 반면, 이러한 인터페이스는 구현하기 위한 노고도 만만치 않을 것이다. 그리고 윈도우는 자체적으로 공통된 인터페이스를 Win32 API에서 제공해 주기 때문에 다른 응용 프로그램들과 유사한 인터페이스를 구현할 수 있다.

② 윈도우는 멀티태스킹(Multi-Tasking)을 지원한다.

멀티태스킹이란 동시에 여러 가지 작업을 할 수 있다는 것이다. 예를 들면, 컴퓨터로 음악을 들으면서, Visual C++로 프로그램을 작성할 수 있다. 이것이 바로 멀티태스킹이다. 윈도우 초기에는 비선점형 멀티태스킹을 지원했다. 이는 여러 개의 프로그램에 대해 처리 시간을 할당하기 위해 시스템 타이머를 사용하지 않았다는 것을 의미한다. 하지만, 현재는 선점형 멀티태스킹을 하고 있다. 즉, 프로그램 자체가 병행으로 실행되는 것처럼 보이는 Multi Processing이라는 것이다.

개발자 관점에서 이런 면들을 생각해보자. 우리가 애플리케이션을 제작하면 윈도우 시스템 자체가 제작한 프로그램을 멀티태스킹으로 수행한다. 하지만, 이러한 윈도우 시스템을 이용해서 한 응용 프로그램에서 작업을 세분화해서 수행함으로써 응용 프로그램의 퍼포먼스를 향상시킬 수 있다. 이것이 바로 Multi Threading 기술이다.

③ 윈도우는 메시지 기반 구조(Message-Driven Architecture)이다.

윈도우 시스템의 모든 애플리케이션은 메시지를 기반으로 하여 구동된다. 예를 들면, 화면의 윈도우 크기를 사용자가 줄이거나 늘리면 윈도우 시스템은 해당 애플리케이션으로 윈도우 크기 변경(WM_SIZE) 메시지를 보내게 된다. 그리고 이 메시지를 받은 애플리케이션은 이에 대응하는 처리를 하게 되는 것이다.

여기서 꼭 알아야 하는 것은 윈도우가 애플리케이션으로 메시지를 보낸다는 점이다. 우리가 작성한 애플리케이션이 윈도우 시스템에 메시지를 보내는 것이 아니라는 점을 기억하기 바란다. 그 뜻은 애플리케이션 내의 어떤 함수를 윈도우 시스템이 호출한다는 것이며, 이 함수의 인자는 특정 메시지를 의미하는 것으로 각자의 애플리케이션에 있는 이 함수는 윈도우 프로시저라 하는 것이다. 결론적으로 메시지가 발생하면, 윈도우 시스템이 메시지에 해당하는 애플리케이션의 윈도우 프로시저를 호출한다는 것이다.

④ 윈도우는 윈도우 프로시저(Window Procedure)를 호출한다.

프로그램이 운영체제를 호출한다는 것은 잘 알고 있을 것이다. MS-DOS 시절에는 프로그램이 시스템에 인터럽트라는 것을 걸어서 시스템을 호출한 뒤 시스템 자원을 이용했기 때문이다. 하지만 윈도우 시스템은 반대로 운영체제가 프로그램을 호출한다. 즉, 윈도우가 애플리케이션의 윈도우 프로시저를 호출한다는 얘기이다.

모든 윈도우 애플리케이션은 윈도우 프로시저를 가지고 있고 윈도우 프로시저는 프로그램 자체 또는 동적 연결 라이브러리에 존재하는 함수이다. 윈도우 시스템은 윈도우 프로시저를 호출하여 메시지를 윈도우에 보내게 되며, 윈도우 프로시저는 메시지에 따른 처리를 한 다음 제어권을 윈도우 시스템으로 반환한다.

애플리케이션이 실행될 때 즉, 메모리에 상주 될 때, 애플리케이션에 대한 메시지 큐(Message Queue)를 생성한다. 이 메시지 큐는 윈도우 시스템의 모든 메시지를 저장하게 된다. 애플리케이션에서 메시지 큐에 저장된 메시지를 꺼내어 적절한 윈도우 프로시저에 전달하는 메시지 루프를 가지고 있고, 이 루프를 통해 윈도우 프로시저가 메시지를 처리한다. 하지만, 어떤 메시지들은 메시지 큐에 들어가지 않고 직접 윈도우 프로시저로 보내지는 것들도 있다.

연습문제

1 〈실습 1-1〉에서 작성한 〈간단한 Win32 SDK 윈도우 프로그램〉을 수정하여 다음과 같은 기능을 추가할 수 있도록 구현해 보자.

> 생성된 윈도우에서 마우스 버튼을 눌렀을 경우와 마우스가 이동 중일 때 윈도우의 중앙에 문자열을 출력해보자. 마우스 왼쪽 버튼을 눌렀을 때는 "마우스가 눌러졌습니다."라는 문자열을, 마우스가 이동 중일 경우는 "마우스가 이동 중입니다."라는 문자열을 출력한다. 왼쪽 마우스 버튼을 떼었을 경우는 출력된 문자열을 지운다.

1) 마우스를 제어하기 위해서는 마우스에 대한 메시지를 먼저 알아야 할 것이다.

WM_LBUTTONDOWN	마우스 왼쪽 버튼이 눌러졌을 때 발생하는 메시지
WM_LBUTTONUP	마우스 왼쪽 버튼이 떼어졌을 때 발생하는 메시지
WM_MOUSEMOVE	마우스가 이동 중일 때 발생하는 메시지

2) 마우스에 대한 메시지를 출력하기 위해서는 다음과 같이 문자열 변수를 WndProc() 함수에 추가해야 한다.

```
LPCSTR szMsg4 = "마우스가 눌러졌습니다.";
LPCSTR szMsg5 = "마우스가 이동 중입니다.";
```

3) 이러한 메시지들에 대한 처리를 WndProc() 함수의 switch 문에 case 문을 추가하여 코딩하면 된다. 그리고 문자열을 출력하기 위해서는 디바이스 컨텍스트(DC) 핸들을 얻어 와야 한다. 〈실습 1-1〉의 WM_KEYDOWN 경우에는 DC 핸들을 얻기 위해 GetDC() 함수를 이용하였다. 이번 연습 문제에서도 GetDC() 함수를 이용해 DC 핸들을 얻고 그 DC를 이용하여 문자열을 출력한다. 그리고 DC를 사용하고 난 후에 ReleaseDC() 함수를 사용하여 DC를 반드시 해제해 주어야 한다. case 문에 사용될 대략적인 코딩은 다음과 같다.

```
hdc = GetDC(hwnd);
    ...
// DC를 사용한 문자열 출력 루틴 삽입
    ...
ReleaseDC(hwnd, hdc);
```

4) 그리고, 화면 중앙에 문자열을 출력하기 위해서는 그리고자 하는 영역의 사각형 구조체 좌표를 구해 DrawText() 함수를 이용해 문자열을 출력하면 된다. 〈실습 1-1〉의 WM_KEYDOWN 경우와 같이 GetClientRect() 함수를 사용하여 그리고자 하는 사각형 구조체 좌표를 구한다. 참고로 우리가 출력하고자 하는 영역은 윈도우 클라이언트 영역이 될 것이다.

```
GetClientRect(hwnd, &rect);
```

5) 왼쪽 마우스 버튼을 떼었을 때는 어떤 문자열을 출력하는 것이 아니라 출력된 문자열을 지워야 한다. 왼쪽 마우스 버튼을 떼었을 경우 출력된 문자열을 지우기 위해서는 Win32 SDK API 함수인 InvalidateRect() 함수를 호출하여 윈도우의 클라이언트 영역을 다시 그리게 한다. 이 경우는 DC 핸들을 얻을 필요가 없다.

```
InvalidateRect(hwnd, NULL, TRUE);
```

InvalidateRect() 함수

InvalidateRect() 함수는 윈도우의 클라이언트 영역을 다시 그리는 함수이다. 이 함수는 WM_PAINT를 직접 호출하진 않으나 특정 영역을 윈도우의 update region에 더해 시스템이 WM_PAINT를 호출하도록 한다. 시스템은 update region을 확인해서 비어 있지 않으면 WM_PAINT를 호출한다. 중요한 것은 WM_PAINT를 직접 호출하지 않고 시스템이 메시지 큐에 있는 다른 메시지를 다 처리한 후에 WM_PAINT가 발생하므로 InvalidateRect 호출 시 바로 업데이트가 되지 않을 수 있다는 것이다. 함수의 원형은 다음과 같다.

BOOL InvalidateRect(HWND hwnd, CONST RECT *lpRect, BOOL bErase);

• hwnd : 다시 그려질 영역을 설정할 윈도우 핸들이다.

• lpRect : 다시 그려질 사각 영역의 좌표를 포함하는 **CRect** 객체나 **RECT** 구조체의 포인터. 만약 NULL로 지정되면 전체 클라이언트 영역을 사용하게 된다.

• bErase : 다시 그려질 영역이 백그라운드인지를 명시한다. TRUE는 원래 그려져 있는 것을 지우고 그리라는 의미이다.

6) 위와 같은 내용을 참고로 하여, 다음과 같이 실행되는 프로그램을 작성해 보기 바란다.

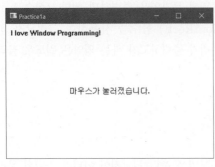 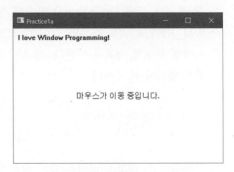

[마우스가 눌린 경우] [마우스가 이동하는 경우]

2 위에서 작성한 〈연습 1-1〉에 이어서 마우스 왼쪽 버튼에 대해 다음과 같은 기능이 추가되도록 구현해 보자.

> 생성된 윈도우에서 왼쪽 마우스가 눌러졌을 경우 "마우스가 눌러졌습니다."라는 텍스트와 함께 마우스가 눌린 점의 좌푯값을 마우스를 눌러진 위치에 출력해보도록 하자.

1) 좌푯값을 얻어 오기 위해서는 windows.h 파일에 정의된 POINT 구조체를 알아야 한다. POINT 구조체는 한 점의 x, y 좌표를 정의하는 구조체이다. 따라서 POINT 구조체를 사용하여 왼쪽 마우스 버튼을 눌렀을 때 그 위치를 저장하는 변수를 다음과 같이 선언한다.

```
POINT MousePoint;
```

POINT 구조체

한 점의 x 좌표와 y 좌표를 정의하는 구조체이다.

```
typedef struct tagPOINT {
    LONG x;
    LONG y;
} POINT;
```

• x : x 좌푯값

• y : y 좌푯값

2) 마우스 좌푯값 메시지를 출력하기 위해서는 다음과 같이 문자열 변수를 추가해야 한다.

```
LPSTR szMsg6 = new char[10];
```

3) 마우스 버튼을 눌러졌을 때 좌푯값은 WndProc() 함수의 lParam 매개변수를 통해 전달된다. x 좌푯값은 LOWORD 매크로로, y 좌푯값은 HIWORD 매크로를 사용하여 마우스 좌푯값을 다음과 같이 얻을 수 있다.

```
MousePoint.x = LOWORD(lParam);
MousePoint.y = HIWORD(lParam);
```

4) POINT 구조체로 좌푯값을 얻어 오게 되면 윈도우에 이 데이터를 출력해야 한다. 윈도우에 출력하기 위해서는 wsprintf() 함수를 이용하여 우선 문자열에 원하는 형식에 맞게 출력한다.

```
wsprintf(szMsg6, " X:%ld, Y:%ld", MousePoint.x, MousePoint.y);
```

5) 마우스가 눌린 위치에 좌푯값을 출력하기 위해서는 wsprintf() 함수로 만든 문자열을 TextOut() 함수를 이용하여 윈도우에 출력한다.

```
TextOut(hdc, MousePoint.x, MousePoint.y, szMsg6, strlen(szMsg6));
```

6) 위와 같은 내용을 참고로 하여, 다음과 같이 실행되는 프로그램을 작성해 보기 바란다.

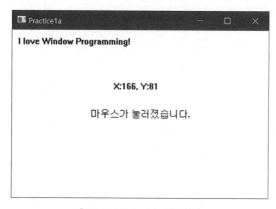

[왼쪽 마우스가 눌린 경우]

CHAPTER 02

MFC 개요 및 아키텍처

contents

2.1 MFC의 개요

2.2 MFC 프로그램의 구조

2.3 Visual C++의 시작

2.4 MFC 애플리케이션 아키텍처

02 MFC 개요 및 아키텍처

이 장에서는 MFC의 기본적인 개요와 MFC의 아키텍처에 대해 상세히 설명하려고 한다. MFC가 무엇이며, 어떤 계층적 구조로 되어 있으며, 어떻게 사용되는지를 설명한다. 또한, MFC 애플리케이션 마법사 사용법에 관해 설명하고 MFC 애플리케이션 마법사를 사용하여 MFC 프로젝트를 만드는 방법에 대해서 알아볼 것이다.

2.1 MFC의 개요

MFC(Microsoft Foundation Class)는 윈도우 애플리케이션을 생성하기 위해 만들어진 C++ 클래스 라이브러리이고 애플리케이션 프레임워크(Application Framework)를 제공한다. 이들 클래스는 C++ 언어를 확장하여 윈도우 프로그램을 생성하는 데 사용되는 대부분의 기본 구조적 요소를 포함한다. 애플리케이션 프레임워크는 애플리케이션 구조를 정의하며 애플리케이션의 많은 작업을 처리한다.

MFC 라이브러리는 Win32 API 위에 구축된다. Win32 API는 윈도우 시스템에서 애플리케이션들이 사용할 수 있는 함수들이다. MFC는 윈도우 시스템의 공통적인 객체들을 표현하는 기본적인 클래스이다. 그러나 MFC는 전체 API를 포함하지는 않는다. MFC는 주요 구조적인 구성요소와 공통으로 사용되는 구성요소만을 포함한다. MFC는 C++로 만들어졌기 때문에 프로그래머들은 Win32 API를 사용하여 손쉽게 윈도우 시스템의 내장 기능을 직접 사용할 수 있다.

MFC를 사용하면 많은 이점이 있다. 첫째로 MFC 라이브러리는 여러분들을 윈도우 프로그램 전문가로 만들어 준다. 둘째로 MFC는 개발시간을 단축시키고 좀 더 이식성이 강한 코드를 작성할 수 있게 하며, 프로그래밍하기 어려운 사용자 인터페이스 요소와 ActiveX, OLE, 인터넷 프로그래밍 같은 기술을 지원한다. 셋째로 MFC는 ODBC나 OLE DB를 통해 데이터베이스 프로그래밍과 윈도우 소켓을 통해 네트워크 프로그래밍 같은 애플리케이션을 손쉽게 작성할 수 있게 해준다. 넷째로 MFC는 프로퍼티 시트(property sheet), 인쇄 미리 보기, 도구바, 리본 사용자 인터페이스 같은 기능을 손쉽게 프로그래밍하게 해준다.

MFC의 모든 코드는 헝가리안 표기법을 사용한다. 클래스는 모두 대문자 C로 시작하며, 여러 단어가 하나의 클래스 이름일 경우 단어별로 첫 글자를 대문자로 표기한다. 예를 들어 CWndApp를 보면 이해하기 쉬울 것이다. 멤버 변수는 m_로 시작하고 멤버 함수는 대문자로 시작한다. 전역 함수는 Afx라는 접두어가 붙는데 Afx는 Application Framework의 약자로 Microsoft에서 MFC를 개발했던 팀의 이름이다.

2.2 MFC 프로그램의 구조

MFC 프로그램은 크게 SDI(Single Document Interface)와 MDI(Multiple Document Interface)의 두 가지 형태로 나눌 수 있다. SDI는 한 개의 도큐먼트 프레임 윈도우만을 사용하는 단일 문서 기반 프로그램이고, MDI는 같은 애플리케이션 인스턴스 안에 여러 개의 도큐먼트 프레임 윈도우를 사용할 수 있는 여러 문서 기반 프로그램이다.

1) SDI 애플리케이션의 구조

SDI 형태의 프로그램은 기본적으로 네 개의 클래스가 있다. [그림 2-1]은 기본적인 네 개의 클래스가 윈도우의 어떤 부분을 담당하고 있는지 도식화한 것이다.

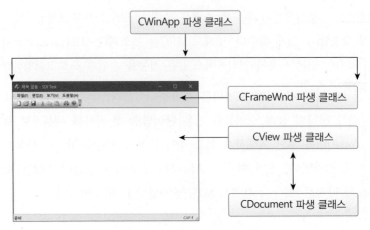

[그림 2-1] SDI 애플리케이션의 구조

- CWinApp 파생 클래스 : 애플리케이션 전체를 나타내는 클래스
- CFrameWnd 파생 클래스 : 애플리케이션에서 메뉴와 상태 표시줄, 도구바를 포함한 외부 프레임을 나타내는 클래스
- CView 파생 클래스 : 애플리케이션의 클라이언트 또는 작업 영역을 나타내는 클래스
- CDocument 파생 클래스 : 애플리케이션 내부에서 데이터를 읽고, 저장하는 기능을 가진 클래스

SDI 애플리케이션은 CFrameWnd와 CView 파생 클래스, CDocument 파생 클래스가 하나의 템플릿(Template)으로 구성된다. 그래서 단일 템플릿 애플리케이션이라고도 한다.

2) MDI 애플리케이션의 구조

MDI 형태의 프로그램은 기본적으로 다섯 개의 클래스가 있다. [그림 2-2]는 윈도우와 담당하는 클래스의 관계를 간단히 도식화한 것이다.

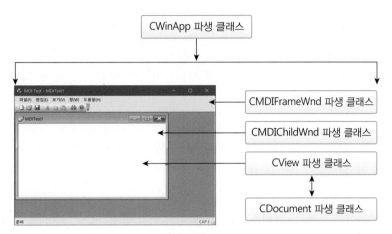

[그림 2-2] MDI 애플리케이션의 구조

- CWinApp 파생 클래스 : 애플리케이션 전체를 나타내는 클래스
- CMDIFrameWnd 파생 클래스 : 애플리케이션에서 메뉴와 상태 표시줄, 도구바를 포함한 외부 프레임을 나타내는 클래스
- CMDIChildWnd 파생 클래스 : 애플리케이션에서 자식 윈도우의 외부 프레임을 나타내는 클래스
- CView 파생 클래스 : 애플리케이션에서 자식 윈도우의 클라이언트 또는 작업 영역을 나타내는 클래스
- CDocument 파생 클래스 : 애플리케이션 내부에서 데이터를 읽고, 저장하는 기능을 가진 클래스

MDI 애플리케이션은 CMDIChildWnd 파생 클래스와 CView 파생 클래스, CDocument 파생 클래스가 하나의 템플릿(Template)으로 구성되며, 이러한 템플릿이 하나 이상으로 구성되는 것이다. 그래서 MDI 애플리케이션을 여러 템플릿 애플리케이션이라고도 한다.

2.3 Visual C++의 시작

Visual C++는 클라이언트/서버(client/server) 솔루션에서부터 고성능 멀티미디어 애플리케이션까지 다양한 애플리케이션을 생성하는데 필요한 도구를 제공하는 생산성 높은 시각적인 개발 도구를 제공한다.

윈도우 프로그램을 생성하는데 많은 프로그래머가 Visual C++를 선택하는 이유는 Visual C++가 솔루션 개발 도구로 탁월한 기능들이 있기 때문이다. 첫째로 강력하고 구조적인 클래스 라이브러리인 MFC가 있다. 앞에서 설명했듯이 MFC는 클래스가 매우 구조적으로 만들어져 있어 프로그래머가 손쉽게 윈도우 애플리케이션을 생성하게 해준다. 둘째로 강력한 마법사들이 있다. 앞 장에서 언급했듯이 Win32 SDK를 이용하여 프로그램을 작성할 때 윈도우를 만드는 대부분 코드가 반복적인 것들이다. 애플리케이션을 생성할 때마다 이러한 코드들은 반복 작성하는 것은 매우 짜증 나는 일이다. Visual C++에는 MFC 애플리케이션 마법사, 클래스 마법사 등 여러 가지 마법사들이 있어 몇 번의 마우스 조작으로 이런 반복적인 코드들을 쉽게 작성할 수 있게 해준다. 그래서 이런 마법사들이 프로그래머들에게 알고리즘 개발에 좀 더 많은 시간을 할애할 수 있게 해준다.

1) MFC 애플리케이션 마법사

MFC 애플리케이션 마법사는 여러 종류의 애플리케이션을 생성하는 데 사용할 수 있는 강력하고 융통성 있는 개발 도구이다. MFC 애플리케이션 마법사는 상당한 내장 기능을 제공하는 애플리케이션의 시작 파일을 생성한다. 여러분이 원하는 애플리케이션 또는 컴포넌트 유형을 선택하면 MFC 애플리케이션 마법사는 윈도우 애플리케이션에 필요한 파일을 생성한다. 프로그래머는 MFC 애플리케이션 마법사에서 일련의 단계를 따라 프로젝트 옵션을 선택한다. 단계와 표시되는 옵션은 선택한 애플리케이션 또는 컴포넌트에 따라 다르다. 각 단계에서는 애플리케이션의 생성 준비가 될 때까지 이전 또는 다음 단계로 이동하여 선택을 변경할 수 있다. 다시 말해 MFC 애플리케이션 마법사는 단순히 마우스 버튼으로 몇 개의 항목을 설정하면 자동으로 프로젝트를 만들어 주고 자동으로 코딩해준다. 여기서 말하는 자동 코딩이란 단순히 코드를 복사하는 것이 아니라 기존에 있는 클래스를 상속받아 새로운 클래스를 생성해 주는 것을 의미한다.

> **실습 2-1** MFC 애플리케이션 마법사 익히기

이번 실습은 MFC 애플리케이션 마법사를 이용하여 간단한 SDI 애플리케이션을 만드는 실습을 해보자. 이번 실습으로 MFC 애플리케이션 마법사의 사용법과 각 단계에서 옵션들의 의미와 선택 방법 등을 배우게 된다.

Step 1 Visual C++ 2022를 시작한다.

Step 2 MFC 애플리케이션 마법사를 실행한다.

① Visual C++ 2022를 실행시켜서 시작 화면에서 [새 프로젝트 만들기]를 선택한다.

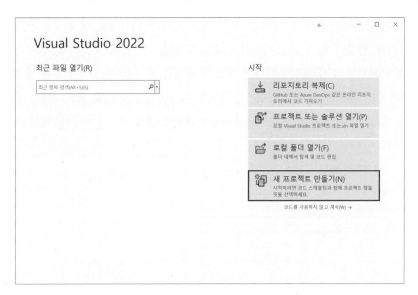

② [새 프로젝트 만들기]를 선택하면 다음과 같은 컨트롤 시트가 나온다. 프로젝트 템플릿
에서 [MFC 앱] 템플릿을 선택하고 다음(N) 버튼을 누른다.

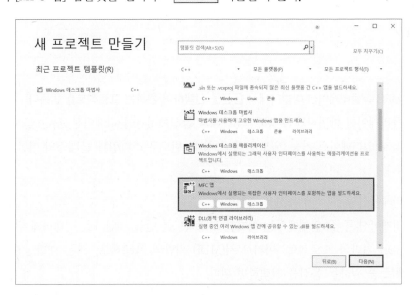

③ [새 프로젝트 구성] 컨트롤 시트가 나오면 [프로젝트 이름] 항목에 프로젝트 이름을 "Practice2a"라 입력한다. 그러면 [위치]에 default로 현재 [문서]-[source]-[repos] 폴더에 Practice2a라는 폴더가 만들어진다. 다른 곳에 폴더를 만들기를 원하면 [위치] 옆의 찾아보기 버튼(￼)을 눌러 원하는 디렉터리로 변경하면 된다. [솔루션 및 프로젝트를 같은 디렉터리에 배치] 항목은 default로 체크가 되어 있는데 이 의미는 솔루션용 디렉터리를 만들지 않아 프로젝트를 단순하게 만들 수 있다는 것이다. 솔루션에 여러 개의 프로젝트를 추가하고자 한다면 체크를 해제한 후 새로운 프로젝트를 생성하면 된다. 여기서는 간단하게 프로젝트를 생성하기 위하여 [솔루션 및 프로젝트를 같은 디렉터리에 배치] 항목이 체크가 되도록 default 값을 그대로 두고 만들기(C) 버튼을 누른다.

Step 3 MFC 애플리케이션 마법사에서 옵션을 선택하여 원하는 프로젝트를 만든다.

MFC 애플리케이션 마법사가 실행되면 5단계의 옵션에서 애플리케이션 종류, 문서 템플릿 속성, 사용자 인터페이스 기능, 윈도우 출력 형태, 윈도우 스타일과 클래스의 이름 등을 선택하게 된다.

① [애플리케이션 종류]에서 옵션을 선택한다.

[애플리케이션 종류] 단계에서는 어떠한 프로젝트를 만들 것인가를 선택하게 된다. 단일 문서(SDI) 기반의 프로젝트, 여러 문서(MDI) 기반의 프로젝트, 또는 대화상자 기반의 프로젝트 중 원하는 옵션을 선택하면 된다.

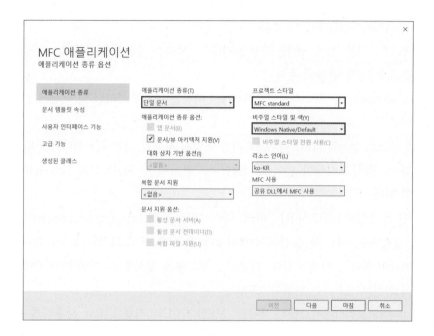

첫 번째 단계에서 선택할 수 있는 옵션들을 자세히 알아보자. 먼저 어떤 애플리케이션을 만들 것인지 다음 4가지 중에서 선택한다. 그리고 애플리케이션 종류 옵션으로 탭 문서, 문서/뷰 아키텍처 지원 여부에 대해 선택한다.

ⓐ [단일 문서] : 단일 문서(SDI) 기반의 프로젝트를 만든다.

ⓑ [여러 문서] : 여러 문서(MDI) 기반의 프로젝트를 만든다.

ⓒ [대화 상자 기반] : 대화상자 기반의 프로젝트를 만든다.

ⓓ [여러 최상위 문서] : 뷰 클래스를 기반으로 하는 애플리케이션에 대한 여러 최상위 아키텍처를 만든다.

ⓔ [탭 문서] : 각 문서를 별도의 탭에 배치한다.

ⓕ [문서/뷰 아키텍처 지원] : 도큐먼트와 뷰 윈도우가 쌍으로 이루게 할 것인가를 선택한다. 체크가 되지 않으면 도큐먼트가 만들어지지 않는다.

둘째로 어떤 스타일의 프로젝트를 만들 것인지 다음 4가지 옵션 중 원하는 것을 선택한다. 그리고 애플리케이션에서 사용할 비주얼 스타일 및 색상을 선택한다.

ⓐ [MFC standard] : 일반적인 MFC 애플리케이션을 만들어 준다.

ⓑ [Windows Explorer] : 익스플로러를 포함한 웹 브라우저 기능을 가진 애플리케이션을 만들어 준다.

ⓒ [Visual Studio] : 탐색기, 출력 및 속성 창 등을 포함한 Visual Studio 기능을 가

진 애플리케이션을 만들어 준다.

ⓓ [Office] : 리본, 탐색 창 및 캡션 표시줄 등 오피스 사용자 인터페이스 기능을 가진 애플리케이션을 만들어 준다.

ⓔ [비주얼 스타일 및 색] : 애플리케이션에서 사용할 비주얼 스타일 및 색상을 선택한다.

셋째로 리소스 언어와 MFC 라이브러리를 어떻게 사용할 것인지를 선택하게 된다.

ⓐ [리소스 언어] : 사용할 언어를 선택한다. "한국어"가 지원되므로 "ko-KR"을 선택하면 된다.

ⓑ [공유 DLL에서 MFC 사용] : MFC 라이브러리를 DLL(Dynamic Linked Library)로 사용하게 된다. 이 옵션을 선택하게 되면 실행 프로그램의 크기가 작아 메모리 소비량이 적다는 이점이 있다. 반면에 프로그램을 설치할 때 실행 파일 외에 DLL도 함께 설치하여야 하는 단점이 있다.

ⓒ [정적 라이브러리에서 MFC 사용] : MFC 라이브러리를 LIB로 사용하게 된다. 이 옵션을 선택하면 프로그램의 크기가 커지지만 한 개의 실행 파일만 설치해도 프로그램이 구동된다.

마지막으로 복합문서 지원에서 OLE의 기능에 대해 옵션을 선택하게 된다.

ⓐ [없음] : OLE 항목을 사용하지 않는다.

ⓑ [컨테이너] : 애플리케이션의 [삽입] 메뉴에 [개체] 항목이 생긴다. 이 항목을 선택하여 개체를 OLE로 해당 애플리케이션에 삽입할 수 있다. 다음 그림은 개체 삽입 대화상자의 예를 보여주고 있다.

ⓒ [미니 서버] : OLE를 제공하면서 프로그램이 독자적으로 구동되지는 않고 개체 삽입 대화상자에서 [개체 형식]으로 나타나 선택하여야만 구동된다.

ⓓ [풀 서버] : OLE를 제공하면서 프로그램이 독자적으로도 구동되고 개체 삽입 대화

상자에서 [개체 형식]으로 나타나 선택될 때도 구동된다.

ⓔ [컨테이너/풀 서버] : 애플리케이션에 [개체 삽입] 항목이 생겨 다른 OLE 프로그램을 사용할 수 있으며, 프로그램이 독자적으로도 구동되고 다른 프로그램에서도 호출할 수 있게 된다.

위의 OLE 항목 선택 여부에 따라 추가 옵션을 선택할 수 있다

ⓐ [활성 문서 서버] : 이 항목은 ⓒ, ⓓ 또는 ⓔ 항목이 선택되면 활성화되는 것인데, ActiveX 형태의 서버를 포함할 것인가를 선택하는 것이다. ActiveX란 OLE 기능이 있는 프로그램으로 프로그램의 크기가 작고 간단하여 네트워크를 통하여 구동할 수 있는 진보적인 OLE이다.

ⓑ [활성 문서 컨테이너] : 이 항목은 ⓑ 또는 ⓔ 항목이 선택되면 활성화되는 것인데, ActiveX 형태의 컨테이너를 포함할 것인가를 선택하는 것이다.

ⓒ [복합 파일 지원] : 이 항목은 ⓑ, ⓒ, ⓓ, 또는 ⓔ 항목이 선택되면 활성화되는 것인데, 복합 파일을 지원할 것인가를 선택하는 것이다. 복합 파일이란 구조적 저장 매체에 자신이 구현한 코딩을 저장하게 해준다.

이번 실습에서는 [애플리케이션 종류] 항목은 "단일 문서"를 선택하여 SDI 기반의 프로젝트를 만들고, [프로젝트 스타일] 항목은 "MFC standard"을, [비주얼 스타일 및 색] 항목은 "Windows Native/Default"을 선택한다. 나머지 옵션은 디폴트 값을 그대로 두고 다음 버튼을 누른다.

OLE(Object Linking and Embedding)란?

애플리케이션 간에 데이터를 공유할 수 있도록 해주는 기능이다. 예를 들어 워드 문서 안에 엑셀에서 작성한 그래프를 포함했을 때 그래프를 더블클릭하면 엑셀 프로그램이 실행된다. **OLE**는 특히 윈도우의 멀티태스킹(다중작업) 기능을 효과적으로 이용할 수 있게 하는데, 이를 통해 각각의 소프트웨어 특성에 맞는 작업을 동시에 진행할 수 있다.

② [문서 템플릿 속성]에서 옵션을 선택한다.

[문서 템플릿 속성] 단계에서는 윈도우의 출력 형태에 대해 고급 옵션을 선택할 수 있다.

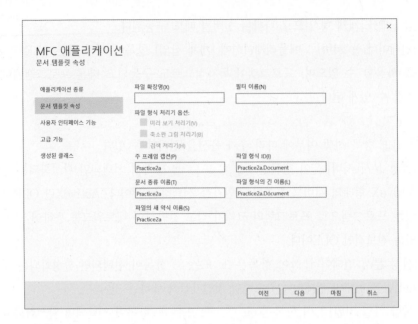

ⓐ [파일 확장명] : [파일] 메뉴의 [열기] 또는 [저장]을 선택하였을 때 나오는 대화상자에서, 초기에 읽는 파일 확장자를 설정하는 난이다.

ⓑ [필터 이름] : 파일 대화상자에서 파일에 대한 필터를 설정하는 난이다.

ⓒ [주 프레임 캡션] : 메인 프레임 캡션 바에 출력되는 문자

ⓓ [파일 형식 ID] : 윈도우 등록 데이터베이스에 저장될 문서 형식의 식별자이다.

ⓔ [문서 형식 이름] : 새 문서 파일의 루트 이름이며, 기본적으로 "프로젝트 이름"이다.

ⓕ [파일 형식의 긴 이름] : 윈도우 등록 데이터베이스에 저장될 문서 형식의 이름이다.

ⓖ [파일의 새 약식 이름] : "워크시트"와 같이 문서 형식의 약식 이름이다.

③ [사용자 인터페이스 기능]에서 옵션을 선택한다.

[사용자 인터페이스 기능] 단계에서는 윈도우의 출력 형태 및 사용자 인터페이스에 대해 여러 옵션을 선택하게 된다.

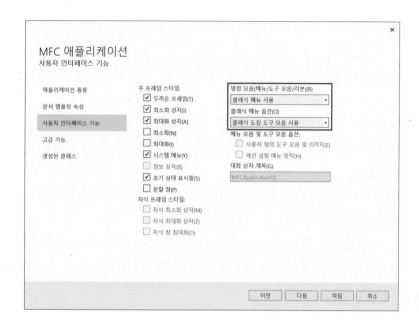

첫째로 애플리케이션의 주 프레임 윈도우의 스타일을 다음 9개 중에 원하는 형태로 설정할 수 있다.

ⓐ [두꺼운 프레임] : 메인 프레임 경계선을 이중선으로 처리한다.

ⓑ [최소화 상자] : 메인 프레임 상단에 아이콘 형태로 변환하는 버튼을 만들어 준다.

ⓒ [최대화 상자] : 메인 프레임 상단에 윈도우를 최대로 변환하는 버튼을 만들어 준다.

ⓓ [최소화] : 프로그램 실행 시 아이콘 형태로 나타난다.

ⓔ [최대화] : 프로그램 실행 시 전체화면 형태로 나타난다.

ⓕ [시스템 메뉴] : 시스템 메뉴를 만들어 준다.

ⓖ [정보 상자] : 응용 프로그램에 [정보] 대화상자를 만들어 준다.

ⓗ [초기 상태 표시줄] : 처음 상태 표시줄을 만들어 준다.

ⓘ [분할 창] : 동적 분할 윈도우의 사용을 선택하는 곳이다. 분할 윈도우에 대해서는 뒤에서 자세히 설명될 것이다.

둘째로 애플리케이션을 MDI 형태의 도큐먼트를 만들 때 자식 윈도우 프레임 스타일을 다음 3개 중에서 원하는 형태로 설정할 수 있다.

ⓐ [자식 최소화 상자] : 자식 윈도우 상단에 아이콘 형태로 변환하는 버튼을 만들어 준다.

ⓑ [자식 최대화 상자] : 자식 윈도우 상단에 윈도우를 최대 크기로 변환하는 버튼을 만들어 준다.

ⓒ [자식 창 최대화] : 프로그램 실행 시 자식 윈도우가 전체화면 형태로 나타난다.

마지막으로 메뉴, 도구 모음 및 리본 등 명령 모음을 어떻게 사용할 것인지를 선택하게 된다.

ⓐ [클래식 메뉴 사용] : 기본적인 메뉴와 4bit 툴바 형태를 제공한다.

　ㄱ [클래식 도킹 도구 모음 사용] : 애플리케이션에 도킹 가능한 클래식 도구 모음을 사용한다.

　ㄴ [브라우저 스타일 도구 모음 사용] : 애플리케이션에 Internet Explorer 스타일 도구 모음을 사용한다.

ⓑ [메뉴 모음 및 도구 모음 사용] : 기본메뉴, 문맥 메뉴, 테마 메뉴 등 다양한 메뉴 모음과 4bit, 24bit 툴바 모음을 제공한다.

　ㄱ [사용자 정의 도구 모음 및 이미지] : 런타임에 도구 모음과 도구 모음 이미지를 사용자가 지정할 수 있다.

　ㄴ [개인 설정 메뉴 동작] : 메뉴에는 명령 일부가 표시되고 사용 패턴에 맞게 메뉴가 변경된다.

ⓒ [리본 사용] : Office 2007에서 사용하는 리본 사용자 인터페이스를 사용한다.

이번 실습에서는 명령 모음에서 [클래식 메뉴 사용]을 선택하고 클래식 메뉴 옵션은 [클래식 도킹 도구 모음 사용] 항목을 선택된 상태로 그대로 두고 ［ 다음 ］ 버튼을 눌러 다음 단계로 넘어간다.

④ [고급 기능]에서 옵션을 선택한다.
　[고급 기능] 단계에서는 인쇄 지원 등과 같은 애플리케이션을 위한 추가 기능을 선택하게 된다.

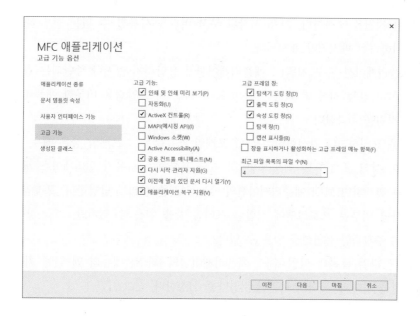

첫째로 인쇄에 관한 항목이라든지, ActiveX 컨트롤의 사용 여부, 윈도우 소켓(Window Sockets)을 이용할 것인지에 대한 항목을 선택한다.

ⓐ [인쇄 및 인쇄 미리 보기] : 메뉴에 [인쇄]와 [인쇄 미리 보기] 등의 인쇄에 관한 항목을 설정한다.

ⓑ [자동화] : 애플리케이션이 다른 애플리케이션에서 구현된 개체를 처리할 수 있도록 지정하거나 자동화 클라이언트에 애플리케이션을 노출한다.

ⓒ [ActiveX 컨트롤] : 이 항목을 선택하면 ActiveX 컨트롤을 자신의 프로그램에서 사용할 수 있게 해준다.

ⓓ [MAPI(메시징 API)] : 애플리케이션에서 메일 메시지를 만들고, 편집하고, 전송하고, 저장할 수 있게 한다.

ⓔ [Windows 소켓] : TCP/IP 네트워크를 통해 통신하는 애플리케이션을 작성할 때 사용할 수 있는 Windows 소켓을 지원한다.

ⓕ [Active Accessibility] : 접근성 클라이언트와의 상호 작용을 향상하기 위해 사용자 인터페이스를 사용자가 지정할 수 있는 CWnd 파생 클래스의 IAccessible을 지원한다.

ⓖ [공용 컨트롤 매니페스트] : Window XP 및 새 운영체제에 포함된 공용 컨트롤 DLL을 사용할 수 있도록 하는 애플리케이션 매니페스트를 생성한다.

ⓗ [다시 시작 관리자 지원] : Windows 다시 시작 관리자에 대한 지원을 추가한다.

ⓘ [이전에 열려 있던 문서 다시 열기] : 다시 시작할 때 이전에 열려 있던 문서를 열기

위한 지원을 추가한다. 자동 저장된 문서 버전을 사용할 수 있는 경우 해당 문서를 복원하라는 메시지가 표시된다.

ⓙ [애플리케이션 복구 지원] : 애플리케이션이 응답하지 않거나 중단되는 경우 정기적인 문서 자동 저장 및 사용 가능한 자동 저장 버전 알림을 비롯한 애플리케이션 복구 지원을 추가한다.

ⓚ [창을 표시하거나 활성화하는 고급 프레임 메뉴항목] : 프레임 창은 메뉴, 도구 모음 단추, 상태 표시줄 및 액셀러레이터 키를 포함하여 사용자 인터페이스 개체 업데이트를 관리하며 MDI 애플리케이션의 메뉴 표시줄 관리를 담당한다. 프레임워크를 사용하면 대부분 프로그램에 적합한 프레임 창을 얻을 수 있지만, 고급 항목을 사용하여 추가적인 유연성을 얻을 수 있다.

ⓛ [최근 파일 목록의 파일 수] : 애플리케이션의 [파일] 메뉴의 맨 끝에 최근 사용한 파일을 최대 몇 개까지 보관할 것인가를 설정한다.

둘째로 출력되는 도킹 창의 생성 여부를 선택한다.

ⓐ [탐색기 도킹 창] : 주 프레임 창 왼쪽에 Visual Studio 솔루션 탐색기와 유사한 도킹 창을 만든다.

ⓑ [출력 도킹 창] : 주 프레임 창 아래에 Visual Studio 출력 창과 유사한 도킹 창을 만든다.

ⓒ [속성 도킹 창] : 주 프레임 창 오른쪽에 Visual Studio 속성 창과 유사한 도킹 창을 만든다.

ⓓ [탐색 창] : Outlook 탐색 모음과 유사한 도킹 창을 주 프레임 창 왼쪽에 만든다.

ⓔ [캡션 표시줄] : Office 스타일의 캡션 표시줄을 주 프레임 창 위쪽에 만든다.

ActiveX 컨트롤이란?

ActiveX 컨트롤은 마이크로소프트사의 ActiveX 기술에서 파생된 것으로, 기존 컴포넌트를 이용하여 인터렉티브한 웹 페이지와 네트워크를 구축할 수 있도록 해주는 컨트롤이다. ActiveX 컨트롤은 웹 브라우저를 통해 자동으로 다운로드하여 수행될 수 있다. VBScript는 비주얼 베이식을 기반으로 한 스크립트 언어로 ActiveX의 중요한 기술 중 하나이며, VBScript는 익스플로러뿐만 아니라, ActiveX 컨트롤을 제어하고 묶어주는 중요한 도구로 사용된다.

이번 실습에는 디폴트로 설정된 옵션을 그대로 사용할 것이므로 [다음] 버튼을 눌러 다음 단계로 넘어간다.

⑤ [생성된 클래스]에서 옵션을 선택한다.

[생성된 클래스] 단계에서 MFC 애플리케이션 마법사에서 생성하는 클래스에 대한 정보를 보여주고 변경할 수 있게 해준다.

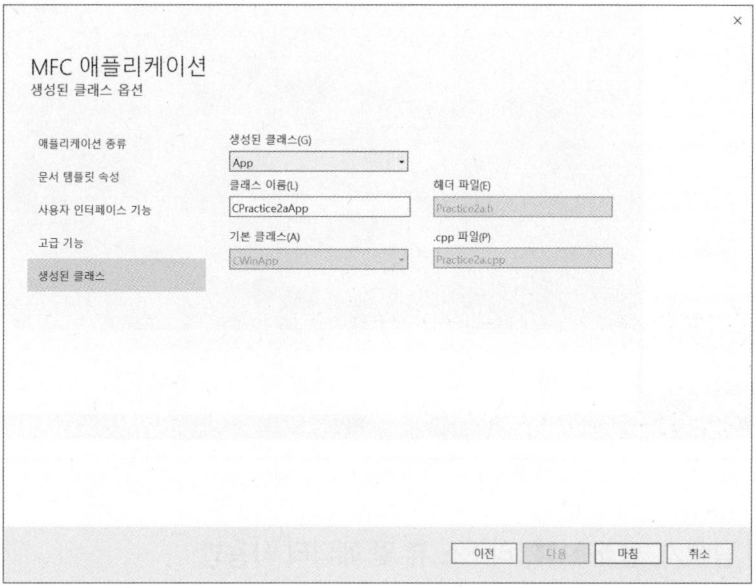

위 그림의 상단에 있는 [생성된 클래스] 콤보 박스에는 프로젝트에 삽입될 클래스들이 표시된다. 앞에서 언급했듯이 단일 문서(SDI) 프로젝트에는 4개의 클래스가 여러 문서(MDI) 프로젝트에는 5개의 클래스가 생성된다. 각 클래스 이름을 클릭하면 밑의 4개의 항목, 클래스 이름, 클래스가 정의된 헤더 파일 이름, 이 클래스의 기본 클래스 이름, 그리고 소스 파일 등에 대한 정보가 나타나고 활성화되어 있는 것은 수정할 수도 있다. 클래스 이름은 모든 클래스에서 변경할 수 있고, 소스 파일 이름과 헤더 파일 이름은 App 클래스 외의 다른 클래스에서 변경할 수 있다. 그리고 기본 클래스 이름은 View 클래스에서만 수정할 수 있다.

이번 실습에서는 각 클래스에 대한 정보를 확인하고 마침 버튼을 눌러 MFC 애플리케이션 마법사를 완료하면 다음과 같은 화면이 나온다.

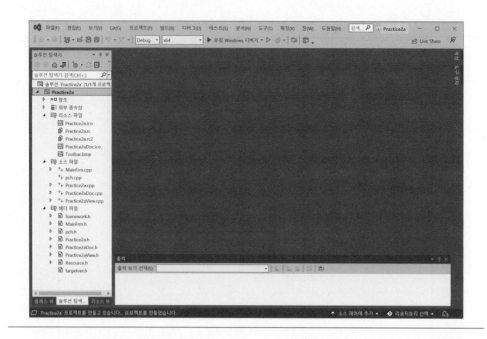

2) 솔루션 탐색기, 클래스 뷰, 리소스 뷰 및 에디터 사용법

솔루션 탐색기, 클래스 뷰 및 리소스 뷰는 현재 작업 중인 프로젝트에 대한 정보를 제공한다. 프로젝트 안에 포함된 파일들의 정보와 클래스에 대한 정보, 그리고 대화상자 또는 메뉴와 같은 리소스에 대한 정보를 나타낸다. 이들을 [보기] 메뉴에서 선택하고 Visual C++ 메뉴 아래의 좌측 창에 고정해 각기 탭으로 분리된 형태로 사용할 수 있다. 그럼 각 정보를 어떻게 나타내고 있는지 살펴보자. 그리고 마지막으로, 에디터의 기본적인 사용법을 익히자.

① [솔루션 탐색기]는 파일들에 대한 정보를 보여준다.

[솔루션 탐색기]는 프로젝트에 추가된 파일들을 보여준다. [소스 파일] 항목은 일반적으로 클래스의 함수를 구현하는 cpp 파일이 들어가며, [헤더 파일] 항목은 일반적으로 클래스를 정의하는 헤더 파일이 들어가게 된다. 그리고 [리소스 파일] 항목은 자원에 대한 정의를 포함한 rc 파일 및 아이콘 파일, 툴바 이미지 파일이 들어간다.

[솔루션 탐색기]는 우리가 새로운 클래스를 생성했을 경우, 자동으로 헤더 파일과 소스 파일을 구분해서 보여준다. 그러므로 [솔루션 탐색기]는 프로젝트 내에 어떤 파일이 존재하며, 클래스가 어떤 파일로 저장되어 있는지를 보여주는 기능을 한다. [그림 2-3]은 [보기]

메뉴에서 [솔루션 탐색기]를 선택하였을 때의 모습을 보여주고 있다.

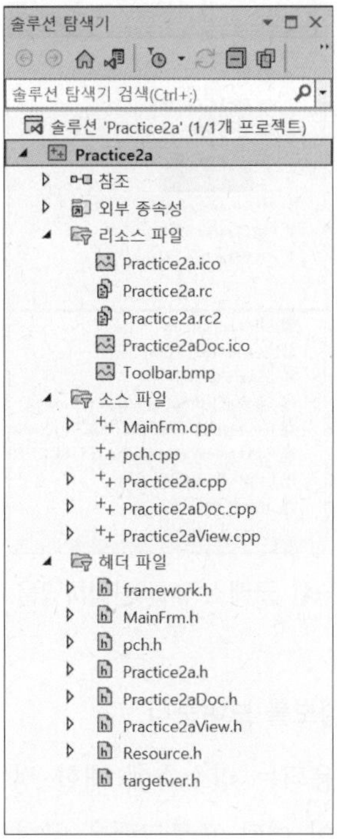

[그림 2-3] 솔루션 탐색기를 선택하였을 때 화면

② [클래스 뷰]는 클래스에 대한 정보를 보여준다.

[그림 2-4]는 [보기] 메뉴에서 [클래스 뷰]를 선택하였을 때의 모습을 보여주고 있다. [클래스 뷰]는 프로젝트 안에 어떤 클래스들이 사용되고 있으며, 클래스 안에 어떤 멤버 함수와 멤버 변수가 있는지 보여준다. 또한, 클래스 멤버의 속성을 그림으로 표현하고 있다.

🔩 아이콘은 클래스를, 🔷 아이콘은 멤버 함수를, 🔶 아이콘은 멤버 변수를 표시한다. 그리고 멤버의 접근 지정자에 따라 private 영역은 🔒 자물쇠 아이콘, protected 영역은 🔑 별표 아이콘으로 나타낸다. public은 일반적인 🔶 아이콘으로 표시한다.

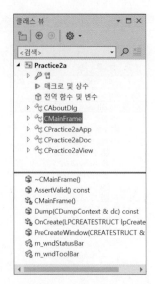

[그림 2-4] 클래스 뷰를 선택하였을 때 화면

③ [리소스 뷰]는 리소스에 대한 정보를 보여준다.

[리소스 뷰]는 프로젝트에서 사용되는 리소스에 대한 정보를 보여준다. 리소스란 대화상자, 메뉴, 툴바, 아이콘 등과 같이 어떤 프로그램을 구현하기 위해 부수적으로 필요한 자원이라고 할 수 있다. [그림 2-5]는 [보기] 메뉴에서 [리소스 뷰]를 선택하였을 때의 모습을 보여주고 있다.

[그림 2-5] 리소스 뷰를 선택하였을 때 화면

각 항목에서 리소스를 더블 클릭하면, 각 리소스의 정보들을 우측 창에 보여준다. [리소스 뷰]는 다음과 같은 자원들을 보여주고 있다.

• [Accelerator] : 가속키 또는 단축키에 대한 정보를 보여준다.

- [Dialog] : 프로그램에서 부수적으로 사용할 대화상자들을 보여준다.
- [Icon] : 프로그램에서 사용되는 아이콘들을 보여준다.
- [Menu] : 프로그램에서 사용할 메뉴에 대한 정보를 보여준다.
- [String Table] : 프로젝트에서 사용되는 문자열에 대한 리스트를 보여준다.
- [Toolbar] : 프로그램에서 사용되는 툴바에 대한 정보를 보여준다.

④ 에디터의 기본적인 사용법

에디터의 사용법은 일반적으로 텍스트 에디터와 같은 방법으로 사용하면 된다. 따라서 여기에서는 Visual C++에서 특별히 제공되는 기능에 관해서만 설명을 하겠다. [표 2-1]은 에디터에서 자주 사용되는 단축키를 보여주고 있다.

[표 2-1] 에디터에서 사용되는 단축키

기능	단축키	메뉴의 선택	설명
소스 코드 컴파일	Ctrl + F7	[빌드] ⇨ [컴파일]	현재 열린 소스 파일만 컴파일한다.
프로젝트의 빌드	Ctrl + Shift + B	[빌드] ⇨ [솔루션 빌드]	현재 프로젝트 안에 소스 파일을 모두 컴파일하고, 라이브러리를 링크시킨다.
프로젝트의 실행	Ctrl + F5	[디버그] ⇨ [디버깅하지 않고 시작]	현재 프로젝트를 실행시킨다. 컴파일이 되어 있지 않다면, 컴파일과 링크를 한 후 실행시킨다.
프로젝트의 디버그	F5	[디버그] ⇨ [디버깅 시작]	프로그램의 디버그를 시작한다. 소스 코드 내에 브레이크 포인트가 없다면 실행 명령과 유사하다.
브레이크 포인트 지정	F9	[디버그] ⇨ [중단점 설정/해제삽입]	현재 커서가 위치한 소스 코드에 브레이크 포인트를 지정한다. 브레이크 포인트를 지정하면 디버그 시에, 이 지점에서 실행을 멈추게 된다.

이 밖에도 많이 있지만, 많이 사용되는 것들만 나열한 것이다. 위와 같은 단축키를 알고 있다면 좀 더 편하게 에디팅을 할 수 있을 것이다.

2.4 MFC 애플리케이션 아키텍처

MFC에서 제공되는 클래스는 상당히 방대하므로 그 내용과 사용법을 설명하고자 한다면, 끝이 없을 것이다. 그러나 MFC 클래스들은 상속 구조가 매우 논리적이며 구조적으로 짜여있기 때문에 대표되는 기본 클래스들을 잘 이해한다면, 그 이하의 파생 클래스들을 이해하는 데는 수월할 것이다. 그래서 여기서는 이러한 굵직한 테마를 가진 상위 클래스만을 설명하고자 한다.

[그림 2-6]은 MFC 클래스의 전체 계층도를 간략하게 도식화한 그림이다. 이 밖에도 여러 개의 클래스가 있으므로, MFC 전체 계층도를 한 번 확인해 보기를 바란다. [그림 2-6]에서 나열한 클래스 중 중요한 몇 개의 클래스를 살펴보도록 하자.

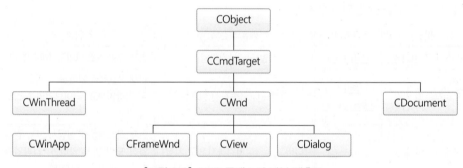

[그림 2-6] MFC 클래스의 기본 계층도

1) CObject 클래스

MFC의 최상위 기본 클래스로써 메모리에 클래스를 설정하는 기능을 가진 클래스이다. CObject 클래스는 클래스 루트로써만 작용하는 것이 아니라, 다음과 같은 서비스와 기능을 제공한다.

① 직렬화(Serialization)의 지원 : 현재 클래스의 객체가 디스크에 저장할 수 있도록 지원하고, 저장 여부를 확인할 수 있다.
② Run-time 클래스 정보 : 현재 클래스의 상태를 확인하고 오류를 정리할 수 있다.
③ 객체의 검사 출력 : 클래스의 객체가 유효한지 검사한다.
④ 컬렉션 클래스에 대한 호환성 제공 : 컬렉션 클래스에 저장 가능한 객체는 CObject 클래스를 상속받은 클래스만이 가능하다. 그래서 사용자 클래스를 제작해 컬렉션 클래스에 저장하고자 한다면 항상 CObject를 상속받아야 한다.

2) CCmdTarget 클래스

MFC의 메시지 맵 아키텍처를 지원하기 위한 기저 클래스이다. 윈도우 메시지를 처리하는 MFC 클래스는 모두 CCmdTarget 클래스나 CCmdTarget의 파생 클래스로부터 상속받은 클래스이다. MFC 프레임워크에 존재하는 뷰 클래스, 메인 프레임 클래스, 도큐먼트 클래스가 기본적으로 윈도우 메시지를 처리할 수 있는 이유가 CCmdTarget 파생 클래스로부터 상속받았기 때문에 가능한 것이다. 혹 사용자 클래스를 정의하는데 윈도우 메시지 처리가 필요할 경우는 꼭 CCmdTarget 클래스나 CCmdTarget의 파생 클래스로부터 상속받아야 한다는 것을 잊지 말아야 할 것이다. 그러나 CCmdTarget 클래스는 실질적으로 메시지를 처리하는 것이 아니라 WM_COMMAND와 OLE 메시지만을 담당하고 있다.

3) CWinThread 클래스

어떤 프로그램이 실행되려면 먼저 메모리에 프로그램이 적재되어야 한다. 메모리에 적재된 프로그램을 하나의 프로세스라 한다. 그리고 이 프로세스는 여러 가지의 작업으로 나누어질 수 있는데, 이 단위가 스레드(thread)라고 한다. 하나의 프로세스는 하나의 스레드를 가지고 있지만, 여러 가지 스레드를 가질 수 있다. 이것이 멀티스레드라고 한다. 프로그래밍 기법 중에 멀티스레딩이 있는데, 프로그램을 작업 단위로 즉, 스레드로 나누어 프로그래밍하는 것이다. 중요한 것은 하나의 애플리케이션이 실행되고자 한다면 하나의 스레드가 생성되어야 한다는 점이다.

바로 CWinThread 클래스가 하나의 윈도우를 스레드로 구동될 수 있게 하는 클래스이다. CWinApp 클래스가 CWinThread 클래스로부터 상속받은 이유는 윈도우가 하나의 스레드로 구동되게 하기 위한 것이다. 윈도우 시스템이 멀티태스킹을 지원하는 운영체제라는 사실은 알고 있을 것이다. 즉 여러 가지 프로그램을 동시에 실행시킬 수 있다는 것이다. 이러한 윈도우 시스템에서 MFC 프로그램이 구동되기 위하여 CWinThread 클래스로부터 상속받는 이유는 당연하다.

4) CWinApp 클래스

애플리케이션 생성에서 가장 먼저 애플리케이션 자체를 나타내는 CWinApp로 파생된 클래스의 객체가 생성된다. 이 객체는 SDI의 경우 CSingleDocTemplate 클래스를, MDI의 경우 CMultiDocTemplate 클래스를 이용하여 템플릿 안에 포함된 클래스 즉,

FrameWnd, View, Document 클래스들을 관리한다. CWinApp 클래스로부터 파생된 클래스 안에 InitInstance() 함수 내부를 살펴보면 각 프로젝트 유형에 맞는 템플릿 클래스가 생성되어 있다는 것을 알 수 있다. [그림 2-7]은 MDI의 경우의 예이다.

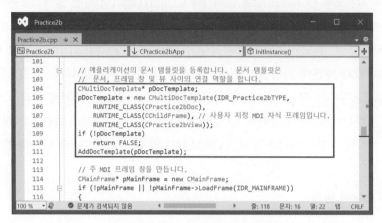

[그림 2-7] MDI 프로젝트의 템플릿 구성

5) CWnd 클래스

화면에 출력되는 모든 윈도우의 기본 클래스이며, CCmdTarget의 파생 클래스로서 메시지 맵의 기능을 지원하며, 윈도우를 구동하기 위한 모든 기능을 내포한 클래스이다. 윈도우를 제어하는데 필요한 공통된 기능은 CWnd 클래스에 정의되어있고, CWnd의 파생 클래스가 많이 존재하기 때문에 가장 많이 사용할 것이다. 예를 들면, 우리가 많이 사용하는 뷰 클래스, 프레임 클래스, 대화상자 클래스 등이 CWnd 클래스를 상속받은 것들이다.

6) CFrameWnd 클래스

윈도우의 외곽 경계를 정의하는 기본 클래스이다. CWnd 클래스로부터 상속받았기 때문에 공통으로 윈도우 메시지를 처리하며, 가시적으로 볼 수 있는 윈도우 전체 영역을 나타내고, 때에 따라서는 상태 표시줄, 도구상자를 포함한다. 그리고 SDI 프로젝트 유형에서는 CFrameWnd 클래스로부터 상속받아 CMainFrame 클래스를 생성하게 된다. MDI 프로젝트 유형에서는 CMDIFrameWnd 클래스와 CMDIChildWnd 클래스는 CFrameWnd 클래스로부터 상속받은 클래스이다. CMainFrame 클래스는 CMDIFrameWnd 클래스로부터 상속받아 생성되며 윈도우 전체 영역을 나타내고, 또, 다시 CChildWnd 클래스는 CMDIChildWnd 클래스로부터 상속받아 전체 윈도우 내에 자식 윈도우를 나타낸다.

7) CView 클래스

윈도우의 작업영역을 정의하는 기본 클래스이며, 이 클래스로부터 상속받은 여러 가지 형태의 뷰 클래스들이 있다. 이 클래스도 작업영역으로 들어오는 메시지들을 처리할 수 있다. 윈도우의 공통적인 속성은 CWnd 클래스에 정의되어있지만, 클래스마다 고유한 기능과 제어가 필요하므로 그냥 지나치는 일이 없도록 한다.

8) CDialog 클래스

모든 대화상자의 기본이 되는 클래스이다. 대개 애플리케이션은 대화상자를 뺄 수 없을 만큼 많이 사용하므로 중요한 클래스이다. CWnd 클래스로부터 상속받았으므로, 윈도우 메시지 처리를 할 수 있으며, 또한 대화상자 고유의 기능으로 여러 가지 컨트롤들을 쉽게 사용할 수 있다는 장점이 있다. 또한, Visual C++에서는 대화상자 폼의 디자인을 위한 Resource Editor를 제공하고 있다.

9) CDocument 클래스

애플리케이션에서 사용되는 데이터를 저장하고 제어하는 클래스로써, 프레임워크에서 사용되는 클래스와는 약간 다른 성격을 가지고 있다. 애플리케이션의 내부를 담당하고 있다. 기본적으로 애플리케이션의 데이터 처리는 이 클래스에서 다루는 것이 좋고, 또한 디스크로의 입·출력을 제공하므로 데이터의 입·출력에 관한 내용은 이 클래스를 사용할 것을 권장한다. 데이터를 이 클래스의 멤버 변수로 가지게 되며 뷰 클래스나 프레임 윈도우는 이 멤버 변수들의 데이터를 활용하여 표현하게 된다. 이것을 문서/뷰 구조라고 말하고 있다.

실습 2-2 **간단한 MFC 프로젝트 만들기**

이번 실습에서는 〈실습 1-1〉와 같이 윈도우에 문자열을 출력해 볼 것이다. 하지만 Win32 API 함수를 사용하지 않고 MFC를 사용할 것이며, 클래스 마법사를 이용해 키보드와 마우스에 대한 메시지 처리를 하고, 키보드와 마우스의 동작에 따라 문자열을 출력하는 프로그램을 작성하는 것이다. 또한, 윈도우의 크기가 변경되었을 때 윈도우의 크기를 출력할 것이다.

Step 1 단일 문서(SDI) 기반의 프로젝트를 생성한다.

① Visual C++ 2022를 실행시켜서 시작 화면에서 [새 프로젝트 만들기]를 선택한다.

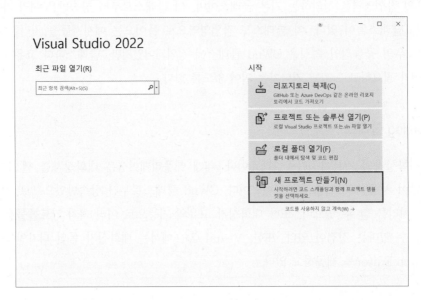

② [새 프로젝트 만들기]를 선택하면 다음과 같은 컨트롤 시트가 나온다. 프로젝트 템플릿에서 [MFC 앱] 템플릿을 선택하고 다음(N) 버튼을 누른다.

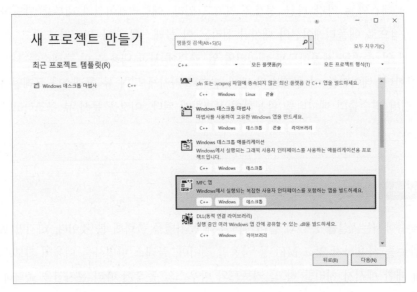

③ [새 프로젝트 구성] 컨트롤 시트가 나오면 [프로젝트 이름] 항목에 프로젝트 이름을 "Practice2b"라 입력한다. 그러면 [위치]에 default로 현재 [문서]-[source]-[repos] 폴더에 Practice2b라는 폴더가 만들어진다. 다른 곳에 폴더를 만들기를 원하면 [위치] 옆의 찾아보기 버튼(..)을 눌러 원하는 디렉터리로 변경하면 된다. [솔루션 및 프로젝트를 같은 디렉터리에 배치] 항목은 default로 체크가 되어 있는데 이 의미는 솔루션용 디렉터리를 만들지 않아 프로젝트를 단순하게 만들 수 있다는 것이다. 솔루션에 여러 개의 프로젝트를 추가하고자 한다면 체크를 해제한 후 새로운 프로젝트를 생성하면 된다. 여기서는 간단하게 프로젝트를 생성하기 위하여 [솔루션 및 프로젝트를 같은 디렉터리에 배치] 항목이 체크가 되도록 default 값을 그대로 두고 [만들기(C)] 버튼을 누른다.

④ MFC 애플리케이션 마법사가 실행되면, 다음과 같은 대화상자가 나타난다. [애플리케이션 종류] 항목은 "단일 문서"를 선택하여 SDI 기반의 프로젝트를 만들고, [프로젝트 스타일] 항목은 "MFC standard"을, [비주얼 스타일 및 색] 항목은 "Windows Native/Default"을 선택한다. 나머지 옵션은 디폴트 값을 그대로 두고 [마침] 버튼을 누른다.

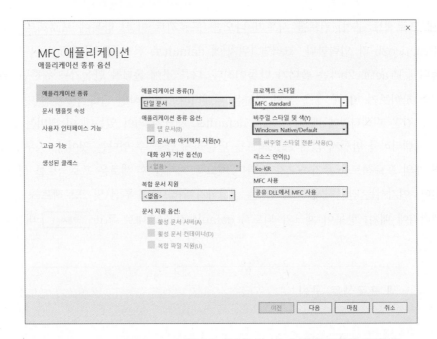

⑤ MFC 애플리케이션 마법사를 완료하면 다음과 같은 화면이 나와서 프로그램을 구현할
준비가 된다.

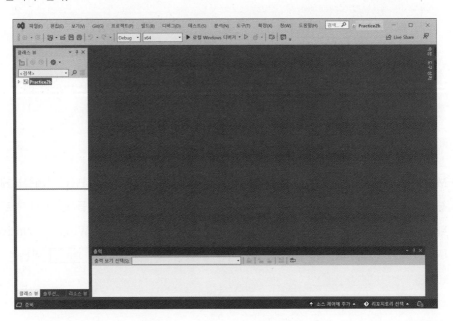

Step 2 윈도우 크기가 변경되었을 때 윈도우에 윈도우 크기를 출력한다.

먼저 윈도우 크기를 나타내는 문자열을 저장할 멤버 변수를 추가하고, 윈도우 크기가 변경될 때의 윈도우 메시지 WM_SIZE에 대한 메시지 핸들러 함수를 만든다. 그리고 메시지 핸들러 함수에 윈도우 크기가 변경될 때 윈도우에 윈도우 크기를 출력하는 코딩을 한다.

① 윈도우 크기를 나타내는 멤버 변수를 다음과 같은 방법으로 추가한다.

ⓐ 왼쪽 창에서 [클래스 뷰] 탭을 선택하자. **Practice2b** 항목의 트리 구조를 확장시킨다. 그리고 CPractice2bView 클래스를 선택한 후 오른쪽 마우스 버튼을 누르면 나타나는 단축메뉴 중에서 [추가]−[변수 추가]를 마우스로 선택하면 [변수 추가] 대화상자가 나타난다.

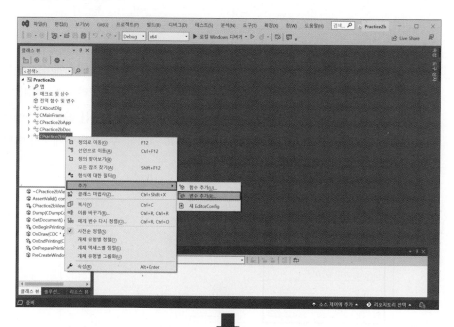

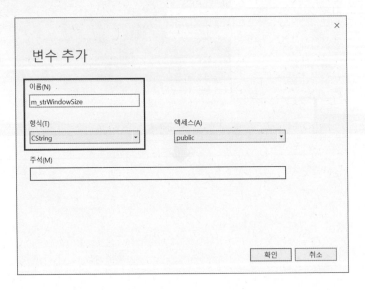

ⓑ [변수 추가] 대화상자에 변수 이름과 변수 형식을 입력한다. 이 실습에서는 윈도우 크기를 나타내는 변수의 [이름] 항목을 m_strWindowSize로 입력하고 [형식] 항목은 문자열을 나타내는 자료형인 CString 형으로 입력한다. [형식] 콤보 박스에서는 C/C++에서 제공하는 기본적인 자료형을 제공하고 선택할 수 있지만 제공하지 않는 자료형은 직접 입력하면 된다.

CString 클래스

프로그램에서 가장 많이 사용하는 것이 문자열이고, 또한 가장 다루기 힘든 것이 문자열이다. MFC에서는 문자열을 처리하는 클래스인 CString 클래스를 제공한다. const TCHAR* 또는 LPCTSTR 대신 CString 객체를 직접 사용이 가능하여 TCHAR* 또는 LPCTSTR 형식을 인자로 받는 함수에 CString 객체를 넘겨주면 문자열 값이 전달된다. 데이터를 문자열로 변환하여 출력하기 위해 Format 멤버 함수를 사용한다. 데이터를 문자열로 변환하는 예는 다음과 같다.

CString str;

- str.Format(_T("마우스 위치 X : %d, Y : %d), 200, 200)

다음의 표는 CString 클래스의 주요 멤버 함수를 설명하고 있다.

함수	내용
GetLength()	설정된 문자의 길이를 반환한다.
IsEmpty()	현재 문자열 버퍼가 비어 있는가?
Empty()	문자열을 삭제하여 버퍼를 비운다.
GetAt()	문자열 특정 위치의 문자 값을 얻는다.
SetAt()	문자열의 특정 위치에 새로운 문자를 삽입한다.
Compare()	문자열과 인자의 문자열을 비교한다.
MakeUpper()	문자열의 소문자를 대문자로 바꾼다.
MakeLower()	문자열의 대문자를 소문자로 바꾼다.
Format()	형식을 지정하여 문자열에 넣는다.
Find()	문자열에서 특정 문자나 부분 문자열을 찾는다.

ⓒ 멤버 변수가 📎CPractice2bView 클래스에 잘 추가되었는지 확인하자. [클래스 뷰] 탭에서 📎CPractice2bView 클래스를 더블 클릭해 보자. 그러면 다음 그림과 같이 멤버 변수가 추가된 것은 확인할 수 있다. 그리고 📎m_strWindowSize를 더블 클릭하면, 변수가 선언되어있는 소스 코드로 이동할 것이다.

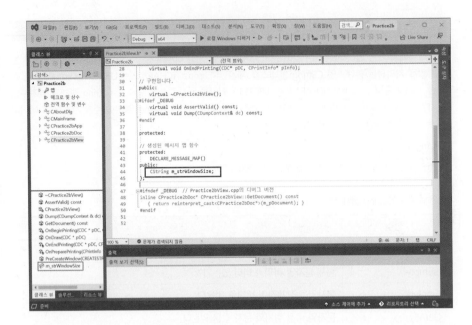

② 윈도우 크기가 변경될 때 발생하는 윈도우 메시지 WM_SIZE에 대한 메시지 핸들러 함수를 만든다.

   ⓐ [프로젝트] 메뉴의 [클래스 마법사]를 선택하거나 단축키인 Ctrl + Shift + X 를 눌러서 클래스 마법사를 실행시킨다.

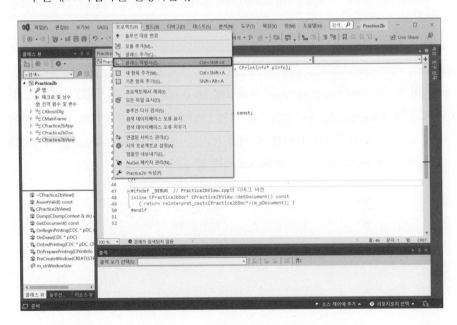

ⓑ 클래스 마법사를 실행시키면 다음과 같은 컨트롤 시트 형태의 대화상자가 나온다.
[클래스 마법사]에서 WM_SIZE 메시지에 대해 다음과 같이 메시지 핸들러 함수를 만
든다.

ⓒ [프로젝트] 항목에서 프로젝트 이름 Practice2b을 선택한다.

ⓓ [클래스 이름] 항목에서 메시지 핸들러 함수가 생성될 클래스를 선택한다. 이번 실
습에서는 View 클래스에서 수행되는 함수를 만들기 위해서 CPractice2bView 클래스
를 선택한다.

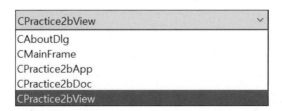

ⓔ [메시지] 탭을 선택하고 메시지 항목에서 윈도우 메시지를 찾아 더블 클릭하거나, 윈
도우 메시지를 선택한 후 처리기 추가(A) 버튼을 누른다. 이번 실습에서는 윈도우의 크기
가 변경되었을 때의 윈도우 메시지인 WM_SIZE를 선택하고, 더블클릭하여 메시지 핸
들러 함수를 추가한다.

ⓕ [기존 처리기] 항목에서 OnSize 메시지 핸들러 함수를 더블 클릭하거나, [기존 처리기] 항목에 OnSize 메시지 핸들러 함수를 선택하고 [코드 편집(E)] 버튼을 눌러서 메시지 핸들러 함수로 이동한다.

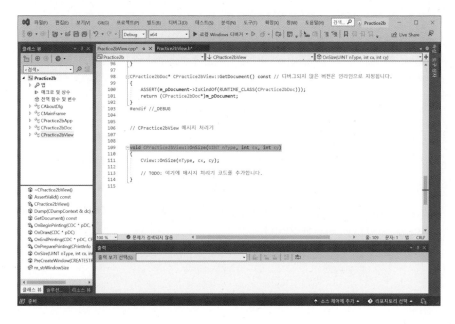

ⓖ OnSize() 메시지 핸들러 함수에 다음과 같은 코드를 입력한다. 다음 코드는 윈도우 크기가 변경될 때마다 OnSize() 메시지 핸들러 함수의 인자 cx, cy를 이용하여 윈도우 크기를 나타내는 문자열을 생성하고, Invalidate() 함수를 이용하여 OnDraw() 함수를 호출한다.

```
void CPractice2bView::OnSize(UINT nType, int cx, int cy)
{
    CView::OnSize(nType, cx, cy);

    // TODO: 여기에 메시지 처리기 코드를 추가합니다.
    // 윈도우 크기가 변경될 때 윈도우 크기를 나타내는 문자열 생성
    m_strWindowSize.Format(_T("윈도우 크기는 넓이 %d, 높이 %d입니다."), cx, cy);
    // 화면 갱신
    Invalidate();
}
```

Invalidate() 함수

Invalidate() 함수는 윈도우의 클라이언트 영역을 다시 그리는 함수이다. 이 함수는 WM_PAINT를 직접 호출하진 않으나 전체 클라이언트 영역을 윈도우의 update region에 더해 시스템이 WM_PAINT를 호출하도록 한다. WM_PAINT 메시지는 OnDraw() 함수를 호출해서 화면을 다시 그리는 역할을 한다. 그래서 프로그램의 함수가 데이터를 변경할 때에는 CView 클래스의 Invalidate() 함수를 호출하여 OnDraw() 함수를 호출해야 한다. OnDraw() 함수를 직접 호출해서는 안 된다. 함수의 원형은 다음과 같다.

void Invalidate(BOOL bErase = TRUE);

Invalidate(TRUE)는 윈도우의 background를 전부 지운 후 BeginPaint() 함수를 이용하여 다시 그리고, Invalidate(FALSE) 함수는 background는 그대로 남겨두고 바뀐 부분만 그린다. 디폴트 인수는 TRUE이다.

③ 윈도우에 윈도우 크기를 출력한다.

ⓐ [클래스 뷰] 탭을 선택하고, ◆ CPractice2bView 클래스를 선택하면 이 클래스에 포함된 멤버 함수와 멤버 변수들이 보일 것이다. 그들 중에서 ◆ OnDraw(CDC * pDC) 멤버 함수를 선택하고 더블 클릭한다. 그러면 다음과 같이 ◆ OnDraw(CDC * pDC) 함수의 소스 코드로 이동할 것이다.

ⓑ 🖱 OnDraw(CDC * pDC) 함수에 윈도우 크기를 나타내는 문자열을 출력하는 코드를 추가한다. 먼저 매개변수에 주석 처리된 부분을 해제한다.

```
void CPractice2bView::OnDraw(CDC* pDC)              // 주석처리 해제
{
    CPractice2bDoc* pDoc = GetDocument();
    ASSERT_VALID(pDoc);
    if (!pDoc)
        return;


    // TODO: 여기에 원시 데이터에 대한 그리기 코드를 추가합니다.
    // 윈도우 크기를 나타내는 문자열을 윈도우 좌측 상단(10, 10)에 출력
    pDC->TextOut(10, 10, m_strWindowSize);
}
```

OnDraw() 함수

WM_PAINT 메시지는 화면에 보이는 모습이 변할 때마다 메시지가 날아오고 이 메시지를 처리하는 함수가 OnPaint() 메시지 핸들러 함수이다. CWnd 클래스와 파생 클래스에서는 화면을 복원하는 루틴을 OnPaint() 메시지 핸들러 함수에 넣고, CView 클래스에서는 CWnd 클래스에서 상속받은 후 OnPaint() 함수를 오버라이딩한 OnDraw() 함수에 넣는다. WM_PAINT 메시지가 날아올 때마다 OnPaint() 함수와

OnDraw() 함수가 둘 다 호출되어 화면을 복원한다. 그러므로 실제 화면을 복원하는 루틴을 OnDraw() 함수 안에 넣으면 된다. 참고로 OnDraw() 함수는 메시지 핸들러 함수가 아닌 가상함수이다. 함수의 원형은 다음과 같다.

virtual void OnDraw(CDC* pDC) = 0;

- pDC : DC(Device Context)를 가지는 포인터

CDC::TextOut() 함수

TextOut() 함수는 문자열을 지정된 위치에 출력하는 함수이다. 함수의 원형은 다음과 같다.

BOOL TextOut(int x, int y, const CString& str);

- x : 문자열이 출력될 x 좌표
- y : 문자열이 출력될 y 좌표
- str : 출력될 문자열

Step 3 프로그램을 실행시켜보자.

① [빌드] 메뉴에서 [디버그하지 않고 시작]을 선택한다. 또는 단축키 Ctrl+F5를 눌러 프로그램을 실행시킨다.

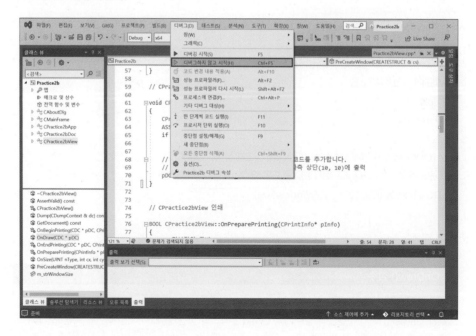

② 지금까지의 프로그램의 결과는 다음과 같다. 아래 그림과 같이 출력되지 않는 독자는

앞 단계로 돌아가 다시 살펴보기를 바란다.

ⓐ 다음과 같이 윈도우가 생성되면서 화면 상단에 윈도우의 크기가 출력될 것이다

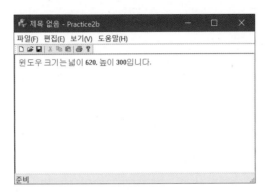

ⓑ 마우스로 윈도우의 크기를 변경해보면 화면 상단에 출력되는 내용이 변하는 것을 볼 수 있을 것이다.

Step 4 **마우스와 키보드 동작에 따라 출력할 문자열을 저장할 멤버 변수를 추가한다.**

우리는 마우스와 키보드의 동작에 따라서 문자열을 출력하고자 한다. 그렇다면, 문자열을 저장할 변수가 필요할 것이다.

① [클래스 뷰]에서 멤버 변수를 추가할 🦊 CPractice2bView 클래스를 선택한 후 오른쪽 마우스 버튼을 누르면 나타나는 단축 메뉴 중에서 [추가]-[변수 추가]를 마우스로 선택하면 [변수 추가] 대화상자가 나타난다.

② [변수 추가] 대화상자에 변수 이름과 변수 형식을 입력한다. 변수의 [이름] 항목을 m_
strOutput으로 입력하고 [형식] 항목은 문자열을 나타내는 자료형인 CString 형으로
입력한다.

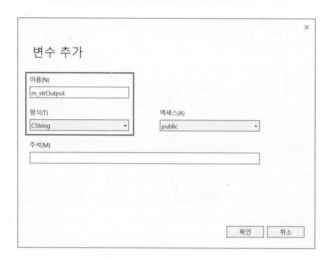

③ 입력이 끝나고 [확인] 버튼을 누르면 멤버 변수가 추가된다. [클래스 뷰]에서 추가된
멤버 변수 m_strOutput을 더블 클릭하여 실제로 멤버 변수가 추가된 코드를 확인해
보자.

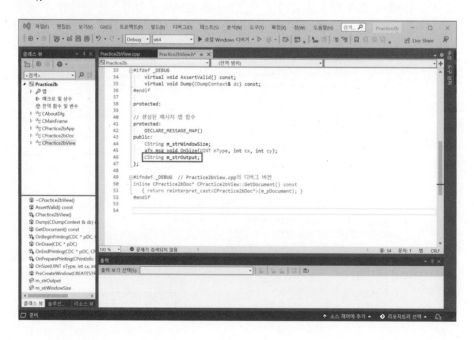

Step 5 왼쪽 마우스에 대한 메시지를 처리한다.

우선 왼쪽 마우스 동작에 따른 메시지를 처리하고, 전 단계에서 추가한 멤버 변수 🖉 m_strOutput에 적합한 문자열을 입력하자.

① 전 단계와 같은 방법으로 Ctrl + Shift + X 키를 눌러서 클래스 마법사를 실행시켜 [프로젝트] 항목은 Practice2b를, [클래스 이름] 항목은 CPractice2bView가 선택되었는지 확인한다. 선택되어 있지 않다면 다시 선택해 주자. [메시지] 탭을 선택한 후 [메시지] 항목에서 왼쪽 마우스 버튼을 눌렀을 때 발생하는 메시지인 WM_LBUTTONDOWN을 선택한다.

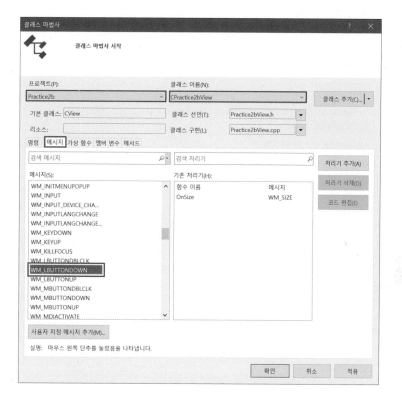

② 항목들을 선택한 후 처리기 추가(A) 버튼을 눌러 메시지 핸들러 함수를 추가하고, 클래스 마법사에서 [기존 처리기] 항목을 살펴보면, 다음 그림과 같이 왼쪽 마우스 버튼 눌렀을 경우의 메시지 핸들러 함수가 추가되었음을 확인할 수 있을 것이다.

③ OnLButtonDown() 메시지 핸들러 함수에 코드를 입력한다.

ⓐ [기존 처리기] 항목에서 OnLButtonDown() 메시지 핸들러 함수를 더블 클릭하거
나, [기존 처리기] 항목에서 OnLButtonDown() 메시지 핸들러 함수를 선택하고
[코드 편집(E)] 버튼을 누르면 코드를 입력할 수 있는 화면으로 전환된다. [클래스 뷰]를
보면 💠 OnLButtonDown(UINT nFlags, CPoint point) 함수가 생성된 것을 볼 수 있다.

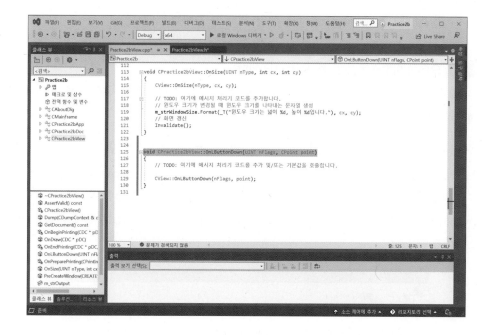

ⓑ 🖥 OnLButtonDown(UINT nFlags, CPoint point) 함수의 "//TODO: 여기에 메시지 처리기
코드를 추가 및/또는 기본값을 호출합니다." 밑에 다음과 같은 코드를 입력하면 된
다. 이 코드는 문자열을 저장하는 멤버 변수인 m_strOutput에 "왼쪽 마우스 버튼
을 눌렀습니다."라는 문자열을 입력하는 코드이다.

```
void CPratice2bView::OnLButtonDown(UINT nFlags, CPoint point)
{
    // TODO: 여기에 메시지 처리기 코드를 추가 및/또는 기본값을 호출합니다.
    m_strOutput = _T("왼쪽 마우스 버튼을 눌렀습니다.");
    Invalidate();

    CView::OnLButtonDown(nFlags, point);
}
```

이 코드는 m_strOutput 변수에 "왼쪽 마우스 버튼을 눌렀습니다."라는 문자열을
입력하고 Invalidate() 함수를 이용하여 OnDraw() 함수를 호출한다. 따라서 m_
strOutput 변수의 내용을 출력하기 위해서는 OnDraw() 함수에 변수 내용을 출력
하는 코드를 뒤에서 구현하면 된다. 여기서 주의할 점은 윈도우에 출력하는 코드는
OnDraw() 함수에 구현해야 한다는 점이다. 이유는 윈도우가 다시 그려질 때 WM_

PAINT 메시지가 발생하여 OnDraw() 함수가 실행되기 때문이다.

Step 6 오른쪽 마우스에 대한 메시지를 처리한다.

이제 오른쪽 마우스 동작에 따른 메시지를 처리하고, 전 단계에서 추가한 멤버 변수에 적합한 문자열을 입력하자.

① 전 단계와 같은 방법으로 Ctrl + Shift + X 키를 눌러서 클래스 마법사를 실행시켜 [프로젝트] 항목은 Practice2b를, [클래스 이름] 항목은 CPractice2bView가 선택되었는지 확인한다. 그렇지 않다면 다시 선택해 주자. [메시지] 탭을 선택한 후 [메시지] 항목에서 오른쪽 마우스 버튼을 눌렀을 때 발생하는 메시지인 WM_RBUTTONDOWN을 선택한다.

② 항목들을 선택한 후 처리기 추가(A) 버튼을 눌러 메시지 핸들러 함수를 추가하고, 클래스 마법사에서 [기존 처리기] 항목을 살펴보면, 다음 그림과 같이 오른쪽 마우스 버튼 눌렀을 경우의 메시지 핸들러 함수가 추가되었음을 확인할 수 있을 것이다.

③ OnRButtonDown() 메시지 핸들러 함수에 코드를 입력한다.

　　ⓐ [기존 처리기] 항목에서 OnRButtonDown() 메시지 핸들러 함수를 더블 클릭하거
　　　나, [기존 처리기] 항목에서 OnRButtonDown() 메시지 핸들러 함수를 선택하고
　　　코드 편집(E) 버튼을 누르면 코드를 입력할 수 있는 화면으로 전환된다.

ⓑ 🔷 OnRButtonDown(UINT nFlags, CPoint point) 함수의 "//TODO: 여기에 메시지 처리
기 코드를 추가 및/또는 기본값을 호출합니다." 밑에 다음과 같은 코드를 입력하면
된다. 이 코드는 문자열을 저장하는 멤버 변수인 m_strOutput에 "오른쪽 마우스
버튼을 눌렀습니다."라는 문자열을 입력하는 코드이다.

```
void CPratice2bView::OnRButtonDown(UINT nFlags, CPoint point)
{
    // TODO: 여기에 메시지 처리기 코드를 추가 및/또는 기본값을 호출합니다.
    m_strOutput = _T("오른쪽 마우스 버튼을 눌렀습니다.");
    Invalidate();

    CView::OnRButtonDown(nFlags, point);
}
```

Step 7 키보드에 대한 메시지를 처리한다.

이번 단계는 키보드 메시지에 대한 처리이다. 전 단계에서 구현한 마우스에 대한 메시지 처
리 방법과 해당 메시지만 다를 뿐 처리 방법은 같다.

① Ctrl + Shift + X 키를 눌러 클래스 마법사를 실행시키자. 앞 단계의 마우스 메시지 처

리와 같이 [프로젝트] 항목은 **Practice2b**를, [클래스 이름] 항목은 **CPractice2bView**가
선택되었는지 확인한다. [메시지] 탭을 선택한 후 [메시지] 항목은 **WM_KEYDOWN**을 선
택하자. 이것은 키보드를 눌렀을 경우의 메시지를 선택한 것이다.

② 항목들을 선택한 후 [처리기 추가(A)] 버튼을 눌러 메시지 핸들러 함수를 추가한다. 다음 그림
과 같이 클래스 마법사 대화상자의 [기존 처리기] 항목에서 OnKeyDown() 함수가 추
가됐는지 확인하자.

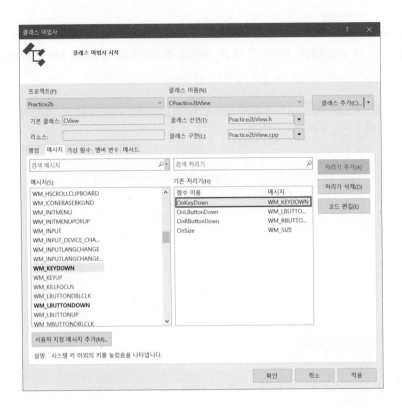

③ [기존 처리기] 항목에서 OnKeyDown() 메시지 핸들러 함수를 선택하고 클래스 마법사 대화상자에서 코드 편집(E) 버튼을 누른다. 그러면 다음 그림과 같이 OnKeyDown() 함수의 소스 코드 부분으로 이동해 있을 것이다.

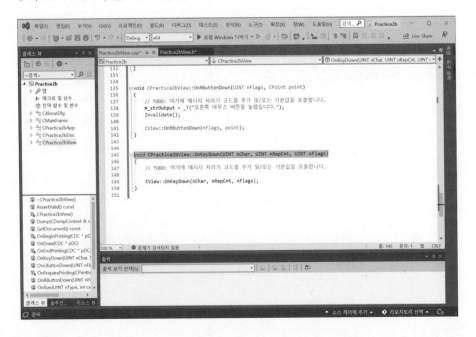

④ 메시지 핸들러 함수에 소스 코드를 기술해 보자. OnKeyDown() 함수의 "//TODO : ......" 부분의 다음 행부터 아래와 같이 코드를 추가시킨다. 출력할 문자열을 저장하는 멤버 변수인 m_strOutput에 "키보드를 눌렀습니다."라는 문자열을 입력하는 코드이다.

```
void CPratice2bView::OnKeyDown(UINT nChar, UINT nRepCnt, UINT nFlags)
{
    // TODO: 여기에 메시지 처리기 코드를 추가 및/또는 기본값을 호출합니다.
    m_strOutput = _T("키보드를 눌렀습니다.");
    Invalidate();

    CView::OnKeyDown(nChar, nRepCnt, nFlags);
}
```

Step 8   **마우스 이동과 드래그를 구별할 멤버 변수를 추가한다.**

마우스 버튼을 누른 상태에서 이동하면 "마우스 드래그"이고 마우스를 누르지 않은 상태에서 이동하면 "마우스 이동"이라 말한다. 따라서 마우스가 눌린 상태인지 아닌지를 저장할 수 있는 변수가 필요하다. 이 단계에서는 마우스 클릭 상태를 저장할 수 있는 변수를 선언할 것이다.

① [클래스 뷰]에서 멤버 변수를 추가할 ⚙CPractice2bView 클래스를 선택한 후 오른쪽 마우스 버튼을 누르면 나타나는 단축 메뉴 중에서 [추가]–[변수 추가]를 마우스로 선택하면 [변수 추가] 대화상자가 나타난다. [변수 추가] 대화상자에 변수 이름과 변수 형식을 입력한다. [이름] 항목에 변수 이름을 m_bDrag라 입력하고 [형식] 콤보 박스에서 Boolean을 나타내는 자료형인 bool 형을 선택한다.

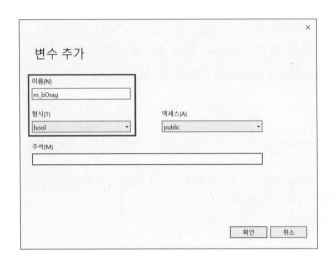

② 입력이 끝나고 [확인] 버튼을 누르면 멤버 변수가 추가된다. [클래스 뷰]에서 추가
된 멤버 변수 💿 m_bDrag 를 더블 클릭하여 실제로 멤버 변수가 추가된 코드를 확인해
보자.

[Step 9] 마우스 이동과 드래그에 대한 메시지를 처리한다.

전 단계에서 추가한 멤버 변수를 이용하여 마우스 이동과 드래그에 따른 메시지를 처리
하자.

① 마우스 드래그는 마우스가 클릭된 상태와 이동의 상태가 동시에 발생하는 것이기 때
문에 💿 OnLButtonDown(UINT nFlags, CPoint point) 함수에 다음과 같은 코드를 추가시
킨다.

```
void CPratice2bView::OnLButtonDown(UINT nFlags, CPoint point)
{
    // TODO: 여기에 메시지 처리기 코드를 추가 및/또는 기본값을 호출합니다.
    m_bDrag = TRUE;
    m_strOutText = _T("왼쪽 마우스 버튼을 눌렀습니다.");
    Invalidate();

    CView::OnLButtonDown(nFlags, point);
}
```

② 마우스가 이동되었을 때의 윈도우 메시지인 WM_MOUSEMOVE에 대한 메시지 핸들 러 함수를 만든다.

ⓐ Ctrl + Shift + X 키를 눌러 클래스 마법사를 실행시키자. 앞 단계의 마우스 처리와 같이 [프로젝트] 항목은 Practice2b를, [클래스 이름] 항목은 CPractice2bView가 선 택되었는지 확인한다. [메시지] 탭을 선택한 후 [메시지] 항목은 WM_MOUSEMOVE 을 선택하자. 이것은 마우스가 이동했을 경우의 메시지를 처리하기 위한 것이다.

ⓑ 항목을 선택한 후 [처리기 추가(A)] 버튼을 눌러 메시지 핸들러 함수를 추가한다. 다음 그 림과 같이 클래스 마법사 대화상자의 [기존 처리기] 항목에서 OnMouseMove() 함 수가 추가됐는지 확인하자.

ⓒ [기존 처리기] 항목에서 OnMouseMove() 메시지 핸들러 함수를 선택하고, [클
   래스 마법사] 대화상자에서 [코드 편집(E)] 버튼을 누른다. 그러면 다음 그림과 같이
   OnMouseMove() 함수의 소스 코드 부분으로 이동해 있을 것이다.

ⓓ 메시지 핸들러 함수에 소스 코드를 기술해 보자. OnMouseMove() 함수의 "//
TODO : ......" 부분의 다음 행부터 아래와 같이 코드를 추가시킨다. 출력할 문자열
을 저장하는 멤버 변수인 m_strOutput에 마우스가 클릭 된 상태에는 "마우스를
드래그하고 있습니다."라는 문자열을, 마우스가 클릭 되지 않은 상태에서는 "마우스
를 이동 중입니다."라는 문자열을 입력하는 코드이다.

```
void CPractice2bView::OnMouseMove(UINT nFlags, CPoint point)
{
    // TODO: 여기에 메시지 처리기 코드를 추가 및/또는 기본값을 호출합니다.
    if (m_bDrag == TRUE)                // 마우스가 클릭 된 상태일 때
    {
        m_strOutput = _T("마우스를 드래그하고 있습니다.");
    }
    else                                // 마우스가 클릭 되지 않은 상태일 때
    {
        m_strOutput = _T("마우스를 이동 중입니다.");
    }
    Invalidate();
    CView::OnMouseMove(nFlags, point);
}
```

③ 왼쪽 마우스 버튼이 떼어졌을 때의 윈도우 메시지인 WM_LBUTTONUP에 대한 메시지
핸들러 함수를 만든다. 이 메시지 핸들러 함수에는 왼쪽 마우스 버튼을 떼었을 때 마
우스 클릭 상태 저장 변수인 m_bDrag에 마우스가 떼어졌다는 내용을 저장하는 코드
를 입력한다.

ⓐ Ctrl + Shift + X 키를 눌러 클래스 마법사를 실행시키자. 앞 단계의 마우스 처리와
같이 [프로젝트] 항목은 Practice2b를, [클래스 이름] 항목은 CPractice2bView가 선
택되었는지 확인한다. [메시지] 탭을 선택한 후 [메시지] 항목은 WM_LBUTTONUP을
선택하자.

ⓑ 항목을 선택한 후 처리기 추가(A) 버튼을 눌러 메시지 핸들러 함수를 추가한다. 다음 그림과 같이 클래스 마법사 대화상자의 [기존 처리기] 항목에서 OnLButtonUp() 함수가 추가됐는지 확인하자.

ⓒ [기존 처리기] 항목에서 OnLButtonUp() 메시지 핸들러 함수를 선택하고, 클래스 마법사 대화상자에서 코드 편집(E) 버튼을 누르면 메시지 핸들러 함수로 이동한다. 왼쪽 마우스 버튼이 떼어졌다는 것을 마우스 클릭 상태 저장 변수인 m_bDrag에 입력하기 위해서 OnLButtonUp(UINT nFlags, CPoint point) 함수에 다음과 같은 코드를 입력한다.

```
void CPractice2bView::OnLButtonUp(UINT nFlags, CPoint point)
{
    // TODO: 여기에 메시지 처리기 코드를 추가 및/또는 기본값을 호출합니다.
    m_bDrag = FALSE;

    CView::OnLButtonUp(nFlags, point);
}
```

Step 10 윈도우에 문자열을 출력한다.

마우스와 키보드에 대한 각각의 메시지 처리에서 멤버 변수에 문자열을 입력했다. 이 멤버 변수의 문자열을 윈도우 중앙에 출력해 보자.

① [클래스 뷰] 탭을 선택하고, CPractice2bView 클래스를 선택하면 이 클래스에 포함된 멤버 함수와 멤버 변수들이 보일 것이다. 그중에서 OnDraw(CDC * pDC) 멤버 함수를 선택하고, 더블 클릭한다. 그러면 다음과 같이 OnDraw(CDC * pDC) 함수의 소스 코드로 이동할 것이다.

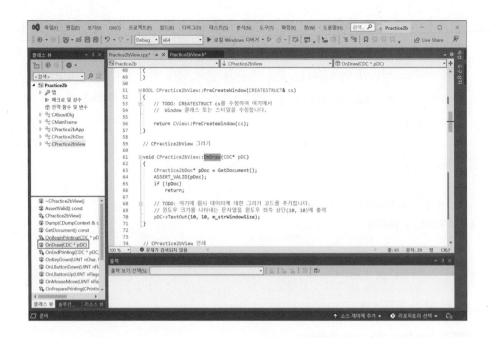

② 소스 코드로 커서가 이동했으면, OnDraw(CDC * pDC) 함수에 Step 2에서 코딩한 다음 행부터 아래와 같이 코드를 추가한다.

```cpp
void CPratice2bView::OnDraw(CDC* pDC)
{
    CPratice2bDoc* pDoc = GetDocument();
    ASSERT_VALID(pDoc);
    if (!Doc)
        return;

    // TODO: 여기에 원시 데이터에 대한 그리기 코드를 추가합니다.
    // 윈도우 크기를 나타내는 문자열을 윈도우 좌측 상단(10, 10)에 출력
    pDC->TextOut(10,10, m_strWindowSize);
    CRect rect;
    GetClientRect(&rect);
    pDC->DrawText(m_strOutput, rect, DT_SINGLELINE | DT_CENTER | DT_VCENTER);
}
```

CRect 클래스

CRect 클래스는 windows RECT 구조와 유사하며 사각형의 좌측 상단과 우측 하단의 좌표를 저장하기 위한 클래스이다. 이 클래스의 주요 멤버 변수는 다음과 같다.

LONG left;
LONG top;
LONG right;
LONG bottom;

- left   : 사각형의 왼쪽 상단의 x 좌표
- top   : 사각형의 왼쪽 상단의 y 좌표
- right   : 사각형의 오른쪽 하단의 x 좌표
- bottom : 사각형의 오른쪽 하단의 y 좌표

GetClientRect() 함수

GetClientRect() 함수는 윈도우의 클라이언트 영역의 크기를 얻는 함수이다. 함수의 원형은 다음과 같다.

BOOL GetClientRect(LPRECT lpRect);

- lpRect : 클라이언트 좌표를 얻기 위한 포인터로 왼쪽 및 상단을 0으로 하고 오른쪽과 하단은 윈도우의 너비와 높이를 포함한다.

CDC::DrawText() 함수

DrawText() 함수는 화면에 문자열을 출력할 때 어느 영역을 정하고 이 영역에 출력 형식에 맞게 문자열을 출력하는 함수이다. 함수의 원형은 다음과 같다.

int DrawText(CString& str, LPRECT lpRect, UINT nFormat);

- str   : 출력될 문자열
- lpRect   : 문자열을 화면에 출력할 사각형 영역의 좌표
- nFormat : 출력 형식 플러그이고, 설정할 수 있는 플러그의 값은 다음과 같다.

플러그 값	내 용
DT_TOP	설정된 영역의 상단으로 정렬
DT_BOTTOM	설정된 영역의 하단으로 정렬
DT_LEFT	설정된 영역의 좌측으로 정렬
DT_RIGHT	설정된 영역의 우측으로 정렬(DT_SINGLELINE과 함께 지정되어야 한다)
DT_CENTER	설정된 영역의 가로 중앙에 정렬
DT_VCENTER	설정된 영역의 세로 중앙에 정렬(DT_SINGLELINE과 함께 지정되어야 한다)

DT_CALCRECT	문자열을 출력할 사각형의 영역을 계산
DT_SINGLELINE	행 바꿈과 라인피드를 무시하고 한 줄로 출력
DT_NOCLIP	클리핑 없이 문자를 출력
DT_EXPANDTABS	문자열에 탭이 포함되어 있을 때 공백을 출력

Step 11 프로그램을 실행시켜보자.

① `Ctrl`+`F7`을 눌러 컴파일하고, 에러가 없다면 `Ctrl`+`F5`를 눌러 프로그램을 실행시켜보자. 프로그램의 결과는 다음과 같다. 다음 그림과 같이 출력되지 않는 독자는 앞 단계로 돌아가 다시 살펴보기를 바란다.

ⓐ 다음과 같이 윈도우가 생성되면서 화면 상단에 윈도우의 크기가 출력될 것이다.

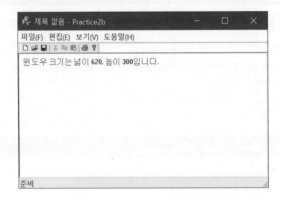

ⓑ 키보드 버튼을 눌렀을 경우는 다음과 같이 윈도우에 출력될 것이다.

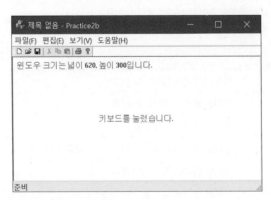

ⓒ 마우스의 왼쪽 마우스 버튼을 눌렀을 경우와 오른쪽 마우스 버튼이 눌렀을 경우는 다음과 같이 윈도우에 출력될 것이다.

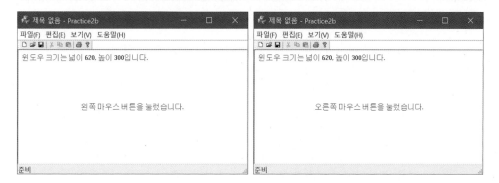

ⓓ 마우스가 이동하는 경우와 드래그된 경우는 다음과 같이 윈도우에 출력될 것이다.

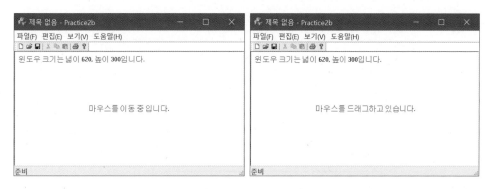

연습문제

1 〈실습 2-2〉에서 작성한 〈간단한 MFC 프로젝트 만들기〉 프로그램을 수정하여 다음 기능을 추가하는 프로그램을 작성하라.

> 앞에서 실습한 프로그램은 마우스 버튼과 키보드를 처리하고 있다. 이 프로그램에 마우스를 이동하였을 때 마우스를 따라다니면서 마우스의 현재 좌표를 윈도우에 출력하는 프로그램을 작성해 보자.

1) 프로그램에 필요한 멤버 변수를 추가한다.

① 마우스 현재 좌푯값을 저장할 수 있는 멤버 변수를 CPractice2bView 클래스에 추가한다. 변수 이름을 m_ptMouseMove로 입력하고, 형식은 CPoint 형으로 입력한다.

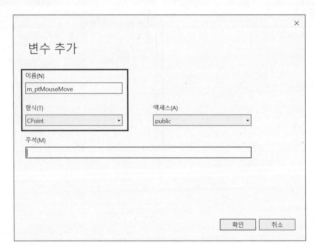

② 마우스 현재 좌푯값을 나타내는 문자열을 저장할 멤버 변수를 CPractice2bView 클래스에 추가한다. 변수 이름은 m_strMouseMove라 입력하고, 형식은 CString 형으로 입력한다.

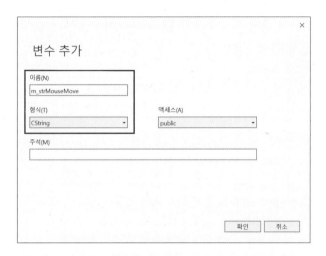

CPoint 클래스

CPoint 클래스는 2차원 좌표계의 x, y 값을 지정하는 클래스이다. 따라서 **CPoint** 클래스 객체를 통하여 x, y 멤버 변수에 접근할 수 있다. 다음은 **CPoint** 클래스의 주요 멤버 변수이다

LONG x;
LONG y;

- x : 2차원 좌표계의 x 좌표
- y : 2차원 좌표계의 y 좌표

또한 생성자 함수를 이용하여 값을 지정할 수도 있다. 생성자 함수의 원형은 다음과 같다.

CPoint(int initX, int initY); 또는 CPoint(POINT initPt);

---

2) 윈도우에 마우스 현재 좌푯값을 출력한다.

　① 마우스를 따라다니면서 좌푯값을 출력해야 하므로 마우스 이동 메시지 핸들러 함수인 🖱 OnMouseMove(UINT nFlags, CPoint point) 함수에서 마우스 좌푯값을 얻고 문자열을 생성해야 한다. 🖱 OnMouseMove(UINT nFlags, CPoint point) 함수의 두 번째 매개변수 point에 현재 마우스 좌푯값이 들어있으므로 이것을 이용하면 마우스 좌푯값을 쉽게 얻을 수 있다. m_ptMouseMove 변수에 point를 치환하면 된다.

```
m_ptMouseMove = point;
```

　② 마우스의 현재 좌푯값을 출력하는 문자열을 생성하기 위해서는 CString 클래스의 멤버 함수인 Format() 함수를 사용하여 마우스 현재 좌푯값을 m_strMouse

Move 변수에 출력 형식에 맞게 ⚙ OnMouseMove(UINT nFlags, CPoint point) 함수에 문자열을 생성하면 된다.

```
m_strMouseMove.Format(_T("X : %d Y : %d"), point.x, point.y);
```

③ 윈도우에 출력은 ⚙ OnDraw(CDC * pDC)함수에서 TextOut() 함수를 이용하여 출력한다.

```
pDC->TextOut(m_ptMouseMove.x, m_ptMouseMove.y, m_strMouseMove);
```

3) 프로그램을 실행하면 다음과 같이 출력될 것이다. 마우스를 이동해보면 마우스를 따라다니면서 좌푯값이 출력될 것이다.

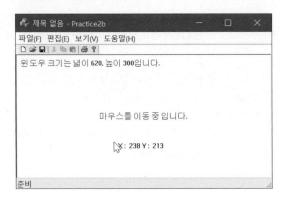

[마우스의 좌푯값을 출력]

CHAPTER 03

메시지 처리

contents

3.1 메시지 처리의 기본 개념

3.2 메시지 박스(Message Box)

3.3 마우스 메시지(Mouse Message)

3.4 키보드 메시지(Keyboard Message)

03 메시지 처리

이 장에서는 윈도우 프로그래밍에서 가장 중요한 개념 중의 하나인 메시지 처리에 대해 상세히 기술하고자 한다. MFC가 메시지를 처리하는 방법에 관해 설명하고, 클래스 마법사를 사용하여 메시지에 대응하는 메시지 핸들러 함수와 맵핑시키는 방법에 대해 자세히 살펴본다. 많은 종류의 메시지가 있지만, 특히 이 장에서는 윈도우 메시지, 마우스 메시지, 그리고 키보드 메시지에 대해 살펴본다.

3.1 메시지 처리의 기본 개념

앞에서 언급했듯이 윈도우 프로그램은 메시지 기반(Message Driven)의 프로그램으로서 마우스 클릭, 키보드 입력과 같은 이벤트에 대해 윈도우 시스템은 해당 애플리케이션에 메시지를 보낸다. 해당 애플리케이션은 자신에게 보내지는 메시지를 받아 그 메시지에 따라 적절한 함수를 호출하는 방식으로 메시지를 처리한다. 이렇게 윈도우 시스템에서는 사용자의 모든 행위가 메시지 형태로 전달된다. 사실 메시지란 발생된 이벤트의 종류와 정보를 전달하는 일종의 상숫값에 불과하지만, 윈도우 프로그래밍에서 가장 중요한 일은 이러한 메시지를 어떻게 처리할 것인지를 결정하는 것이다. 메시지를 처리한다는 것이 바로 프로그래밍하는 것이라고 말할 수 있다. 메시지 처리구조의 기본적인 흐름은 [그림 3-1]을 보면 이해하기 쉬울 것이다.

[그림 3-1] 이벤트에 따른 메시지 처리 과정

1) 메시지의 종류

윈도우 메시지는 메시지를 처리하는 주체에 따라 윈도우 메시지, 컨트롤 통지 메시지, 그리고 명령 메시지로 나눌 수 있다.

■ 윈도우 메시지(Windows Message)

WM_로 시작하는 메시지로 매개변수를 가지고 있어 메시지를 어떻게 처리할 것인지를 결정하는 데 사용한다. (WM_COMMAND는 제외)

- 윈도우 관리 메시지 : 윈도우의 상태가 바뀔 때 발생한다.
- 초기화 메시지 : 응용 프로그램이 메뉴나 대화상자를 구성할 때 발생한다.
- 입력 메시지 : 마우스, 키보드로 입력할 때 발생한다.

■ 컨트롤 통지 메시지(Control Notification Message)

컨트롤 통지 메시지는 Button, Combo Box와 같은 제어 객체나 자식 윈도우에서 부모 윈도우로 보내는 메시지다.

■ 명령 메시지(Command Message)

명령 메시지는 메뉴, 툴바, 액셀러레이터 키와 같은 사용자 인터페이스 객체로부터 발생하는 WM_COMMAND 메시지이다. 명령 메시지는 윈도우뿐만 아니라 도큐먼트, 도큐먼트 템플릿, 뷰, 다른 애플리케이션 객체에 의해 발생할 수도 있다.

2) 메시지 맵(Message Map)

앞에서 언급했듯이 Win32 SDK 프로그램에서는 윈도우 시스템에서 들어온 메시지를 switch 문을 사용하여 처리하였다. 그러나 MFC에서는 메시지 처리를 위해 메시지 맵이라는 메커니즘을 사용하고 있다. 메시지 맵은 메시지 번호와 메시지가 발생하였을 때 호출되는 함수의 포인터 등의 정보를 가진 테이블로 프로그램에 전달된 메시지와 메시지 핸들러 함수를 연결하는 데 사용한다. 메시지 맵에 파생 클래스의 메시지 핸들러 함수를 등록하면 기본 클래스의 함수를 무시하고, 파생 클래스의 함수를 호출해준다.

MFC에서 메시지를 처리하기 위해서는 다음의 세 가지 단계가 필요하다.

  1) 윈도우 클래스의 멤버 함수로 메시지 핸들러 함수를 선언한다.
  2) 메시지 맵에 메시지와 메시지 핸들러 함수를 묶는 메시지의 매크로를 추가한다.
  3) 메시지 핸들러 함수의 기능을 구현한다.

클래스 마법사의 중요 기능의 하나가 메시지 매핑이라고 앞에서 언급하였다. 애플리케이션에서 클래스 마법사를 사용하면 위의 세 가지 단계에서 마지막 단계의 메시지 핸들러 함수의 본체만 사용자가 구현하면 되도록 나머지는 자동으로 코딩을 해준다. 그러나 클래스 마법사가 모든 메시지를 처리해주는 것은 아니다. 자식 윈도우에서 발생하는 메시지나 사용자가 만든 메시지에 대한 처리는 직접 코딩으로 작성해주어야 한다.

3) 메시지 핸들러(Message Handler) 함수

메시지 핸들러(Message Handler) 함수는 윈도우로부터 애플리케이션에 메시지가 전달될 때 해당 메시지를 처리하는 멤버 함수이다. 함수 이름은 윈도우 메시지 이름을 따서 윈도우 메시지의 WM_을 떼고, 대신 On을 붙여서 시작하고 함수 선언 시에 afx_msg를 붙여 메시지 핸들러 함수라는 것을 나타낸다. 예를 들어 **WM_KEYDOWN**에 대한 메시지 핸들러 함수는 OnKeyDown() 함수이고 클래스 선언 부에 다음과 같이 선언된다.

```
public :
    afx_msg void OnKeyDown(UINT nChar, UINT nRepCnt, UINT nFlags);
    ...
```

사용자가 어떤 동작을 취하면 윈도우 시스템은 프로그램에게 그 동작을 알려주기 위해서 프로그램의 메시지 큐에 메시지를 넣어주고 프로그램은 메시지 큐에서 하나씩 메시지를 꺼내어 그 메시지에 해당하는 함수를 호출해준다. 윈도우 메시지와 함께 추가로 들어온 정보는 메시지 핸들러 함수에서 처리될 수 있도록 그 함수의 인자로 넘겨준다.

[표 3-1]은 윈도우에서 설정되는 중요한 메시지들에 대해 메시지 유형, 메시지 발생 상황, 그리고 메시지 핸들러 함수의 이름들을 설명하였다. 이 메시지들은 클래스 마법사로 만들 수 있는 기본 메시지들이다.

[표 3-1] 자주 사용하는 윈도우 관리 메시지와 메시지 핸들러 함수

메시지 유형	발생 상황	메시지 핸들러 함수
WM_CREATE	윈도우가 생성될 때	OnCreate()
WM_ACTIVE	윈도우가 활성화될 때	OnActive()
WM_PAINT	윈도우가 다시 그려져야 될 때	OnPaint()
WM_SIZE	윈도우가 생성될 때 윈도우가 크기가 변경될 때	OnSize()
WM_MOVE	윈도우가 움직일 때	OnMove()
WM_TIMER	설정된 타이머 시간이 됐을 때	OnTimer()
WM_DESTROY	윈도우가 종료될 때	OnDestroy()

3.2 메시지 박스(Message Box)

메시지 박스는 MFC 프로그램을 작성하는 데 상당히 많이 사용되는 것이므로 여기서 자세히 설명하고자 한다. 메시지 박스는 사용자에게 간단한 메시지를 출력하는 데 사용되는 대화상자이다. 메시지 박스를 출력하려면 AfxMessageBox() 함수를 이용한다. 이 함수의 원형은 다음과 같다.

```
int AfxMessageBox(LPCTSTR lpszText, UINT nType = MB_OK, UINT nIDHelp = 0);
```

- lpszText : 출력하고자 하는 문자열
- nType : 메시지 박스 출력 스타일(버튼, 아이콘)
- nIDHelp : 현재 상태에서 F1 키를 눌러 도움말을 실행하였을 때의 도움말 ID

디폴트로 메시지 박스 버튼 스타일은 MB_OK이고, 메시지 박스 아이콘 스타일은 MB_ ICONEXCLAMATION으로 설정되어있다. 메시지 박스 버튼 스타일은 OR(|)연산자로 조합하여 설정할 수 있다. 메시지 박스는 출력되는 아무 버튼이나 누르면 메시지 박스가 종료되는데 어떤 버튼이 눌렸는지에 따라 AfxMessageBox() 함수의 반환 값이 달라진다. [표 3-2]는 메시지 박스 버튼 스타일과 반환 값을 나타내고 있다.

[표 3-2] 메시지 박스 버튼 스타일과 반환 값

메시지 박스 버튼 스타일	사용 가능한 버튼	AfxMessageBox 함수의 반환 값
MB_OK	확인	IDOK
MB_OKCANCEL	확인 취소	IDOK, IDCANCEL
MB_YESNO	예(Y) 아니요(N)	IDYES, IDNO
MB_YESNOCANCEL	예(Y) 아니요(N) 취소	IDYES, IDNO, IDCANCEL
MB_RETRYCANCEL	다시 시도(R) 취소	IDRETRY, IDCANCEL
MB_ABORTRETRYIGNORE	중단(A) 다시 시도(R) 무시(I)	IDABORT, IDRETRY, IDIGNORE

또한 메시지 박스에는 아이콘을 배치하고자 할 때 다음과 같은 기호상수를 OR(|) 연산자로 조합하여 설정할 수 있다. [표 3-3]은 출력되는 아이콘과 메시지 박스 아이콘 스타일을 나타내고 있다.

[표 3-3] 출력되는 아이콘과 메시지 박스 아이콘 스타일

출력되는 아이콘	메시지 박스 아이콘 스타일
✕	[위험] MB_ICONHAND, MB_ICONSTOP, MB_ICONERROR
?	[물음] MB_ICONQUESTION
!	[경고] MB_ICONEXCLAMATION, MB_ICONWARNING
i	[정보] MB_ICONASTERISK, MB_ICONINFORMATION

실습 3-1 메시지 박스 생성하기

이 실습은 윈도우가 생성될 때 메시지 박스를 통해 메시지를 출력하고, 윈도우가 종료될 때 메시지 박스를 통해 메시지를 출력하는 프로그램을 작성한다. 또한 클라이언트 영역에서 왼쪽 마우스를 더블클릭하면 메시지 박스를 통해 메시지를 출력하게 한다. 이 실습으로 윈도우 메시지와 윈도우 메시지에 대응하는 메시지 핸들러 함수를 만드는 방법을 익힐 수 있다.

Step 1 프로젝트를 생성한다.

① 프로젝트 이름을 "Practice3a"라 정한다.

② MFC 애플리케이션 마법사의 [애플리케이션 종류] 단계에서 "단일 문서"를 선택하여 SDI 기반의 프로젝트를 만들고, [프로젝트 스타일] 항목은 "MFC standard"을, [비주얼 스타일 및 색] 항목은 "Windows Native/Default"을 선택한다. 나머지 옵션은 디폴트 값을 그대로 두고 [마침] 버튼을 누른다.

③ [마침] 버튼을 누르고 프로젝트의 생성이 완료되면 다음 그림과 같은 화면이 출력될 것이다.

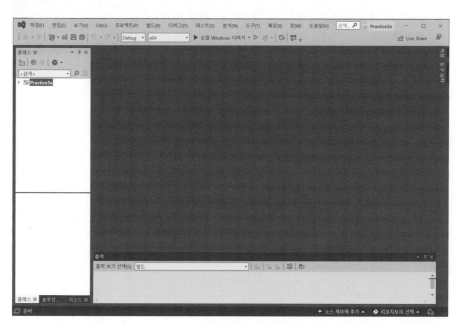

Step 2 윈도우가 생성될 때 메시지 박스를 출력한다.

먼저 윈도우가 생성될 때 만들어지는 **WM_CREATE** 메시지에 대해 클래스 마법사를 이용하여 메시지 핸들러 함수를 만들고 메시지 박스를 출력해 보자.

① [프로젝트] 메뉴의 [클래스 마법사]를 선택하거나 단축키인 Ctrl + Shift + X 키를 눌러서 클래스 마법사를 실행시킨다.

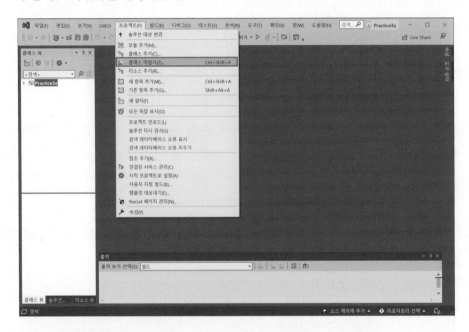

② 클래스 마법사를 실행시키면 다음과 같은 컨트롤 시트 형태의 대화상자가 나온다.

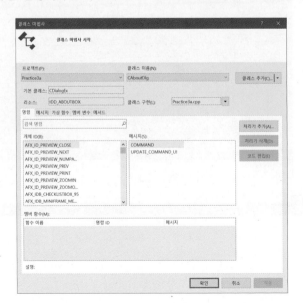

[메시지] 탭을 선택된 상태에서 WM_CREATE 메시지에 대해 다음과 같이 메시지 핸들러 함수를 만든다.

ⓐ [프로젝트] 항목에서 프로젝트 이름을 선택한다.

ⓑ [클래스 이름] 항목에서 메시지 핸들러 함수가 생성될 클래스를 선택한다. 이번 실습에서는 View 클래스에서 수행되는 함수를 만들기 위해서 CPractice3aView 클래스를 선택한다.

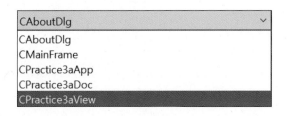

ⓒ [메시지] 탭을 선택한 후 [메시지] 항목에서 윈도우 메시지를 찾아 더블 클릭하거나, 윈도우 메시지를 선택한 후 처리기 추가(A) 버튼을 누른다. 이번 실습에서는 윈도우 생성될 때의 윈도우 메시지인 WM_CREATE를 선택한 후 처리기 추가(A) 버튼을 눌러 메시지 핸들러 함수를 추가한다.

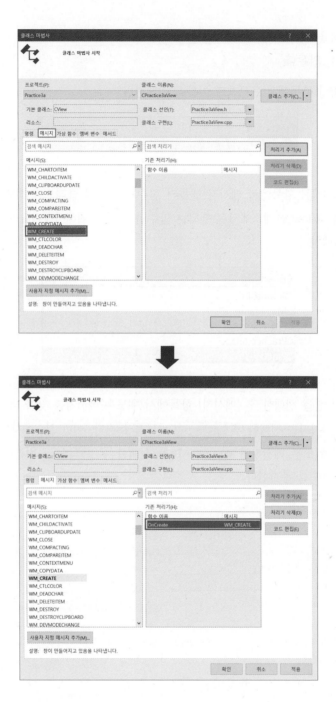

③ OnCreate() 메시지 핸들러 함수에 코드를 입력한다.

    ⓐ [기존 처리기] 항목에서 OnCreate 메시지 핸들러 함수를 더블 클릭하거나, [기존
       처리기] 항목에 OnCreate 메시지 핸들러 함수를 선택하고 [코드 편집(E)] 버튼을 누르

면 코드를 입력할 수 있는 화면으로 전환된다. 워크스페이스의 [클래스 뷰]를 보면 🔷 OnCreate(LPCREATESTRUCT lpCreateStruct) 함수가 생성된 것을 볼 수 있다.

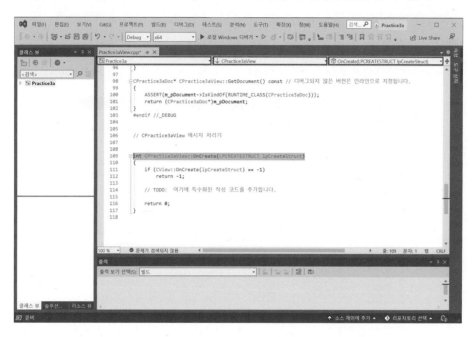

ⓑ 🔷 OnCreate(LPCREATESTRUCT lpCreateStruct) 함수의 "// TODO: 여기에 특성화된 작성 코드를 추가합니다." 밑에 다음과 같은 코드를 입력하면 된다. 메시지 박스 버튼 스타일은 MB_OKCANCEL로, 메시지 박스 아이콘 스타일은 MB_ICONINFORMATION으로 설정한다.

```
int CPractice3aView::OnCreate(LPCREATESTRUCT lpCreateStruct)
{
    if (CView::OnCreate(lpCreateStruct) == -1)
        return -1;

    // TODO:  여기에 특수화 된 작성 코드를 작성합니다.
    /// 윈도우가 생성될 때 메시지 박스 출력
    AfxMessageBox(_T("윈도우가 생성되었습니다."), MB_OKCANCEL | MB_ICONINFORMATION);

    return 0;
}
```

Step 3 왼쪽 마우스를 더블 클릭할 때 메시지 박스를 출력한다.

먼저 왼쪽 마우스를 더블 클릭할 때 발생하는 **WM_LBUTTONDBLCLK** 메시지에 대해 클래스 마법사를 이용하여 메시지 핸들러 함수를 만들고 메시지 박스를 출력해 보자.

① Ctrl + Shift + X 를 눌러서 클래스 마법사를 실행하고 실행시켜 [메시지] 탭을 선택한 후 [메시지] 항목에서 WM_LBUTTONDBLCLK를 선택한 후 처리기 추가(A) 버튼을 누른다.

② [기존 처리기] 항목에서 OnLButtonDblClk 메시지 핸들러 함수를 더블 클릭하거나, [기존 처리기] 항목에 OnLButtonDblClk 메시지 핸들러 함수를 선택하고 코드 편집(E) 버튼을 눌러서 다음과 같은 코드를 입력한다. 메시지 박스 버튼 스타일은 MB_YESNO 로, 메시지 박스 아이콘 스타일은 MB_ICONQUESTION으로 설정한다.

```
void CPractice3aView::OnLButtonDblClk(UINT nFlags, CPoint point)
{
    // TODO: 여기에 메시지 처리기 코드를 추가 및/또는 기본값을 호출합니다.
    // 왼쪽 마우스를 더블 클릭할 때 메시지 박스 출력
    AfxMessageBox(_T("왼쪽 마우스를 더블클릭했습니까?"), MB_YESNO | MB_ICONQUESTION);

    CView::OnLButtonDblClk(nFlags, point);
}
```

Step 4 윈도우가 종료될 때 메시지 박스를 출력한다.

먼저 윈도우가 종료될 때 만들어지는 WM_DESTROY 메시지에 대해 클래스 마법사를 이용하여 메시지 핸들러 함수를 만들고 메시지 박스를 출력해 보자.

① Ctrl+Shift+X를 눌러서 클래스 마법사를 실행시켜 [메시지] 탭을 선택한 후 [메시지] 항목에서 WM_DESTROY를 선택한 후 처리기 추가(A) 버튼을 누른다.

② [기존 처리기] 항목에서 OnDestroy 메시지 핸들러 함수를 더블 클릭하거나, [기존 처리기] 항목에 OnDestroy 메시지 핸들러 함수를 선택하고 코드 편집(E) 버튼을 눌러서 다음과 같은 코드를 입력한다. 메시지 박스 버튼 스타일은 MB_OK로, 메시지 박스 아이콘 스타일은 MB_ICONWARNING으로 설정한다.

```
void CPractice3aView::OnDestroy()
{
    CView::OnDestroy();

    // TODO: 여기에 특수화 된 작성 코드를 작성합니다.
    // 윈도우가 종료될 때 메시지 박스 출력
    AfxMessageBox(_T("윈도우가 종료되었습니다."), MB_OK | MB_ICONWARNING);
}
```

Step 5 프로그램을 실행시켜보자

① Ctrl+F7 키를 눌러 컴파일하고, 에러가 없다면 Ctrl+F5를 눌러 프로그램을 실행시켜보
자. 아래 그림과 같이 처음에 윈도우가 생성될 때 메시지 박스에 [윈도우가 생성되었습
니다.]라는 메시지가 출력되고, 윈도우가 종료될 때 메시지 박스에 [윈도우가 종료되었
습니다.]

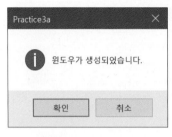

[윈도우가 생성될 때]   [윈도우가 종료될 때]

② 윈도우가 생성된 후 왼쪽 마우스를 더블 클릭하면 메시지 박스에 [왼쪽 마우스를 더블
클릭했습니까?] 이라는 메시지가 출력된다. 메시지 박스를 출력할 때 아이콘 스타일과
버튼 스타일에 따라 아이콘과 버튼 모양이 바뀌는 것을 주의 깊게 살펴볼 필요가 있다.

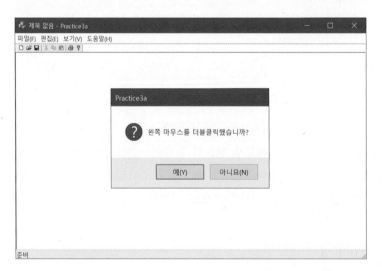

위의 실습에서 본 것처럼 클래스 마법사를 이용하여 메시지 핸들러 함수를 만들었을 때
소스 파일에 추가되는 내용은 다음과 같다. 메시지 핸들러 함수 선언과 메시지 매크로 추
가는 클래스 마법사에서 자동으로 생성해 주는 코드이고 메시지 핸들러 함수 구현은 사용
자가 직접 코딩해주는 부분이다.

① 메시지 핸들러 함수 선언(CPractice3aView.h)

```
class CPractice3aView : public CView
{
  ......
protected:
    ......
    DECLARE_MESSAGE_MAP()                        // 메시지 맵 선언
public:
    afx_msg int OnCreate(LPCREATESTRUCT lpCreateStruct);   // OnCreate 핸들러 함수
    afx_msg void OnLButtonDblClk(UINT nFlags, CPoint point);  // OnLButtonDblClk 핸들러 함수
    afx_msg void OnDestroy( );                    // OnDestroy 핸들러 함수
};
```

② 메시지 매크로 추가(CPractice3aView.cpp)

```
BEGIN_MESSAGE_MAP(CPractice3aView, CView)
    ......
    ON_WM_CREATE( )            // WM_CREATE 메시지 매크로
    ON_WM_LBUTTONDBLCLK( )     // WM_LBUTTONDBLCLK 메시지 매크로
    ON_WM_DESTROY( )           // WM_DESTROY 메시지 매크로
END_MESSAGE_MAP()
```

메시지 맵은 BEGIN_MESSAGE_MAP()으로 시작해서 END_MESSAGE_MAP()으로 끝난다. BEGIN_MESSAGE_MAP()과 END_MESSAGE_MAP() 사이에는 메시지 엔트리로 구성되고 메시지 맵에서는 여러 개의 메시지를 처리할 수 있으므로 하나 이상의 메시지 엔트리를 추가할 수 있다. BEGIN_MESSAGE_MAP() 매크로는 두 개의 클래스 이름을 인자로 갖는다. 첫 번째 인자인 CPractice3aView 클래스는 메시지 맵이 속하는 클래스 이름이고, 두 번째 인자인 CView 클래스는 CPractice3aView 클래스의 기본 클래스이다. 여기서 기본 클래스의 이름을 같이 적어주는 것은 만약 메시지가 CPractice3aView 클래스의 메시지 맵에서 일치하는 메시지 핸들러 함수를 찾지 못하면 기저 클래스인 CView 클래스의 메시지 맵에서 메시지 핸들러 함수를 찾게 된다.

③ 메시지 핸들러 함수 구현(CPractice3aView.cpp)

```
int CPractice3aView::OnCreate(LPCREATESTRUCT lpCreateStruct)
{
    if (CView::OnCreate(lpCreateStruct) == -1)
        return -1;
    .......
    return 0;
}


void CPractice3aView::OnLButtonDblClk(UINT nFlags, CPoint point)
{
    // TODO: 여기에 메시지 처리기 코드를 추가 및/또는 기본값을 호출합니다.
    .......
    CView::OnLButtonDblClk(nFlags, point);
}


void CPractice3aView::OnDestroy()
{
    CView::OnDestroy();
    .......
}
```

클래스 마법사가 메시지 핸들러 함수의 골격을 만들어주면 사용자가 코드를 입력시켜 메시지 핸들러 함수를 구현하면 된다.

3.3 마우스 메시지(Mouse Message)

마우스를 통한 입력은 메시지 형태로 프로그램에 전달된다. 따라서 마우스 입력을 처리한다는 것은 마우스 메시지를 어떻게 처리하느냐에 따라 달려있다. 자주 사용하는 마우스 메시지와 메시지 핸들러 함수는 [표 3-4]와 같다.

[표 3-4] 자주 사용하는 마우스 메시지와 메시지 핸들러 함수

메시지 유형	발생 상황	메시지 핸들러 함수
WM_MOUSEMOVE	마우스를 이동	OnMouseMove()
WM_LBUTTONDBLCLK	왼쪽 마우스 버튼을 더블 클릭	OnLButtonDblClk()
WM_LBUTTONDOWN	왼쪽 마우스 버튼을 누름	OnLButtonDown()
WM_LBUTTONUP	왼쪽 마우스 버튼을 놓음	OnLButtonUp()
WM_RBUTTONDBLCLK	오른쪽 마우스 버튼을 더블 클릭	OnRButtonDblClk()
WM_RBUTTONDOWN	오른쪽 마우스 버튼을 누름	OnRButtonDown()
WM_RBUTTONUP	오른쪽 마우스 버튼을 놓음	OnRButtonUp()
WM_MOUSEWHEEL	마우스 휠을 움직임	OnMouseWheel()

마우스의 메시지 핸들러 함수들을 살펴보면 nFlags와 point라는 매개변수를 제공한다. nFlags는 버튼이 눌리면서 키보드에서 특정한 키가 눌려졌을 때의 값이나 마우스 눌린 값이고, point는 클라이언트 영역의 현재 마우스 좌표값을 CPoint 클래스 형식으로 제공한다. 윈도우의 클라이언트 영역은 좌측 상단 좌표가 (0, 0)인 상대좌표이다. 다음은 nFlags가 가질 수 있는 값이다.

- MK_CONTROL : Ctrl 키가 눌림
- MK_LBUTTON : 왼쪽 마우스 버튼 눌림
- MK_MBUTTON : 가운데 마우스 버튼 눌림
- MK_RBUTTON : 오른쪽 마우스 버튼 눌림
- MK_SHIFT : Shift 키가 눌림

예를 들어 nFalgs & MK_LBUTTON의 값이 0이 아니면 마우스 메시지와 함께 왼쪽 마우스 버튼이 눌러졌다는 의미이다. 〈실습 2-2〉에서 드래그를 처리하기 위해서 왼쪽 버튼이 눌렀거나, 오른쪽 버튼이 눌렀는지를 확인하는 것을 nFlags를 사용하면 다음과 같이 쉽게 구현할 수 있다.

```
if ((nFlags & MK_LBUTTON) | (nFlags & MK_RBUTTON))
{
    .......
}
```

WM_WHEELMOUSE 메시지의 핸들러 함수는 OnMouseWheel()인데 다른 마우스 메시지 핸들러 함수와 달리 nFlag와 point 인자 외에 추가 정보를 가지는 zDelta라는 인자가 있다. zDelta 인자에는 휠이 어느 방향으로 움직였는지에 대한 정보가 들어있다. 휠을 안쪽으로 끌어당기듯 돌리면 zDelta 값이 음수가 되고, 반대로 밖으로 밀면 zDelta 값이 양수가 된다. 이 값은 120의 배수인데, 휠을 천천히 돌리면 값은 120이고 휠을 빠르게 돌리면 240 또는 360이 되기도 한다. 이것은 휠의 회전 속도를 이용하여 화면의 스크롤 속도 등을 제어한다. 이러한 기능이 필요 없다면 zDelta 값이 음수인지 양수인지만 검사해서 처리하면 된다.

실습 3-2 디지털시계 만들기

이 실습은 화면에 디지털시계를 출력하는 프로그램을 작성하는 것이다. 프로그램을 실행시키면 "년, 월, 일, 시, 분, 초" 형태로 1초 간격으로 현재 시각을 출력한다. 왼쪽 마우스 버튼을 누르면 메시지 박스를 이용해 시계의 표시 형태를 "년, 월, 일, 시, 분, 초" 형태와 "시, 분, 초" 형태로 변경할 수 있고 오른쪽 마우스 버튼을 누르면 시계의 동작 여부를 변경할 수 있다.

"시, 분, 초" 형태로 표시할 때 시간은 24시간이 아닌 12시간으로 표시하고, 오전(AM), 오후(PM)를 구분한다. 그리고 오른쪽 마우스를 눌렀을 때 시계가 멈춘 상태이면 동작시키겠다는 메시지를 출력하고, 시계가 동작 중이면 시계를 멈추겠다는 메시지를 출력한다. 이 실습을 통해 마우스 메시지와 마우스 메시지에 대응하는 메시지 핸들러 함수를 만드는 내용을 익힐 수 있다.

Step 1 프로젝트를 생성한다.

① 프로젝트 이름을 "Practice3b"라 정한다.

② MFC 애플리케이션 마법사의 [애플리케이션 종류] 단계에서 "단일 문서"를 선택하여 SDI 기반의 프로젝트를 만들고, [프로젝트 스타일] 항목은 "MFC standard"을, [비주얼 스타일 및 색] 항목은 "Windows Native/Default"을 선택한다. 나머지 옵션은 디폴트 값을 그대로 두고 [마침] 버튼을 누른다.

③ [마침] 버튼을 누르고 프로젝트의 생성이 완료되면 다음 그림과 같은 화면이 출력될 것이다.

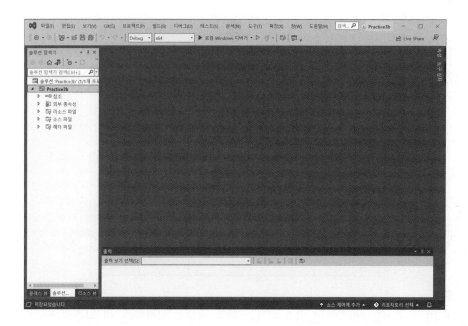

Step 2 디지털시계 작동에 필요한 멤버 변수를 추가한다.

① 타이머 동작 상태를 저장하는 멤버 변수를 추가한다.

ⓐ [클래스 뷰]에서 멤버 변수를 추가할 🐾 CPractice3bView 클래스를 선택한 후 오른쪽
마우스 버튼을 누르면 나타나는 단축 메뉴 중에서 [추가]–[변수 추가]를 선택하면
[멤버 변수 추가 마법사] 대화상자가 나타난다.

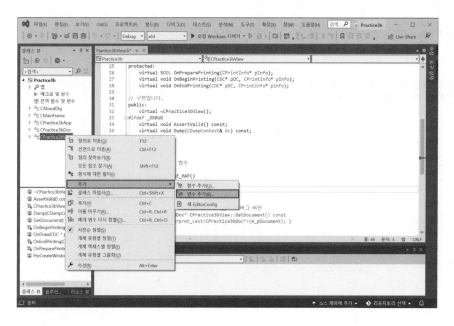

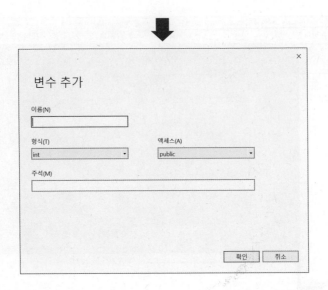

ⓑ [변수 추가] 대화상자에 변수 이름과 변수 형식을 입력한다. 이 실습에서는 타이머 동작 상태를 저장하는 변수를 추가하기 위해 [이름] 항목은 m_bTimerRun으로 입력하고 [형식] 항목은 bool 형을 선택한다.

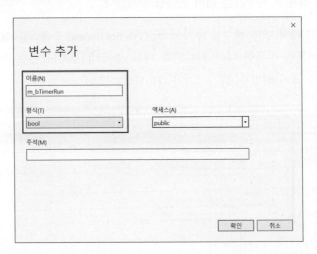

ⓒ 입력이 끝나고 　확인　 버튼을 누르면 멤버 변수가 추가된다. [클래스 뷰]에서 추가된 멤버 변수 🔖 m_bTimerRun을 더블 클릭하여 실제로 멤버 변수가 추가된 코드를 확인해 보자.

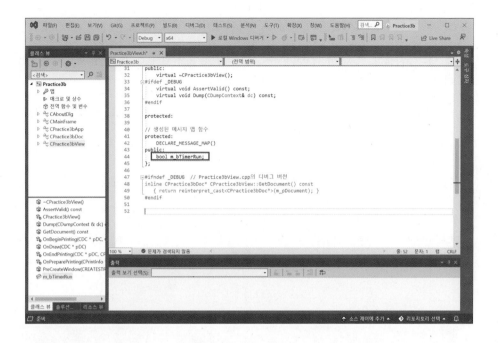

② 디지털시계의 표시 형태를 저장할 수 있는 멤버 변수를 추가한다. 이 변수값이 true이면 디지털시계를 "년, 월, 일, 시, 분, 초" 형태로 표시하고 변수값이 false이면 디지털시계를 "시, 분, 초" 형태로 표시한다.

ⓐ 위와 같은 방법으로 CPractice3bView 클래스를 선택한 후 오른쪽 마우스 버튼을 누르면 나타나는 단축 메뉴 중에서 [추가]–[변수 추가]를 선택한다. [변수 추가] 대화상자가 나타나면 [이름] 항목은 m_bTimerType으로 입력하고 [형식] 항목은 bool 형을 선택한다.

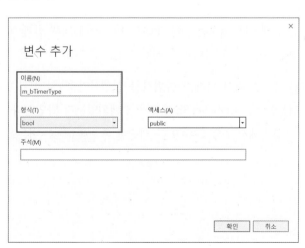

③ 선언한 멤버 변수를 생성자 함수에서 초기화한다.

   ⓐ [클래스 뷰]에서 CPractice3bView 클래스의 생성자 함수인 CPractice3bView()을 더블 클릭하여 CPractice3bView() 함수 본체로 이동한다.

   ⓑ 이 실습에서는 생성자 함수에서 m_bTimerRun 변수는 false로 m_bTimerType 변수는 true로 초기화한다.

```
void CPractice3bView::CPractice3bView() noexcept
{
    // TODO: 여기에 생성 코드를 추가합니다.
    m_bTimerRun = false;
    m_bTimerType = true;
}
```

---

noexcept

noexcept는 어떤 함수가 예외를 던지지 않을 것을 나타내고자 할 때 쓰는 키워드이다. 해당 함수에 대한 호출자가 예외가 없을 것임을 가정하고 설계될 수 있게 하는 설계에 관한 일종의 약속이다. 함수에 noexcept가 정의되면 뒤처리에 대한 고려가 필요 없어지므로 사용자 로직 감소에 의한 코드크기 축소뿐 아니라 예외 처리에 수반되는 stack unwinding을 위한 assembly code를 만들 필요가 없으므로 추가적인 코드크기 감소 효과가 있다.

Visual Studio 2017 버전부터 생성자 함수가 예외를 방출하지 않을 것을 명시하기 위해 noexcept가 정의되었고 멤버 변수를 추가할 때 자동으로 변수의 초기화 작업을 하지 않는다.

Step 3 윈도우가 생성될 때 타이머를 설정한다.

먼저 윈도우가 생성될 때 만들어지는 WM_CREATE 메시지에 대해 클래스 마법사를 이용하여 메시지 핸들러 함수를 만들고 타이머를 설정한다.

① Ctrl + Shift + X 키를 눌러서 클래스 마법사를 실행시켜 [프로젝트] 항목은 Practice3b를, [클래스 이름] 항목은 CPractice3bView가 선택되었는지 확인한다. [메시지] 탭을 선택한 후 [메시지] 항목에서 WM_CREATE를 선택한 후 처리기 추가(A) 버튼을 누른다.

② [기존 처리기] 항목에서 OnCreate 메시지 핸들러 함수를 더블 클릭하거나 [기존 처리기] 항목에서 OnCreate 메시지 핸들러 함수를 선택하고 처리기 추가(A) 버튼을 눌러서 다음과 같은 코드를 입력한다.

```
CPractice3bView::OnCreate(LPCREATESTRUCT lpCreateStruct)
{
    if (CView::OnCreate(lpCreateStruct) == -1)
        return -1;

    // TODO: 여기에 특수화된 작성 코드를 추가합니다.
    SetTimer(0, 1000, NULL);           // 타이머 설정
    m_bTimerRun = TRUE;                // 타이머 동작
    return 0;
}
```

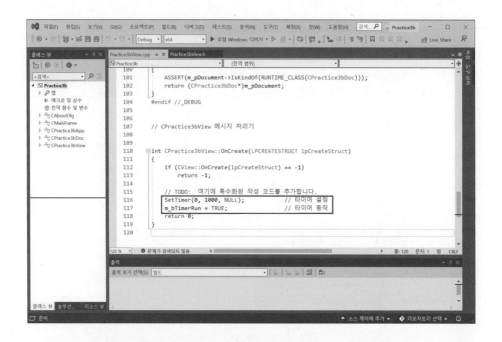

SetTimer() 함수

SetTimer() 함수는 지정된 시간 간격마다 WM_TIMER 메시지를 발생시켜 타이머를 설정하는 함수이다. 함수의 원형은 다음과 같다.

UINT SetTimer(UINT nIDEvent, UINT nElapse, TIMERPROC lpTimerFunc);

- nIDEvent : 타이머 ID이다. 이 타이머 ID는 OnTimer() 함수의 인자로 전달되며 이를 이용하여 여러 개의 타이머를 설정할 수 있다.

- nElapse : WM_TIMER 메시지를 발생시킬 시간 간격이다. 사용되는 단위는 1000분의 1초로 1000을 적어주면 1초에 한 번씩 WM_TIMER 메시지를 발생시킨다.

- lpTimerFunc : WM_TIMER 메시지가 발생하였을 때 실행되는 함수이다. NULL이 설정되면 OnTimer() 함수가 호출된다.

위의 실습에서는 타이머 ID를 임의로 0으로 정했다.

Step 4 타이머가 움직일 때 현재 시각을 출력한다.

WM_TIMER 메시지는 메시지 큐에 메시지가 없고, 타이머에서 설정된 시간이 지나면 매번 OnTimer() 함수를 호출한다. 타이머가 움직일 때의 메시지 WM_TIMER의 메시지 핸들러 함수에 현재 시각을 출력하도록 구현시켜보자.

① 타이머를 이용하여 현재 시각을 출력하기 위한 멤버 변수를 추가한다.

ⓐ [클래스 뷰]에서 멤버 변수를 추가할 ✿CPractice3bView 클래스를 선택한 후 오른
쪽 마우스 버튼을 누르면 나타나는 단축 메뉴 중에서 [추가]-[변수 추가]를 마우스
로 선택하면 [변수 추가] 대화상자가 나타난다.

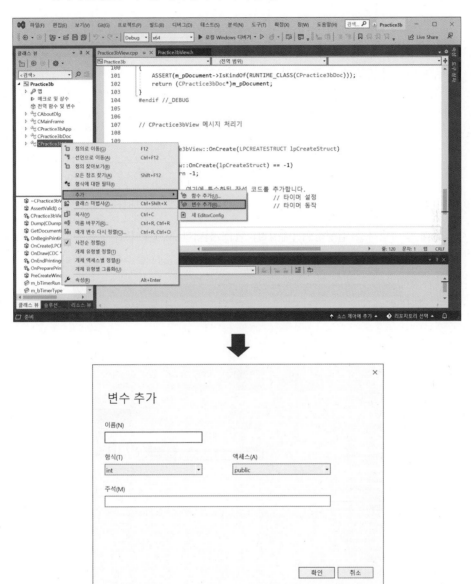

ⓑ [변수 추가] 대화상자에 변수 이름과 변수 형식을 입력한다. 이 실습에서는 현지 시
각을 저장하는 변수를 추가하기 위해 [이름] 항목은 m_strTimer를 입력하고 [형
식] 항목은 CString 형을 입력한다.

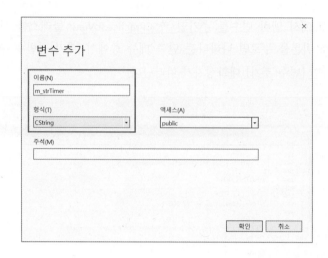

② 타이머가 움직일 때 발생하는 메시지인 WM_TIMER의 메시지 핸들러 함수를 작성한다.

ⓐ 클래스 마법사를 실행하여 [메시지] 탭을 선택한 후 [메시지] 항목에서 WM_TIMER
메시지를 선택한 후 처리기 추가(A) 버튼을 눌러 OnTimer() 함수를 생성한다.

ⓑ [기존 처리기] 항목에 OnTimer 메시지 핸들러 함수를 선택하고 코드 편집(E) 버
튼을 눌러서 다음과 같은 코드를 입력한다. 현재 시각을 출력하기 위한 멤버 변

수 m_strTimer의 값을 디지털시계의 표시 형태를 나타내는 멤버 변수 m_bTimerType의 값에 따라 다르게 표시한다. 우선 CTime형의 객체를 선언하고 GetCurrentTime() 멤버 함수로 현재 시각을 얻고 "년, 월, 일, 시, 분, 초" 형태로 표시할 경우는 CTime의 형식에 맞추어 문자열을 생성한다. "시, 분, 초" 형태로 표시할 경우는 오전(AM), 오후(PM)로 구분하여 다음과 같이 문자열을 생성한다. 오전(AM)의 AM 0시 00분부터 AM 11시 59분은 24시간제에서 0시 00분부터 11시 59분이고, 오후(PM)의 PM 12시 00분부터 PM 11시 59분은 24시간제의 12시 00분부터 23시 59분이다. 다시 말해 23일 밤 12시면 24일 AM 0시이고 24일 낮 12시면 24일 PM 12시이다. 문자열을 생성한 후 Invalidate() 함수를 호출하여 윈도우에 출력한다.

```cpp
void CPractice3bView::OnTimer(UINT nIDEvent)
{
    // TODO: 여기에 메시지 처리기 코드를 추가 및/또는 기본값을 호출합니다.
    int hour;
    CString str;
    CTime timer;                          // 타이머 변수 선언
    timer = CTime::GetCurrentTime();      // 현재 시각을 얻음

    if (m_bTimerType)                     // 년, 월, 일, 시, 분, 초 형태일 경우
    {
        m_strTimer.Format(_T("현재는 %d년 %d월 %d일 %d시 %d분 %d초"),
                timer.GetYear(), timer.GetMonth(), timer.GetDay(),
                timer.GetHour(), timer.GetMinute(), timer.GetSecond());
    }
    else
    {
        hour = timer.GetHour();
        if (hour >= 12)
        {
            str = _T("PM");
            if (hour >= 13)
                hour = hour - 12;
        }
        else
        {
            str = _T("AM");
```

```
            }
        m_strTimer.Format(_T("지금은 %s %d시 %d분 %d초"), str, hour,
                    timer.GetMinute(), timer.GetSecond());
    }
    Invalidate();
    CView::OnTimer(nIDEvent);
}
```

CTime 클래스

CTime 클래스는 시간과 날짜를 표현하고 저장하기 위한 클래스이다. 다음의 표는 주요 **CTime** 클래스의 멤버 함수를 설명하고 있다.

함수 이름	내용
GetTime	time_t값을 반환한다. (1970/1/1 0시~현재까지 초 값)
GetYear	연도를 반환한다. (1970 ~ 2038)
GetMonth	월을 반환한다. (1 ~ 12)
GetDay	일을 반환한다. (1 ~ 31)
GetHour	시간을 반환한다. (0 ~ 23)
GetMinute	분을 반환한다. (0 ~ 59)
GetSecond	초를 반환한다. (0 ~ 59)
GetDayOfWeek	요일을 반환한다. (1-일요일, 2-월요일, ..)

위의 멤버 함수 대신 간단하게 **CTimer** 클래스의 **Format()** 함수를 이용하여 시간을 출력할 수 있다. **Format()** 함수는 현재 소요 시간을 **CTime**의 형식에 맞추어 **CString** 형태로 반환한다. 함수의 원형은 다음과 같다.

CString Format(LPCTSTR pszFormat) const;

다음은 *pszFormat* 에서 사용할 수 있는 형식 지정자를 나열한 것이다.

- %D : CTime으로의 전체 일수
- %H : 24시간 형식 시간 (00 ~ 23)
- %I : 12시간 형식의 시간 (01 ~ 12)
- %M : 10진수 형식의 분 (00 ~ 59)
- %S : 10진수 형식의 초 (00 ~ 59)

CTime::GetCurrentTime() 함수

GetCurrentTime() 멤버 함수는 윈도우 시스템으로부터 윈도우 시스템의 현재 날짜와 시간을 얻어 CTime 객체를 반환한다. 여기서 GetCurrentTime() 멤버 함수는 CTime 클래스의 정적 멤버 함수(static member function)이므로 클래스 이름과 참조 영역 지정자(::)를 붙여 호출한다. 함수의 원형은 다음과 같다.

static CTime WINAPI GetCurrentTime();

---

③ 타이머의 현재 시각을 OnDraw() 함수를 통해 화면에 출력시킨다.

    ⓐ CPractice3bView 클래스의 OnDraw(CDC * pDC) 함수를 더블 클릭하여 OnDraw(CDC * pDC) 함수로 이동하여 다음과 같이 소스 코드를 추가한다. 먼저 매개변수에 주석 처리된 부분을 해제한다.

```
void CPractice3bView::OnDraw(CDC* pDC)        // 주석 처리 해제
{
    CPractice3bDoc* pDoc = GetDocument();
        ASSERT_VALID(pDoc);
    if (!pDoc)
        return;

    // TODO:여기에 원시 데이터에 대한 그리기 코드를 추가합니다.
    CRect rect;
    GetClientRect(&rect);                      // 윈도우 클라이언트 영역을 얻는다.
    // 윈도우의 중앙에 현재 시각을 출력
    pDC->DrawText(m_strTimer, rect, DT_SINGLELINE | DT_CENTER | DT_VCENTER);
}
```

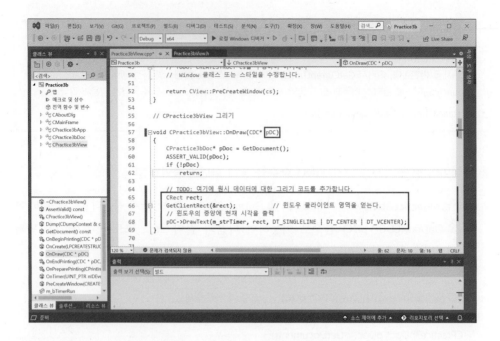

Step 5 왼쪽 마우스 버튼을 눌렀을 때 시계 표시 형태를 변경한다.

왼쪽 마우스 버튼을 눌렀을 때의 마우스 메시지 WM_LBUTTONDOWN의 메시지 핸들러 함수에 디지털시계의 표시 형태를 나타내는 멤버 변수 m_bTimerType의 값에 따라 다르게 표시되도록 구현시켜보자. 왼쪽 마우스 버튼을 클릭하면 메시지 박스를 이용해 디지털시계를 "년, 월, 일, 시, 분, 초" 형태로 시간을 표시하거나 간단히 "시, 분, 초" 형태로만 시간을 표시할 수 있게 한다.

① Ctrl + Shift + X 키를 눌러서 클래스 마법사를 실행시켜 [메시지] 탭을 선택한 후 [메시지] 항목에서 WM_LBUTTONDOWN을 선택한 후 처리기 추가(A) 버튼을 누른다.

② [기존 처리기] 항목에서 OnLButtonDown 메시지 핸들러 함수를 선택하고 코드 편집(E)
버튼을 눌러서 다음과 같은 코드를 입력한다.

```
void CPractice3bView::OnLButtonDown(UINT nFlags, CPoint point)
{
    // TODO: 여기에 메시지 처리기 코드를 추가 및/또는 기본값을 호출합니다.
    if( m_bTimerType )              // 년, 월, 일, 시, 분, 초 형태로 출력 중
    {
        if (AfxMessageBox(_T("시, 분, 초 형태로 표시하시겠습니까?"),
                        MB_YESNO | MB_ICONQUESTION) == IDYES)
        {
            m_bTimerType = false;
        }
    }
    else                            // 시, 분, 초 형태로 출력 중
    {
        if (AfxMessageBox(_T("년, 월, 일, 시, 분, 초 형태로 표시하시겠습니까?"),
                        MB_YESNO | MB_ICONQUESTION) == IDYES)
        {
```

```
            m_bTimerType = true;
        }
    }
    CView::OnLButtonDown(nFlags, point);
}
```

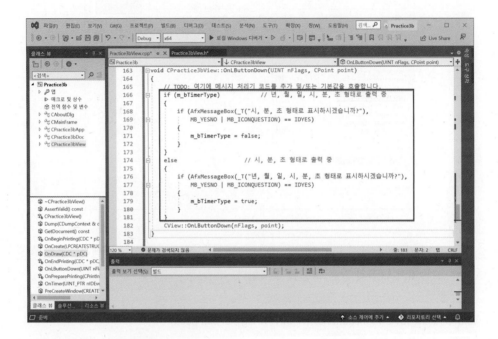

Step 6 오른쪽 마우스 버튼을 눌렀을 때 시계의 동작 여부를 결정한다.

오른쪽 마우스 버튼을 눌렀을 때의 마우스 메시지 WM_RBUTTONDOWN의 메시지 핸들러 함수에 디지털시계의 동작을 나타내는 멤버 변수 m_bTimerRun의 값에 따라 디지털시계가 동작하거나 멈추도록 구현시켜보자. 오른쪽 마우스 버튼을 누르면 시계가 멈춘 상태면 동작시키겠다는 메시지를, 시계가 동작 중이면 시계를 멈추겠다는 메시지를 출력하게 한다.

① Ctrl + Shift + X 키를 눌러서 클래스 마법사를 실행시켜 [메시지] 탭을 선택한 후 [메시지] 항목에서 WM_RBUTTONDOWN을 선택한 후 처리기 추가(A) 버튼을 누른다.

② [기존 처리기] 항목에서 OnRButtonDown 메시지 핸들러 함수를 선택하고 <kbd>코드 편집(E)</kbd> 버튼을 눌러서 다음과 같은 코드를 입력한다.

```
void CPractice3bView::OnRButtonDown(UINT nFlags, CPoint point)
{
    // TODO: 여기에 메시지 처리기 코드를 추가 및/또는 기본값을 출력합니다.
    if ( m_bTimerRun == false)              // 타이머가 동작 안 할 때 메시지 박스 출력
    {
        if (AfxMessageBox(_T("디지털시계를 동작시키겠습니까?"),
                        MB_YESNO | MB_ICONQUESTION) == IDYES)
        {
            SetTimer(0, 1000, NULL);        // 타이머 설정
            m_bTimerRun = true;             // 타이머 동작 => true
        }
    }
    else                                    // 타이머가 동작 중일 때 메시지 박스 출력
    {
        if (AfxMessageBox(_T("정말로 디지털시계 동작을 멈추겠습니까?"),
                        MB_YESNO | MB_ICONQUESTION) == IDYES)
```

```
    {
        KillTimer(0);                    // 타이머 해제
        m_bTimerRun = false;             // 타이머 동작 => false
    }
}
CView::OnRButtonDown(nFlags, point);
}
```

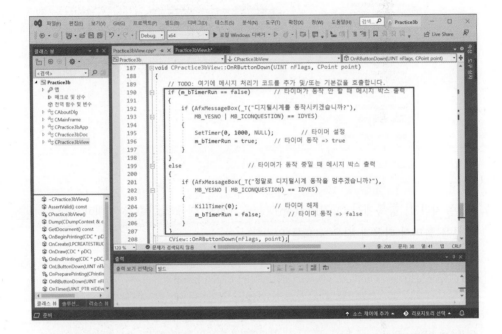

KillTimer() 함수

KillTimer() 함수는 타이머를 해제하는 함수로 함수의 원형은 다음과 같다.

BOOL KillTimer(int nIDEvent);

• nIDEvent : SetTimer() 함수에서 설정한 Timer ID

Step 7 윈도우를 종료할 때 타이머를 해제한다.

먼저 윈도우가 종료될 때 만들어지는 WM_DESTROY 메시지에 대해 클래스 마법사를 이용하여 메시지 핸들러 함수를 만들고 타이머를 해제한다.

① Ctrl + Shift + X 키를 눌러서 클래스 마법사를 실행시켜 [메시지] 탭을 선택한 후 [메시지] 항목에서 WM_DESTROY를 선택한 후 처리기 추가(A) 버튼을 누른다.

② [기존 처리기] 항목에 OnDestroy 메시지 핸들러 함수를 선택하고 코드 편집(E) 버튼을 눌러서 다음과 같은 코드를 입력한다.

```
void CPractice3bView::OnDestroy()
{
    CView::OnDestroy();

    // TODO: 여기에 메시지 처리기 코드를 추가 합니다.
    if ( m_bTimerRun )
        KillTimer(0);              // 타이머 해제
}
```

Step 8 프로그램을 실행시켜보자

Ctrl + F7 키를 눌러 컴파일하고, 에러가 없다면 Ctrl + F5 를 눌러 프로그램을 실행시켜보자.

① 프로그램이 실행되면서 윈도우 중앙에 다음 그림과 같이 타이머가 1초 간격으로 동작
하는 것을 볼 수 있다.

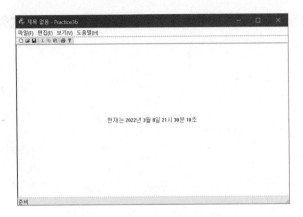

② 왼쪽 마우스 버튼을 누른 경우 디지털시계가 "년, 월, 일, 시, 분, 초" 형태이면 "시, 분,
초 형태로 표시하시겠습니까?"라는 메시지 박스가 출력되고, 디지털시계가 "시, 분, 초"
형태이면 "년, 월, 일, 시, 분, 초 형태로 표시하시겠습니까?"라는 메시지 박스를 출력하
게 된다.

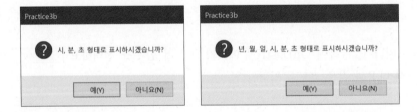

③ 왼쪽 마우스 버튼을 눌러서 디지털시계를 "년, 월, 일, 시, 분, 초" 형태와 "시, 분, 초"
형태로 변경해보자.

[년, 월, 일, 시, 분, 초 표시 형태]　　　　　　　　[시, 분, 초 표시 형태]

④ 오른쪽 마우스 버튼을 누른 경우 디지털시계가 동작 중이면 "정말로 디지털시계 동작을 멈추겠습니까?"라는 메시지 박스를 출력하게 되고, 타이머가 멈춘 상태이면 "디지털시계를 동작시키겠습니까?"라는 메시지 박스를 출력하게 된다.

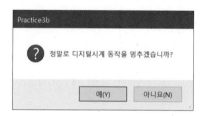 

3.4 키보드 메시지(Keyboard Message)

키보드 입력도 마우스 입력과 같이 메시지 형태로 프로그램에 전달된다. 따라서 키보드 입력을 처리한다는 것은 키보드 메시지를 어떻게 처리하느냐에 따라 달려있다. 자주 사용하는 키보드 메시지와 메시지 핸들러 함수는 [표 3-5]와 같다.

[표 3-5] 자주 사용하는 키보드 메시지와 메시지 핸들러 함수

메시지 유형	발생 상황	메시지 핸들러 함수
WM_KEYDOWN	키를 눌렀을 때	OnKeyDown()
WM_KEYUP	키에서 손을 뗐을 때	OnKeyUp()
WM_CHAR	화면에 문자가 표시되는 키를 누름	OnKeyChar()

WM_SYSKEYDOWN	시스템 키(Alt), F10)를 눌렀을 때	OnSysKeyDown()
WM_SYSKEYUP	시스템 키를 뗐을 때	OnSysKeyUp()
WM_SYSCHAR	시스템 키와 문자키가 같이 누름	OnSysChar()

WM_CHAR 메시지는 키보드가 눌러짐에 따라 문자가 입력되는 것이고 문자가 입력된 사건에 의해 WM_CHAR 메시지가 발생한다. WM_CHAR 메시지는 WM_KEYDOWN 메시지가 발생한 후 추가로 발생하는 메시지이며, WM_CHAR 메시지 다음에 WM_KEYUP 메시지가 발생한다.

윈도우 애플리케이션에서 Alt), F10 키를 누르면 메인 메뉴로 포커스가 이동하므로 Alt), F10 키를 시스템 키로 분류한다. 사용자가 시스템 키와 조합된 키를 입력하면 WM_KEYDOWN과 WM_KEYUP 메시지가 발생하지 않고 WM_SYSKEYDOWN과 WM_SYSKEYUP 메시지가 발생한다.

키보드의 메시지 핸들러 함수들을 살펴보면 다음 세 가지의 인수를 전달받는다. 세 개의 인수의 내용은 다음과 같다.

- nChar : 눌러진 키의 가상키 코드이다. WM_CHAR나 WM_SYSCHAR 메시지의 경우에는 눌러진 키의 문자코드 값이다.
- nRepCount : 키를 계속 누르고 있을 때 반복된 키의 입력 횟수가 전달된다.
- nFlags : 스캔 코드, 이전 키 상태, 키가 눌러어질 때의 Alt 키의 상태에 관한 정보가 전달된다.

자주 사용하는 가상키 코드는 [표 3-6]과 같다.

[표 3-6] 자주 사용하는 가상키 코드

가상키 코드	대응되는 키보드	가상키 코드	대응되는 키보드
VK_CANCEL	Ctrl + Pause (Ctrl-Break)	VK_LEFT	← (왼쪽 커서 키)
VK_BACK	← (백스페이스 키)	VK_RIGHT	→ (오른쪽 커서 키)
VK_TAB	Tab (탭 키)	VK_UP	↑ (위쪽 커서 키)
VK_RETURN	Enter (엔터 키)	VK_DOWN	↓ (아래쪽 커서 키)
VK_SHIFT	Shift (시프트 키)	VK_INSERT	Insert (Insert 키)
VK_CONTROL	Ctrl (컨트롤 키)	VK_DELETE	Delete (Delete 키)

VK_MENU	Alt (Alt 키)	VK_HOME	Enter (Home 키)
VK_CAPITAL	Caps Lock (Caps Lock 키)	VK_END	End (End 키)
VK_ESCAPE	ESC (ESC 키)	VK_PRIOR	Page Up (Page Up 키)
VK_SPACE	space (스페이스키)	VK_NEXT	Page Down (Page Down 키)
VK_SCROLL	Scroll Lock (Scroll Lock 키)	VK_F1~VK_F10	F1 ~ F10 (Function 키)

실습 3-3 문자를 입력하고 이동시키기

·이 실습은 키보드를 이용하여 문자를 입력하고 키보드와 마우스를 이용하여 문자열을 이동시키고 문자열을 삭제하는 프로그램을 작성하는 것이다. 문자열을 왼쪽 마우스로 누른 채로 드래그하면 문자열이 따라오고 마우스 버튼을 떼었을 때 그 자리에 문자열이 출력할 수 있는 Darg & Drop 기능을 구현한다. 이 실습을 통해 키보드와 마우스 메시지와 그 해당 키보드 메시지와 마우스 메시지에 대해 동작하는 메시지 핸들러 함수를 만드는 내용을 익힐 수 있다. 이번 실습에서는 클래스 마법사를 사용하지 않고 속성 창을 이용하여 메시지 핸들러 함수를 생성하는 방법을 익힐 것이다. 메시지 핸들러 함수를 만들기 위해서는 어떤 방법을 사용할 것인지는 프로그래머의 취향에 따라 사용하면 된다.

Step 1 프로젝트를 생성한다.

① 프로젝트 이름을 "Practice3c"라 정한다.

② MFC 애플리케이션 마법사의 [애플리케이션 종류] 단계에서 "단일 문서"를 선택하여 SDI 기반의 프로젝트를 만들고, [프로젝트 스타일] 항목은 "MFC standard"을, [비주얼 스타일 및 색] 항목은 "Windows Native/Default"을 선택한다. 나머지 옵션은 디폴트 값을 그대로 두고 　마침　 버튼을 누른다.

③ 　마침　 버튼을 누르고 프로젝트의 생성이 완료되면 다음 그림과 같은 화면이 출력될 것이다.

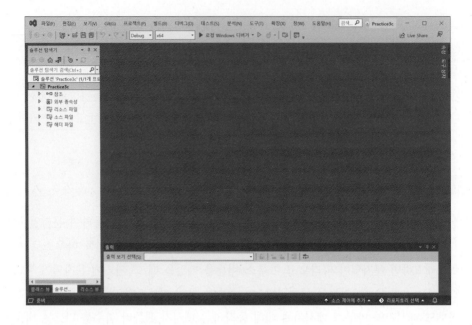

Step 2 문자열에 관한 두 개의 멤버 변수를 추가한다.

① 키보드로부터 입력받는 문자열을 저장할 멤버 변수를 다음과 같은 방법으로 추가한다.

ⓐ [클래스 뷰]에서 멤버 변수를 추가할 CPractice3cView 클래스를 선택한 후 오른쪽 마우스 버튼을 누르면 나타나는 단축 메뉴 중에서 [추가]-[변수 추가]를 선택하면 [변수 추가] 대화상자가 나타난다.

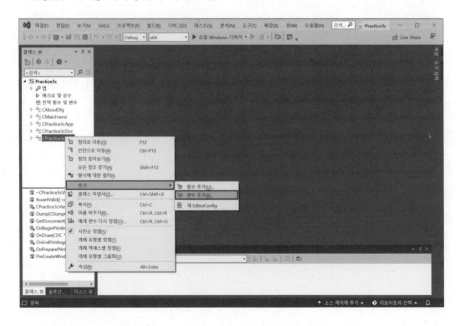

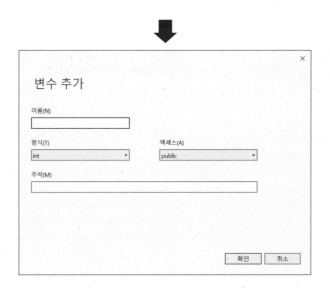

ⓑ [변수 추가] 대화상자에 변수 이름과 변수 형식을 입력한다. 이 실습에서는 문자열을 저장하는 멤버 변수를 추가하기 위해 [이름] 항목은 m_strOutput을 입력하고 [형식] 항목은 CString 형을 입력한다.

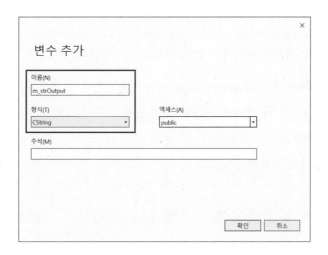

ⓒ 입력이 끝나고 <u>확인</u> 버튼을 누르면 멤버 변수가 추가된다.

② 입력받는 문자열을 출력할 위치를 저장하는 멤버 변수를 위와 같은 방법으로 추가한다.

ⓐ [클래스 뷰]에서 멤버 변수를 추가할 ✎ CPractice3cView 클래스를 선택한 후 오른쪽 마우스 버튼을 누르면 나타나는 단축 메뉴 중에서 [추가]-[변수 추가]를 선택한다.

ⓑ [변수 추가] 대화상자에 변수 이름과 변수 형식을 입력한다. 이 실습에서는 문자열이 출력되는 위치를 저장하는 멤버 변수를 추가하기 위해 [이름] 항목은 m_ptLocation을 입력하고 [형식] 항목은 CPoint 형을 입력한다.

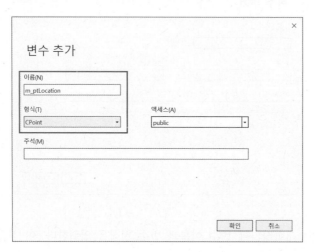

ⓒ 입력이 끝나고 🔷 CPractice3cView 버튼을 누르면 멤버 변수가 추가된다.

③ 문자열을 출력할 위치를 저장하는 멤버 변수를 초기화한다.

ⓐ [클래스 뷰]에서 🔷 CPractice3cView 클래스의 생성자 함수인 🔷 CPractice3cView() 을 더블 클릭하여 🔷 CPractice3cView() 함수 본체로 이동한다.

ⓑ 이 실습에서는 생성자 함수에서 m_strOutput 변수는 _T("")로 m_ptLocation 변수는 (0, 0)으로 초기화한다.

```
void CPractice3cView::CPractice3cView() noexcept
{
    // TODO: 여기에 생성 코드를 추가합니다.
    m_strOutput = _T("");
    m_ptLocation = (0, 0);
}
```

Step 3 문자를 입력했을 때 문자열을 만든다.

문자를 입력했을 때 키보드 메시지 WM_CHAR의 메시지 핸들러 함수에 키보드로 입력된 문자를 문자열에 추가하고 백스페이스키를 눌렀을 때 문자열의 내용을 하나씩 지울 수 있도록 구현시켜보자. 이번 단계에서는 클래스 마법사를 사용하지 않고 속성 창을 이용하여 메시지 핸들러 함수를 생성하는 방법을 알아보자

① 일반적으로 속성 창은 다음과 같이 화면의 오른쪽에 도킹 되어 있다. 속성 창이 보이지 않으면 [보기] 메뉴에서 [속성 창]을 선택하거나 F4 키를 누르면 속성 창이 나타난다. 속성 탭을 클릭하면 속성 창이 확장된다. 속성 창 윗부분에 여러 가지 메뉴 버튼이 있는데 메시지 핸들러 함수를 생성하기 위해서는 메시지 버튼(🔲)을 누른다. [클래스 뷰]에서 🔩 CPractice3cView 클래스를 선택한 후 메시지 버튼(🔲)을 누른다.

② 메시지 버튼(🔲)을 누르면 나타나는 윈도우 메시지 중에 WM_CHAR 메시지를 클릭하면 오른쪽에 화살표 버튼(☑)이 나타난다. 화살표 버튼(☑)을 클릭하면 나타나는 〈Add〉 OnChar 항목을 클릭하면 OnChar() 함수가 생성된다.

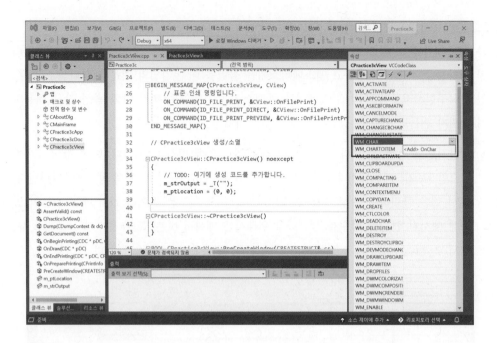

③ OnChar() 메시지 핸들러 함수에 다음과 같은 코드를 입력한다. 입력한 코드는 키보드를 이용해 문자를 계속 입력하면 문자들이 연결되어 멤버 변수 m_strOutput에 저장되고, 백스페이스키를 누르면 멤버 변수 m_strOutput에 저장된 문자를 뒤에서 하나씩 지울 수 있다. 그리고 Invalidate() 함수를 이용하여 입력된 문자열을 출력하는 OnDraw() 함수를 호출한다.

```cpp
void CPractice3cView::OnChar(UINT nChar, UINT nRepCnt, UINT nFlags)
{
    // TODO: Add your message handler code here and/or call default
    int nCharIndex;
    nCharIndex = m_strOutput.GetLength();          // 입력된 데이터의 길이를 얻는다.

    if (nChar == VK_BACK)                          // 백스페이스가 눌린 경우
        m_strOutput.Delete(nCharIndex - 1, 1);     // 한 번에 하나씩 지운다.
    else                                           // 백스페이스 이외의 키가 눌린 경우
        m_strOutput += (WCHAR)nChar;               // 키보드로 입력된 문자를 문자열에 추가

    Invalidate();                                  // 화면 갱신
    CView::OnChar(nChar, nRepCnt, nFlags);
}
```

CString::GetLength() 함수

GetLength() 함수는 CString 객체에서 바이트의 수를 얻기 위해 호출되는 함수로 원형은 다음과 같다.

int GetLength() const;

CString::Delete() 함수

Delete() 함수는 CString 객체에서 입력받은 문자를 삭제할 때 이용하는 함수로 원형은 다음과 같다.

int Delete(int nIndex, int nCount = 1)

• nIndex : 지우고자 하는 첫 번째 문자를 가리킨다.
• nCount : 문자를 nCount 개수만큼 지운다.

Step 4   **OnDraw() 함수에 문자열을 출력하는 코드를 추가한다.**

① [클래스 뷰]에서 CPractice3cView 클래스의 OnDraw(CDC * pDC) 멤버 함수를 선택하고 더블 클릭하여 OnDraw(CDC * pDC) 함수로 이동하여 다음과 같이 키보드로 입력한 문자열을 출력하는 소스 코드를 추가한다. 먼저 매개변수에 주석 처리된 부분을 해제한다.

```
void CPractice3cView::OnDraw(CDC* pDC)              // 주석 처리 해제
{
    CPractice3cDoc* pDoc = GetDocument();
    ASSERT_VALID(pDoc);
    if (!pDoc)
        return;

    // TODO: 여기에 원시 데이터에 대한 그리기 코드를 추가합니다.
    // 윈도우에 문자열 출력
    pDC->TextOut(m_ptLocation.x, m_ptLocation.y, m_strOutput);
}
```

Step 5   **프로그램을 실행시켜보자.**

Ctrl+F7 키를 눌러 컴파일하고 에러가 없다면 Ctrl+F5를 눌러 프로그램을 실행시켜 문자를 입력해보자. 그러면 문자가 입력될 때마다 문자열에 추가되어 출력되는 것을 볼 수 있다. 또한 잘못 입력된 문자가 있으면 백스페이스키를 이용하여 지울 수 있다.

Step 6 키보드를 이용해 문자열을 이동시킨다.

앞에서 문자가 입력될 때마다 문자열에 추가되어 화면에 출력되는 코드를 작성하였다. 여기에 키보드를 눌렀을 때의 키보드 메시지 **WM_KEYDOWN**의 메시지 핸들러 함수에 키보드로 입력된 방향키에 의해 문자열을 이동시켜보자. 이번에도 속성 창을 이용하여 메시지 핸들러 함수를 생성해보자.

① 화면의 오른쪽에 도킹 되어 있는 속성 탭을 클릭하면 속성 창이 확장된다. [클래스 뷰]에서 CPractice3cView 클래스를 선택한 후 속성 창 윗부분에 여러 가지 메뉴 버튼 중에서 메시지 버튼(🔳)을 선택한다. 그리고 윈도우 메시지 중에 **WM_KEYDOWN** 메시지를 클릭하면 오른쪽에 화살표 버튼(🔽)이 나타나고, 화살표 버튼(🔽)을 클릭하면 나타나는 〈Add〉 OnKeyDown 항목을 클릭하여 OnKeyDown() 함수를 생성한다.

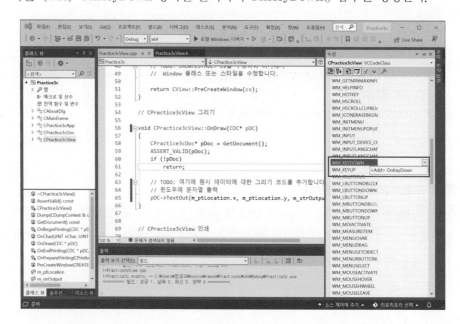

② OnKeyDown() 메시지 핸들러 함수에 다음과 같은 코드를 입력한다. 이 코드는 방향
키를 누를 때마다 문자열을 출력하는 위치값을 변경하는 코드이다.

```
void CPractice3cView::OnKeyDown(UINT nChar, UINT nRepCnt, UINT nFlags)
{
    // TODO: 여기에 메시지 처리기 코드를 추가 및/또는 기본값을 호출합니다.
    switch(nChar)                           // 가상키 코드 값에 대해
    {
    case VK_LEFT:                           // 왼쪽 화살표 키를 누를 때
        m_ptLocation.x--;                   // 왼쪽으로 1픽셀 이동
        break;
    case VK_RIGHT:                          // 오른쪽 화살표 키를 누를 때
        m_ptLocation.x++;                   // 오른쪽으로 1픽셀 이동
        break;
    case VK_UP:                             // 위쪽 화살표 키를 누를 때
        m_ptLocation.y--;                   // 위쪽으로 1픽셀 이동
        break;
    case VK_DOWN:                           // 아래쪽 화살표 키를 누를 때
        m_ptLocation.y++;                   // 아래쪽으로 1픽셀 이동
        break;
    case VK_PRIOR:                          // Pg up 키를 누를 때
        m_ptLocation.y -= 50;               // 위쪽으로 50픽셀 이동
        break;
    case VK_NEXT:                           // Pg dn 키를 누를 때
        m_ptLocation.y += 50;               // 아래쪽으로 50픽셀 이동
        break;
    case VK_HOME:                           // Home 키를 누를 때
        m_ptLocation = CPoint(0, 0);        // 처음 위치로 이동
        break;
    }
    Invalidate();                           // 화면 갱신

    CView::OnKeyDown(nChar, nRepCnt, nFlags);
}
```

Step 7 문자열이 윈도우 클라이언트 영역을 벗어날 경우 경고 메시지를 출력한다.
① 윈도우 클라이언트 영역의 크기를 저장할 멤버 변수를 다음과 같은 방법으로 추가한다.

ⓐ [클래스 뷰]에서 멤버 변수를 추가할 🔧 CPractice3cView 클래스를 선택한 후 오른쪽 마우스 버튼을 누르면 나타나는 단축 메뉴 중에서 [추가]−[변수 추가]를 선택한다.

ⓑ [변수 추가] 대화상자에 변수 이름과 변수 형식을 입력한다. 이 실습에서는 윈도우 클라이언트 영역의 크기를 저장하는 멤버 변수를 추가하기 위해 [이름] 항목은 m_ptClientSize을 입력하고 [형식] 항목은 CPoint 형을 입력한다.

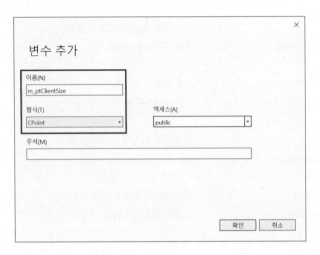

ⓒ 입력이 끝나고 [확인] 버튼을 누르면 멤버 변수가 추가된다.

② 윈도우 클라이언트 영역의 크기를 얻어오기 위해서 윈도우 크기가 변경할 때 발생하는 메시지인 WM_SIZE에 대한 메시지 핸들러 함수를 만든다.

ⓐ 화면의 오른쪽에 도킹 되어 있는 속성 탭을 클릭하면 속성 창이 확장된다. [클래스 뷰]에서 🔧 CPractice3cView 클래스를 선택한 후 속성 창 윗부분에 여러 가지 메뉴 버튼 중에서 메시지 버튼(🎵)을 선택한다. 그리고 윈도우 메시지 중에 WM_SIZE 메시지를 클릭하면 오른쪽에 화살표 버튼(▾)이 나타나고, 화살표 버튼(▾)을 클릭하면 나타나는 〈Add〉 OnSize 항목을 클릭하여 OnSize() 함수를 생성한다.

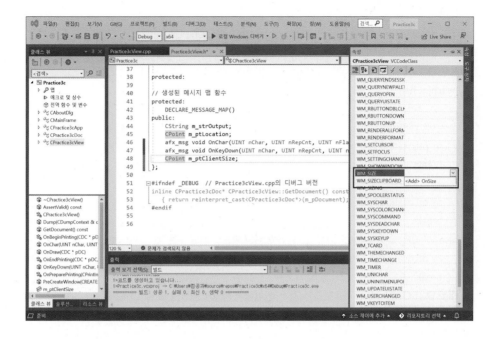

ⓑ OnSize() 메시지 핸들러 함수에 다음과 같은 코드를 입력한다. 이 코드는 윈도우 클라이언트 영역의 크기가 들어있는 OnSize() 함수의 두 번째, 세 번째 매개변수 cx, cy를 이용하여 클라이언트 영역의 크기를 얻는다. cx는 클라이언트 영역의 너비를 나타내고 cy는 클라이언트 영역의 높이를 나타내고 있다.

```
void CPractice3cView::OnSize(UINT nType, int cx, int cy)
{
    CView::OnSize(nType, cx, cy);

    // TODO: 여기에 메시지 처리기 코드를 추가합니다.
    m_ptClientSize.x = cx;          // 윈도우 영역의 가로(x) 길이를 얻음
    m_ptClientSize.y = cy;          // 윈도우 영역의 세로(y) 길이를 얻음

    Invalidate();                   // 화면 갱신
}
```

③ CPractice3cView 클래스의 OnKeyDown(UINT nChar, UINT nRepCnt, UINT nFlags) 함수를 더블 클릭하여 함수 본체로 이동하고 함수를 다음과 같이 수정한다.

```
void CPractice3cView::OnKeyDown(UINT nChar, UINT nRepCnt, UINT nFlags)
{
    // TODO: 여기에 메시지 처리기 코드를 추가 및/또는 기본값을 호출합니다.
    switch(nChar)                           // 가상키 코드 값에 대해
    {
    case VK_LEFT:                           // 왼쪽 화살표 키를 누를 때
        m_ptLocation.x--;                   // 왼쪽으로 1픽셀 이동
        break;
    case VK_RIGHT:                          // 오른쪽 화살표 키를 누를 때
        m_ptLocation.x++;                   // 오른쪽으로 1픽셀 이동
        break;
    case VK_UP:                             // 위쪽 화살표 키를 누를 때
        m_ptLocation.y--;                   // 위쪽으로 1픽셀 이동
        break;
    case VK_DOWN:                           // 아래쪽 화살표 키를 누를 때
        m_ptLocation.y++;                   // 아래쪽으로 1픽셀 이동
        break;
    case VK_PRIOR:                          // Pg up 키를 누를 때
        m_ptLocation.y -= 50;               // 위쪽으로 50픽셀 이동
        break;
    case VK_NEXT:                           // Pg dn 키를 누를 때
        m_ptLocation.y += 50;               // 아래쪽으로 50픽셀 이동
        break;
    case VK_HOME:                           // Home 키를 누를 때
        m_ptLocation = CPoint(0, 0);        // 처음 위치로 이동
        break;
    }

    if (m_ptLocation.x < 0)                 // 왼쪽 경계선을 만나면
    {
        m_ptLocation.x = 0;                 // m_ptLocation.x = 0으로 초기화
        AfxMessageBox(_T("왼쪽으로 더 이상 이동할 수 없습니다."));
    }
    if (m_ptLocation.y < 0)                 // 위쪽 경계선을 만나면
    {
        m_ptLocation.y = 0;                 // m_ptLocation.y = 0으로 초기화
        AfxMessageBox(_T("위쪽으로 더 이상 이동할 수 없습니다."));
    }
    if (m_ptLocation.x > m_ptClientSize.x )  // 오른쪽 경계선을 만나면
```

```
    {
        m_ptLocation.x = m_ptClientSize.x;      // m_ptLocation.x = 윈도우 x 크기로 초기화
        AfxMessageBox(_T("오른쪽으로 더 이상 이동할 수 없습니다."));
    }
    if (m_ptLocation.y > m_ptClientSize.y)       // 아래쪽 경계선을 만나면
    {
        m_ptLocation.y = m_ptClientSize.y;       // m_ptLocation.y = 윈도우 y 크기로 초기화
        AfxMessageBox(_T("아래쪽으로 더 이상 이동할 수 없습니다."));
    }
    Invalidate();                    // 화면 갱신

    CView::OnKeyDown(nChar, nRepCnt, nFlags);
}
```

Step 8 왼쪽 마우스 버튼 클릭으로 문자열을 이동시킨다.

왼쪽 마우스 버튼을 누르면 누른 위치에 문자열이 이동되어 출력하도록 하자. 즉 문자열을 마우스로도 이동할 수 있게 만드는 것이다. 이번 단계에도 속성 창을 이용하여 메시지 핸들러 함수를 생성해보자.

① 화면의 오른쪽에 도킹 되어 있는 속성 탭을 클릭하면 속성 창이 확장된다. [클래스 뷰] 에서 🐾 CPractice3cView 클래스를 선택한 후 속성 창 윗부분에 여러 가지 메뉴 버튼 중에서 메시지 버튼(🔄)을 선택한다. 그리고 윈도우 메시지 중에 WM_LBUTTONDOWN 메시지를 클릭하면 오른쪽에 화살표 버튼(▾)이 나타나고, 화살표 버튼(▾)을 클릭하면 나타나는 〈Add〉 OnLButtonDown 항목을 클릭하여 OnLButtonDown() 함수를 생성한다.

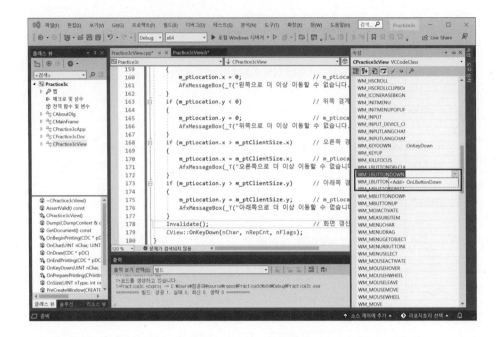

② OnLButtonDown() 메시지 핸들러 함수에 다음과 같은 코드를 입력한다. 이 코드는 현재 마우스 좌푯값을 문자열을 출력할 위치를 저장하는 멤버 변수에 넣어주는 것이다.

```cpp
void CPractice3cView::OnLButtonDown(UINT nFlags, CPoint point)
{
    // TODO: 여기에 메시지 처리기 코드를 추가 및/또는 기본값을 호출합니다.
    m_ptLocation = point;
    Invalidate();

    CView::OnLButtonDown(nFlags, point);
}
```

Step 9 왼쪽 마우스로 Drag & Drop 기능을 추가한다.

문자열을 왼쪽 마우스로 누른 채로 드래그하면 문자열이 따라오고 마우스 버튼을 떼었을 때 그 자리에 문자열이 출력할 수 있게 한다.

① Drag & Drop을 할 때 필요한 변수를 추가한다.

ⓐ [클래스 뷰]에서 멤버 변수를 추가할 ✿ CPractice3cView 클래스를 선택한 후 오른쪽 마우스 버튼을 누르면 나타나는 단축 메뉴 중에서 [추가]-[변수 추가]를 선택한다.

ⓑ [변수 추가] 대화상자에 변수 이름과 변수 형식을 입력한다. 이 실습에서는 드래그
의 시작을 알리는 플래그 멤버 변수를 추가하기 위해 [이름] 항목은 m_bDrag를 입
력하고 [형식] 항목은 bool 형을 선택한다. m_bDrag 변숫값이 true이면 드래그를
시작한 것이고, m_bDrag 변숫값이 false이면 이동 중이라는 의미이다.

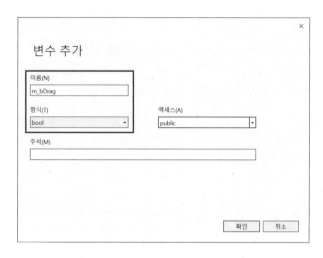

② 드래그의 시작을 알리는 플래그 멤버 변수를 초기화한다.

ⓐ [클래스 뷰]에서 CPractice3cView 클래스의 생성자 함수인 CPractice3cView()
을 더블 클릭하여 CPractice3cView() 함수 본체로 이동한다.

ⓑ 드래그를 하기 전까지는 마우스에 문자열이 따라다니지 않게 생성자 함수에서 m_
bDrag 변수를 false로 초기화한다.

```
void CPractice3cView::CPractice3cView() noexcept
{
    // TODO: 여기에 생성 코드를 추가합니다.
    m_strOutput = _T("");
    m_ptLocation = (0, 0);
    m_bDrag = false;
}
```

③ OnLButtonDown() 함수를 수정한다.

ⓐ 사용자가 왼쪽 마우스를 눌렀을 때 문자열의 일정 범위 내에 해당하면 드래그를 시
작하는 것이므로 m_bDrag 변수를 세팅한다. 다시 말해 현재 마우스의 위치를 나

타내는 ⚙ OnLButtonDown(UINT nFlags, CPoint point) 함수의 매개변수 point와 문자열의 위치를 나타내는 변수 m_ptLocation의 x, y 좌표를 비교해서 일정 범위(약 30픽셀 정도) 내에 해당하면 m_bDrag 변수를 true로 세팅한다.

```
void CPractice3cView::OnLButtonDown(UINT nFlags, CPoint point)
{
    // TODO: 여기에 메시지 처리기 코드를 추가 및/또는 기본값을 호출합니다.
    if (point.x >= m_ptLocation.x - 30 && point.x <= m_ptLocation.x + 30 &&
        point.y >= m_ptLocation.y - 30 && point.y <= m_ptLocation.y + 30)
        {
            m_bDrag = true;
        }
        m_ptLocation = point;
        Invalidate();

        CView::OnLButtonDown(nFlags, point);
}
```

④ 드래그 중이면 마우스 움직임에 따라 문자열이 이동하는 기능을 구현하기 위해 WM_MOUSEMOVE에 대한 메시지 핸들러 함수를 생성한다.

ⓐ 화면의 오른쪽에 도킹 되어 있는 속성 탭을 클릭하면 속성 창이 확장된다. [클래스 뷰]에서 🐾 CPractice3cView 클래스를 선택한 후 속성 창 윗부분에 여러 가지 메뉴 버튼 중에서 메시지 버튼(🖾)을 선택한다. 그리고 윈도우 메시지 중에 WM_MOUSEMOVE 메시지를 클릭하면 오른쪽에 화살표 버튼(⊻)이 나타나고, 화살표 버튼(⊻)을 클릭하면 나타나는 〈Add〉 OnMouseMove 항목을 클릭하여 OnMouseMove() 함수를 생성한다.

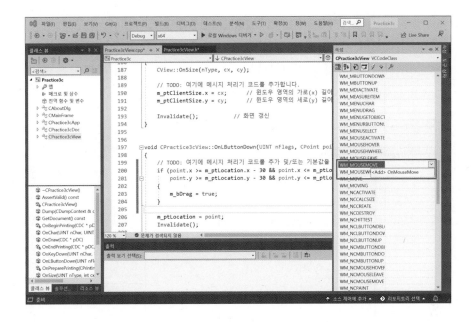

ⓑ OnMouseMove() 메시지 핸들러 함수에 다음과 같은 코드를 입력한다. 이 함수에
m_bDrag 변수가 true이면 m_ptLocation 변숫값에 현재 움직이는 마우스 좌푯
값을 넣어주면 된다. 그리고 화면을 갱신하기 위해 Invalidate() 함수를 호출한다.

```cpp
void CPractice3cView::OnMouseMove(UINT nFlags, CPoint point)
{
    // TODO: 여기에 메시지 처리기 코드를 추가 및/또는 기본값을 호출합니다.
    if (m_bDrag)
    {
        m_ptLocation = point;
    }
    Invalidate();

    CView::OnMouseMove(nFlags, point);
}
```

⑤ 왼쪽 마우스 버튼에서 손을 뗐을 때 드래그가 중지되고 문자열이 고정되는 기능을 가
진 WM_LBUTTONUP에 대한 메시지 핸들러 함수를 생성한다.

ⓐ 화면의 오른쪽에 도킹 되어 있는 속성 탭을 클릭하면 속성 창이 확장된다. [클
래스 뷰]에서 CPractice3cView 클래스를 선택한 후 속성 창 윗부분에 여러 가

지 메뉴 버튼 중에서 메시지 버튼(🔲)을 선택한다. 그리고 윈도우 메시지 중에 WM_LBUTTONUP 메시지를 클릭하면 오른쪽에 화살표 버튼(🔽)이 나타나고, 화살표 버튼(🔽)을 클릭하면 나타나는 〈Add〉 OnLButtonUp 항목을 클릭하여 OnLButtonUp() 함수를 생성한다.

ⓑ OnLButtonUp() 메시지 핸들러 함수에 다음과 같은 코드를 입력한다. 이 함수에 m_bDrag 변수가 true이면 m_bDrag 변숫값을 false로 변경하고 m_ptLocation 변숫값에 현재 마우스 좌푯값을 넣어주면 된다. 그리고 화면을 갱신하기 위해 Invalidate() 함수를 호출한다.

```cpp
void CPractice3cView::OnLButtonUp(UINT nFlags, CPoint point)
{
    // TODO: 여기에 메시지 처리기 코드를 추가 및/또는 기본값을 호출합니다.
    if (m_bDrag)
    {
        m_bDrag = false;
        m_ptLocation = point;
    }
    Invalidate();

    CView::OnLButtonUp(nFlags, point);
}
```

Step 10 **오른쪽 마우스 클릭으로 윈도우 창에 있는 문자열을 지운다.**

오른쪽 마우스 버튼을 클릭하면 윈도우 창에 문자열이 입력되어 있으면 문자열을 지우겠다는 메시지를, 문자열이 입력되지 않았을 경우는 문자열을 입력하라는 메시지를 메시지박스를 통해 출력하도록 한다.

① 오른쪽 마우스 버튼을 클릭했을 때의 마우스 메시지 WM_RBUTTONDOWN의 메시지 핸들러 함수를 만든다.

ⓐ 화면의 오른쪽에 있는 속성 탭을 클릭하면 속성 창이 확장된다. [클래스 뷰]에서 🔧CPractice3cView 클래스를 선택한 후 속성 창 윗부분에 여러 가지 메뉴 버튼 중에서 메시지 버튼(📭)을 선택한다. 그리고 윈도우 메시지 중에 WM_RBUTTONDOWN 메시지를 클릭하면 오른쪽에 화살표 버튼(🔽)이 나타나고, 화살표 버튼(🔽)을 클릭하면 나타나는 〈Add〉 OnRButtonDown 항목을 클릭하여 OnRButtonDown() 함수를 생성한다.

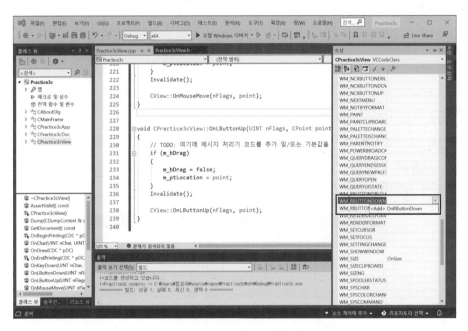

ⓑ OnRButtonDown() 메시지 핸들러 함수에 다음과 같은 코드를 입력한다. 이 코드는 CString 클래스의 IsEmpty() 멤버 함수를 이용하여 문자열이 비어있으면 "문자열을 입력하시오"라는 메시지를 출력하고, 문자열이 비어있지 않으면 "문자열을 모두 지우시겠습니까?"라는 메시지를 메시지 박스를 통해 출력하게 한다.

```
void CPractice3cView::OnRButtonDown(UINT nFlags, CPoint point)
{
    // TODO: 여기에 메시지 처리기 코드를 추가 및/또는 기본값을 호출합니다.
    if (m_strOutput.IsEmpty() == false)
    {
        if (AfxMessageBox(_T("문자열을 모두 지우시겠습니까?"),
                        MB_YESNO | MB_ICONQUESTION) == IDYES)
        {
            m_strOutput.Empty();
        }
    }
    else
    {
        AfxMessageBox(_T("문자열을 입력하시오."));
    }
    Invalidate();

    CView::OnRButtonDown(nFlags, point);
}
```

Step 11 프로그램을 실행시켜보자.

① `Ctrl`+`F7` 키를 눌러 컴파일하고 에러가 없다면 `Ctrl`+`F5`를 눌러 프로그램을 실행시켜보자. 문자를 입력하고 키보드의 `Page Up` `Page Down` `Home`이나 `←``→``↑``↓`를 이용하여 문자열을 이동시켜보면 문자열이 이동하는 것을 볼 수 있다.

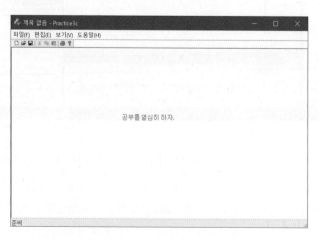

② 문자열이 왼쪽, 오른쪽, 위쪽, 아래쪽으로 더 이상 이동할 수 없을 때 다음과 같은 메시지 박스가 출력되는 것을 볼 수 있다

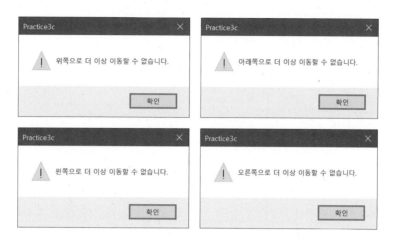

③ 왼쪽 마우스를 클릭하면 클릭한 위치로 문자열이 움직이는 것을 볼 수 있다.

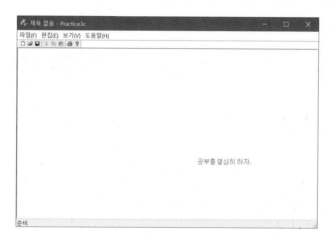

④ 문자열을 왼쪽 마우스로 누른 채로 드래그하면 문자열이 따라오고 마우스 버튼을 떼었을 때 그 자리에 문자열이 출력되는 것을 볼 수 있다.

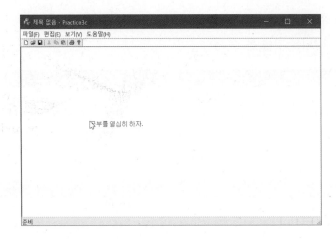

⑤ 오른쪽 마우스를 클릭하면 다음과 같은 메시지 박스가 출력되는 것을 볼 수 있다.

[문자열이 입력되었을 경우]

[문자열이 입력되지 않았을 경우]

연습문제

1 마우스와 키보드를 이용하여 스톱워치 기능을 하는 프로그램 작성하라.

> 휴대폰에 있는 스톱워치 앱의 기능을 보면 "시작", "중지", "기록", "계속", "초기화" 등이 있다. 마우스와 키보드를 이용하여 이와 유사한 기능을 가진 스톱워치 프로그램을 작성한다. 초기화면은 00: 00. 00 이며 왼쪽 마우스 버튼을 클릭하면 스톱워치가 실행되고 다시 왼쪽 마우스 버튼을 클릭하면 정지되고 다시 왼쪽 마우스 버튼을 클릭하면 계속 실행된다. 따라서 왼쪽 마우스가 "시작", "중지", "계속" 기능을 한다. 오른쪽 마우스 버튼을 클릭하면 "초기화하시겠습니까?"라는 메시지가 뜨면서 초기화가 되게 한다. 키보드 스페이스 바를 누르면 스톱워치를 기록하게 되는데 최대 30개로 세로로 출력되게 하고 30개가 출력된 후에는 출력한 것들이 사라지면서 다시 기록되게 한다.

1) 스톱워치를 출력하는데 필요한 멤버 변수를 추가한다.

① 스톱워치를 출력하는데 필요한 멤버 변수를 CExercise3aView 클래스에 다음과 같이 추가한다.

자료형	변수명	용도
CString	m_strStopWatch	출력되는 스톱워치 문자열을 저장할 변수
CString[30]	m_strRecord	기록된 내용을 저장하는 문자열 배열
int	m_nCount	기록된 내용의 개수
int	m_nMinute	분을 나타내는 변수
int	m_nSecond	초를 나타내는 변수
int	m_nMSec	1/100초를 나타내는 변수
bool	m_bStopWatchRun	스톱워치가 작동되는지를 저장하는 변수

② [클래스 뷰]에서 CExercise3aView클래스의 생성자 함수인 CExercise3aView() 을 더블 클릭하여 CExercise3aView() 함수 본체로 이동하여 다음과 같이 멤버 변수를 초기화한다.

```
m_strStopWatch = _T("00: 00. 00");
m_nCount = 0;
m_nMinute = 0;
m_nSecond = 0;
m_nMSec = 0;
m_bStopWatchRun = false;
```

2) 프로그램의 기능은 다음과 같다.

① OnTimer() 함수에서 함수가 호출될 때마다 m_nMSec, m_nSecond, m_nMinute 변수의 값을 증가하고 m_strStopWatch 변수에 문자열을 생성한다. 화면 갱신을 위해 마지막에 Invalidate() 함수를 호출한다. 문자열 생성 코드는 다음과 같다.

```
m_strStopWatch.Format(_T("%02d: %02d. %02d"), m_nMinute, m_nSecond, m_nMSec);
```

② 왼쪽 마우스가 "시작", "중지", "계속" 기능을 하도록 구현한다. OnLButtonDown() 함수에서 m_bStopWatchRun 변숫값이 false이면 스톱워치를 실행시키고 값을 true로 변경한다. m_bStopWatchRun 변숫값이 true이면 스톱워치를 정지시키고 값을 false로 변경한다. SetTimer() 함수를 이용하여 1/100초마다 스톱워치를 실행시키고 KillTimer() 함수를 이용하여 스톱워치를 정지시킨다. 1/100초마다 스톱워치를 실행시키는 SetTimer() 함수 코드는 다음과 같다.

```
SetTimer(0, 10, NULL);
```

③ 키보드 스페이스 바를 누르면 스톱워치를 기록하게 구현한다. OnKeyDown() 함수에서 매개변수 nChar가 VK_SPACE이면 m_strRecord 배열에 기록값을 넣고 기록된 내용의 개수를 나타내는 변수 m_nCount를 증가시킨다. 기록된 내용의 개수가 30이 되면 배열과 개수를 나타내는 변수를 초기화한다. 스톱워치가 작동할 때만 기록이 되게 구현한다. 대략적인 프로그램 구조는 다음과 같다.

```
if (m_bStopWatchRun)  // 스톱워치가 작동 중인 경우
{
    if (nChar == VK_SPACE)
    {
        .....               // m_strRecord 변수에 문자열을 생성하고 m_nCount 변숫값을 증가
    }
    if (m_nCount == 30)
    {
        .....               // m_strRecord 배열과 m_nCount 변수를 초기화
    }
}
Invalidate();
```

④ 오른쪽 마우스가 스톱워치의 "초기화" 기능을 할 수 있게 구현한다. OnRButton Down() 함수에서 "스톱워치를 초기화하시겠습니까?"라는 메시지가 뜨면서 모든 변수를 초기화한다. 스톱워치가 작동하지 않을 때만 초기화가 되게 구현한다. 대략적인 프로그램 구조는 다음과 같다.

```
if (m_bStopWatchRun == false)          // 스톱워치가 작동하지 않을 경우
{
    if (AfxMessageBox(_T("스톱워치를 초기화하시겠습니까?"),
                            MB_YESNO | MB_ICONQUESTION) == IDYES)
    {
        .....                          // 모든 변수를 초기화
    }
    Invalidate();
}
else
{
    .....                              // 초기화 시킬 수 없다는 메시지 박스 출력
}
```

⑤ 스톱워치와 기록은 OnDraw() 함수에서 출력한다. 스톱워치 출력은 굴림체, 글자 크기 100인 CFont 객체를 CreateFont() 함수를 이용하여 생성한 후 DrawText() 함수를 이용하여 화면 중앙에 출력한다. 기록은 기본 폰트로 TextOut() 함수를 이용하여 (10, 10)부터 y 좌푯값을 20씩 증가시키면서 출력한다.

3) 프로그램 힌트
① OnTimer() 함수에서 m_nMsec 변숫값이 100이 되면 m_nSecond 변숫값을 1 증가시키고 m_nMSec 변숫값은 다시 0부터 증가시킨다. 그리고 m_nSecond 변숫값이 60이 되면 m_nMinute 변숫값을 1 증가시키고 m_nSecond 변숫값은 다시 0부터 증가시킨다.
② 굴림체, 글자 크기 100인 CFont 객체를 생성하는 코드는 다음과 같다.

```
CFont big_font;
big_font.CreateFont(100, 0, 0, 0, FW_NORMAL, FALSE, FALSE, 0,
        DEFAULT_CHARSET, OUT_DEFAULT_PRECIS, CLIP_DEFAULT_PRECIS,
        DEFAULT_QUALITY, DEFAULT_PITCH | FF_SWISS, _T("굴림체"));
```

③ OnDraw() 함수에서 다른 디바이스 컨텍스트(dc)를 생성한 후 위에서 생성한 폰트를 등록하고 스톱워치를 출력한다. 기록은 기존 디바이스 컨텍스트(pDC)를 이용하여 출력한다. 디바이스 컨텍스트를 생성하고 폰트를 등록하는 방법은 다음과 같다.

```
CRect rect;
GetClientRect(&rect);                              // 클라이언트 영역을 구한다.

CClientDC dc(this);                                // 디바이스 컨텍스트 생성한다.
CFont *p_old_font = dc.SelectObject(&big_font);    // 새로 만든 폰트로 속성을 전환한다.

dc.DrawText(m_strStopWatch, rect, DT_SINGLELINE | DT_CENTER | DT_VCENTER);

dc.SelectObject(p_old_font);                       // 이전에 사용하던 폰트로 속성을 복구한다.
big_font.DeleteObject();                           // 생성된 폰트를 삭제한다.
```

4) 프로그램 실행 예

① 스톱워치 초기화면

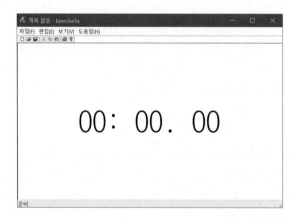

② 왼쪽 마우스를 클릭하여 스톱워치를 실행시키고 다시 클릭하면 스톱워치가 중지된다. 또 중지된 상태에서 다시 클릭하면 스톱워치가 다시 실행된다.

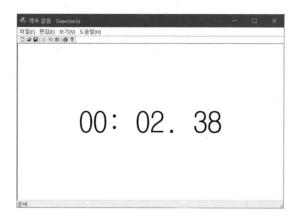

③ 키보드의 스페이스 바를 눌러 기록한 내용을 왼쪽에 출력해 보자. 스페이스 바를 누를 때마다 기록이 출력된다. 스톱워치가 작동 중일 때만 기록이 작동된다.

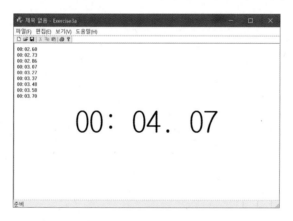

④ 스톱워치가 작동 중일 때와 스톱워치가 멈추어 있을 때 각각 오른쪽 마우스를 눌러보자. 그러면 다음과 같은 메시지 박스가 출력될 것이다. 초기화는 스톱워치가 멈추어 있을 때만 작동한다.

[스톱워치가 동작 중일 때]

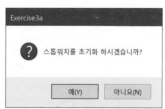

[스톱워치가 멈춘 상태일 때]

CHAPTER 04

대화상자

contents

4.1 CDialogEx 클래스

4.2 대화상자 기반의 프로그램

4.3 MFC 기본 컨트롤

4.4 모달(Modal) 대화상자와 모덜리스(Modeless) 대화상자

4.5 공용 대화상자

04 대화상자

대화상자(Dialog Box)는 사용자와 윈도우 간의 인터페이스 기능을 한다. 애플리케이션을 다루는 사용자는 이 대화상자를 통해서, 애플리케이션과 대화를 할 수 있다. 대화상자로만 구성된 애플리케이션에서도 SDI나 MDI에서 했던 기능들을 처리할 수 있다. [그림 4-1]과 같이 대화상자 내에서 모든 작업을 수행하고 끝내는 애플리케이션을 자주 접할 수 있다.

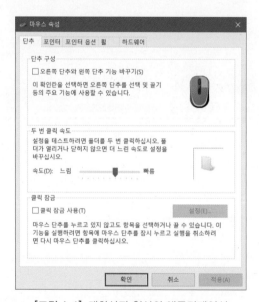

[그림 4-1] 대화상자 형식의 애플리케이션

이번 4장에서는 MFC에서 제공하는 공용 대화상자와 사용자가 직접 대화상자 기반의 프로그램을 구현함으로써, 윈도우 프로그래밍 방식에서 대화상자가 동작하는 원리와 대화상자에서 사용되는 기본적인 표준 컨트롤의 사용법에 대해 주로 알아보자. 공용 대화상자는 파일 입출력 또는 색상 대화상자 등을 출력하는 대화상자 클래스로써 MFC에서 제공하는 클래스이다. 기본적인 컨트롤 이외의 컨트롤에 대한 자세한 사용법은 8장, 9장과 10장에서 다루게 된다.

4.1 CDialogEx 클래스

MFC에서의 대화상자는 [그림 4-2]와 같은 계층도로 CDialog 클래스를 정의하고 있다. [그림 4-2]에서 볼 수 있듯이 CDialog 클래스는 CWnd로부터 상속받은 클래스이기 때문에 모든 윈도우 메시지를 처리할 수 있다. 그리고 CDialogEx 클래스는 CDialog 클래스로부터 파생된 클래스로 CDialog 클래스의 모든 기능을 수행하고 그 이외에 대화상자의 배경색과 배경 그림을 쉽게 바꿀 수 있는 기능이 추가된 클래스이다. 우리는 CDialogEx 클래스를 상속받아서 사용자 정의 대화상자 프로그램을 만들 수 있다.

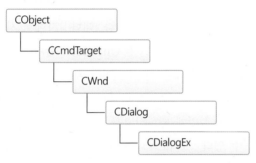

[그림 4-2] CDialogEx 클래스 계층도

4.2 대화상자 기반의 프로그램

대화상자 형태의 프로그램은 단일 문서(SDI)나 여러 문서(MDI) 형태의 프로그램과는 클래스 구조가 약간 다르다. View 형식의 프로그램에서는 템플릿으로 구현하지만, 대화상자 기반의 프로그램은 [표 4-1]에서 보듯이 애플리케이션 클래스와 대화상자 클래스로 이루어져 있다. 대화상자 클래스는 대화상자 내에서 일어나는 모든 이벤트 처리를 해준다.

[표 4-1] 대화상자 기반의 프로젝트의 클래스 구성 형태

클 래 스	기저 클래스	설 명
애플리케이션 클래스	CWinApp	프로젝트 전체를 관리하는 클래스
대화상자 클래스	CDialogEx	대화상자의 기능을 구현하는 실제적인 클래스
도움말 대화상자 클래스	CDialogEx	도움말 정보 클래스

이제 실제적인 대화상자 클래스를 살펴보자. 대화상자라고 해서 다른 것은 크게 없다. 대화상자 클래스의 동작을 알아보기 위해서는 [그림 4-3]에서 보여주는 대화상자 프로그램에서 사용되는 함수들을 보면 이해하기 쉽다. 참고로 [그림 4-3]은 함수들을 모두 열거한 것이 아니고, 대략적인 구조를 보이기 위해 축약한 그림이다. 물론 클래스에는 생성자 함수와 소멸자 함수가 있다. 대화상자 프로그램을 실행하면, 우선 생성자 함수가 호출되고, 그다음에 OnCreate() 함수가 호출된다. OnCreate() 함수는 CWnd 객체가 제대로 생성된다면 0을 반환하고, 만약 프로그램이 종료되면 OnDestroy() 함수가 호출되어 -1을 반환한다.

그다음에 OnInitDialog() 함수가 호출된다. 이 함수는 대화상자가 화면에 보이기 바로 전에 실행되므로 여기에서 초기화 기능을 부여한다. 대화상자에서 사용된 컨트롤들의 초깃값을 부여하는 작업을 이곳에서 해주면 된다. OnPaint() 함수는 OnDraw() 함수와 같은 기능을 한다. 윈도우 시스템은 멀티태스킹 방식이기 때문에 여러 프로그램이 한꺼번에 시스템 내에 상주한다. 따라서 다른 프로그램이 대화상자를 지우고 지나간다던가, 대화상자의 크기가 변화할 때는 그것에 맞게 대화상자를 다시 그려줘야 하므로, 프로그램 실행 중에도 언제든지 호출될 수 있다. 그리고 DoDataExchange() 함수는 컨트롤을 어떤 방식으로 이용할 것인지를 결정한다.

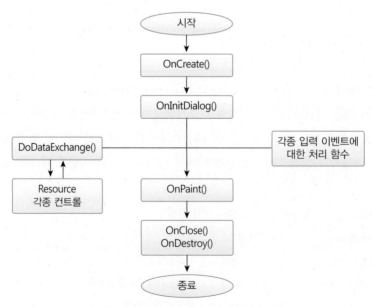

[그림 4-3] 대화상자 프로그램의 동작 과정

여기까지 대화상자 클래스의 구조와 동작에 대하여 간략히 설명하였지만, 이해가 잘 안되는 부분도 있을 것이다. 이해가 안 되더라도 이런 것이 있다는 정도로만 이해하고 넘어가도 괜찮다. 이 장에 나와 있는 실습을 순서대로 따라 나간다면 함수마다 하는 기능을 이해할 수 있을 것이다.

4.3 MFC 기본 컨트롤

컨트롤(Control)이란 사용자와 인터페이스를 이루는 도구를 의미한다. 프로그램은 실행 중에 끊임없이 사용자와 통신하는데 컨트롤을 통해 명령과 정보를 받아들이고 또한 컨트롤을 통해 결과를 사용자에게 보고한다. 컨트롤에는 문자열을 입력받는 Edit Control, 여러 가지 항목 중 한 가지만 선택할 수 있는 Radio Button, 그 외 List Box, Check Box 등이 있으며 주로 대화상자 내에서 사용된다.

MFC에서 컨트롤을 사용해 보려면 대화상자를 이용하거나 컨트롤 뷰, 폼 뷰를 이용해야 한다. 컨트롤이 보통 대화상자의 차일드로 존재하므로 대화상자에서만 컨트롤을 편집할 수 있게 되어 있기 때문이다. MFC 기본 컨트롤 몇 가지를 살펴보자.

1) Static Text (Aa)

화면에 문자열을 배치할 때 사용하며 사용자로부터 명령을 받아들이지도 않고 출력을 내보내지도 않는다. 일반적으로 레이블(Label) 용도로 사용된다.

2) Edit Control (abl)

Edit Control은 문자열을 입력하고 편집할 수 있도록 해주는 컨트롤로 주로 사용자에게 문자열을 입력받을 때 사용된다. 간단한 컨트롤이지만 내부에는 문자열을 편집할 수 있는 키보드 단축키까지 완벽히 갖춰져 있을 정도로 고성능 컨트롤이다.

3) Group Box ([XYZ])

서로 연관된 컨트롤들을 시각적으로 그룹을 지어 다른 컨트롤과 구분하는 용도로 사용한다. 컨트롤을 Group Box로 묶는다고 기능이 달라지지는 않는다.

4) Button Control (▢)

마우스로 클릭하여 어떤 동작을 수행하는 용도로 사용한다.

5) Check Box (☒)

Button Control의 일종이며 마우스로 클릭하면 체크 표시가 on/off 된다. 여러 옵션 중에 임의의 개수를 선택할 때 주로 사용하되 독립적인 옵션을 선택한다.

6) Radio Button (◉)

Button Control의 일종이며 마우스로 클릭하면 라디오 표시가 on/off 된다. 여러 옵션 중에 하나만 선택하는 컨트롤로 하나를 선택하면 다른 것이 선택 해제되는 상호 배타적인 옵션을 선택한다.

7) List Box (☷)

사용자가 선택할 수 있는 항목들을 여러 개 나열해 두고 선택할 수 있도록 해주는 컨트롤이다. 여기서 항목은 문자열이나 비트맵이 될 수 있다. List Box는 스타일에 따라 하나 혹은 여러 개의 항목을 선택할 수 있다. 선택해야 할 대상을 키보드로 직접 입력해 주어야 하는 전통적인 방법보다 선택 대상을 보여주고 마우스로 간단히 선택할 수 있도록 하는 더욱 편리한 방법을 제공해 준다.

8) Combo Box (☷)

List Box의 단점을 해결한 것이 Combo Box이며 Edit Control과 List Box를 합쳐 놓은 모양이다. 기존의 항목을 선택할 때는 아래쪽의 List Box에서 선택하고 직접 입력해야 할 항목은 Edit Control에서 입력할 수 있으며 Combo Box는 필요할 때만 열어서 사용하고 평소에는 닫아 두기 때문에 화면 면적도 넓게 차지하지 않는다.

실습 4-1   MFC의 기본 컨트롤(Control) 사용법 익히기

이번 실습에서는 MFC에서 가장 많이 사용되는 기본 컨트롤들을 사용하여 메인 대화상자 하나를 만들 것이다. 그래서 사용자의 컨트롤 사용에 따라 컨트롤의 동작을 List Box

에 출력하고 Combo Box에 삽입하고 삭제할 수 있는 프로그램을 작성할 것이다. 이번 실습을 통해서 기본적인 대화상자 기반의 프로젝트를 생성하는 방법과 MFC의 기본 컨트롤인 Group Box, Static Text, Edit Control, Radio Button, Check Box, Combo Box, List Box, Button Control에 대한 기본적인 사용법을 익히게 된다.

Step 1 대화상자 기반의 프로젝트 생성한다.

① 프로젝트 이름을 "Practice4a"라 정한다. 대화상자 프로젝트를 만들 때 프로젝트 이름에 숫자로 시작하거나 언더스코어(_), 대쉬(-) 문자를 포함하여 특수문자를 사용하면 "COM 구성 요소 호출에서 HRESULT E_FAIL 오류가 반환되었습니다."라는 에러가 발생한다.

② [애플리케이션 종류] 단계에서 [대화 상자 기반]을 선택한다.

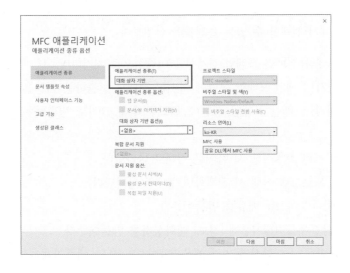

[대화 상자 기반 옵션]에서 [HTML 대화 상자 사용]을 선택하면 CDHtmlDialog를 기본 클래스로 하는 대화상자 클래스가 만들어진다. 이번 실습에서는 이 항목을 선택하지 않는다.

③ [사용자 인터페이스 기능] 단계에서 옵션을 선택한다.

이 단계에서는 사용자 인터페이스 기능에 대한 옵션을 선택하는 단계이다. 주 프레임스타일, 자식 프레임 스타일, 명령 모음 등 어떤 것을 이용할 것인지에 대한 항목을 체크한다.

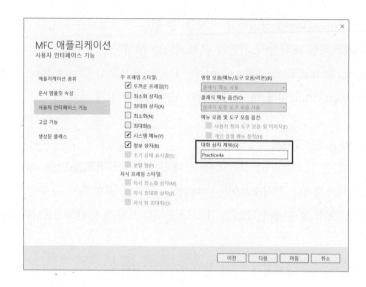

두 번째 단계에서 선택할 수 있는 옵션들을 살펴보자

ⓐ [두꺼운 프레임] : 메인 프레임 경계선을 이중선으로 처리한다.

ⓑ [최소화 상자] : 메인 프레임 상단에 아이콘 형태로 변환하는 버튼을 만들어준다.

ⓒ [최대화 상자] : 메인 프레임 상단에 윈도우 최대 크기로 변환하는 버튼을 만들어 준다.

ⓓ [최소화] : 프로그램 실행 시 아이콘 형태로 나타난다.

ⓔ [최대화] : 프로그램 실행 시 전체화면 형태로 나타난다.

ⓕ [시스템 메뉴] : 시스템 메뉴를 만들어준다.

ⓖ [정보 상자] : 애플리케이션에 [정보] 대화상자를 만들어준다.

ⓗ [대화상자 제목] : 대화상자 기반 애플리케이션의 경우, 애플리케이션 대화상자에 표시할 이름을 지정한다.

이번 실습에는 디폴트로 설정된 옵션은 그대로 두고 [대화상자 제목]에 Practice4a를 입력하고 다음 버튼을 눌러 다음 단계로 넘어간다.

④ [고급 기능] 단계에서 옵션을 선택한다.

[고급 기능] 단계에서 자동화 이용 여부, ActiveX 컨트롤의 사용 여부, 윈도우 소켓 (Window Sockets)을 이용할 것인지에 대한 항목을 체크한다.

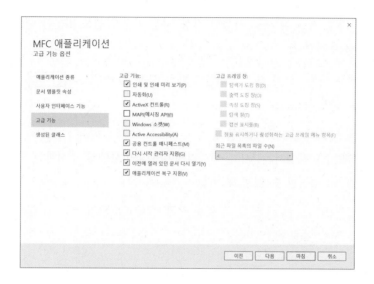

세 번째 단계에서 선택할 수 있는 옵션들을 살펴보자.

ⓐ [인쇄 및 인쇄 미리 보기] : 메뉴에 [인쇄]와 [인쇄 미리 보기] 등의 인쇄에 관한 항목을 설정한다.

ⓑ [자동화] : OLE Automation을 이용할 것인가를 선택한다.

ⓒ [ActiveX 컨트롤] : 이 항목을 선택하면 ActiveX control을 자신의 프로그램에서 사용할 수 있게 해준다.

ⓓ [MAPI(메시징 API)] : 애플리케이션에서 메일 메시지를 만들고, 편집하고, 전송하고, 저장할 수 있게 한다.

ⓔ [Windows 소켓] : 네트워크 프로그램인 소켓 프로그램을 지원한다.

ⓕ [Active Accessibility] : 접근성 클라이언트와의 상호 작용을 향상하기 위해 사용자 인터페이스를 사용자가 지정할 수 있는 CWnd 파생 클래스의 IAccessible을 지원한다.

ⓖ [공용 컨트롤 매니페스트] : Window XP 및 새 운영체제에 포함된 공용 컨트롤 DLL을 사용할 수 있도록 하는 애플리케이션 매니페스트를 생성한다.

ⓗ [다시 시작 관리자 지원] : Windows 다시 시작 관리자에 대한 지원을 추가한다.

ⓘ [이전에 열려 있던 문서 다시 열기] : 다시 시작할 때 이전에 열려 있던 문서를 열기 위한 지원을 추가한다. 자동 저장된 문서 버전을 사용할 수 있는 경우 해당 문서를 복원하라는 메시지가 표시된다.

ⓙ [애플리케이션 복구 지원] : 애플리케이션이 응답하지 않거나 중단되는 경우 정기적

인 문서 자동 저장 및 사용 가능한 자동 저장 버전 알림을 비롯한 애플리케이션 복
구 지원을 추가한다.

이번 실습에는 디폴트로 설정된 옵션을 그대로 사용할 것이므로 [다음] 버튼을 눌러
다음 단계로 넘어간다.

⑤ [생성된 클래스]에서 옵션을 선택한다.
[생성된 클래스] 단계에서는 MFC 애플리케이션 마법사에서 생성하는 클래스에 대한
정보를 보여주고 변경할 수 있게 해준다.

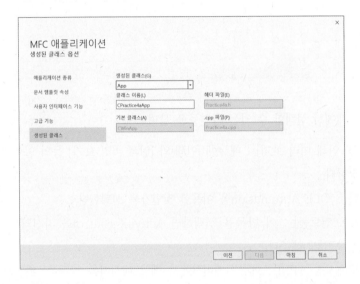

MFC 애플리케이션 마법사의 마지막 단계에서는 생성한 클래스 이름, 헤더파일, 소스
파일, 기저 클래스 등을 사용자에게 보여주며, 활성화되어 있는 것은 수정할 수도 있
다. 대화상자 프로젝트는 2개의 클래스가 생성된다. 클래스 이름은 모든 클래스에서 변
경할 수 있고, 헤더파일 이름, 기본 클래스, 소스 파일 이름은 Dlg 클래스에서만 수정
할 수 있다.

이번 실습에서는 각 클래스에 대한 정보가 어떻게 되어 있는지만 확인하고 [마침] 버
튼을 눌러 MFC 애플리케이션 마법사를 완료하면 다음과 같은 화면이 나온다.

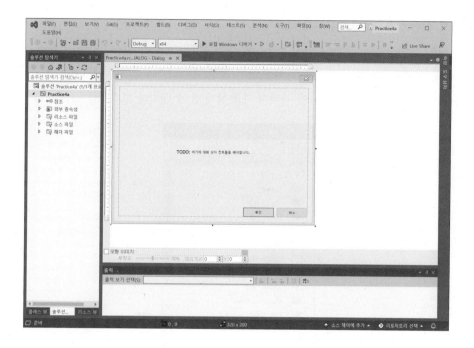

⑥ 생성된 대화상자를 선택하고 화면의 오른쪽에 도킹 되어 있는 속성 탭을 클릭하면 속성 창이 확장된다. 속성 창에서 다음과 같이 [ID] 항목은 IDD_PRACTICE4A_ DIALOG로 되어있고 [캡션]항목은 Practice4a로 설정한다.

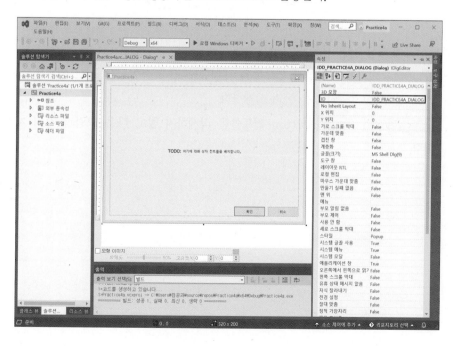

Step 2 메인 대화상자의 폼을 구성한다.

우선 메인 대화상자의 폼을 구성해 보자. 이 대화상자는 Group Box, Static Text, Edit Control, 그리고 Button 컨트롤을 사용하여 만들 것이다. 아래 그림에 나와 있는 [도구 상자]에서 각각의 컨트롤을 지시에 따라서 대화상자 폼에 배치해 보자.

① 대화상자에 있는 기본 컨트롤을 삭제한다.

  ⓐ "TODO : 여기에 대화상자 컨트롤을 배치합니다."라는 Static Text 컨트롤을 마우스로 선택하고 Delete 키를 눌러 삭제한다.

  ⓑ 확인 과 취소 button 컨트롤은 삭제하지 않고 다음 그림과 같이 재배치한다.

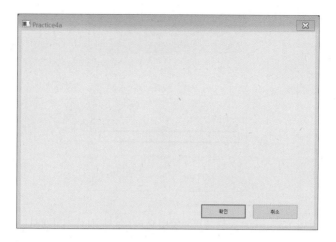

② Group Box를 만들고, 속성을 설정한다.

    ⓐ [도구 상자]에서 [Group Box] 컨트롤을 선택한다. 그러면 커서가 십자 모양이 되고, 대화상자 내에서 원하는 위치에 드래그하면서 사용자 임의로 크기를 조절하여 다음 그림과 같이 다섯 개의 Group Box를 배치한다. Group Box 컨트롤을 대화상자에 만든 후에도 크기 또는 위치를 키보드나 마우스를 통하여 변경할 수 있다.

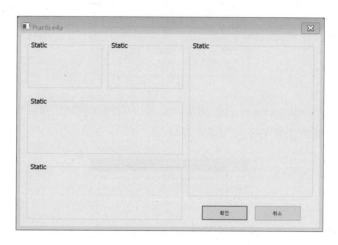

    ⓑ 맨 위 왼쪽 Group Box를 마우스로 선택한 후 Alt+Enter↲ 누르거나 화면의 오른쪽에 있는 속성 탭을 클릭하면 속성 창이 확장된다. 속성 창에서 [캡션] 항목은 "[라디오 버튼]"이라고 설정하고 [ID] 항목은 그대로 둔다.

ⓒ 맨 위 두 번째 Group Box도 같은 방법으로 속성 창에서 [캡션] 항목은 "[체크 박스]"라고 설정하고 [ID] 항목은 그대로 둔다.

ⓓ 두 번째 줄 Group Box도 같은 방법으로 속성 창에서 [캡션] 항목은 "[에디트 박스]"라고 설정하고 [ID] 항목은 그대로 둔다.

ⓔ 맨 밑 쪽 Group Box도 같은 방법으로 속성 창에서 [캡션] 항목은 "[콤보 박스]"라고 설정하고 [ID] 항목은 그대로 둔다.

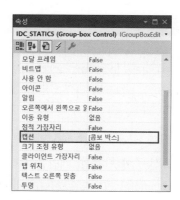

ⓕ 맨 오른쪽 Group Box도 같은 방법으로 속성 창에서 [캡션] 항목은 "[리스트 박스]"
라고 설정하고 [ID] 항목은 그대로 둔다.

ⓖ 위와 같이 설정하면 다음과 같은 대화상자 폼을 만들 수 있다.

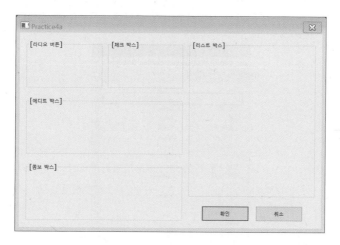

고유 ID

Group Box나 Static Text 컨트롤은 화면에 보이는 그대로가 전부이다. 더 이상 기능을 추가할 것이 없으므로 고유의 ID를 부여하지 않는다. 따라서 IDC_STATIC 그대로 놔두었다. 하지만 다른 컨트롤들은 각각의 컨트롤마다 다른 데이터를 갖고 있어야 하기 때문에 ID를 각각 구분 지어서 부여해야 한다.

③ [라디오 버튼] Group Box 안에 Radio Button을 만들고 속성을 설정한다.

ⓐ Radio Button은 여러 옵션 중에 단지 한 개만을 선택할 때 쓰이는 컨트롤이다. [도구 상자]에서 [◉ Radio Button] 컨트롤을 선택하여 [라디오 버튼] Group Box 안에 다음 그림과 같이 배치한다.

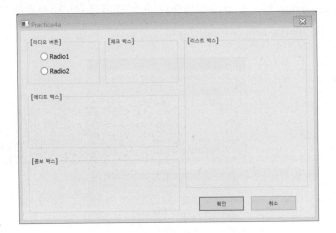

ⓑ "Radio1"라고 명시된 Radio Button을 마우스로 선택한 후 Alt+Enter 키를 누르거나 화면의 오른쪽에 있는 속성 탭을 클릭하면 속성 창이 확장된다. 속성 창에서 [캡션] 항목은 "라디오 버튼 1"이라고 설정하고 [ID] 항목은 IDC_RADIO1을 그대로 둔다.

ⓒ 위와 같은 방법으로 "Radio2"라고 명시된 Radio Button의 속성 창에서 [캡션] 항목은 "라디오 버튼 2"라고 설정하고 [ID] 항목은 IDC_RADIO2를 그대로 둔다.

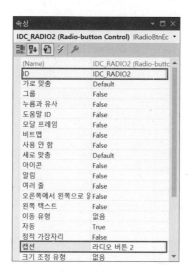

④ [체크 박스] Group Box 안에 Check Box를 만들고 속성을 설정한다.

ⓐ Radio Button과 같은 방법으로 [도구 상자]에서 [☒   Check Box] 컨트롤을 선택하여 다음 그림과 같이 배치한다. Check Box는 옵션을 추가할 때 사용하는 컨트롤이다. 새로운 프로그램을 설치할 때나 웹 사이트의 회원 등록 시에 여러분도 많이 사용했을 것이다. Check Box가 Value 형식으로 DDX에 연결하면 그 값은 boolean 값을 갖게 되는데, 컨트롤이 선택되면 TRUE로 값이 설정되고, 선택을 해지하면 FALSE로 설정된다.

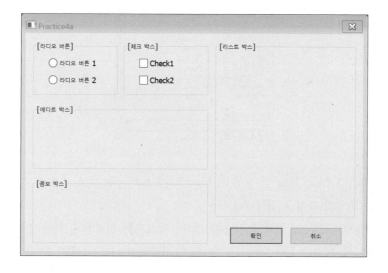

ⓑ "Check1"라고 명시된 Check Box를 마우스로 선택한 후 Alt+Enter← 키를 누르거나
화면의 오른쪽에 있는 속성 탭을 클릭하면 속성 창이 확장된다. 속성 창에서 [캡션]
항목은 "체크 박스 1"이라고 설정하고 [ID] 항목은 IDC_CHECK1로 그대로 둔다.

ⓒ 위와 같은 방법으로 "Check2"라고 명시된 Check Box의 속성 창에서 [캡션] 항목
은 "체크 박스 2"라고 설정하고 [ID] 항목은 IDC_CHECK2로 그대로 둔다.

⑤ [에디트 박스] Group Box 안에 Edit Control과 Edit Control 내용을 전송하기 위한
Button을 만들고 속성을 설정한다.
　ⓐ Edit Control은 일반적으로 사용자로부터 텍스트를 입력받기 위한 컨트롤이다. [도
구 상자]에서 [ab Edit Control] 컨트롤을 선택하여 다음 그림과 같이 배치한다.

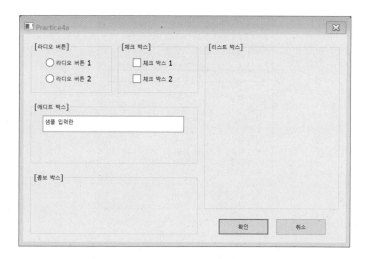

ⓑ 앞에서 추가한 Edit Control의 데이터를 전송하기 위한 Button을 추가한다. [도구
상자]에서 [▣   **Button**] 컨트롤을 선택하여 다음 그림과 같이 배치한다.

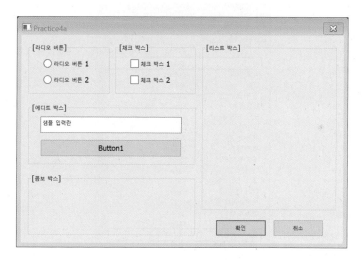

ⓒ 앞 단계에서 추가한 Edit Control을 선택한 후, [Alt]+[Enter◄] 키를 누르거나 화면의
오른쪽에 있는 속성 탭을 클릭하면 속성 창이 확장된다. 속성 창에서 [ID] 항목을
"IDC_EDIT_STRING"이라고 설정한다.

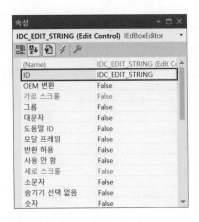

ⓓ 앞 단계에서 추가한 Button을 선택한 후, Alt + Enter↵ 키를 누르거나 화면의 오른쪽에 있는 속성 탭을 클릭하면 속성 창이 확장된다. 속성 창에서 [캡션] 항목은 "데이터 추가"라고 설정하고 [ID] 항목은 "IDC_BUTTON_ADD"로 설정한다.

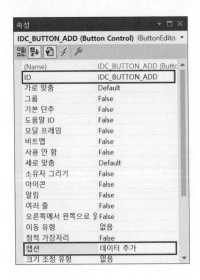

⑥ [콤보 박스] Group Box 안에 Combo Box와 Button을 만들고 속성을 설정한다.
   ⓐ Combo Box는 추가된 데이터 중에서 하나를 선택하는 기능을 가진 컨트롤로써, 여기서는 앞 단계에서 추가한 List Box의 아이템을 데이터라고 생각하고 이를 선택하는 용도로 사용된다. [도구 상자]에서 [Combo Box] 컨트롤을 선택하여 다음 그림과 같이 배치한다.

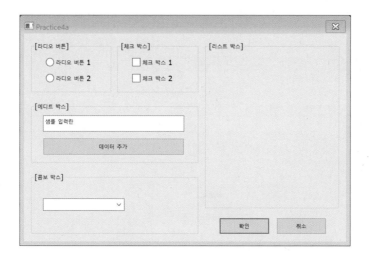

ⓑ Combo Box를 선택한 후, Alt + Enter◄ 누르거나 화면의 오른쪽에 있는 속성 탭을 클릭하면 속성 창이 확장된다. 속성 창에서 [ID] 항목을 "IDC_COMBO_AUTO"로 설정하고, [정렬] 항목을 클릭하면 오른쪽에 나타나는 화살표 버튼(✔)을 클릭하여 False를 선택한다.

ⓒ Combo Box와 List Box의 아이템을 삽입하고 삭제하기 위한 Button 2개를 만들고 속성을 설정한다. 앞 단계에서 Button을 추가한 것과 같이 [도구 상자]에서 [▥　Button] 컨트롤을 선택하여 다음 그림과 같이 배치한다.

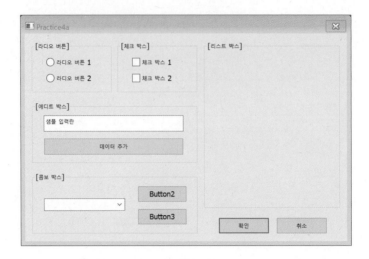

ⓓ "Button2" 라 명시된 Button을 선택한 후, Alt + Enter⏎ 키를 누르거나 오른쪽에 있
는 속성 탭을 클릭하면 속성 창이 확장된다. 속성 창에서 [캡션] 항목은 "삽입"이라
고 설정하고 [ID] 항목은 "IDC_BUTTON_INSERT"로 설정한다.

ⓔ 위와 같은 방법으로 "Button3"라고 명시된 Button의 속성 창에서 [캡션] 항목은
"삭제"라고 설정하고 [ID] 항목은 "IDC_BUTTON_DELETE"로 설정한다.

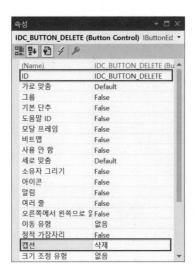

⑦ [리스트 박스] Group Box 안에 List Box를 만들고 속성을 설정한다.

ⓐ List Box는 문자열을 나열할 때 주로 사용하는 컨트롤로써, 여기서는 컨트롤의 동
작을 나열/저장하는 용도로 사용된다. [도구 상자]에서 [ᐕ List Box] 컨트롤을 선
택하여 다음 그림과 같이 배치한다.

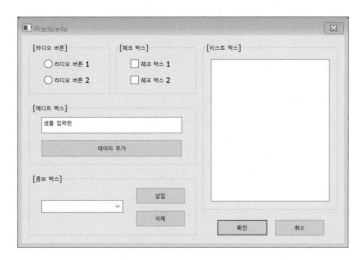

ⓑ 앞 단계에서 추가한 List Box를 선택한 후, ⌐Alt⌐+⌐Enter↵⌐ 키를 누르거나 화면의 오
른쪽에 있는 속성 탭을 클릭하면 속성 창이 확장된다. 속성 창에서 [ID] 항목은
"IDC_LIST_OUTPUT"으로 설정하고 [정렬] 항목을 클릭하면 오른쪽에 나타나는
화살표 버튼(⌄)을 클릭하여 False를 선택한다.

⑧ 위와 같이 설정하면 다음과 같은 최종 대화상자 폼을 만들 수 있다.

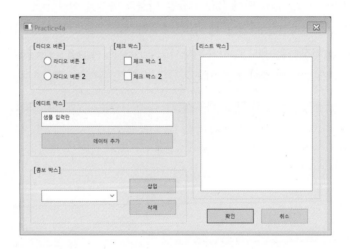

Step 3 컨트롤들을 멤버 변수와 연결한다.

폼 구성이 완료되면 컨트롤들을 멤버 변수와 연결할 차례이다. 컨트롤과 멤버 변수를 연결하는 이유는 이 멤버 변수를 통해 컨트롤을 다루기 위함이다. 컨트롤을 멤버 변수와 연결하는 방법에는 DDX(값/컨트롤)를 이용한 방법과 컨트롤의 핸들을 가져와서 연결하는 방법이 있다. 이번 실습에서는 두 가지 방법을 모두 사용할 것이다. DDX로 멤버 변수를 연결하는 방법도 클래스 마법사를 사용하는 방법과 멤버 변수 추가 마법사를 사용하는 방법 등이 있다. 이번 실습에서 모두 사용해 보기로 한다.

① DDX를 이용하여 컨트롤들을 멤버 변수에 연결한다.

  ⓐ 우선 클래스 마법사를 사용하여 연결하는 방법에 대해 알아보자. [Ctrl]+[Shift]+[X]

를 눌러서 클래스 마법사를 실행하고, [멤버 변수] 탭을 누르면 다음 그림과 같이 컨
트롤의 ID 항목들을 볼 수 있다.

ⓑ 위와 같이 IDC_EDIT_STRING을 선택하고, [변수 추가(A)...] 버튼을 누르게 되면 다
음과 같이 컨트롤에 연결할 제어 변수를 설정하는 대화상자가 출력된다. [제어 변수
추가] 대화상자에서 [범주] 항목에서 "값"을 선택하면 [변수 형식] 항목이 CString
으로 변경된다. [이름] 항목에 m_strEdit 라고 설정한 후 [마침] 버튼을 누른다.

ⓒ 위와 같이 하면 IDC_EDIT_STRING의 ID를 가진 Edit Control에 m_strEdit 이름을 가진 멤버 변수를 DDX(값 형식)로 연결한 것이다. 현재 [변수 형식] 항목은 CString 이다. 즉, CString 데이터를 다룬다는 뜻이다. [변수 형식] 항목에는 int, UINT, Long 등 여러 가지 자료형이 있다. 직접 확인해보기를 바란다. [범주] 항목에는 "값"과 "컨트롤" 두 가지 연결 방법이 있는데, Control로 연결하면 컨트롤의 핸들을 가져와서 연결하는 방식으로 CEdit 클래스의 멤버 함수를 모두 사용할 수 있다. 이때의 [변수 형식]은 물론 CEdit 형이다.

② 컨트롤을 멤버 변수와 연결하는 더 쉬운 방법은 Ctrl 키를 누른 상태에서 해당 컨트롤을 더블 클릭하면 컨트롤을 연결할 제어 변수를 설정하는 [제어 변수 추가] 대화상자가 나타난다. 또 다른 방법으로 [제어 변수 추가] 대화상자는 컨트롤을 선택한 후 오른쪽 마우스 버튼을 누르면 나타나는 단축 메뉴 중에서 [변수 추가] 항목을 선택하면 나타난다.

　　ⓐ IDC_LIST_OUTPUT의 ID를 가진 List Box 컨트롤에 변수를 연결하기 위해 다음 그림과 같이 Ctrl 키를 누른 상태에서 IDC_LIST_OUTPUT의 ID를 가진 List Box를 더블클릭한다.

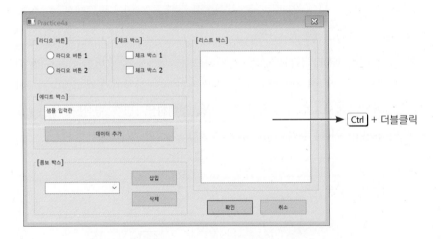

　　ⓑ [제어 변수 추가] 대화상자가 나타나면 [범주] 항목은 "컨트롤", [변수 형식] 항목은 "CListBox" 그대로 사용한다. 그리고 다음과 같이 [이름] 항목을 m_listBox 라고 설정한 후 ◻마침◻ 버튼을 누른다.

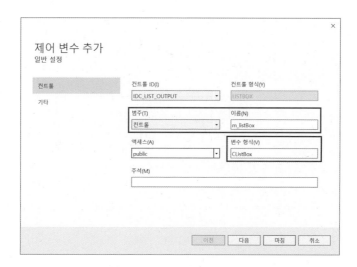

ⓒ 이번에는 IDC_COMBO_AUTO의 ID를 가진 Combo Box 컨트롤에 변수를 연결하기 위해 Combo Box 컨트롤을 선택한 후 오른쪽 마우스 버튼을 누르면 나타나는 단축 메뉴 중에서 [변수 추가] 항목을 선택한다.

ⓓ [제어 변수 추가] 대화상자가 나타나면 [범주] 항목은 "컨트롤", [변수 형식] 항목은 "CComboBox" 그대로 사용한다. 그리고 다음과 같이 [이름] 항목을 m_cbListItem 이라 설정한 후 [마침] 버튼을 누른다.

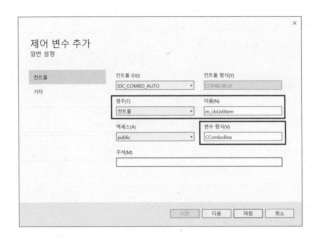

③ 컨트롤이 멤버 변수에 제대로 연결되었는지 확인하기 위해서는 Ctrl + Shift + X 를 눌러서 클래스 마법사를 실행하고, [멤버 변수] 탭을 누르면 m_strEdit는 CString형으로, m_listBox는 CListBox형으로 m_cbListItem은 CComboBox형으로 연결되어 있음을 알 수 있다.

④ 또 다른 확인 방법으로 CPractice4aDlg.cpp 파일을 보면 알 수 있다. [클래스 뷰]에서
CPractice4aDlg 클래스의 DoDataExchange(CDataExchange * pDX) 함수를 확인
해보면 멤버 변수들이 클래스에 연결된 것을 확인할 수 있다.

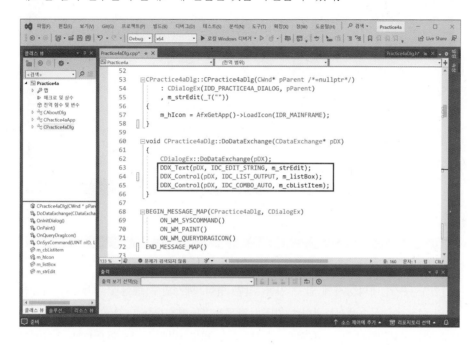

Step 4 **각 컨트롤에 대한 메시지 핸들러 함수를 만든다.**

이제 각 컨트롤을 사용자가 작동하였을 때의 이벤트 처리를 해보자. 이벤트 처리는 클래스
마법사를 통해서 처리하면 간단히 할 수 있다.

① 각 컨트롤의 이벤트가 발생할 때마다 Combo Box의 리스트 아이템을 업데이트하는 멤
버 함수를 만든다.

ⓐ [클래스 뷰]에서 멤버 함수를 추가할 CPractice4aDlg 클래스를 선택한 후 오른
쪽 마우스 버튼을 누르면 나타나는 단축 메뉴 중에서 [추가]–[함수 추가]를 선택하
면 [함수 추가] 대화상자가 나타난다.

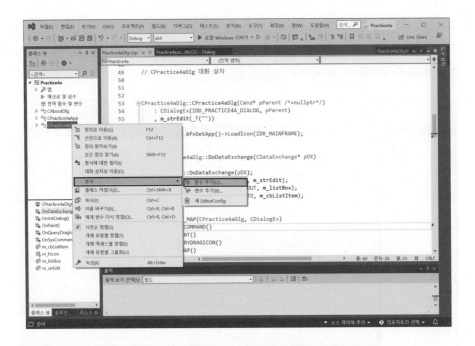

ⓑ [함수 추가] 대화상자에 함수 이름, 반환 형식, 매개변수 형식과 매개변수 이름을 입력한다. 이 실습에서는 [함수 이름] 항목은 UpdateComboBox로 입력하고, 함수 [반환 형식] 항목은 void 형을 선택한다. 그리고 매개변수는 없으므로 추가하지 않는다.

ⓒ 입력이 끝나고 ⬚확인⬚ 버튼을 누르면 멤버 함수가 추가되면서 생성된 함수의 본체
로 이동한다. 여기에 List Box의 아이템 수를 세어서 그 개수만큼 Combo Box에
"리스트 항목: n"이라는 문자열을 추가시키는 코드를 다음과 같이 구현한다.

```cpp
void CPractice4aDlg::UpdateComboBox()
{
    // TODO : 여기에 구현 코드 추가
    int nCnt = m_listBox.GetCount();        // 리스트 박스의 현재 아이템의 수를 반환
    m_cbListItem.ResetContent();            // 콤보 박스의 모든 아이템 삭제

    for( int i = 0; i < nCnt; i++ )
    {
        CString strItem;
        strItem.Format(_T("리스트 항목 : %d"), i+1);
        m_cbListItem.AddString(strItem);
    }
}
```

CListBox::GetCount() 함수

GetCount() 함수는 List Box의 아이템의 수를 알기 위해 사용하는 함수로 원형은 다음과 같다.

int GetCount( ) const

• 반환 값 : List Box 안의 아이템의 수

CComboBox::ResetContent() 함수

ResetContent() 함수는 Combo Box의 모든 아이템을 제거할 때 사용하는 함수로 원형은 다음과 같다.

void ResetContent( )

CComboBox::AddString() 함수

AddString() 함수는 Combo Box의 리스트 박스에 문자열을 추가할 때 사용하는 함수로 원형은 다음과 같다.

int AddString(LPCTSTR lpszString)

• lpszString : 추가하고자 하는 문자열

② Radio Button의 이벤트를 처리할 메시지 핸들러 함수를 만든다.

ⓐ Ctrl + Shift + X 키를 누르거나, [프로젝트] 메뉴의 [클래스 마법사]를 선택하면 다음 그림과 같이 클래스 마법사 대화상자가 나타난다.

ⓑ 클래스 마법사에서 위와 같이 [개체 ID] 항목에서 IDC_RADIO1을 [메시지] 항목에서 COMMAND 메시지를 선택하고 처리기 추가(A) 버튼을 선택하면 다음과 같은 메시지 핸들러 함수를 추가한다는 대화상자가 출력된다. [멤버 함수 추가] 대화상자에서 지정된 값으로 지정하고 확인 버튼을 눌러서 메시지 핸들러 함수를 추가한다.

ⓒ 클래스 마법사에서 코드 편집(E) 버튼을 눌러, 소스 코드 부분으로 이동한다. 소스 코드를 보면 다음 그림과 같이 메시지 핸들러 함수가 추가되어 있을 것이다. 이곳에

첫 번째 Radio Button을 눌렀을 때의 동작을 코딩하면 된다.

ⓓ 이제는 메시지 핸들러 함수에 직접 코딩을 통해 첫 번째 Radio Button이 눌러졌다는 이벤트가 발생했을 때 동작할 코드만 넣어주면 된다. 첫 번째 Radio Button을 누르면 List Box에 "1번 라디오 버튼 선택"이라는 문자열을 삽입하고, Combo Box에 "리스트 항목: n"이라는 문자열을 추가하는 UpdateComboBox() 함수를 호출한다.

```
void CPractice4aDlg::OnRadio1()
{
    // TODO: 여기에 명령 처리기 코드를 추가합니다.
    m_listBox.AddString(_T("1번 라디오 버튼 선택"));
    UpdateComboBox();
}
```

CListBox::AddString() 함수

AddString() 함수는 List Box의 맨 뒤에 문자열을 추가할 때 사용하는 함수로 원형은 다음과 같다.

int AddString(LPCTSTR lpszItem)

• lpszItem : 추가하고자 하는 문자열

ⓔ 위와 같은 방법으로 [Ctrl]+[Shift]+[X] 키를 누르거나, [프로젝트] 메뉴의 [클래스 마
법사]를 선택하면 다음 그림과 같이 클래스 마법사 대화상자가 나타난다.

ⓕ 클래스 마법사에서 위와 같이 [개체 ID] 항목에서 IDC_RADIO2를 [메시지] 항목에
서 COMMAND 메시지를 선택하고 [처리기 추가(A)] 버튼을 선택하면 다음과 같은 메시지
핸들러 함수를 추가한다는 대화상자가 출력된다. [멤버 함수 추가] 대화상자에서 지
정된 값으로 지정하고 [확인] 버튼을 눌러서 메시지 핸들러 함수를 추가한다.

ⓖ 클래스 마법사에서 [코드 편집(E)] 버튼을 눌러, 소스 코드 부분으로 이동한다. 소스
코드를 보면 OnRadio2() 함수가 추가되어 있을 것이다. 이곳에 두 번째 Radio
Button을 눌렀을 때의 동작을 코딩하면 된다.

```
void CPractice4aDlg::OnRadio2()
{
    // TODO: 여기에 명령 처리기 코드를 추가합니다.
    m_listBox.AddString(_T("2번 라디오 버튼 선택"));
    UpdateComboBox();
}
```

③ Check Box가 선택했는지, 아닌지를 저장하는 멤버 변수를 추가한다.

ⓐ 우선 두 개의 Check Box의 선택 유/무를 저장하기 위해서 플래그 배열 변수를 클래스의 멤버 변수로 선언하자. [클래스 뷰]에서 ❖CPractice4aDlg 클래스에서 오른쪽 마우스 버튼을 눌러 나타나는 단축 메뉴에서 [추가]─[변수 추가] 항목을 선택하면 [변수 추가] 대화상자가 나타나는데 [이름] 항목은 m_bChecked라 입력하고 [형식] 항목에 bool[2]를 입력한 후 ┃ 확인 ┃ 버튼을 눌러 멤버 변수를 추가하도록 한다. 배열의 [2] 부분은 엄격히 따지면 형식에 속하기 때문에 변수 형식 부분에 넣어야 한다.

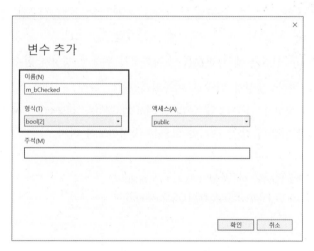

ⓑ 그러나 Visual Studio 2022 출시된 후 처음 버전에는 문제가 없었으나 지속해서 업데이트를 진행되면서 위와 같이 배열 변수를 추가할 때 "외부 구성 요소에서 예외를 Throw 했습니다" 또는 "COM 구성 요소 호출에서 HRESULT E_FAIL 오류가 반환되었습니다" 등의 에러 메시지가 출력된다. Visual Studio의 문제이므로 Microsoft에서 문제를 해결해 줄 때까지 배열 변수는 코드상에 직접 추가해야 할 것이다. 다음 그림과 같이 [클래스 뷰]에서 ❖CPractice4aDlg 클래스를 더블클릭하여 ❖CPractice4aDlg 클래스의 헤더 파일로 이동한 후 소스 코드 마지막에 "bool m_ bChecked[2]"라고 입력하여 배열 변수를 추가한다.

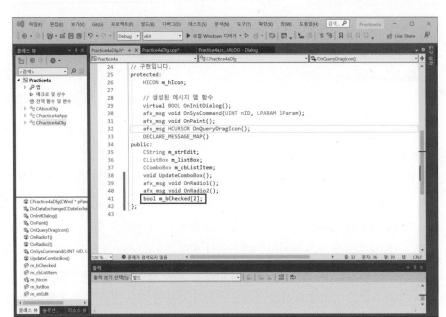

ⓒ 그리고 앞에서 선언한 배열 변수를 초기화하기 위해서 생성자 함수에 초기화 코드를
추가하도록 한다. 생성자 함수로 이동하기 위해 [클래스 뷰]에서 🦑 CPractice4aDlg
클래스에서 생성자 함수인 🔩 CPractice4aDlg(CWnd * pParent = nullptr)을 더블클릭
한다. 그리고 다음과 같이 초기화 코드를 작성하도록 하자.

```
CPractice4aDlg::CPractice4aDlg(CWnd* pParent /*=nullptr*/)
     : CDialogEx(IDD_PRACTICE4A_DIALOG, pParent)
     , m_strEdit(_T(""))
{
    m_hIcon = AfxGetApp()->LoadIcon(IDR_MAINFRAME);
    // 변수 초기화
    m_bChecked[0] = m_bChecked[1] = FALSE;
}
```

④ Check Box의 이벤트를 처리할 메시지 핸들러 함수를 만든다.

ⓐ Ctrl + Shift + X 키를 누르거나, [프로젝트] 메뉴의 [클래스 마법사]를 선택하면 다
음 그림과 같이 클래스 마법사 대화상자가 나타난다.

ⓑ 클래스 마법사에서 위와 같이 [개체 ID] 항목에서 IDC_CHECK1을 [메시지] 항목에
　서 BN_CLICKED 메시지를 선택하고 처리기 추가(A) 버튼을 선택하면 다음과 같은 메시
　지 핸들러 함수를 추가한다는 대화상자가 출력된다. [멤버 함수 추가] 대화상자에서
　지정된 값으로 지정하고 확인 버튼을 눌러서 메시지 핸들러 함수를 추가한다.

ⓒ 클래스 마법사에서 코드 편집(E) 버튼을 눌러 소스 코드 부분으로 이동한다. 소스
　코드를 보면 OnClickedCheck1() 함수가 추가되어 있을 것이다. 이곳에 첫 번째
　Check Box를 선택했거나, 해지했을 때의 동작을 코딩하면 된다. 첫 번째 Check
　Box를 선택하면 List Box에 "1번 체크 박스 상태 TRUE"라는 문자열을 삽입하고,
　첫 번째 Check Box를 해지하면 List Box에 "1번 체크 박스 상태 FALSE"라는 문
　자열을 삽입한다. 그리고 Combo Box에 "리스트 항목: n"이라는 문자열을 추가하
　는 UpdateComboBox() 함수를 호출한다.

```
void CPractice4aDlg::OnClickedCheck1()
{
    // TODO: 여기에 컨트롤 알림 처리기 코드를 추가합니다.
    if ( m_bChecked[0] == FALSE )
    {
        m_bChecked[0] = TRUE;
        m_listBox.AddString(_T("1번 체크 박스 상태 TRUE"));
    }
    else
    {
        m_bChecked[0] = FALSE;
        m_listBox.AddString(_T("1번 체크 박스 상태 FALSE"));
    }
    UpdateComboBox();
}
```

ⓓ 위와 같은 방법으로 Ctrl + Shift + X 키를 누르거나, [프로젝트] 메뉴의 [클래스 마법사]를 선택하면 다음 그림과 같이 클래스 마법사 대화상자가 나타난다.

ⓔ 클래스 마법사에서 위와 같이 [개체 ID] 항목에서 IDC_CHECK2를 [메시지] 항목

에서 BN_CLICKED 메시지를 선택하고 [처리기 추가(A)] 버튼을 선택하면 다음과 같은 메
시지 핸들러 함수를 추가한다는 대화상자가 출력된다. [멤버 함수 추가] 대화상자에
서 지정된 값으로 지정하고 [확인] 버튼을 눌러서 메시지 핸들러 함수를 추가한다.

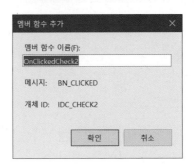

ⓕ 클래스 마법사에서 [코드 편집(E)] 버튼을 눌러 소스 코드 부분으로 이동한다. 소스
코드를 보면 OnClickedCheck2() 함수가 추가되어 있을 것이다. 이곳에 두 번째
Check Box를 선택했거나, 해지했을 때의 동작을 코딩하면 된다.

```
void CPractice4aDlg::OnClickedCheck2()
{
    // TODO: 여기에 컨트롤 알림 처리기 코드를 추가합니다.
    if( m_bChecked[1] == FALSE )
    {
        m_bChecked[1] = TRUE;
        m_listBox.AddString(_T("2번 체크 박스 상태 TRUE"));
    }
    else
    {
        m_bChecked[1] = FALSE;
        m_listBox.AddString(_T("2번 체크 박스 상태 FALSE"));
    }
    UpdateComboBox();
}
```

⑤ 기능별 Button의 이벤트를 처리할 메시지 핸들러 함수를 만든다.
이번 단계에서는 Edit Control에 입력한 내용을 List Box에 추가하는 Button, Combo
Box에서 선택한 아이템을 Combo Box와 List Box에 삽입하거나 삭제하기 위한 Button
에 대한 이벤트 처리를 한다.

ⓐ Ctrl + Shift + X 키를 누르거나, [프로젝트] 메뉴의 [클래스 마법사]를 선택하면 다음 그림과 같이 클래스 마법사 대화상자가 나타난다.

ⓑ 클래스 마법사에서 위 그림과 같이 [개체 ID] 항목에서 IDC_BUTTON_ADD를 [메시지] 항목에서 BN_CLICKED 메시지를 선택하고 처리기 추가(A) 버튼을 선택하면 다음과 같은 메시지 핸들러 함수를 추가한다는 대화상자가 출력된다. [멤버 함수 추가] 대화상자에서 지정된 값으로 지정하고 확인 버튼을 눌러서 메시지 핸들러 함수를 추가한다.

ⓒ 클래스 마법사에서 코드 편집(E) 버튼을 눌러, 소스 코드 부분으로 이동한다. 소스 코드를 보면 OnClickedButtonAdd() 함수가 추가되어 있을 것이다. 이곳에 데이터 추가

버튼을 눌렀을 때의 동작을 코딩하면 된다. Edit Control에 입력한 문자열을 List Box에 삽입하고, Edit Control에 입력한 문자열이 없으면 "에디트 상자에 문자열이 없습니다"라는 메시지 박스를 출력한다. 그리고 Combo Box에 "리스트 항목: n"이라는 문자열을 추가하는 UpdateComboBox() 함수를 호출한다.

```
void CPractice4aDlg::OnClickedButtonAdd()
{
    // TODO: 여기에 컨트롤 알림 처리기 코드를 추가합니다.
    UpdateData(TRUE);
    if( m_strEdit.IsEmpty() == FALSE )
    {
        m_listBox.AddString(m_strEdit);
        m_strEdit.Empty();
    }
    else
    {
        AfxMessageBox(_T("에디트 상자에 문자열이 없습니다."));
    }
    UpdateData(FALSE);
    UpdateComboBox();
}
```

UpdateData() 함수

UpdateData() 함수의 파라미터가 TRUE일 때는 컨트롤의 데이터를 컨트롤과 연결된 멤버 변수로 가져오는 기능을 하며, 반대로 FALSE일 때는 컨트롤과 연결된 멤버 변수의 내용을 컨트롤에 세팅하는 기능을 한다. UpdateData() 함수는 컨트롤이 DDX_Text 계열, 즉 값 형태로 연결되었을 때 사용한다. DDX_Control로 연결되었을 때는 컨트롤 자체를 핸들링하는 클래스의 멤버 함수를 사용하면 되기 때문에 UpdateData() 함수를 사용할 필요는 없다. 이 함수의 원형은 다음과 같다.

BOOL UpdateData(BOOL bSaveAndValidate = TRUE)

CString::IsEmpty() 함수

IsEmpty() 함수는 CString 객체의 문자열 버퍼가 비어있는지를 체크하는 함수로 원형은 다음과 같다.

BOOL IsEmpty( ) const

• 반환 값 : 문자열 버퍼가 비어있으면 true, 비어있지 않으면 false를 반환

> **CString::Empty() 함수**
>
> Empty() 함수는 CString 객체의 문자열을 삭제하여 버퍼를 비우는 데 사용하는 함수로 원형은 다음과 같다.
>
> void Empty( )

ⓓ Ctrl + Shift + X 키를 누르거나, [프로젝트] 메뉴의 [클래스 마법사]를 선택하면 다음 그림과 같이 클래스 마법사 대화상자가 나타난다.

ⓔ 클래스 마법사에서 위와 같이 [개체 ID] 항목에서 IDC_BUTTON_INSERT를 [메시지] 항목에서 BN_CLICKED 메시지를 선택하고 처리기 추가(A) 버튼을 선택하면 다음과 같은 메시지 핸들러 함수를 추가한다는 대화상자가 출력된다. [멤버 함수 추가] 대화상자에서 지정된 값으로 지정하고 확인 버튼을 눌러서 메시지 핸들러 함수를 추가한다.

ⓕ 클래스 마법사에서 [코드 편집(E)] 버튼을 눌러 소스 코드 부분으로 이동한다. 소스 코드를 보면 OnClickedButtonInsert() 함수가 추가되어 있을 것이다. 이곳에 [삽입] 버튼을 눌렀을 때의 동작을 코딩하면 된다. Combo Box에서 선택된 아이템의 인덱스를 알기 위해 GetCurSel() 함수를 사용한다. 아이템이 선택되지 않았을 경우 GetCurSel() 함수를 사용하면 CB_ERR을 반환한다. CB_ERR은 −1 값을 가진다. 인덱스 변수와 CB_ERR와 비교하여 아이템이 선택되지 않았을 경우 "콤보 박스에서 삽입할 아이템을 선택하세요."라는 메시지를 출력하도록 에러 처리한다.

```
void CPractice4aDlg::OnClickedButtonInsert()
{
    // TODO: 여기에 컨트롤 알림 처리기 코드를 추가합니다.
    CString strSelText;
    int index = m_cbListItem.GetCurSel();
    if ( index != CB_ERR )                  // 아이템이 선택되었을 경우
    {
        m_listBox.GetText(index, strSelText);
        m_listBox.AddString(strSelText);
        UpdateComboBox();
    }
    else                                    // 아이템이 선택되지 않았을 경우
    {
        AfxMessageBox(_T("콤보 박스에서 삽입할 아이템을 선택하세요."));
    }
}
```

CComboBox::GetCurSel() 함수

GetCurSel() 함수는 Combo Box에서 선택된 항목의 index를 반환하는 함수이다. Index는 0부터 시작되고 함수의 원형은 다음과 같다.

int GetCurSel( ) const

• 반환 값 : Combo Box에서 선택된 아이템의 index를 반환하고 선택된 아이템이 없으면 **CB_ERR**을 반환한다.

CListBox::GetText() 함수

GetText() 함수는 List Box에서 주어진 index의 문자열을 얻어올 때 사용하는 함수이다. Index는 0부터 시작되고 함수의 원형은 다음과 같다.

void GetText(int nIndex, CString& rString) const

- nIndex : 문자열을 가져오고 싶은 List Box의 아이템 index
- rString : 문자열을 저장할 CString 객체

ⓖ Ctrl + Shift + X 키를 누르거나, [프로젝트] 메뉴의 [클래스 마법사]를 선택하면 다음 그림과 같이 클래스 마법사 대화상자가 나타난다.

ⓗ 클래스 마법사에서 위와 같이 [개체 ID] 항목에서 IDC_BUTTON_DELETE를 [메시지] 항목에서 BN_CLICKED 메시지를 선택하고 처리기 추가(A) 버튼을 선택하면 [멤버 함수 추가] 대화상자 나온다. [멤버 함수 추가] 대화상자에서 지정된 값으로 지정하고 확인 버튼을 눌러서 메시지 핸들러 함수를 추가한다.

⑪ 클래스 마법사에서 코드 편집(E) 버튼을 눌러, 소스 코드 부분으로 이동한다. 소스 코드를 보면 OnClickedButtonDelete() 함수가 추가되어 있을 것이다. 이곳에 삭제 버튼을 눌렀을 때의 동작을 코딩하면 된다.

```
void CPractice4aDlg::OnClickedButtonDelete()
{
    // TODO: 여기에 컨트롤 알림 처리기 코드를 추가합니다.
    int index = m_cbListItem.GetCurSel();
    if ( index != CB_ERR )
    {
        m_listBox.DeleteString(index);
        UpdateComboBox();
    }
    else
    {
        AfxMessageBox(_T("콤보 박스에서 삭제할 아이템을 선택하세요."));
    }
}
```

CListBox::DeleteString() 함수

DeleteString() 함수는 List Box의 아이템을 삭제할 때 사용하는 함수로 원형은 다음과 같다.

int DeleteString(UINT nIndex);

• nIndex : 삭제하고자 하는 List Box의 아이템 index

Step 5 프로그램을 실행시켜보자.

Ctrl+F7 키를 눌러 컴파일하고, 에러가 없다면 Ctrl+F5를 눌러 프로그램을 실행시켜보면 다음과 같이 우리가 설계한 대화상자가 나타난다.

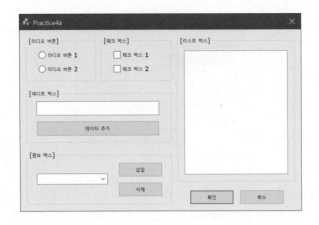

① 대화상자에서 Radio Button과 Check Box를 선택하여 테스트해 보자. 그러면 오른쪽의 List Box에는 현재 테스트한 컨트롤의 상태를 출력되는 것을 볼 수 있고 Combo Box에는 현재 List Box의 개수만큼 데이터가 추가되었음을 확인해 볼 수 있다. 다음 그림은 아래의 순서대로 컨트롤을 선택했을 때의 결과이다. 제대로 프로그램이 작동하는지 확인해보자.

- "라디오 버튼 1"을 선택
- "체크 박스 2"를 선택
- "체크 박스 1"을 선택
- "체크 박스 2"를 선택 해제

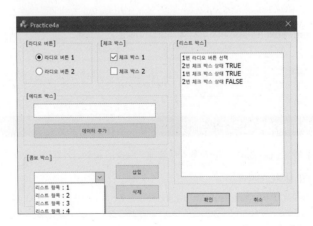

② 그리고 Edit Control에 "에디트 박스 테스트"라는 문자열을 입력하고, 데이터 추가 버튼을 눌러보자. Edit Control에 입력한 문자열이 List Box의 마지막 아이템으로 추가되는 것을 확인할 수 있다.

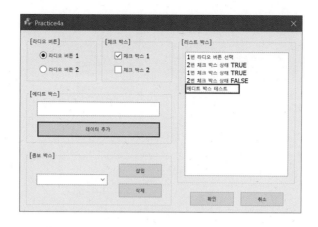

③ Combo Box는 현재 List Box가 가진 아이템의 개수만큼 데이터가 추가되어 있다. Combo Box에서 임의의 순서를 가진 아이템을 선택하여 [삽입] 버튼을 눌러서, Combo Box와 List Box에서 실제 데이터가 삽입되는 것을 확인해보자. 다음은 Combo Box에서 "리스트 항목 : 3" 아이템을 선택하고, [삽입] 버튼을 누른 상태이다. List Box의 3번째 항목이 마지막 항목으로 추가됨과 동시에 Combo Box의 데이터도 하나 증가한 것을 알 수 있다.

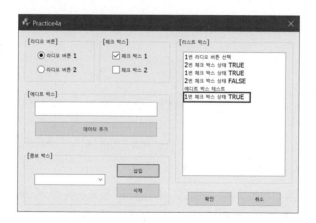

④ 마찬가지 방법으로 Combo Box에서 항목을 하나 선택하고 [삭제] 버튼을 테스트해보자. 다음은 위의 프로그램 상태에서 Combo Box의 4번째 항목을 선택하고 삭제를 수행한 결과이다.

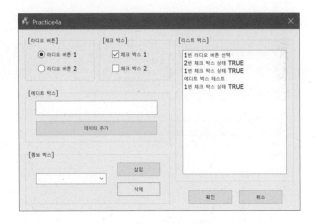

4.4 모달(Modal) 대화상자와 모델리스(Modeless) 대화상자

대화상자의 종류에는 모달 대화상자와 모델리스 대화상자로 나눠진다. 모달 대화상자는 [그림 4-4]와 같은 형태의 대화상자를 말하는데, 대화상자가 출력되면 애플리케이션 내의 다른 윈도우에서 작업을 할 수 없다.

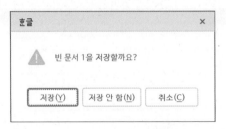

[그림 4-4] 모달 대화상자의 예

즉, 모달 대화상자를 닫아야 애플리케이션 내의 다른 윈도우에 포커스를 둘 수 있다. 예를 들면, Visual C++에서 컴파일하게 되면 경고 창이 뜨는데 이 대화상자가 모달 형태이다. 이 대화상자를 닫기 전에는 Visual C++의 다른 곳을 클릭하여도 '삑' 하는 경고음만 나고 다른 윈도우는 활성화되지 않는다. 모달 대화상자는 DoModal() 함수를 이용하여 출력한다.

모델리스 대화상자는 모델리스 대화상자를 종료시키지 않아도 다른 윈도우에서 사용자 작업을 계속 수행할 수 있다. 모델리스 대화상자의 예는 [그림 4-5]와 같다.

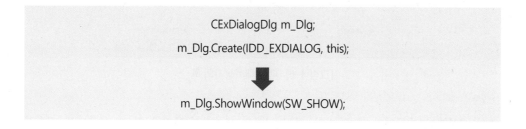

[그림 4-5] 모델리스 대화상자의 예

이 외에 또 다른 점은 출력방식에 있다. 모달 대화상자는 DoModal() 함수만 실행하지만,
모델리스 대화상자는 다음과 같은 과정을 거쳐야 한다.

```
CExDialogDlg m_Dlg;
m_Dlg.Create(IDD_EXDIALOG, this);

        ⬇

m_Dlg.ShowWindow(SW_SHOW);
```

우선 첫째로, 출력할 대화상자 클래스에 대한 변수를 선언하고, Create() 함수를 사용하
여 대화상자를 만든다. 이때 첫 번째 파라미터는 대화상자의 ID이고, 두 번째는 부모 윈도
우의 포인터 즉, CWnd를 넘겨준다. 그리고 두 번째는 생성한 대화상자를 화면에 보여줘야
하기 때문에 ShowWindow() 함수를 호출한다. SW_SHOW 파라미터는 화면에 보이는 스
타일에 대한 플래그 변수이다.

4.5 공용 대화상자

MFC에서는 대부분 애플리케이션에 들어가는 공통적인 대화상자들을 클래스로 만들어 놓았는데 이를 공용 대화상자라 한다. 대표적인 공용 대화상자는 파일 대화상자, 폰트 대화상자, 색상 대화상자 등이 있다. 여기서는 이들 공용 대화상자들의 사용법에 대해서 자세히 배워보자.

1) 파일 대화상자

파일 대화상자는 [그림 4-6]과 같은 대화상자를 말한다.

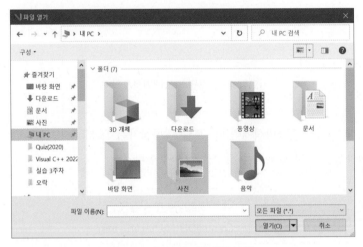

[그림 4-6] 파일 대화상자의 예

파일 대화상자는 파일의 열기, 저장, 다른 이름으로 저장의 동작을 할 때 사용되는 대화상자이다. 파일 대화상자는 CFileDialog 클래스로 정의되어 있는데 이를 사용하기 위해서는 우선 다음과 같이 CFileDialog 클래스의 생성자 함수를 호출한다.

```
CFileDialog pDlg(TRUE);
pDlg.DoModal();
```

생성자 함수의 인수가 true일 때는 Open 대화상자로 지정되고, false일 때는 SaveAs 대화상자로 지정된다. 그다음에 DoModal() 함수를 이용하여 대화상자를 출력하게 된다.

위와 같이 한 개의 파라미터만 주면 [그림 4-6]의 대화상자와 같이 파일 형식에 대한 정의가 없다. 이를 지정하기 위해서는 CFileDialog 클래스 생성자 함수에서 매개변수로 지정해주는데 생성자 함수의 원형은 다음과 같다.

```
CFileDialog(
    BOOL        bOpenFileDialog,
    LPCTSTR     lpszDefExt = NULL,
    LPCTSTR     lpszFileName = NULL,
    DWORD       dwFlags = OFN_HIDEREADONLY | OFN_OVERWRITEPROMPT,
    LPCTSTR     lpszFilter = NULL,
    CWnd*       pParentWnd = NULL
);
```

이들 매개변수에 대한 설명은 다음의 [표 4-2]와 같다.

[표 4-2] 파일 대화상자 생성자 함수의 매개변수

파라미터	설명
bOpenFileDialog	Open(TRUE)인지 Save(FALSE)인지를 나타낸다.
lpszDefExt	확장자가 없는 파일명에 추가되어야 하는 파일 확장자 (디폴트 확장자)
lpszFileName	초기에 선택해야 하는 파일명(디폴트 파일명)
dwFlags	보여질 파일의 속성을 지정하는 플래그
lpszFilter	검색할 파일형태의 필터(Ex: 텍스트 파일을 검색하고 싶다면, Text File(*.txt)	*.txt와 같이 지정하면 된다.)
pParentWnd	부모 윈도의 포인터

따라서 Open 파일 대화상자를 출력할 때 다음과 같이 하면 기본적으로 텍스트 파일을 모두 보여준다.

```
char Filter[] = _T("Text File(*.txt) |*.txt| 모든파일(*.*) |*.*|");
CFileDialog pDlg(TRUE, _T("text file(*.txt)"), _T("*.txt"), OFN_HIDEREADONLY |
                OFN_FILEMUSTEXIST, Filter, NULL);

if (pDlg.DoModal() == IDOK)
{
    data = pDlg.GetPathName();
    ...
    ...
}
```

Save 대화상자는 Open 대화상자의 동작과 매우 유사하다. 단지 다른 것은 CFileDialog 의 생성자 함수에 전달하는 인수이다. 다음은 Save 대화상자를 출력하기 위해 생성자 함수의 인수를 지정하는 예이다.

```
char Filter[] = _T("Text File(*.txt) |*.txt| 모든파일(*.*) |*.*|");
CFileDialog pDlg(FALSE, _T("text file(*.txt)"), _T("*.txt"), OFN_HIDEREADONLY |
                        OFN_OVERWRITEPROMPT, Filter, NULL);

if (pDlg.DoModal() == IDOK)
{
    ...
    ...
}
```

다음의 그림은 위의 코드로 출력한 대화상자이다.

2) 폰트 대화상자

폰트 대화상자도 역시 대부분 애플리케이션에서 사용되지만 주로 텍스트 기반의 애플리케이션에서 사용된다. 폰트 대화상자는 [그림 4-7]과 같이 텍스트의 글꼴이나 크기, 문자속성 등을 지정할 수 있는 대화상자이며 해당 클래스는 CFontDialog이다.

[그림 4-7] 폰트 대화상자의 예

위와 같이 폰트 대화상자를 출력하기 위해서는 다음과 같이 코딩하면 된다.

```
CFontDialog fontDlg;
fontDlg.DoModal();
```

위에서 봤듯이, 폰트 대화상자는 파일 대화상자보다 훨씬 쉽게 동작시킬 수 있다. 사용자가 폰트를 선택하고 [확인] 버튼을 누르게 되면 다음과 같은 코드로 폰트를 받을 수 있다.

```
LOGFONT logfont;
fontDlg.GetCurrentFont( &logfont );
```

위와 같이 LOGFONT 구조체에 현재 글꼴을 받은 후에 다음과 같이 설정하여 실제 글꼴을 생성할 수 있다.

```
CFont font;
font.CreateFontIndirect( &logfont );
```

그다음에 현재 DC의 글꼴을 선택함으로써 글꼴을 사용할 수 있다.

3) 색상 대화상자

색상 대화상자는 사용자에 의해 색을 선택하게 하는 공용 대화상자이다. 해당 클래스는 CColorDialog이다. [그림 4-8]은 색상 대화상자를 출력한 그림이다.

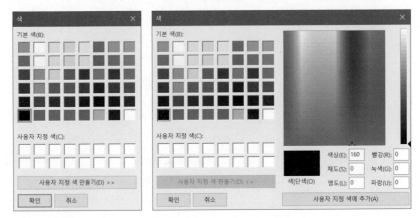

[그림 4-8] 컬러 대화상자의 예

이 대화상자의 사용법은 DoModal() 함수를 통해 불러온 뒤 GetColor() 함수를 통해 선택된 색상 값을 저장하여 사용하면 된다.

```
CColorDialog colorDlg;
if( colorDlg.DoModal() == IDOK )
{
    COLORREF m_color = colorDlg.GetColor();
}
```

이와 같이 색을 지정한 후에 펜이나 브러시를 생성하여 이용하면 된다.

실습 4-2 단위 변환 프로그램 만들기

이번 실습에서는 대화상자 기반으로 단위 변환이 가능한 대화상자를 만들고 변환 단위 표를 열람하는 프로그램을 작성할 것이다. Edit Control을 통해 현재 값을 입력하고, List Box에 있는 단위들을 선택하여 현재 단위에서 다른 단위로 변환할 수 있게 할 것이다. 변환하고 싶은 단위 표를 열람하기 위해서 모덜리스 대화상자를 이용할 것이다. 이번 실습을 통해서 표준 컨트롤의 사용과 모덜리스 대화상자의 사용법에 대해 익히게 될 것이다.

Step 1   대화상자 기반의 프로젝트 생성한다.

① 프로젝트 이름을 "Practice4b"라 정한다.

② [애플리케이션 종류] 단계에서 [대화상자 기반]을 선택한다.

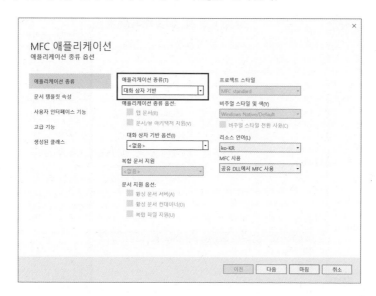

③ [마침] 버튼을 누르고, 새로운 프로젝트 생성을 완료하면 다음과 같이 대화상자의
폼을 수정할 수 있도록 출력된다.

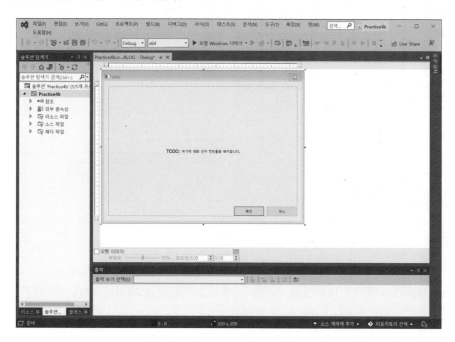

④ 대화상자를 선택하고 오른쪽 마우스 버튼을 눌러 단축 메뉴에서 [속성] 항목을 선택하
거나 화면의 오른쪽에 도킹되어있는 속성 탭을 클릭하면 속성 창이 나타난다.

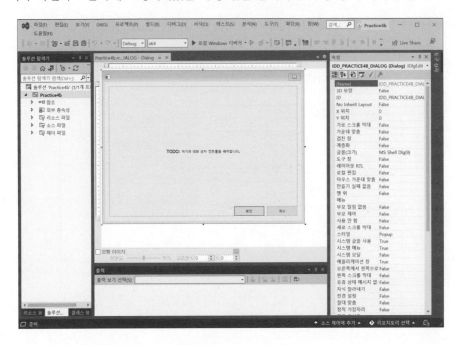

⑤ 속성 창에서 다음과 같이 [ID]항목은 IDD_PRACTICE4B_DIALOG로 되어 있는지
확인하고, [캡션]항목은 "단위 변환 프로그램"으로 설정한다.

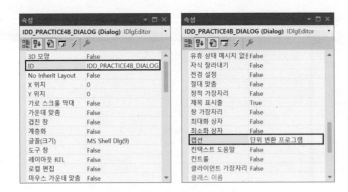

Step 2 메인 대화상자의 폼을 구성한다.

① 대화상자에 있는 기본적으로 생성된 컨트롤들을 삭제한다.

ⓐ "TODO : 여기에 대화상자 컨트롤을 배치합니다."라는 Static Text 컨트롤을 마우
스로 선택하고 Delete 키를 눌러 삭제한다.

ⓑ 대화상자를 마우스로 눌러 대화상자의 크기를 조절하고 ［확인］ 버튼과 ［취소］
버튼을 선택하여 ［Delete］ 키를 눌러 삭제한다.

② Group Box를 만들고 속성을 설정한다.

　ⓐ [도구 상자]에서 [Group Box] 컨트롤을 선택하여 다음과 같이 배치한다.

　ⓑ 각 Group Box를 마우스로 선택하고, ［Alt］+［Enter↵］ 누르거나 오른쪽 마우스 버튼을
눌러 단축 메뉴에서 [속성] 항목을 선택하여 [Group-box Control] 속성 창에서 왼
쪽 위에 있는 Group Box는 "단위 종류", 오른쪽 위에 있는 Group Box는 "단위",
그리고 아래에 있는 Group Box는 "변환"으로 [캡션] 항목을 다음과 같이 설정한다.

　ⓒ 위와 같이 설정하면 다음과 같은 대화상자의 폼이 된다.

③ Group Box 안에 Static Text와 Radio Button 그리고 Edit Control, List Box, Button 컨트롤을 배치하고 속성을 설정한다.

ⓐ [도구 상자]에서 각 컨트롤을 선택하여 다음과 같이 배치한다.

ⓑ [단위 종류] Group Box 안에 있는 각 Radio Button을 마우스로 선택하고, Alt +Enter↵ 누르거나 오른쪽 마우스 버튼을 눌러 단축 메뉴에서 [속성] 항목을 선택하여 [Radio-button Control] 속성 창에서 [캡션] 항목은 "길이"와 "무게"로 설정한다. 그리고 [ID] 항목은 "IDC_RADIO_LENGTH", "IDC_RADIO_WEIGHT"로 다음과 같이 설정한다.

ⓒ Button을 마우스로 선택하고, Alt+Enter↵ 누르거나 오른쪽 마우스 버튼을 눌러 단축 메뉴에서 [속성] 항목을 선택하여 [Button Control] 속성 창에서 [캡션] 항목과 [ID] 항목을 "변환 단위표"와 "IDC_BUTTON_UNIT_VIEW"로 다음과 같이 설정한다.

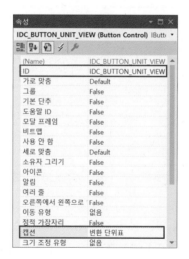

ⓓ [단위] Group Box 안에 있는 Edit Control을 마우스로 선택하고, Alt+Enter↵ 누르거나 오른쪽 마우스 버튼을 눌러 단축 메뉴에서 [속성] 항목을 선택하여 [Edit Control] 속성 창에서 [ID] 항목을 "IDC_EDIT_UNIT"로 설정한다. 그리고 [읽기 전용] 항목을 True로, [텍스트 맞춤] 항목을 Center로 다음과 같이 설정한다.

ⓔ [단위] Group Box 안에 있는 List Box를 차례대로 [Alt]+[Enter◄] 누르거나 오른쪽 마우스 버튼을 눌러 단축 메뉴에서 [속성] 항목을 선택하여 [Listbox Control] 속성 창에서 [ID] 항목을 "IDC_LIST_PRESENT_UNIT", "IDC_LIST_CHANGE_UNIT"로 설정한다. 그리고 [정렬] 항목을 False로 다음과 같이 설정한다.

ⓕ [변환] Group Box 안에 있는 Edit Control 위에 있는 Static Text를 마우스로 선택하고, [Alt]+[Enter◄] 누르거나 오른쪽 마우스 버튼을 눌러 단축 메뉴에서 [속성] 항목을 선택하여 [Text Control] 속성 창에서 [캡션] 항목을 "현재 값"과 "변환된 값"으로 다음과 같이 설정한다.

ⓖ [변환] Group Box 안에 있는 첫 번째 Edit Control을 마우스로 선택하고, [Alt] +[Enter↵]누르거나 오른쪽 마우스 버튼을 눌러 단축 메뉴에서 [속성] 항목을 선택하여 [Text Control] 속성 창에서 [ID] 항목을 "IDC_EDIT_PRESENT_VALUE"로 설정한다. 그리고 [텍스트 맞춤] 항목을 Right로 다음과 같이 설정한다.

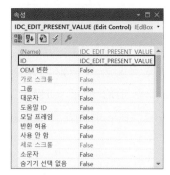 

ⓗ [변환] Group Box 안에 있는 두 번째 Edit Control을 마우스로 선택하고, [Alt] +[Enter↵] 누르거나 오른쪽 마우스 버튼을 눌러 단축 메뉴에서 [속성] 항목을 선택하여 [Text Control] 속성 창에서 [ID] 항목을 "IDC_EDIT_PRESENT_UNIT"로 설정한다. 그리고 [읽기 전용] 항목을 True로, [테두리] 항목을 False로 다음과 같이 설정한다.

ⓘ [변환] Group Box 안에 있는 세 번째 Edit Control을 마우스로 선택하고, [Alt] +[Enter↵] 누르거나 오른쪽 마우스 버튼을 눌러 단축 메뉴에서 [속성] 항목을 선택하여 [Text Control] 속성 창에서 [ID] 항목을 "IDC_EDIT_CHANGE_VALUE"로 설정한다. 그리고 [읽기 전용] 항목을 True로, [텍스트 맞춤] 항목을 Right로 다음과 같이 설정한다.

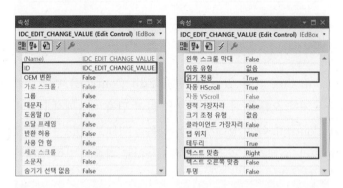

ⓙ [변환] Group Box 안에 있는 네 번째 Edit Control을 마우스로 선택하고, [Alt] +[Enter↵] 누르거나 오른쪽 마우스 버튼을 눌러 단축 메뉴에서 [속성] 항목을 선택하여 [Text Control] 속성 창에서 [ID] 항목을 "IDC_EDIT_CHANGE_UNIT"로 설정한다. 그리고 [읽기 전용] 항목을 True로, [테두리] 항목을 False로 다음과 같이 설정한다.

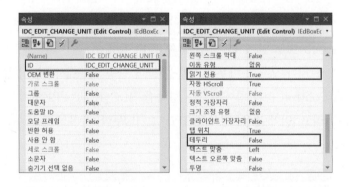

ⓚ [변환] Group Box 안에 있는 두 번째와 세 번째 Edit Control 사이에 있는 Static Text를 마우스로 선택하고, [Alt]+[Enter↵] 누르거나 오른쪽 마우스 버튼을 눌러 단축 메뉴에서 [속성] 항목을 선택하여 [Text Control] 속성 창에서 [캡션] 항목을 "="로 다음과 같이 설정한다.

① 위와 같이 설정하면 다음과 같은 대화상자의 폼이 된다.

④ 이렇게 모든 컨트롤을 배치하고, [Alt]+[Enter↵]를 누르거나 [서식] 메뉴에서 [대화상자 테
스트]를 선택하여 대화상자를 테스트해 보자. 그러면 다음과 같은 대화상자가 나타날
것이다.

Step 3 각각의 컨트롤들을 멤버 변수와 연결한다.

앞 단계에서 추가한 컨트롤들에 대해 멤버 변수와 연결한다. 앞 실습에서 배운 것과 같이 클래스 마법사를 이용하는 방법과 Ctrl 키를 이용하는 방법이 있는데, 여기서는 전자의 방법으로 하기로 하자.

① Ctrl + Shift + X를 눌러서 클래스 마법사를 실행하고, [멤버 변수] 탭을 누르면 다음 그림과 같이 컨트롤의 ID 항목들을 볼 수 있다.

② 위와 같이 IDC_EDIT_PRESENT_VALUE를 선택하고, [변수 추가(A)...] 버튼을 누르게 되면 다음과 같이 컨트롤에 연결할 제어 변수를 설정하는 대화상자가 출력된다. [제어 변수 추가] 대화상자에서 [범주] 항목에서 "값"을 선택하고 [변수 형식] 항목을 double로 변경한다. [이름] 항목에 m_dPresentValue 라고 설정한 후 [마침] 버튼을 누른다.

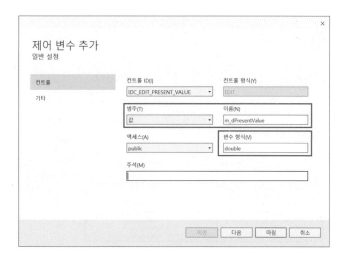

③ 나머지 4개의 Edit Control과 2개의 List Box 들도 다음의 표와 같이 제어 변수와 연결해준다. [Ctrl]+[Shift]+[X] 키를 눌러서 클래스 마법사 대화상자를 출력한 후, [멤버 변수] 탭을 선택하고 다음과 같이 설정하고 확인해보자.

컨트롤 ID	범주	이름	변수 형식
IDC_EDIT_CHANGE_VALUE	값	m_dChangeValue	double
IDC_EDIT_PRESENT_UNIT	값	m_strPresentUnit	CString
IDC_EDIT_CHANGE_UNIT	값	m_strChangeUnit	CString
IDC_EDIT_UNIT	값	m_strUnit	CString
IDC_LIST_PRESENT_UNIT	컨트롤	m_listPresentUnit	CListBox
IDC_LIST_CHANGE_UNIT	컨트롤	m_listChangeUnit	CListBox

Step 4 Radio Button 컨트롤에 대한 멤버 변수와 메시지 핸들러 함수를 만든다.

이번 단계에서는 Radio Button 컨트롤에 대한 멤버 변수와 메시지 핸들러 함수를 작성할 것이다. Radio Button에 사용자가 각각의 단위를 선택할 때마다 List Box에 선택한 단위 종류에 대한 단위들을 바로바로 업데이트되도록 할 것이다.

① Radio Button의 선택을 나타내는 멤버 변수를 추가한다.

ⓐ [클래스 뷰]에서 멤버 변수를 추가할 🔧 CPractice4bDlg 클래스를 선택한 후 오른쪽 마우스 버튼을 클릭하면 나타나는 단축 메뉴에서 [추가]–[변수 추가]를 마우스로 선택한다. [변수 추가] 대화상자가 나타나면 Radio button의 선택을 나타내는 변수 자료형을 int 형으로 선언하고 변수 이름은 m_nUnitSelect로 한다.

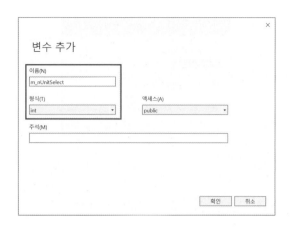

② 각각의 Radio Button을 누를 때마다 List Box 단위 내용을 바로 업데이트를 시키는 멤버 함수를 만든다.

ⓐ Ctrl + Shift + X 를 눌러서 클래스 마법사를 실행시켜 [명령] 탭을 선택된 상태에서 [개체 ID] 항목은 IDC_RADIO_LENGTH를 선택하고 [메시지] 항목은 COMMAND 메시지를 선택하고 처리기 추가(A) 버튼을 누르면 [멤버 함수 추가] 대화상자가 나오면 멤버 함수 이름은 지정된 값으로 지정하고 확인 버튼을 누르면 메시지 핸들러 함수가 추가된다.

ⓑ 클래스 마법사에서 코드 편집(E) 버튼을 누르면 생성된 함수의 본체로 이동한다. 여기에 길이에 해당하는 코드를 다음과 같이 입력한다.

```
void CPractice4bDlg::OnRadioLength()
{
    // TODO: 여기에 명령 처리기 코드를 추가합니다.
    m_nUnitSelect = 1;
    m_listPresentUnit.ResetContent();              // 왼쪽 List box 아이템 삭제
    m_listChangeUnit.ResetContent();               // 오른쪽 List box 아이템 삭제
    m_strUnit.Empty();
    m_dPresentValue = m_dChangeValue = 0;

    m_listPresentUnit.AddString(_T("미터(m)"));      // 왼쪽 List box 아이템 생성
    m_listPresentUnit.AddString(_T("인치(in)"));
    m_listPresentUnit.AddString(_T("야드(yd)"));

    m_listChangeUnit.AddString(_T("미터(m)"));       // 오른쪽 List box 아이템 생성
    m_listChangeUnit.AddString(_T("인치(in)"));
    m_listChangeUnit.AddString(_T("야드(yd)"));

    m_listPresentUnit.SetCurSel(0);                // 왼쪽 List Box 첫 번째 아이템 선택
    m_listChangeUnit.SetCurSel(0);                 // 오른쪽 List Box 첫 번째 아이템 선택
    m_strUnit = m_strUnit + _T("미터(m) --> 미터(m)");     // 변환될 단위 문자열 생성
    m_strPresentUnit = _T("m");
    m_strChangeUnit = _T("m");
    UpdateData(FALSE);
}
```

ⓒ 같은 방법으로 ◯무게 라디오 버튼에 해당하는 메시지 핸들러 함수를 추가하고 다음과 같이 코드를 입력한다.

```
void CPractice4bDlg::OnRadioWeight()
{
    // TODO: 여기에 명령 처리기 코드를 추가합니다.
    m_nUnitSelect = 2;
    m_listPresentUnit.ResetContent();              // 왼쪽 List box 아이템 삭제
    m_listChangeUnit.ResetContent();               // 오른쪽 List box 아이템 삭제
    m_strUnit.Empty();
    m_dPresentValue = m_dChangeValue = 0;

    m_listPresentUnit.AddString(_T("그램(g)"));      // 왼쪽 List box 아이템 생성
    m_listPresentUnit.AddString(_T("온스(oz)"));
    m_listPresentUnit.AddString(_T("파운드(lb)"));

    m_listChangeUnit.AddString(_T("그램(g)"));       // 오른쪽 List box 아이템 생성
    m_listChangeUnit.AddString(_T("온스(oz)"));
    m_listChangeUnit.AddString(_T("파운드(lb)"));

    m_listPresentUnit.SetCurSel(0);                // 왼쪽 List Box 첫 번째 아이템 선택
    m_listChangeUnit.SetCurSel(0);                 // 오른쪽 List Box 첫 번째 아이템 선택
    m_strUnit = m_strUnit + _T("그램(g) --> 그램(g)");   // 변환될 단위 문자열 생성
    m_strPresentUnit = _T("g");
    m_strChangeUnit = _T("g");
    UpdateData(FALSE);
}
```

Step 5 값을 변환하기 위해 함수를 만든다.

이번 단계에서는 List Box의 아이템을 선택하거나 "현재 값" Edit Control에 값을 입력할 때마다 "변환된 값" Edit Control의 값이 업데이트되는 함수를 생성한다.

① [클래스 뷰]에서 멤버 함수를 추가할 CPractice4bDlg 클래스를 선택한 후 오른쪽 마우스 버튼을 누르면 나타나는 단축 메뉴 중에서 [추가]-[함수 추가]를 선택하면 [함수 추가] 대화상자가 나타난다.

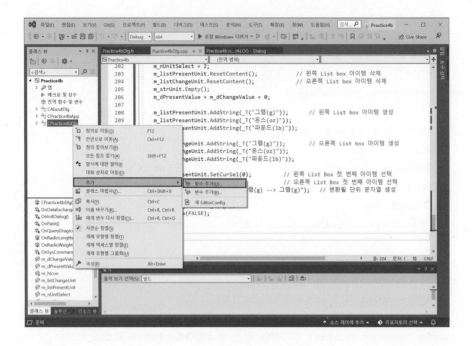

② [함수 추가] 대화상자에 함수 이름, 반환 형식, 매개변수 형식과 매개변수 이름을 입력한다. 이 실습에서는 [함수 이름] 항목은 ComputeUnitValue로 입력하고, 함수 [반환형식] 항목은 void 형을 선택한다. 그리고 매개변수는 없으므로 추가하지 않는다.

③ 입력이 끝나고 [확인] 버튼을 누르면 멤버 함수가 추가되면서 생성된 함수의 본체
로 이동한다. 여기에 List Box에서 현재 단위와 변환하려는 단위를 선택하고 Edit
Control에 현재 값을 입력하면 변환된 값으로 계산하는 함수를 구현한다.

```cpp
void CPractice4bDlg::ComputeUnitValue()
{
    // TODO: 여기에 구현 코드 추가
    UpdateData(TRUE);               // Edit Control부터 입력한 값을 가져온다.
    int index1, index2;
    index1 = m_listPresentUnit.GetCurSel();
    index2 = m_listChangeUnit.GetCurSel();
    m_dChangeValue = m_dPresentValue;

    switch (m_nUnitSelect)
    {
    case 1:
        if (index1 == 0 && index2 == 1)         // 미터에서 인치
            m_dChangeValue = m_dPresentValue * 39.370079;
        if (index1 == 0 && index2 == 2)         // 미터에서 야드
            m_dChangeValue = m_dPresentValue * 1.093613;

        if (index1 == 1 && index2 == 0)         // 인치에서 미터
            m_dChangeValue = m_dPresentValue * 0.0254;
        if (index1 == 1 && index2 == 2)         // 인치에서 야드
            m_dChangeValue = m_dPresentValue * 0.027778;

        if (index1 == 2 && index2 == 0)         // 야드에서 미터
            m_dChangeValue = m_dPresentValue * 0.9144;
        if (index1 == 2 && index2 == 1)         // 야드에서 인치
            m_dChangeValue = m_dPresentValue * 36;
        break;
    case 2 :
        if (index1 == 0 && index2 == 1)         // 그램에서 온즈
            m_dChangeValue = m_dPresentValue * 0.035274;
        if (index1 == 0 && index2 == 2)         // 그램에서 파운드
            m_dChangeValue = m_dPresentValue * 0.002205;

        if (index1 == 1 && index2 == 0)         // 온즈에서 그램
            m_dChangeValue = m_dPresentValue * 28.349523;
        if (index1 == 1 && index2 == 2)         // 온즈에서 파운드
            m_dChangeValue = m_dPresentValue * 0.0625;

        if (index1 == 2 && index2 == 0)         // 파운드에서 그램
            m_dChangeValue = m_dPresentValue * 453.59237;
        if (index1 == 2 && index2 == 1)         // 파운드에서 온즈
```

```
        m_dChangeValue = m_dPresentValue * 16;
    break;
default :
    AfxMessageBox(_T("변환하고자 하는 단위를 라디오 버튼에서 선택하세요."));
}
UpdateData(FALSE);              // Edit Control부터 결과 값을 보낸다.
}
```

`Step 6` Edit Control에 대한 메시지 핸들러 함수를 만든다.

이번 단계에서는 "현재 값" Edit Control에 값을 입력할 때마다 "변환된 값" Edit Control
의 값이 업데이트되는 함수를 생성한다. 전 단계에서 구현한 ComputeUnitValue()와 같
은 내용이므로 이 함수를 호출하도록 구현한다.

① `Ctrl`+`Shift`+`X`를 눌러서 클래스 마법사를 실행시켜 [명령] 탭을 선택된 상태에서 [개
체 ID] 항목은 IDC_EDIT_PRESENT_VALUE를 선택하고 [메시지] 항목은 EN_
CHANGE 메시지를 선택하고 `처리기 추가(A)` 버튼을 누르면 [멤버 함수 추가] 대화상자가
나오면 멤버 함수 이름은 지정된 값으로 지정하고 `확인` 버튼을 누르면 메시지 핸들
러 함수가 추가된다.

② 클래스 마법사에서 코드편집(E) 버튼을 누르면 생성된 함수의 본체로 이동한다. 여기에 길이에 해당하는 코드를 다음과 같이 입력한다.

```
void CPractice4bDlg::OnChangeEditPresentValue()
{
    // TODO:  RICHEDIT 컨트롤인 경우, 이 컨트롤은
    // CDialogEx::OnInitDialog() 함수를 재지정
    // 하고 마스크에 OR 연산하여 설정된 ENM_CHANGE 플래그를 지정하여 ...
    // 이 알림 메시지를 보내지 않습니다.

    // TODO: 여기에 컨트롤 알림 처리기 코드를 추가합니다.
    ComputeUnitValue();
}
```

Step 7 List Box에 대한 메시지 핸들러 함수를 만든다.

이번 단계에서는 List Box에서 현재 단위 또는 변환하려는 단위를 선택하면 단위 변환 문자열을 생성하고 [변환] Group Box에 "현재 값"과 "변환된 값" Edit Control 옆에 단위를 표시한다. 또 입력된 현재 값을 변환된 값으로 변환한다.

① 현재 단위 아이템을 선택하는 왼쪽 List Box에 대한 메시지 핸들러 함수를 생성한다.
    ⓐ Ctrl+Shift+X를 눌러서 클래스 마법사를 실행시켜 [명령] 탭을 선택된 상태에서 [개체 ID] 항목은 IDC_LIST_PRESENT_UNIT를 선택하고 [메시지] 항목은 LBN_SELCHANGE 메시지를 선택하고 처리기추가(A) 버튼을 누르면 [멤버 함수 추가] 대화상자가 나오면 멤버 함수 이름은 지정된 값으로 지정하고 확인 버튼을 누르면 메시지 핸들러 함수가 추가된다.

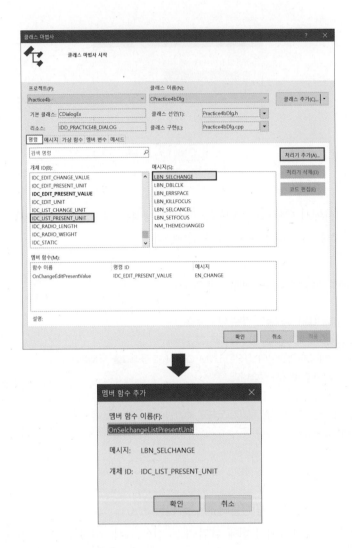

ⓑ 클래스 마법사에서 코드 편집(E) 버튼을 누르면 생성된 함수의 본체로 이동한다. 여기
에 길이에 해당하는 코드를 다음과 같이 입력한다.

```
void CPractice4bDlg::OnSelchangeListPresenUnit()
{
    // TODO: 여기에 컨트롤 알림 처리기 코드를 추가합니다.
    int index1, index2;
    index1 = m_listPresentUnit.GetCurSel();
    index2 = m_listChangeUnit.GetCurSel();
    CString strPresentUnit, strChangeUnit;
    m_strUnit.Empty();
```

```
    if (m_nUnitSelect == 1)
    {
        switch (index1)
        {
        case 0:
            m_strPresentUnit = _T("m");
            break;
        case 1:
            m_strPresentUnit = _T("in");
            break;
        case 2:
            m_strPresentUnit = _T("yd");
            break;
        }
    }
    else if (m_nUnitSelect == 2)
    {
        switch (index1)
        {
        case 0:
            m_strPresentUnit = _T("g");
            break;
        case 1:
            m_strPresentUnit = _T("oz");
            break;
        case 2:
            m_strPresentUnit = _T("lb");
            break;
        }
    }
    m_listPresentUnit.GetText(index1, strPresentUnit);
    m_listChangeUnit.GetText(index2, strChangeUnit);
    m_strUnit = m_strUnit + strPresentUnit + _T(" --> ") + strChangeUnit;

    UpdateData(FALSE);
    ComputeUnitValue();
}
```

② 위와 같은 방법으로 변환하려는 단위 아이템을 선택하는 오른쪽 List Box에 대한 메시지 핸들러 함수를 추가하고 다음과 같이 코드를 입력한다.

```
void CPractice4bDlg::OnSelchangeListChangeUnit()
{
    // TODO: 여기에 컨트롤 알림 처리기 코드를 추가합니다.
    int index1, index2;
    index1 = m_listPresentUnit.GetCurSel();
    index2 = m_listChangeUnit.GetCurSel();
    CString strPresentUnit, strChangeUnit;
    m_strUnit.Empty();
    if (m_nUnitSelect == 1)
    {
        switch (index2)
        {
        case 0:
            m_strChangeUnit = _T("m");
            break;
        case 1:
            m_strChangeUnit = _T("in");
            break;
        case 2:
            m_strChangeUnit = _T("yd");
            break;
        }
    }
    else if (m_nUnitSelect == 2)
    {
        switch(index2)
        {
        case 0:
            m_strChangeUnit = _T("g");
            break;
        case 1:
            m_strChangeUnit = _T("oz");
            break;
        case 2:
            m_strChangeUnit = _T("lb");
            break;
```

```
        }
    }
    m_listPresentUnit.GetText(index1, strPresentUnit);
    m_listChangeUnit.GetText(index2, strChangeUnit);
    m_strUnit = m_strUnit + strPresentUnit + _T(" --> ") + strChangeUnit;
    UpdateData(FALSE);
    ComputeUnitValue();
}
```

Step 8 변환 단위표를 열람할 수 있는 모덜리스(Modaless) 대화상자를 생성한다.

이번 단계에서는 프로젝트에 모덜리스 대화상자를 하나 더 추가할 것이다. 이 대화상자는 변환 단위들을 열람할 수 있게 해주는 기능을 하는 대화상자이다.

① 새로운 대화상자를 생성하고, 속성을 설정한다.

ⓐ 다음 그림과 같이 [리소스 뷰]의 ■ Dialog에서 오른쪽 마우스 버튼을 눌러서 나타나는 단축 메뉴에서 [삽입] 항목을 선택한다.

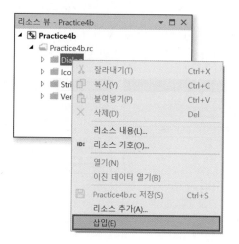

ⓑ 그러면 다음과 같이 새로운 대화상자 폼이 생성된다.

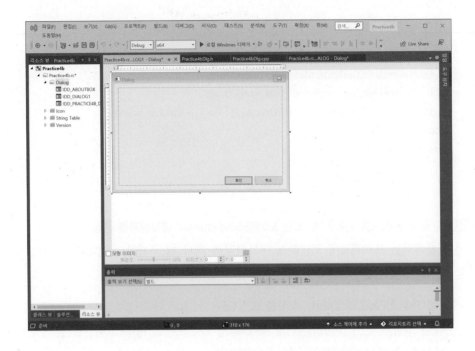

ⓒ 새로운 대화상자에서 오른쪽 마우스 버튼을 누르면 단축 메뉴가 나오는데, 여기
서 [속성]을 선택한다. [Dialog] 속성 창에서 [ID] 항목을 IDD_DIALOG_UNIT_
TABLE로 설정하고 [캡션] 항목에는 "변환 단위표"라 설정한다.

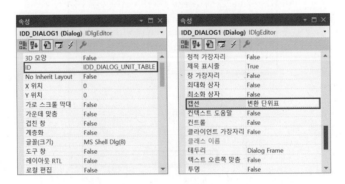

② 새로 생성된 대화상자에 컨트롤들을 배치하고, 속성을 설정한다.

　ⓐ 우선 대화상자에서 [확인] 버튼과 [취소] 버튼을 삭제한 후 [Group Box
] 컨트롤을 다음의 그림과 같이 배치한다. 각각의 [Group-box Control] 속성 창에
서 [캡션] 항목을 다음 그림과 같이 각각 "길이", "무게"라 설정한다.

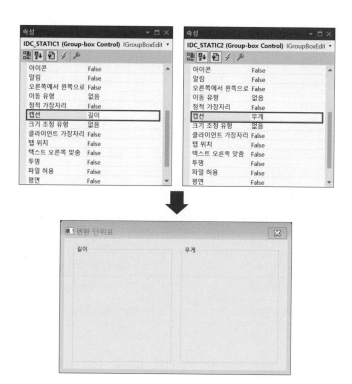

ⓑ 각 단위에 대한 변환 값을 보여주기 위해서, 다음과 같이 [A_a Static Text] 컨트롤 단위당 6개씩 총 12개를 나누어 배치한다.

ⓒ 앞 단계에서 추가한 [Static Text] 컨트롤에 대하여, [Text Control] 속성 창에서 다음 표와 같이 [캡션] 항목을 설정하도록 한다.

위치		캡션
길이	1번째 Static Text	1미터 = 39.370079인치
	2번째 Static Text	1미터 = 1.0936130야드
	3번째 Static Text	1인치 = 0.0254미터
	4번째 Static Text	1인치 = 0.0277780야드
	5번째 Static Text	1야드 = 0.9144미터
	6번째 Static Text	1야드 = 36인치
무게	1번째 Static Text	1그램 = 0.035274온즈
	2번째 Static Text	1그램 = 0.002205파운드
	3번째 Static Text	1온즈 = 28.349523그램
	4번째 Static Text	1온즈 = 0.0625파운드
	5번째 Static Text	1파운드 = 453.59237그램
	6번째 Static Text	1파운드 = 16온즈

ⓓ 속성을 설정한 후, Ctrl+T를 눌러서 아래 그림과 같이 출력되는지 대화상자를 테스트해 보자.

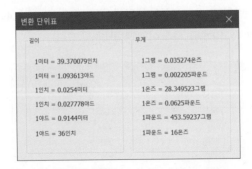

③ 앞 단계에서 새로 만든 대화상자 자원을 다룰 클래스를 생성한다.

ⓐ [리소스 뷰]의 ▣ Dialog 폴더에서 ▣ IDD_DIALOG_UNIT_TABLE 항목을 더블클릭하여 나타나는 [변환 단위표] 대화상자를 더블클릭하면 다음과 같은 [MFC 클래스 추가] 대화상자가 출력될 것이다.

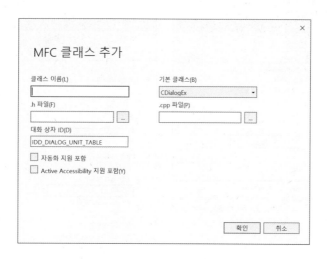

ⓑ IDD_DIALOG_UNIT_TABLE 라는 새로운 대화상자 폼을 추가하였기에 새로운 대화
상자를 다룰 클래스를 연결해야 한다. [클래스 이름] 항목을 CUnitTableDlg라 입
력하고, [기본 클래스]가 CDialogEx로 되어 있는지 확인한 후에   확인   버튼을
누른다.

ⓒ [클래스 뷰] 와 [솔루션 탐색기]를 보면 클래스가 새로 생성되었는지를 확인할 수
있다.

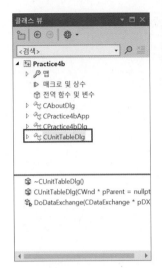
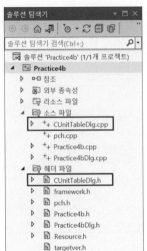

ⓓ 이 대화상자는 프로그램 기능상 특정 기능을 구현하는 것이 아니라, 단지 사용자에게 정보만을 제시하는 용도로 사용할 것이므로, 대화상자 클래스 내부에 변수나 함수를 작성하지 않을 것이다. 그럼 메인 대화상자에서 버튼을 이용해 새로 작성한 대화상자를 어떻게 출력하는지는 다음 단계에서 구현하도록 한다.

Step 9 모델리스 형식으로 [변환 단위표] 대화상자를 출력한다.

앞에서 생성된 대화상자를 `변환 단위표` 버튼을 이용하여 메인 대화상자 오른쪽에 모델리스 형식으로 출력하도록 한다. 그리고 출력된 상태에서 `변환 단위표` 버튼을 다시 누르면 [변환 단위표] 대화상자는 사라지도록 구현한다.

① [변환 단위표] 대화상자의 출력 상태를 저장하기 위한 flag 변수를 추가하도록 한다.

　ⓐ [클래스 뷰]에서 CPractice4bDlg 항목을 오른쪽 마우스 버튼으로 클릭한 후, 단축 메뉴에서 [추가]-[변수 추가] 항목을 선택한다. 그러면 다음과 같이, [변수 추가] 대화상자가 나타나는데 [이름] 항목은 m_bUnitViewed라 입력하고 [형식] 항목에 bool 형을 입력한 후 `확인` 버튼을 눌러 멤버 변수를 추가하도록 한다.

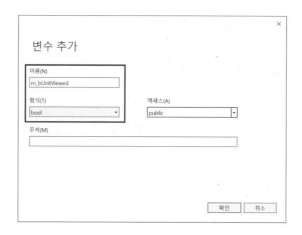

ⓑ [클래스 뷰]의 🐾 CPractice4bDlg 클래스에서 🎱 CPractice4bDlg(CWnd * pParent = nullptr) 항목을 더블클릭하여 생성자 함수로 이동한다. 생성자 함수에서 m_bUnitViewed 변수는 false로 초기화한다.

```
CPractice4bDlg::CPractice4bDlg(CWnd* pParent /*=nullptr*/)
    : CDialogEx(IDD_PRACTICE4B_DIALOG, pParent)
    , m_dPresentValue(0)
    , m_dChangeValue(0)
    , m_strPresentUnit(_T(""))
    , m_strChangeUnit(_T(""))
    , m_strUnit(_T(""))
{
    m_hIcon = AfxGetApp()->LoadIcon(IDR_MAINFRAME);
    m_bUnitViewed = false;
}
```

② [변환 단위표] 대화상자의 인스턴스를 메인 대화상자의 클래스 내부에 생성한다.

ⓐ [클래스 뷰]에서 🐾 CPractice4bDlg 클래스를 오른쪽 마우스 버튼으로 클릭한 후, 단축 메뉴에서 [추가]-[변수 추가] 항목을 선택하면 [변수 추가] 대화상자가 나타나는데 [이름] 항목은 m_dlgUnitTable라 입력하고 [형식] 항목에 CUnitTableDlg 형을 입력한 후 ⬛ 확인 ⬛ 버튼을 눌러 멤버 변수를 추가하도록 한다.

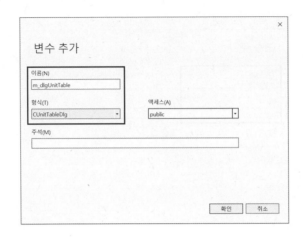

ⓑ 🐾 CPractice4bDlg 클래스에서 🐾 CUnitTableDlg 클래스를 참조하기 위해 🐾 CPractice4bDlg 클래스 헤더 파일에 "CUnitTableDlg.h" 헤더 파일을 include 시킨다.

```
// Practice4bDlg.h: 헤더 파일
//

#pragma once
#include "CUnitTableDlg.h"

// CPractice4bDlg 대화 상자
class CPractice4bDlg : public CDialogEx
{
// 생성입니다.
public:
    CPractice4bDlg(CWnd* pParent = nullptr);  // 표준 생성자입니다
```

③ 변환 단위표를 열람하기 위한 Button에 대한 메시지 핸들러 함수를 추가한다.

ⓐ [프로젝트] 메뉴의 [클래스 마법사]를 선택하거나 Ctrl + Shift + X 키를 눌러 다음 그림과 같이 클래스 마법사를 실행시킨다. [클래스 이름] 항목은 CPractice4bDlg를 선택하고 [명령] 탭을 선택한 후 [개체 ID] 항목은 IDC_BUTTON_UNIT_VIEW를 선택한다. 그리고 [메시지] 항목은 BN_CLICKED를 선택하도록 한다.

ⓑ 위와 같이 선택하고 처리기 추가(A) 버튼을 선택하면 다음과 같은 메시지 핸들러 함수를 추가한다는 대화상자가 출력된다. [멤버 함수 추가] 대화상자에서 지정된 값으로 지정하고 확인 버튼을 눌러서 메시지 핸들러 함수를 추가한다.

ⓒ 클래스 마법사에서 코드 편집(E) 버튼을 눌러, 소스 코드 부분으로 이동한다. 소스를 보면 🔘 OnClickedButtonUnitView() 함수가 추가되어 있을 것이다. 이곳에 변환 단위표 버튼을 눌렀을 때의 동작을 코딩하면 된다.

```
void CPractice4bDlg::OnClickedButtonUnitView()
{
    // TODO: 여기에 컨트롤 알림 처리기 코드를 추가합니다.
    if (!m_bUnitViewed)
    {
        m_dlgUnitTable.Create(IDD_DIALOG_UNIT_TABLE, this);

        CRect rectMain, rectUnitTable;
        GetWindowRect(&rectMain);

        m_dlgUnitTable.GetWindowRect(&rectUnitTable);
        m_dlgUnitTable.MoveWindow(rectMain.right, rectMain.top, rectUnitTable.Width(),
                            rectUnitTable.Height());

        m_dlgUnitTable.ShowWindow(SW_SHOW);
        m_bUnitViewed = TRUE;
    }
    else
    {
        m_dlgUnitTable.ShowWindow(SW_HIDE);
        m_dlgUnitTable.DestroyWindow();
        m_bUnitViewed = FALSE;
    }
}
```

CWnd::GetWindowRect() 함수

GetWindowRect() 함수는 윈도우의 크기를 알기 위해 사용하는 함수로 원형은 다음과 같다.

void GetWindowRect(LPRECT lpRect) const

- lpRect : 윈도우의 위 왼쪽 스크린 좌표와 아래 오른쪽 스크린 좌표를 받는 CRect 클래스의 포인트

CWnd::MoveWindow() 함수

MoveWindow() 함수는 윈도우의 위치와 크기를 변경하는 함수로 원형은 다음과 같다.

void MoveWindow(int x, int y, int nWidth, int nHeight, BOOL bRepaint = TRUE);

- x : 윈도우의 새로운 왼쪽 스크린 좌표
- y : 윈도우의 새로운 위쪽 스크린 좌표
- nWidth : 윈도우의 새로운 너비
- nHeight : 윈도우의 새로운 높이
- bRepaint : 윈도우를 새로 그릴 것인지를 명시하는 플래그 변수

CWnd::ShowWindow() 함수

ShowWindow()함수는 윈도우를 화면에 보일 상태를 설정하는 함수로 원형은 다음과 같다.

BOOL ShowWindow(int nCmdShow);

• nCmdShow : CWnd가 화면에 보이는 방법을 명시

아래의 표는 **nCmdShow** 매개변수가 가질 수 있는 값들이다.

값	의미
SW_HIDE	윈도우를 화면에 보이지 않게 한다.
SW_MINIMIZE	윈도우를 최소화한다.
SW_RESTORE	윈도우를 원래의 크기와 위치로 화면에 표시한다.
SW_SHOW	윈도우를 화면에 보이게 한다.
SW_SHOWMAXIMIZED	윈도우를 최대한 크게 하여 표시한다.
SW_SHOWMINIMIZED	윈도우를 최소한 작게 하여 표시한다.
SW_SHOWMINNOACTIVE	윈도우를 아이콘으로 표시한다.
SW_SHOWNA	윈도우를 현재 상태로 표시한다.
SW_SHOWNOACTIVATE	윈도우를 가장 최근의 크기와 위치로 표시한다.
SW_SHOWNORMAL	윈도우를 표시하는데 만약 윈도우가 최소, 최대로 설정되었으면 윈도우를 원래의 크기와 위치로 복원한다.

Step 10 프로그램을 실행시켜보자.

Ctrl + F5 키를 눌러 프로그램을 실행시켜 보면, 다음과 같이 메인 대화상자가 나타날 것이다.

① 변환 단위표 버튼을 누르면 메인 대화상자 우측에 [변환 단위표] 대화상자가 나타난다. 그리고 다시 변환 단위표 버튼을 누르면 [변환 단위표] 대화상자가 사라질 것이다.

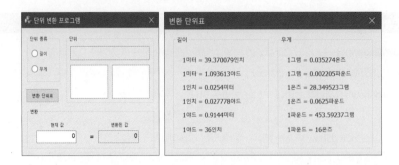

② 대화상자의 Radio Button을 눌러 각각의 단위들이 List Box에 업데이트되는 것을 확인해보자.

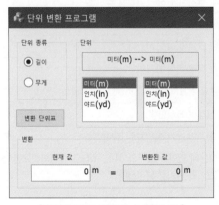
[길이 라디오 버튼을 눌렀을 때]

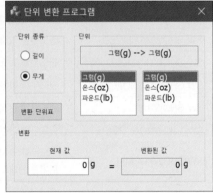
[무게 라디오 버튼을 눌렀을 때]

③ [현재 값] Edit Control에 값을 입력하면 [변환된 값] Edit Control 값이 바뀌고 List Box에서 단위를 선택하면 자동으로 값이 변환되는지 확인해보자.

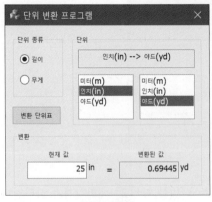
[길이 변환]

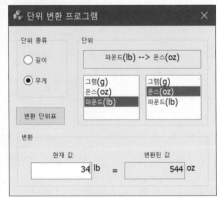
[무게 변환]

연습문제

1 이번 장에서 배운 대화상자와 기본 컨트롤을 활용하여 데이터를 이동 가능한 대화상자
를 구현해 보도록 하자.

> [물품목록] List Box에서 아이템을 선택한 후 Combo Box의 아이템을 선택하여 다른 List Box로 아이템
> 을 이동한다. 원하는 아이템을 [구매 예정 목록] List Box로 이동한 후 [구매] 버튼을 누르면 선택한 아이
> 템들이 Edit Control에 출력된다.

1) 데이터 이동이 가능한 인터페이스가 되도록 컨트롤들을 배치하고 속성을 설정한다.
   ① 대화상자 [속성] 창에서 [캡션] 항목은 "데이터 이동"으로 설정한다.
   ② 대화상자의 컨트롤은 2개의 List Box, Combo Box, Button, Edit Control로 구
      성된다.
   ③ 2개의 List Box는 물품목록 및 구매 예정 목록을 나타내는 컨트롤이다. [속성] 창
      에서 [ID] 항목은 IDC_LIST_LEFT, IDC_LIST_RIGHT로 하고, [정렬] 항목의
      값을 False로 설정한다.
   ④ Combo Box 컨트롤의 [속성] 창에서 [ID] 항목은 IDC_COMBO_MOVE로, [데이
      터] 항목의 값을 ----->와 <-----으로 입력하고, [정렬] 항목의 값을 False로
      설정한다. [데이터] 항목의 값을 설정할 때 데이터의 구분은 세미 콜론(;)으로 한다.
      예) ----->;<-----
   ⑤ Button 컨트롤의 [속성] 창에서 [ID] 항목은 IDC_BUTTON_PURCHASE로 하
      고 [캡션] 항목은 "구매"로 설정한다.
   ⑥ Edit Control의 [속성] 창에서 [ID] 항목은 IDC_EDIT_RESULT로 하고 [여러 줄]
      항목을 True로 설정하고, [읽기 전용] 항목도 True로 설정한다.
   ⑦ Group Box 컨트롤의 [캡션] 항목은 "구매"로 설정하고 Static Text 컨트롤은 [캡
      션] 항목을 "물품목록"과 "구매 예정 목록"으로 다음 그림과 같이 설정한다.

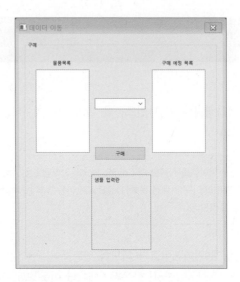

2) 대화상자의 컨트롤들을 멤버 변수와 연결한다.

　① List Box 컨트롤들을 멤버 변수와 연결한다.
　　– IDC_LIST_LEFT : m_listLeft (연결 형태 CListBox(컨트롤))
　　– IDC_LIST_RIGHT : m_listRight (연결 형태 CListBox(컨트롤))

　② Combo Box 컨트롤을 멤버 변수와 연결한다.
　　– IDC_COMBO_MOVE : m_cbMove(연결 형태 CComboBox(컨트롤))

　③ Edit Control을 멤버 변수와 연결한다.
　　– IDC_EDIT_RESULT : m_strResult (연결 형태 CString(값))

3) 🐾 OnInitDialog() 함수에서 컨트롤들을 초기화한다.

　① List Box 초기화
　　– 왼쪽 List Box는 아래 프로그램 실행 그림과 같이 10개의 데이터로 초기화되어
　　　야 한다. (복숭아, 딸기, 사과, 바나나, 수박, 삼겹살, 참기름, 양파, 달걀, 감자)
　　– 초기화는 🐾 OnInitDialog() 함수에서 List Box의 멤버 함수인 AddString()
　　　함수를 사용하여야 한다.
　　　예) m_listLeft.AddString(_T("복숭아"));

4) Combo Box 메시지 핸들러 함수를 추가한다.

　① Combo Box에서 아이템을 선택하는 메시지는 CBN_SELCHANGE이다.

　② List Box에서 이동하는 과정은 GetCurSel() 함수를 이용하여 선택된 아이템의
　　인덱스를 구한 후 GetText() 함수를 이용하여 선택된 아이템의 문자열을 구한다.
　　그리고 DeleteString() 함수를 이용하여 선택된 아이템을 삭제한다. AddString()
　　함수를 이용하여 선택된 아이템의 문자열을 다른 List Box에 추가한다.

③ List Box에서 아이템을 선택한 후 Combo Box에서 선택하여 아이템이 이동되면
SetCurSel() 함수를 사용하여 자동으로 다음 아이템이 선택되게 한다.

④ List Box에서 아이템이 선택되지 않았을 경우 Combo Box의 아이템을 선택하
면 에러 처리한다. 아이템이 선택되지 않았을 경우 GetCurSel() 함수를 사용하면
LB_ERR을 반환한다. LB_ERR은 −1 값을 가진다. 인덱스 변수와 LB_ERR와 비
교하여 같으면 다음과 같은 메시지를 출력하도록 에러 처리한다.

⑤ Combo Box 메시지 핸들러 함수를 구현하기 위해서 3개의 인덱스 변수가 필요하
다. 첫 번째 Combo Box의 선택된 아이템의 인덱스, 두 번째 왼쪽 List Box의 선
택된 아이템의 인덱스, 세 번째 오른쪽 List Box의 선택된 아이템의 인덱스이다.
대략적인 프로그램 구조는 다음과 같다.

```
CString str;
int nIndex = m_cbMove.GetCurSel();
int leftIndex = m_listLeft.GetCurSel();
int rightIndex = m_listRight.GetCurSel();
switch (nIndex)
{
case 0:
    if (leftIndex != LB_ERR)
    {
        ① 왼쪽 리스트 박스의 선택된 아이템의 문자열을 구한다. (GetText() 함수 사용)
        ② 왼쪽 리스트 박스의 선택된 아이템을 삭제한다. (DeleteString() 함수 사용)
        ③ 왼쪽 리스트 박스에서 다음 아이템을 선택한다. (SetCurSel) 함수 사용)
        ④ 오른쪽 리스트 박스에 선택된 아이템의 문자열을 추가한다. (AddString() 함수 사용)
    }
```

```
        else
            ⑤ 왼쪽 리스트 박스에서 아이템 선택하지 않았다는 메시지 박스 출력
        break;
    case 1:
        if (rightIndex != LB_ERR)
        {
            ① 오른쪽 리스트 박스의 선택된 아이템의 문자열을 구한다. (GetText() 함수 사용)
            ② 오른쪽 리스트 박스의 선택된 아이템을 삭제한다. (DeleteString() 함수 사용)
            ③ 왼쪽 리스트 박스에서 다음 아이템을 선택한다. (SetCurSel) 함수 사용)
            ④ 왼쪽 리스트 박스에 선택된 아이템의 문자열을 추가한다. (AddString() 함수 사용)
        }
        else
            ⑤ 오른쪽 리스트 박스에서 아이템 선택하지 않았다는 메시지 박스 출력
        break;
    default:
        break;
    }
```

CListBox::SetCurSel() 함수

SetCurSel() 함수는 List Box에서 지정된 index 아이템을 선택하는 함수이다. Index는 0부터 시작되고 함수의 원형은 다음과 같다.

int SetCurSel(int nSelect)

• nSelect : 선택할 문자열의 index를 지정한다. nSelect가 −1이면 아이템이 선택되지 않는다.
• 반환 값 : 에러가 발생하면 LB_ERR을 반환한다.

5) [구매] 버튼 메시지 핸들러 함수를 추가한다.
   ① Button 컨트롤에서 버튼을 클릭하는 메시지는 BN_CLICKED이다.
   ② [구매] 버튼을 누르면 [구매 예정 목록] 리스트 박스에 있는 아이템들을 Edit Control로 복사한다. 복사하기 위해 우선 [구매 예정 목록] 리스트 박스의 아이템 개수를 GetCount() 함수를 사용하여 구한다.
   ③ GetText() 함수를 이용하여 [구매 예정 목록] 리스트 박스의 아이템의 문자열을 구한 후 구한 아이템 문자열을 차례로 하나의 스트링 변수에 추가한다. Edit Control에서 줄 바꿈은 "WrWn"을 사용하면 된다.
      예) str = str + _T("WrWn");
   ④ 스트링 변수가 완성되면 Edit Control 멤버 변수의 내용을 Edit Control에 출력한다.
   ⑤ 대략적인 프로그램 구조는 다음과 같다.

```
CString str;
int nCount = .....        // 오른쪽 리스트 박스의 아이템 개수를 구한다. (GetCount() 함수 사용)
① 결과 Edit control에 연결된 제어 변수를 초기화한다. (Empty() 함수 사용)

for (int i = 0; i < nCount; i++)
{
    ② 오른쪽 리스트 박스 아이템의 문자열을 구한다. (GetText() 함수 사용)
    ③ 아이템 문자열에 줄 바꿈 문자열("₩r₩n")을 추가한다. (+ 연산자 사용)
    ④ 결과 Edit control에 연결된 제어 변수에 생성한 문자열을 추가한다. (+ 연산자 사용)
}
⑤ 결과 Edit control에 연결된 제어 변수 내용을 출력한다. (UpdateData() 함수 사용)
```

6) 프로그램의 실행 예
   ⓐ 대화상자가 출력한 화면

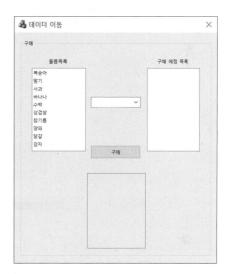

   ⓑ [물품목록] List Box에서 "딸기", "수박", "삼겹살", "참기름"을 Combo Box를 이용하여 [구매 예정 목록] List Box로 이동시킨 화면

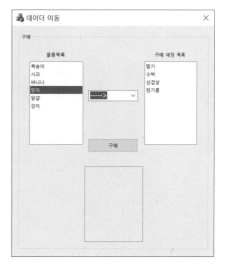

ⓒ [구매 예정 목록] List Box에서 "수박", "참기름"을 Combo Box를 이용하여 [물품
목록] List Box로 이동시킨 화면

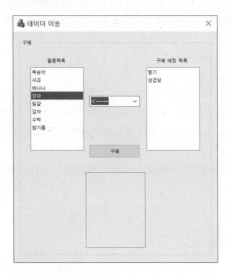

ⓓ 구매 버튼을 눌러 구매를 완료한 화면

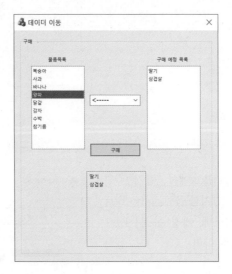

CHAPTER 05

도큐먼트 파일 입출력 및 템플릿

contents

5.1 도큐먼트

5.2 파일 입출력

5.3 SDI 템플릿

5.4 MDI 템플릿

05 도큐먼트 파일 입출력 및 템플릿

이 장에서는 도큐먼트 클래스의 Serialize() 함수를 이용하는 파일의 입·출력에 대해 알아볼 것이다. 또한 MFC를 이용하여 프로그램을 작성하게 되면 세 가지 형태의 프로젝트를 생성할 수 있는데 하나의 도큐먼트 객체를 사용하는 SDI 템플릿, 여러 개의 도큐먼트 객체를 사용할 수 있는 MDI 템플릿, 그리고 대화상자 기반의 Dialog가 그것인데 대화상자 기반의 애플리케이션은 4장에서 배웠고, 이번 장에서는 SDI와 MDI를 이용한 애플리케이션을 작성하는 방법에 대해 자세히 알아볼 것이다.

5.1 도큐먼트

도큐먼트의 주요 기능은 도큐먼트 데이터에 접근하기 위한 인터페이스를 제공하고 데이터를 저장하고 읽어오는 역할을 한다. 도큐먼트는 저장 매체와 뷰 사이의 매개 역할을 하고 뷰는 도큐먼트의 정보를 윈도우에 출력하는 역할을 한다.

1) CDocument 클래스

템플릿을 구성하는 네 개의 클래스 중에서 데이터를 관리하는 클래스가 CDocument 클래스이다. CDocument 클래스는 프로그램이 사용하는 데이터를 만들고, 읽어오고, 저장하는 역할을 담당한다. 애플리케이션 마법사로 프로젝트를 생성하면 [그림 5-1]과 같이 CDocument 파생 클래스에는 새로운 도큐먼트를 만드는 OnNewDocument() 함수와 도큐먼트의 내용을 디스크로부터 읽어오고 저장하는 Serialize() 함수가 정의되어있다. 그러나 정의만 되어있을 뿐 실제 코드는 비어 있다. 이유는 프로그램마다 데이터를 관리하는 내용이 다르기 때문이다. 우리가 파일에 데이터를 저장하거나 파일로부터 데이터를 읽기 위해서는 CDocument 파생 클래스에 OnSaveDocument() 함수나 OnOpenDocument() 함수를 오버라이딩하여 코드를 작성하면 된다.

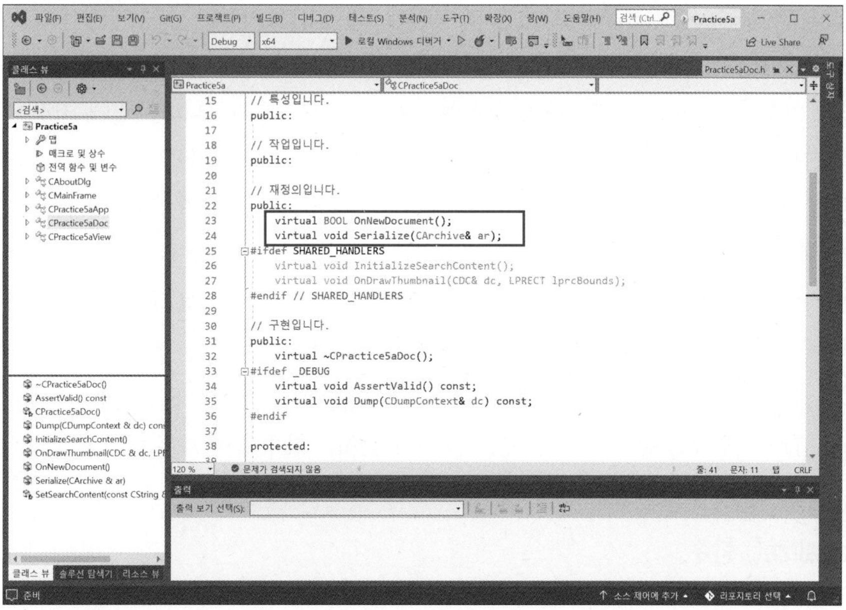

[그림 5-1] 애플리케이션 마법사에 의해 생성된 CDocument 클래스의 함수들

2) CArchive 클래스

CArchive 클래스는 표준 C++ 라이브러리 iostream 클래스와 상당히 비슷하다. CArchive 클래스는 도큐먼트의 데이터를 읽고 쓰기 위한 삽입(《》) 및 추출(》) 연산자를 정의하고 있다. 이들 연산자의 원형은 다음과 같다.

```
CArchive & operator << (CArchive &, Type &);   // 데이터 저장
CArchive & operator >> (CArchive &, Type &);   // 데이터 읽기
```

이진 삽입(《》) 연산자는 데이터를 순차적으로 저장할 때 사용하며 이진 추출(》) 연산자는 순차적으로 데이터를 읽어 들일 때 사용한다. CArchive 클래스에서 "저장"의 의미는 메모리에 있는 데이터가 파일로 전송되는 것을 말하고, "열기"의 의미는 파일에 있는 데이터가 메모리로 전송되는 것을 의미한다.

CArchive 클래스는 CObject 클래스로부터 상속된 클래스로써 객체를 읽고 쓰기 위한 두개의 멤버 함수를 가지고 있다. ReadObject()와 WriteObject() 함수는 객체를 서술하는데 필요한 정보를 읽고 쓰는 것을 관장한다.

CArchive 클래스의 멤버 함수인 IsStoring() 함수는 현재 데이터를 저장하는 중인지,

데이터를 읽어오는 중인지를 알아내는 함수이다. 데이터를 저장하는 중이면 TRUE를 반환하고 데이터를 읽어오는 중이면 FALSE를 반환한다. 우리는 도큐먼트 클래스에 데이터 멤버 변수를 선언하고 "// TODO: 여기에 저장 코드를 추가합니다." 밑에 저장하는 데이터를 Serialization 시키는 루틴을 넣으면 되고 "// TODO: 여기에 로딩 코드를 추가합니다." 밑에 읽어오는 데이터를 Serialization 시키는 루틴을 넣으면 된다. Serialize() 함수는 인자로 CArchive 클래스의 인스턴스인 ar이 넘어온다. 데이터를 저장할 때는 삽입(《〉) 연산자를 이용하여 저장하고자 하는 데이터를 ar로 밀어 넣고, 데이터를 읽어올 때는 추출(〉〉) 연산자를 이용하여 ar로부터 꺼내온다. 여기서 주의할 점은 CArchive 클래스의 객체에 저장하거나 읽어 들이는 데이터의 순서는 같아야 한다. Serialize() 함수는 OnOpenDocument() 함수 또는 OnSaveDocument() 함수에서 자동으로 호출해준다.

3) Serialize() 함수

직렬화(Serialization)란 하드디스크와 같은 저장 매체에 데이터를 저장하고 읽어 들이는 과정을 말한다. 직렬화의 기본적인 기능은 CObject 클래스의 Serialize() 함수에 정의되어있다. MFC에서는 도큐먼트 클래스가 자기 자신의 데이터를 관리하므로 도큐먼트 클래스에서 Serialize() 함수를 오버라이딩하면 된다. 애플리케이션 마법사로 프로젝트를 생성하면 [그림 5-2]와 같이 이미 애플리케이션의 CDocument 파생 클래스에는 Serialize() 함수가 오버라이딩 되어있다.

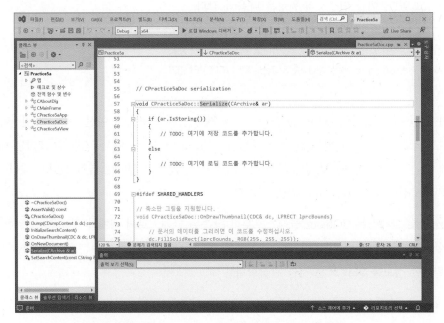

[그림 5-2] CDocument 클래스내의 Serialize() 함수

5.2 파일 입출력

파일 입출력 기능은 프로그램의 가장 기본적인 기능으로 프로그램에서 만들어낸 정보를 저장 매체에 파일로 저장하는 기능과 저장해 놓은 파일을 다시 읽어오는 기능이다. 앞에서 언급했듯이 데이터를 저장하거나 읽어오는 클래스는 도큐먼트 클래스(CDocument)인데, 애플리케이션 마법사를 이용해서 프로젝트를 생성하면 [파일] 메뉴에 [열기]와 [저장]이 설정되어 있음을 볼 수 있다. [파일] 메뉴의 [저장]을 선택하여 현재 작업 중인 데이터를 저장하고자 할 때는 도큐먼트 클래스의 OnSaveDocument() 함수가 실행되고 CFile 클래스를 이용하여 해당하는 파일을 열어 CArchive 클래스를 통로로 데이터를 저장하게 되는 것이다.

마찬가지로 [파일] 메뉴의 [열기]를 선택하여 저장 매체로부터 데이터를 읽어올 때는 도큐먼트 클래스의 OnOpenDocument() 함수가 실행되어 CFile 클래스를 이용하여 해당하는 파일을 열어 CArchive 클래스를 통로로 데이터를 읽어오게 되는 것이다. 파일을 저장하거나 읽어올 때 최후에 데이터가 저장되거나 읽어오는 부분은 Serialize() 함수에 의해서 설정된다. 이때 CArchive 클래스의 인스턴스가 Serialize() 함수의 인수로 사용된다.

실습 5-1　학생 카드 작성하기

이번 실습은 오른쪽 마우스 버튼을 이용하여 학생 카드 대화상자를 출력하고 그 대화상자를 통해 학생 카드를 작성할 수 있다. 또한 작성한 내용을 파일에 저장하고 저장해 놓은 파일을 불러올 수 있는 프로그램을 작성할 것이다. 이 실습을 통해 도큐먼트 클래스에서의 파일 입출력에 대해서 자세히 익힐 수 있다.

Step 1　프로젝트를 생성한다.

① 프로젝트 이름을 "Practice5a"라 정한다.

② MFC 애플리케이션 마법사의 [애플리케이션 종류] 단계에서 "단일 문서"를 선택하여 SDI 기반의 프로젝트를 만들고, [프로젝트 스타일] 항목은 "MFC standard"을, [비주얼 스타일 및 색] 항목은 "Windows Native/Default"을 선택한다.

③ 　다음　 버튼을 눌러 [문서 템플릿 속성] 단계에서 [파일 확장명] 항목에서 "txt"를 입력한다. 이것은 [파일] 메뉴에서 [저장]을 선택할 때 기본으로 저장할 파일형태를 지정하는 것이다.

④ ［ 마침 ］ 버튼을 누르고 프로젝트의 생성이 완료되면 다음 그림과 같은 화면이 출력될 것이다.

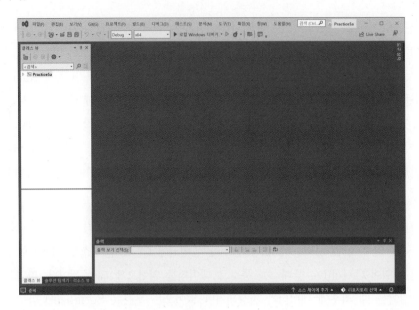

Step 2 학생 카드 작성 대화상자를 생성한다.

① 학생 카드 작성 대화상자를 생성하고, 속성을 설정한다.

    ⓐ [리소스 뷰]의 ▥ Dialog에서 오른쪽 마우스 버튼을 눌러서 나타나는 단축 메뉴에서 [삽입] 항목을 선택한다.

    ⓑ 그러면 다음과 같이 새로운 대화상자 폼이 생성된다.

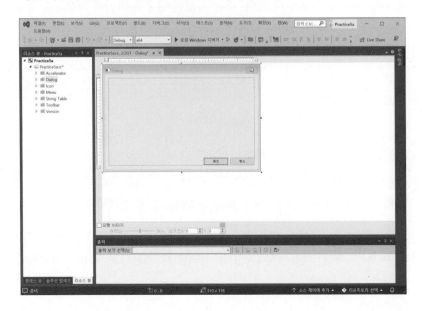

ⓒ 새로 생성된 대화상자에서 오른쪽 마우스 버튼을 누르면 나오는 단축 메뉴에서 [속성]을 선택한다. [Dialog] 속성 창에서 [ID] 항목을 IDD_DIALOG_CARD로 설정하고 [캡션] 항목에는 "학생 카드 작성"이라 설정한다.

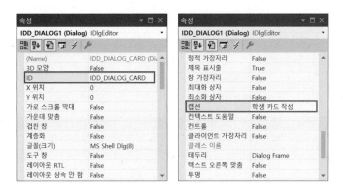

② 새로 생성된 대화상자에 컨트롤들을 배치하고, 속성을 설정한다.

ⓐ [도구 상자]에서 [**A** Static Text] 컨트롤, [**ab** Edit Control] 컨트롤, [Combo Box] 컨트롤, [● Radio Button] 컨트롤, [**X** Check Box] 컨트롤을 선택하여 다음 그림과 같이 배치한다. 확인 과 취소 button 컨트롤은 삭제하지 않고 다음 그림과 같이 재배치한다.

ⓑ Static Text 컨트롤에 대해 오른쪽 마우스 버튼을 누르면 나오는 단축 메뉴에서 [속성]을 선택한다. 속성 창에서 [캡션] 항목을 위에서부터 각각 "학 과 :", "이 름 :", "성 별 :", "취 미 :"라고 입력한다.

ⓒ Combo Box 컨트롤에 대해 오른쪽 마우스 버튼을 누르면 나오는 단축 메뉴에서 [속성]을 선택한다. [Combo-box control] 속성 창에서 [ID] 항목은 IDC_COMBO_DEPT를 입력하고 [데이터] 항목은 "경영학과;간호학과;컴퓨터공학과;한의학과;전자공학과;일어일문학과"로 입력한다. 그리고 [정렬] 항목은 False로 변경하고 [형식] 항목은 Drop List로 설정한다.

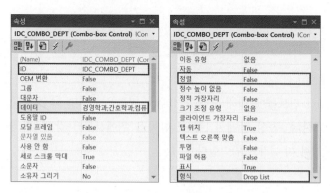

ⓓ Edit Control에 대해 오른쪽 마우스 버튼을 누르면 나오는 단축 메뉴에서 [속성]을 선택한다. [Edit control] 속성 창에서 [ID] 항목은 IDC_EDIT_NAME을 입력한다.

ⓔ 첫 번째 Radio Button 컨트롤에 대해 오른쪽 마우스 버튼을 누르면 나오는 단축
   메뉴에서 [속성]을 선택한다. [Radio-button control] 속성 창에서 [ID] 항목은
   IDC_RADIO_MALE을 입력하고 [캡션] 항목은 "남자"라고 설정한다.

ⓕ 두 번째 Radio Button 컨트롤에 대해 오른쪽 마우스 버튼을 누르면 나오는 단축
   메뉴에서 [속성]을 선택한다. [Radio-button control] 속성 창에서 [ID] 항목은
   IDC_RADIO_FEMALE을 입력하고 [캡션] 항목은 "여자"라고 설정한다.

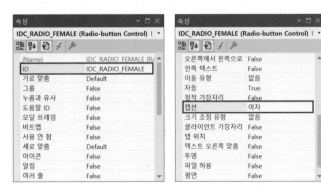

ⓖ 첫 번째 Check Box 컨트롤에 대해 오른쪽 마우스 버튼을 누르면 나오는 단축 메뉴에서 [속성]을 선택한다. [Check-box control] 속성 창에서 [ID] 항목은 IDC_CHECK_READING을 입력하고 [캡션] 항목은 "독서"라고 설정한다.

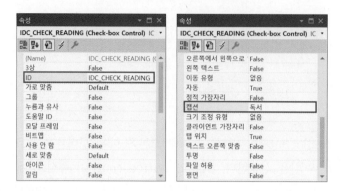

ⓗ 두 번째 Check Box 컨트롤에 대해 오른쪽 마우스 버튼을 누르면 나오는 단축 메뉴에서 [속성]을 선택한다. [Check-box control] 속성 창에서 [ID] 항목은 IDC_CHECK_SPORTS을 입력하고 [캡션] 항목은 "운동"이라고 설정한다.

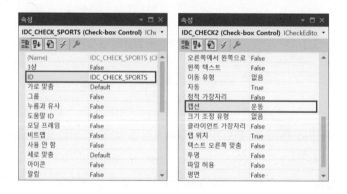

ⓘ 세 번째 Check Box 컨트롤에 대해 오른쪽 마우스 버튼을 누르면 나오는 단축 메뉴에서 [속성]을 선택한다. [Check-box control] 속성 창에서 [ID] 항목은 IDC_CHECK_FISHING을 입력하고 [캡션] 항목은 "낚시"라고 설정한다.

ⓙ 위와 같이 모두 설정하였으면 다음과 같은 폼이 만들어질 것이다.

③ 새로 생성된 대화상자와 연결할 클래스를 생성한다.

　ⓐ 지금 생성한 대화상자를 더블클릭하면 [MFC 클래스 추가] 대화상자가 나타난
　　다. [MFC 클래스 추가] 대화상자에서 새로운 대화상자의 [클래스 이름] 항목은
　　CCardDlg로 설정하고 [기본 클래스]는 CDialogEx 클래스 그대로 둔다. 다음 그림
　　과 같이 지정되었으면　확인　버튼을 눌러 새로운 클래스를 생성한다.

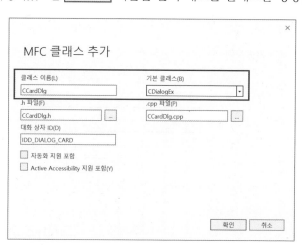

Step 3 컨트롤들을 멤버 변수와 연결하고 클래스에 필요한 멤버 변수를 선언한다.

① Ctrl + Shift + X 키를 눌러 클래스 마법사를 실행시키고 [클래스 이름] 항목에 CCardDlg을 선택하고 [멤버 변수] 탭에서 [컨트롤 ID] 항목은 IDC_COMBO_DEPT로 선택하고 변수 추가(A)... 버튼을 누른다.

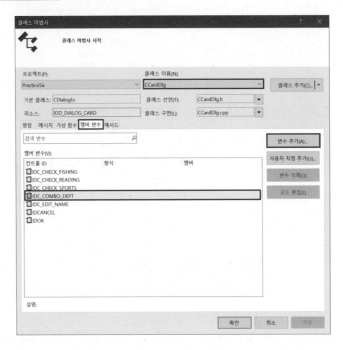

② [제어 변수 추가] 대화상자가 나타나면 [범주] 항목은 "값"을 선택하고 [이름] 항목에 m_strDept라고 입력한 후 [변수 형식]은 CString으로 그대로 두고 마침 버튼을 누른다.

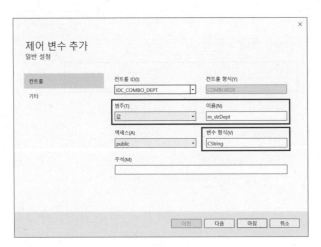

③ 위와 같은 방법으로 [멤버 변수] 탭에서 [컨트롤 ID] 항목은 IDC_EDIT_NAME으로 선택하고 <kbd>변수 추가(A)...</kbd> 버튼을 누른다. [제어 변수 추가] 대화상자가 나타나면 [범주] 항목에 "값"을 선택하고 [이름] 항목에 m_strName이라고 입력한 후 [변수 형식]은 CString으로 그대로 두고 <kbd>마침</kbd> 버튼을 누른다.

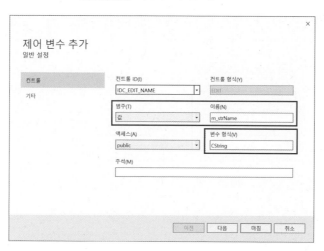

④ 각 컨트롤과 멤버 변수가 잘 연결되었는지 클래스 마법사의 [멤버 변수] 탭을 선택하여 확인해보자.

⑤ [클래스 뷰]에서 🐾 CCardDlg 클래스를 선택하고 오른쪽 마우스 버튼을 눌러서 나타나
는 단축 메뉴에서 [추가]–[변수 추가]를 선택한다. [변수 추가] 대화상자가 나타나면 [이
름] 항목은 m_bHobby로 입력하고 [형식] 항목은 bool[3]형으로 입력한 후 ☐확인☐ 버
튼을 눌러 멤버 변수를 추가한다. 혹시 배열형으로 변수를 선언할 때 에러가 발생하면
🐾 CCardDlg 클래스 헤더파일에 직접 bool m_bHobby[3];으로 선언해주면 된다.

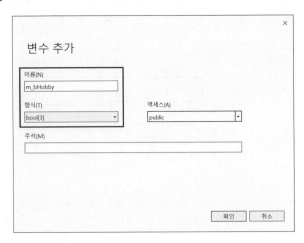

⑥ 위와 같은 방법으로 [변수 추가] 대화상자를 이용하여 [이름] 항목은 m_bSex로 입력
하고 [형식] 항목은 bool형으로 입력한 후 ☐확인☐ 버튼을 눌러 멤버 변수를 추가한
다. m_bSex에 true가 세팅되면 "남자"이고 false가 세팅되면 "여자"를 의미한다.

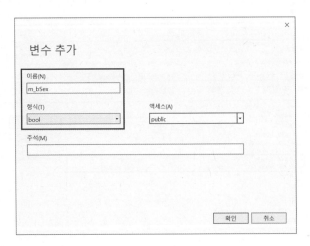

Step 4 각 컨트롤을 초기화한다.

① 🐾 CCardDlg 클래스에 🐾 OnInitDialog() 함수를 추가하고 Radio Button을 초기화한다.

ⓐ Ctrl + Shift + X 를 눌러 클래스 마법사를 실행시켜 [클래스 이름] 항목에 CCardDlg 를 선택하고 [가상함수] 탭에서 OnInitDialog를 선택하고 [함수 추가(A)] 버튼을 누른다.

ⓑ [코드 편집(E)] 버튼을 눌러 🔧 OnInitDialog() 함수로 이동해 다음과 같이 코딩한다. 성별은 나타내는 m_bSex 변수는 true로 세팅하고 "남자" Radio Button이 체크되도록 초기화한다. 그리고 취미를 나타내는 m_bHobby 변수는 모두 false로 초기화한다.

```
BOOL CCardDlg::OnInitDialog()
{
    CDialogEx::OnInitDialog();

    // TODO: 여기에 추가 초기화 작업을 추가합니다.
    m_bSex = TRUE;
    m_bHobby[0] = m_bHobby[1] = m_bHobby[2] = false;
    ((CButton*) GetDlgItem(IDC_RADIO_MALE))->SetCheck(TRUE);
    return TRUE;     // return TRUE unless you set the focus to a control
                     // 예외: OCX 속성 페이지는 FALSE를 반환해야 합니다.
}
```

Step 5 오른쪽 마우스를 이용하여 대화상자를 출력한다.

① Ctrl + Shift + X 키를 눌러 클래스 마법사를 실행시켜 [클래스 이름] 항목에
CPractice5aView을 선택하고, [메시지] 항목은 WM_RBUTTONDOWN를 선택하고
처리기 추가(A)... 버튼을 눌러 🔊 OnRButtonDown(UINT nFlags, CPoint point) 함수를 생성한다.

② 코드 편집(E) 버튼을 눌러 🔊 OnRButtonDown(UINT nFlags, CPoint point) 함수로 이동해
서 다음과 같은 코드를 추가하자.

```
void CPractice5aView::OnRButtonDown(UINT nFlags, CPOINT point)
{
    // TODO: 여기에 메시지 처리기 코드를 추가 및/또는 기본값을 호출합니다.
    CCardDlg *pCard = new CCardDlg;          // 대화상자 객체 생성
    if(pCard->DoModal() == IDOK)             // DoModal()함수는 대화상자를 실행시킨다.
    {

    }
    CView::OnRButtonDown(nFlags, point);
}
```

③ CPractice5aView 클래스에 CCardDlg 클래스의 정보가 없으므로 CCardDlg 클래스를 참조하기 위해 CPractice5aView 클래스 소스 파일에 "CCardDlg.h" 파일을 include 시킨다.

```
// Practice5aView.cpp: CPractice5aView 클래스의 구현
//

#include "pch.h"
#include "framework.h"
// SHARED_HANDLERS는 미리 보기, 축소판 그림 및 검색 필터 처리기를 구현하는 ATL 프로젝트에서 정의할 수 있으며
// 해당 프로젝트와 문서 코드를 공유하도록 해 줍니다.
#ifndef SHARED_HANDLERS
#include "Practice5a.h"
#endif

#include "Practice5aDoc.h"
#include "Practice5aView.h"
#include "CCardDlg.h"

#ifdef _DEBUG
#define new DEBUG_NEW
#endif
...
```

④ Ctrl + F7을 눌러 컴파일하고, 에러가 없다면 Ctrl + F5 눌러 프로그램을 실행시켜보자. 오른쪽 마우스 버튼을 클릭하면 [학생 카드 작성] 대화상자가 출력될 것이다. 하지만 아직 아무런 처리 부분이 없어서 학생 카드를 작성하여도 아무런 값이 출력되지 않을 것이다.

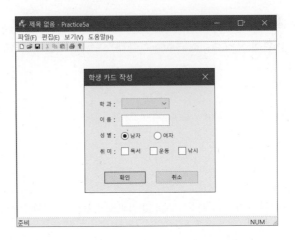

Step 6 대화상자의 각 컨트롤에 대한 메시지 핸들러 함수를 생성한다.

① Radio Button에 대한 메시지 핸들러 함수를 생성한다.

ⓐ Ctrl + Shift + X 키를 눌러 클래스 마법사를 실행시켜 [클래스 이름] 항목에 CCardDlg을 선택하고 [명령] 탭에서 [개체 ID] 항목은 IDC_RADIO_MALE을, [메시지] 항목은 COMMAND를 선택하고 처리기 추가(A)... 버튼을 누른다. [멤버 함수 추가] 대화상자에서 지정된 값으로 지정하고 확인 버튼을 누른다.

ⓑ 클래스 마법사에서 [코드 편집(E)] 버튼을 눌러서 함수 본체로 이동하여 다음과 같이
코딩한다. 추가된 🐌 OnRadioMale() 함수에 "남자" 라디오 버튼을 선택했을 때의
동작을 코딩하면 된다.

```
void CCardDlg::OnRadioMale()
{
    // TODO: 여기에 명령 처리기 코드를 추가합니다.
    m_bSex = true;
}
```

ⓒ 위와 같은 방법으로 "여자" Radio Button에 대한 명령 핸들러 함수도 만들어 보자.
클래스 마법사에서 [개체 ID] 항목에서 IDC_RADIO_FEMALE을 [메시지] 항목에
서 COMMAND 메시지를 선택하고 [처리기 추가(A)...] 버튼을 선택한 후 [멤버 함수 추가]
대화상자에서 지정된 값으로 지정하고 [확인] 버튼을 눌러서 명령 핸들러 함수를
추가한다.

ⓓ 클래스 마법사에서 [코드 편집(E)] 버튼을 눌러서 함수 본체로 이동하여 다음과 같이
코딩한다.

```
void CCardDlg::OnRadioFemale()
{
    // TODO: 여기에 명령 처리기 코드를 추가합니다.
    m_bSex = false;
}
```

② Check Box에 대한 메시지 핸들러 함수를 생성한다.

ⓐ Ctrl + Shift + X 키를 눌러 클래스 마법사를 실행시켜 [클래스 이름] 항목에
CCardDlg을 선택하고 [명령] 탭에서 [개체 ID] 항목은 IDC_CHECK_READING
을, [메시지] 항목은 BN_CLICKED를 선택하고 처리기 추가(A)... 버튼을 누른다. [멤버
함수 추가] 대화상자에서 지정된 값으로 지정하고 확인 버튼을 누른다.

ⓑ 클래스 마법사에서 　코드 편집(E)　 버튼을 눌러서 함수 본체로 이동하여 다음과 같이 코딩한다.

```
void CCardDlg::OnClickedCheckReading()
{
    // TODO: 여기에 컨트롤 알림 처리기 코드를 추가합니다.
    m_bHobby[0] = !m_bHobby[0];
}
```

ⓒ 위와 같은 방법으로 "운동" Check Box에 대한 명령 핸들러 함수도 만들어 보자. 클래스 마법사를 실행시켜 [개체 ID] 항목은 IDC_CHECK_SPORTS를, [메시지] 항목은 BN_CLICKED를 선택하고 　처리기 추가(A)...　 버튼을 누른다. [멤버 함수 추가] 대화상자에서 지정된 값으로 지정하고 　확인　 버튼을 누른다.

ⓓ 클래스 마법사에서 　코드 편집(E)　 버튼을 눌러서 함수 본체로 이동하여 다음과 같이 코딩한다.

```
void CCardDlg::OnClickedCheckSports()
{
    // TODO: 여기에 컨트롤 알림 처리기 코드를 추가합니다.
    m_bHobby[1] = !m_bHobby[1];
}
```

ⓔ 위와 같은 방법으로 "낚시" Check Box에 대한 명령 핸들러 함수도 만들어 보자. 클래스 마법사를 실행시켜 [개체 ID] 항목은 IDC_CHECK_FISHING을, [메시지] 항목은 BN_CLICKED를 선택하고 　처리기 추가(A)...　 버튼을 누른다. [멤버 함수 추가] 대화상자에서 지정된 값으로 지정하고 　확인　 버튼을 누른다.

ⓕ 클래스 마법사에서 [코드 편집(E)] 버튼을 눌러서 함수 본체로 이동하여 다음과 같이 코딩한다.

```
void CCardDlg::OnClickedCheckFishing()
{
    // TODO: 여기에 컨트롤 알림 처리기 코드를 추가합니다.
    m_bHobby[2] = !m_bHobby[2];
}
```

Step 7 뷰 클래스에 멤버 변수를 추가한다.

대화상자의 학생 정보를 저장하기 위한 변수를 뷰 클래스에 추가한다.

① CPractice5aView 클래스에 학생 정보 저장에 필요한 4개의 멤버 변수를 추가한다.
   ⓐ [클래스 뷰]에서 CPractice5aView 클래스를 선택하고 오른쪽 마우스 버튼을 눌러서 나타나는 단축 메뉴에서 [추가]-[변수 추가]를 선택한다. [변수 추가] 대화상자가 나타나면 [이름] 항목은 m_strDept로 입력하고 [형식] 항목은 CString형으로 설정한다.

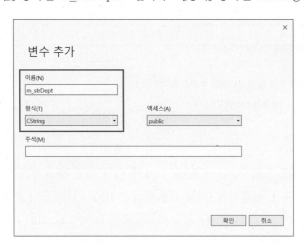

ⓑ 위에서 추가한 방법대로 🐷 CPractice5aView 클래스에 다음과 같이 나머지 변수를 추가한다.

변수 형식	변수 이름	용도
CString	m_strName	이름을 저장하기 위한 변수
CString	m_strSex	성별을 저장하기 위한 변수
CString	m_strHobby	취미를 저장하기 위한 변수

ⓒ 🐷 CPractice5aView 클래스 헤더파일로 이동해 변수가 제대로 추가되었는지 확인해 보자.

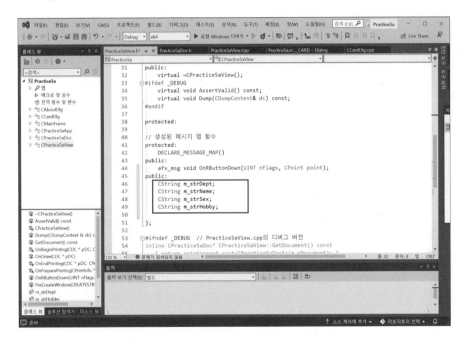

Step 8 학생 정보를 뷰 영역에 출력되도록 한다.

① 이제 🐷 CPractice5aView 클래스의 🔲 OnRButtonDown(UINT nFlags, CPoint point) 함수로 이동해 다음과 같은 코드를 추가하자. 이 코드는 [학생 카드 작성] 대화상자에 입력된 값을 🐷 CPractice5aView 클래스에 선언된 멤버 변수에 저장하고 Invalidate() 함수를 호출해 🔲 OnDraw(CDC * pDC) 함수를 수행하게 한다.

```
void CPractice5aView::OnRButtonDown(UINT nFlags, CPOINT point)
{
    // TODO: 여기에 메시지 처리기 코드를 추가 및/또는 기본값을 호출합니다.
    CCardDlg* pCard = new CCardDlg;        // 대화상자 객체 생성
    m_strHobby.Empty();
    if (pCard->DoModal() == IDOK)          // DoModal()함수는 대화상자를 실행시킨다.
    {
        m_strDept = pCard->m_strDept;
        m_strName = pCard->m_strName;
        if (pCard->m_bSex == true)
            m_strSex = _T("남자");
        else
            m_strSex = _T("여자");
        if (pCard->m_bHobby[0])
            m_strHobby += _T("독서 ");
        if (pCard->m_bHobby[1])
            m_strHobby += _T("운동 ");
        if (pCard->m_bHobby[2])
            m_strHobby += _T("낚시");
        Invalidate();
    }
    CView::OnRButtonDown(nFlags, point);
}
```

② ✿ CPractice5aView 클래스의 🔲 OnDraw(CDC * pDC) 함수로 이동하여 대화상자에서
입력된 학생 정보를 저장하고 있는 도큐먼트 멤버 변수를 사용하여 학생 정보를 뷰 영
역 왼쪽 상단에 출력하도록 다음과 같이 코딩한다.

```
void CPractice5aView::OnDraw(CDC* pDC)        // 주석해제
{
    CPractice5aDoc* pDoc = GetDocument();
    ASSERT_VALID(pDoc);
    if (!pDoc)
        return;

    // TODO: 여기에 원시 데이터에 대한 그리기 코드를 추가합니다.
    pDC->TextOut(20, 20, m_strDept);
```

```
    pDC->TextOut(20, 50, m_strName);
    pDC->TextOut(20, 80, m_strSex);
    pDC->TextOut(20, 110, m_strHobby);
}
```

③ Ctrl+F7을 눌러 컴파일하고, 에러가 없다면 Ctrl+F5를 눌러 프로그램을 다시 실행시켜
보자. 오른쪽 마우스 버튼을 눌러 [학생 카드 작성] 대화상자가 나타나면 [학생 카드 작
성] 대화상자에 정보를 입력하고 [확인] 버튼을 누르면 입력한 값이 화면에 출력되
는 것을 볼 수 있다.

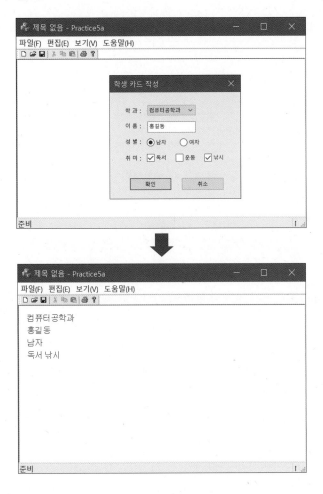

Step 9 입력된 학생 정보를 파일에 입출력한다.

[파일] 메뉴에서 [열기], [저장]을 선택하면, 선택한 파일에 대한 읽기(열기)와 쓰기(저장) 작업이 진행되는데 이때, OnOpenDocument() 함수나 OnSaveDocument() 함수에서는 도큐먼트 클래스의 🔷 Serialize(CArchive & ar)함수를 호출한다. 이 함수에서 데이터를 Serialization 시킨다. 멤버 변수의 데이터를 🔷 Serialize(CArchive & ar) 함수를 통해 읽거나 저장한다.

① [클래스 뷰]에서 🔧 CPractice5aDoc 클래스를 선택하고 🔷 Serialize(CArchive & ar) 함수를 더블 클릭하면 🔷 Serialize(CArchive & ar) 함수로 이동한다.

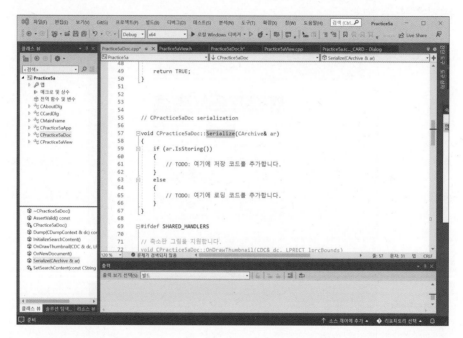

② 🔷 Serialize(CArchive & ar) 함수에 다음과 같이 코딩한다. CArchive 클래스의 IsStoring() 함수는 🔷 Serialize(CArchive & ar) 함수가 데이터 저장을 위해 호출됐다면 0이 아닌 값을, 데이터 열기를 위해 호출됐다면 0을 반환한다. 따라서 아래와 같이 저장하기 위한 기능은 if 문에 작성하고 읽어오기 위한 기능은 else 문에 작성한다.

```
void CPractice5aDoc::Serialize(CArchive& ar)
{
    CMainFrame *pFrame = (CMainFrame*)AfxGetMainWnd();
    CPractice5aView * pView = (CPractice5aView*)pFrame->GetActiveView();
```

```
        if (ar.IsStoring())
        {
            // TODO: 여기에 저장 코드를 추가합니다.
            ar << pView->m_strDept;
            ar << pView->m_strName;
            ar << pView->m_strSex;
            ar << pView->m_strHobby;
        }
        else
        {
            // TODO: 여기에 로딩 코드를 추가합니다.
            ar >> pView->m_strDept;
            ar >> pView->m_strName;
            ar >> pView->m_strSex;
            ar >> pView->m_strHobby;
        }
    }
```

③ CPractice5aDoc 클래스의 소스 파일 상단에 CPractice5aView 클래스의 멤버
변수를 참조하기 위해 CMainFrame 클래스와 CPractice5aView 클래스의 헤더
파일을 include 시킨다.

```
// Practice5aDoc.cpp: CPractice5aDoc 클래스의 구현
//

#include "pch.h"
#include "framework.h"
// SHARED_HANDLERS는 미리 보기, 축소판 그림 및 검색 필터 처리기를 구현하는 ATL 프로젝트에서 정
의할 수 있으며
// 해당 프로젝트와 문서 코드를 공유하도록 해 줍니다.
#ifndef SHARED_HANDLERS
#include "Practice5a.h"
#endif

#include "Practice5aDoc.h"
#include "MainFrm.h"
#include "Practice5aView.h"
```

Step 10 [새 파일] 메뉴를 이용하여 뷰 클래스의 데이터를 초기화한다.

애플리케이션 마법사를 이용하여 프로젝트를 생성하면 🗿 OnNewDocument() 함수는 파생 클래스에 오버라이드되어 있다. 🗿 OnNewDocument() 함수에서는 사용자가 [학생 카드 작성] 대화상자에 데이터를 입력하여 화면에 출력한 후 [새 파일] 버튼을 누르면 화면 데이터가 모두 지워지는 기능을 하게 된다.

① [클래스 뷰]에서 🐾 CPractice5aDoc 클래스를 선택하고 🗿 OnNewDocument() 함수를 더블 클릭하면 🗿 OnNewDocument() 함수로 이동한다.

② 🗿 OnNewDocument() 함수에 다음과 같이 코딩한다.

```
BOOL CPractice5aDoc::OnNewDocument()
{
    if (!CDocument::OnNewDocument())
        return FALSE;

    // TODO: 여기에 재초기화 코드를 추가합니다.
    // SDI 문서는 이 문서를 다시 사용합니다.
    POSITION pos = GetFirstViewPosition();
    CPractice5aView* pView = (CPractice5aView*)GetNextView(pos);

    // 뷰 클래스의 멤버 변수 초기화
    pView->m_strDept.Empty();
    pView->m_strName.Empty();
    pView->m_strSex.Empty();
    pView->m_strHobby.Empty();
    return TRUE;
}
```

GetFirstViewPosition() 함수

GetFirstViewPosition() 함수는 CDocument 클래스의 멤버 함수로 도큐먼트와 관련된 뷰들의 리스트에서 첫 번째 뷰의 위치를 가져오기 위해 호출되는 함수이다.

virtual POSITION GetFirstViewPosition( ) const;

GetNextView() 함수

GetNextView() 함수는 CDocument 클래스의 멤버 함수로 rPosition 도큐먼트의 뷰를 호출하는 함수이다. 함수의 원형은 다음과 같다.

virtual CView* GetNextView(POSITION& rPosition) const;

· rPosition : GetFirstViewPosition 멤버 함수에 POSITION 대한 이전 호출에서 반환된 값에 대한 GetNextView 참조이다

Step 11 **프로그램을 실행시켜보자.**

① Ctrl+F7을 눌러 컴파일하고, 에러가 없다면 Ctrl+F5를 눌러 프로그램을 실행시켜보자. 다음 그림과 같이 출력될 것이다.

② 오른쪽 마우스 버튼을 클릭하여 대화상자를 생성하고 다음 그림과 같이 학생 카드를 작성하고 확인 버튼을 누르면 작성한 데이터가 화면에 출력될 것이다.

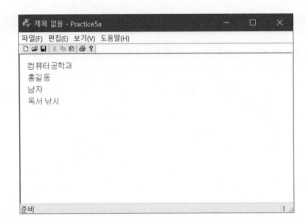

③ 작성한 데이터를 파일에 저장해보자.

ⓐ [파일] 메뉴에서 [저장]을 선택하거나 툴바에서 📙 버튼을 누른다.

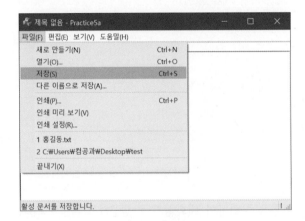

ⓑ 다음 그림과 같이 파일이름을 입력하고 [저장(S)] 버튼을 누른다.

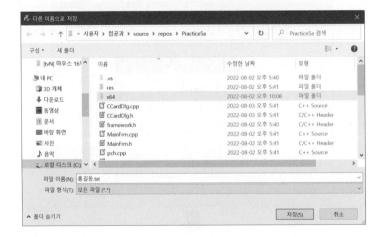

④ 파일에 저장해 놓은 데이터를 읽어 화면에 출력해 보자.

ⓐ [파일] 메뉴에서 [새로 만들기]을 선택하거나 툴바에서 ☐ 버튼을 눌러 화면을 초기화시킨다.

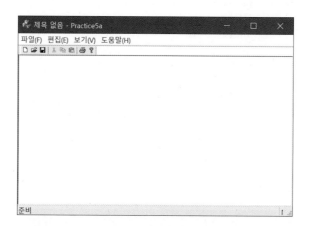

ⓑ [파일] 메뉴에서 [열기]를 선택하거나 툴바에서 ☞ 버튼을 누른다.

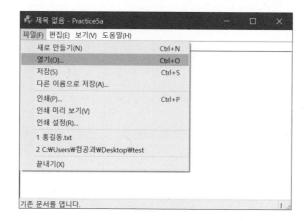

ⓒ 다음 그림과 같이 파일이름을 선택하고 열기(O) 버튼을 누른다.

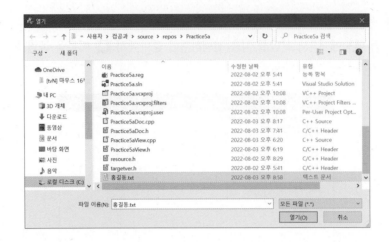

ⓓ 파일을 읽으면 다음 그림과 같이 데이터를 출력한 화면이 나올 것이다.

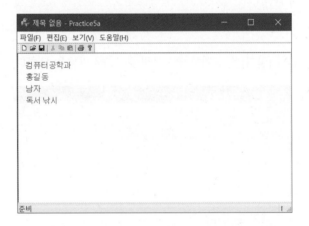

5.3 SDI 템플릿

템플릿이란 이미 배운 것처럼 애플리케이션의 여러 자원과 메인프레임 클래스, 뷰 클래스, 도큐먼트 클래스 등을 하나의 묶음으로 가지는 클래스라 할 수 있다. 템플릿 클래스는 프로젝트 내에서 CWinApp 클래스에서 상속받은 클래스 내부에 다음과 같이 존재하게 된다.

```
CSingleDocTemplate* pDocTemplate;
pDocTemplate = new CSingleDocTemplate(
    IDR_MAINFRAME,
    RUNTIME_CLASS(CPractice5aDoc),
    RUNTIME_CLASS(CMainFrame),              // main SDI frame window
    RUNTIME_CLASS(CPractice5aView));
if (!pDocTemplate)
    return FALSE;
AddDocTemplate(pDocTemplate);
```

SDI(Single Document Interface)란 뷰 클래스, 도큐먼트 클래스, 메인프레임 클래스가 하나의 템플릿으로 구성되어진 것을 말한다. 이것은 이름 그대로 하나의 도큐먼트를 갖는 프로그램을 말하며 도큐먼트·뷰 구조에서 도큐먼트는 디스크에서 데이터를 읽고 저장하는 기능을 한다. SDI 형태의 프로그램으로는 메모장이나 그림판과 같은 것들을 들 수 있다.

■ SDI에서 각 클래스의 인스턴스를 얻어오는 방법
클래스의 인스턴스를 얻으면 그 인스턴스 값으로 얻어온 클래스의 멤버 변수나 멤버 함수를 이용할 수 있는 것이다. 여기서 기술하는 방법은 상당히 많이 사용되고 중요한 방법이므로 확실히 이해하도록 하자.

1) 애플리케이션 클래스의 인스턴스를 얻는 방법

ex) CExSDIApp *pApp = (CEXSDIApp *) AfxGetApp();
애플리케이션 클래스의 인스턴스를 얻을 때는 애플리케이션 클래스의 포인터 변수를 생성한 다음 AfxGetApp()라는 함수를 이용하면 프로그램의 어디에서나 이 클래스의 인스턴스를 얻을 수 있다. 약간 특이한 점은 AfxGetApp() 함수 앞부분에 (CExSDIApp *)이 있는데 AfxGetApp()는 원래 CWinApp의 포인터를 반환한다. 그래서 CExSDIApp의 포인터를 얻기 위해서는 형 변환이 필요하다. 다른 클래스의 접근 방법에서도 형 변환은 역시 필요하다.

2) 메인 프레임 클래스의 인스턴스를 얻는 방법

ex) CMainFrame *pFrame = (CMainFrame *) AfxGetMainWnd();
메뉴와 툴바, 상태 표시줄 등의 상태를 바꾸기 위해서는 메인 프레임 클래스에 접근해야만

한다. 위와 같이 메인 프레임 클래스의 인스턴스를 얻을 때는 AfxGetMainWnd()함수를 이용하고 형 변환을 하면 된다.

3) 뷰 클래스의 인스턴스를 얻는 방법

ex) CExSDIView *pView = (CExSDIView *) pFrame->GetActiveView();

뷰 클래스의 포인터를 얻기 위해서는 GetActiveView() 함수를 사용해야 한다. 그런데 이 함수는 메인 프레임 클래스의 멤버 함수이다. 따라서 이 함수를 사용하기 위해서는 먼저 메인 프레임 클래스의 인스턴스를 얻고 이 클래스의 멤버 함수인 GetActiveView()를 사용하는 것이다.

4) 도큐먼트 클래스의 인스턴스를 얻는 방법

ex) CExSDIDoc *pDoc = (CExSDIDoc *) pFrame->GetActiveDocument();

도큐먼트 클래스의 인스턴스를 얻는 것은 사용되는 함수가 GetActiveDocument()라는 것 외에는 뷰 클래스의 인스턴스를 얻는 방법과 같다.

5.4 MDI 템플릿

MDI는 SDI와는 달리 여러 개의 도큐먼트를 가질 수 있는데 이 말은 곧 하나의 프로그램에서 여러 개의 문서 객체를 갖는다는 뜻이다. 예를 들어 Microsoft Visual C++ 프로그램은 MDI 형태의 프로그램이다.

[그림 5-3]에서 작업 창을 주의 깊게 살피면 파일의 내용에 따라 Practice5aDoc.cpp, Practice5aView.cpp, Practice5aDoc.h 문서가 탭 형태로 로드된 모습을 볼 수 있다. MDI에서는 이렇게 한 프로그램에서 여러 개의 문서 객체가 생성될 수 있는 것이다.

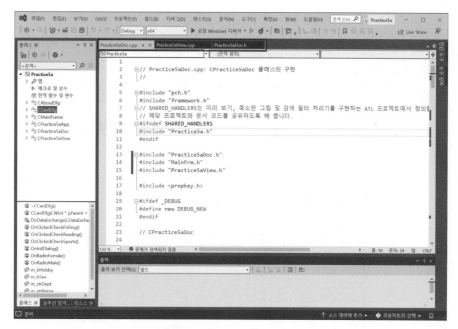

[그림 5-3] MDI 템플릿의 예

■ SDI와 MDI의 차이점

1) SDI와 MDI 프로그램은 CWinApp 클래스를 상속받은 애플리케이션 클래스에서 템플릿을 등록하게 된다. [클래스 뷰]에서 애플리케이션 클래스의 🔷 InitInstance() 함수를 보면 SDI의 경우엔 CSingleDocTemplate 이라는 클래스로 템플릿을 등록하며 MDI의 경우는 CMultiDocTemplate 이라는 클래스로 템플릿을 등록한다. 다음은 🔷 InitInstance() 함수에서 MDI 템플릿을 등록하는 코드이다.

```
CMultiDocTemplate* pDocTemplate;
pDocTemplate = new CMultiDocTemplate(
    IDR_PRACTITYPE,
    RUNTIME_CLASS(CPractice5bDoc),
    RUNTIME_CLASS(CChildFrame),            // custom MDI child frame
    RUNTIME_CLASS(CPractice5bView));
if (!pDocTemplate)
    return FALSE;AddDocTemplate(pDocTemplate);
```

2) MDI는 메인프레임 클래스와 자식 프레임 클래스가 존재하기 때문에 각각의 리소스가 따로 정의된다. 다음 그림은 [리소스 뷰]의 화면인데 각각의 사용자 인터페이스가 IDR_

MAINFRAME 과 IDR_PracticeTYPE 이라는 값으로 따로 정의되어있는 것을 볼 수 있다.

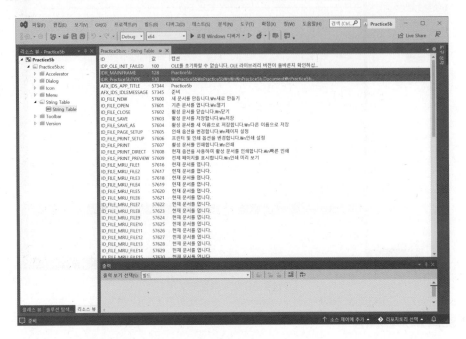

■ **MDI에서 각 클래스의 인스턴스를 얻는 방법**

클래스의 인스턴스를 얻으면 그 인스턴스 값으로 얻어온 클래스의 멤버 변수나 멤버 함수를 이용할 수 있는 것이다. 여기서 기술하는 방법은 상당히 많이 사용되고 중요한 방법이므로 확실히 이해하도록 하자.

1) 애플리케이션 클래스의 인스턴스를 얻는 방법

ex) CExMDIApp *pApp = (CEXMDIApp *) AfxGetApp();

SDI에서 애플리케이션 클래스의 인스턴스를 얻을 때와 같은 방법으로 AfxGetApp()함수를 이용하여 얻는다.

2) 메인 프레임 클래스의 인스턴스를 얻는 방법

ex) CMainFrame *pFrame = (CMainFrame *) AfxGetMainWnd();

MDI에서 메인 프레임 클래스의 인스턴스를 얻는 방법 역시 SDI 형태와 같은 방법으로 AfxGetMainWnd() 함수를 이용한다.

3) 자식 프레임 클래스의 인스턴스를 얻는 방법

ex) CChildFrame *pChild = (CChildFrame *) pFrame->GetActiveFrame();

SDI 형태와 다른 점으로 자식 프레임 클래스의 인스턴스를 얻기 위해 메인 프레임의 멤버 함수인 GetActiveFrame()함수를 이용한다.

4) 뷰 클래스의 인스턴스를 얻는 방법

ex) CExMDIView *pView = (CExMDIView *) pChild->GetActiveView();

MDI에서 뷰 클래스의 인스턴스를 얻을 때는 SDI와 마찬가지로 GetActiveView() 함수를 이용한다. 그러나 여기서 자식 프레임의 멤버 함수를 이용해야 한다. 그 이유는 자식 프레임이 뷰와 도큐먼트를 감싸고 있기 때문이다.

5) 도큐먼트 클래스의 인스턴스를 얻는 방법

ex) CExMDIDoc *pDoc = (CExMDIDoc *) pChild->GetActiveDocument();

도큐먼트의 인스턴스를 얻는 방법은 함수가 GetActiveDocument()라는 것 외에는 뷰 클래스와 같다.

실습 5-2　MDI 기반의 문자열 출력하기

이번 실습은 MDI 형태의 프로그램으로서 대화상자에서 출력될 문자열과 출력될 위치를 입력받아 각각의 도큐먼트 객체마다 다른 형태로 출력하는 기능을 한다. 또한 도큐먼트 객체의 serialize를 이용하여 입력받은 문자열과 좌표를 파일에 저장하여 빈 문서 객체에서 이를 로드할 수 있는 기능도 포함한다.

Step 1　MDI 기반의 프로젝트를 생성한다.

① 프로젝트 이름을 "Practice5b"라 정한다.

② MFC 애플리케이션 마법사의 [애플리케이션 종류] 단계에서 "여러 문서"를 선택하여 MDI 기반의 프로젝트를 만들고, [프로젝트 스타일] 항목은 "MFC standard"을, [비주얼 스타일 및 색] 항목은 "Windows Native/Default"을 선택한다.

③ ◻◻ **다음** ◻◻ 버튼을 눌러 [문서 템플릿 속성] 단계에서 [파일 확장명] 항목에서 "txt"를 입

력한다. 이것은 [파일] 메뉴에서 [저장]을 선택할 때 기본으로 저장할 파일형태를 지정하
는 것이다.

④ [다음] 버튼을 눌러 [생성된 클래스] 단계에서 [생성된 클래스] 항목을 확장해보면
SDI 형태의 프로젝트에서는 볼 수 없었던 **ChildFrame** 클래스를 볼 수 있을 것이다.
MDI에서는 뷰 클래스, 도큐먼트 클래스 그리고 이 자식 프레임 클래스가 하나의 템플
릿을 형성하며 이러한 템플릿이 메인프레임에 하나 이상 존재할 수 있다.

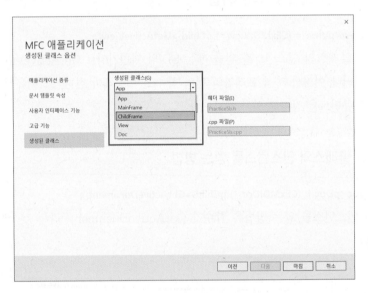

⑤ [마침] 버튼을 누르고 프로젝트의 생성을 완료한다.

[Step 2] **문자열과 위치를 입력하는 대화상자를 생성한다.**
① 문자열과 위치를 입력하는 대화상자를 생성하고, 속성을 설정한다.
   ⓐ [리소스 뷰]의 ■ **Dialog**에서 오른쪽 마우스 버튼을 눌러서 나타나는 단축 메뉴에
      서 [삽입] 항목을 선택한다.
   ⓑ 그러면 다음과 같이 새로운 대화상자 폼이 생성된다.

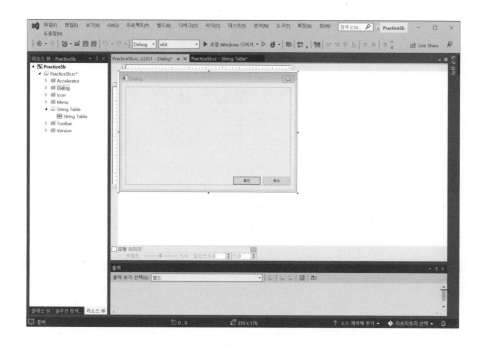

ⓒ 새로 생성된 대화상자에서 오른쪽 마우스 버튼을 누르면 나오는 단축 메뉴에서 [속
성]을 선택한다. [Dialog] 속성 창에서 [ID] 항목을 IDD_DIALOG_CARD로 설정
하고 [캡션] 항목에는 "문자열 및 위치 입력"이라 설정한다.

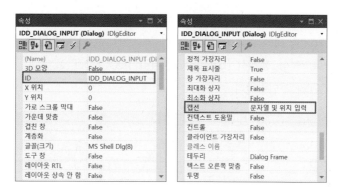

② 새로 생성된 대화상자에 컨트롤들을 배치하고, 속성을 설정한다.

   ⓐ [도구 상자]에서 [🔤 Static Text] 컨트롤, [ab¦ Edit Control] 컨트롤을 선택하
   여 다음 그림과 같이 배치한다. [확인] 과 [취소] button 컨트롤은 삭제하지
   않고 다음 그림과 같이 재배치한다.

ⓑ Static Text 컨트롤에 대해 오른쪽 마우스 버튼을 누르면 나오는 단축 메뉴에서 [속성]을 선택한다. 속성 창에서 [캡션] 항목을 각각 "X :", "Y :", "문자열 :"이라고 입력한다.

ⓒ Edit Control에 대해 오른쪽 마우스 버튼을 누르면 나오는 단축 메뉴에서 [속성]을 선택한다. 속성 창에서 [ID] 항목을 각각 IDC_EDIT_X, IDC_EDIT_Y, IDC_EDIT_TEXT라고 입력한다.

ⓓ 위와 같이 모두 설정하였으면 다음과 같은 폼이 만들어질 것이다.

③ 새로 생성된 대화상자와 연결할 클래스를 생성한다.

ⓐ 지금 생성한 대화상자를 더블클릭하면 [MFC 클래스 추가] 대화상자가 나타난
다. [MFC 클래스 추가] 대화상자에서 새로운 대화상자의 [클래스 이름] 항목은
CInputDlg로 설정하고 [기본 클래스]는 CDialogEx 클래스 그대로 둔다. 다음 그림
과 같이 지정되었으면 ⬚확인⬚ 버튼을 눌러 새로운 클래스를 생성한다.

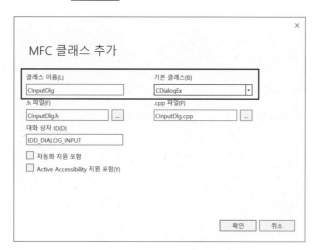

Step 3 **컨트롤들을 멤버 변수와 연결하고 클래스에 필요한 멤버 변수를 선언한다.**

① Ctrl + Shift + X 키를 눌러 클래스 마법사를 실행시키고 [클래스 이름] 항목에
CInputDlg을 선택하고 [멤버 변수] 탭에서 [컨트롤 ID] 항목은 IDC_EDIT_TEXT로 선
택하고 ⬚변수 추가(A)...⬚ 버튼을 누른다.

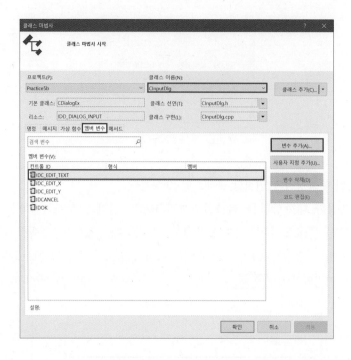

② [제어 변수 추가] 대화상자가 나타나면 [범주] 항목은 "값"을 선택하고 [이름] 항목에
m_strText라고 입력한 후 [변수 형식]은 CString으로 그대로 두고 ⬚마침⬚ 버튼을
누른다.

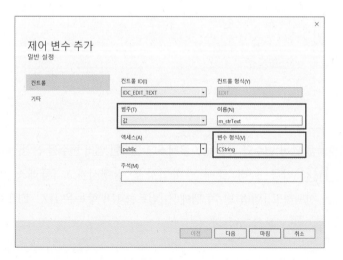

③ 위와 같은 방법으로 [멤버 변수] 탭에서 [컨트롤 ID] 항목은 IDC_EDIT_X로 선택하고
⬚변수 추가(A)...⬚ 버튼을 누른다. [제어 변수 추가] 대화상자가 나타나면 [범주] 항목을 "값"

으로 변경하고 [이름] 항목은 m_nX, [변수 형식]은 int를 입력한 후 마침 버튼을 누른다.

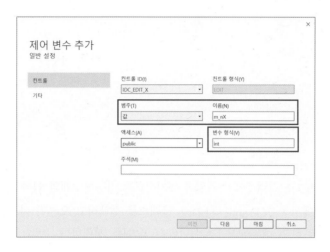

④ 위와 같은 방법으로 [멤버 변수] 탭에서 [컨트롤 ID] 항목은 IDC_EDIT_Y로 선택하고 변수 추가(A)... 버튼을 누른다. [제어 변수 추가] 대화상자가 나타나면 범주] 항목을 "값"으로 변경하고 [이름] 항목은 m_nY, [변수 형식]은 int를 입력한 후 마침 버튼을 누른다.

⑤ 문자열을 출력할 위치를 저장하는 멤버 변수를 초기화한다.

ⓐ [클래스 뷰]에서 🐾 CInputDlg 클래스의 생성자 함수인 🎲 CInputDlg(CWnd * pParent = nullptr)을 더블 클릭하여 🎲 CInputDlg(CWnd * pParent = nullptr) 함수 본체로 이동한다.

ⓑ 이 실습에서는 생성자 함수에서 m_nX, m_nY 변수를 30, 30으로 초기화한다.

```
CInputDlg::CInputDlg(CWnd* pParent /*=nullptr*/)
    : CDialogEx(IDD_DIALOG_INPUT, pParent)
    , m_strText(_T(""))
    , m_nX(0)
    , m_nY(0)
{

    m_nX = 30;
    m_nY = 30;

}
```

⑥ 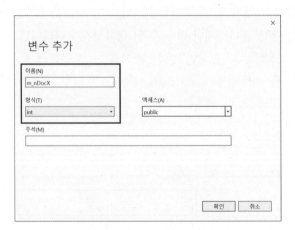 CPractice5bDoc 클래스에 문자열과 위치정보를 저장할 3개의 멤버 변수를 추가한다.

ⓐ [클래스 뷰]에서 CPractice5bDoc 클래스를 선택하고 오른쪽 마우스 버튼을 눌러서 나타나는 단축 메뉴에서 [추가]−[변수 추가]를 선택한다. [변수 추가] 대화상자가 나타나면 [이름] 항목은 m_nDocX로 입력하고 [형식] 항목은 int 형으로 설정한다.

ⓑ 위와 같은 방법으로 CPractice5bDoc 클래스에 다음과 같이 나머지 변수를 추가한다.

변수 형식	변수 이름	용도
int	m_nDocY	Y 좌표를 저장하기 위한 변수
CString	m_strDocText	문자열을 저장하기 위한 변수

ⓒ CPractice5bDoc 클래스 헤더파일로 이동해 변수가 제대로 추가되었는지 확인해 보자.

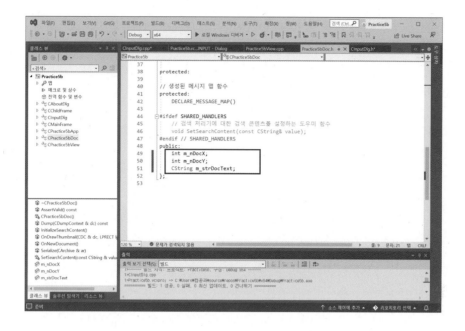

Step 4 오른쪽 마우스를 이용하여 대화상자를 출력한다.

① Ctrl + Shift + X 키를 눌러 클래스 마법사를 실행시켜 [클래스 이름] 항목에 CPractice5bView을 선택하고, [메시지] 항목은 WM_RBUTTONDOWN를 선택하고 처리기 추가(A)... 버튼을 눌러 😳 OnRButtonDown(UINT nFlags, CPoint point) 함수를 생성한다.

② [코드 편집(E)] 버튼을 눌러 🔊 OnRButtonDown(UINT nFlags, CPoint point) 함수로 이동해서 다음과 같은 코드를 추가하자.

```
void CPractice5bView::OnRButtonDown(UINT nFlags, CPOINT point)
{
    // TODO: 여기에 메시지 처리기 코드를 추가 및/또는 기본값을 호출합니다.
    CInputDlg *pInput = new CInputDlg;  // 대화상자 객체 생성
    if(pInput->DoModal() == IDOK)         // DoModal()함수는 대화상자를 실행시킨다.
    {

    }
    CView::OnRButtonDown(nFlags, point);
}
```

③ 🐾 CPractice5bView 클래스에 🐾 CInputDlg 클래스의 정보가 없으므로 🐾 CInputDlg 클래스를 참조하기 위해 🐾 CPractice5bView 클래스 소스 파일에 "CInputDlg.h" 파일을 include 시킨다.

```
// Practice5bView.cpp: CPractice5bView 클래스의 구현
//

#include "pch.h"
#include "framework.h"
// SHARED_HANDLERS는 미리 보기, 축소판 그림 및 검색 필터 처리기를 구현하는 ATL 프로젝트에서 정의할 수 있으며
// 해당 프로젝트와 문서 코드를 공유하도록 해 줍니다.
#ifndef SHARED_HANDLERS
#include "Practice5b.h"
#endif

#include "Practice5bDoc.h"
#include "Practice5bView.h"
#include "CInputDlg.h"

#ifdef _DEBUG
#define new DEBUG_NEW
#endif
...
```

④ [Ctrl]+[F7]을 눌러 컴파일하고, 에러가 없다면 [Ctrl]+[F5]를 눌러 프로그램을 실행시켜보자. 오른쪽 마우스 버튼을 클릭하면 [문자열 및 위치 입력] 대화상자가 출력될 것이다. 하지만 아직 아무런 처리 부분이 없어서 문자열 및 위치를 입력하여도 아무런 값이 출력되지 않을 것이다.

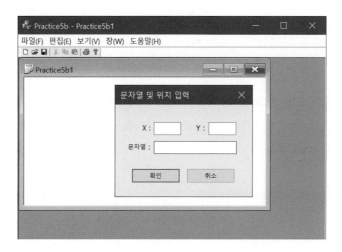

Step 5 [문자열 및 위치 입력] 대화상자에서의 입력값을 처리한다.

① 이제 <img> CPractice5bView 클래스의 <img> OnRButtonDown(UINT nFlags, CPoint point) 함수에 다음과 같은 코드를 추가하자. 이 코드는 [문자열 및 위치 입력] 대화상자에 입력된 값을 멤버 변수에 저장하고 Invalidate() 함수를 호출해 <img> OnDraw(CDC * pDC) 함수를 수행하게 한다.

```
void CPractice5bView::OnRButtonDown(UINT nFlags, CPOINT point)
{
        // TODO: 여기에 메시지 처리기 코드를 추가 및/또는 기본값을 호출합니다.
        CInputDlg *pInput = new CInputDlg;    // 대화상자 객체 생성
        if(pInput->DoModal() == IDOK)           // DoModal()함수는 대화상자를 실행시킨다.
        {
            // 인스턴스 얻기
            CMainFrame *pFrame = (CMainFrame *)AfxGetMainWnd();
            CChildFrame *pChild = (CChildFrame *)pFrame->GetActiveFrame();
            CPractice5bDoc *pDoc = (CPractice5bDoc *)pChild->GetActiveDocument();

            UpdateData(TRUE);                   // 데이터를 변수에 저장
            // 도큐먼트 클래스의 멤버 변수에 입력된 값을 저장
```

```
        pDoc->m_nDocX = pInput->m_nX;
        pDoc->m_nDocY = pInput->m_nY;
        pDoc->m_strDocText = pInput->m_strText;
        Invalidate();                      // 화면 갱신
    }
    CView::OnRButtonDown(nFlags, point);
}
```

② CPractice5bView 클래스에 CMainFrame 클래스와 CChildFrame 클래스에 대한 정보가 없으므로 다음과 같이 CPractice5bView 클래스의 소스 파일 상단에 각 클래스의 헤더파일을 include 시킨다.

```
// Practice5bView.cpp: CPractice5bView 클래스의 구현
//

#include "pch.h"
#include "framework.h"
// SHARED_HANDLERS는 미리 보기, 축소판 그림 및 검색 필터 처리기를 구현하는 ATL 프로젝트에서 정
의할 수 있으며
// 해당 프로젝트와 문서 코드를 공유하도록 해 줍니다.
#ifndef SHARED_HANDLERS
#include "Practice5b.h"
#endif

#include "Practice5bDoc.h"
#include "Practice5bView.h"
#include "CInputDlg.h"
#include "MainFrm.h"
#include "ChildFrm.h"

#ifdef _DEBUG
#define new DEBUG_NEW
#endif
...
```

③ CPractice5bView 클래스의 OnDraw(CDC * pDC) 함수에 다음의 코드를 추가한다. 여기서 추가한 코드는 대화상자에서 입력된 값을 저장하고 있는 CPractice5bDoc 클래스의 멤버 변수들의 내용을 지정된 위치에 출력하는 것이다.

```
void CPractice5bView::OnDraw(CDC* pDC)            // 주석해제
{
    CPractice5bDoc* pDoc = GetDocument();
    ASSERT_VALID(pDoc);
    if (!pDoc)
        return;

    // TODO: 여기에 원시 데이터에 대한 그리기 코드를 추가합니다.
    pDC->TextOut(pDoc->m_nDocX, pDoc->m_nDocY, pDoc->m_strDocText);
}
```

④ 여기까지 작성하게 되면 대화상자에서 데이터를 입력하면 일단 대화상자 클래스의 멤버 변수에 저장이 된 후 이 멤버 변수들의 값을 도큐먼트 클래스에 전달해준다. 그러고 나서 전달받은 멤버 변수들의 데이터를 이용해서 화면에 출력하게 된다.

Step 6 **프로그램을 실행시켜보자**

① Ctrl+F7을 눌러 컴파일하고, 에러가 없다면 Ctrl+F5를 눌러서 프로그램을 실행시켜보자. 다음 그림과 같이 출력될 것이다.

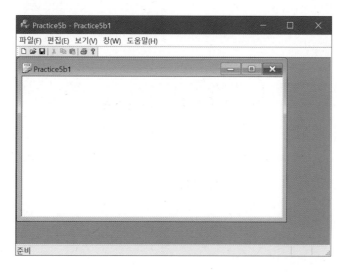

② 오른쪽 마우스 버튼을 클릭하여 대화상자를 생성한 후 다음과 같이 데이터를 입력한다.

③ 데이터를 입력 후  버튼을 누르면 다음과 같이 화면 X, Y 좌표 (50, 50)인 위치에 문자열이 출력된다.

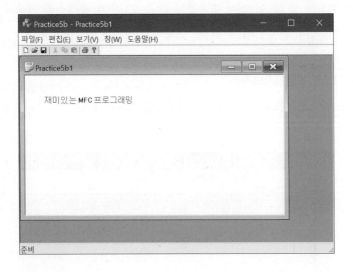

④ 여기서 [창] 메뉴의 [새 창] 항목을 선택해 보자. 그러면 다음 그림처럼 똑같은 위치에 똑같은 문자열로 출력된 화면이 하나 더 생긴다.

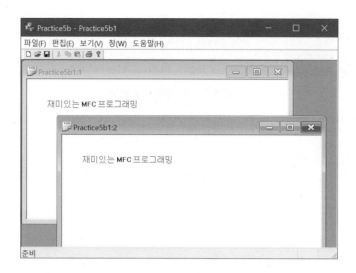

⑤ 이번에는 [파일] 메뉴의 [새로 만들기] 항목을 선택해 보자. 아무것도 없는 빈 화면이
생긴다. 이 상태에서 [창] 메뉴의 [새 창] 항목을 선택하면 빈 화면이 하나 더 생겨날 것
이다. [창] 메뉴의 [바둑판식 배열] 항목을 선택하면 다음 화면처럼 정리가 될 것이다.

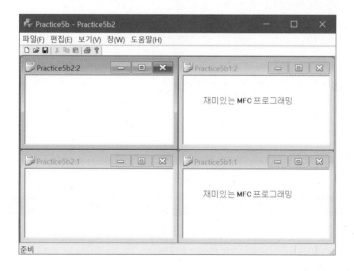

⑥ 이제 다시 [Practice5b2:2]라는 창에 포커스를 맞춘 후 오른쪽 마우스 버튼을 눌러 대
화상자를 다시 호출하여 아래와 같이 입력해보자. [창] 메뉴에서 [바둑판식 배열] 항목
을 선택하고 다시 [바둑판식 배열] 항목을 선택하면 아래 그림처럼 [Practice5b2:1]의
창에도 똑같이 그 내용이 출력될 것이다.

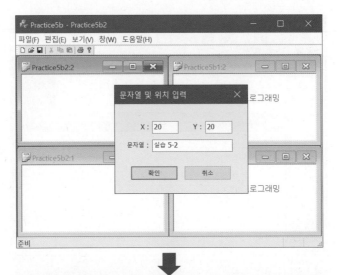

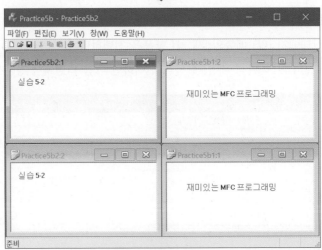

[새 창]과 [새로 만들기]의 차이점

[창] 메뉴에서 [새 창] 항목을 선택하면 문서가 하나 생겨나는데 이 문서는 현재 활성화되어 있는 문서의 도큐먼트를 공유하게 되는 것이다. 그래서 처음 [창] 메뉴의 [새 창] 항목을 선택했을 때 문서가 생겨나면서 공유하는 도큐먼트의 데이터값을 이용하는 것이다. 그러나 [파일] 메뉴에서 [새로 만들기] 항목을 선택하면 도큐먼트를 공유하는 것이 아니라 또 다른 도큐먼트 객체가 생성되는 것이다. 그래서 [파일] 메뉴의 [새로 만들기] 항목을 선택했을 때는 새로운 도큐먼트를 사용하기 때문에 아무런 데이터도 없는 빈 문서가 생겨나는 것이다.

연습문제

1 다음의 요구사항을 만족하는 SDI 기반의 프로젝트를 작성하라.

> 이 프로그램은 SDI 기반의 프로그램으로 오른쪽 마우스를 이용하여 대화상자를 출력하여 문자열, 문자
> 열 위치, 문자열 색상을 입력받는다. 색상을 선택하는 Combo Box에는 BLACK, RED, GREEN, BLUE
> 네 가지 색상으로 설정한다. 입력받은 값은 도큐먼트 클래스에 저장되고 화면에 출력하게 된다. 도큐먼
> 트 클래스에 저장된 값을 파일 저장, 열기에 이용한다.

1) 다음과 같이 문자열, 문자열 위치, 문자열 색상을 입력할 수 있도록 컨트롤들을 배치
하고 속성을 설정한다.
   ① 대화상자의 속성 창에서 [ID] 항목은 IDD_DIALOG_INPUT으로 설정하고 [캡션]
   항목은 "문자열 입력"으로 입력한다.
   ② 대화상자는 4개의 Static Text, 3개의 Edit Control, Combo Box로 구성된다.
   ③ Static Text 컨트롤의 속성 창에서 [캡션] 항목을 각각 "X :", "Y :", "문자열 :",
   "색 상 :"이라고 입력한다.
   ④ Edit Control의 속성 창에서 [ID] 항목을 각각 IDC_EDIT_X, IDC_EDIT_Y,
   IDC_EDIT_TEXT라고 입력한다.
   ⑤ Combo Box의 속성 창에서 [ID] 항목을 IDC_COMBO_COLOR로 입력하고, [데
   이터] 항목을 BLACK;RED;GREEN;BLUE이라 입력한다. 그리고 [형식] 항목을
   Drop List로 변경한다.
   ⑥ 위와 같이 모두 설정하였으면 다음과 같은 폼이 만들어질 것이다.

   ⑦ 대화상자를 다룰 클래스를 작성한다.
   – [MFC 클래스 추가] 대화상자에서 [클래스 이름] 항목에 CInputDlg라 입력한다.

2) 대화상자의 컨트롤들을 멤버 변수와 연결한다.

① Edit Control을 "값" 형태로 멤버 변수와 연결한다.

- IDC_EDIT_X : m_nX (변수 형식 int)

- IDC_EDIT_Y : m_nY (변수 형식 int)

- IDC_EDIT_TEXT : m_strText (변수 형식 CString)

② Combo Box를 "컨트롤" 형태로 멤버 변수와 연결한다.

- IDC_COMBO_COLOR : m_cbColor (변수 형식 CComboBox)

3) 대화상자를 초기화한다.

① 가상함수인 🐾 OnInitDialog()을 추가한 후 다음과 같이 초기화한다.

② 위에서 컨트롤과 연결한 멤버 변수 m_nX와 m_nY를 30, 30으로 초기화한다.

③ Combo Box에서 첫 번째 항목(BLACK)이 선택되게 초기화한다. (SetCurSel()함수 사용)

4) 도큐먼트 클래스에 필요한 멤버 변수를 추가한다.

① 문자열 X 좌표를 저장하는 변수 : m_nDocX (자료형 int)

② 문자열 Y 좌표를 저장하는 변수 : m_nDocY (자료형 int)

③ 문자열을 저장하는 변수 : m_strDocText (자료형 CString)

④ 문자열 색상의 인덱스를 저장하는 변수 : m_nDocColor (자료형 int)

5) 메시지 핸들러 함수를 구현한다.

① 🐾 CExercise5aView 클래스에 대화상자를 출력하기 위한 메시지 핸들러 함수를 구현한다.

- 오른쪽 마우스 버튼을 선택하는 메시지는 WN_RBUTTONDOWN이다.

- 🐾 CInputDlg 객체를 생성하고 DoMadal() 함수를 이용하여 출력한다.

- 도큐먼트 클래스의 멤버 변수를 사용하기 위해 도큐먼트 클래스의 인스턴스를 얻어온다.

- 대화상자에서 입력한 값을 도큐먼트 클래스의 문자열, 위치를 나타내는 변수에 치환한다.

- 화면을 갱신한다. (Invalidate() 함수 사용)

② 🐾 CExercise5aView 클래스에 🍃 OnDraw(CDC * pDC) 함수를 구현한다.

- 도큐먼트 클래스의 m_nDocColor 값에 따라 텍스트 색상을 설정한다. (CDC 클래스의 SetTextColor() 함수 사용)

예) pDC->SetTextColor(RGB(0, 0, 0)); // BLACK 색상으로 설정

- 도큐먼트의 멤버 변수를 사용하여 문자열을 출력한다. (TextOut() 함수 사용)

③ CInputDlg 클래스에 Combo Box에 대한 명령 메시지 핸들러 함수를 구현한다.
   – 버튼을 선택하는 메시지는 CBN_SELCHANGE이다.
   – 도큐먼트 클래스의 멤버 변수를 사용하기 위해 도큐먼트 클래스의 인스턴스를 얻어온다.
   – Combo Box에서 선택된 아이템의 인덱스를 도큐먼트 클래스 변수 (m_nDocColor)에 치환한다. (GetCurSel() 함수 사용)
④ 문자열, 위치, 색상 등 문자열 정보를 파일에 입출력하기 위해 CExercise5aDoc 클래스의 Serialize(CArchive & ar) 함수를 구현한다.
   – CExercise5aDoc 클래스에 선언된 멤버 변수를 사용하여 파일 입출력한다.
⑤ CExercise5aDoc 클래스의 멤버 변수를 초기화하기 위해 CExercise5aDoc 클래스의 OnNewDocument() 함수를 구현한다.
   – CExercise5aDoc 클래스에 선언된 멤버 변수를 초기화한다.

6) 다음은 실행 화면이다. 참조하여 프로그램을 작성하도록 하라.
   ① 프로그램이 실행되면 오른쪽 마우스를 클릭하여 [문자열 입력] 대화상자에 다음과 같이 입력한다.

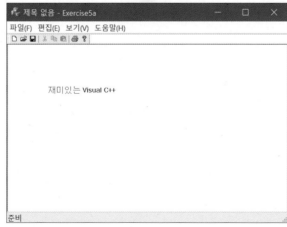

② [파일] 메뉴의 [저장] 메뉴를 선택하여 다음과 같이 파일로 저장한다.

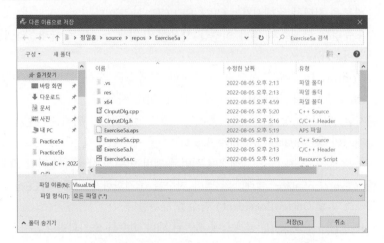

③ [새 파일] 메뉴를 선택하여 빈 문서를 만든 후 방금 저장한 파일을 연다.

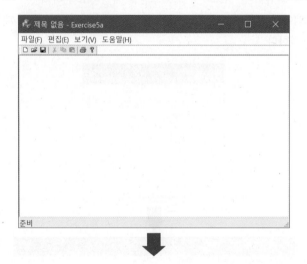

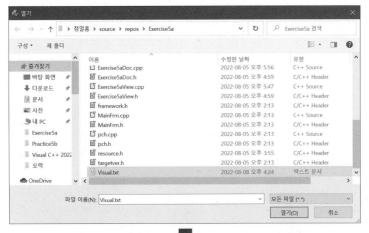

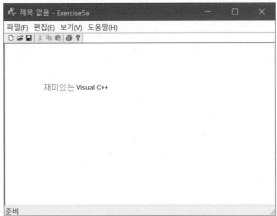

CHAPTER **06**

사용자 인터페이스

contents

6.1 메뉴(Menu)

6.2 툴바(Toolbar)

6.3 상태 표시줄(Status Bar)

6.4 도킹 팬(Docking Pane) 윈도우

06 사용자 인터페이스

이번 장에서는 사용자 인터페이스인 메뉴, 툴바, 상태 표시줄, 도킹 팬 윈도우에 관해 설명하고 이것들을 만드는 방법에 대해서 자세히 살펴본다. 특히, 메뉴, 툴바, 도킹 팬 윈도우는 자주 사용되므로 이번 장에서 확실히 배우고 넘어가자.

6.1 메뉴(Menu)

메뉴는 윈도우에서 가장 보편적으로 사용되는 사용자 인터페이스로 해당 애플리케이션이 가진 기능을 사용자에게 알려주고, 사용자의 선택에 따라 기능을 수행할 수 있도록 매개 역할을 한다. 메뉴는 사용자가 프로그램에 어떤 기능을 수행하도록 명령하는 기능이 있다. 즉, 사용자와 실제 프로그램 코드와의 연결 기능을 담당한다고 할 수 있다. 윈도우 환경을 많이 사용하면서 어떤 기능을 단순히 마우스로 메뉴를 선택하는 방법이 더 많이 사용되고 있다.

메뉴의 형태는 크게 3가지로 나누어 볼 수가 있다.

■ 풀다운 메뉴(Pull-down Menu)
애플리케이션 상단에 여러 개의 카테고리가 일렬로 늘어서 있는 형태를 취하고 있으며, 사용자가 카테고리 하나를 선택하면 선택된 카테고리 아래로 메뉴가 뚝 떨어지면서 애플리케이션의 기능을 작동시킬 수 있는 메뉴 항목이 나타난다. [그림 6-1]은 풀다운 메뉴의 한 예를 보여주고 있다.

[그림 6-1] 풀다운 메뉴의 예

■ 캐스케이딩 메뉴(Cascading Menu)

풀다운 메뉴에서 변형된 메뉴 형태로, 메뉴 항목의 오른쪽에 또 하나의 서브 메뉴가 나타나는 메뉴이다. [그림 6-2]는 캐스케이딩 메뉴의 한 예를 보여주고 있다.

[그림 6-2] 캐스케이딩 메뉴의 예

■ 팝업 메뉴(Pop-up Menu) 또는 문맥 메뉴(Context Menu)

애플리케이션 영역의 중간에서 자유롭게 튀어나오는 메뉴이다. 커서나 마우스 포인터로 선택된 객체 혹은 작업 영역에 따라 다른 팝업 메뉴를 띄울 수 있다. 대표적인 팝업 메뉴로는 오른쪽 마우스 버튼을 누르면 나오는 단축 메뉴이다. [그림 6-3]은 팝업 메뉴의 한 예를 보여주고 있다.

[그림 6-3] 팝업 메뉴의 예

MFC 애플리케이션 마법사를 사용하여 애플리케이션을 만들면 MFC는 기본적인 내용을 가진 메뉴를 프로그래머에게 제공한다. MFC 애플리케이션 마법사에서 [사용자 인터페이스 기능] 단계의 [명령 모음] 항목에서 "클래식 메뉴 사용"을 선택하여 프로젝트를 생성하면 "단일 문서"의 경우 1개의 메뉴 항목이 만들어지고 "여러 문서"의 경우 2개의 메뉴 항목이 만들어진다. 프로그래머는 이것을 편집하여 사용하기도 하고 새로 만들어서 사용하기도 한다. 메뉴 바의 기본 형식을 살펴보도록 하자.

[리소스 뷰]의 📁 Menu 항목을 더블클릭하면 메뉴 항목이 나타난다. "단일 문서" 프로젝트의 경우에는 📄 IDR_MAINFRAME 형태로 메뉴가 리소스에 등록되어 있고, "여러 문서" 프로젝트의 경우에는 📄 IDR_MAINFRAME 이 메인 메뉴 바이고 [그림 6-5]의 📄 IDR_MDITYPE 은 자식 프레임의 메뉴 바이다. 메인 메뉴 바의 ID인 📄 IDR_MAINFRAME 은 항상 변하지 않고 일정하고, 자식 프레임의 메뉴 바의 ID인 📄 IDR_MDITYPE 은 프로그램의 이름에 따라 다르게 변한다.

[그림 6-4] "단일 문서"의 메뉴 리소스   [그림 6-5] "여러 문서"의 메뉴 리소스

MFC 애플리케이션 마법사에서 [사용자 인터페이스 기능] 단계의 [명령 모음] 항목에서 "메뉴 모음 및 도구 모음 사용"을 선택하여 프로젝트를 생성하면 "단일 문서"의 경우 3개 의 메뉴 항목이 만들어지고 "여러 문서"의 경우 4개의 메뉴 항목이 만들어진다.

[리소스 뷰]의 📁 Menu 항목을 더블클릭하면 메뉴 항목이 나타난다. "단일 문서" 프 로젝트의 경우에는 📑"IDR_HELP_MENU"은 애플리케이션 정보에 관한 메뉴 바이고 📑IDR_POPUP_EDIT는 문맥 메뉴의 메뉴 바이다.

[그림 6-6] "단일 문서"의 메뉴 리소스   [그림 6-7] "여러 문서"의 메뉴 리소스

먼저 MFC 애플리케이션 마법사를 이용하여 "단일 문서" 형태의 프로젝트를 만든 후에 기 본 메뉴들과 메뉴 항목들을 살펴보자. [파일], [편집], [보기], [도움말]의 네 개의 메뉴가 있는데, 이 메뉴는 윈도우용 프로그램이면 모두 가지고 있는 메뉴이며 메뉴 항목에도 필요

한 항목만 있다. 어떤 프로그램이든지 이 메뉴들은 공통으로 가지므로 애플리케이션 마법사 단계에서 사용자가 입력한 옵션에 따라서 필요한 메뉴 항목들을 자동으로 만들어준다.

[파일], [보기], [도움말] 메뉴는 메뉴 항목의 용도가 고정되어 있으므로 메뉴 항목뿐만 아니라 그 기능까지도 미리 프로그래밍 되어있다. 예를 들어 프로그램 끝내기를 선택하면 프로그램이 종료된다. 그러나 모든 메뉴 항목의 기능이 다 정의된 것은 아니다. [편집] 메뉴의 메뉴 항목들은 아직 이 프로그램이 어떤 동작을 하는지 결정되지 않았으므로 기능 정의가 되어있지 않으며 프로그래머가 기능을 정의해 주어야 한다.

MFC 애플리케이션 마법사는 자신이 만들어 넣을 수 있는 코드는 최대한 미리 만들어 놓지만, 자신이 지금까지 결정할 수 없는 코드는 메뉴 항목만 만들어주고 나머지는 프로그래머에게 맡긴다. [그림 6-8]은 MFC 애플리케이션 마법사가 기본적으로 만들어주는 메뉴 항목들을 보여주고 있다.

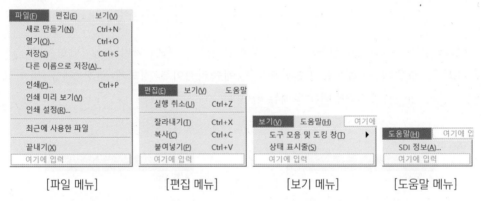

[파일 메뉴]   [편집 메뉴]   [보기 메뉴]   [도움말 메뉴]

[그림 6-8] MFC 애플리케이션 마법사가 기본적으로 만들어주는 메뉴 항목

다음은 메뉴 항목의 속성을 살펴보자. [리소스 뷰]의 📁Menu 항목에서 📄IDR_MAINFRAME을 더블 클릭하면 다음과 같은 기본 메뉴가 나온다.

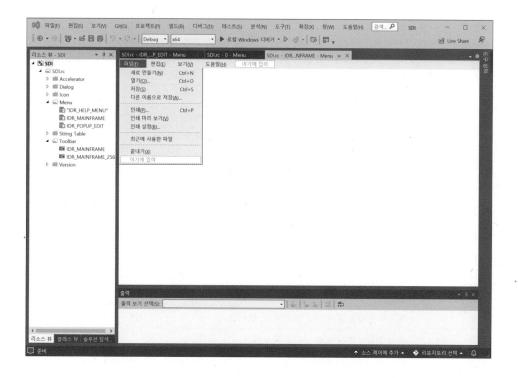

우측 윈도우의 메뉴 영역을 더블클릭하면 메뉴 항목의 속성을 설정하는 [메뉴 편집기]가 나타난다.

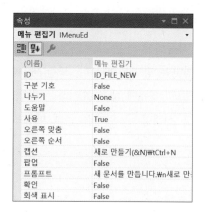

[메뉴 편집기] 속성 창에 대해 각각의 항목은 [표 6-1]을 참조하면 쉽게 이해하고 사용할 수 있을 것이다.

[표 6-1] 메뉴 속성 항목

구 분	설 명
도움말	최상위 메뉴 항목에만 설정할 수 있고 이 속성이 설정되면 메뉴 항목이 오른쪽에 표시된다.
ID	메뉴 항목 또는 메뉴 리소스의 식별자를 지정한다.
프롬프트	메뉴 항목 선택 시 상태바에 출력될 문자열이다. '₩n'을 기준으로 상태바에 출력될 문자열과 툴바 항목에 툴팁으로 출력될 문자열을 함께 설정할 수 있다.
구분 기호	메뉴 항목을 다른 두 메뉴 항목들을 구분하는 분리선을 설정한다.
나누기	None : 구분선(세로줄)이 표시되지 않는다. Column : 부메뉴를 칼럼으로 표시한다. Bar : 칼럼과 유사하고, 부메뉴의 경우 칼럼 사이에 구분선을 표시한다.
오른쪽 맞춤	메뉴 모음 항목과 다음에 나오는 모든 메뉴 모음 항목을 오른쪽에 맞춘다.
오른쪽 순서	메뉴가 오른쪽에서 왼쪽으로 계단식으로 배열되도록 지정한다.
캡션	메뉴에 출력되는 문자열로 엑세스키 설정 때 해당 문자 앞에 '&'을 붙인다. 일반적으로 '\t'를 삽입하여 단축키를 나타내는 문자열을 탭 위치에 정렬한다.
확인	메뉴의 문자열 앞에 체크 마크(✔)를 표시한다.
사용	메뉴 항목을 선택할 수 있도록 지정한다.
회색 표시	메뉴 문자열이 회색으로 표시되고 메뉴 항목이 비활성화되도록 지정한다.
팝업	메뉴 항목에 메뉴 항목과 하위 메뉴를 포함하도록 지정한다.

실습 6-1 **간단한 메뉴와 단축키 만들기**

이번 실습은 메뉴를 만들고 작동하게 하는 프로그램을 작성하는 것이다. 이 실습을 통해 메뉴를 만들고 단축키를 설정하는 방법을 배운다. 또한 메뉴를 선택했을 때 동작하는 명령 메시지 핸들러 함수를 만들고 메뉴에 체크 표시하는 방법을 익힐 수 있다. 마지막으로 작성한 메뉴를 문맥 메뉴로도 선택할 수 있게끔 문맥 메뉴를 생성하고 출력하는 방법을 배운다.

Step 1 **프로젝트를 생성한다.**

① 프로젝트 이름을 "Practice6a"라 정한다.

② MFC 애플리케이션 마법사의 [애플리케이션 종류] 단계에서 "단일 문서"를 선택하여 SDI 기반의 프로젝트를 만들고, [프로젝트 스타일] 항목은 "MFC standard"을, [비주얼 스타일 및 색] 항목은 "Windows Native/Default"을 선택한다.

③ [다음] 버튼을 눌러 [사용자 인터페이스 기능] 단계에서 [명령 모음(메뉴/도구 모음/리본)] 항목에서 "메뉴 모음 및 도구 모음 사용"을 선택한다.

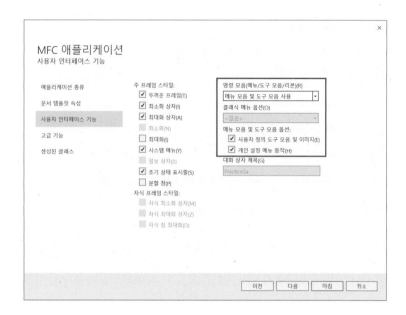

④ [마침] 버튼을 누르면 새로운 프로젝트의 생성을 완료한다. 프로젝트의 생성이 완료되면 다음 그림과 같은 화면이 출력될 것이다.

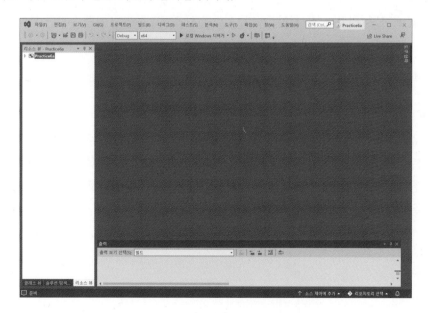

[Step 2] 메뉴 리소스를 편집한다.

메뉴를 만드는 방법에는 두 가지 방법이 있다. 새로운 메뉴를 추가하는 방법과 기존 메뉴를 수정하는 방법이 있다.

■ 새로운 메뉴를 추가하는 방법

① [리소스 뷰]의 ■ Menu에서 ▤ IDR_MAINFRAME을 더블 클릭하면, [리소스 뷰]의 오른쪽에 메인 메뉴 바가 나타난다.

② 메뉴를 다음과 같이 추가한다.

ⓐ 메뉴 추가 위치(　여기에 입력　)를 클릭한 후 메뉴에 출력될 문자열 "그리기(&D)"을 입력한다.

> 파일(F)　　편집(E)　　보기(V)　　도움말(H)　　**그리기(&D)**　　여기에 입력

ⓑ 입력이 끝나고 Enter↵ 키를 누르면 메뉴가 만들어진다.

> 파일(F)　　편집(E)　　보기(V)　　도움말(H)　　그리기(D)　　여기에 입력

ⓒ 위에서 했던 방법대로 나머지 메뉴("색상(&C)", "무늬(&P)")도 다음과 같이 만들어보자.

> 파일(F)　　편집(E)　　보기(V)　　도움말(H)　　그리기(D)　　색상(C)　　무늬(P)　　여기에 입력

③ 새로 만든 메뉴에 부메뉴를 추가한다.

ⓐ 부메뉴 추가 위치(　여기에 입력　)를 클릭하여 부메뉴에 출력될 문자열 "직선(&L)\tCtrl+L"을 다음과 같이 입력한다. 입력이 완료되고 Enter↵ 키를 누르면 부메뉴가 만들어진다.

> 파일(F)　　편집(E)　　보기(V)　　도움말(H)　　그리기(D)　　색상(C)　　무늬(P)　　여기에 입력
> 　　　　　　　　　　　　　　　　　　　　직선(L)　　Ctrl+L
> 　　　　　　　　　　　　　　　　　　　　여기에 입력

ⓑ 만들어진 부메뉴를 선택한 후 속성 창을 클릭하면 [메뉴 편집기] 속성 창이 확장된다. [메뉴 편집기] 속성창의 [ID] 항목에 부메뉴의 ID를 ID_LINE으로 입력하고 [프롬프트] 항목에 상태 표시줄에 출력할 문자열을 입력하고 '\n' 다음에는 툴팁을 다음과 같이 입력한다.

ⓒ 위에서 했던 방법대로 나머지 부메뉴를 다음과 같이 만들어보자.

● 그리기 메뉴에 대한 부메뉴의 속성

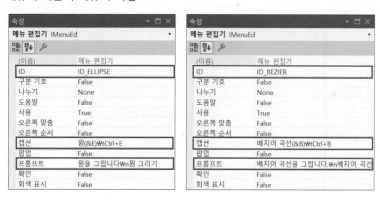

● 색상에 대한 부메뉴의 속성

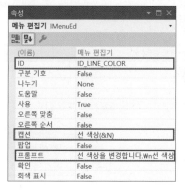

● 무늬에 대한 부메뉴의 속성

속성			속성			속성	
메뉴 편집기 IMenuEd			메뉴 편집기 IMenuEd			메뉴 편집기 IMenuEd	
(이름)	메뉴 편집기		(이름)	메뉴 편집기		(이름)	메뉴 편집기
ID	ID_FDIAGONAL		ID	ID_CROSS		ID	ID_VERTICAL
구분 기호	False		구분 기호	False		구분 기호	False
나누기	None		나누기	None		나누기	None
도움말	False		도움말	False		도움말	False
사용	True		사용	True		사용	True
오른쪽 맞춤	False		오른쪽 맞춤	False		오른쪽 맞춤	False
오른쪽 순서	False		오른쪽 순서	False		오른쪽 순서	False
캡션	오른쪽 45도(&D)		캡션	십자가(&C)		캡션	수직(&V)
팝업	False		팝업	False		팝업	False
프롬프트	무늬를 변경합니다.₩n오른쪽 45		프롬프트	무늬를 변경합니다.₩n십자가		프롬프트	무늬를 변경합니다.₩n수직
확인	False		확인	False		확인	False
회색 표시	False		회색 표시	False		회색 표시	False

④ 분리선을 만든다.

ⓐ 분리선을 만들고 싶은 위치 바로 밑의 메뉴를 선택한 후 오른쪽 마우스를 클릭한 후 나타나는 단축 메뉴에서 [구분선 삽입] 메뉴를 선택한다. 메뉴 선택한 후에 원하는 위치에 분리선이 생긴 것을 확인할 수 있다.

⑤ 메뉴를 이동한다.

일반적으로 [도움말] 메뉴는 애플리케이션에서 메뉴 바의 맨 오른쪽에 있으므로 [도움말] 메뉴를 가장 오른쪽으로 이동시켜보자.

ⓐ 이동하고자 하는 메뉴를 눌러 선택한다. 왼쪽 마우스 버튼을 누른 상태로 마우스를 오른쪽으로 이동시키고 원하는 위치에 왔을 때 왼쪽 마우스 버튼에서 손을 뗀다.

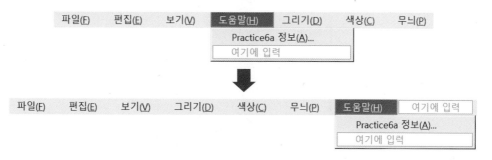

■ 기존 메뉴를 수정하는 방법

① [리소스 뷰]의 ▦ Menu 에서 ▤ IDR_MAINFRAME 을 더블 클릭하면 [리소스 뷰]의 오른쪽에 메인 메뉴 바가 나타난다. 메뉴를 다음과 같이 수정한다.

ⓐ 메뉴 수정 위치를 더블 클릭하거나 수정할 메뉴의 위치를 선택한 후 오른쪽의 속성 탭을 클릭하면 속성 창이 나타난다. [도움말] 메뉴를 선택한 후 속성 창을 연다.

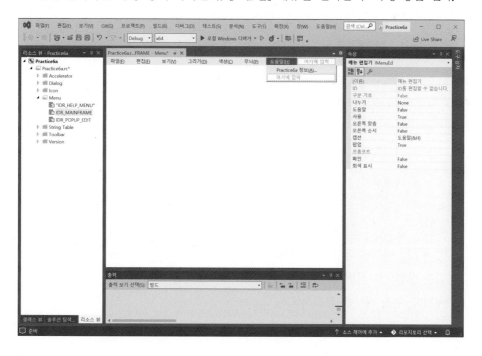

ⓑ 속성 창이 나타나면 [캡션] 항목에서 메뉴에 출력될 문자열을 다음과 같이 수정한
다. 문자열 수정과 동시에 메뉴 바에도 똑같은 내용이 동시에 수정된다.

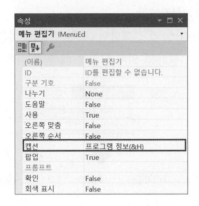

ⓒ 수정이 끝나고 Enter↲ 키를 누르면 메뉴가 수정된다. 부메뉴의 수정도 위와 같은 방
법으로 하면 된다.

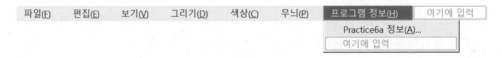

② 메뉴를 삭제한다.

ⓐ 삭제하고자 하는 메뉴를 눌러 삭제 위치를 선택한다.

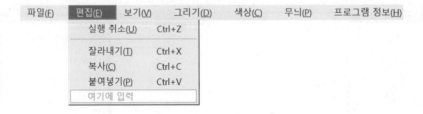

ⓑ 메뉴를 삭제하기 위해 Delete 키를 누른다. 주메뉴의 경우 Delete 키를 누르면 부메
뉴까지 삭제해도 되는지 묻는 경고 대화상자가 다음과 같이 나타난다. 삭제하기를
원하지 않으면 아니요(N) 버튼을 누르고 삭제하길 원하면 예(Y) 버튼을 누른다.
예(Y) 버튼을 누르면 주메뉴와 부메뉴 모두가 삭제된다. 부메뉴의 삭제도 위와
같은 방법으로 하면 된다. 단, 부메뉴의 메뉴 항목을 삭제할 때는 경고 없이 그냥 삭
제된다. 편집 메뉴를 삭제해보자.

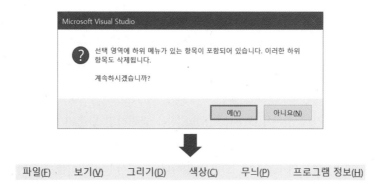

Step 3 단축키(Accelerator Key)를 설정한다.

단축키(Accelerator Key)는 메뉴를 열지 않고 메뉴 항목의 기능을 곧바로 실행시킬 때 사용한다. 예를 들어 Ctrl+O를 누르면 [파일] 메뉴의 [열기] 기능이 실행되어 [파일] 메뉴에서 [열기]를 선택한 것과 같은 동작을 하게 된다. MFC 애플리케이션 마법사가 Ctrl+O를 [파일] 메뉴의 [열기]에 대한 단축키로 지정해 놓았기 때문이다.

단축키는 메뉴 항목과는 별도의 리소스로 정의되며 동작 방식도 메뉴와는 약간 다르다. 다만 메뉴 항목에 대한 보조 기능으로써 주로 사용되기만 할 뿐이지 반드시 메뉴 항목과 연관되어 사용되는 것은 아니다.

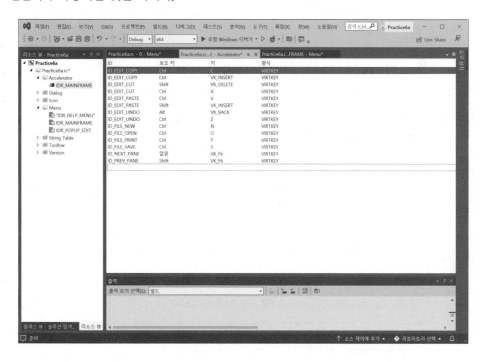

MFC는 기본적인 내용을 가진 단축키를 프로그래머에게 제공한다. 프로그래머는 이것을 편집하여 사용하기도 하고, 새로 만들어서 사용하기도 한다. 단축키의 기본 형식을 살펴 보도록 하자. [리소스 뷰]의 ▣ Accelerator에서 ▣ IDR_MAINFRAME을 더블 클릭하면 MFC 애플리케이션 마법사에 의해 이미 만들어진 단축키가 나열되어 있다.

오른쪽 윈도우의 중간에 있는 [ID_FILE_OPEN]을 클릭하면 단축키 속성을 설정하는 속 성 창이 윈도우 우측에 나타난다. Ctrl+O의 단축키 ID가 ID_FILE_OPEN으로 되어있으 며, 이 ID는 [파일] 메뉴의 [열기]의 ID와 동일하다. 그래서 Ctrl+O를 누르면 ID_FILE_ OPEN의 COMMAND 메시지가 발생하며 [파일] 메뉴의 [열기]와 똑같은 기능을 수행하게 된다. 메뉴 항목과 단축키 ID를 같게 해서 하나의 명령 메시지 핸들러 함수를 두 개의 리 소스가 공유하게 되는 것이다.

단축키 속성 대화상자에 대해 각각의 항목은 [표 6-2]를 참조하면 쉽게 이해하고 사용할 수 있을 것이다.

[표 6-2] 단축키 속성 항목

구 분	설 명
ID	단축키(Accelerator Key)를 설정할 ID이다.
Alt	〈Alt〉 키가 액셀러레이터 키의 일부가 되도록 지정한다.
Ctrl	〈Ctrl〉 키가 액셀러레이터 키의 일부가 되도록 지정한다.
Key	키보드 위에서 눌러야 할 키로 대소문자 구별 없이 작동한다.
Shift	〈Shift〉 키가 액셀러레이터 키의 일부가 되도록 지정한다.
Type	키의 속성을 정한다.

① [리소스 뷰]의 ▣ Accelerator에서 ▣ IDR_MAINFRAME을 더블 클릭하면 오른쪽에 단 축키들이 나타난다. 우측 윈도우의 하단에 있는 빈칸을 선택한 후 오른쪽의 속성 탭을 클릭하면 [액셀러레이터 키 편집기] 속성 창이 나타난다.

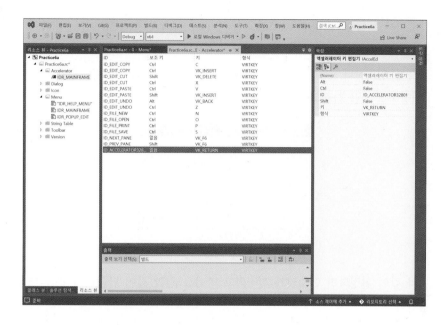

② 단축키(Accelerator Key)의 속성을 설정한다.

ⓐ [ID] 항목에서 단축키를 설정하고자 하는 메뉴 항목의 ID를 입력하거나 ID 항목을
클릭하면 오른쪽에 나타나는 화살표 버튼(∨)을 클릭하여 메뉴 항목의 ID를 선택
한다. 이번 실습에서는 메뉴 항목의 ID로 ID_LINE을 선택한다. ID 옆에 어떤 숫자
가 나타나는 것은 컴파일러가 자동으로 지정해주는 고유 숫자로 신경 쓰지 않아도
된다. 절대로 여러분이 이 숫자를 입력해서는 안 된다.

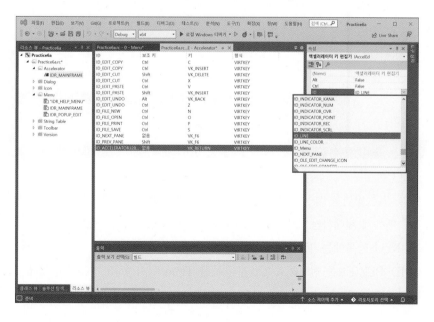

ⓑ 단축키를 누를 때 사용할 보조키는 Ctrl, Alt, Shift 중에 하나를 선택하여 사용할 보조키를 True로 지정하고 [Key] 항목에서는 보조키로 선택된 키와 같이 눌려질 문자를 입력한다. [ID_LINE]에 대해 속성 창에서 [Ctrl]항목은 True로 설정하고 [키]항목은 'L'을 다음과 같이 입력한다.

ⓒ 위와 같이 설정하면 단축키가 설정되고 다음 그림과 같이 단축키에 관한 내용이 나타난다.

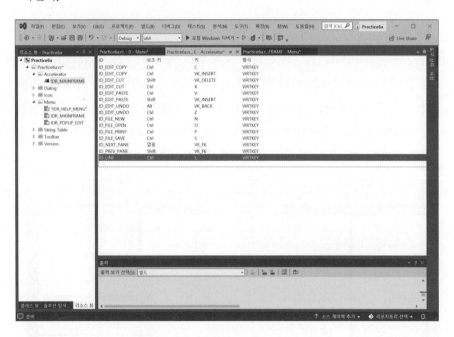

ⓓ 위와 같은 방법을 사용하여 "원"과 "베지어" 메뉴에 대해서도 단축키도 생성해보자. "원" 메뉴에 대해서는 ID는 ID_ELLIPSE을 선택하고 [Ctrl] 항목을 True로 지정하고 [Key] 항목에는 'E' 문자를 입력한다. 마찬가지로 "베지어" 메뉴에 대해서는 ID는 ID_BEZIER를 선택하고 [Ctrl] 항목을 True로 지정하고 [Key] 항목에는 'B' 문자를 입력한다.

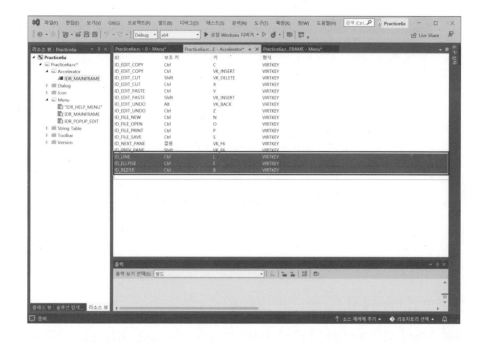

단축키(Accelerator Key)와 액세스키(Access Key)의 차이점

단축키(Accelerator Key) : 애플리케이션 메뉴를 돌아다닐 필요 없이 어떤 애플리케이션 기능을 작동시키기 위해 누를 수 있는 단일키 조합을 말한다. 메뉴 항목에 출력된 문자열을 입력한다고 단축키가 설정되는 것은 아니다. 메뉴에 단축키를 표시할 때는 '\t'를 쓰고 그 뒤에 단축키의 조합을 나타내는 문자열을 써준다. '\t'는 단축키의 조합을 나타내는 문자열을 메뉴의 우측에 정렬시키는 역할을 한다. 메뉴 항목의 [캡션]에 "\tCtrl+C"를 추가해주는 것은 사용자에게 메뉴의 기능을 Ctrl + C 라는 단축키로도 동작시킬 수 있음을 보여주기만 할 뿐 이것이 단축키를 동작하는 것은 아니다. 단축키를 설정할 때 주의할 점은 같은 단축키를 여러 메뉴 항목에 설정하면 안 된다는 것이다.

액세스키(Access Key) : Alt 키와 메뉴 항목에 밑줄이 그어진 문자를 동시에 누르면 해당되는 문자를 가진 메뉴 항목을 선택할 수 있다. 액세스키를 설정하기 위해서는 메뉴에 출력할 문자열에서 액세스키를 설정한 문자 앞에 '&'를 붙이면 문자 밑에 밑줄이 그어지고, 액세스키가 설정된다.

Step 4　프로그램을 실행시켜보자.

① Ctrl + F7 키를 눌러 컴파일하고 에러가 없다면 Ctrl + F5 를 눌러 프로그램을 실행시켜 메뉴가 생성된 것을 확인해보자. 그러나 메뉴를 선택하면 동작하지는 않는다. 그 이유는 메뉴를 동작시키는 명령 메시지 핸들러 함수가 없기 때문이다. 다음 단계에서 메뉴를 동작하도록 만들어 보자.

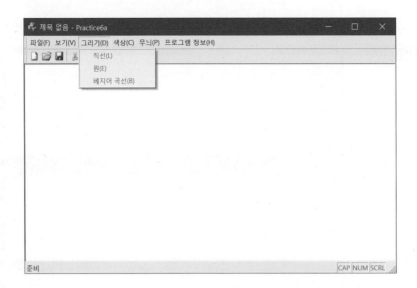

② 실행 화면을 보면 [그리기] 메뉴를 선택했을 때 메뉴상에 우리가 편집했던 단축키에
관한 내용이 위의 화면같이 제대로 표시되지 않을 수도 있다. 기본적으로 Keyboard
Manager에서 초기화된 내용대로 표시되기 때문이다. 위의 화면같이 표시되는 경우 우
리가 편집했던 내용대로 표시하기 위해서 Keyboard Manager의 초기화 부분을 삭제
하면 원하는 대로 실행될 것이다.

ⓐ [클래스 뷰]에서 CPractice6aApp 클래스에서 InitInstance() 함수를 더블클
릭하여 InitInstance() 함수 본체로 이동한다.

ⓑ InitInstance() 함수 중간 부분에 호출하고 있는 InitKeyboardManager() 함수
를 다음과 같이 주석 처리한다.

ⓒ Ctrl+F7키를 눌러 컴파일하고 에러가 없다면 Ctrl+F5를 눌러 프로그램을 실행시켜 메뉴가 생성된 것을 확인해보자. 이번에는 우리가 편집했던 대로 메뉴가 표시되는 것을 확인할 수 있다.

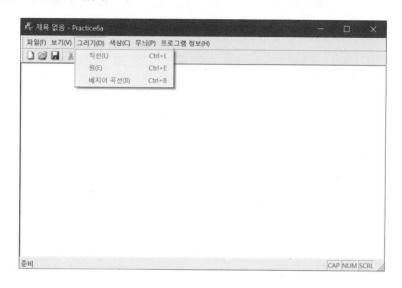

Step 5 메뉴를 동작하게 만든다.

프로그램 실행 중에 사용자가 메뉴 항목을 선택하면 WM_COMMAND 메시지가 발생하고 어떤 메뉴가 눌렸는지 구별하기 위해 메뉴의 ID가 추가적인 정보로 전달된다. 이때 WM_COMMAND를 명령 메시지라고 하고 명령 메시지 핸들러 함수에서 이를 처리한다. WM_COMMAND 메시지는 메뉴의 ID에 따라 여러 가지 동작을 하도록 사용되기 때문에 OnCommand() 메시지 핸들러 함수에서 모든 메시지를 처리하지 않고 특정 명령 메시지와 이를 처리하는 명령 메시지 핸들러 함수를 메시지 맵에 등록한다.

WM_COMMAND 메시지를 받는 기능은 CCmdTarget 클래스에 구현되어 있어서 CCmdTarget 클래스 아래에 있는 모든 AFX는 WM_COMMAND 메시지를 받아서 처리한다. 사용자가 메뉴 항목을 선택하면 WM_COMMAND 메시지가 모든 AFX에게 전달되어 사용자의 명령에 대한 처리는 어느 클래스에서도 할 수 있다.

명령 메시지를 처리하는 핸들러 함수를 어느 클래스에 만들 것인가는 명령 메시지 성격에 따라 프로그래머가 결정하면 된다. 예를 들어 데이터를 처리하는 명령 메시지는 CDocument 클래스에 추가하고 데이터를 화면에 보이는 메시지는 CView 클래스에 명령 메시지를 처리하는 함수를 추가하면 된다.

① [직선] 메뉴를 선택했을 때 동작할 명령 메시지 핸들러 함수를 만든다.

ⓐ Ctrl + Shift + X 키를 누르거나, [프로젝트] 메뉴의 [클래스 마법사]를 선택하면 다음 그림과 같이 클래스 마법사 대화상자가 나타난다.

ⓑ 클래스 마법사에서 위와 같이 [클래스 이름] 항목은 CPractice6aView가 선택되었는지 확인한다. 그렇지 않다면 CPractice6aView를 선택한다. [개체 ID] 항목에서 ID_LINE을 [메시지] 항목에서 COMMAND 메시지를 선택하고 처리기 추가(A)... 버튼을 선택하면 다음과 같은 메시지 핸들러 함수를 추가한다는 대화상자가 출력된다. [멤버 함수 추가] 대화상자에서 지정된 값으로 지정하고 확인 버튼을 눌러서 메시지 핸들러 함수를 추가한다.

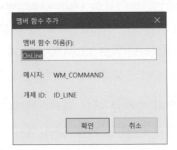

② [원] 메뉴를 선택했을 때 동작할 명령 메시지 핸들러 함수를 만든다.

   ⓐ Ctrl + Shift + X 키를 누르거나, [프로젝트] 메뉴의 [클래스 마법사]를 선택하여 클래스 마법사를 실행시키고 [클래스 이름] 항목은 CPractice6aView를, [명령] 탭을 선택한 후 [ID 개체] 항목은 ID_ELLIPSE를 선택하고 [메시지] 항목은 COMMAND를 선택하고 처리기 추가(A)... 버튼을 누른다. [멤버 변수 추가] 대화상자에서 지정된 값으로 지정하고 확인 버튼을 눌러서 메시지 핸들러 함수를 추가한다.

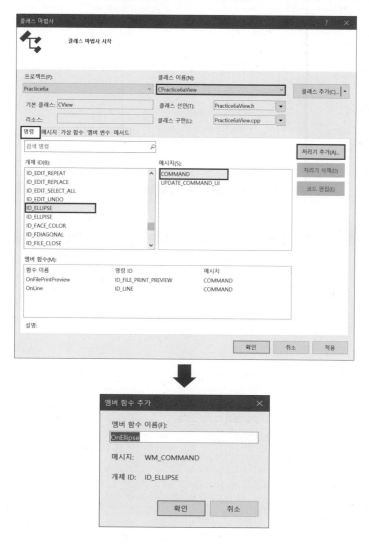

③ 추가된 명령 메시지 핸들러 함수 안에 메뉴가 작동할 수 있도록 코드를 입력한다.

ⓐ 클래스 마법사를 사용하여 명령 메시지 핸들러 함수를 추가한 경우는 코드 편집(E) 버튼을 누르면 코드를 입력할 수 있는 화면으로 전환된다. 다음과 같이 명령 메시지 핸들러 함수들이 생성된 것을 볼 수 있다.

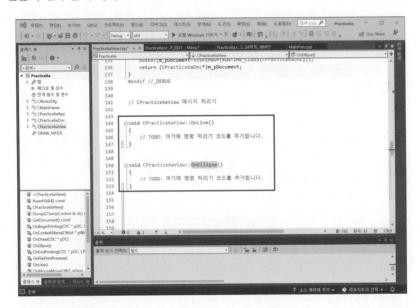

ⓑ 명령 메시지 핸들러 함수에 메뉴를 선택했을 때 실행할 코드를 입력한다. 여기서 간단하게 함수의 작동을 확인하기 위해서 메뉴를 선택했을 때 메시지 박스를 출력하는 코드를 입력한다.

```
void CPractice6aView::OnLine()
{
    // TODO: 여기에 명령 처리기 코드를 추가합니다.
    // 직선 메뉴를 선택했을 때 메시지 출력
    AfxMessageBox(_T("직선을 그립니다."));
}

void CPractice6aView::OnEllipse()
{
    // TODO: 여기에 명령 처리기 코드를 추가합니다.
    // 원 메뉴를 선택했을 때 메시지 출력
    AfxMessageBox(_T("원을 그립니다."));
}
```

④ 위에서 했던 방법대로 나머지 메뉴 항목에 대한 명령 메시지 핸들러 함수들을 다음과
같이 만들어보자. 실제로 메뉴를 선택하면 직선을 그린다든지 하는 특정 동작을 위한
코드는 제7장의 실습에서 다루게 될 것이다.

```cpp
void CPractice6aView::OnBezier()
{
    // TODO: 여기에 명령 처리기 코드를 추가합니다.
    // 베지어 곡선 메뉴를 선택했을 때 메시지 출력
    AfxMessageBox(_T("베지어 곡선을 그립니다."));
}

void CPractice6aView:::OnLineColor()
{
    // TODO: 여기에 명령 처리기 코드를 추가합니다.
    // 선 색상 메뉴를 선택했을 때 메시지 출력
    AfxMessageBox(_T("선의 색상을 변경합니다."));
}

void CPractice6aView::OnFaceColor()
{
    // TODO: 여기에 명령 처리기 코드를 추가합니다.
    // 면 색상 메뉴를 선택했을 때 메시지 출력
    AfxMessageBox(_T("면의 색상을 변경합니다."));
}

void CPractice6aView::OnFdiagonal()
{
    // TODO: 여기에 명령 처리기 코드를 추가합니다.
    // 브러쉬 스타일을 오른쪽 45도 메뉴를 선택했을 때 메시지 출력
    AfxMessageBox(_T("오른쪽 45도 패턴으로 변경합니다."));
}

void CPractice6aView::OnCross()
{
    // TODO: 여기에 명령 처리기 코드를 추가합니다.
    // 브러쉬 스타일을 십자가 메뉴를 선택했을 때 메시지 출력
    AfxMessageBox(_T("십자가 패턴으로 변경합니다."));
}
```

```
void CPractice6aView::OnVertical()
{
    // TODO: 여기에 명령 처리기 코드를 추가합니다.
    // 브러쉬 스타일을 수직 메뉴를 선택했을 때 메시지 출력
    AfxMessageBox(_T("수직 패턴으로 변경합니다."));
}
```

Step 6 프로그램을 다시 실행시켜보자.

Ctrl+F7 키를 눌러 컴파일하고 에러가 없다면 Ctrl+F5를 눌러 프로그램을 실행시켜보자.
메뉴를 선택하여 메시지 박스에 적절한 내용이 출력되는지 모든 메뉴에 관해 확인해 본다.
또한 단축키 Ctrl+L을 누르면 메시지 박스가 출력되는지도 확인해보자.

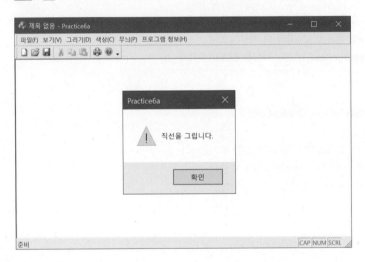

Step 7 그리기 모드를 설정하는 멤버 변수를 추가한다.

이제 그리기 모드를 설정하는 멤버 변수를 추가하고 그리기 메뉴를 선택했을 때 멤버 변수
에 그리기 모드를 설정한다.

① 현재 메뉴의 선택상황 즉, 그리기 모드, 브러쉬 무늬 패턴을 나타내는 멤버 변수 2개를
추가한다.

    ⓐ [클래스 뷰]에서 멤버 변수를 추가할 📇 CPractice6aView 클래스를 선택한 후 오
른쪽 마우스 버튼을 클릭하면 나타나는 단축 메뉴에서 [추가]-[변수 추가]를 선택한
다. [변수 추가] 대화상자가 나타나면 그리기 모드를 나타내는 멤버 변수에 대해 [이
름] 항목은 m_nDrawMode로 입력하고 [형식] 항목은 int 형을 선택한다.

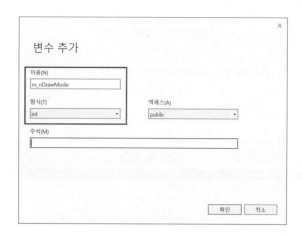

ⓑ 입력이 끝나고 <u>확인</u> 버튼을 누르면 멤버 변수가 추가된다.

ⓒ 위와 같은 방법으로 브러쉬의 무늬 패턴을 표시하는 멤버 변수를 추가한다. [이름] 항목은 m_nHatchStyle로 입력하고 [형식] 항목은 int 형을 선택한다.

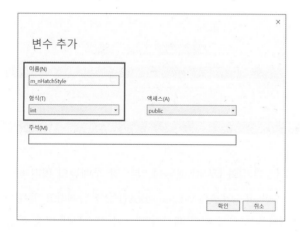

② 그리기 모드 값을 열거형으로 선언한다.

　ⓐ [클래스 뷰]에서 🔧 CPractice6aView 클래스를 더블 클릭하면 그리기 모드 값에 관한 열거형을 선언할 🔧 CPractice6aView 클래스의 헤더파일이 나타난다.

　ⓑ 🔧 CPractice6aView 클래스의 헤더파일에 그리기 모드 값의 내용을 열거형으로 다음과 같이 설정한다.

```
//Practice6aView.h : CPractice6aView 클래스의 인터페이스
//
enum DRAW_MODE { LINE_MODE, ELLIPSE_MODE, BEZIER_MODE };
#pragma once
```

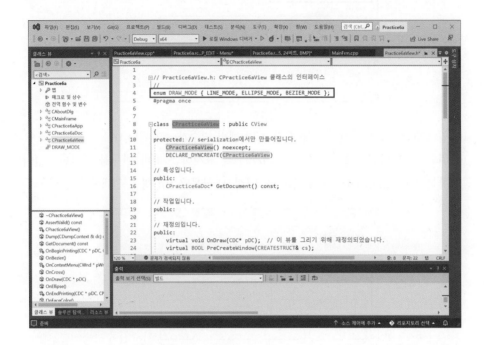

③ 앞 단계에서 만든 [그리기]와 [무늬] 메뉴에 있는 각 부메뉴의 명령 메시지 핸들러 함수로 이동하여 전에 추가한 코드인 AfxMessageBox()들을 삭제하고 메뉴가 선택됐을 때 그리기 모드 값을 변경하는 코드를 명령 메시지 핸들러 함수들에 다음과 같이 추가한다.

```
void CPractice6aView::OnLine()
{
    // TODO: 여기에 명령 처리기 코드를 추가합니다.
    // 직선그리기 모드 변경
    m_nDrawMode = LINE_MODE;
}

void CPractice6aView::OnEllipse()
{
    // TODO: 여기에 명령 처리기 코드를 추가합니다.
```

```
    // 원 그리기 모드 변경
    m_nDrawMode = ELLIPSE_MODE;
}

void CPractice6aView::OnBezier()
{
    // TODO: 여기에 명령 처리기 코드를 추가합니다.
    // 베지어 곡선 그리기 모드 변경
    m_nDrawMode = BEZIER_MODE;
}
void CPractice6aView::OnFdiagonal()
{
    // TODO: 여기에 명령 처리기 코드를 추가합니다.
    // 오른쪽 45도 빗금 변경
    m_nHatchStyle = HS_FDIAGONAL;
}

void CPractice6aView::OnCross()
{
    // TODO: 여기에 명령 처리기 코드를 추가합니다.
    // 십자가 빗금 변경
    m_nHatchStyle = HS_CROSS;
}

void CPractice6aView::OnVertical()
{
    // TODO: 여기에 명령 처리기 코드를 추가합니다.
    // 수직 빗금 변경
    m_nHatchStyle = HS_VERTICAL;
}
```

Step 8 선택된 메뉴에 체크 표시를 한다.

UPDATE_COMMAND_UI 메시지는 메뉴 항목이 표시되기 전에 보내지는 메시지로 메뉴 항목을 변경하고자 할 때 사용한다. 예를 들면 메뉴 항목을 선택 못 하게 회색 메뉴로 만들거나 메뉴 항목 앞에 체크 표시를 할 때 이 메시지로 처리한다. 이 메시지를 처리하는 함수를 사용자 인터페이스 갱신 메시지 핸들러 함수라 하고 함수 이름이 OnUpdate로 시작한다. 이제 그리기 메뉴를 선택했을 때 그 메뉴에 체크 표시가 되게 해보자.

① Ctrl + Shift + X 를 누르고 클래스 마법사를 실행시켜 메뉴를 선택했을 때 체크 표시를 할 사용자 인터페이스 갱신 메시지 핸들러 함수를 만든다.

ⓐ [클래스 이름] 항목에서 **CPractice6aView**를 선택한다. 그리고 [명령] 항목에서 ID_LINE을 선택한 후 [메시지] 항목에서 UPDATE_COMMAND_UI를 더블클릭하거나 UPDATE_COMMAND_UI를 선택한 후 처리기 추가(A)... 버튼을 누르면 [멤버 함수 추가] 대화상자가 나온다. [멤버 함수 추가] 대화상자에서 지정된 값으로 지정하고 확인 버튼을 눌러서 메시지 핸들러 함수를 추가한다.

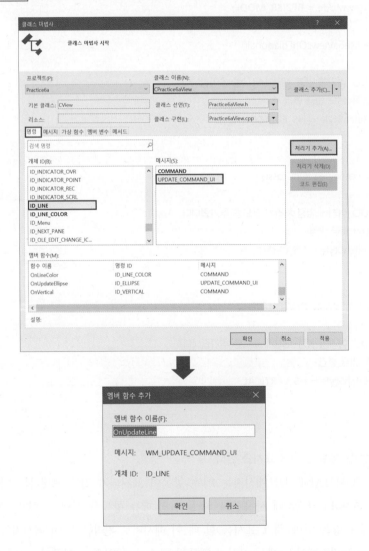

ⓑ [멤버 함수] 항목에 추가된 사용자 인터페이스 갱신 메시지 핸들러 함수를 더블 클릭하거나 [멤버 함수] 항목에 사용자 인터페이스 갱신 메시지 핸들러 함수를 선택하

고 코드 편집(E) 버튼을 누르면 코드를 입력할 수 있는 화면으로 전환된다. 멤버 함수
에 메뉴를 선택했을 때 체크 표시를 실행할 코드를 입력한다.

```
void CPractice6aView::OnUpdateLine(CCmdUI* pCmdUI)
{
    // TODO: 여기에 명령 업데이트 UI 처리기 코드를 추가합니다.
    // 직선 그리기 모드이면 메뉴에 체크 표시
    pCmdUI->SetCheck(m_nDrawMode == LINE_MODE ? 1 : 0);
}
```

② 위에서 했던 방법대로 나머지 [그리기] 메뉴에 대해 다음과 같이 사용자 인터페이스 갱
신 메시지 핸들러 함수도 만들고 코드를 입력해보자.

```
void CPractice6aView::OnUpdateEllipse(CCmdUI* pCmdUI)
{
    // TODO: 여기에 명령 업데이트 UI 처리기 코드를 추가합니다.
    // 원 그리기 모드이면 메뉴에 체크 표시
    pCmdUI->SetCheck(m_nDrawMode == ELLIPSE_MODE ? 1 : 0);
}

void CPractice6aView::OnUpdateBezier(CCmdUI* pCmdUI)
{
    // TODO: 여기에 명령 업데이트 UI 처리기 코드를 추가합니다.
    // 다각형 그리기 모드이면 메뉴에 체크 표시
    pCmdUI->SetCheck(m_nDrawMode == BEZIER_MODE ? 1 : 0);
}
```

CCmdUI 클래스

CCmdUI 클래스는 명령을 수행하는 사용자 인터페이스를 수정할 수 있는 기능을 제공하는데, 이 객체를
사용하여 메뉴 항목 앞에 체크 표시를 하거나 메뉴가 선택되지 않게 할 수 있다. pCmdUI는 메뉴 항목을
가리키는 포인터이다. 다음의 표는 주요 CCmdUI 클래스의 멤버 함수를 설명하고 있다.

함 수	내 용
Enable	메뉴 항목을 선택할 수 있게(True) 또는 선택할 수 없게(False) 한다.
SetCheck	메뉴 항목에 체크 표시가 나타나게(True) 또는 나타나지 않게(False) 한다.
SetRadio	메뉴 항목에 원점이 나타나게(True) 또는 나타나지 않게(False) 한다.
SetText	메뉴 항목의 이름을 변경한다.

Step 9 프로그램을 다시 실행시켜보자.

Ctrl+F7 키를 눌러 컴파일하고 에러가 없다면 Ctrl+F5를 눌러 프로그램을 실행시켜보자.
다음 그림과 같이 메뉴 항목을 선택했을 때 체크 표시가 되는지 확인해보자.

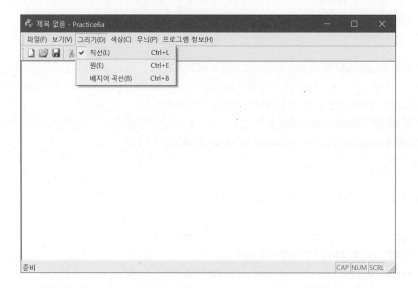

Step 10 문맥 메뉴(context menu)를 만든다.

애플리케이션 클라이언트 영역 내에서 오른쪽 마우스 버튼을 누르면 WM_
RBUTTONDOWN 메시지와 함께 WM_CONTEXTMENU 메시지가 발생한다. MFC
애플리케이션 마법사에서 [사용자 인터페이스 기능] 단계의 [명령 모음] 항목에서 [메
뉴 모음 및 도구 모음 사용]을 선택하여 프로젝트를 생성하면 기본 문맥 메뉴와 WM_
CONTEXTMENU에 대한 메시지 핸들러 함수가 자동으로 생성된다.

① [리소스 뷰]의 🗔 Menu 에서 🖳 IDR_POPUP_EDIT을 더블 클릭하면 [리소스 뷰]의 오른
쪽에 문맥 메뉴 바가 나타난다.

② 문맥 메뉴를 다음과 같이 수정한다.

ⓐ 기본적으로 생성된 [편집] 메뉴를 Delete 키를 눌러 삭제한다. 삭제해도 되는지 묻는
경고 대화상자에서 [예(Y)] 버튼을 눌러 삭제한다.

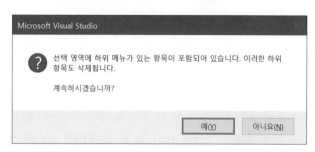

ⓑ 일반 메뉴를 추가할 때와 같은 방법으로 문맥 메뉴를 추가한다. 문맥 메뉴를 추가할
때는 메뉴에 [캡션] 항목만 입력하고 속성 창에서 [ID]를 연결해주면 나머지 항목들
은 자동으로 추가된다. 메뉴 추가 위치(여기에 입력)를 클릭한 후 "그리기"를 입력
한다. 그리고 밑의 메뉴 추가 위치(여기에 입력)를 클릭한 후 "직선(&L)\tCtrl+L"
을 입력하고 속성 창에서 [ID] 항목에서 "ID_LINE"을 선택한다.

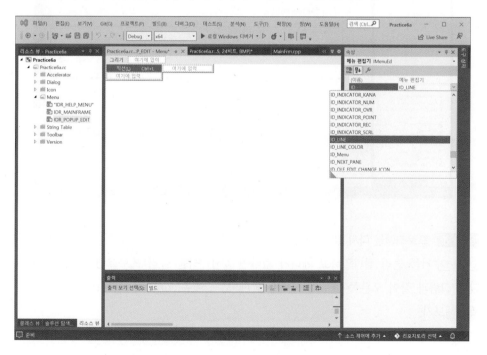

ⓒ 다음과 같이 문맥 메뉴를 구성한다. 속성 창에서 [ID]를 반드시 연결해주어야 한다.

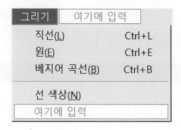

③ _{CPractice6aView} CPractice6aView 클래스에 자동으로 추가된 OnContextMenu(CWnd * pWnd, CPoint point) 함수를 클릭해서 함수 본체로 가보면 IDR_POPUP_EDIT 메뉴를 사용하는 것을 볼 수 있다.

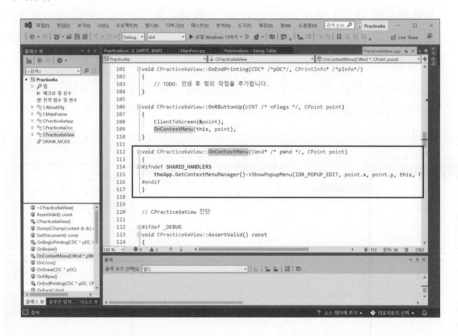

Step 11 프로그램을 다시 실행시켜보자.

Ctrl+F7 키를 눌러 컴파일하고 에러가 없다면 Ctrl+F5를 눌러 프로그램을 실행시켜보자. 다음 그림과 같이 오른쪽 마우스 클릭했을 때 문맥 메뉴(context menu)가 만들어졌는지 확인해보자.

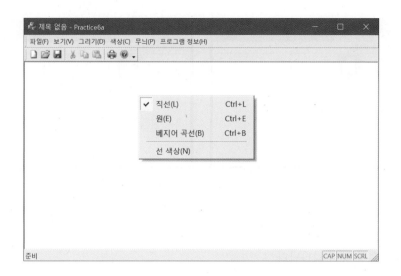

6.2 툴바(Toolbar)

툴바는 한 줄 또는 여러 줄의 명령 버튼을 포함하는 윈도우이다. 툴바는 애플리케이션에서 메뉴를 사용하여 수행할 수 있는 특정한 작업을 툴바 버튼을 통해 수행할 수 있게 해주는 시각적인 방법을 제공한다. 툴바는 메뉴 명령의 시각적인 표현이기 때문에 메뉴의 동작에 대한 구현과 매우 흡사하다.

MFC 애플리케이션 마법사에서 [사용자 인터페이스 기능] 단계의 [명령 모음] 항목에서 [메뉴 모음 및 도구 모음 사용]을 선택하여 프로젝트를 생성하면 두 개의 기본 툴바가 생성된다. [리소스 뷰]의 Toolbar의 트리를 확장해보면 IDR_MAINFRAME와 IDR_MAINFRAME_256가 생성되어 있다. IDR_MAINFRAME는 4비트인 기본 툴바이고 IDR_MAINFRAME_256은 24비트인 고급 툴바이다. 2개의 툴바는 CPractice6aApp 클래스의 생성자 함수 CPractice6aApp()에서 m_bHiColorIcons 변수의 값이 true로 설정되면 IDR_MAINFRAME_256 메뉴가 실행되고, false이면 IDR_MAINFRAME 메뉴가 실행된다. 디폴트로 true로 설정되어 있어 24비트인 고급 색상 툴바가 실행된다.

[리소스 뷰]의 Menu 에서 IDR_MAINFRAME 더블 클릭하면 4비트인 기본 툴바가 나타나고 IDR_MAINFRAME_256를 더블클릭하면 24비트 고급 색상 툴바가 나타난다.

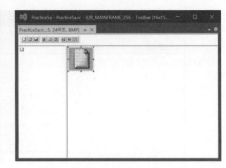

[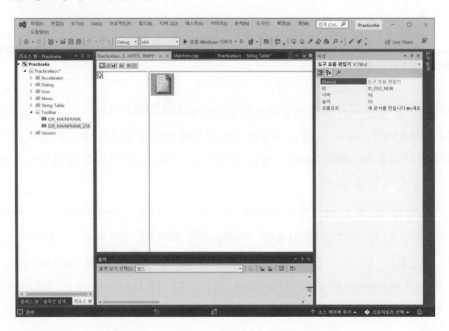 IDR_MAINFRAME 메뉴]　　　　　[📷 IDR_MAINFRAME_256 메뉴]

[새 파일 🗋] 모양의 툴바를 더블 클릭하면 툴바의 속성 항목을 설정할 수 있는 [도구 모음 편집기] 속성 창이 나타난다.

실습 6-2　간단한 툴바 만들기

이번 실습은 툴바를 만드는 프로그램을 작성하는 것이다. 이 실습을 통해 툴바를 어떻게 만들고 작동시키는지 배우게 될 것이다.

Step 1　〈실습 6-1〉의 프로젝트를 연다.

Visual C++ 2022를 실행시켜서 시작 화면에서 [프로젝트 또는 솔루션 열기]를 선택한다.
[프로젝트/솔루션 열기] 대화상자에서 〈실습 6-1〉에서 프로젝트를 저장한 폴더로 이동하
여, Practice6a.sln 파일을 연다.

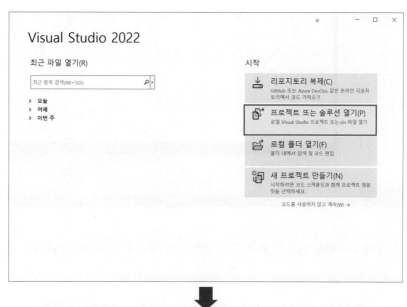

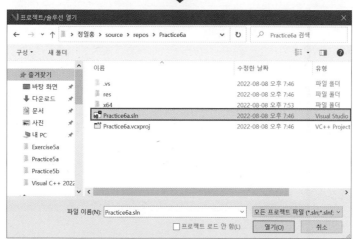

Step 2　툴바 비트맵을 편집한다.

① [리소스 뷰]의 　Toolbar에서 　IDR_MAINFRAME_256을 더블 클릭하면 다음과 같
　이 툴바 비트맵 편집기가 나타난다.

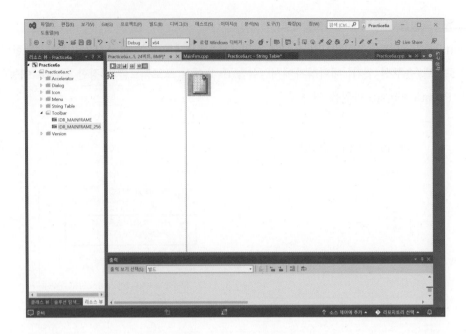

② 새로운 툴바 비트맵을 만들기 위해 우측 윈도우의 상단에 있는 빈칸(⬛)을 누른다.

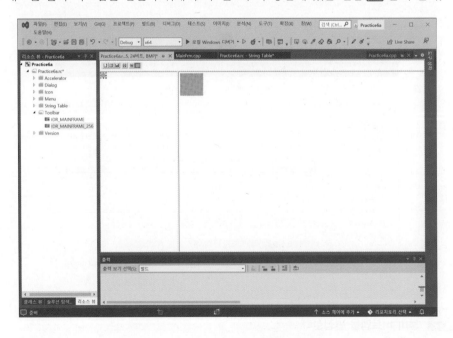

③ 툴바 편집기의 상단에 있는 [비트맵 그리기 도구]를 이용하여 다음과 같이 툴바 비트맵
   을 편집한다. 색상을 선택하기 위해서는 [이미지]─[색상 창 표시] 메뉴를 선택하면 색상
   창이 나타난다. 왼쪽 마우스로 색상을 선택하면 펜의 색상이 결정되고, 오른쪽 마우스

로 색상을 선택하면 지우개의 색상이 결정된다. 이미지 편집기에서 [연필 도구 🖊]를 선
택하여 다음과 같이 직선을 그린다.

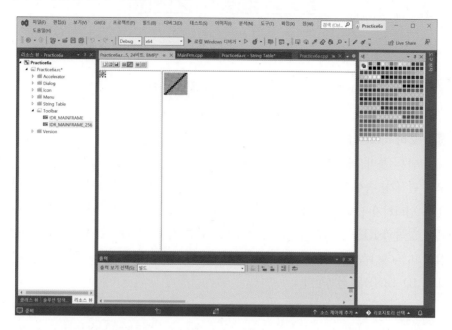

④ 툴바 비트맵을 이동한다.

 ⓐ 이동하고자 하는 툴바 비트맵을 한번 눌러 선택한 다음 왼쪽 마우스 버튼을 누른
  상태로 마우스를 좌우로 이동시킨다.

 ⓑ 원하는 위치에 왔을 때 왼쪽 마우스 버튼에서 손을 뗀다.

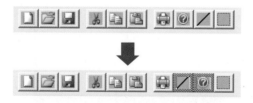

⑤ 툴바 비트맵을 삭제한다.

 ⓐ 삭제하고자 하는 툴바 비트맵을 한번 눌러 선택한 다음 왼쪽 마우스 버튼을 누른
  상태로 툴바에서 벗어난 공백 위치에 왔을 때 왼쪽 마우스 버튼에서 손을 뗀다.

ⓑ ✂ 툴바를 삭제해 보자. 삭제된 툴바의 모양은 다음과 같다.

ⓒ 나머지 툴바도 다음과 같이 삭제해 보자.

Step 3 툴바 비트맵의 속성을 설정한다.

① 새로 만든 툴바 버튼(▨)을 더블클릭하면 우측에 툴바 속성을 설정할 수 있는 [도구
모음 편집기] 속성 창이 나타난다. [ID] 항목에서 툴바를 연결하고자 하는 메뉴 항목의
ID를 입력하거나 ID 항목을 클릭하면 오른쪽에 나타나는 화살표 버튼(✔)을 클릭하여
메뉴 항목의 ID를 선택한다. ID를 직접 입력하면 잘못 입력할 수 있으므로 반드시 화
살표 버튼(✔)을 클릭하여 메뉴 항목의 ID를 선택한다. 이번 실습에서는 메뉴 항목의
ID로 ID_LINE을 선택한다.

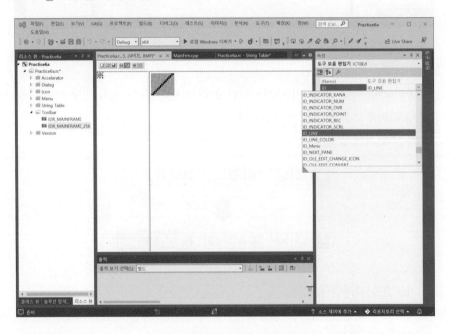

② ID를 입력하면 순간 [프롬프트] 항목에는 메뉴의 속성을 설정할 때 입력하여 두었던 툴
팁 내용이 자동으로 출력된다. 만일 출력되지 않는다면 [프롬프트] 항목을 마우스로 한
번 클릭하면 나타난다.

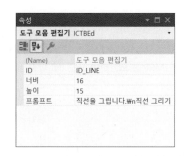

③ 위와 같은 방법으로 다음과 같이 다른 툴바들도 생성해보자.

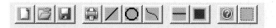

● 각 툴바에 대한 메뉴 항목의 ID

　　　 : ID_LINE　　　　　　　　 : ID_ELLIPSE

　　　 : ID_BEZIER　　　　　　　 : ID_LINE_COLOR

　　　 : ID_FACE_COLOR

Step 4 프로그램을 실행시켜보자.

Ctrl+F7 키를 눌러 컴파일하고 에러가 없다면 Ctrl+F5를 눌러 프로그램을 실행시켜보자.
툴바가 생성된 것을 볼 수 있다. 툴바를 누르면 메뉴를 선택한 것과 같은 동작을 한다. 한
번 실행해 보자.

① [리소스 뷰]에서 원하는 위치로 툴바를 이동하여도 프로그램을 실행해 보면 이동한 대
　로 보이지 않는 경우가 있다. 이는 인터페이스 정보를 윈도우 레지스트리에 기본적으로
　저장하기 때문이다. 그래서 매번 이전의 위치나 속성을 가져온다. 애플리케이션이 초기
　화될 때 상태를 초기화하는 함수는 호출하면 이런 문제는 해결된다.

　ⓐ [클래스 뷰]에서 　 CPractice6aApp 클래스에서 　 InitInstance()함수를 더블클릭
　　하여 　 InitInstance()함수 본체로 이동한다.

　ⓑ 　 InitInstance() 함수에서 SetRegistryKey() 함수 호출 후 상태를 초기화하는 함
　　수인 CleanState()함수를 추가한다.

```
BOOL CPractice6aApp::InitInstance()
{
    ......
```

```
SetRegistryKey(_T("로컬 응용 프로그램 마법사에서 생성된 응용 프로그램"));
CleanState();              // 레지스트리에 저장된 설정값을 초기화합니다.
LoadStdProfileSettings(4);   // MRU를 포함하여 표준 INI 파일 옵션을 로드합니다.

.......

}
```

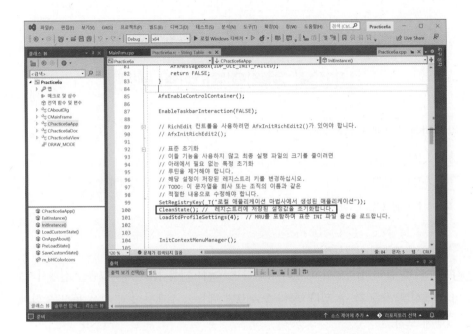

② 프로그램을 실행시켜보자. 툴바의 위치가 제대로 되었는지 확인해보자.

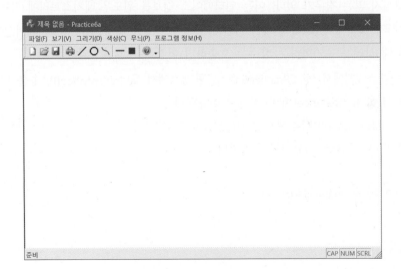

6.3 상태 표시줄(Status Bar)

상태 표시줄은 메인 프레임 하단 부에 위치하여 특정 항목을 선택하면 해당 항목의 도움말이 출력되는 형태의 윈도우를 말한다. 이들 윈도우는 그래픽으로 표시될 수도 있지만, 일반적으로 문자열 형태로 정보를 나타낸다.

상태 표시줄은 팬(pane)이라고 불리는 표시 영역들로 나뉜다. 이들은 고정되거나 변경할 수 있는 크기를 갖는다. 대개 제일 왼쪽의 팬은 가변 크기 팬이다. 아래 그림의 상태 표시줄은 1개의 가변 크기 팬과 3개의 고정 크기 팬을 갖는다. 3개의 고정 크기 팬은 보통 애플리케이션이 공통으로 가지고 있는 것으로 Caps Lock 키의 설정을 표시하는 팬, Num Lock 키의 설정을 표시하는 팬, Scroll Lock 키의 설정을 표시하는 팬으로 세 가지 팬 (CAP, NUM, SCRL)으로 나누어져 있다.

준비		CAP	NUM	SCRL

상태 표시줄을 만들기 위해서는 3가지 단계가 필요하다.

• CStatusBar의 객체를 만든다.
• CStatusBar::Create( ) 함수를 사용하여 상태 표시줄 윈도우를 만든다.
• 팬을 만들고 그 크기를 지정한다.

MFC 애플리케이션 마법사에서 자동으로 생성된 상태 표시줄에 관한 코드는 다음과 같다.

① 상태 표시줄의 멤버 변수 선언(MainFrm.h에 구현)

```
protected: // 컨트롤 모음이 포함된 멤버입니다.
    CMFCMenuBar  m_wndMenuBar;
    CMFCToolBar   m_wndToolBar;
    CMFCStatusBar m_wndStatusBar;
```

② 상태 표시줄을 분할하는 지시자(indicator) 설정(MainFrm.cpp에 구현)

지시자를 설정하는 것은 상태 표시줄 하단부에 분할 영역(팬, 지시자)을 만들어서 정보를 출력한다는 의미이다. 아래와 같이 가변 크기 팬, Caps Lock 키의 설정을 표시하는 팬, Num Lock 키의 설정을 표시하는 팬, Scroll Lock 키의 설정을 표시하는 팬이 정수형 배열로 분할되어 있다. 팬의 번호는 왼쪽부터 0, 1, 2, 3이다. 이 안에 설정된 ID_

INDICATOR_ 계열의 문자열은 이미 String Table에 설정되어 있다.

```
static UINT indicators[] =
{
    ID_SEPARATOR,              // 상태 줄 표시기
    ID_INDICATOR_CAPS,
    ID_INDICATOR_NUM,
    ID_INDICATOR_SCRL,
};
```

③ 윈도우 생성 시 상태 표시줄을 생성하는 부분(MainFrm.cpp에 구현)

윈도우 생성 시 CMFCStatusBar클래스의 Create() 함수를 호출하여 상태 표시줄을 현재의 위치(this)에 상태 표시줄을 생성한다. 다시 SetIndicators() 함수를 호출하여 indicator 정수형 배열을 인자로 사용하고 지시자에 설정한 분할될 영역의 수만큼 영역을 크기에 맞게 나누어준다.

```
int CMainFrame::OnCreate(LPCREATESTRUCT lpCreateStruct)
{
    if (CFrameWndEx::OnCreate(lpCreateStruct) == -1)
            return -1;
                ⋮
    if (!m_wndStatusBar.Create(this))
    {
            TRACE0("상태 표시줄을 만들지 못했습니다.\n");
            return -1;          // 만들지 못했습니다.
    }
    m_wndStatusBar.setIndicators(indicators, sizeof(indicators)/sizeof(UINT));
                ⋮
    return 0;
}
```

실습 6-3 상태 표시줄에 팬을 만들고 문자열을 출력하기

이번 실습은 팬을 새로 만들어 마우스 좌표를 출력하는 프로그램을 작성하는 것이다. 이 실습을 통해 상태 표시줄에 팬을 만들고 문자열을 출력하는 내용을 익힐 수 있다.

Step 1 〈실습 6-2〉의 프로젝트를 연다.

Visual C++ 2022를 실행시켜서 시작 화면에서 [프로젝트 또는 솔루션 열기]를 선택한다. [프로젝트/솔루션 열기] 대화상자에서 〈실습 6-2〉에서 프로젝트를 저장한 폴더로 이동하여, Practice6a.sln 파일을 연다.

Step 2 팬(pane)에 설정할 ID를 만든다.

먼저 상태 표시줄에 새로운 팬을 추가하기 위해 팬에 설정할 ID를 만들어보자.

① [리소스 뷰]의 🖼 **Practice6a.rc**을 오른쪽 마우스 버튼을 눌러 나타나는 단축 메뉴 중에서 [리소스 기호]를 마우스로 눌러 다음과 같이 [리소스 기호] 대화상자가 나타난다.

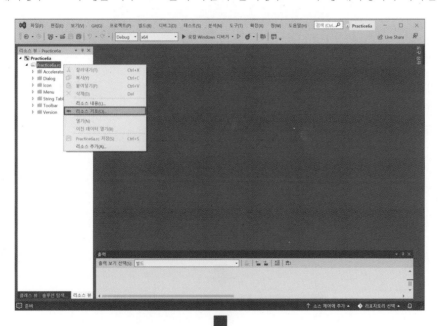

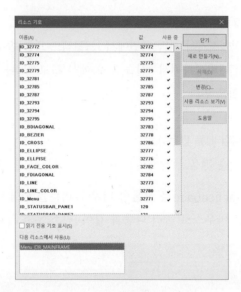

② [리소스 기호] 대화상자에서 팬에 설정할 ID를 만들기 위해 ┃새로 만들기(N)...┃ 버튼을 누른다. 그러면 다음과 같은 [새 기호] 대화상자가 나타난다. [새 기호] 대화상자에 새로 추가할 팬의 ID를 ID_INDICATOR_POINT로 다음과 같이 입력한다.

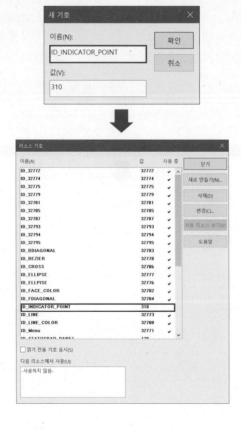

Step 3 새로 만든 팬에 출력할 초기 문자열과 크기를 정의한다.

새로 만든 팬에 출력할 초기 문자열과 크기를 정해보자.

① 새로 만든 팬에 출력될 초기 문자열을 만들기 위해 [리소스 뷰]의 🖾 String Table 에서
🔠 String Table 을 더블 클릭한다.

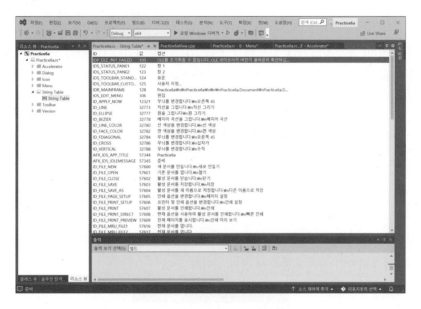

② 우측 윈도우의 하단에 있는 빈칸을 선택하고 오른쪽에 있는 속성 탭을 클릭하거나 오
른쪽 마우스 버튼을 눌러 나타나는 단축 메뉴의 [속성]을 선택한다.

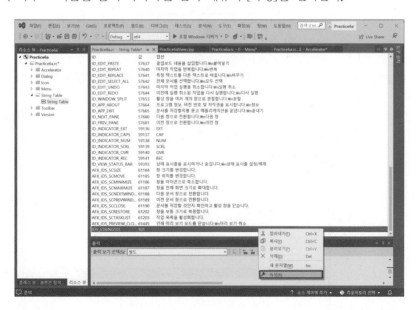

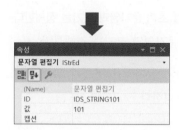

③ [문자 편집기] 속성창의 [ID] 항목에서 팬의 ID를 입력하거나 ID 항목을 클릭하면 오른
쪽에 나타나는 화살표 버튼(✔)을 클릭하여 메뉴 항목의 ID를 선택한다. 이번 실습에
서는 ID_INDICATOR_POINT를 선택한다.

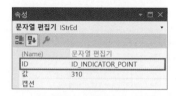

④ [캡션] 항목에 팬에 출력될 초기 문자열("마우스: X좌표   Y좌표")을 입력한다. 이때
입력하는 문자열의 길이가 출력될 팬의 길이가 된다.

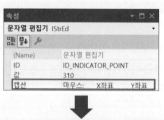

Step 4 상태 표시줄에 팬을 추가한다.

① 상태 표시줄을 분할하는 지시자 설정 부분에 팬의 ID를 추가한다.

ⓐ [클래스 뷰]에서 팬의 ID를 추가할 CMainFrame 클래스의 멤버 함수를 하나 선택하여 더블 클릭하면 나타나는 메인 프레임의 소스 파일의 윗부분으로 이동한다.

ⓑ CMainFrame 클래스의 상태 표시줄을 분할하는 지시자 설정 부분에 팬의 ID를 추가한다.

```
static UINT indicators[] =
{
    ID_SEPARATOR,              // 상태 줄 표시기
    ID_INDICATOR_POINT,        // 새로운 팬의 ID 추가
    ID_INDICATOR_CAPS,
    ID_INDICATOR_NUM,
    ID_INDICATOR_SCRL,
};
```

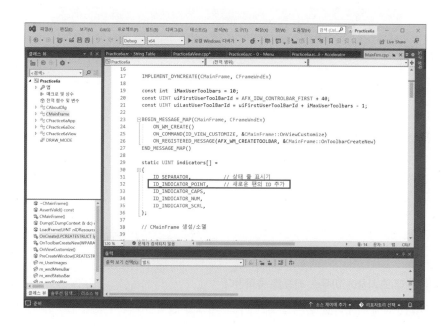

ⓒ 위와 같이 상태 표시줄을 분할하는 지시자 설정 부분에 팬의 ID를 추가하면 CMFCStatusBar클래스의 Create() 함수가 호출되어 상태 표시줄을 생성한다. 그리고 CMainFrame 클래스의 OnCreate(LPCREATESTRUCT lpCreateStruct) 함수에서 지시자에 설정한 분할될 영역의 수만큼 상태 표시줄을 크기에 맞게 나누어주기 위

하여 SetIndicators() 함수를 호출한다. 그러나 SetPaneInfo() 함수를 사용하여 다음
과 같이 코딩을 추가하면 영역의 크기를 조정할 수 있다.

```
int CMainFrame::OnCreate(LPCREATESTRUCT lpCreateStruct)
{
    ........
    m_wndStatusBar.SetIndicators(indicators, sizeof(indicators)/sizeof(UINT));
    // 마우스 좌표를 출력할 상태 바의 위치, ID, 크기를 설정한다.
    m_wndStatusBar.SetPaneInfo( 1, ID_INDICATOR_POINT, SBPS_NORMAL, 200 );
    ........
}
```

Step 5 프로그램을 실행시켜보자

`Ctrl`+`F7` 키를 눌러 컴파일하고 에러가 없다면 `Ctrl`+`F5`을 눌러 프로그램을 실행시켜보자.
그러면 상태 표시줄에 새로 생성한 팬과 우리가 설정한 초기 문자열이 보일 것이다.

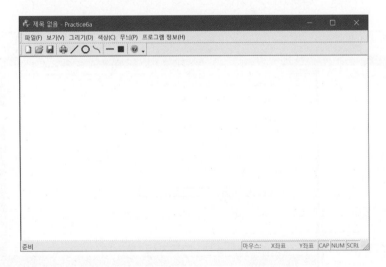

Step 6 상태 표시줄에 마우스 좌표를 출력한다.

새로 추가된 팬에 마우스를 움직일 때 마우스 좌표를 출력하도록 구현시켜보자.

① 클래스 마법사를 실행하여 [클래스 이름] 항목에서 **CPractice6aView**을 선택하고 [메
시지] 항목에서 **WM_MOUSMOVE**를 선택한 후 처리기 추가(A)... 버튼을 눌러 메시지 핸들러
함수를 만든다.

② 메시지 핸들러 함수에 다음과 같은 코드를 추가한다.

```
void CPractice6aView::OnMouseMove(UINT nFlags, CPoint point)
{
    // TODO: 여기에 메시지 처리기 코드를 추가 및/또는 기본값을 호출합니다.
    // 메인프레임의 포인터 얻음
    CMainFrame *pFrame = (CMainFrame *)AfxGetMainWnd();

    CString strPoint;
    strPoint.Format(_T("마우스 위치 x : %d, y : %d"), point.x, point.y);

    // 새로 추가한 팬에 마우스 위치 출력
    pFrame->m_wndStatusBar.SetPaneText(1, strPoint);
    CView::OnMouseMove(nFlags, point);
}
```

CStatusBar::SetPaneText() 함수

SetPaneText() 함수는 팬에 문자열을 출력하는 함수로 함수의 원형은 다음과 같다.

BOOL SetPaneText(int nIndex, LPCTSTR lpszNewText, BOOL bUpdate = TRUE);

- nIndex : 문자열이 표시하고자 하는 팬의 번호
- lpszNewText : 출력하고자 하는 문자열
- bUpdate : TRUE이면 팬의 SetPaneText() 함수를 추가한 메시지에 따라 초기 문자열이 출력하고자 하는 문자열로 변경되고, FALSE이면 초기 문자열이 변경되지 않는다. 디폴트 인자는 TRUE이다.

---

m_wndStatusBar는 🐾 CMainFrame 클래스의 멤버 변수이므로 AfxGetMainWnd() 함수를 이용하여 얻어진 🐾 CMainFrame 클래스의 인스턴스 포인터(예 pFrame)를 이용하여 접근해야 한다. 이때, 🐾 CMainFrame 클래스의 외부인 🐾 CPractice6aView 클래스에서 🐾 CMainFrame 클래스의 멤버를 참조하려면 m_wndStatusBar가 🐾 CMainFrame 클래스의 public 멤버로 선언되어 있어야 한다. 또한 🐾 CPractice6aView 클래스의 소스 파일에 🐾 CMainFrame 클래스의 헤더파일을 include 시켜야 한다.

③ 🐾 CPractice6aView 클래스에서 🐾 CMainFrame 클래스의 멤버 변수인 m_wndStatusBar를 참조하기 위해 🐾 CMainFrame 클래스에 CMFCStatusBar 클래스의 객체를 public으로 선언한다.

ⓐ [클래스 뷰]에서 🐾 CMainFrame 클래스를 더블 클릭하면 🐾 CMainFrame의 헤더 파일이 나타난다.

ⓑ 🐾 CMainFrame 클래스의 헤더 파일에 CMFCStatusBar 클래스의 객체를 protected에서 public으로 수정한다.

```
class CMainFrame : public CFrameWnd
{
.......
public:
    CMFCMenuBar        m_wndMenuBar;
    CMFCToolBar        m_wndToolBar;
    CMFCStatusBar      m_wndStatusBar;
.......
};
```

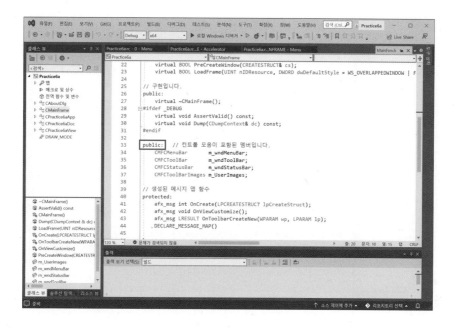

④ 🔧 CPractice6aView 클래스에서 🔧 CMainFrame 클래스의 멤버 변수인 m_wndStatusBar를 참조하기 위해 🔧 CPractice6aView 클래스에 🔧 CMainFrame 클래스의 헤더파일을 include 시킨다.

ⓐ [클래스 뷰]에서 🔧 CPractice6aView 클래스의 함수를 하나 선택하여 더블 클릭하면 🔧 CPractice6aView 클래스의 소스 파일이 나타난다.

ⓑ 🔧 CPractice6aView 클래스의 소스 파일에 🔧 CMainFrame 클래스의 헤더파일을 include 시킨다.

```
#include "Practice6aDoc.h"
#include "Practice6aView.h"
#include "MainFrm.h"
....
```

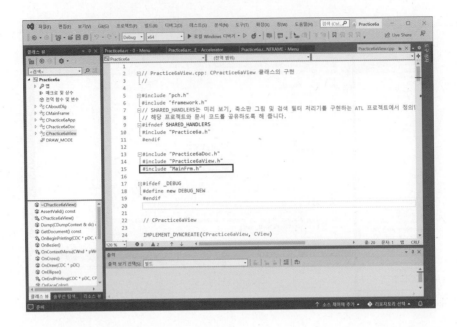

Step 7 프로그램을 실행시켜보자.

Ctrl + F7 키를 눌러 컴파일하고 에러가 없다면 Ctrl + F5 를 눌러 프로그램을 실행시켜보자. 메뉴나 툴바를 선택할 때 상태 표시줄의 팬에 마우스의 좌표가 출력되는지 확인해보자.

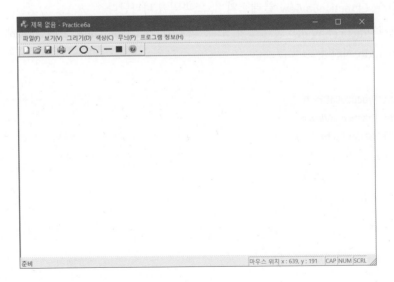

6.4 도킹 팬(Docking Pane) 윈도우

도킹 팬(Docking Pane) 윈도우는 Visual Studio 2008 SP1 Feature Pack부터 적용된 인터페이스 기술로써, MFC 내부에 CDockablePane 클래스로 구현되어 있다. 도킹 팬 윈도우의 일반적인 특징은 툴바(Toolbar) 또는 다이얼로그 바(DialogBar)와 같이 프레임 윈도우의 어떤 부분이라도 자유롭게 도킹(Docking)할 수 있다는 것이다. 그리고 일반적인 바(Bar) 윈도우와 비교하여 가장 큰 차이점은 탭(Tab) 윈도우를 이용한 중첩이 가능하다는 점과 분할 윈도우를 이용한 영역배치를 할 수 있다는 것이다. 이 밖에도 캡션(Caption), 자동 숨기기(Auto hide), 컨텍스트 메뉴(Context menu) 등 유용한 기능이 있다.

도킹 팬 윈도우를 가장 잘 활용하고 있는 예시가 바로 우리가 사용하고 있는 Visual Studio이다. 클래스 뷰, 솔루션 뷰, 출력 창, 속성 창 등 소스 편집기 이외의 대부분이 도킹 팬 윈도우로 되어 있기 때문에, 전체적인 인터페이스 레이아웃 설정을 자유자재로 변경할 수 있는 유연함을 제공하고 있다.

실습 6-4　개인정보 출력 도킹 팬 만들기

이번 실습은 도킹 팬 윈도우 내부의 대화상자 폼으로 구성된 컨트롤을 이용하여 이름, 성별, 취미를 선택하고 선택된 내용을 윈도우에 출력하는 프로그램을 작성하는 프로젝트이다. [성별] Combo Box에서 아이템을 선택하면 Radio Button에 바로 적용되고 반대로 Radio Button을 선택하면 Combo Box에 아이템이 표시되게 한다. [취미] List Box에서 아이템을 선택하면 그에 해당하는 Check Box가 체크되고 또다시 선택하면 해당하는 Check Box의 체크가 해제된다. 반대로 Check Box를 선택하면 그에 해당하는 List Box의 아이템이 선택되고, Check Box의 체크를 해제하면 해당되는 List Box 아이템의 선택이 해제된다. 이 실습을 통해 도킹 팬 윈도우에 관한 내용을 익힐 수 있다.

Step 1　프로젝트를 생성한다.

① 프로젝트 이름을 "Practice6b"라 정한다.

② MFC 애플리케이션 마법사의 [애플리케이션 종류] 단계에서 "단일 문서"를 선택하여 SDI 기반의 프로젝트를 만들고, [프로젝트 스타일] 항목은 "MFC standard"을, [비주얼 스타일 및 색] 항목은 "Windows Native/Default"을 선택한다.

③ 　다음　 버튼을 눌러 [사용자 인터페이스 기능] 단계에서 [명령 모음(메뉴/도구 모음/ 리본)] 항목에서 "메뉴 모음 및 도구 모음 사용"을 선택한다. 이 항목을 선택해야만 도 킹 팬을 사용할 수 있다

④ 　마침　 버튼을 누르고 프로젝트의 생성이 완료되면 다음 그림과 같은 화면이 출력될 것이다.

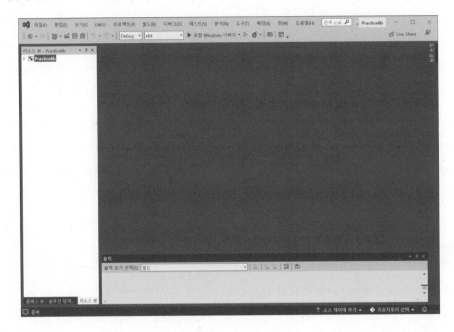

Step 2　대화상자의 리소스를 편집하고 클래스를 생성한다.

① 대화상자를 만들고 속성을 설정한다.

ⓐ [리소스 뷰]에서 ▦ Dialog을 선택한 후 오른쪽 마우스 버튼을 누르면 나타나는 단 축 메뉴 중에서 [삽입]을 마우스로 선택하면 다음과 같이 [리소스 뷰]에 대화상자에 대한 ID가 추가되고 오른쪽에 도킹 팬을 만들 대화상자가 나타난다.

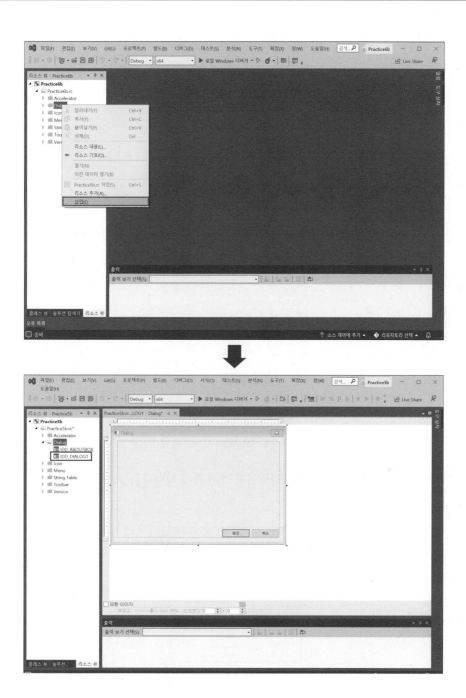

ⓑ 대화상자 폼을 선택한 다음 오른쪽 마우스 버튼을 눌러 나타나는 단축 메뉴 중에서
[속성]을 선택하여 대화상자의 속성을 선택하는 속성 창이 나타나면 [ID] 항목에는
IDD_DIALOG_INFO라고 입력한다.

ⓒ 속성 창에서 [스타일] 항목을 클릭하면 오른쪽에 나타나는 화살표 버튼(⌄)을 클릭하여 "Child"를 선택한다.

ⓓ 속성 창에서 [테두리] 항목을 클릭하면 오른쪽에 나타나는 화살표 버튼(⌄)을 클릭하여 None을 선택한다.

② 대화상자에 컨트롤을 배치하고 속성을 설정한다.

　ⓐ 대화상자를 마우스로 눌러 대화상자의 크기를 조절하고 [확인] 버튼과 [취소] 버튼을 선택하여 [Delete] 키를 눌러 삭제한다.

ⓑ [도구 상자]를 이용하여 대화상자 폼을 다음 그림과 같이 각 컨트롤들을 배치한다.

ⓒ 대화상자에 배치된 Group Box의 속성을 순서대로 다음과 같이 설정한다.

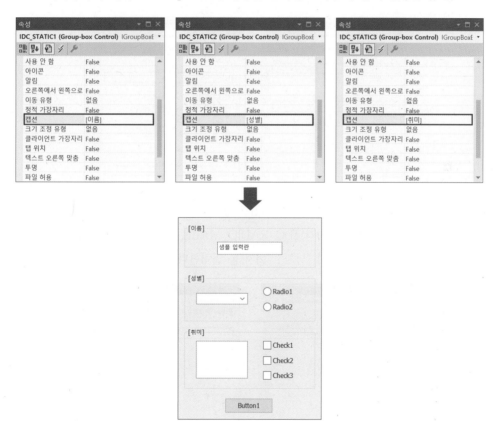

ⓓ [이름] Group Box에 있는 Edit Control은 이름을 입력하는 컨트롤이다. 속성 창에
　서 [ID] 항목을 IDC_EDIT_NAME으로 설정한다.

ⓔ [성별] Group Box에 있는 Combo Box는 성별을 선택하는 컨트롤이다. 속성 창에서 [ID] 항목은 IDC_COMBO_SEX로 설정하고 [데이터] 항목의 값은 "남자", "여자"을 입력한다. 데이터 항목 간의 구분은 세미콜론으로 한다. 반드시 "남자"가 먼저 나와야 한다. 또한 [정렬] 항목은 False로, [형식] 항목은 Drop List로 설정한다.

ⓕ [성별] Group Box에 있는 2개의 Radio Button도 성별을 선택하는 컨트롤이다. 속성 창에서 [ID] 항목은 각각 IDC_RADIO_MALE, IDC_RADIO_FEMALE로 설정하고 [캡션] 항목은 각각 "남자", "여자"를 입력한다.

ⓖ [취미] Group Box에 있는 List Box는 취미를 선택하는 컨트롤이다. 속성 창에서
[ID] 항목은 IDC_LIST_HOBBY로 설정하고 [정렬] 항목의 값을 False로 설정한다.
아이템의 다중 선택을 위해 [선택] 항목은 Multiple을 선택한다. List Box 아이템
의 초기화는 프로그램에서 한다.

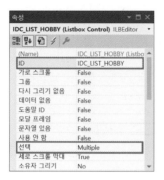 

ⓗ [취미] Group Box에 있는 3개의 Check Box도 취미를 선택하는 컨트롤이다. 속
성 창에서 [ID] 항목은 각각 IDC_CHECK_READING, IDC_CHECK_FISHING,
IDC_CHECK_SPORTS로 설정하고 [캡션] 항목은 각각 "독서", "낚시", "운동"을 입
력한다.

ⓘ Button은 대화상자에서 선택된 내용을 윈도우에 출력하는 컨트롤이다. 속성 창에
서 [ID] 항목은 IDC_BUTTON_RESULT로 설정하고 [캡션] 항목은 "출력"을 입력
한다.

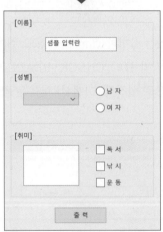

③ 대화상자 클래스를 생성한다.

ⓐ 생성한 대화상자를 더블클릭하거나 리소스 편집기에서 오른쪽 마우스 버튼을 누르면 나타나는 단축 메뉴 중에서 [클래스 추가]를 마우스로 선택하면 다음과 같이 [MFC 클래스 추가 마법사] 대화상자가 나타난다. [클래스 이름]에 "CInfoCtrl"을 입력하고 확인 버튼을 누른다.

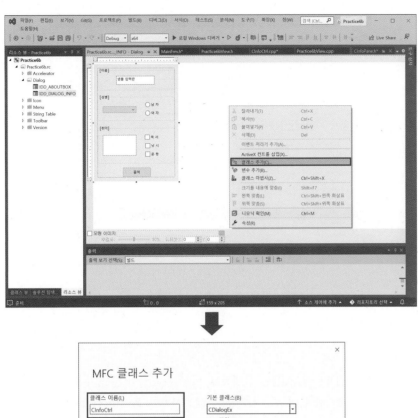

Step 3 **대화상자의 컨트롤들을 멤버 변수와 연결한다.**

앞 단계에서 추가한 컨트롤들을 멤버 변수와 연결한다. 여기서는 클래스 마법사를 이용하
여 컨트롤을 멤버 변수와 연결해보자.

① Ctrl + Shift + X 를 눌러서 클래스 마법사를 실행하고, [클래스 이름] 항목에는
   CInfoCtrl 클래스를 선택하고 [멤버 변수] 탭을 누르면 다음 그림과 같이 컨트롤의 ID
   항목들을 볼 수 있다.

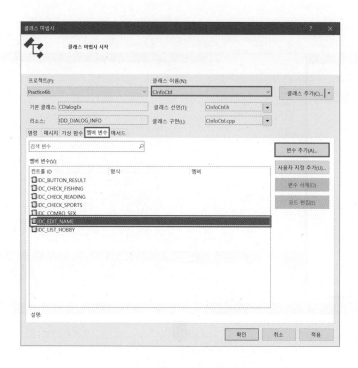

② 위와 같이 IDC_EDIT_NAME를 선택하고, [변수 추가(A)...] 버튼을 누르게 되면 다음과 같이 컨트롤에 연결할 제어 변수를 설정하는 대화상자가 출력된다. [제어 변수 추가] 대화상자에서 [범주] 항목에서 "값"을 선택하고 [변수 형식] 항목은 CString 그대로 둔다. [이름] 항목에 m_strName 라고 설정한 후 [마침] 버튼을 누른다.

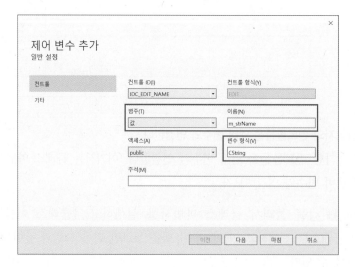

③ 나머지 Combo Box와 List Box 들도 다음의 표와 같이 제어 변수와 연결해준다. Ctrl + Shift + X 키를 눌러서 클래스 마법사 대화상자를 출력한 후, [멤버 변수] 탭을 선택하고 다음과 같이 설정하고 확인해보자.

컨트롤 ID	범주	이름	변수 형식
IDC_COMBO_SEX	컨트롤	m_cbSex	CComboBox
IDC_LIST_HOBBY	컨트롤	m_listHobby	CListBox

Step 4 대화상자를 초기화 시켜준다.

① 대화상자의 초기화는 WM_INITDLG 메시지 핸들러 함수인 OnInitDialog() 함수에서 한다.

ⓐ [프로젝트] 메뉴의 [클래스 마법사] 항목을 선택하여 클래스 마법사를 실행시켜 [클래스 이름] 항목에는 CInfoCtrl 클래스를 선택하고 [가상함수] 탭이 선택된 상태에서 [메시지] 항목에 OnInitDialog 선택하고 함수 추가(A) 버튼을 클릭하면 가상함수가 추가된다.

ⓑ 클래스 마법사에서 [코드 편집(E)] 버튼을 눌러, 소스 코드 부분으로 이동한다. 소스 코드를 보면 🐾 OnInitDialog() 함수가 추가되어 있을 것이다. List Box는 3개의 데이터 (독서, 낚시, 운동)로 초기화한다. 초기화는 List Box의 멤버 함수인 AddString() 함수를 사용한다. Combo Box와 Radio Button은 "남자"로 초기화한다. Combo Box 초기화는 Combo Box의 멤버 함수인 SetCurSel() 함수를 사용하고, Radio Button 초기화는 GetDlgItem() 함수를 이용하여 Radio Button의 포인터를 얻고 SetCheck() 함수를 이용하여 대화상자 출력 시 Radio Button이 선택되도록 초기화하는 코딩을 한다.

```
BOOL CInfoCtrl::OnInitDialog()
{
    CDialogEx::OnInitDialog();
    // TODO:  여기에 추가 초기화 작업을 추가합니다.
    m_listHobby.AddString(_T("독 서"));                    // List Box 초기화
    m_listHobby.AddString(_T("낚 시"));
    m_listHobby.AddString(_T("운 동"));

    m_cbSex.SetCurSel(0);                                 // Combo Box 초기화
```

```
((CButton*)GetDlgItem(IDC_RADIO_MALE))->SetCheck(TRUE);       // Radio Button 초기화

return TRUE      // return TRUE unless you set the focus to a control
                 // 예외: OCX 속성 페이지는 FALSE를 반환해야 합니다.
}
```

CWnd::GetDlgItem() 함수

GetDlgItem() 함수는 대화상자에 있는 컨트롤의 ID를 사용하여 컨트롤의 포인터를 검색하는 함수이다. 함수 원형은 다음과 같다.

CWnd* GetDlgItem(int nID) const;

- nID : 검색할 컨트롤의 정수형 식별자 혹은 컨트롤 ID

Step 5 개인 정보 대화상자를 가진 도킹 팬(Docking Pane) 클래스를 추가한다.

① 도킹 팬(Docking pane) 파생 클래스를 생성한다.

ⓐ [프로젝트] 메뉴의 [클래스 마법사] 항목을 선택하여 클래스 마법사를 실행시켜 오른쪽에 있는 [클래스 추가(C)... ▼] 버튼 옆의 화살표 버튼(▼)을 클릭하여 [MFC 클래스(C)...]를 선택한다.

ⓑ [MFC 클래스 추가] 대화상자에서 [클래스 이름] 항목은 "CInfoPane"이라 입력하고, [기본 클래스] 항목은 "CDockablePane"을 선택한 후 [확인] 버튼을 누르면 클래스가 추가된다. [클래스 뷰]에서 "CInfoPane" 클래스가 추가된 것을 확인할 수 있다.

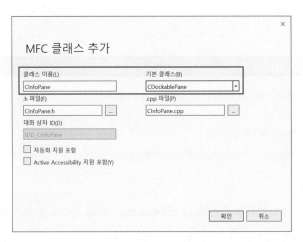

② 이전 단계에서 추가한 ⚙ CInfoCtrl 클래스의 인스턴스를 멤버 변수로 추가한다.

　ⓐ [클래스 뷰]에서 멤버 변수를 추가할 ⚙ CInfoPane 클래스를 선택하고 오른쪽 마우스를 눌러 나타나는 단축 메뉴에서 [추가]–[변수 추가] 항목을 마우스로 선택한다. [변수 추가] 대화상자가 나타나면 [이름] 항목에 "m_ctrlInfo"을 입력하고 [형식] 항목에 "CInfoCtrl"을 입력한다.

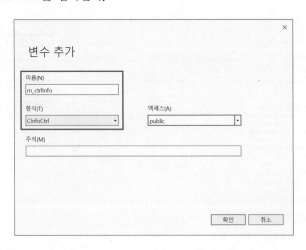

　ⓑ 입력이 끝나고 [확인] 버튼을 누르면 멤버 변수가 추가된다.

ⓒ 🔩 CInfoPane 클래스의 헤더파일에 🔩 CInfoCtrl 클래스의 헤더파일을 include 시킨다.

```
#pragma once
#include "CInfoCtrl.h"

// CInfoPane
....
```

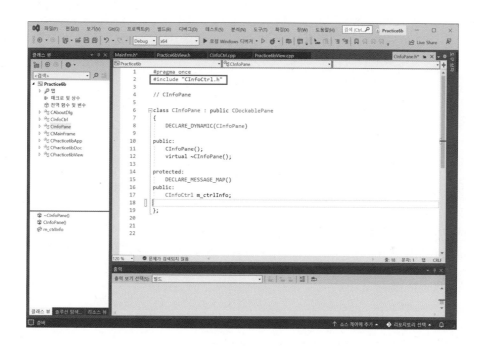

Step 6 🔩 CInfoPane 클래스에 메시지 핸들러 함수를 추가한다.

① 🔩 CInfoPane 클래스에 윈도우 생성에 대한 메시지 핸들러 함수를 추가한다.

ⓐ [프로젝트] 메뉴의 [클래스 마법사] 항목을 선택하여 클래스 마법사를 실행시켜 [클래스 이름] 항목에는 CInfoPane 클래스를 선택하고 [메시지] 탭이 선택된 상태에서 [메시지] 항목에 WM_CREATE 선택하고 처리기 추가(A)... 버튼을 클릭하면 메시지 핸들러 함수가 추가된다.

ⓑ 메시지 핸들러 함수를 추가한 후 [코드 편집(E)] 버튼을 누르고 코딩을 시작한다.

```
int CInfoPane::OnCreate(LPCREATESTRUCT lpCreateStruct)
{
    if (CDockablePane::OnCreate(lpCreateStruct) == -1)
        return -1;

    // TODO:  여기에 특수화된 작성 코드를 추가합니다.
    if( !m_ctrlInfo.Create(IDD_DIALOG_INFO, this))
    {
        TRACE0("개인 정보 윈도우를 만들지 못했습니다.\n");
        return -1;
    }
    m_ctrlInfo.ShowWindow(SW_SHOW);
    return 0;
}
```

② CInfoPane 클래스에 윈도우 크기 변경에 대한 메시지 핸들러 함수를 추가한다.

　　ⓐ 위와 같은 방법으로 [클래스 이름] 항목에는 CInfoPane 클래스를 선택하고 [메시

지] 탭이 선택된 상태에서 [메시지] 항목에 WM_SIZE 선택하고 처리기 추가(A)... 버튼을
클릭하면 메시지 핸들러 함수가 추가된다.

ⓑ 메시지 핸들러 함수를 추가한 후 코드 편집(E) 버튼을 누르고 코딩을 시작한다.

```
void CInfoPane::OnSize(UINT nType, int cx, int cy)
{
    CDockablePane::OnSize(nType, cx, cy);

    // TODO: 여기에 메시지 처리기 코드를 추가합니다.
    if (m_ctrlInfo.GetSafeHwnd())
    {
        m_ctrlInfo.MoveWindow(0, 0, cx, cy);
        m_ctrlInfo.SetFocus();
    }
}
```

Step 7 개인 정보 도킹 팬을 생성한다.

① 도킹 팬 객체를 멤버 변수로 선언한다.

ⓐ [클래스 뷰] 윈도우에서 ✿ CMainFrame 클래스를 선택하고 오른쪽 마우스를 눌러
나타나는 단축 메뉴에서 [추가]–[변수 추가] 항목을 선택한다. [변수 추가] 대화상자
가 나타나면 [이름] 항목에 "m_paneInfo"를 입력하고 [형식] 항목에 "CInfoPane"
을 입력한다.

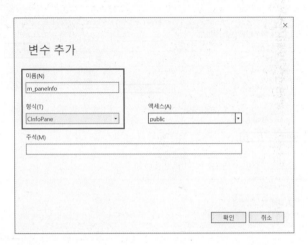

ⓑ 입력이 끝나고 [확인] 버튼을 누르면 멤버 변수가 추가된다.

ⓒ ✿ CMainFrame 클래스의 헤더파일에 ✿ CInfoPane 클래스의 헤더파일을 include
시킨다.

```
// MainFrm.h: CMainFrame 클래스의 인터페이스
//
#include "CInfoPane.h"
#pragma once
....
```

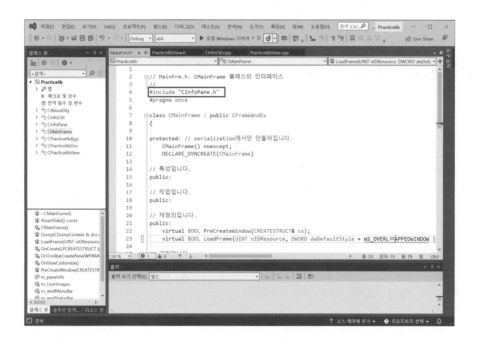

② 도킹 팬을 생성한다.

    ⓐ [클래스 뷰]에서 ✷ CMainFrame 클래스의 ✷ OnCreate(LPCREATESTRUCT lpCreateStruct) 함수를 더블 클릭하면 ✷ OnCreate(LPCREATESTRUCT lpCreateStruct) 함수를 수정할 수 있는 상태가 된다.

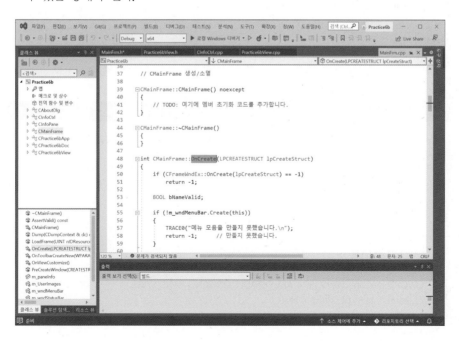

ⓑ 🐾 OnCreate(LPCREATESTRUCT lpCreateStruct) 함수에 도킹 팬을 생성하는 코드를 입력한다. 도킹 팬은 상태 표시줄과 툴바처럼 윈도우가 생성할 때 생기므로 OnCreate() 함수에 생성 코드를 넣어준다.

```
int CMainFrame::OnCreate(LPCREATESTRUCT lpCreateStruct)
{
    .......
    lstBasicCommands.AddTail(ID_VIEW_STATUS_BAR);
    lstBasicCommands.AddTail(ID_VIEW_TOOLBAR);

    CMFCToolBar::SetBasicCommands(lstBasicCommands);

    if (!m_paneInfo.Create(_T("개인 정보"), this, CRect(0, 0, 200, 200), TRUE, 0xfafa,
        WS_CHILD | WS_VISIBLE | WS_CLIPSIBLINGS | WS_CLIPCHILDREN |
        CBRS_RIGHT | CBRS_FLOAT_MULTI) )
    {
        TRACE0("도킹 팬(Pane)을 만들지 못했습니다.\n");
        return -1; // 만들지 못했습니다.
    }
    m_paneInfo.SetMinSize(300);

    // 도킹할 수 있도록 함.
    m_paneInfo.EnableDocking(CBRS_ALIGN_ANY);
    DockPane(&m_paneInfo);

    return 0;
}
```

CDockablePane::Create() 함수

Create() 함수는 도킹 팬(Docking Pane) 윈도우를 생성할 때 사용하는 함수로 원형은 다음과 같다.

```
BOOL Create(
    LPCTSTR lpszCaption,
    CWnd* pParentWnd,
    const RECT& rect,
    BOOL bHasGripper,
    UINT nID,
    DWORD dwStyle,
    DWORD dwTabbedStyle = AFX_CBRS_REGULAR_TABS,
    DWORD dwControlBarStyle = AFX_DEFAULT_DOCKING_PANE_STYLE,
    CCreateContext* pContext = NULL
);
```

- lpszCaption   : 윈도우의 상단의 타이틀 바에 출력된 캡션 텍스트
- pParentWnd   : 도킹 팬 윈도우를 소유할 부모 윈도우의 핸들
- rect   : 생성될 윈도우의 위치 및 크기
- bHasGripper   : 캡션의 유무를 설정
- nID   : 윈도우의 ID
- dwStyle   : 윈도우의 스타일 속성

Step 8 프로그램을 실행시켜보자.

Ctrl + F7 키를 눌러 컴파일하고 에러가 없다면 Ctrl + F5 를 눌러 프로그램을 실행해 보면 아래와 같이 도킹 팬이 생성되어 있을 것이다. 그리고 도킹 팬 윈도우의 캡션 부분을 드래깅하면 아래 두 번째 그림과 같이 도킹이 가능한 영역을 보여주는 도킹 스티커(Docking Sticker)가 출력되어 도킹 기능을 좀 더 쉽게 이용할 수 있도록 해 준다. 현재 도킹 팬 윈도우의 버튼이나 List Box 등 컨트롤에 대한 메시지 핸들러 함수를 작성하지 않았으므로 아무 기능이 없다. 이제 컨트롤들의 메시지 핸들러 함수를 만들어보자.

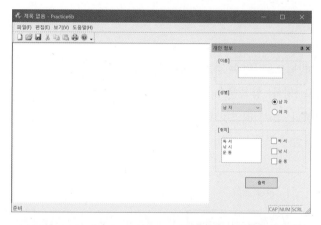

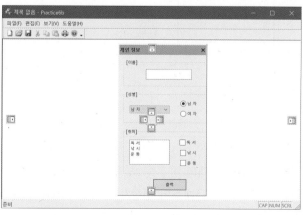

Step 9 🧩 CInfoCtrl 클래스에 필요한 멤버 변수를 추가한다.

① 🧩 CInfoCtrl 클래스에 필요한 멤버 변수를 추가한다.

ⓐ [클래스 뷰]에서 멤버 변수를 추가할 🧩 CInfoCtrl 클래스를 선택한 후 오른쪽 마우스 버튼을 누르면 나타나는 단축 메뉴 중에서 [추가]-[변수 추가]를 선택한 후 [변수 추가] 대화상자가 나타나면 [이름] 항목은 m_bSex로 입력하고 [형식] 항목은 bool 형을 선택하여 Radio Button 선택을 나타내는 변수를 추가한다.

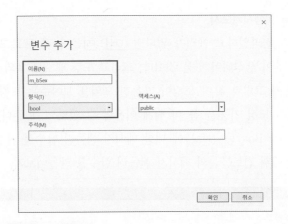

ⓑ 위와 같은 방법으로 [변수 추가] 대화상자가 나타나면 [이름] 항목은 m_bChecked 로 입력하고 [형식] 항목은 bool[3] 형을 입력하여 Check Box 선택을 나타내는 변수를 추가한다. 혹시 배열형으로 변수를 선언할 때 에러가 발생하면 🧩 CInfoCtrl 클래스 헤더파일에 직접 bool m_bChecked[3];으로 선언해주면 된다.

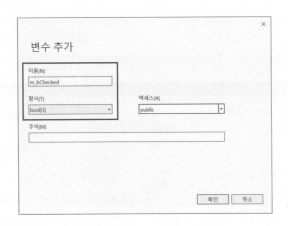

② 🧩 CInfoCtrl 클래스에 추가한 2개의 변수를 초기화한다.

ⓐ [클래스] 뷰에서 🧩 CInfoCtrl 클래스의 생성자 함수인 🔷 CInfoCtrl(CWnd * pParent = nullptr) 함수를 더블클릭하여 🔷 CInfoCtrl(CWnd * pParent = nullptr) 함수로 이동하여 m_bSex

변수는 true로 초기화하고 m_bChecked의 배열요소 3개 모두 false로 초기화
한다. m_bSex 변수에서 true는 남자를 나타내고 false는 여자를 나타낸다. m_
bChecked 변수에서 true는 Check Box가 체크된 것이고 false는 Check Box의
체크가 해제된 것을 의미한다.

```
CInfoCtrl::CInfoCtrl(CWnd* pParent /*=nullptr*/)
    : CDialogEx(IDD_DIALOG_INFO, pParent)
    , m_strName(_T(""))
{
    m_bSex = true;
    m_bChecked[0] = m_bChecked[1] = m_bChecked[2] = false;
}
```

Step 10 **개인 정보 대화상자의 컨트롤들에 대한 명령 핸들러 함수를 만든다.**

① Combo Box의 이벤트를 처리할 명령 핸들러 함수를 추가한다.

ⓐ Ctrl + Shift + X 키를 누르거나, [프로젝트] 메뉴의 [클래스 마법사]를 선택하면 나
타나는 클래스 마법사에서 [클래스 이름] 항목에서 CInfoCtrl을 선택하고 [개체 ID]
항목에서 IDC_COMBO_SEX를 [메시지] 항목에서 CBN_SELCHANGE 메시지를
선택하고 처리기 추가(A)... 버튼을 선택한 후 [멤버 함수 추가] 대화상자에서 지정된 값으
로 지정하고 확인 버튼을 눌러서 명령 핸들러 함수를 추가한다.

ⓑ 클래스 마법사에서 [코드 편집(E)] 버튼을 눌러, 소스 코드 부분으로 이동한다. 추가된 OnSelchangeComboSex() 함수에 Combo Box의 아이템을 선택하면 그에 해당하는 Radio Button이 체크되게 코딩한다.

```
void CInfoCtrl::OnSelchangeComboSex()
{
    // TODO: 여기에 컨트롤 알림 처리기 코드를 추가합니다.
    int index = m_cbSex.GetCurSel();
    switch (index)
    {
    case 0:
        m_bSex = true;
        ((CButton*)GetDlgItem(IDC_RADIO_MALE))->SetCheck(TRUE);
        ((CButton*)GetDlgItem(IDC_RADIO_FEMALE))->SetCheck(FALSE);
        break;
    case 1:
        m_bSex = false;
        ((CButton*)GetDlgItem(IDC_RADIO_MALE))->SetCheck(FALSE);
        ((CButton*)GetDlgItem(IDC_RADIO_FEMALE))->SetCheck(TRUE);
        break;
    }
}
```

② Radio Button의 이벤트를 처리할 명령 핸들러 함수를 추가한다.

ⓐ [프로젝트] 메뉴의 [클래스 마법사]를 선택하면 나타나는 클래스 마법사에서 [클래스 이름] 항목에서 CInfoCtrl을 선택하고 [개체 ID] 항목에서 IDC_RADIO_MALE

를 [메시지] 항목에서 COMMAND 메시지를 선택하고 처리기 추가(A)... 버튼을 선택한 후 [멤버 함수 추가] 대화상자에서 지정된 값으로 지정하고 확인 버튼을 눌러서 명령 핸들러 함수를 추가한다.

ⓑ 클래스 마법사에서 코드 편집(E) 버튼을 눌러, 소스 코드 부분으로 이동한다. 추가된 OnRadioMale() 함수에 "남자" Radio Button을 선택했을 때의 동작을 코딩하면 된다. Radio Button이 선택되면 Combo Box에서 그에 해당하는 아이템이 표시되게 코딩한다.

```
void CInfoCtrl::OnRadioMale()
{
    // TODO: 여기에 명령 처리기 코드를 추가합니다.
    m_bSex = true;
    m_cbSex.SetCurSel(0);
}
```

CComboBox::SetCurSel() 함수

SetCurSel() 함수는 Combo Box의 목록 상자에서 아이템을 선택하는 함수이다. Index는 0부터 시작되고 함수의 원형은 다음과 같다.

int SetCurSel(int nSelect)

• nSelect : 선택할 아이템의 인덱스

ⓒ 위와 같은 방법으로 "여자" Radio Button에 대한 명령 핸들러 함수도 만들어보자. 클래스 마법사에서 [개체 ID] 항목에서 IDC_RADIO_FEMALE을 [메시지] 항목에서 COMMAND 메시지를 선택하고 [처리기 추가(A)...] 버튼을 선택한 후 [멤버 함수 추가] 대화상자에서 지정된 값으로 지정하고 [확인] 버튼을 눌러서 명령 핸들러 함수를 추가한다.

ⓓ 클래스 마법사에서 [코드 편집(E)] 버튼을 눌러, 소스 코드 부분으로 이동한다. 이곳에 "여자" Radio Button을 선택했을 때의 동작을 코딩하면 된다.

```
void CInfoCtrl::OnRadioFeMale()
{
    // TODO: 여기에 명령 처리기 코드를 추가합니다.
    m_bSex = false;
    m_cbSex.SetCurSel(1);
}
```

③ List Box의 이벤트를 처리할 명령 핸들러 함수를 추가한다.

ⓐ [Ctrl]+[Shift]+[X] 키를 누르거나, [프로젝트] 메뉴의 [클래스 마법사]를 선택하면 나타나는 클래스 마법사에서 [클래스 이름] 항목에서 CInfoCtrl을 선택하고 [개체 ID] 항목에서 IDC_LIST_HOBBY를 [메시지] 항목에서 LBN_SELCHANGE 메시지를 선택하고 [처리기 추가(A)...] 버튼을 선택한 후 [멤버 함수 추가] 대화상자에서 지정된 값으로 지정하고 [확인] 버튼을 눌러서 명령 핸들러 함수를 추가한다.

ⓑ 클래스 마법사에서 [코드 편집(E)] 버튼을 눌러, 소스 코드 부분으로 이동한다. 소스 코드를 보면 OnSelchangeListHobby() 함수가 추가되어 있을 것이다. 이곳에 List Box의 아이템을 선택했을 때의 동작을 코딩하면 된다. List Box에서 아이템을 선택하면 그에 해당하는 Check Box가 체크되게 한다. 체크가 된 상태에서 List Box의 아이템을 선택하면 그에 해당하는 Check Box의 체크가 해제된다.

```
void CInfoCtrl::OnSelchangeListHobby()
{
    // TODO: 여기에 컨트롤 알림 처리기 코드를 추가합니다.
    int index = m_listHobby.GetCurSel();
    switch (index)
    {
    case 0:
        if (!m_bChecked[0])
            ((CButton*)GetDlgItem(IDC_CHECK_READING))->SetCheck(TRUE);
        else
            ((CButton*)GetDlgItem(IDC_CHECK_READING))->SetCheck(FALSE);
        m_bChecked[0] = !m_bChecked[0];        // 반대 값으로 치환한다.
        break;
    case 1:
        if (!m_bChecked[1])
            ((CButton*)GetDlgItem(IDC_CHECK_FISHING))->SetCheck(TRUE);
        else
            ((CButton*)GetDlgItem(IDC_CHECK_FISHING))->SetCheck(FALSE);
        m_bChecked[1] = !m_bChecked[1];        // 반대 값으로 치환한다.
        break;
    case 2:
        if (!m_bChecked[2])
            ((CButton*)GetDlgItem(IDC_CHECK_SPORTS))->SetCheck(TRUE);
        else
            ((CButton*)GetDlgItem(IDC_CHECK_SPORTS))->SetCheck(FALSE);
        m_bChecked[2] = !m_bChecked[2];        // 반대 값으로 치환한다.
        break;
    }
}
```

④ Check Box의 이벤트를 처리할 명령 핸들러 함수를 추가한다.

ⓐ Ctrl + Shift + X 키를 누르거나, [프로젝트] 메뉴의 [클래스 마법사]를 선택하면 나타나는 클래스 마법사에서 [클래스 이름] 항목에서 CInfoCtrl을 선택하고 [개체 ID] 항목에서 IDC_CHECK_READING를 [메시지] 항목에서 BN_CLICKED 메시지를 선택하고 처리기 추가(A)... 버튼을 선택한 후 [멤버 함수 추가] 대화상자에서 지정된 값으로 지정하고 확인 버튼을 눌러서 명령 핸들러 함수를 추가한다.

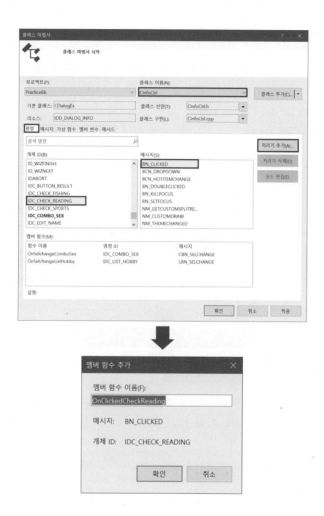

ⓑ 클래스 마법사에서 [코드 편집(E)] 버튼을 눌러, 소스 코드 부분으로 이동한다. 추가된
OnClickedCheckReading() 함수에 "독서" Check Box를 선택하면 그에 해당하는
List Box의 아이템이 선택되고, Check Box의 체크를 해제하면 해당하는 List Box
에서 아이템의 선택이 해제되게 코딩한다.

```
void CInfoCtrl::OnClickedCheckReading()
{
    // TODO: 여기에 명령 처리기 코드를 추가합니다.
    if ( m_bChecked[0] == false )
        m_listHobby.SetSel(0, 1);
    else
        m_listHobby.SetSel(0, 0);
    m_bChecked[0] = !m_bChecked[0];                    // 반대 값으로 치환한다.
}
```

> **CListBox::SetSel() 함수**
>
> SetSel() 함수는 다중 선택 List Box의 아이템을 선택할 때 사용하는 함수로 원형은 다음과 같다.
>
> int SetSel(int nIndex, BOOL bSelect = TRUE);
>
> • nIndex : 설정할 List Box의 아이템 index
>
> • bSelect : 선택영역을 설정하는 방법을 지정한다. TRUE(1)이면 아이템이 선택되고, FALSE(0)이면 아이템이 선택되지 않는다.

ⓒ 위와 같은 방법으로 "낚시" Check Box에 대한 명령 핸들러 함수도 만들어보자. 클래스 마법사에서 [개체 ID] 항목에서 IDC_CHECK_FISHING을 [메시지] 항목에서 BN_CLICKED 메시지를 선택하고 처리기 추가(A)... 버튼을 선택한 후 [멤버 함수 추가] 대화상자에서 지정된 값으로 지정하고 확인 버튼을 눌러서 명령 핸들러 함수를 추가한다.

ⓓ 클래스 마법사에서 코드 편집(E) 버튼을 눌러, 소스 코드 부분으로 이동한다. 이곳에 "낚시" Check Box를 클릭했을 때의 동작을 코딩하면 된다.

```
void CInfoCtrl::OnClickedCheckFishing()
{
    // TODO: 여기에 명령 처리기 코드를 추가합니다.
    if ( m_bChecked[1] == false )
        m_listHobby.SetSel(1, 1);
    else
        m_listHobby.SetSel(1, 0);
    m_bChecked[1] = !m_bChecked[1];            // 반대 값으로 치환한다.
}
```

ⓔ 위와 같은 방법으로 "운동" Check Box에 대한 명령 핸들러 함수도 만들어보자. 클래스 마법사에서 [개체 ID] 항목에서 IDC_CHECK_SPORTS를 [메시지] 항목에서 BN_CLICKED 메시지를 선택하고 처리기 추가(A)... 버튼을 선택한 후 [멤버 함수 추가] 대화상자에서 지정된 값으로 지정하고 확인 버튼을 눌러서 명령 핸들러 함수를 추가한다.

ⓕ 클래스 마법사에서 코드 편집(E) 버튼을 눌러, 소스 코드 부분으로 이동한다. 이곳에 "운동" Check Box를 클릭했을 때의 동작을 코딩하면 된다.

```
void CInfoCtrl::OnClickedCheckSports()
{
    // TODO: 여기에 명령 처리기 코드를 추가합니다.
    if ( m_bChecked[2] == false )
        m_listHobby.SetSel(2, 1);
    else
        m_listHobby.SetSel(2, 0);
    m_bChecked[2] = !m_bChecked[2];                // 반대 값으로 치환한다.
}
```

Step 11 개인 정보를 클라이언트 영역에 출력하는 코드를 추가한다.

① CPractice6bView 클래스에 필요한 멤버 변수를 추가한다.

ⓐ [클래스 뷰]에서 멤버 변수를 추가할 CPractice6bView 클래스를 선택하고 오른쪽 마우스를 눌러 나타나는 단축 메뉴에서 [추가]–[변수 추가] 항목을 마우스로 선택한다. [변수 추가] 대화상자가 나타나면 [이름] 항목에 "m_strName"을 입력하고 [형식] 항목에 "CString"을 입력한다.

ⓑ 위와 같은 방법으로 CPractice6bView 클래스에 필요한 멤버 변수를 다음과 같이 추가한다.

자료형	변수명	의미
CString	m_strSex	성별을 저장하는 변수
CString	m_strHobby	취미를 저장하는 변수

ⓒ CPractice6bView 클래스가 정의되어있는 "CPractice6bView.h" 파일에 다음과 같이 추가되어 있는지 확인해보자.

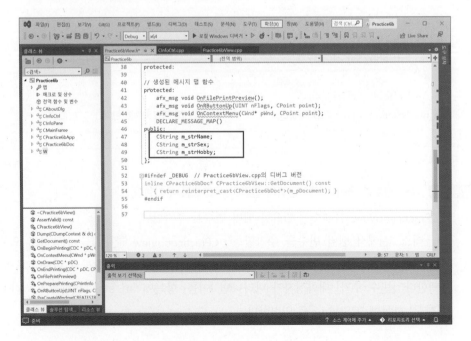

② Button의 이벤트를 처리할 명령 핸들러 함수를 추가한다.

ⓐ Ctrl + Shift + X 키를 누르거나, [프로젝트] 메뉴의 [클래스 마법사]를 선택하면 나타나는 클래스 마법사에서 [클래스 이름] 항목에서 CInfoCtrl을 선택하고 [개체 ID] 항목에서 IDC_BUTTON_RESULT를 [메시지] 항목에서 BN_CLICKED 메시지를 선택하고 처리기 추가(A)... 버튼을 선택한 후 [멤버 함수 추가] 대화상자에서 지정된 값으로 지정하고 확인 버튼을 눌러서 명령 핸들러 함수를 추가한다.

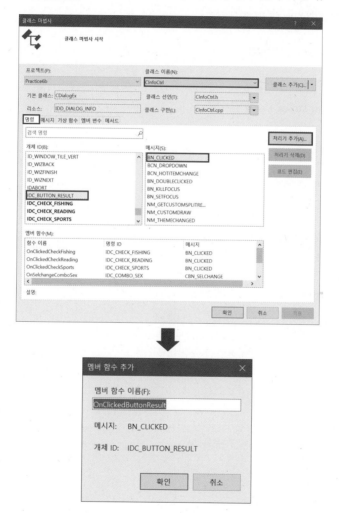

ⓑ 클래스 마법사에서 코드 편집(E) 버튼을 눌러, 소스 코드 부분으로 이동한다. 소스 코드를 보면 OnClickedButtonResult() 함수가 추가되어 있을 것이다. CPractice6bView 클래스에 선언된 변수에 도킹 팬에서 설정한 이름, 성별, 취미 값을 넣어준다.

```
void CInfoCtrl::OnClickedButtonResult()
{
    // TODO: 여기에 컨트롤 알림 처리기 코드를 추가합니다.
    CMainFrame *pFrame = (CMainFrame *)AfxGetMainWnd();
    CPractice6bView* pView = (CPractice6bView*)pFrame->GetActiveView();
    UpdateData(TRUE);
    pView->m_strName = _T("이름 : ");
    pView->m_strName += m_strName;

    pView->m_strSex = _T("성별 : ");
    if (m_bSex)
    {
        pView->m_strSex += _T("남자");
    }
    else
    {
        pView->m_strSex += _T("여자");
    }

    pView->m_strHobby = _T("내가 선택한 취미 : ");
    if (m_bChecked[0])
    {
        pView->m_strHobby += _T("독서 ");
    }
    if (m_bChecked[1])
    {
        pView->m_strHobby += _T("낚시 ");
    }
    if (m_bChecked[2])
    {
        pView->m_strHobby += _T("운동 ");
    }
    pView->Invalidate();
}
```

ⓒ CInfoCtrl 클래스에서 CMainFrame 클래스와 CPractice6bView 클래스를 참조하기 위해 CInfoCtrl 클래스 소스 파일에 "MainFrm.h", "Practice6bDoc.h", "Practice6bView.h" 파일을 include 시킨다.

```
// CInfoCtrl.cpp: 구현 파일
//

#include "pch.h"
#include "Practice6b.h"
#include "afxdialogex.h"
#include "CInfoCtrl.h"

#include "MainFrm.h"
#include "Practice6bDoc.h"
#include "Practice6bView.h"


// CInfoCtrl 대화상자
```

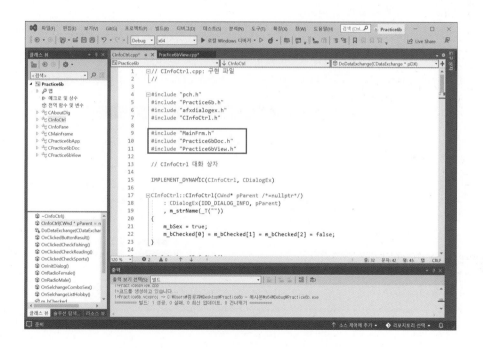

③ OnDraw() 함수에 개인 정보를 출력하는 코드를 추가한다.

    ⓐ [클래스 뷰]에서 🐾 CPractice6bView 클래스의 🔲 OnDraw(CDC * pDC) 멤버 함수를 선택하고, 더블 클릭하여 🔲 OnDraw(CDC * pDC) 함수로 이동하여 다음과 같이 도킹 팬에서 설정한 이름, 성별, 취미를 출력하는 코드를 추가한다. 먼저 매개 변수에 주석 처리된 부분을 해제한다.

```
void CPractice6bView::OnDraw(CDC* pDC)          // 주석 처리 해제
{
    CPractice6bDoc* pDoc = GetDocument();
    ASSERT_VALID(pDoc);
    if (!pDoc)
        return;

    // TODO: 여기에 원시 데이터에 대한 그리기 코드를 추가합니다.
    pDC->TextOut(20, 20, m_strName);
    pDC->TextOut(20, 50, m_strSex);
    pDC->TextOut(20, 80, m_strHobby);
}
```

Step 12 프로그램을 실행시켜보자.

① Ctrl + F7 키를 눌러 컴파일하고 에러가 없다면 Ctrl + F5 를 눌러 프로그램을 실행시켜보자. 도킹 팬 윈도우에서 이름을 "홍길동"으로 입력하고, 성별은 "남자", 취미는 "독서"와 "운동을 선택한 후 ▢ 출력 ▢ 버튼을 누르면 선택된 내용이 왼쪽 윈도우에 출력된다.

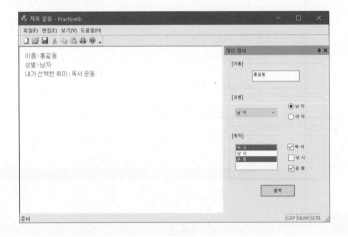

② 도킹 팬에서 Combo Box에서 성별을 선택하면 그에 해당하는 Radio Button이 선택되고 반대로 Radio Button을 클릭하면 그에 해당하는 Combo Box 아이템이 선택되는지 확인해보자.

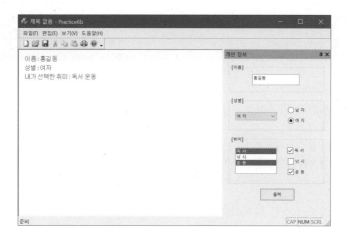

③ 또한 도킹 팬에서 List Box에서 취미를 선택 또는 해제하면 그에 해당하는 Check
  Box가 선택 또는 해제되고 반대로 Check Box를 선택 또는 해제하면 그에 해당하는
  Combo Box 아이템이 선택 또는 해제되는지 확인해보자.

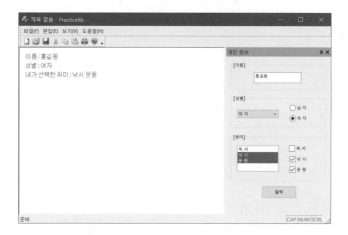

연습문제

1 다음의 요구사항을 만족하는 SDI 기반의 프로젝트를 작성하라.

> 도킹 팬 윈도우를 이용하여 조건을 입력받고 그 조건들을 윈도우에 출력하는 프로그램을 작성하라. 다음
> 의 요구사항에 맞게 프로그램을 작성하도록 하라.

1) 대화상자의 리소스를 다음과 같이 편집하고 클래스를 생성한다.

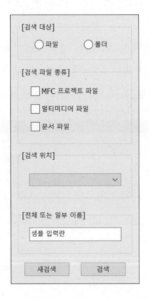

① Group Box, 2개의 Radio Button, 3개의 Check Box, Combo Box, Edit
  Control, Button 컨트롤로 구성된다.
② 2개의 Radio Button은 검색 대상을 선택하는 컨트롤이다. 속성 창에서 [ID] 항목
  은 각각 IDC_RADIO_FILE, IDC_RADIO_FOLDER로 설정하고 [캡션] 항목은
  각각 "파일", "폴더"를 입력한다.
③ 3개의 Check Box는 검색 파일 종류를 선택하는 컨트롤이다. 속성 창에서 [ID] 항
  목은 각각 IDC_CHECK_MFC, IDC_CHECK_MULTI, IDC_CHECK_WORD
  로 설정하고 [캡션] 항목은 각각 "MFC 프로젝트 파일", "멀티미디어 파일", "문서
  파일"을 입력한다.
④ Combo Box는 검색 위치를 선택하는 컨트롤이다. 속성 창에서 [ID] 항목은 IDC_
  COMBO_DRIVE로 설정하고 [정렬] 항목은 False로, [형식] 항목은 Drop List로
  설정한다.

⑤ Edit Control은 검색하고자 하는 이름을 입력하는 컨트롤이다. [속성]에서 ID는 IDC_EDIT_NAME으로 설정한다.

⑥ 2개의 Button은 새로운 검색을 하거나 도킹 팬에서 선택된 내용을 출력하는 컨트롤이다. 속성 창에서 [ID] 항목은 각각 IDC_BUTTON_NEW, IDC_BUTTON_SEARCH로 설정하고 [캡션] 항목은 각각 "새검색", "검색"을 입력한다.

⑦ 4개의 Group Box는 속성 창에서 위의 그림과 같이 [캡션] 항목을 세팅한다.

⑧ 대화상자의 클래스를 생성한다. 클래스 이름은 "CSearchCtrl"로 설정한다.

2) 대화상자의 컨트롤을 멤버 변수와 연결한다.

① Combo Box 컨트롤을 멤버 변수와 연결한다.
  - IDC_COMBO_DRIVE : m_cbDrive (연결 형태 CComboBox(컨트롤))

② Edit Control 컨트롤들을 멤버 변수와 연결한다.
  - IDC_EDIT_NAME : m_strName (연결 형태 CString(값))

3) 대화상자를 초기화한다.

① Radio Button 초기화
  - "파일" Radio Button이 선택되도록 초기화한다. Radio Button 초기화는 GetDlgItem() 함수를 사용하여 Radio Button의 포인터를 얻은 후 SetCheck() 함수를 사용하여 도킹 팬 출력 시 "파일" Radio Button이 선택되도록 한다.

② Combo Box 초기화
  - Combo Box는 3개의 데이터 "하드 드라이브 C:", "하드 드라이브 D:", "하드 드라이브[C:, D:]"로 초기화되어야 한다.
  - 초기화는 OnInitDialog() 함수에서 List Box의 멤버 함수인 AddString() 함수를 사용한다.
  - OnInitDialog() 함수는 클래스 마법사에서 [가상함수] 탭에서 생성한다.

4) 검색 대화상자를 가진 도킹 팬 클래스를 추가한다.

5) 검색 도킹 팬을 생성한다.
  - MainFrame 클래스의 OnCreate() 함수에서 도킹 팬을 생성한다.

6) 대화상자 컨트롤들의 메시지 핸들러 함수를 구현한다.

① CSearchCtrl 클래스에 필요한 멤버 변수를 추가한다.
  - Radio Button 선택을 나타내는 변수 : bool m_bTarget;
  - Check Box 선택을 나타내는 변수 : bool m_bChecked[3];

- 생성자 함수에 m_bTarget 변수는 true로 초기화하고 m_bChecked 변수는 3 개 모두 false로 초기화한다.
- m_bTarget 변수에서 true는 "파일"을 나타내고 false는 "폴더"를 나타낸다.
- m_bChecked 변수에서 true는 Check Box가 체크된 것이고 false는 Check Box의 체크가 해제된 것이다.

② Radio Button 메시지 핸들러 함수 구현내용
- Radio Button을 선택하는 메시지는 COMMAND이다.
- "파일" Radio Button이 선택되면 m_bTarget 변수를 true로 세팅하고 [검색 파일 종류] Group Box 안에 있는 Check Box들을 활성화한다.
- "폴더" Radio Button이 선택되면 m_bTarget 변수를 false로 세팅하고 [검색 파일 종류] Group Box 안에 있는 Check Box들을 비활성화시키고 모든 Check Box의 체크 표시를 해제한다.
- Check Box를 활성화, 비활성화시키는 위해서는 GetDlgItem() 함수를 사용하여 Check Box의 포인터를 얻은 후 EnableWindow() 함수를 사용하면 된다.

```
예) GetDlgItem(IDC_CHECK_MFC)->EnableWindow(TRUE);      // 활성화
    GetDlgItem(IDC_CHECK_MFC)->EnableWindow(FALSE);     // 비활성화
```

③ Check Box 메시지 핸들러 함수 구현내용
- Check Box를 선택하는 메시지는 BN_CLICKED이다.
- Check Box가 선택되면 Check Box 체크를 나타내는 변수 m_bChecked에 true 또는 false를 설정한다. 현재 m_bChecked 변숫값이 true이면 false를 세팅하고, m_bChecked 변숫값이 false이면 true를 세팅하면 된다. 즉, 현재 값의 반대 값을 세팅하면 된다.

④ 뷰 클래스에 필요한 멤버 변수를 추가한다.
- 검색 대상을 저장하는 변수 : CString m_strTarget;
- 검색 파일 종류를 저장하는 변수 : CString m_strFileType;
- 검색 위치를 저장하는 변수 : CString m_strDrive;
- 검색 이름을 저장하는 변수 : CString m_strName;

⑤ [검색] 버튼 핸들러 함수 구현내용
- 버튼을 선택하는 메시지는 BN_CLICKED이다.
- View 클래스 인스턴스의 포인터를 얻은 다음 View 클래스에서 선언한 변수에 값을 넣어준다.
- 검색 대상, 검색 위치 등 검색 조건이 제대로 입력되지 않으면 에러 메시지를 출력하고 검색이 진행되어서는 안 된다.
- Combo Box에 선택된 텍스트를 얻기 위해서는 GetLBText() 함수를 사용한다.

– Invalidate() 함수를 사용하여 View 클래스의 OnDraw() 함수를 호출한다.
– 프로그램의 구조는 다음의 구조를 가지게 될 것이다.

```
① View 클래스 인스턴스의 포인터(pView)를 얻는다.
bool bSearch =  TRUE;              // 검색 조건이 입력되었는지를 저장하는 변수
CString str;
int index = m_cbDrive.GetCurSel();

UpdateData(TRUE)
if (m_bTarget == TRUE && m_bChecked[0] == FALSE && m_bChecked[1] == FALSE &&
    m_bChecked[2] == FALSE)
{
    ② bSearch 변수를 FALSE로 치환한다.
    ③ 파일 종류를 지정하라는 에러 메시지 박스를 출력한다.
}
else if (index == CB_ERR)
{
    ④ bSearch 변수를 FALSE로 치환한다.
    ⑤ Combo Box를 선택하라는 에러 메시지 박스를 출력한다.
}
else if (m_strName.IsEmpty() == TRUE)
{
    ⑥ bSearch 변수를 FALSE로 치환한다.
    ⑦ 검색 대상 이름을 입력하라는 에러 메시지 박스를 출력한다.
}
if (bSearch)                       // 검색 조건이 모두 입력되었을 경우
{
    // View 클래스에서 선언한 m_strTarget 변수에 문자열을 넣어준다.
    if (m_bTarget == TRUE)
        pView->m_strTarget = _T("검색 대상 : 파일");
    else
        pView->m_strTarget = _T("검색 대상 : 폴더");
    ⑧ m_bChecked 배열의 값이 TRUE일 경우 View 클래스에서 선언한 m_strFileType
       변수에 파일 종류에 대한 문자열을 넣어준다.
    ⑨ Combo Box의 멤버 함수인 GetLBText(index, str) 함수를 이용하여 검색 위치에 대
       한 문자열을 구해 View 클래스에서 선언한 m_strDrive 변수에 문자열을 넣어준다.
    ⑩ View 클래스에서 선언한 m_strName 변수에 Edit Box에 입력한 문자열을 넣어
       준다.
    ⑪ Invalidate 함수를 사용하여 검색 내용을 출력한다.
}
```

⑥ 　새검색　 버튼 핸들러 함수 구현내용
 　– 버튼을 선택하는 메시지는 BN_CLICKED이다.
 　– 모든 변수와 컨트롤을 초기화한다.
 　– Invalidate() 함수를 사용하여 OnDraw() 함수를 호출한다.

7) 출력을 수행하는 코드는 OnDraw() 함수에 구현한다.
 　① 뷰(View) 영역에 검색 정보 내용 출력
 　　– 뷰 영역의 (20, 20) 위치에서 처음 항목을 출력한다.
 　　– 다음 항목은 y 좌표를 30씩 증가하면서 출력한다.
 　　– TextOut() 함수를 이용하여 문자열을 출력한다.
 　　– m_strTarget 변수의 문자열을 비교하여 파일인 경우와 폴더인 경우를 구분하여 출력한다.
 　　– 아래의 실행 화면을 참조하여 문자열을 출력하면 된다.

8) 다음은 실행 화면이다. 참조하여 프로그램을 작성하도록 하라.

① [검색 대상]은 "파일"을 선택하고, [검색 파일 종류]는 "MFC 프로젝트 파일"과 "문서 파일"을 선택한다. 그리고 [검색 위치]는 "하드 드라이브 D: "를 선택하고, [전체 또는 일부 이름]에 "Practice"를 입력하고 　검색　 버튼을 누른다. 오른쪽 윈도우에 검색 조건이 제대로 출력되는지 확인해보자.

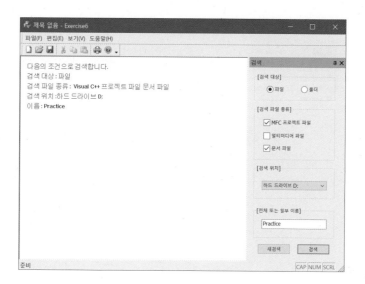

② 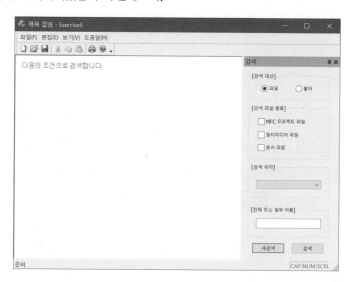 버튼을 눌러 모든 항목을 초기화시킨다. 새 검색을 할 수 있게 모든 항
목이 초기화되었는지 확인해보자.

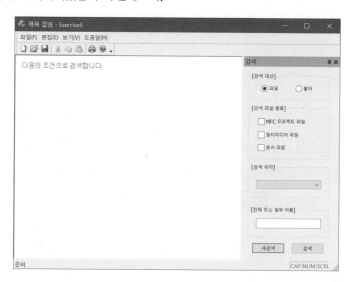

③ 이번에는 [검색 대상]은 "폴더"를 선택하고, [검색 위치]는 "하드 드라이브[C:, D:]"
를 선택한 후 [전체 또는 일부 이름]에 "Exercise"를 입력하고 검색 버튼을 누
른다. [검색 대상]에서 "폴더"를 선택하면 [검색 파일 종류]에 있는 Check Box가
비활성화되는지 확인해보자. 또한, 오른쪽 윈도우에 검색 조건이 제대로 출력되는
지 확인해보자.

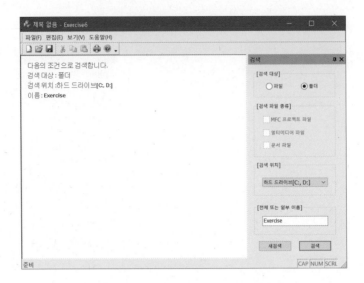

④ [검색 파일 종류]에서 파일을 선택하지 않고 ⬜검색⬜ 버튼을 누르면 다음과 같은 메시지 박스를 출력한다.

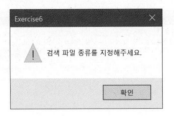

⑤ [검색 위치]에서 아이템을 선택하지 않고 ⬜검색⬜ 버튼을 누르면 다음과 같은 메시지 박스를 출력한다.

⑥ [전체 또는 일부 이름]에 입력하지 않고 ⬜검색⬜ 버튼을 누르면 다음과 같은 메시지 박스를 출력한다.

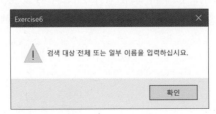

CHAPTER **07**

그래픽 객체의 사용

contents

7.1 GDI와 DC의 개념

7.2 GDI 객체

7.3 GDI+의 개념

07 그래픽 객체의 사용

이 장에서는 그래픽 출력에 대한 개념과 그래픽을 출력하는 방법에 대해 상세히 기술하고자한다. GDI와 DC의 개념, GDI 객체에 관해 설명하고 GDI 객체를 사용하여 그래픽을 출력하는 방법과 GDI+ 객체를 사용하여 그래픽을 출력하는 방법에 대해서 자세히 살펴본다.

7.1 GDI와 DC의 개념

윈도우에서의 그래픽 출력은 크게 GDI(Graphics Device Interface)와 DC(Device Context)라는 두 가지 개념으로 설명될 수 있다. 이제 GDI와 DC에 대해서 알아보자.

1) 그래픽 디바이스 인터페이스(GDI : Graphics Device Interface)

윈도우를 설치하면 비디오 카드와 맞는 디바이스 드라이버를 윈도우가 설정해준다. 그래픽을 출력하고자 하는 애플리케이션은 윈도우에게 요청을 하고 윈도우는 디바이스 드라이버를 호출하면 디바이스 드라이버가 하드웨어를 구동시킨다. 이렇게 하면 하드웨어의 종류와관계없이 항상 같은 명령어를 이용하여 그래픽을 출력할 수 있어 하드웨어에 독립적인 작업을 할 수 있다.

이때, 윈도우가 하드웨어를 제어할 수 있도록 애플리케이션에 제공하는 모든 기능을 일컬어 그래픽 디바이스 인터페이스라고 한다. 즉, 그래픽 디바이스 인터페이스는 애플리케이션과 디바이스 드라이버의 중간 다리 역할을 하는 것으로 애플리케이션에 대한 장치 독립적인 그래픽 동작을 수행한다.

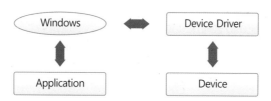

[그림 7-1] 그래픽 디바이스 인터페이스의 개념

2) 디바이스 컨텍스트(DC : Device Context)

윈도우 프로그램은 윈도우의 화면에 출력되는 모든 내용을 DC를 이용하여 출력하게 된다. DC는 그래픽 객체들의 속성과 그래픽 모드를 정의하는 자료의 집합체로 출력 장치에 정보를 표시할 때 필요한 정보를 저장하는 자료구조이다.

DC는 애플리케이션과 출력 장치를 연결하는 역할을 하며 애플리케이션이 출력에 대한 허가를 받도록 하고 또한 그려지는 영역을 결정하는 역할을 한다. DC를 사용하는 이유는 하드웨어 독립적인 출력을 할 수 있어 출력 장치에 상관없이 같은 방법으로 출력을 설정할 수 있기 때문이다.

그래픽 객체의 속성에 관련된 모든 옵션이 디폴트로 설정되어 있어 그냥 간단히 출력하고자 할 때는 디폴트로 설정된 DC를 이용하여 바로 출력하면 되고 세세한 것을 제어하고자 할 때는 DC에 설정된 내용을 바꾼 후에 출력하면 된다. DC는 한순간에 하나의 펜, 브러쉬만 가질 수 있어 다른 펜이나 다른 브러쉬를 사용하려면 새로운 것을 만들어서 DC에 설정해주어야 한다. 윈도우에서 출력하려면 먼저 DC를 얻어야 한다. DC를 얻는 방법은 다음과 같이 4가지 방법이 있다.

▪ DC를 얻는 방법

① OnDraw() 함수나 OnPaint() 함수를 이용하는 방법

OnDraw() 함수에서 인자로 넘어온 CDC 클래스를 받거나 OnPaint() 함수에서 CPaintDC 클래스를 받아 이용한다. 화면의 변화가 생겼을 때 계속해서 OnDraw() 함수나 OnPaint() 함수를 호출하기 때문에 윈도우의 크기가 변하거나 다른 프로그램으로 가려졌다가 다시 출력되어도 화면 출력이 변하지 않는다.

```
예) void CPractice7aView::OnDraw(CDC* pDC)
    {
        .......                       // 그래픽 출력
    }


    void CPractice7aView::OnPaint()
    {
        CPaintDC dc(this);            // device context for painting
        .......                       // 그래픽 출력
    }
```

② GetDC() 함수를 이용하는 방법

GetDC() 함수를 이용하여 CDC 클래스의 인스턴스를 포인터 형태로 넘겨받아 이용한다. 그래픽 작업을 종료한 후에 반드시 ReleaseDC() 함수를 호출하여 시스템에 DC를 반환해야 한다. 이 방법으로 DC를 얻는 것은 일시적인 것으로 윈도우의 크기가 변하면 출력된 내용이 사라진다. 그 이유는 화면의 변화가 생겼을 때 WM_PAINT 메시지가 호출되고 OnDraw() 함수나 OnPaint() 함수가 호출되면서 화면이 갱신되기 때문이다.

```
예) CDC *pDC = GetDC();            // DC 얻음
    .......                        // 그래픽 출력
    ReleaseDC(pDC);               // DC 반환
```

③ CClientDC 클래스를 이용하는 방법

CDC 클래스의 파생 클래스인 CClientDC 클래스를 이용하는 방법으로 CClientDC 클래스는 생성자 함수에서 GetDC() 함수를 호출하고 소멸자 함수에서 ReleaseDC() 함수를 호출한다. 그래서 CClientDC 클래스의 객체 생성 시 초깃값으로 작업할 영역에 속한 윈도우의 this 포인터를 넘겨준다. 이 방법도 GetDC() 함수를 이용하는 것과 같이 DC를 얻는 것은 일시적인 것으로 윈도우가 크기가 변하면 출력한 내용이 사라진다.

```
예) CClientDC dc(this);
    .......                        // 그래픽 출력
```

④ CWindowDC 클래스를 이용하는 방법

위의 3가지 방법은 클라이언트의 영역을 얻는 방법이다. CWindowDC 클래스는 클라이언트의 영역이 아닌 윈도우 영역에 그래픽을 출력하고자 할 때 이용한다. 이 방법은 GetWindowDC() 함수를 이용하여 CWindowDC 클래스의 인스턴스를 포인터 형태로 넘겨받아 이용한다. 그래픽 작업을 종료한 후에 반드시 ReleaseDC() 함수를 호출하여 시스템에 DC를 반환해야 한다.

```
예) CWindowDC *pDC = GetWindowDC();        // 윈도우 DC 얻음
    ......                                 // 그래픽 출력
    ReleaseDC(pDC);                        // DC 반환
```

7.2 GDI 객체

GDI 객체는 화면에 그림을 그리거나 문자를 출력할 때 사용하는 객체를 의미한다. 즉 펜, 브러쉬, 폰트, 비트맵 등을 핸들링하는 핸들을 GDI 객체라고 하며 이 GDI 객체의 핸들을 가지고 있는 클래스를 GDI 객체 클래스라 한다.

GDI 객체의 종류, GDI 객체 클래스의 종류, 기본값, 사용 용도는 [표 7-1]과 같다.

[표 7-1] GDI 객체의 종류와 기본값

GDI 객체	GDI 객체 클래스	기본 값	사용 용도
펜	CPen	검은색, 실선, 1픽셀 크기	점, 선, 테두리
브러쉬	CBrush	무늬 없는 흰색	내부 채우기
폰트	CFont	시스템 폰트	문자의 폰트
비트맵	CBitmap	없음	비트맵 출력
영역	CRgn	없음	영역 만들기, 변경하기
팔레트	CPallete	없음	팔레트 조작

GDI 객체는 그래픽 옵션을 저장하기 위한 것들이기 때문에 그래픽 옵션을 변경하고자 할 때는 먼저 GDI 객체의 클래스를 변경하여 생성한 후에 이것을 DC에 넣고 이 DC를 이용하여 그림을 그리도록 한다. GDI 객체를 사용하는 방법을 정리해보면 다음과 같다.

① GDI 객체를 생성한다. ⇨ GDI 객체 클래스의 Create() 계열 함수 이용

② 객체를 DC에 등록시킨다. ⇨ SelectObject() 함수 이용 (DC를 쓰고 난 다음 원래 상태로 복원하기 위해 기존에 설정된 객체를 포인터로 받아둔다.)

③ DC를 사용하여 그래픽을 출력한다.

④ 이전 객체로 되돌린다. ⇨ DC를 원래 상태로 복원

⑤ 객체를 삭제한다. ⇨ GDI 객체 클래스의 DeleteObject() 함수 이용

이제부터 GDI 객체에서 가장 많이 쓰이는 펜, 브러쉬, 비트맵, 폰트에 대해서 알아보자.

1) 펜(Pen)

펜은 CPen 클래스를 이용하는 객체로 선이나 영역의 경계선을 그릴 때 사용하며 선의 두께, 선의 색상, 선의 스타일을 설정할 수 있다. 다음은 펜을 사용하는 방법이다.

① 펜을 생성한다.

```
예) CPen pen, *oldpen;                // Pen 클래스의 인스턴스 생성
    pen.CreatePen(PS_SOLID, 1, RGB(0, 0, 0));   // 실선이고 두께가 1인 검은색의 펜을 생성
```

또는 간단하게 CPen 생성자에서 펜 속성을 초기화 해줘도 된다.

```
예) CPen pen(PS_SOLID, 1, RGB(0, 0, 0))
```

CPen::CreatePen() 함수

CreatePen() 함수는 Pen을 생성하는 함수로 원형은 다음과 같다.

BOOL CreatePen(int nPenStyle, int nWidth, COLORREF crColor);

• nPenStyle   : 펜의 스타일
• nWidth   : 펜의 굵기
• crColor   : 펜의 색상

다음 표는 설정할 수 있는 펜의 스타일을 나타낸다.

펜의 스타일	내 용	모 양
PS_SOLID	실선	————————
PS_DASH	파선	--------------------
PS_DOT	점선	····················
PS_DASHDOT	일점쇄선	-·-·-·-·-·-·-·-·-
PS_DASHDOTDOT	이점쇄선 ·	-··-··-··-··-··-
PS_NULL	선을 그리지 않음	

② 펜을 DC에 등록한다.

> 예) oldpen = pDC->SelectObject(&pen);

③ DC를 사용하여 그래픽을 출력한다.

> 예) pDC->Ellipse(0, 0, 10, 10);

④ 이전 펜으로 되돌린다.

> 예) pDC->SelectObject(oldpen);

⑤ 펜을 삭제한다.

> 예) pen.DeleteObject();

2) 브러쉬(Brush)

브러쉬는 CBrush 클래스를 사용하는 객체로 영역의 내부를 채울 때 사용되며, 채울 색, 패턴 등이 설정된다. 브러쉬 종류에는 솔리드 브러쉬와 해치 브러쉬가 있다. 다음은 브러쉬를 사용하는 방법이다.

① 브러쉬를 생성한다.

    ⓐ 단일 색으로 칠하는 솔리드 브러쉬를 생성한다.

```
예) CBrush brush, *oldbrush;              // Brush 클래스의 인스턴스 생성
    brush.CreateSolidBrush(RGB(0, 0, 0));   // 검은색의 브러쉬를 생성
```

또는 간단하게 CBrush 클래스의 생성자에서 브러쉬 속성을 초기화 해줘도 된다.

```
예) CBrush brush(RGB(0, 0, 0));
```

    ⓑ 일정한 패턴을 가진 해치 브러쉬를 생성한다.

```
예) CBrush brush;                                   // Brush 클래스의 인스턴스 생성
    brush.CreateHatchBrush(HS_CROSS, RGB(0, 0, 0));   // 십자가 형태의 빗금을 가진
                                                      // 검은색 브러쉬 생성
```

② 브러쉬를 등록하여 사용하고 삭제하는 방법은 위의 펜의 사용법 ②, ③, ④, ⑤번과 같다.

CBrush::CreateSolidBrush() 함수

CreateSolidBrush() 함수는 단일 색으로 칠하는 브러쉬를 생성하는 함수로 원형은 다음과 같다.

BOOL CreateSolidBrush(COLORREF crColor);

• crColor : 브러쉬의 색상

CBrush::CreateHatchBrush() 함수

CreateHatchBrush() 함수는 일정한 패턴을 가진 해치 브러쉬를 생성하는 함수로 원형은 다음과 같다.

BOOL CreateHatchBrush(int nIndex, COLORREF crColor);

• nIndex : 해치 브러쉬의 스타일
• crColor : 브러쉬의 색상

다음 표는 설정할 수 있는 해치 브러쉬의 6가지 스타일을 나타낸 것이다.

해치 브러쉬의 스타일	내 용	모 양
HS_BDIAGONAL	오른쪽에서 왼쪽으로 45도 내려가는 빗금	
HS_CROSS	십자가 형태의 빗금	
HS_DIAGCROSS	X자 형태의 빗금	
HS_FDIAGONAL	왼쪽에서 오른쪽 45도 내려가는 빗금	
HS_HORIZONTAL	수평으로 빗금	
HS_VERTICAL	수직으로 빗금	

● 펜과 브러쉬를 이용하는 그래픽 함수

다음은 펜과 브러쉬를 이용한 그래픽 함수이다. 이 함수들은 모두 현재 DC에 설정된 펜을 이용하여 경계선을 그리고, 도형인 경우에는 안쪽을 현재 DC에 설정된 브러쉬로 칠한다. 펜과 브러쉬를 등록하지 않으면 기본적으로 등록된 검은색 펜과 흰색 브러쉬를 이용하여 도형을 그린다. 다음은 자주 사용하는 그래픽 함수이다.

① 선 그리기

선을 그리기 위해 두 가지 함수를 사용하는데 MoveTo() 함수는 선을 그리기 위해 시작 위치로 이동하는 함수이고 LineTo() 함수는 시작 위치에서 선을 그릴 끝 위치로 선을 그리는 함수이다. 또한 LineTo() 함수는 그려진 선의 끝 위치에 현재 지점을 새로 설정한다. 따라서 여러 개의 연결된 직선을 그릴 때는 맨 처음 한 번만 MoveTo() 함수를 호출하고 LineTo() 함수를 계속 호출하면 될 것이다. 함수의 원형은 다음과 같다.

```
CPoint MoveTo(int x, int y);
CPoint MoveTo(POINT point);

 •x, y : 선을 그릴 시작 위치로 이동하는 x, y 좌표
 •point : 선을 그릴 시작 위치로 이동하는 x, y 좌표를 가지고 있는 구조체

BOOL LineTo(int x, int y);
BOOL LineTo(POINT point);

 •x, y : 선을 그릴 끝 위치 x, y 좌표
```

- point : 선을 그릴 끝 위치 x, y 좌표를 가지고 있는 구조체

예) pDC->MoveTo(0, 0);
    pDC->LineTo(50, 50);   // (0, 0) 위치에서 (50, 50) 위치까지 선을 그림

② 사각형 그리기

사각형을 그리는 함수로써 함수의 원형은 다음과 같다.

```
BOOL Rectangle(int x1, int y1, int x2, int y2);
BOOL Rectangle(LPCRECT lpRect);
```
- x1, y1 : 그려질 사각형의 좌측 상단 x, y 좌표
- x2, y2 : 그려질 사각형의 우측 하단 x, y 좌표
- lpRect : 그려질 사각형의 x1, y1, x2, y2의 값을 저장하고 있는 객체

예) pDC->Rectangle(0, 0, 50, 50); // (0, 0)과 (50, 50)을 꼭짓점으로 하는 사각형을 그림

③ 원 그리기

사각형 영역에 내접하는 원을 그리는 함수로써 함수의 원형은 다음과 같다.

```
BOOL Ellipse(int x1, int y1, int x2, int y2);
BOOL Ellipse(LPCRECT lpRect);
```
- x1, y1 : 원이 그려질 사각형의 좌측 상단 x, y 좌표
- x2, y2 : 원이 그려질 사각형의 우측 하단 x, y 좌표
- lpRect : 원을 그리는 사각형의 x1, y1, x2, y2의 값을 저장하고 있는 객체

예) pDC->Ellipse(0, 0, 50, 50); // (0, 0)과 (50, 50)을 꼭짓점으로 하는 사각형에 내접하는 타원을 그림

④ 다각형 그리기

다각형을 그리는 함수에는 닫히지 않는 다각형의 외곽선만을 그리는 Polyline() 함수와 닫힌 다각형을 그리는 Polygon() 함수가 있다. Polyline() 함수를 이용하면 MoveTo() 함수와 LineTo() 함수를 이용할 때처럼 연속적인 직선을 그릴 수 있다. 그러나 닫힌 다각형을 그리는 것이 아니므로 Polyline() 함수로 직선을 연결해서 닫힌 다각형을 그려도 닫힌 다각형처럼 내부에 자동으로 색상이 칠해지지 않는다. Polygon() 함수는 Polyline() 함수와 달리 항상 닫힌 다각형을 그려준다. 닫힌 도형을 그리기 위해 이 함수는 마지막 꼭짓점에서 첫 꼭짓점까지 직선을 그린다. 함수의 원형은 다음과 같다.

```
BOOL Polyline(LPPOINT lpPoints, int nCount);
BOOL Polygon(LPPOINT lpPoints, int nCount);
```

- lpPoints : 다각형의 좌표들은 가지고 있는 POINT 구조체 배열의 이름
- nCount : 다각형 꼭짓점의 개수(배열 내의 점의 개수)

```
예) CPOINT ptData[3];
     ptData[0].x = 200;
     ptData[0].y = 100;
     ptData[1].x = 100;
     ptData[1].y = 300;
     ptData[2].x = 300;
     ptData[2].y = 300;
     pDC->Polyline(ptData, 3); 혹은 pDC->Polygon(ptData, 3);
```

[그림 7-2] Polyline() 함수를 이용한 경우

[그림 7-3] Polygon() 함수를 이용한 경우

⑤ 베지어 곡선 그리기

베지어 곡선이란 다각형의 끝점을 지나며 중간 꼭짓점에 근접한 곡선이다. Cubic 베지어 곡선이란 control point가 4개가 있는 베지어 곡선을 말한다. Cubic 베지어 곡선을 그리려면 PolyBezier() 함수를 이용하며 함수의 원형은 다음과 같다.

```
BOOL PolyBezier(const POINT* lpPoints, int nCount);
```

- lpPoints : control point에 대한 POINT 구조체 배열의 포인터
- nCount : 배열 내의 점의 개수

첫 번째 지점은 곡선의 시작 위치이고 두 번째와 세 번째 지점은 곡선의 모양을 조정하는 데 사용되며 네 번째 지점은 곡선의 끝 위치를 나타낸다. 베지어 곡선에 또 하나의 베지어 곡선을 추가하려면 배열에 세 지점만 추가하면 된다. 그러면 Cubic 베지어 곡선의 끝 위치를 시작점으로 하고 세 번째 지점이 새 베지어 곡선의 끝 지점이 된다. 나머지 두 개의 지점은 곡선의 모양을 조절한다. 일반적으로 여러 개 연결된 Cubic 베지어 곡선을 그리려면

배열의 요소 수는 그리기를 원하는 "베지어 곡선수 × 3 + 1"이 되어야 한다.

```
예) CPOINT ptData[4];
    m_ptData[0].x = 100;
    m_ptData[0].y = 100;
    m_ptData[1].x = 300;
    m_ptData[1].y = 100;
    m_ptData[2].x = 100;
    m_ptData[2].y = 300;
    m_ptData[3].x = 300;
    m_ptData[3].y = 300;
    pDC->PolyBezier(m_ptData, 4);
```

[그림 7-4] PolyBezier() 함수를 이용한 베지어 곡선

● 래스터 오퍼레이션(Raster Operation)

래스터 오퍼레이션이란 새로 그려져야 할 그림과 기존에 화면에 그려져 있는 그림을 합성하는 것을 말한다. 래스터 오퍼레이션은 펜과 브러쉬에 적용되며 SetROP2() 함수로 설정한다.

```
예) SetROP2(R2_XORPEN);  // 펜과 브러쉬을 XORPEN으로 설정
```

다음은 자주 사용하는 래스터 오퍼레이션 코드이다.

• R2_COPYPEN

일반적으로 사용하는 방법으로 배경의 화면을 무시하고 새로 그려지는 그림이 출력된다. 기존에 어떤 그림이 그려있는지 상관없이 새로 그려지는 그림이 화면을 덮는다. 기본 옵션으로 선택되어 있다.

• R2_XORPEN

배경의 화면을 유지하면서 움직이는 그림을 그릴 때 사용한다. R2_XORPEN으로 그려 주면 그림이 그려지고 같은 방법으로 다시 한번 그리면 원래의 바탕색으로 복원된다.

● 내장(Stock) GDI 객체

자주 쓰이는 스타일의 GDI 객체는 윈도우가 내장하고 있어 따로 만들지 않고 윈도우에서 얻어서 사용한다. 윈도우로부터 내장 GDI 객체를 얻으려면 GetStockObject() 함수를 이용한다.

```
예) dc.SelectObject(GetStockObject(WHITE_BRUSH));    // 흰색 브러쉬를 설정
```

내장 GDI의 객체는 다음과 같다.

• PEN : BLACK_PEN, WHITE_PEN, NULL_PEN
• BRUSH : BLACK_BRUSH. WHITE_BRUSH, GRAY_BRUSH, DKGRAY_BRUSH, LTGRAY_BRUSH, HOLLOW_BRUSH, NULL_BRUSH
• FONT : ANSI_FIXED_FONT, ANSI_VAR_FONT, DEVICE_DEFAULT_FONT, OEM_FIXED_FONT, SYSTEM_FONT

3) 비트맵(Bitmap)

비트맵은 CBitmap 클래스를 이용하는 객체로 비트맵을 생성하거나 읽어서 비트맵을 출력할 때 사용한다. 비트맵은 리소스에서 비트맵을 생성하는 방법과 별개의 드로잉 프로그램에서 비트맵을 생성하여 리소스에 등록하여 사용하는 방법이 있다. 일반적으로 비트맵은 별개의 드로잉 프로그램에서 미리 생성해서 파일로 저장해두고 비트맵을 읽어와 리소스에 등록하여 사용한다. 다음은 비트맵을 사용하는 방법이다.

① 화면 DC와 메모리 DC를 생성한다.

비트맵을 출력하려면 비트맵이 출력될 화면 윈도우의 DC와 메모리에서 만들어진 DC 두 가지가 있어야 한다. 메모리에서 만들어진 DC에서 화면 윈도우 DC에게 비트맵 블록을 전송해야 화면에 비트맵이 출력된다.

```
예) CClientDC dc(this);          // 비트맵이 출력된 화면 윈도우 DC 생성
    CDC memdc;                    // 메모리의 DC 생성
```

② 화면 DC와 호환성을 갖는 메모리 DC를 만든다.

DC를 두 개 생성했다고 해서 비트맵 블록을 전송할 수 있는 것이 아니라 두 DC가 호환성이 있어야 한다. 화면 윈도우의 DC의 포인터를 인자로 넘겨주어 메모리에서 만들어진 DC의 인스턴스에 대해 CDC 클래스의 멤버 함수인 CreateCompatibleDC() 함수를 호출해 주면 두 DC가 호환성이 있게 된다.

예) memdc.CreateCompatibleDC(&dc);　　　　// 현재 DC와 호환적인 메모리 DC 생성

③ 비트맵을 읽어온다. LoadBitmap() 함수의 인자로 비트맵의 ID를 입력한다.

예) Cbitmap bitmap, *oldbitmap;　　　　// 비트맵의 인스턴스 생성
　　bitmap.LoadBitmap(IDB_BITMAP1);　　// 비트맵을 읽어옴

④ 메모리 DC에 비트맵을 설정한다.

예) oldbitmap = memdc.SelectObject(&bitmap);　　// 메모리 DC에 비트맵을 설정

⑤ 비트맵 블록을 전송한다.

예) dc.BitBlt(0, 0, 450, 85, &memdc, 0, 0, SRCCOPY); // 비트맵을 출력

⑥ DC를 복원한다.

예) memdc.SelectObject(oldbitmap);

● 비트맵의 래스터 오퍼레이션

비트맵의 래스터 오퍼레이션은 펜과 브러쉬처럼 SetROP2() 함수를 사용하지 않고 BitBlt() 함수와 StretchBlt() 함수의 마지막 인자로 비트맵의 래스터 오퍼레이션 코드를 넣어주면 된다. 다음은 자주 사용하는 비트맵의 래스터 오퍼레이션 코드이다.

• SRCCOPY　　: 배경 그림을 무시하고 출력될 비트맵을 화면에 덮는다.

- SRCAND　　　: 배경 그림과 출력될 비트맵을 AND 연산으로 합성한다.
- SRCPAINT　　: 배경 그림과 출력될 비트맵을 OR 연산으로 합성한다.

4) 폰트(Font)

폰트는 CFont 클래스를 이용하는 객체로 문자를 출력할 때 사용하며 글자의 모양, 크기가 설정된다. 폰트에는 논리적인 폰트와 물리적인 폰트가 있다. 논리적인 폰트는 이상적인 폰트에 대한 표현으로 실제로 존재하는 것은 아니며 가장 유사한 물리적인 폰트를 얻기 위해 사용한다. 물리적인 폰트는 실제로 시스템에 설치되어 있는 폰트를 의미하고 실제로 화면에 나타낸다. 우리가 폰트를 출력하기 위해서는 원하는 폰트에 대한 논리적인 폰트를 LOGFONT 타입으로 기술하여 생성하고 DC에 폰트를 선택하여 넣는다. 그러면 윈도우 GDI의 폰트 맵퍼가 시스템에 설치되어 있는 폰트 중에서 논리적인 폰트와 가장 가까운 물리적인 폰트를 찾아내어 출력한다. 다음은 폰트를 사용하는 방법이다.

① 폰트를 생성한다.

```
예) CFont font, *oldfont;                      // Font 클래스의 인스턴스 생성
    font.CreateFont(20, 20,                    // 폰트의 너비와 높이
          0, 0,                                // 기울어진 각도
          FW_DONTCARE,                         // 폰트의 굵기
          FALSE, FALSE,                        // 폰트의 기울임 꼴과 밑줄
          FALSE, DEFAULT_CHARESET,             // 폰트의 취소 선과 문자세트
          OUT_DEFAULT_PRECIS,                  // 출력 정확도
          CLIPDEFAULT_PRECIS,                  // 클리핑 정확도
          DEFAULT_QUALITY, DEFAULT_PITCH,      // 출력의 질과 자간
          "굴림체");                            // 폰트의 이름
```

또 다른 폰트를 생성하는 방법은 CreateFontIndirect() 함수를 이용하여 LOGFONT 구조체를 설정하여 폰트를 생성하는 것이다.

```
예) char fontname[50];
    strcpy(fontname, "굴림체");
    LOGFONT logfont = {20, 20,                  // 폰트의 너비와 높이
          0, 0,                                 // 기울어진 각도
          FW_DONTCARE,                          // 폰트의 굵기
```

```
                FALSE, FALSE,                          // 폰트의 기울임 꼴과 밑줄
                FALSE, DEFAULT_CHARSET,                // 폰트의 취소 선과 문자세트
                OUT_DEFAULT_PRECIS,                    // 출력 정확도
                CLIPDEFAULT_PRECIS,                    // 클리핑 정확도
                DEFAULT_QUALITY, DEFAULT_PITCH,        // 출력의 질과 자간
                fontname[0]};                          // 폰트의 이름
          font.CreateFontIndirect(&logfont);
```

② 폰트를 등록하고 사용하고 삭제하는 방법은 위의 펜의 사용법 ②, ③, ④, ⑤번과 같다.

● 폰트 관련 그래픽 함수

폰트 관련 그래픽 함수에는 텍스트 출력 함수와 텍스트의 모양에 영향을 미치는 속성을 지정하는 함수가 있다.

① 텍스트 출력 함수

• TextOut() : DC에 선택된 폰트를 참조하여 지정된 위치에 문자열을 출력

```
예) dc.TextOut(0, 0, _T("안녕하세요?"));          // (0, 0) 좌표에 "안녕하세요?" 출력
```

• TabbedTextOut() : TextOut() 함수에 탭 위치를 지정하는 기능이 추가된 함수
• ExtTextOut() : TextOut() 함수의 기능에 문자열이 출력될 영역의 범위를 지정하는 기능이 추가된 함수
• DrawText() : 지정된 사각형 안에 문자열 출력

② 텍스트의 모양에 영향을 미치는 속성을 지정하는 함수

• SetTextColor() : 배경색은 그대로 두고 텍스트의 색상을 설정

```
예) dc.SetTextColor(RGB(0, 0, 255));          // 텍스트의 색상을 파란색으로 설정
```

• SetBkColor() : 텍스트의 배경색을 설정

```
예) dc.SetBkColor(RGB(255, 0, 0));          // 텍스트 배경의 색을 빨간색으로 설정
```

• SetBkMode() : 텍스트가 출력될 때 사각형으로 텍스트를 둘러싸는 배경색을 설정

• SetTextAlign() : 텍스트의 정렬 방법을 지정

예) dc.SetTextAlign(TA_LEFT | TA_TOP);   // 가로기준-왼쪽, 세로 기준-위쪽 정렬

● 폰트 대화상자를 출력하여 폰트를 선택하는 방법

다음 예는 "폰트 변경" 메뉴가 선택되었을 때 명령 메시지 핸들러 함수를 만들어 폰트 변경 대화상자에서 폰트를 선택하는 코드를 추가하는 것이다.

```
예) void CTestFontView::OnFontSelect()
    {
        CFontDialog dlg(&logfont)              // CFontDialog 인스턴스 생성
        if(dlg.DoModal() == IDOK)              // OK 버튼을 클릭하면
        {
            dlg.GetCurrentFont(&logfont);      // 사용자가 선택한 폰트를 logfont에 저장
            Invalidate();                      // 화면 갱신
        }
    }
```

실습 7-1 직선, 곡선, 도형 그리기

이 실습은 직선, 원, 베지어 곡선을 그리는 프로그램을 작성하는 것이다. 이번 실습에서는 러버밴드(Rubber Band)를 이용하여 마우스 움직임을 따라다니면서 직선, 원, 베지어 곡선을 그려볼 것이다. 그리고 선의 색상, 면의 색상 및 무늬를 변경하여 출력해 볼 것이다. 이번 실습을 통해 DC를 얻는 방법, GDI 객체의 사용법과 그래픽 함수를 사용하는 방법을 익힐 수 있다.

이번 실습에서 그리고자 하는 직선, 원, 베지어 곡선은 다음의 조건을 만족하면서 작동할 수 있도록 프로그램을 작성한다.

• 직선, 원 : 왼쪽 마우스 버튼을 누른 채로 마우스를 움직이면 러버밴드 상태로 직선, 원이 그려지고, 왼쪽 마우스 버튼을 놓으면 직선, 원이 완성된다.
• 베지어 곡선 : 왼쪽 마우스 버튼을 눌러 베지어 곡선을 그릴 컨트롤 포인트들을 정하고 컨트롤 포인트를 작은 원으로 점이 찍힌 것처럼 표시한다. 왼쪽 마우스 버튼을 누를 때마다 러버밴드 형태로 컨트롤 포인트들을 검정 직선으로 연결한다. 이것을 컨트롤 폴리곤이라 말한다. 오른쪽 마우스 버튼을 누르면 그에 따른 컨트롤 폴리곤과 베지어 곡선

을 완성하며, 오른쪽 마우스 버튼을 누른 지점의 좌표가 마지막 컨트롤 포인트가 된다.

러버밴드(Rubber Band)

그리기 작업을 하다 보면 마우스의 움직임에 따라 가상의 선이 늘었다 줄었다 하는 것을 볼 수 있는데 이러한 것을 러버밴드(Rubber Band)라고 부른다. 러버밴드로 그림을 그리려면 R2_NOTXORPEN 래스터 오퍼레이션을 사용하여 그림을 그린다. R2_NOTXORPEN 래스터 오퍼레이션을 사용하여 어떤 위치에 그림을 그리고 같은 위치에 또 한 번 그리면 그림이 사라지고 원래 배경이 복원되어 마우스 커서를 따라다니면서 그림을 그린다. 이렇게 그림을 그리려면 이전에 그려졌던 그림을 지우고 배경을 복원하기 위해 다시 그려야 하므로 이전에 그림이 그려진 위치를 저장해야 한다. 정리하면 러버밴드로 그림을 그리는 순서는 다음과 같다.

ⓐ 이전에 그려진 그림을 지움 ⇨ ⓑ 새로운 그림을 그림 ⇨ ⓒ 마우스가 움직였을 때 이전에 그려진 그림이 지워질 수 있도록 현재 점 저장

Step 1 〈실습 6-3〉의 프로젝트를 연다.

Visual C++ 2022를 실행시켜서 시작 화면에서 [프로젝트 또는 솔루션 열기]를 선택한다. [프로젝트/솔루션 열기] 대화상자에서 〈실습 6-3〉에서 프로젝트를 저장한 폴더로 이동하여, Practice6a.sln 파일을 연다.

Step 2 직선, 베지어 곡선과 도형을 그리는 데 필요한 멤버 변수를 추가한다.

먼저 시작점을 저장하는 변수, 러버밴드로 그리기 위해 이전 점을 저장하는 변수, 그림을 처음 그리는 것인지 체크하는 변수, 왼쪽 마우스 버튼을 누른 채로 마우스를 움직이면 그림을 그리므로 왼쪽 마우스 버튼이 눌렸는지 체크하는 변수, 펜의 색상을 바꾸기 위해 펜 색상을 저장하는 변수, 브러쉬 색상을 바꾸기 위해 브러쉬 색상과 무늬를 저장하는 변수를 추가한다.

① 직선, 원, 베지어 곡선을 그리기 위한 멤버 변수를 추가한다.

    ⓐ [클래스 뷰]에서 멤버 변수를 추가할 🔧 CPractice6aView 클래스를 선택한 후 오른쪽 마우스 버튼을 클릭하면 나타나는 단축 메뉴에서 [추가]-[변수 추가]를 선택한다.

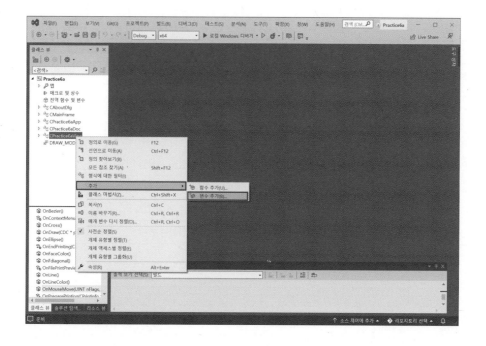

ⓑ [변수 추가] 대화상자가 나타나면 [이름] 항목에 "m_ptStart"를 입력하고 [형식] 항
목에 "CPoint"형을 입력한다.

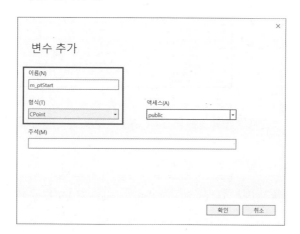

ⓒ 입력이 끝나면 [　확인　] 버튼을 누르면 멤버 변수가 추가된다.

ⓓ 위와 같은 방법으로 나머지 멤버 변수들도 CPractice6aView 클래스에 추가하
고 CPractice6aView 클래스가 정의된 "CPractice6aView.h" 파일에 다음과
같이 추가되어 있는지 확인해보자.

자료형	변수명	의미
CPoint	m_ptPrev	이전 점을 저장하는 변수
bool	m_bFirst	처음 그리는 것인지 체크하는 변수
bool	m_bLButtonDown	왼쪽 버튼이 눌렸는지 체크하는 변수
bool	m_bContextMenu	문맥 메뉴의 활성화를 체크하는 변수
bool	m_bHatch	해치 브러쉬를 사용하는지를 체크하는 변수
CPoint[50]	m_ptData	컨트롤 폴리곤의 점을 저장할 배열
int	m_nCount	m_ptData 배열의 카운트를 저장하는 변수
COLORREF	m_colorPen	펜 색상을 저장하는 변수
COLORREF	m_colorBrush	브러쉬 색상을 저장하는 변수

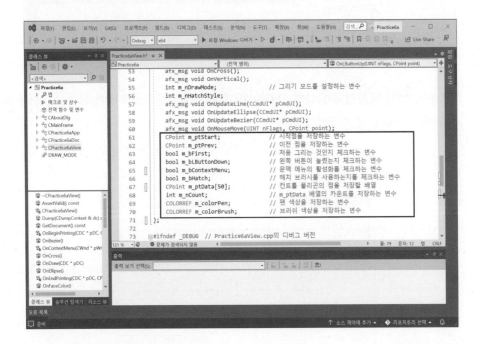

② 생성자 함수에 멤버 변수를 초기화하는 코드를 추가한다.

ⓐ [클래스 뷰]에서 CPractice6aView 클래스의 생성자 함수 CPractice6aView()
를 더블클릭 하여 생성자 함수로 이동한다. 생성자 함수 CPractice6aView()에
멤버 변수를 초기화하는 코드를 다음과 같이 추가한다.

```
CPractice6aView::CPractice6aView() noexcept
{
    // TODO : 여기에 생성 코드를 추가합니다.
    m_nDrawMode = LINE_MODE;              // 그리기 모드 중에서 펜으로 그리기 초기화
    m_bContextMenu = true;                // 문맥 메뉴를 활성으로 초기화
    m_bFirst = true;                      // 처음 그리는 것으로 초기화
    m_bLButtonDown = false;               // 왼쪽 버튼이 눌리지 않은 것으로 초기화
    m_nCount=0;                           // 컨트롤 폴리곤을 저장할 배열의 카운트 초기화
    for(int i =0; i < 50; i++)            // 컨트롤 폴리곤의 점을 저장할 배열 초기화
        m_ptData[i] = 0;
    m_bHatch = false;                     // 해치 브러쉬를 사용하지 않는다고 초기화
    m_nHatchStyle = HS_CROSS;             // 해치 브러쉬를 십자가 빗금으로 초기화
    m_colorPen = RGB(0,0,0);              // pen color를 검은색으로 초기화
    m_colorBrush = RGB(255,255,255);      // brush color를 흰색으로 초기화
}
```

COLORREF 데이터형과 RGB 매크로

윈도우에서는 색상을 COLORREF 데이터형의 32비트 값으로 표현한다. COLORREF는 RGB 매크로를 이용하여 조작할 수 있으며 RGB 매크로의 원형은 다음과 같다.

COLORREF RGB(BYTE bRed, BYTE bGreen, BYTE bBlue);

- bRed : Red 색상의 값으로 범위는 0 ~ 255이다.
- bGreen : Green 색상의 값으로 범위는 0 ~ 255이다.
- bBl : Blue 색상의 값으로 범위는 0 ~ 255이다.

다음 표는 색상을 RGB로 표현한 것이다.

색 상	red 값	green 값	blue 값
검은색 (black)	0	0	0
흰색 (white)	255	255	255
빨간색 (red)	255	0	0
초록색 (green)	0	255	0
파란색 (blue)	0	0	255

이제부터 우리는 직선, 원, 베지어 곡선을 그리는 기능을 추가할 것이다. 다음은 마우스의 이벤트에 따른 메시지를 어떻게 처리할 것인가를 자세히 설명하고 있다.

● 직선, 원 그릴 때 마우스 메시지에 대한 기능

   ⓐ 왼쪽 마우스 버튼을 누름 : 시작점과 이전 점에 현재 점을 저장한다.

   ⓑ 왼쪽 마우스 버튼을 누른 채로 마우스를 움직일 때 : 러버밴드로 직선, 원을 그린다.

   ⓒ 왼쪽 마우스 버튼을 놓음 : OnDraw() 함수를 호출하여 마지막 직선, 원을 그린다.

● 컨트롤 폴리곤을 그릴 때 마우스 메시지에 대한 기능

   ⓐ 왼쪽 마우스 버튼을 누름(처음) : 시작점과 이전 점에 현재 점을 저장하고 배열에 현재 점을 저장한다.

   ⓑ 마우스를 움직일 때 : 러버밴드로 직선을 그린다.

   ⓒ 왼쪽 마우스 버튼을 누름(반복) : 시작점과 이전 점에 현재 점을 저장하고 배열에 현재 점을 저장한다. (반복)

   ⓓ 마우스를 움직일 때(반복) : 러버밴드로 직선을 그린다.

   ⓔ 오른쪽 마우스 버튼을 누름 : 배열에 현재 점을 저장하고 OnDraw() 함수를 호출하여 배열에 저장된 순서대로 최종 컨트롤 폴리곤과 베지어 곡선을 그린다.

Step 3 왼쪽 마우스 버튼을 눌렀을 때 동작을 지정한다.

왼쪽 마우스 버튼을 눌렀을 때의 마우스 메시지 WM_LBUTTONDOWN의 메시지 핸들러 함수를 구현시켜보자. 먼저 각 변수를 초기화하여 화면을 초기화한다. 그래서 그전에 그렸던 그림이 있으면 다 지우고 다시 그림을 그릴 수 있게 한다. 그런 다음 펜을 생성한다.

• 직선, 원 그리기 : 시작점과 이전 점에 현재 점을 저장하고 왼쪽 버튼이 눌린 것을 체크하고 처음 그리는 것으로 체크한다. (러버밴드로 그리기 위해 이전 점에 현재 점을 저장한다.)

• 컨트롤 폴리곤 그리기 : 처음 그리는 것이면 시작점과 이전 점에 현재 점을 저장하고 처음 그리지 않는 것으로 체크한 다음 배열에 현재 점을 저장하고 카운트를 증가한다. 컨트롤 폴리곤을 처음 그리는 것이 아니면 시작점과 이전 점에 현재 점을 저장하고 배열에 현재 점을 저장하고 카운트를 증가한다.

여기서 러버밴드 구현 시 왼쪽 마우스 버튼을 누르고 나서 마우스를 움직이게 되면 그림이 완성될 때까지 마우스 이벤트 외에 다른 이벤트가 발생이 되지 않아야 한다. 그러므로 그림을 그릴 때는 마우스에 대한 이벤트를 모두 가져와야 할 필요가 있다. 그리고 러버밴드가 작동하고 있으면 마우스의 위치가 클라이언트 영역으로 벗어나지 않도록 해야 한다. 만

약 러버밴드로 구현하는 도중 마우스를 윈도우 창 바깥에 있는 영역을 누르게 되면 그림이 원하는 모양으로 그려지지 않기 때문이다. 그리고 마우스 영역을 클라이언트 영역으로 제한할 때 이동범위를 제한하기 전에 영역을 스크린 좌표로 변환해 주어야 한다.

① 왼쪽 마우스를 눌렀을 때의 메시지 핸들러 함수를 추가하기 위해 Ctrl + Shift + X 를 눌러서 클래스 마법사를 실행시켜 [클래스 이름] 항목에는 CPractice6aView 클래스를 선택하고 [메시지] 탭을 선택한 후 [메시지] 항목에서 WM_LBUTTONDOWN을 선택하고 처리기 추가(A)... 버튼을 눌러 메시지 핸들러 함수를 추가한다.

② 코드 편집(E) 버튼을 눌러 메시지 핸들러 함수에 다음과 같이 코드를 추가한다.

```
void CPractice6aView::OnLButtonDown(UINT nFlags, CPoint point)
{
    // 각 변수들 초기화
    if (m_bFirst)
    {
        m_ptStart = m_ptPrev = 0;
        m_bLButtonDown = false;
        m_bFirst = true;
```

```
    m_nCount = 0;
    for(int i = 0; i < 50; i++)
        m_ptData[i]=0;
    Invalidate(true);                              // 화면 갱신
}


switch(m_nDrawMode)
{
case LINE_MODE :                                   // 직선 그리기
case ELLIPSE_MODE :                                // 원 그리기
    m_bLButtonDown = true;                         // 왼쪽 버튼 눌림
    m_ptStart = m_ptPrev = point;                  // 시작점과 이전 점에 현재 점을 저장
    m_bFirst = false;                              // 처음 그리는 것 -> false
    break;
case BEZIER_MODE :                                 // 컨트롤 폴리곤 그리기
    CClientDC dc(this);                            // 클라이언트 영역 DC 얻음
    dc.SelectObject(GetStockObject(GRAY_BRUSH));
    m_ptStart = m_ptPrev = point;                  // 시작점과 이전 점에 현재 점을 저장
    dc.Ellipse(point.x - 4, point.y - 4, point.x + 4, point.y + 4);
    if (m_bFirst == true)
        m_bFirst = false;                          // 처음 그리는 것 -> false
    m_ptData[m_nCount] = point;                    // 현재 점을 저장
    m_nCount++;                                     // 카운트 증가
    break;
}


RECT rectClient;                                   // 구조체 변수 선언
SetCapture();                                      // 마우스 캡처
GetClientRect(&rectClient);                        // 클라이언트 영역 받음
ClientToScreen(&rectClient);                       // 스크린 좌표계 변환
::ClipCursor(&rectClient);                         // 마우스 이동범위를 클라이언트 영역으로 제한

CView::OnLButtonDown(nFlags, point);
}
```

SetCapture()와 ReleaseCapture() 함수

마우스에 대한 모든 이벤트를 가져오고자 할 때 사용되며, 러버밴드 구현 시에는 왼쪽 마우스 버튼을 누를 때 호출하면 유용하다. 반환 값은 마우스 입력에 대한 윈도우 객체 포인터로 함수의 원형은 다음과 같다.

CWnd* SetCapture();

SetCapture() 함수는 나중에 ReleaseCapture() 함수로 해제시켜주어야 마우스 이벤트 외에 다른 이벤트를 사용할 수 있다. ReleaseCapture()로 해제하지 않는다면 다른 이벤트가 사용되지 않을 것이다. 반환 값은 이 함수가 제대로 실행된다면 0이 아닌 값이 반환되고 제대로 실행되지 않는다면 0이 반환된다. 함수의 원형은 다음과 같다.

BOOL ReleaseCapture(VOID);

ClipCursor() 함수

매개 변수로 전달된 사각형 구조체 영역을 마우스의 이동범위를 제한하는 데 사용되며 함수의 원형은 다음과 같다.

BOOL ClipCursor(CONST RECT *lpRect);

• lpRect : 제한하고자 하는 이동범위를 나타내는 RECT 포인터

마우스 이동범위를 다시 해제하기 위해서는 매개 변수에 NULL 값을 넣고 호출하면 된다.

ClientToScreen() 함수

매개 변수로 전달되는 사각형 구조체의 좌표가 클라이언트 좌표일 경우, 자동으로 스크린 좌표로 변환시켜주는 사용되며 함수의 원형은 다음과 같다.

void ClientToScreen(LPRECT lpRect) const;

• lpRect : 변환될 클라이언트 좌표를 나타내는 RECT 포인터

Step 4 **마우스를 움직일 때 동작을 지정한다.**

마우스를 움직일 때의 메시지인 WM_MOUSEMOVE 메시지 핸들러 함수를 구현시켜보자. 〈실습 6-3〉에서 이 메시지 핸들러 함수는 생성했기 때문에 코드를 추가하기만 하면 된다.

먼저 펜과 브러쉬를 생성하고 그리기 모드에 따라 러버밴드로 직선, 원, 베지어 곡선을 그린다. 시작점과 이전 점을 R2_NOTXORPEN으로 그리면 이전 그림이 지워지고, 다시 시작점과 현재 점으로 그림을 그리면 러버밴드로 그림이 그려진다. 여기서 러버밴드로 그리기 위해 이전 점에 현재 점을 저장해야 한다.

① [클래스 뷰]에서 🐾 CPractice6aView 클래스의 마우스 움직일 때 메시지 핸들러 함수 인 🔵 OnMouseMove(UINT nFlags, CPoint point) 함수를 더블 클릭하여 함수 본체로 이동한다.

② 메시지 핸들러 함수에 다음과 같은 코드를 추가한다.

```
void CPractice6aView::OnMouseMove(UINT nFlags, CPoint point)
{
    // TOOD: 여기에 메시지 처리기 코드를 추가 및/또는 기본값을 호출합니다.
    CClientDC dc(this);                                     // 클라이언트 객체 얻음
    CPen pen, *oldpen;
    pen.CreatePen(PS_SOLID, 1, m_colorPen);                 // pen 객체 생성
    oldpen = dc.SelectObject(&pen);                         // pen 객체 등록

    dc.SetROP2(R2_NOTXORPEN);                               // R2_NOTXORPEN으로 설정

    CBrush brush, *oldbrush;
    if (m_bHatch)
        brush.CreateHatchBrush(m_nHatchStyle, m_colorBrush); // Hatch Brush 객체 생성
    else
        brush.CreateSolidBrush(m_colorBrush);               // Solod Brush 객체 생성

    oldbrush = dc.SelectObject(&brush);                     // brush 객체 등록

    switch(m_nDrawMode)
    {
    case LINE_MODE :                                        // 직선 그리기
        if (m_bLButtonDown)
        {
            dc.MoveTo(m_ptStart);
            dc.LineTo(m_ptPrev);                            // 이전 직선 지움
            dc.MoveTo(m_ptStart);
            dc.LineTo(point);                               // 현재 직선 그림
            m_ptPrev = point;                               // 이전 점에 현재 점을 저장
        }
        break;

    case ELLIPSE_MODE :                                     // 원 그리기
        if (m_bLButtonDown)
```

```
        {
            dc.Ellipse(m_ptStart.x, m_ptStart.y, m_ptPrev.x, m_ptPrev.y);
            dc.Ellipse(m_ptStart.x, m_ptStart.y, point.x, point.y);
            m_ptPrev = point;                        // 이전 점에 현재 점을 저장
        }
        break;

    case BEZIER_MODE :                               // 컨트롤 폴리곤 그리기
        if (!m_bFirst)
        {
            dc.MoveTo(m_ptStart);                    // 시작점에서 이전 점까지 선을 지움
            dc.LineTo(m_ptPrev);
            dc.MoveTo(m_ptStart);                    // 시작점에서 현재 점까지 선을 그림
            dc.LineTo(point);
            m_ptPrev = point;                        // 이전 점에 현재 점을 저장
        }
        break;
    }
    dc.SelectObject(oldpen);                         // 이전 pen으로 설정
    dc.SelectObject(oldbrush);                       // 이전 brush로 설정
    pen.DeleteObject();                              // pen 객체 삭제
    brush.DeleteObject();                            // brush 객체 삭제

    // 메인프레임의 포인터 얻음
    CMainFrame *pFrame = (CMainFrame *)AfxGetMainWnd();
    CString strPoint;
    strPoint.Format("마우스 위치 x : %d, y : %d", point.x, point.y);
    // 새로 추가한 팬에 마우스 위치 출력
    pFrame->m_wndStatusBar.SetPaneText(1, strPoint);

    CView::OnMouseMove(nFlags, point);
}
```

Ellipse()와 Rectangle() 함수

이 실습에서는 직선, 원, 베지어 곡선을 그리는 실습만을 다루었다. 만약 사각형도 그리는 프로그램을 구현하고 싶다면 BOOL Rectangle(int x1, int y1, int x2, int y2) 함수를 사용하면 된다. 원을 그리는 함수와 사각형을 그리는 함수는 그 원형이 유사하므로 한번 직접 사용해 보기 바란다.

Step 5 **왼쪽 마우스 버튼을 놓았을 때의 동작을 지정한다.**

왼쪽 마우스 버튼을 놓았을 때의 메시지인 WM_LBUTTONUP 메시지 핸들러 함수를 구현
시켜보자. 그리기 모드가 직선, 원 그리기이면 다시 직선, 원을 그리기 위해 체크 변수를
초기화하고, Invalidate() 함수를 이용하여 OnDraw() 함수를 호출한다. 그런 다음 마우
스 캡처를 해제하고 이동범위 제한을 해제한다.

① Ctrl + Shift + X 를 누르고 클래스 마법사를 실행시켜 [클래스 이름] 항목에는
CPractice6aView 클래스를 선택하고 [메시지] 탭을 선택한 후 [메시지] 항목에서
WM_LBUTTONUP을 선택한 후 처리기 추가(A)... 버튼을 눌러 메시지 핸들러 함수를 추가한다.

② 코드 편집(E) 버튼을 눌러 메시지 핸들러 함수에 다음과 같은 코드를 추가한다.

```
void CPractice6aView::OnLButtonUp(UINT nFlags, CPoint point)
{
    if (m_bLButtonDown)            //왼쪽 마우스 버튼이 눌린 상태이면
    {
        //그리기 모드가 직선 그리기, 원 그리기이면
        if(m_nDrawMode == LINE_MODE || m_nDrawMode == ELLIPSE_MODE)
        {
```

```
        m_bLButtonDown = false;
        m_bFirst = true;
        ReleaseCapture();            // 마우스 캡처 해제
        ::ClipCursor(NULL);          // 마우스 클립 해제
        Invalidate(true);            // 화면 갱신
    }
  }
  CView::OnLButtonUp(nFlags, point);
}
```

Step 6 오른쪽 마우스 버튼을 눌렀을 때의 동작을 지정한다.

 오른쪽 마우스 버튼을 눌렀을 때의 메시지인 WM_RBUTTONDOWN의 메시지 핸들러 함수를 구현시켜보자. 그리기 모드가 베지어 곡선이면 배열에 현재 점을 저장하고 카운트를 증가한다. 다시 컨트롤 폴리곤을 그리기 위해 체크 변수를 초기화하고, Invalidate() 함수를 이용하여 OnDraw() 함수를 호출한다. 그런 다음 마우스 캡처를 해제하고 이동범위 제한을 해제한다.

① Ctrl + Shift + X 를 누르고 클래스 마법사를 실행시켜 [클래스 이름] 항목에는 CPractice6aView 클래스를 선택하고 [메시지] 탭을 선택한 후 [메시지] 항목에서 WM_RBUTTONDOWN을 선택한 후 처리기 추가(A)... 버튼을 눌러 메시지 핸들러 함수를 추가한다.

② 코드 편집(E) 버튼을 눌러 메시지 핸들러 함수에 다음과 같은 코드를 추가한다.

```
void CPractice6aView::OnRButtonDown(UINT nFlags, CPoint point)
{
    CClientDC dc(this);                          // 클라이언트 영역 DC 얻음
    // 베지어 곡선 그리기
    if (m_nDrawMode == BEZIER_MODE)
    {
        if ( !m_bFirst )                         // 처음 그리는 것이 아니면
        {
            m_bContextMenu = FALSE;              // 컨텍스트 메뉴 비활성
            dc.SelectObject(GetStockObject(GRAY_BRUSH));
            dc.Ellipse(point.x - 4, point.y - 4, point.x + 4, point.y + 4);
            dc.MoveTo(m_ptStart);
            dc.LineTo(point);
            m_ptStart = point;
            // 배열에 현재 점을 저장하고 카운트 증가
            m_ptData[m_nCount] = point;
            m_nCount++;
            int num = (m_nCount - 1) % 3;
            if (num == 0)
            {
                // 체크변수 초기화 => 다른 베지어 곡선을 그리기 위해
                m_bFirst = true;
                ReleaseCapture();                // 마우스 캡쳐 해제
                ::ClipCursor(NULL);              // 마우스 클립 해제
                Invalidate(true);                // 화면 갱신
            }
            else
            {
                AfxMessageBox(_T("점의 수 오류 <점의 수 = 베이지 곡선수*3+1>"));
            }
        }
    }
    CView::OnRButtonDown(nFlags, point);
}
```

Step 7 OnDraw() 함수에 마지막으로 그리는 루틴을 추가한다.

이제 OnDraw() 함수에 마지막으로 직선, 원, 베지어 곡선을 그리는 루틴을 넣는다. OnDraw() 함수에서 마지막으로 그리는 이유는 윈도우 크기가 변하거나 윈도우가 다른 프로그램에 가려졌다가 다시 출력되면 화면을 다시 그려서 지워지지 않게 하기 위해서이다. OnDraw() 함수에서는 먼저 펜과 브러쉬를 생성하고 그리기 모드에 따라 COPYPEN 으로 마지막 직선, 원, 베지어 곡선을 그린다. 마우스가 움직일 때 이전 점에 현재 점을 저장했으므로 시작점과 이전 점으로 앞에서 설명한 그래픽 함수를 이용하여 직선, 원, 다각형을 그린다.

① [클래스 뷰]에서 CPractice6aView 클래스를 선택한 후 OnDraw(CDC * pDC) 함수를 더블 클릭하면 함수를 수정할 수 있는 상태가 된다.

② OnDraw(CDC * pDC) 함수에 다음과 같이 마지막으로 그리는 코드를 추가한다. 먼저 매개 변수에 주석 처리된 부분을 해제한다.

```
void CPractice6aView::OnDraw(CDC* pDC)                // 주석처리 해제
{
    CPractice6aDoc* pDoc = GetDocument();
    ASSERT_VALID(pDoc);
    if (!pDoc)
        return;
    // TODO: 여기에 원시 데이터에 대한 그리기 코드를 추가합니다.
    CPen pen, bezierpen, *oldpen;
    pen.CreatePen(PS_SOLID, 1, m_colorPen);          // pen 객체 생성
    bezierpen.CreatePen(PS_SOLID, 1, RGB(255, 0, 0));  // 빨간색 Pen 객체 생성
    oldpen = pDC->SelectObject(&pen);                // pen 객체 등록
    pDC->SetROP2(R2_COPYPEN);                         // COPYPEN으로 설정
    CBrush brush, *oldbrush;
    if (m_bHatch)
        brush.CreateHatchBrush(m_nHatchStyle, m_colorBrush);    // Hatch brush 객체 생성
    else
        brush.CreateSolidBrush(m_colorBrush);        // Solid brush 객체 생성
    oldbrush = pDC->SelectObject(&brush);            // brush 객체 등록

    switch(m_nDrawMode)
    {
    case LINE_MODE :                                 // 직선 그리기
```

```
        pDC->MoveTo(m_ptStart);
        pDC->LineTo(m_ptPrev);
        break;
    case ELLIPSE_MODE :                                    // 원 그리기
        pDC->Ellipse(m_ptStart.x, m_ptStart.y, m_ptPrev.x, m_ptPrev.y);
        break;
    case BEZIER_MODE :                                     // 베지어 곡선 그리기
        pDC->SelectObject(GetStockObject(GRAY_BRUSH));
        // 배열에 저장한 순서대로 컨트롤 포인트를 그림
        pDC->MoveTo(m_ptData[0]);
        for (int i = 0; i < m_nCount; i++)
        {
            pDC->Ellipse(m_ptData[i].x-4, m_ptData[i].y-4, m_ptData[i].x+4, m_ptData[i].y+4);
        }
        // 배열에 저장한 순서대로 연결해 컨트롤 폴리곤을 그림
        pDC->Polyline(m_ptData, m_nCount);
        // 배열에 저장한 순서대로 연결해 베지어 곡선을 그림
        pDC->SelectObject(bezierpen);
        pDC->PolyBezier(m_ptData, m_nCount);
        break;
    }
    pDC->SelectObject(oldpen);                             // 이전 pen으로 설정
    pDC->SelectObject(oldbrush);                           // 이전 brush로 설정
    pen.DeleteObject();                                    // pen 객체 삭제
    brush.DeleteObject();                                  // brush 객체 삭제
}
```

Step 8 문맥 메뉴가 제대로 작동하도록 수정한다.

문맥 메뉴는 오른쪽 마우스를 클릭했을 때 작동하는 단축 메뉴이다. 그런데 베지어 곡선 모드일 때 다각형을 완성하기 위해 오른쪽 마우스를 사용한다. 베지어 곡선 모드에서 컨트롤 폴리곤을 완성하기 위해 오른쪽 마우스를 클릭할 때 문맥 메뉴가 팝업되지 않도록 OnContextMenu(CWnd * pWnd, CPoint point) 함수를 수정한다.

① [클래스 뷰]에서 CPractice6aView 클래스를 선택한 후 문맥 메뉴 메시지 핸들러 함수인 OnContextMenu(CWnd * pWnd, CPoint point) 함수를 더블 클릭하면 함수를 수정할 수 있는 상태가 된다.

② 🐾 OnContextMenu(CWnd * pWnd, CPoint point)함수에서 베지어 곡선 모드에서 컨트롤 컨트롤을 그릴 때는 문맥 메뉴가 작동하지 않도록 다음과 같이 코드를 수정한다.

```
void CPractice6aView::OnContextMenu(CWnd* /* pWnd */, CPoint point)
{
#ifndef SHARED_HANDLERS
    if (m_bContextMenu == true)
    {
        theApp.GetContextMenuManager()->ShowPopupMenu(IDR_POPUP_EDIT, point.x, point.y,
this, TRUE);
    }
    m_bContextMenu = true;
#endif
}
```

Step 9 **선과 면의 색상을 변경한다.**

선의 색상을 변경하는 것은 펜의 색상을 변경하면 되고, 면의 색상을 변경하는 것은 브러쉬의 색상을 변경하면 된다. [색상] 메뉴의 [선 색상], [면 색상]을 선택했을 때 색상을 변경하는 명령 메시지 핸들러 함수를 구현해 보자.

① [색상] 메뉴의 [선 색상]을 선택했을 때 동작할 명령 메시지 핸들러 함수를 수정한다.

ⓐ [클래스 뷰]에서 🐾 CPractice6aView 클래스를 선택한 후 [색상] 메뉴의 [선 색상]을 선택했을 때 동작할 명령 메시지 핸들러 함수인 🔷 OnLineColor() 함수를 더블 클릭하면 함수를 수정할 수 있는 상태가 된다.

ⓑ 〈실습 6-1〉에서 코딩한 AfxMessageBox() 부분을 삭제하고 다음과 같은 코드를 입력한다.

```
void CPractice6aView::OnLineColor()
{
    // TODO: 여기에 명령 처리기 코드를 추가합니다.
    CColorDialog dlgColor;                      // 색상 대화상자의 인스턴스 생성
    if(dlgColor.DoModal() == IDOK)              // 색상을 선택하고 확인을 누르면
    {
        m_colorPen = dlgColor.GetColor();       // 선택한 색상 값을 얻어 colorPen에 설정
    }
    Invalidate(true);
}
```

② [색상] 메뉴의 [면 색상]을 선택했을 때 동작할 명령 메시지 핸들러 함수를 수정한다.

ⓐ [클래스 뷰]에서 🔩 CPractice6aView 클래스를 선택한 후 [색상] 메뉴의 [면 색상]을 선택했을 때 동작할 명령 메시지 핸들러 함수인 🔮 OnFaceColor() 함수를 더블 클릭하면 함수를 수정할 수 있는 상태가 된다.

ⓑ 〈실습 6-1〉에서 코딩한 AfxMessageBox() 부분을 삭제하고 다음과 같은 코드를 입력한다.

```
void CPractice6aView::OnFaceColor()
{
    // TODO: 여기에 명령 처리기 코드를 추가합니다.
    CColorDialog dlgColor;                      // 색상 대화상자의 인스턴스 생성
    if(dlgColor.DoModal() == IDOK)              // 색상을 선택하고 확인을 누르면
    {
        m_colorBrush = dlgColor.GetColor();  // 선택한 색상 값을 얻어 colorBrush에 설정
    }
    m_bHatch = false;
    Invalidate(true);
}
```

Step 10 면의 무늬를 변경한다.

면의 무늬를 변경하는 것은 브러쉬를 해치 브러쉬로 생성하면 된다. [무늬] 메뉴의 [오른쪽 45도], [십자가], [수직]을 선택했을 때 무늬를 변경하는 명령 메시지 핸들러 함수를 구현해 보자.

① [무늬] 메뉴의 [오른쪽 45도]를 선택했을 때 동작할 명령 메시지 핸들러 함수를 수정한다.

ⓐ [클래스 뷰]에서 CPractice6aView 클래스를 선택한 후 [무늬] 메뉴의 [오른쪽 45도]를 선택했을 때 동작할 명령 메시지 핸들러 함수인 OnFdiagonal() 함수를 더블 클릭하면 함수를 수정할 수 있는 상태가 된다.

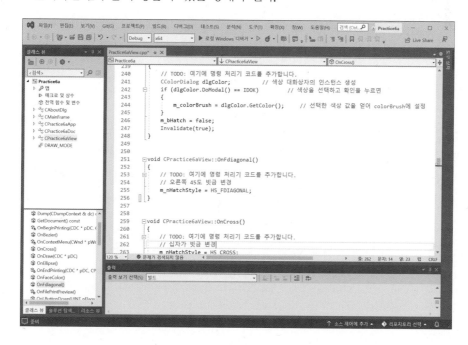

ⓑ 〈실습 6-1〉에서 코딩한 부분 뒤에 다음과 같은 코드를 추가한다.

```
void CPractice6aView::OnFdiagonal()
{
    // TODO: 여기에 명령 처리기 코드를 추가합니다.
    // 오른쪽 45도 빗금 변경
    m_nHatchStyle = HS_FDIAGONAL;
    m_bHatch = true;
    Invalidate(true);
}
```

② [무늬] 메뉴의 [십자가]를 선택했을 때 동작할 명령 메시지 핸들러 함수를 수정한다.
  ⓐ [클래스 뷰]에서 🐾 CPractice6aView 클래스를 선택한 후 [무늬] 메뉴의 [십자가]를 선택했을 때 동작할 명령 메시지 핸들러 함수인 🦋 OnCross() 함수를 더블 클릭하면 함수를 수정할 수 있는 상태가 된다.
  ⓑ 〈실습 6-1〉에서 코딩한 부분 뒤에 다음과 같은 코드를 추가한다.

```
void CPractice6aView::OnCross()
{
    // TODO: 여기에 명령 처리기 코드를 추가합니다.
    // 십자가 빗금 변경
    m_nHatchStyle = HS_CROSS;
    m_bHatch = true;
    Invalidate(true);
}
```

③ [무늬] 메뉴의 [수직]을 선택했을 때 동작할 명령 메시지 핸들러 함수를 수정한다.
  ⓐ [클래스 뷰]에서 클래스를 선택한 후 [무늬] 메뉴의 [수직]을 선택했을 때 동작할 명령 메시지 핸들러 함수인 🦋 OnVertical() 함수를 더블 클릭하면 함수를 수정할 수 있는 상태가 된다.
  ⓑ 〈실습 6-1〉에서 코딩한 부분 뒤에 다음과 같은 코드를 추가한다.

```
void CPractice6aView::OnVertical()
{
    // TODO: 여기에 명령 처리기 코드를 추가합니다.
    // 수직 빗금 변경
    m_nHatchStyle = HS_VERTICAL;
    m_bHatch = true;
    Invalidate(true);
}
```

Step 11 프로그램을 실행시켜보자.

Ctrl+F7 키를 눌러 컴파일하고, 에러가 없다면 Ctrl+F5를 눌러 프로그램을 실행시켜보자. 러버밴드를 이용한 직선, 원, 베지어 곡선을 그려보자. 그리고 앞에서 했던 것처럼 직선, 원, 컨트롤 폴리곤을 그릴 때는 마우스가 클라이언트 영역을 벗어나지 않는 것도 확인하고 선과 면의 색상 및 무늬도 변경해 보자. 마지막으로 문맥 메뉴가 제대로 작동하는지 확인해보자.

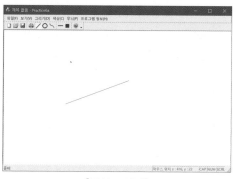
[직선 그리기]

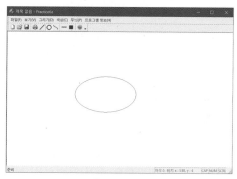
[원 그리기]

[컨트롤 포인트 개수가 틀릴 경우]

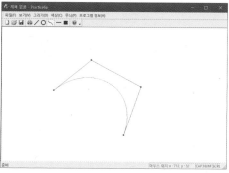
[베지어 곡선 그리기]

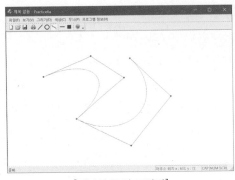

[베지어 곡선 그리기]

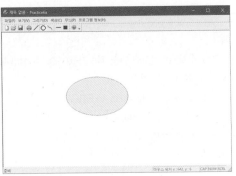

[면 색상 및 무늬 변경]

7.3 GDI+의 개념

GDI+는 전통적인 GDI(Graphic Device Interface) 모듈의 업그레이드 버전으로 복잡하고 섬세한 그래픽을 출력할 수 있는 기존의 기능을 최적화한 새로운 출력 모듈이라고 할수 있다. GDI를 최초 디자인했던 30년 전에는 하드웨어 성능이 좋지 못해 화려한 기능보다는 단순하고 빠른 동작이 중요했지만, 윈도우 XP의 등장으로 환경이 개선되고 사용자의요구가 늘어남에 따라 좀 더 강력한 출력 엔진이 필요해졌다. 그래픽적인 측면에서 월등히개선된 화면을 제공하는데 GDI+의 역할이 크다고 볼 수 있다.

1) GDI와 GDI+ 차이점

GDI+는 C++ 기반으로 장치 독립성을 제공한다는 기본 목적은 GDI와 같으며 GDI로 할수 있는 대부분 작업을 할 수 있다. 그러나 GDI+는 GDI와 라이브러리를 구성하는 부품들이 다름으로 코드를 작성하는 방법이 질적으로 다르다. 구체적으로 어떤 점이 다른지 살펴보자.

① GDI+는 Graphics 클래스의 멤버 함수로 정의되어 있기 때문에 그래픽 작업을 하기 전에 Graphics 객체를 먼저 생성해야 한다.

② GDI+는 Graphics 객체의 특수한 몇 가지를 제외하고는 그려질 도형에 대한 속성을 가지지 않는다. 그래서 출력 함수들은 그래픽 작업에 필요한 값들을 매번 인수로 전달받는다. 따라서 DC에 GDI 객체를 할당한 후 사용하고 해제할 필요가 없다. 예를 들면 GDI에서 빨간 선을 그리려면 빨간 펜을 DC에서 선택한 후 빨간 선을 그리고 펜 선택을

해제하지만, GDI+에서는 선을 그릴 때 펜 자체를 인수로 전달받기 때문에 DC에 GDI
객체를 할당했다 해제할 필요가 없다.

③ 똑같은 도형을 그리는 함수도 인수의 타입에 따라 다중 정의되어있다.

④ 펜, 브러쉬 등의 GDI+ 객체들은 C++ 객체이므로 메모리를 해제하는 코드를 따로 작
성할 필요가 없다.

이런 차이점 외에도 GDI+는 반투명 처리, 텍스트의 안티 에일리어싱, 그래디언트, GDI에
서는 지원되지 않는 JPEG이나 PNG 등의 그래픽 파일 포맷 지원, 향상된 2차원 그래픽
환경, 다양한 그리기 옵션 등 수 많은 기능을 추가로 제공한다. 그래서 Microsoft 사는 새
로운 애플리케이션을 작성할 때는 가급적 GDI보다 GDI+를 사용할 것을 권장하고 있다.
물론 기존의 GDI를 사용한다고 해서 문제가 되지는 않는다.

2) GDI+ 클래스 계층

GDI+의 주요 클래스로는 Graphics, Bitmap, Image, Brush, Pen, Font 등이 있으
며, 주요 구조체로는 Color, Size, Rectangle, Point 등이 있다. GDI+의 핵심 클래스는
Graphics 클래스이며 Graphics 객체의 다양한 함수를 사용하여 각종 그래픽을 윈도우
폼 위에 나타낼 수 있다.

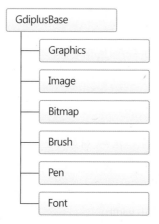

[그림 7-5] GDI+ 클래스의 계층도

3) Graphics 클래스

GDI+의 가장 중요하고도 기본이 되는 클래스로 GdiplusBase 클래스로부터 파생되며 대

부분의 그리기 함수들이 Graphics 클래스의 멤버 함수로 정의되어있다. 그래서 그래픽 출력을 하려면 Graphics 클래스의 객체를 먼저 만들어야 한다. Graphics 클래스의 생성자 함수는 다음과 같이 다중 정의되어있다.

① Graphics(HDC hdc)

hdc를 인수로 전달받아 이 DC의 영역에 그래픽 작업을 할 수 있는 객체를 생성한다. 이 생성자를 가장 많이 사용한다.

```
예) Graphics graphics(dc);
    ......                          // 그래픽 출력
```

② Graphics(HDC hdc, HANDLE hdevice)

DC로부터 핸들을 얻고 이 DC로부터 Graphics 객체를 생성한다.

③ Graphics(HWND hwnd, BOOL im)

윈도우 핸들을 전달받아 이 윈도우의 작업 영역에 그래픽 작업을 할 수 있는 Graphics 객체를 생성한다.

④ Graphics(Image* image)

이미지를 손쉽게 처리하고자 GDI+라이브러리에서 제공한 생성자 함수

4) Pen 클래스

펜은 GDI에서와 마찬가지로 선을 그을 때 사용하는 그래픽 객체로 GDI+에서는 Pen 클래스로 표현한다. Pen 클래스의 생성자 함수는 다음과 같이 두 가지로 다중 정의되어있다.

① Pen(const Color &color, REAL width)

펜의 색상과 두께를 지정한다. 가장 일반적인 펜이다.

```
예) Pen pen(Color(255,0,0), 3);     // 굵기 3인 빨간색 펜으로 설정
    ......                          // 그래픽 출력
```

② Pen(const Brush *brush, REAL width)

브러쉬로부터 펜을 생성한다. 펜의 두께가 굵어지면 선에도 면이 생기는데 이 면을 채워줄 브러쉬를 지정하는 것이다.

예) HatchBrush hbrush(HatchStyleWeave, Color(255,0,0), Color(0,255,0)); // 무늬 선, 무늬 색, 면 선 설정
Pen pen(&hbrush, 20);　　　　　　　　　// 굵기 20인 브러쉬 hbrush로 설정
·······　　　　　　　　　　　　　　　// 그래픽 출력

SetDashStyle() 함수

펜은 처음 생성될 때 실선으로 생성되지만 SetDashStyle() 함수를 이용하면 선의 모양을 변경할 수 있다. 함수의 원형은 다음과 같다.

Status SetDashStyle(DashStyle dashStyle)

다음 표는 설정할 수 있는 펜의 스타일을 나타낸다.

펜의 스타일	내 용	모 양
DashStyleSolid	실선	———————
DashStyleDash	파선	- - - - - - - - - -
DashStyleDot	점선	··················
DashStyleDashDot	일점쇄선	-·-·-·-·-·-·-
DashStyleDashDotDot	이점쇄선	-··-··-··-··
DashStyleCustom	선을 그리지 않음	

예) Pen pen(Color(255,0,0), 3);　　　　　// 굵기 3인 빨간색 펜으로 설정
pen.SetDashStyle(DashStyleDot);　// 굵기 3인 빨간색 파선으로 설정
·······　　　　　　　　　　　　// 그래픽 출력

---

5) Brush 클래스

Brush는 면을 채우는 GDI+ 객체로 채색하는 무늬를 만드는 방법에 따라 여러 가지 종류의 클래스 계층을 구성하고 있다. Brush 클래스는 추상 클래스로 객체를 생성할 수 없고 브러쉬 객체를 생성하기 위해서는 다음의 5개 하위 클래스를 이용하면 된다.

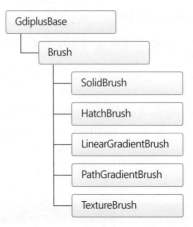

[그림 7-6] Brush 클래스의 계층도

① SolidBrush 클래스

Solid는 단색 브러쉬로 가장 기본적인 브러쉬이다. 단순히 도형을 채울 때 사용한다. 생성자로 원하는 색상만 전달하면 된다.

```
•생성자 함수 : SolidBrush(const Color &color)
예) SolidBrush sbrush(Color(0,255,0));        // 초록색 브러쉬 생성
   .......                                    // 그래픽 출력
```

② HatchBrush 클래스

해치 브러쉬는 무늬가 있는 브러쉬이며 단색의 브러쉬보다 조금 더 복잡한 채우기를 할 수 있다. 첫 번째 인수로 무늬의 종류를 지정하는데 GDI에서는 6가지 무늬가 제공되지만, GDI+에서는 52가지의 무늬가 제공된다. 각 무늬의 이름은 hatchStyle 상수로 열거 정의되어있다. foreColor는 무늬를 구성하는 선분들의 색상이고 backColor는 선분 뒤쪽의 배경 색상이다.

```
•생성자 함수 : HatchBrush(HatchStyle hatchStyle, const Color &foreColor, const Color &backColor);
예) HatchBrush hbrush((HatchStyle)Hatch, Color(0,0,0), Color(255,255,255))   // 해치 브러쉬 생성
   .......                                                                   // 그래픽 출력
```

③ LinearGradientBrush 클래스

그래디언트 브러쉬는 지정한 두 색상이 점점 변하는 모양으로 채색하는 브러쉬이다. 그래디언트 브러쉬는 총 6개의 생성자 함수가 있는데 여기서는 한 가지 방법만 소개하겠다.

> ・생성자 함수 : LinearGradientBrush(const Point &point1, const Point &point2, const Color &color1, const Color &color2)
>
> 예) // 시작점에 시작점 색상, 끝점에 끝점 색상, 중간 단계는 두 점의 상대적 거리를 계산하여 칠함
> LinearGradientBrush lgbrush(Point(0,0), Point(100,0), Color(0,0,255), Color(0,0,0));
> ....   //그래픽 출력

● 펜과 브러쉬를 이용한 그래픽 함수

GDI에서는 현재 DC에 선택된 펜으로 외곽선을 그리고 내부는 DC에 선택된 브러쉬로 채운다. 반면 GID+는 외곽선을 그리는 함수와 내부를 채우는 함수가 완전히 분리되어 있어 별도의 조치가 없어도 외곽선만 따로 그리거나 외곽선 없이 내부만 채울 수 있다. 모든 그리기 함수는 Graphics의 멤버 함수로 정의되어있으며 외곽선을 그리는 함수는 Draw로 시작하고 면을 채우는 함수는 Fill로 시작한다.

① 선 그리기

선을 그리기 위해서는 DrawLine() 함수를 사용한다. DrawLine() 함수는 MoveTo() 함수, LineTo() 함수와 기능상 같지만, 시작점과 끝점을 모두 지정하여 완전한 선을 그을 수 있다. GDI+에는 현재 위치에 해당하는 현재 점 개념이 없어서 항상 선의 시작점과 끝점을 모두 인수로 지정해야 한다. DrawLine() 함수를 이용하여 선을 그리는 원형은 다음과 같다.

> DrawLine(const Pen *pen, const Point &pt1, const Point &pt2);
> ・pen   : 선을 그릴 때 사용할 펜의 객체
> ・pt1   : 시작점 point
> ・pt2   : 끝점 point
>
> 예) graphics.DrawLine(&pen, Point(10,10), Point(300,100)); // (10,10)에서 (300,100)까지 선을 그림
>
> DrawLine(const Pen *pen, INT x1, INT y1, INT x2, INT y2);
> ・pen   : 선을 그릴 때 사용할 펜의 객체
> ・x1, y1 : 시작점을 구성하는 좌표
> ・x2, y2 : 끝점을 구성하는 좌표
>
> 예) graphics.DrawLine(&pen, 10, 10, 200, 200);   // (10,10)에서 (200,200)까지 선을 그림
>
> DrawLine(const Pen *pen, const PointF &pt1, const PointF &pt2);
> DrawLine(const Pen *pen, REAL x1, REAL y1, REAL x2, REAL y2);
> ・실수를 인수로 취하는 함수들. 소수점 이하의 정밀한 좌표 지정 가능

② 사각형 그리기

GDI에서 사각형을 그리는 함수는 LTRB(좌상단점과 우하단점) 방식을 사용하고 GDI+는 XYWH(좌상단점의 좌표와 사각형의 폭과 높이) 방식을 사용한다. 단순한 표현상의 차이일 뿐이지만 이 외에도 끝점의 포함 여부가 다르다. GDI는 끝점을 그리기에서 제외하는데 GDI+는 끝점을 포함한다. 이로 인해 같은 크기의 사각형을 그리게 되면 그려지는 도형의 모양이 달라진다. 함수의 원형은 다음과 같다.

```
Status DrawRectangle(const Pen *pen, const Rect &rect);
 •pen   : 사각형을 그릴 때 사용할 펜의 객체
 •rect : 좌상단점의 좌표와 사각형의 너비와 높이를 가진 Rect 객체

Status DrawRectangle(const Pen *pen, INT x, INT y, INT width, INT height);
 •pen   : 사각형을 그릴 때 사용할 펜의 객체
 •x, y   : 좌상단점의 좌표
 •width : 사각형의 너비
 •height : 사각형의 높이
예) graphics.DrawRectangle(&pen, 10 ,10, 100, 150); // (10,10)과 (100,150) 폭, 높이의 사각형 그림
```

③ 원 그리기

주어진 사각형에 내접하는 타원을 그린다. 원을 그리는 함수로써 함수의 원형은 다음과 같다.

```
Status DrawEllipse(const Pen *pen, const Rect &rect);
 •pen : 원을 그릴 때 사용할 펜의 객체
 •rect : 좌상단점의 좌표와 사각형의 너비와 높이를 가진 Rect 객체

Status DrawEllipse(const Pen *pen, INT x, INT y, INT width, INT height);
 •pen   : 원을 그릴 때 사용할 펜의 객체
 •x, y   : 좌상단점의 좌표
 •width  : 사각형의 너비
 •height : 사각형의 높이
예) graphics.DrawEllipse(&pen, 10 ,10, 100, 150); // (10,10)과 (100,150)의 폭, 높이의 원그림
```

④ 다각형 그리기

다각형을 그리는 함수는 DrawLine() 함수와 동일하되 시작점과 끝점을 강제로 연결한다.

함수의 원형은 다음과 같다.

> Status DrawPolygon(const Pen *pen, const Point *points, INT count);
> - pen   : 다각형을 그릴 때 사용할 펜의 객체
> - point : 다각형 꼭짓점의 좌표를 가지고 Point 구조체 배열의 포인터
> - count : 배열 내의 점의 개수
>
> 예) Point pts[3] = {Point(20,10), Point(10,30), Point(30,30));
>   graphics.DrawPolygon(&pen, pts, 3);

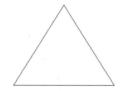

[그림 7-7] 다각형 그리기

⑤ 곡선 그리기

GDI+는 카디날 곡선과 베지어 곡선 두 가지 종류의 곡선을 지원한다. 카디날 곡선이란 휘기 쉬운 물체의 중간을 잡고 구부릴 때 곡선이 만들어지는 원리를 사용한 곡선이다. 함수의 원형은 다음과 같다.

> Status DrawCurve(const Pen *pen, const Point *points, INT count, REAL tension);
> - pen   : 곡선을 그릴 때 사용할·펜의 객체
> - points : 곡선이 통과하는 점의 배열 포인터
> - count : 배열 내의 점의 개수
> - tension : 곡선에 적용될 장력
>
> 예) Point pts[4] = {Point(20,100), Point(100,10), Point(200,150), Point(400,100)};
>   graphics.DrawCurve(&pen, pts, 4, 0.4f);

[그림 7-8] 장력 0.4의 카디날 곡선

베지어 곡선이란 다각형의 끝점을 지나며 중간 꼭짓점에 근접한 곡선이다. 함수의 원형은 다음과 같다. 시작점과 끝점을 두 번째와 다섯 번째 인수로 지정하고 그사이에 두 개의 조절점의 좌표를 전달하여 그리게 된다.

```
Status DrawBezier(const Pen *pen, Point& pt1, Point& pt2, Point& p3, Point& pt4);
  •pen : 곡선을 그릴 때 사용할 펜의 객체
  •pt1 : 베지어 곡선의 컨트롤 폴리곤의 시작점
  •pt2 : 베지어 곡선의 컨트롤 폴리곤의 첫 번째 조절점
  •pt3 : 베지어 곡선의 컨트롤 폴리곤의 두 번째 조절점
  •pt4 : 베지어 곡선의 컨트롤 폴리곤의 끝점
예) graphics.DrawBezier(&pen, Point(10,100), Point(200,0), Point(100,150), Point(400,100));
```

[그림 7-9] DrawBezier() 함수를 이용한 베지어 곡선

6) 폰트(Font) 클래스

GDI+는 안티 에일리어싱이 가능하며 폰트를 생성하고 선택하는 방식과 문자열 출력에 대한 옵션이 많다. GDI+는 폰트를 Font 클래스로 표현한다. Font 객체를 생성한 후 DrawString() 함수로 이 객체의 포인터를 전달하면 문자열 출력에 폰트가 사용된다. 이 클래스의 생성자 함수는 다음과 같다.

```
Font(const WCHAR *familyName, REAL emSize, INT style, Unit unit, const FontCollection
*fontCollection);
  •familyName : 타입페이스의 이름(폰트의 이름)
  •emSize : 글꼴 크기
  •style : 폰트의 모양 지정. 6가지 종류가 있음
  •unit : 단위 지정
  •fontCollection: 컴퓨터에 설치된 폰트의 집합
예) Font font(_T("궁서"), 20, FontStyleBold, UnitMillimeter);
    PointF ptf(10.0f, 10.0f);
    Solidbrush sbrush(Color(255,0,0));
    graphics.DrawString(_T("공부합시다!"), -1, &font, pts, &sbrush);
```

공부합시다!

[그림 7-10] 출력화면

● 폰트 관련 그래픽 함수

폰트 관련 그래픽 함수에는 문자열을 출력하는 함수와 문자열 출력 품질을 향상시키는 함수가 있다.

① 문자열 출력 함수

문자열을 출력하는 함수는 DrawString() 함수이며 세 가지 형태의 매개 변수를 가진 생성자 함수가 있다. 앞쪽에서부터 세 개의 인수는 공통적이며 나머지 인수는 옵션이나 영역을 지정한다.

```
Status DrawString(const WCHAR *string, INT length, const Font *font, const PointF &origin,
        const Brush *brush);
    •string : 출력될 문자열
    •length: 문자열의 크기
    •font : 출력될 폰트
    •origin : 출력되는 문자열의 위치
    •brush : 지정된 브러쉬 객체

Status DrawString(const WCHAR *string, INT length, const Font *font, const PointF &origin,  const
    StringFormat *stringFormat, const Brush *brush);

Status DrawString(const WCHAR *string, INT length, const Font *font, const RectF &layoutRect,
    const StringFormat *stringFormat, const Brush *brush);
```

② 문자열 안티 에일리어싱 함수

GDI+의 텍스트 출력 기능이 GDI에 비해 우월한 점은 안티 에일리어싱이다. 텍스트가 출력되는 배경색과 텍스트의 색상이 현저하게 차이가 날 때 계단 현상이 나타난다. 안티 에일리어싱은 이처럼 경계 부근의 색상 차가 심할 때 경계에 중간색을 삽입함으로 텍스트의 출력 품질을 높이는 기술이다. 문자열 출력 속성은 Graphics 객체의 속성이며 다음 함수로 설정한다.

Status SetTextRenderingHint(TextRenderingHint newMode);
· newMode : 렌더링 힌트 모드

렌더링 힌트 모드는 열거형으로 다음과 같다.

렌더링 힌트	설명
TextRenderingHintSystemDefault	시스템 디폴트 렌터링 힌트를 가진 글리프
TextRenderingHintSingleBitPerPixelGridFit	힌트를 가진 글리프 비트맵
TextRenderingHintSingleBitPerPixel	힌트를 가지지 않은 글리프 비트맵
TextRenderingHintAntiAliasGridFit	힌트를 가진 글리프 안티 에일리어싱 비트맵
TextRenderingHintAntiAlias	힌트를 가지지 않은 글리프 안티 에일리어싱 비트맵
TextRenderingHintClearTypeGridFit	힌트를 가진 글리프 비트맵

다음 실행의 예는 출력 품질을 바꿔가며 같은 문자열을 출력하는 것이다. 출력 결과를 자세히 보면 경계 부분의 처리가 조금씩 다르다는 것을 확인할 수 있다.

```
예) Pen pen(Color(0,0,0), 1);
    SolidBrush sbrush(Color(255,0,0));

    Font font(_T("궁서"), 10, FontStyleBold, UnitMillimeter);
    PointF ptf(5.0f, 0.0f);
    graphics.SetTextRenderingHint(TextRenderingHintAntiAlias);
    graphics.DrawString(_T("안티 에일리어싱 테스트"), -1, &font, ptf, &sbrush);
```

실습 7-2 그림판 만들기

이 실습에서는 GDI+를 사용하여 펜과 지우개를 이용한 그림판 프로그램을 작성하는 것이다. 왼쪽 마우스는 펜의 기능을 가지며 오른쪽 마우스는 지우개 기능을 갖도록 한다. 마우스를 누르고 이동시키는 대로 내용이 출력되거나 지워지도록 하며, 펜과 지우개의 크기 및 색상은 대화상자를 통해 변경할 수 있도록 할 것이다. 이 실습을 통해 GDI+에 대한 개념과 사용 방법을 익힐 수 있다.

Step 1 단일 문서 기반의 프로젝트를 생성한다.

① 프로젝트 이름을 "Practice7b"라 정한다.

② MFC 애플리케이션 마법사의 [애플리케이션 종류] 단계에서 "단일 문서"를 선택하여 SDI 기반의 프로젝트를 만들고, [프로젝트 스타일] 항목은 "MFC standard"을, [비주얼 스타일 및 색] 항목은 "Windows Native/Default"을 선택한다.

③ [다음] 버튼을 눌러 [사용자 인터페이스 기능] 단계에서 [명령 모음(메뉴/도구 모음/리본)] 항목에서 "메뉴 모음 및 도구 모음 사용"을 선택한다.

④ [마침] 버튼을 누르면 새로운 프로젝트의 생성을 완료한다.

Step 2 GDI+ 라이브러리를 초기화한다.

① GDI+를 사용하려면 반드시 라이브러리를 초기화시켜야 한다.

ⓐ [솔루션 탐색기]에서 📄 헤더 파일의 트리를 확장시킨 후 📄 pch.h 파일을 더블클릭하고 헤더파일로 이동한다. GDI+라이브러리를 사용할 수 있도록 헤더파일과 라이브러리를 include 시키고 네임스페이스를 선언하는 코드를 작성한다.

```
// pch.h: 미리 컴파일된 헤더 파일입니다.
// 아래 나열된 파일은 한 번만 컴파일되었으며, 향후 빌드에 대한 빌드 성능을 향상합니다.
// 코드 컴파일 및 여러 코드 검색 기능을 포함하여 IntelliSense 성능에도 영향을 미칩니다.
// 그러나 여기에 나열된 파일은 빌드 간 업데이트되는 경우 모두 다시 컴파일됩니다.
// 여기에 자주 업데이트할 파일을 추가하지 마세요. 그러면 성능이 저하됩니다.

#ifndef PCH_H
#define PCH_H

// 여기에 미리 컴파일하려는 헤더 추가
#include "framework.h"

#endif //PCH_H

#include <gdiplus.h>
#pragma comment(lib, "gdiplus")
using namespace Gdiplus;
```

ⓑ 다음은 CPractice7bApp 클래스의 InitInstance() 함수를 더블클릭하여 InitInstance() 함수로 이동한다. InitInstance() 함수 앞에 전역 변수를 선언하고 InitInstance() 함수 내부에 GDI+ 라이브러리를 초기화하는 코드를 추가한다.

```
CPractice7bApp theApp;
ULONG_PTR        gdiplusToken;              // 전역 변수 선언


// CPractice7bApp 초기화

BOOL CPractice7bApp::InitInstance()
{
    GdiplusStartupInput  gdiplusStartupInput;
    if (::GdiplusStartup(&gdiplusToken, &gdiplusStartupInput, NULL) != Ok)
    {
        AfxMessageBox(_T("GDI+ 라이브러리의 초기화에 실패했습니다!"));
        return false;
    }
    // 애플리케이션 매니페스트가 ComCtl32.dll 버전 6 이상을 사용하여 비주얼 스타일을
    // 사용하도록 지정하는 경우, Windows XP 상에서 반드시 InitCommonControlsEx()가 필요합니다.
    // InitCommonControlsEx()를 사용하지 않으면 창을 만들 수 없습니다.
    ...
    ...
```

ⓒ <img> CPractice7bApp 클래스에 <img> ExitInstance() 함수를 더블클릭하여 함수 본체로
이동한다. 이 함수에 GDI+ 라이브러리를 해제하는 코드 추가하면 GDI+ 라이브러
리 초기화 작업이 끝이 난다.

```
int CPractice7bApp::ExitInstance()
{
    //TODO: 추가한 추가 리소스를 처리합니다.
    AfxOleTerm(FALSE);
    ::GdiplusShutdown(gdiplusToken);

    return CWinAppEx::ExitInstance();
}
```

Step 3 메뉴 리소스를 편집한다.

① [리소스 뷰]의 <img> Menu 에서 <img> IDR_MAINFRAME을 더블 클릭하면, [리소스 뷰]의 오른
쪽에 주메뉴 바가 나타나면 메뉴를 수정한다.

ⓐ 주메뉴는 [그리기]와 [도움말] 메뉴를 가진다. [그리기] 메뉴는 기존의 [파일] 메뉴를
수정하여 만든다. [편집]과 [보기] 메뉴는 삭제하고, [도움말] 메뉴는 기존의 메뉴를
그대로 사용한다.

그리기   도움말(H)

ⓑ [그리기] 메뉴의 부메뉴에서 [새로 만들기]와 [끝내기] 부메뉴는 그대로 사용하고 나머지 메뉴는 삭제한다. 그리고 [펜의 크기], [펜의 색상], [지우개 크기] 부메뉴를 다음과 같이 만든다.

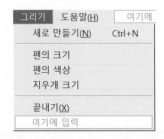

② 메뉴의 속성을 설정한다.

ⓐ [그리기] 메뉴에 대한 부메뉴의 속성을 다음과 같이 설정한다. [새로 만들기]와 [끝내기] 부메뉴는 기존의 속성을 그대로 사용한다.

Step 4 툴바 비트맵을 편집한다.

① [리소스 뷰]의 🖼️ Toolbar에서 📠 IDR_MAINFRAME_256을 더블 클릭하여 툴바 비트맵 편집기가 나타나면 첫 번째 툴바 이외의 모든 툴바를 삭제하고 다음과 같이 툴바 3개를 추가한다.

② 툴바 비트맵의 속성을 설정한다.

ⓐ 새로 만든 툴바 버튼(▓)을 더블클릭하면 우측에 툴바 속성을 설정할 수 있는 [도구 모음 편집기]가 나타난다. [ID] 항목에서 툴바를 연결하고자 하는 메뉴 항목의 ID를 입력하거나 ID 항목을 클릭하면 오른쪽에 나타나는 화살표 버튼(▼)을 클릭하여 메뉴 항목의 ID를 선택한다. ID를 직접 입력하면 실수를 할 수 있으므로 이번 실습에서는 반드시 마우스로 메뉴 항목의 ID로 ID_PEN_SIZE를 선택한다.

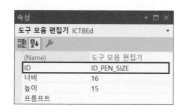

ⓒ 나머지 툴바에 대해서도 위와 같은 방법으로 ID를 설정한다.

▨ : ID_FILE_NEW ▤ : ID_PEN_SIZE

◑ : ID_PEN_COLOR ▱ : ID_ERASER_SIZE

Step 5 **커서 리소스를 추가한다.**

① 펜을 가지고 그리기 모드를 나타내는 커서를 생성한다.

ⓐ 다음 그림과 같이 [리소스 뷰]의 🖫 Practice7b.rc에서 오른쪽 마우스 버튼을 눌러서 나타나는 단축 메뉴에서 [리소스 추가] 항목을 선택한다.

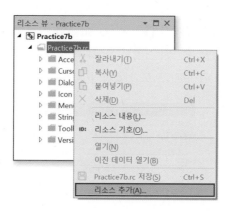

ⓑ [리소스 추가] 대화상자에서 ▐ Cursor를 선택하고 새로 만들기(N) 버튼을 누른다.

ⓒ [커서 비트맵 편집기]에서 다음과 같이 펜을 나타내는 커서를 생성한다.

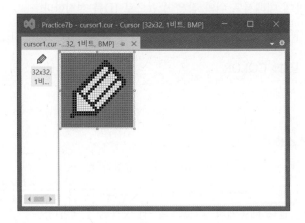

ⓓ [리소스] 뷰의 ▭ Cursor에서 ▐ IDC_CURSOR1 을 오른쪽 마우스로 클릭하면 우측에 커서 속성을 설정할 수 있는 [커서 노드] 속성 창이 나타난다. 속성창의 [ID] 항목에서 IDC_CURSOR_PEN으로 설정한다.

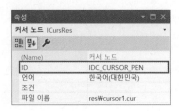

② 지우개를 가지고 지우기 모드를 나타내는 커서를 생성한다.

ⓐ [리소스] 뷰의 🖿 Cursor에서 오른쪽 마우스 버튼을 눌러서 나타나는 단축 메뉴에서 [삽입] 항목을 선택한다. [커서 비트맵 편집기]에서 다음과 같이 지우개를 나타내는 커서를 생성한다.

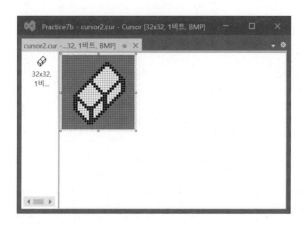

ⓑ [리소스] 뷰의 🖿 Cursor에서 ⊩ IDC_CURSOR2 을 오른쪽 마우스로 클릭하면 우측에 커서 속성을 설정할 수 있는 [커서 노드] 속성 창이 나타난다. 속성창의 [ID] 항목에서 IDC_CURSOR_ERASER로 설정한다.

Step 6 펜과 지우개의 크기를 설정하는 대화상자를 생성한다.

① 펜 크기를 설정하는 새로운 대화상자를 생성한다.

ⓐ 다음 그림과 같이 [리소스 뷰]의 🖿 Dialog에서 오른쪽 마우스 버튼을 눌러서 나타나는 단축 메뉴에서 [삽입] 항목을 선택한다.

ⓑ 그러면 다음과 같이 새로운 대화상자 폼이 생성된다.

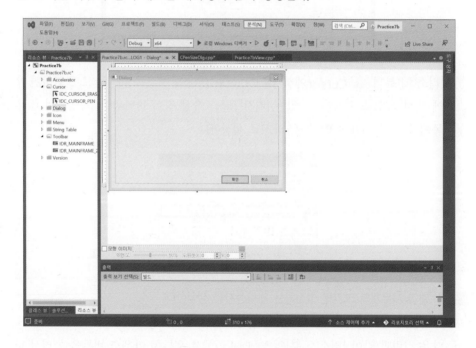

ⓒ 대화상자를 선택하고 오른쪽 마우스 버튼을 눌러서 나타나는 단축 메뉴에서 [속성]
을 선택한다. 📧 IDD_DIALOG1의 [Dialog] 속성 창에서 [ID] 항목은 IDD_DIALOG_
PEN으로, [캡션] 항목에는 "펜 크기 설정"으로 설정한다.

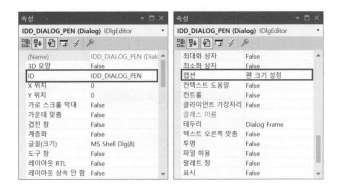

ⓓ 새로 생성된 대화상자에 컨트롤들을 다음과 같이 [**Aa** Static Text], [**ab** Edit Control], [◆ Spin Control]의 순서대로 배치하고 [Static Text] 컨트롤의 속성 창에서 [캡션] 항목을 "Size : "라 설정한다. Edit Control과 Spin Control의 탭 순서는 반드시 연속적으로 배치해야 버디 컨트롤이 제대로 작동한다는 것에 주의해야 한다. 탭 순서는 [서식]의 [탭 순서] 메뉴를 선택하면 확인할 수 있다.

ⓔ [Edit Control]의 속성 창에서 [ID] 항목은 IDC_EDIT_PEN으로, [읽기 전용] 항목은 "True"로, [텍스트 맞춤] 항목은 "Center"로 다음과 같이 설정한다.

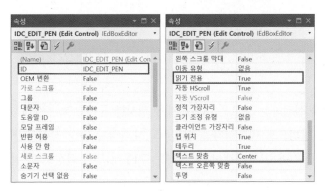

ⓕ [Spin Control]의 속성 창에서 [ID] 항목은 IDC_SPIN_PEN으로 [맞춤] 항목은 "Right Align"으로, [버디 정수 설정] 항목과 [자동 버디] 항목은 "True"로 다음과 같이 설정한다.

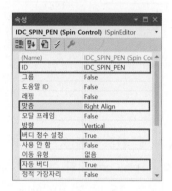

② 앞 단계에서 만든 대화상자 자원을 다룰 클래스를 생성한다.

ⓐ [리소스 뷰]의 📁 Dialog 폴더에서 📇 IDD_DIALOG_PEN 항목을 더블클릭하여 나타나는 대화상자를 더블클릭하면 다음과 같은 [MFC 클래스 추가] 화면이 출력될 것이다. [클래스 이름] 항목에 "CPenSizeDlg"로 입력하고 확인 버튼을 누른다.

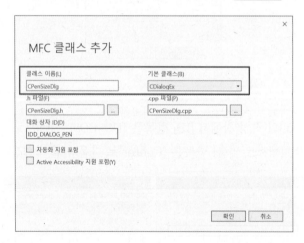

③ 지우개 크기를 설정하는 새로운 대화상자를 생성한다.

ⓐ 위와 같은 방법으로 대화상자를 삽입하고 대화상자 속성 창에서 [ID] 항목은 IDD_DIALOG_ERASER로, [캡션] 항목에는 "지우개 크기 설정"으로 설정한다.

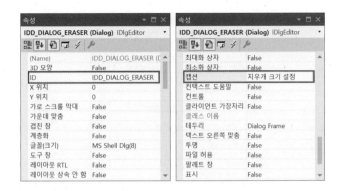

ⓑ 새로 생성된 대화상자에 컨트롤들을 다음과 같이 [🔠 Static Text],
[**ab** Edit Control], [♦ Spin Control]의 순서대로 배치하고 [Static Text] 컨트롤
의 속성 창에서 [캡션] 항목을 "Size : "라 설정한다.

ⓒ [Edit Control]의 속성 창에서 [ID] 항목은 IDC_EDIT_ERASER로, [읽기 전용]
항목은 "True"로, [텍스트 맞춤] 항목은 "Center"로 다음과 같이 설정한다.

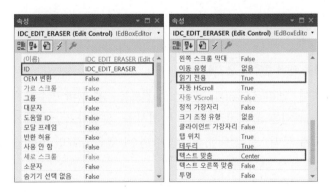

ⓓ [Spin Control]의 속성 창에서 [ID] 항목은 IDC_SPIN_ERASER로 [맞춤] 항목은
"Right Align"으로, [버디 정수 설정] 항목과 [자동 버디] 항목은 "True"로 다음과
같이 설정한다.

④ 앞 단계에서 만든 대화상자 자원을 다룰 클래스를 생성한다.

ⓐ 위와 같은 방법으로 대화상자를 더블클릭하여 [MFC 클래스 추가] 화면에서 [클래스 이름] 항목에 "CEraserSizeDlg"로 입력하고 [확인] 버튼을 누른다.

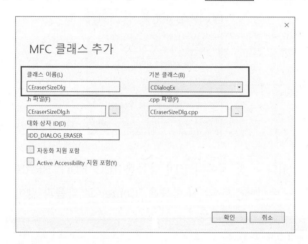

Step 7 컨트롤들을 멤버 변수와 연결한다.

① DDX를 이용하여 📇 CPenSizeDlg 클래스의 컨트롤들을 멤버 변수에 연결한다.

ⓐ Ctrl + Shift + X 를 눌러서 클래스 마법사를 실행하고, [클래스 이름] 항목은 CPenSizeDlg 클래스를 선택한 후 [멤버 변수] 탭을 누르면 다음 그림과 같이 컨트롤의 ID 항목들을 볼 수 있다.

ⓑ 위와 같이 ID_EDIT_PEN을 선택하고 [변수 추가(A)...] 버튼을 누르면 나타나는 [제
어 변수 추가] 대화상자에서 [범주] 항목은 "값"을 선택하고 [이름] 항목에는 m_
nPenSize라고 입력하고 [변수 형식]은 "UINT" 형을 입력하고 [마침] 버튼을 누
른다.

ⓒ 위와 같은 방법으로 ID_SPIN_PEN을 선택하고 [변수 추가(A)...] 버튼을 누르면 나타나
는 [제어 변수 추가] 대화상자에서 [범주] 항목은 "컨트롤"로, [이름] 항목에는 m_
spinPen 이라고 입력하고 [변수 형식]은 "CSpinButtonCtrl"을 그대로 사용한다.

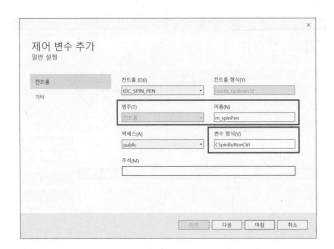

ⓓ 컨트롤이 멤버 변수에 제대로 연결되었는지 확인하기 위해서는 Ctrl + Shift + X 를 눌러서 클래스 마법사를 실행하고, [클래스 이름] 항목에서 CPenSizeDlg 클래스를 선택하고 [멤버 변수] 탭을 눌러 다음과 같이 연결된 것을 확인할 수 있다.

② 이번에는 🐾CEraserSizeDlg 클래스의 컨트롤들을 멤버 변수에 연결한다.

ⓐ 위와 같은 방법으로 클래스 마법사를 실행하고, [클래스 이름] 항목은 CEraserSizeDlg 클래스를 선택하여 [멤버 변수] 탭을 누른 후 ID_EDIT_ERASER

을 선택하고 [변수 추가(A)...] 버튼을 누르면 나타나는 [제어 변수 추가] 대화상자에서
[범주] 항목은 "값"으로, [이름] 항목에는 m_nEraserSize 이라고 입력하고 [변수
형식]은 "UINT" 형을 입력한다.

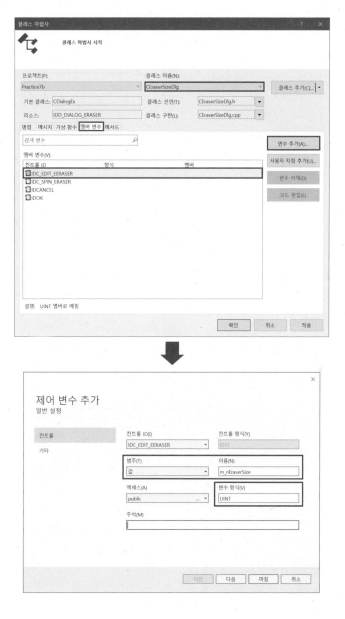

ⓑ 위와 같은 방법으로 ID_SPIN_ERASER을 선택하고 [변수 추가(A)...] 버튼을 누르면 나타
나는 [제어 변수 추가] 대화상자에서 [범주] 항목은 "컨트롤"로, [이름] 항목에는 m_
spinEraser 라고 입력하고 [변수 형식]은 "CSpinButtonCtrl"을 그대로 사용한다.

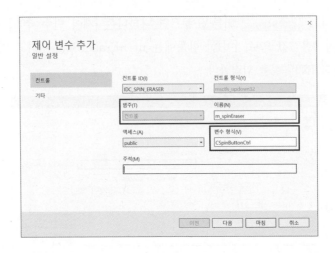

Step 8 펜의 크기, 지우개 크기 등을 초기화한다.

① 🐾 CPenSizeDlg 클래스에 🐾 OnInitDialog() 함수를 추가하고 버디 컨트롤의 범위를 설정하고 버디 컨트롤의 펜 크기를 초기화한다.

ⓐ Ctrl + Shift + X 를 눌러 클래스 마법사를 실행시켜 [클래스 이름] 항목에 CPenSizeDlg 클래스를 선택하고 [가상함수] 탭에서 OnInitDialog를 선택하고 함수 추가(A) 버튼을 누른다.

ⓑ [코드 편집(E)] 버튼을 눌러 🔧 OnInitDialog() 함수로 이동해 다음과 같이 코딩한다. 펜의 크기 범위는 1에서 10까지로 설정하고 대화상자가 출력될 때마다 현재 세팅된 펜의 크기로 초기화한다.

```
BOOL CPenSizeDlg::OnInitDialog()
{
    CDialogEx::OnInitDialog();
    // TODO:  여기에 추가 초기화 작업을 추가합니다.
    CMainFrame *pFrame = (CMainFrame*) AfxGetMainWnd();
    CPractice7bView *pView = (CPractice7bView*) pFrame->GetActiveView();

    m_spinPen.SetRange(1, 10);
    m_nPenSize = pView->m_nPenSize;
    UpdateData(FALSE);
    return TRUE;          // return TRUE unless you set the focus to a control
                          // 예외: OCX 속성 페이지는 FALSE를 반환해야 합니다.
}
```

ⓒ 🔧 CPenSizeDlg 클래스에서 🔧 CPractice7bView 클래스 변수를 참조하기 때문에 뷰 클래스의 포인터를 얻어 오기 위해서 🔧 CPractice7bView 클래스와 🔧 CMainFrame 클래스의 헤더파일을 🔧 CPenSizeDlg 클래스 소스 파일 상단에 include 시킨다.

```
#include "pch.h"
#include "Practice7b.h"
#include "afxdialogex.h"
#include "PenSizeDlg.h"

#include "MainFrm.h"
#include "Practice7bDoc.h"
#include "Practice7bView.h"
```

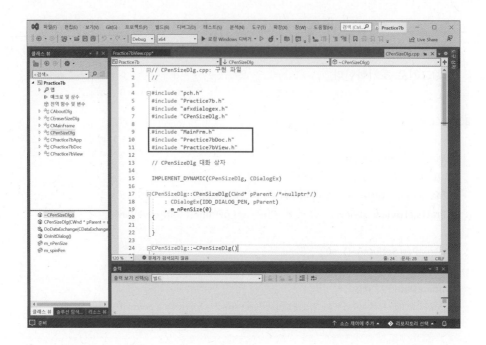

② CEraserSizeDlg 클래스에 OnInitDialog() 함수를 추가하고 버디 컨트롤의 범위를 설정하고 버디 컨트롤의 지우개 크기를 초기화한다.

ⓐ 위와 같은 방법으로 Ctrl + Shift + X 를 눌러 클래스 마법사를 실행시켜 [클래스 이름] 항목에 CEraserSizeDlg를 선택하고 [가상함수] 탭에서 OnInitDialog를 선택하고 함수 추가(A) 버튼을 눌러서 함수를 추가한 후 코드 편집(E) 버튼을 눌러 OnInitDialog() 함수로 이동해 다음과 같이 코딩한다. 지우개 크기 범위는 2에서 20까지로 설정하고 대화상자가 출력될 때마다 현재 세팅된 크기로 초기화한다.

```
BOOL CEraserSizeDlg::OnInitDialog()
{
    CDialogEx::OnInitDialog();
    // TODO: 여기에 추가 초기화 작업을 추가합니다.
    CMainFrame *pFrame = (CMainFrame*) AfxGetMainWnd();
    CPractice7bView *pView = (CPractice7bView*) pFrame->GetActiveView();

    m_spinEraser.SetRange(2, 20);
    m_nEraserSize = pView->m_nEraserSize;
    UpdateData(FALSE);
    return TRUE;        // return TRUE unless you set the focus to a control
                        // 예외: OCX 속성 페이지는 FALSE를 반환해야 합니다.
}
```

ⓑ 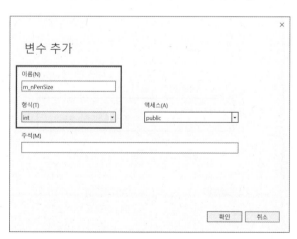 CEraserSizeDlg 클래스에서 CPractice7bView 클래스 변수를 참조하기 때문에 뷰 클래스의 포인터를 얻어 오기 위해서 CPractice7bView 클래스와 CMainFrame 클래스의 헤더파일을 CEraserSizeDlg 클래스 소스 파일 상단에 include 시킨다.

```
#include "pch.h"
#include "Practice7b.h"
#include "afxdialogex.h"
#include "EraserSizeDlg.h"

#include "MainFrm.h"
#include "Practice7bDoc.h"
#include "Practice7bView.h"
```

Step 9 뷰 클래스에 그림을 그리는 데 필요한 멤버 변수를 추가한다.

펜의 크기를 저장하는 변수, 지우개의 크기를 저장하는 변수, 펜의 색상을 저장하는 변수, 그림을 그리기 위해 이전 점을 저장하는 변수를 추가한다.

① 그림을 그리기 위한 멤버 변수를 추가시킨다.

ⓐ [클래스 뷰]에서 멤버 변수를 추가할 CPractice7bView 클래스를 선택한 후 오른쪽 마우스 버튼을 클릭하면 나타나는 단축 메뉴에서 [추가]–[변수 추가]를 선택한 후 [변수 추가] 대화상자가 나타나면 펜 크기를 나타내는 [이름] 항목은 m_nPenSize로 입력하고 [형식] 항목을 int 형으로 선택한다.

변수 추가

이름(N)
m_nPenSize

형식(T)
int

액세스(A)
public

주석(M)

확인   취소

ⓑ 위와 같은 방법으로 나머지 멤버 변수들도 🐾 CPractice7bView 클래스에 추가하고
🐾 CPractice7bView 클래스가 정의된 "CPractice7bView.h" 파일에 다음과 같이
추가되어 있는지 확인해보자.

자료형	변수명	의미
int	m_nPenSize	펜 크기를 저장하는 변수
int	m_nEraserSize	지우개 크기를 저장하는 변수
COLORREF	m_colorPen	펜 색상을 저장하는 변수
CPoint	m_ptPrev	이전 점을 저장하는 변수

```cpp
class CPractice7bView : public CView
{
.......
public:
    int m_nPenSize;           // 펜 크기를 저장하는 변수
    int m_nEraserSize;        // 지우개 크기를 저장하는 변수
    COLORREF m_colorPen;      // 펜 색상을 저장하는 변수
    CPoint m_ptPrev;          // 이전 점을 저장하는 변수
```

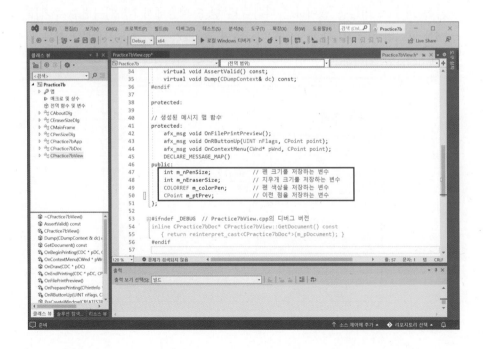

② 생성자 함수에 멤버 변수를 초기화하는 코드를 추가한다.

ⓐ [클래스 뷰]에서 ❄CPractice7bView 클래스의 생성자 함수 ❄CPractice7bView()를 더블클릭하여 생성자 함수로 이동하여 앞에서 추가한 변수 m_nEraserSize는 "4" 로, m_nPenSize는 "2"로, m_colorPen은 검은색으로 다음과 같이 초기화시킨다.

```
CPractice7bView::CPractice7bView()  noexcept
{
    // TODO: 여기에 생성 코드를 추가합니다.
    m_nPenSize = 2;
    m_nEraserSize = 4;
    m_colorPen = RGB(0, 0, 0);
}
```

Step 10 그리기 메뉴에 대한 메시지 핸들러 함수를 만든다.

이제 각 메뉴를 사용자가 작동하였을 때의 이벤트 처리를 해보자. 펜의 크기, 펜의 색상, 지우개 크기 메뉴를 선택하면 각각에 맞는 대화상자를 출력한다.

① 펜의 크기 대화상자를 출력하는 메시지 핸들러 함수를 만든다.

ⓐ Ctrl + Shift + X 를 눌러 클래스 마법사에서 [클래스 이름] 항목은 CPractice7bView 클래스를 선택하고 [개체 ID] 항목에서 ID_PEN_SIZE를 [메시지] 항목에서 COMMAND를 선택하고 처리기 추가(A)... 버튼을 선택하면 다음과 같은 메시지 핸들러 함수를 추가한다는 대화상자가 출력된다. [멤버 함수 추가] 대화상자에서 지정된 값으로 지정하고 확인 버튼을 눌러서 메시지 핸들러 함수를 추가한다.

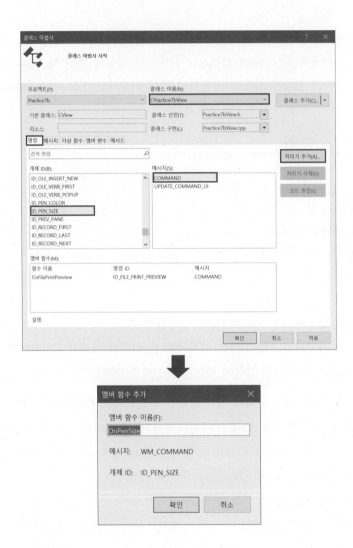

ⓑ 코드 편집(E) 버튼을 눌러 소스 코드 부분으로 이동해 다음과 같이 코딩한다.

```
void CPractice7bView::OnPenSize()
{
    // TODO: 여기에 명령 처리기 코드를 추가합니다.
    CPenSizeDlg* pdlgPen = new CPenSizeDlg;
    if(pdlgPen->DoModal() == IDOK)
    {
        m_nPenSize = pdlgPen->m_nPenSize;
    }
}
```

ⓒ 🐾 CPractice7bView 클래스에서 🐾 CPenSizeDlg 클래스의 포인터 객체를 생성하기
위해 🐾 CPenSizeDlg 클래스의 헤더파일을 🐾 CPractice7bView 클래스 소스 파일
상단에 include 시킨다.

```
// Practice7bView.cpp: CPractice7bView 클래스의 구현
//

#include "pch.h"
#include "framework.h"
// SHARED_HANDLERS는 미리 보기, 축소판 그림 및 검색 필터 처리기를 구현하는 ATL 프로젝트에서 정
의할 수 있으며
// 해당 프로젝트와 문서 코드를 공유하도록 해 줍니다.
#ifndef SHARED_HANDLERS
#include "Practice7b.h"
#endif

#include "Practice7bDoc.h"
#include "Practice7bView.h"
#include "CPenSizeDlg.h"
```

② 지우개의 크기 대화상자를 출력하는 메시지 핸들러 함수를 만든다.

ⓐ Ctrl + Shift + X 를 눌러 클래스 마법사에서 [클래스 이름] 항목은 CPractice7bView
클래스를 선택하고 [개체 ID] 항목에서 ID_ERASER_SIZE를 [메시지] 항목에서
COMMAND를 선택하고 처리기 추가(A)... 버튼을 선택하면 다음과 같은 메시지 핸들러
함수를 추가한다는 대화상자가 출력된다. [멤버 함수 추가] 대화상자에서 지정된 값
으로 지정하고 확인 버튼을 눌러서 메시지 핸들러 함수를 추가한다.

ⓑ 코드 편집(E) 버튼을 눌러 소스 코드 부분으로 이동해 다음과 같이 코딩한다.

```cpp
void CPractice7bView::OnEraserSize()
{
    // TODO: 여기에 명령 처리기 코드를 추가합니다.
    CEraserSizeDlg* pdlgEraser = new CEraserSizeDlg;
    if (pdlgEraser->DoModal() == IDOK)
    {
        m_nEraserSize = pdlgEraser->m_nEraserSize;
    }
}
```

ⓒ ✸ CPractice7bView 클래스에서 ✸ CEraserSizeDlg 클래스의 포인터 객체를 생성하기 위해 ✸ CEraserSizeDlg 클래스의 헤더파일을 ✸ CPractice7bView 클래스 소스파일 상단에 include 시킨다.

```
// Practice7bView.cpp: CPractice7bView 클래스의 구현
//

#include "pch.h"
#include "framework.h"
// SHARED_HANDLERS는 미리 보기, 축소판 그림 및 검색 필터 처리기를 구현하는 ATL 프로젝트에서 정
의할 수 있으며
// 해당 프로젝트와 문서 코드를 공유하도록 해 줍니다.
#ifndef SHARED_HANDLERS
#include "Practice7b.h"
#endif

#include "Practice7bDoc.h"
#include "Practice7bView.h"
#include "CPenSizeDlg.h"
#include "CEraserSizeDlg.h"
```

③ 펜의 색상변경 대화상자를 출력하는 메시지 핸들러 함수를 만든다.

ⓐ Ctrl + Shift + X 를 눌러 클래스 마법사에서 [클래스 이름] 항목은 CPractice7bView 클래스를 선택하고 [개체 ID] 항목에서 ID_PEN_COLOR를 [메시지] 항목에서 COMMAND를 선택하고 처리기 추가(A)... 버튼을 선택하면 다음과 같은 메시지 핸들러 함수를 추가한다는 대화상자가 출력된다. [멤버 함수 추가] 대화상자에서 지정된 값으로 지정하고 확인 버튼을 눌러서 메시지 핸들러 함수를 추가한다.

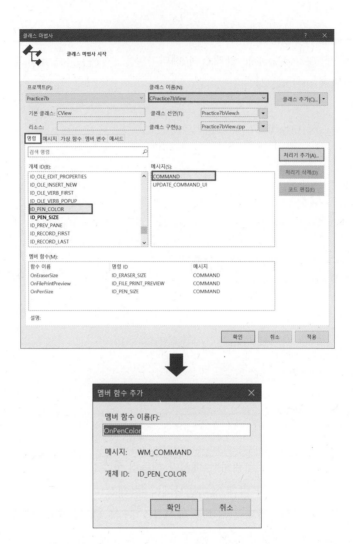

ⓑ 코드 편집(E) 버튼을 눌러 소스 코드 부분으로 이동해 다음과 같이 코딩한다.

```
void CPractice7bView::OnPenColor()
{
    // TODO: 여기에 명령 처리기 코드를 추가합니다.
    CColorDialog colorDlg;
    if (colorDlg.DoModal() == IDOK)
    {
        m_colorPen = colorDlg.GetColor();
    }
}
```

Step 11   프로그램을 실행시켜보자.

Ctrl+F7 키를 눌러 컴파일하고, 에러가 없다면 Ctrl+F5을 눌러 프로그램을 실행시켜보면
다음과 같은 화면이 나타난다.

① [펜 크기] 및 [지우개 크기] 메뉴를 선택해 대화상자가 나타나는지 확인해보자. 펜과 지
우개의 초깃값이 올바르게 설정되어 있는지 확인하고 Spin Control을 눌러 크기 조절
이 작동되는지 확인해보자.

② [펜의 색상] 메뉴를 선택해 컬러 공용상자가 나타나는지 확인해보자.

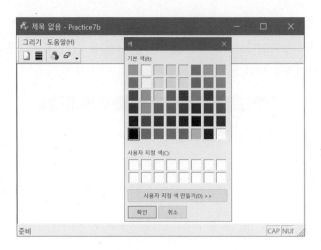

Step 12 마우스를 눌렸을 때 메시지 핸들러 함수를 만든다.

① 왼쪽 마우스가 눌렸을 때 메시지 핸들러 함수를 구현한다.

    ⓐ Ctrl + Shift + X 를 눌러 클래스 마법사에서 [클래스 이름] 항목은 CPractice7bView 을 선택하고 [메시지] 탭을 선택한 후 [메시지] 항목에서 WM_LBUTTONDOWN을 선택한 후 처리기 추가(A)... 버튼을 눌러 메시지 핸들러 함수를 추가한다.

ⓑ 코드 편집(E) 버튼을 눌러 메시지 핸들러 함수에 다음과 같이 코드를 추가한다. 왼쪽 마우스를 누르면 커서 모양을 펜을 나타내는 커서로 변경한다.

```
void CPractice7bView::OnLButtonDown(UINT nFlags, CPoint point)
{
    // TODO: 여기에 메시지 처리기 코드를 추가 및/또는 기본값을 호출합니다.
    m_ptPrev = point;
    HCURSOR hCursor = AfxGetApp()->LoadCursor(IDC_CURSOR_PEN);
    SetCursor(hCursor);
    CView::OnLButtonDown(nFlags, point);
}
```

② 오른쪽 마우스가 눌렸을 때 메시지 핸들러 함수를 구현한다.

ⓐ Ctrl+Shift+X를 눌러 클래스 마법사에서 [클래스 이름] 항목은 CPractice7bView 을 선택하고 [메시지] 탭을 선택한 후 [메시지] 항목에서 WM_RBUTTONDOWN을 선 택한 후 처리기 추가(A)... 버튼을 눌러 메시지 핸들러 함수를 추가한다.

ⓑ 코드 편집(E) 버튼을 눌러 메시지 핸들러 함수에 다음과 같이 코드를 추가한다. 오른쪽 마우스를 누르면 커서 모양을 지우개를 나타내는 커서로 변경한다.

```
void CPractice7bView::OnRButtonDown(UINT nFlags, CPoint point)
{
    // TODO: 여기에 메시지 처리기 코드를 추가 및/또는 기본값을 호출합니다.
    m_ptPrev = point;
    HCURSOR hCursor = AfxGetApp()->LoadCursor(IDC_CURSOR_ERASER);
    SetCursor(hCursor);
    CView::OnRButtonDown(nFlags, point);
}
```

Step 13 마우스가 이동 중일 때 메시지 핸들러 함수를 만든다.

① 마우스를 이동시킬 때 메시지 핸들러 함수를 구현한다.

ⓐ Ctrl + Shift + X 를 눌러 클래스 마법사에서 [클래스 이름] 항목은 CPractice7bView 를 선택하고 [메시지] 탭을 선택한 후 [메시지] 항목에서 WM_MOUSEMOVE를 선택한 후 처리기 추가(A)... 버튼을 눌러 메시지 핸들러 함수를 추가한다.

ⓑ 코드 편집(E) 버튼을 눌러 다음과 같이 코드를 추가한다. 왼쪽 마우스를 이동시킬 때는 펜의 색상이 GDI+ 형식으로 바뀌도록 하고, 오른쪽 마우스를 이동시킬 때는 지우개의 색상이 흰색이 되도록 설정한다. 또한 왼쪽 마우스를 누르면 커서 모양을 펜을

나타내는 커서로 오른쪽 마우스를 누르면 커서 모양을 지우개를 나타내는 커서로 변경한다.

```
void CPractice7bView::OnMouseMove(UINT nFlags, CPoint point)
{
    // TODO: 여기에 메시지 처리기 코드를 추가 및/또는 기본값을 호출합니다.
    CClientDC dc(this);
    Graphics graphics(dc);

    Gdiplus::Color clr;                  // GDI+로의 색상변경
    clr.SetFromCOLORREF(m_colorPen);

    if (nFlags == MK_LBUTTON)
    {
        HCURSOR hCursor = AfxGetApp()->LoadCursor(IDC_CURSOR_PEN);
        SetCursor(hCursor);
        Pen pen(Color(clr), m_nPenSize);
        graphics.DrawLine(&pen, m_ptPrev.x, m_ptPrev.y, point.x, point.y);
        m_ptPrev = point;
    }
    if (nFlags == MK_RBUTTON)
    {
        HCURSOR hCursor = AfxGetApp()->LoadCursor(IDC_CURSOR_ERASER);
        SetCursor(hCursor);
        Pen pen(Color(255, 255, 255), m_nEraserSize);
        graphics.DrawLine(&pen, m_ptPrev.x, m_ptPrev.y, point.x, point.y);
        m_ptPrev = point;
    }
    CView::OnMouseMove(nFlags, point);
}
```

Step 14 문맥 메뉴가 작동하지 않도록 수정한다.

문맥 메뉴는 오른쪽 마우스를 클릭했을 때 작동하는 단축 메뉴이다. 그런데 지우개를 사용하기 위해 오른쪽 마우스를 사용한다. 지우개를 사용하기 위해 오른쪽 마우스를 클릭할 때 문맥 메뉴가 팝업되지 않도록 🔧 OnContextMenu(CWnd * pWnd, CPoint point) 함수를 수정한다.

① [클래스 뷰]에서 🔧 CPractice7bView 클래스를 선택한 후 문맥 메뉴 메시지 함수인

OnContextMenu(CWnd * pWnd, CPoint point) 함수를 더블 클릭하면 함수를 수정할 수 있는 상태가 된다.

② OnContextMenu(CWnd * pWnd, CPoint point)함수에서 다음과 같이 주석을 사용하여 문맥 메뉴가 작동하지 못하도록 코드를 수정한다.

```
void CPractice7bView::OnContextMenu(CWnd* /* pWnd */, CPoint point)
{
#ifndef SHARED_HANDLERS
    // theApp.GetContextMenuManager()->ShowPopupMenu(IDR_POPUP_EDIT, point.x, point.
y, this, TRUE);
#endif
}
```

Step 15 프로그램을 실행시켜보자.

① Ctrl + F7 을 눌러 에러가 없다면 Ctrl + F5 를 눌러 실행시켜보자.

[처음 실행 화면]   [그리기 화면]

② 펜의 크기와 펜의 색상을 변경하여 그림을 그려보고, 지우개의 크기도 변경하여 그린 그림을 지워보자.

연습문제

1 사각형 그리기로 영역을 만든 후 그 안에 원을 그리는 프로젝트를 작성하라.

> 이번 연습 문제는 우선 사각형을 그리면 그 사각형이 viewport가 되고 viewport 안에 원을 그리는 프로그램을 작성한다. 원을 그릴 때 viewport 밖으로 나간 부분의 원은 그려지지 않게 한다. 또한 원의 해상도를 증가하고 감소할 수 있는 기능을 구현한다. 이런 기능을 갖기 위해서는 원을 그릴 때 Ellipse() 함수를 사용하여서는 안 되고 Radian 좌표를 구해서 원을 그려야 한다. 다음의 요구사항에 맞게 프로그램을 작성하라.

1) 프로젝트를 생성한다.
   ① 문맥 메뉴를 사용하기 위해 프로젝트 생성 시 [사용자 인터페이스 기능] 단계에서 [명령 모음(메뉴/도구 모음/리본)] 항목에서 "메뉴 모음 및 도구 모음 사용"을 선택한다.

2) 다음과 같이 메뉴를 만든다.

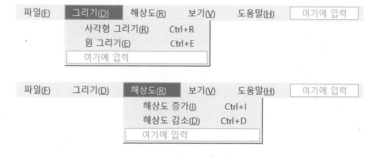

   ① 메뉴의 리소스를 다음과 같이 편집한다.

메뉴의 ID	캡션	프롬프트
ID_RECTANGLE	사각형 그리기(&R)\tCtrl+R	사각형을 그립니다.\n사각형 그리기
ID_CIRCLE	원 그리기(&E)\tCtrl+E	원을 그립니다.\n원 그리기
ID_INCREASE	해상도 증가(&I)\tCtrl+I	해상도를 증가합니다.\n해상도 증가
ID_DECREASE	해상도 감소(&D)\tCtrl+D	해상도를 감소합니다.\n해상도 감소

   ② 메뉴를 동작시키는 명령 메시지 핸들러 함수를 만든다.
   ③ 문맥 메뉴를 다음과 같이 만든다.

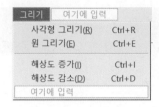

3) 다음과 같이 툴바를 만든다. (🖼️ IDR_MAINFRAME_256 툴바 사용)

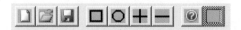

4) 다음과 같이 상태 바에 펜을 만들고 정보를 출력한다.
   ① 현재 해상도를 나타낼 팬을 만들고 해상도를 출력한다.
      ⓐ [리소스 기호] 대화상자에서 팬에 설정할 ID를 만들기 위해 [새로 만들기(N)...] 버튼
        을 누르고 [새 기호] 대화상자에 새로 추가할 팬의 ID를 ID_INDICATOR_
        RESOLUTION으로 입력한다.
      ⓑ 새로 만든 팬에 출력할 초기 문자열("해상도 64 ")과 크기를 정의한다.
      ⓒ 상태 표시줄에 팬을 추가한다.
      ⓓ ID_INCREASE, ID_DECREASE 명령 핸들러 함수에서 해상도를 출력한다.

준비		해상도 64	CAP	NUM	SCRL

5) 뷰 클래스에 도형을 그리는 데 필요한 멤버 변수를 추가하고 초기화한다.
   ① 그리기 모드를 설정하는 변수 : int m_nDrawMode;
      ⓐ 그리기 모드 값을 뷰 클래스 헤더파일에 #define으로 다음과 같이 설정한다.

```
#define RECTANGLE_MODE   1
#define CIRCLE_MODE      2
```

   ② 시작점을 저장하는 변수 : CPoint m_ptStart;
   ③ 이전 점을 저장하는 변수 : CPoint m_ptPrev;
   ④ 왼쪽 마우스를 눌렀는지 체크하는 변수 : bool m_bLButtonDown;
   ⑤ 사각형의 좌표를 저장하는 변수 : CRect m_rtRect;
   ⑥ 원의 좌표를 저장하는 변수 : CPoint m_ptCircle[1025];
   ⑦ 원의 해상도를 저장하는 변수 : int m_nResolution;
   ⑧ 뷰 클래스 생성자 함수에서 변수들을 초기화한다.
      ⓐ 왼쪽 마우스를 눌렀는지 체크하는 변수인 m_bLButtonDown을 false로 초기

화한다.

ⓑ 사각형의 좌표를 저장하는 변수인 m_rtRect을 CRect(0, 0, 0, 0)으로 초기화한다.

ⓒ 원의 해상도를 저장하는 변수인 m_nResolution을 64로 초기화한다.

ⓓ 원의 좌표를 저장할 배열인 m_ptCircle의 모든 요소를 for문을 사용하여 CPoint(0, 0)으로 초기화한다.

6) 왼쪽 마우스 버튼을 눌렸을 때 메시지 핸들러 함수는 다음과 같이 구현한다.

① 사각형을 그리는 경우에는 사각형을 초기화한다.

```
m_rtRect = CRect(0, 0, 0, 0);        // 사각형 초기화
```

② 원을 그리는 경우에는 시작점과 이전 점에 현재 점을 저장하고 왼쪽 버튼이 눌린 것을 체크한다. 그리고 원을 초기화한다.

```
m_ptStart = m_ptPrev = point;        // 시작점과 이전 점에 현재 점 저장
m_bLButtonDown = true;               // 왼쪽 버튼 눌림
for(int i = 0;; i < 1024; i++)
    m_ptCircle[i] = CPoint(0, 0);    // 원 초기화
Invalidate(TRUE);                    // 화면 갱신
```

③ 도형을 그릴 때 마우스의 위치가 클라이언트 영역을 벗어나지 않도록 마우스 영역을 클라이언트 영역으로 제한한다.

```
RECT rectClient;                     // 구조체 변수 선언
SetCapture();                        // 마우스 캡처
GetClientRect(&rectClient);          // 클라이언트 영역 얻음
ClientToScreen(&rectClient);         // 스크린 좌표계로 변환
::ClipCursor(&rectClient);           // 마우스 이동범위를 클라이언트 영역으로 제한
```

7) 마우스를 움직일 때 메시지 핸들러 함수는 다음과 같이 구현한다.

① 클라이언트 객체(dc)를 얻고 펜 스타일은 PS_SOLID, 펜 굵기는 1, 펜 색상은 검은색인 pen 객체를 생성하고 등록한다. 래스터 오퍼레이션 코드는 R2_NOTXORPEN으로 설정한다. (실습 7-1 참조)

② 사각형을 그리는 경우에는 이전 사각형을 지우고 현재 사각형을 그린다. 그리고 이전 점에 현재 점을 저장한다.

```
if (m_bLButtonDown)
{
    dc.Rectangle(m_ptStart.x, m_ptStart.y, m_ptPrev.x, m_ptPrev.y);     // 이전 사각형을 지움
    dc.Rectangle(m_ptStart.x, m_ptStart.y, point.x, point.y);          // 현재 사각형을 그림
    m_ptPrev = point;                                                   // 이전 점에 현재 점 저장
}
```

③ 원을 그리는 경우에는 IntersectClipRect() 함수 이용하여 클리핑 영역을 설정한
다. 그리고 이전 원을 지우고 이전 점에 현재 점을 저장한 후 현재 사각형을 그린다.

```
if (m_bLButtonDown)
{
    dc.IntersectClipRect(m_rtRect);              // 클리핑 영역 설정
    ComputeCircle();                             // 원의 좌표를 계산
    dc.MoveTo(m_ptCircle[0]);                    // 이전 원 지움
    for (i = 0; i < m_nResolution; i++)
        dc.LineTo(m_ptCircle[i]);
    dc.LineTo(m_ptCircle[0]);

    m_ptPrev = point;                            // 이전 점에 현재 점을 저장
    ComputeCircle();                             // 원의 좌표를 계산
    dc.MoveTo(m_ptCircle[0]);                    // 현재 원 그림
    for (i = 0; i < m_nResolution; i++)
        dc.LineTo(m_ptCircle[i]);
    dc.LineTo(m_ptCircle[0]);
}
```

④ 이전 pen으로 설정하고 pen 객체를 삭제한다.

CDC::IntersectClipRect() 함수

IntersectClipRect() 함수는 현재 영역과 지정된 사각형의 교집합을 형성하여 새 클리핑 영역을 만드는 함수로 원형은 다음과 같다.

int IntersectClipRect(LPCRECT lpRect);

• lpRect : 사각형을 지정합니다. CRect의 객체를 전달할 수 있습니다.

---

8) 왼쪽 마우스 버튼을 놓았을 때 메시지 핸들러 함수는 다음과 같이 구현한다.
    ① 사각형을 그리는 경우에는 왼쪽 마우스 버튼이 눌린 것을 해제하고 사각형 좌표를
    저장한다.

```
if (m_bLButtonDown)
{
    m_bLButtonDown = false;
    m_rtRect = CRect(m_ptStart.x, m_ptStart.y, point.x, point.y);   // 사각형 좌표 저장
}
```

② 원을 그리는 경우에는 왼쪽 마우스 버튼이 눌린 것을 해제한다.

```
if (m_bLButtonDown)
{
    m_bLButtonDown = false;
}
```

③ 마우스 캡처와 클립을 해제하고 화면을 갱신한다.

```
ReleaseCapture();           // 마우스 캡쳐 해제
::ClipCursor(NULL);         // 마우스 클립 해제
Invalidate(true);           // 화면 갱신
```

9) 원의 좌표를 구하는 함수는 다음과 같이 구현한다.

① 왼쪽 마우스로 처음 클릭한 점을 원점으로 하고, 마우스를 누른 상태에서 드래그한 점을 반지름으로 하여 원을 그린다. 원은 마우스가 움직일 때 러버밴드 형식으로 그려지고 마우스를 놓을 때 최종 완성된 원이 출력된다. 원을 이루는 점의 개수를 해상도라 하고 기본값으로 64를 준다. 해상도는 메뉴, 툴바를 통해 2배 증가 또는 2배 감소시킬 수 있다.

```
void CExercise7View::ComputeCircle()
{
    // TODO: 여기에 구현 코드 추가.
    double x, y, r, radian;

    // 반지름 r 계산
    r = sqrt((double)((m_ptStart.x - m_ptPrev.x) * (m_ptStart.x - m_ptPrev.x) +
            (m_ptStart.y - m_ptPrev.y) * (m_ptStart.y - m_ptPrev.y)));

    // radian(라디안) = M_PI * (360/해상도)/180
    radian = M_PI * 2 / (double)m_nResolution;

    //해상도에 따른 원의 좌표
    for (int i = 0; i < m_nResolution; i++)
```

```
    {
        x = m_ptStart.x + r * cos(radian * i);
        y = m_ptStart.y + r * sin(radian * i);
        m_ptCircle[i] = CPoint((int)x, (int)y);
    }
}
```

② 뷰 클래스의 헤더파일에 〈math. h〉를 include 해주어야 하고 M_PI를 define 해주어야 한다.

10) 원의 해상도를 조절할 수 있게 한다.

　① 초깃값은 64로 한다.

　② 해상도를 증가(Increase)할 때마다 해상도에 2를 곱하고, 해상도를 감소(Decrease)할 때마다 해상도를 2로 나눈다.

　③ 해상도 범위는 2에서 1024이고 이 범위를 벗어나면 다음과 같은 경고 메시지를 출력한다.

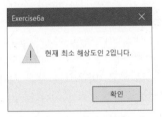

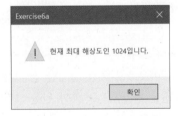

　　[최소 해상도에 도달했을 때]　　　[최대 해상도에 도달했을 때]

11) OnDraw() 함수에 마지막으로 그리는 루틴을 추가한다.

　① 펜 스타일은 PS_SOLID, 펜 굵기는 1, 펜 색상은 검은색인 pen 객체를 생성하고 등록한다. 래스터 오퍼레이션 코드는 R2_COPYPEN으로 설정한다. (실습 7-1 참조)

　② Viewport인 사각형을 그린 후 IntersectClipRect() 함수 이용하여 클리핑 영역을 설정하고 원을 그린다.

```
pDC->Rectangle(m_rtRect);              // 사각형 그림
dc.IntersectClipRect(m_rtRect);        // 클리핑 영역 설정

dc.MoveTo(m_ptCircle[0]);              // 현재 원 그림
for (int i = 0; i < m_nResolution; i++)
    dc.LineTo(m_ptCircle[i]);
dc.LineTo(m_ptCircle[0]);
```

　③ 이전 pen으로 설정하고 pen 객체를 삭제한다.

12) 다음은 실행 화면이다. 참조하여 프로그램을 작성하도록 하라.

[처음 실행 화면]   [사각형 영역을 그린 화면]

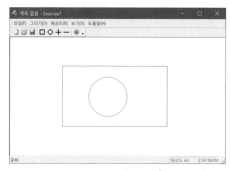
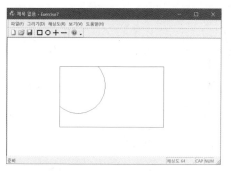

[사각형 영역에 원을 그린 화면]

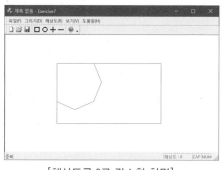
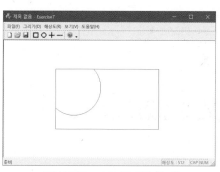

[해상도를 8로 감소한 화면]   [해상도를 512로 증가한 화면]

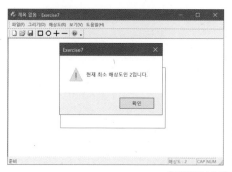

[해상도 범위를 벗어날 때]

CHAPTER 08

컨트롤 및 리소스 Ⅰ

contents

8.1 리스트 컨트롤(List Control)

8.2 트리 컨트롤(Tree Control)

08 컨트롤 및 리소스 Ⅰ

이번 장부터는 사용자 인터페이스를 구성하는데 있어서 메뉴와 툴바 이외에 사용되는 여러 가지 컨트롤들에 대해 배울 것이다. 컨트롤은 사용자가 프로그램을 편리하게 사용할 수 있게 도와줄 뿐만 아니라, 프로그램 내의 정보를 확실하게 분류함으로써 프로그램을 더욱 빠르게 이해할 수 있게 도움을 준다. 또한 컨트롤들을 이용함으로써 더욱 사용자에게 익숙한 환경을 제공한다.

이번 장에서는 컨트롤 중에서도 그 기능이 우수한 List Control과 Tree Control을 주제로 공부할 것이다. List Control과 Tree Control은 프로그램 내의 정보를 특정 기준에 따라 분류할 수 있게 해 준다. List Control과 Tree Control은 우리가 윈도우 탐색기에서 많이 경험해 보았을 것이다.

8.1 리스트 컨트롤(List Control)

List Control에 대해 알아보자. 우리가 List Control을 가장 흔히 볼 수 있는 것은 윈도우 탐색기이다. 윈도우 탐색기의 오른쪽에 폴더의 내용을 보여주는 곳이 List Control이다. 정확히 얘기하자면 리스트 뷰라고 할 수 있지만, 내부적인 제어는 같다. 탐색기를 살펴보면 [보기] 메뉴를 선택할 때, 아주 큰 아이콘, 큰 아이콘, 보통 아이콘, 작은 아이콘, 목록, 자세히, 타일, 내용 이렇게 여덟 가지를 선택할 수 있다. 다음 그림은 List Control에서 제공하는 스타일 속성 설정에 의한 것이다.

[그림 8-1] 큰 아이콘으로 보기

[그림 8-2] 보통 아이콘으로 보기

[그림 8-3] 목록 보기

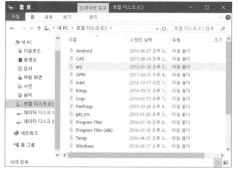

[그림 8-4] 자세히 보기

MFC에서 List Control 클래스는 CListCtrl이다.

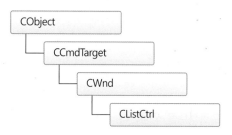

[그림 8-5] List Control의 MFC 계승도

위의 MFC 계층도를 살펴보자. CListCtrl 클래스는 CWnd 클래스를 상속받아 생성되었다. 이것은 List Control은 윈도우의 일종이라는 사실이다. 그리고 윈도우의 속성을 가지고 있기 때문에 특정 윈도우의 자식 윈도우로 생성될 수 있다. 따라서 대화상자에서 List Control을 추가하여 사용하는 것은 내부적으로 대화상자의 자식 윈도우로서 List Control이 생성된다는 얘기이다. 이 이야기는 List Control에 국한되는 것이 아니라 모든

컨트롤 클래스가 이에 적용되는 것이다. 컨트롤들은 일반적인 윈도우의 속성에 추가로 각 컨트롤마다의 특성을 가지고 있다. 각 컨트롤의 특성을 제어하는 것은 각 클래스의 멤버 함수를 통해서 가능하다.

List Control 클래스의 일반적인 제어는 칼럼의 추가와 삭제, 아이템의 추가와 삭제, 아이템 설정, 아이템의 정렬, 스타일의 변경 등이 있다. 여기에서는 칼럼의 설정과 아이템의 추가, 삭제, 수정에 대해서 배우고자 한다. 실습을 통해서 List Control를 접해 보고, 각각 제어와 설정에 관해서 익히게 될 것이다.

실습 8-1   대화상자에 List Control 사용하기

이번 실습은 대화상자에 List Control을 만들고 데이터의 추가, 수정, 그리고 삭제를 할 수 있는 버튼을 만든다. 그리고 List Control의 스타일을 변경할 수 있는 프로그램을 작성 하는 것이다. 이 실습은 다음의 요구조건을 수용하여 작성한다.

- List Control에 표현할 데이터는 세 가지로 학과, 학번, 그리고 이름으로 한다.
- 대화상자에 데이터의 추가, 수정, 삭제 버튼을 생성한다.
- List Control의 스타일 변경을 위해 Combo Box를 사용한다.

이번 실습을 통해 여러분은 다음의 내용을 배우게 될 것이다

- 대화상자와 기본 컨트롤의 활용
- List Control의 생성과 데이터 추가, 수정, 삭제 기법
- Combo Box를 통한 컨트롤 스타일의 변경
- 그 밖의 MFC 프로그래밍 기법

Step 1   대화상자 기반의 프로젝트를 생성한다.

① 프로젝트 이름을 "Practice8a"라 정한다.

② [애플리케이션 종류] 단계에서 [대화상자 기반]을 선택한다.

③ 마침 버튼을 누르고, 새로운 프로젝트의 생성을 완료한다.

Step 2   대화상자에 컨트롤을 배치하고, 속성을 설정한다.

① 대화상자 폼에 List Control, Button, Combo Box를 배치한다.

ⓐ "TODO : 여기에 대화상자 컨트롤을 배치합니다."라고 쓰여 있는 Static Text 컨트롤을 마우스로 선택하여 Delete 키를 눌러 삭제한다.

ⓑ 대화상자를 마우스로 눌러 대화상자의 크기를 조절하고 대화상자 폼에 미리 만들어진 확인 버튼과 취소 버튼을 선택하고 Delete 키를 눌러 삭제한다.

ⓒ [도구 상자]에서 [List Control]을 선택하여 다음 그림과 같이 배치한다.

ⓓ 선택된 아이템 번호, 아이템의 추가, 수정 및 출력에 사용하기 위해 [도구 상자]에서 [Group Box] 컨트롤과 [.A₂   Static Text] 컨트롤, [ab'   Edit Control] 컨트롤을 선택하여 다음 그림과 같이 배치한다.

ⓔ 데이터의 추가, 수정, 삭제를 위해 [도구 상자]에서 [Button] 컨트롤을 선택하여 다음 그림과 같이 배치한다.

ⓕ 리스트 스타일 변경을 위한 [Combo Box] 컨트롤과 [.A₂   Static Text]을 선택하여 다음 그림과 같이 배치한다.

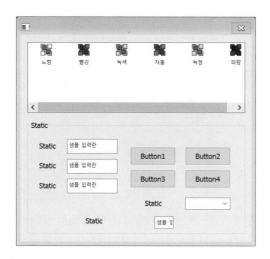

② 각 컨트롤의 속성을 설정한다.

ⓐ 대화상자 폼에서 [List Control]을 선택하고 오른쪽 마우스 버튼을 눌러서 나오는 단축 메뉴에서 [속성] 항목을 선택하거나 화면의 오른쪽에 도킹 되어있는 속성 탭을 클릭하여 나타나는 [List Control] 속성창의 [ID] 항목에 IDC_LIST_STUDENT라고 ID 값을 설정하고, [보기] 항목에는 "Report"를 선택한다.

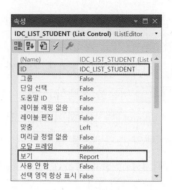

ⓑ [List Control] 바로 밑에 있는 [Group Box]를 오른쪽 마우스로 눌러서 나오는 단
축 메뉴에서 [속성] 항목을 선택하거나 화면의 오른쪽에 도킹 되어있는 속성 탭을
클릭하여 나타나는 [Group-box Control] 속성창의 [캡션] 항목에 "데이터 컨트롤
및 보기"라고 설정한다.

ⓒ [Group Box] 내부에서 가장 왼쪽 위에 추가한 [Static Text]를 오른쪽 마우스로 눌
러서 나오는 단축 메뉴에서 [속성] 항목을 선택하거나 화면의 오른쪽에 도킹 되어있
는 속성 탭을 클릭하여 나타나는 [Text Control] 속성창의 [캡션] 항목에 "학 과 :"
라고 설정한다.

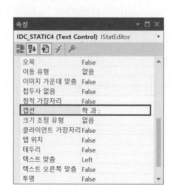

ⓓ 앞에서 설정한 것과 같은 방법으로 그 밑의 [Static Text] 컨트롤에 대해서도 각각 [Text Control] 속성 창에서 [캡션] 항목을 "학 번 :", "이 름 :" 이라고 설정한다.

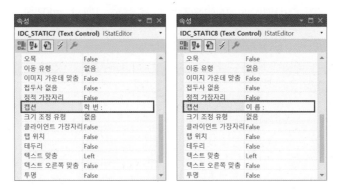

ⓔ [학 과 :]라고 설정한 [Static Text] 컨트롤 우측에 있는 [Edit Control]을 선택하고 화면의 오른쪽에 도킹 되어있는 속성 탭을 클릭하여 나타나는 [Edit Control] 속성 창의 [ID] 항목에 IDC_EDIT_DEPT라고 설정한다.

ⓕ 앞에서 설정한 것과 같은 방법으로 그 밑의 [Edit Control]에 대해서도 각각 [Edit Control] 속성 창에서 [ID] 항목에 IDC_EDIT_ID, IDC_EDIT_NAME이라고 설정한다.

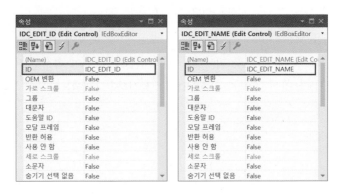

ⓖ [Button1]을 오른쪽 마우스로 눌러서 나오는 단축 메뉴에서 [속성] 항목을 선택하
거나 화면의 오른쪽에 도킹 되어있는 속성 탭을 클릭하여 속성 창이 나타나면 [ID]
항목에는 IDC_BUTTON_INSERT라고 설정하고 [캡션] 항목에 "추가"라고 설정
한다.

ⓗ [Button2]를 오른쪽 마우스로 눌러서 나오는 단축 메뉴에서 [속성] 항목을 선택하
거나 화면의 오른쪽에 도킹 되어있는 속성 탭을 클릭하여 속성 창이 나타나면 [ID]
항목에는 IDC_BUTTON_MODIFY라고 설정하고 [캡션] 항목에 "수정"이라고 설정
한다.

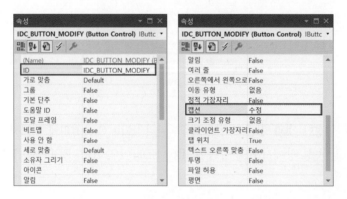

ⓘ [Button3]을 오른쪽 마우스로 눌러서 나오는 단축 메뉴에서 [속성] 항목을 선택하
거나 화면의 오른쪽에 도킹 되어있는 속성 탭을 클릭하여 속성 창이 나타나면 [ID]
항목에는 IDC_BUTTON_DELETE라고 설정하고 [캡션] 항목에 "삭제"라고 설정
한다.

ⓙ [Button4]를 오른쪽 마우스로 눌러서 나오는 단축 메뉴에서 [속성] 항목을 선택하거나 화면의 오른쪽에 도킹 되어있는 속성 탭을 클릭하여 속성 창이 나타나면 [ID] 항목에는 IDC_BUTTON_RESET이라고 설정하고 [캡션] 항목에 "다시 쓰기"라고 설정한다.

ⓚ 앞에서 속성을 설정한 버튼의 바로 밑에 있는 [Static Text]를 오른쪽 마우스로 눌러서 나오는 단축 메뉴에서 [속성] 항목을 선택하여 나타나는 [Text Control] 속성 창의 [캡션] 항목에 "리스트 보기 :" 라고 설정한다.

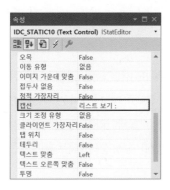

ⓛ [Combo Box]를 오른쪽 마우스로 눌러서 나오는 단축 메뉴에서 [속성] 항목을 선택하여 나타나는 [Combo-box Control] 속성창의 [ID] 항목에 IDC_COMBO_STYLE이라고 ID 값을 설정하고 [데이터] 항목에 "자세히;목록;작은 아이콘;큰 아이콘"을 입력한다. 여기서 입력한 세미콜론(;)은 줄 바꿈을 의미한다. 그리고 [정렬] 항목을 False로 바꿔주고 [형식] 항목을 Drop List로 선택한다. Drop List는 사용자가 키보드에 의한 입력을 막기 위해 사용된다.

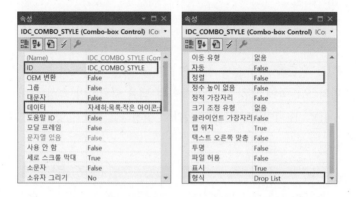

ⓜ 대화상자에서 가장 아래 위치한 [Static Text] 컨트롤을 오른쪽 마우스로 눌러서 나오는 단축 메뉴에서 [속성] 항목을 선택하여 나타나는 [Text Control] 속성창의 [캡션] 항목에 "현재 선택된 아이템 번호 :" 라고 설정한다.

ⓝ 그리고 바로 우측에 있는 [Edit Control]을 오른쪽 마우스로 눌러서 나오는 단축 메뉴에서 [속성] 항목을 선택하여 나타나는 [Edit Control] 속성창의 [ID] 항목은 IDC_EDIT_SELECTED_ITEM이라고 설정하고 [읽기 전용] 항목은 True로 변경한다. 그리고 [Edit Control] 속성창의 [테두리] 항목을 False로 변경한다.

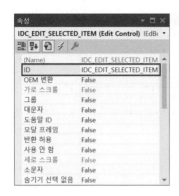 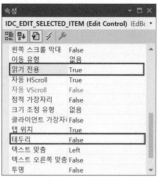

◎ 위와 같이 설정하면 다음과 같은 최종 대화상자 폼을 만들 수 있다.

Step 3 **각 컨트롤들을 클래스의 멤버 변수와 연결한다.**

① 전체 데이터를 보여주기 위한 리스트 컨트롤을 멤버 변수에 연결한다.

ⓐ Ctrl + Shift + X 키를 눌러 클래스 마법사를 실행시키고 [멤버 변수] 탭을 선택하여 [멤버 변수] 항목에서 IDC_LIST_STUDENT로 선택하고 변수 추가(A)... 버튼을 누른다.

ⓑ [제어 변수 추가] 대화상자가 나타나면 [범주] 항목은 "컨트롤", [변수 형식] 항목은
CListCtrl 그대로 두고 [이름] 항목에 m_listStudent라고 입력한 다음 　마침　
버튼을 누른다.

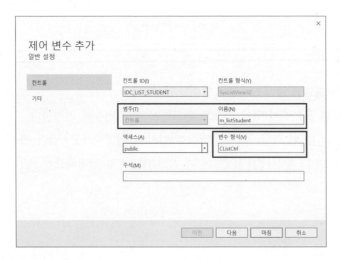

② 위와 같은 방법으로 "학과", "학번", "이름", "선택된 아이템 번호"를 나타내기 위한 Edit
Control 들도 다음의 표와 같이 멤버 변수와 연결해준다. [Ctrl]+[Shift]+[X]키를 눌러서

클래스 마법사 대화상자를 출력한 후 [멤버 변수] 탭을 선택하고 다음과 같이 설정되었는지 확인해보자.

컨트롤 ID	범주	변수 형식	이름
IDC_EDIT_DEPT	값	CString	m_strDept
IDC_EDIT_ID	값	CString	m_strID
IDC_EDIT_NAME	값	CString	m_strName
IDC_EDIT_SELECTED_ITEM	값	CString	m_strSelectedItem

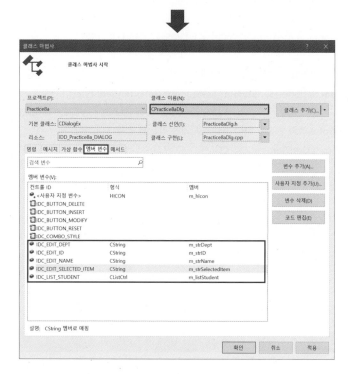

Step 4 각 컨트롤을 초기화한다.

대화상자의 초기화는 WM_INITDLG 메시지 핸들러 함수인 🔧 OnInitDialog() 함수에서 한다. 그러므로 각 컨트롤의 초기화 설정 루틴은 이 함수에 추가해야 할 것이다. 각 컨트롤의 초기화 순서를 고려해 보면 다음과 같을 것이다. 첫째, 대화상자를 초기화하는 메시지 핸들러 함수에서 List Control을 초기화한다. 둘째, Combo Box를 초기화한다. 셋째, Button을 초기화한다. 그럼 이러한 내용의 코드를 🔧 OnInitDialog() 함수에 기술해 보자.

① [클래스 뷰]에서 🔧 CPractice8aDlg 클래스의 🔧 OnInitDialog() 함수를 더블 클릭한다. 🔧 OnInitDialog() 함수에 다음과 같이 코딩한다.

```
BOOL CPractice8aDlg::OnInitDialog()
{
    CDialogEx::OnInitDialog();

    .....

    .....
    // TODO: 여기에 추가 초기화 작업을 추가합니다.
    // List Control에 컬럼을 추가한다.
    m_listStudent.InsertColumn(0, _T("순번"), LVCFMT_CENTER, 60);
    m_listStudent.InsertColumn(1, _T("학과"), LVCFMT_CENTER, 190);
    m_listStudent.InsertColumn(2, _T("학번"), LVCFMT_CENTER, 150);
    m_listStudent.InsertColumn(3, _T("이름"), LVCFMT_CENTER, 150);

    // List Control의 선택 시 전체 행이 선택되게 하고 그리드 라인이 표시되게 스타일을 변경한다.
    m_listStudent.SetExtendedStyle(m_listStudent.GetExtendedStyle() |
                        LVS_EX_FULLROWSELECT | LVS_EX_GRIDLINES);
    // List Control 스타일 변경을 위한 콤보 상자의 초기 선택 값을 지정한다.
    ((CComboBox*) GetDlgItem(IDC_COMBO_STYLE))->SetCurSel(0);

    // 수정, 삭제 버튼을 비활성화 시킨다.
    ((CButton*) GetDlgItem(IDC_BUTTON_MODIFY))->EnableWindow(FALSE);
    ((CButton*) GetDlgItem(IDC_BUTTON_DELETE))->EnableWindow(FALSE);

    return TRUE;  // 포커스를 컨트롤에 설정하지 않으면 TRUE를 반환합니다.
}
```

CListCtrl::InsertColumn() 함수

InsertColumn() 함수는 List Control에 새로운 열을 삽입하는 함수로 원형은 다음과 같다.

int InsertColumn(int nCol, LPCSTR lpszColHeading, int nFormat = LVCFMT_LEFT, int nWidth = -1, int nSubItem = -1);

- nCol : 새로운 열의 인덱스
- lpszColHeading : 칼럼 제목의 문자열
- nFormat : 칼럼에 서브 아이템 텍스트와 칼럼 표제의 정렬
    LVCFMT_LEFT, LVCFMT_RIGHT, LVCFMT_CENTER 중 하나를 지정
- nWidth : 칼럼의 픽셀 너비, -1이면 칼럼 너비를 설정하지 않음
- nSubItem : 칼럼과 관련된 하위 항목의 인덱스, -1이면 하위 항목과 연결이 없음

CListCtrl::SetExtendedStyle() 함수

SetExtendedStyle() 함수는 List Control의 스타일을 확장시키는 함수로 원형은 다음과 같다.

DWORD SetExtendedStyle(DWORD dwNewStyle);

• dwNewStyle : List Control에 사용되는 확장 스타일의 조합. 다음 표는 자주 쓰이는 확장 스타일이다.

확장 스타일	내용
LVS_EX_CHECKBOXES	List Control 아이템에 대해 체크박스를 활성화한다.
LVS_EX_FLATSB	List Control의 편편한 스크롤바를 가진다.
LVS_EX_FULLROWSELECT	아이템이 선택되면 모든 서브 아이템이 하이라이트 된다.
LVS_EX_GRIDLINES	아이템과 서브 아이템 주위에 그리드가 생긴다.
LVS_EX_HEADERDRAGDROP	드래그 앤드 드롭을 가능하게 한다.

Step 5 List Control에 데이터를 추가한다.

이제는 실제로 프로그램의 주요 기능을 구현할 순서이다. 프로그램에서 List Control에 데이터를 추가하는 루틴은 다음과 같다.

• 학과, 학번, 이름을 나타내는 Edit Control의 내용을 읽어온다.
• 데이터를 List Control에 추가한다.
• 각 데이터가 입력되지 않았으면 에러 처리한다. (메시지 박스 이용)

① 클래스 마법사를 이용해서 추가 버튼에 대한 메시지 핸들러 함수를 다음 그림과 같이 생성한다. [명령] 탭이 선택된 상태에서 [개체 ID] 항목에 IDC_BUTTON_INSERT를 선택하고, [메시지] 항목에 BN_CLICKED를 선택하고 처리기 추가(A)... 버튼을 클릭하면 나타나는 [멤버 함수 추가] 대화상자에서 지정된 함수 이름을 그대로 두고 확인 버튼을 누르면 메시지 핸들러 함수가 추가된다.

② 함수를 생성한 후 코드 편집(E) 버튼을 누르고 코딩을 시작한다. 앞에서 기술한 데이터를
추가하는 루틴을 잘 염두에 두고 아래의 코드를 살펴보기를 바란다.

```
void CPractice8aDlg::OnClickedButtonInsert()
{
    // TODO: 여기에 컨트롤 알림 처리기 코드를 추가합니다.
    int nCount = m_listStudent.GetItemCount();
    CString strCount;

    UpdateData(TRUE);
    if( !m_strDept.IsEmpty() && !m_strID.IsEmpty() && !m_strName.IsEmpty() )
```

```
{
    strCount.Format(_T("%d"), nCount+1);
    m_listStudent.InsertItem(nCount, strCount);
    m_listStudent.SetItem(nCount, 1, LVIF_TEXT, m_strDept, 0, 0, 0, 0);
    m_listStudent.SetItem(nCount, 2, LVIF_TEXT, m_strID, 0, 0, 0, 0);
    m_listStudent.SetItem(nCount, 3, LVIF_TEXT, m_strName, 0, 0, 0, 0);

    m_strDept.Empty();
    m_strID.Empty();
    m_strName.Empty();

    // 수정/삭제 버튼을 비활성화 시킨다.
    ((CButton*) GetDlgItem(IDC_BUTTON_MODIFY))->EnableWindow(FALSE);
    ((CButton*) GetDlgItem(IDC_BUTTON_DELETE))->EnableWindow(FALSE);

    UpdateData(FALSE);
}
else
{
    MessageBox(_T("모든 항목을 입력해 주세요."), _T("잠깐"), MB_OK);
}
}
```

CListCtrl::GetItemCount 함수

GetItemCount() 함수는 List Control의 아이템 수를 얻기 위해 호출하는 함수로 원형은 다음과 같다.

int GetItemCount( );

CListCtrl::InsertItem() 함수

InsertItem() 함수는 List Control에 아이템을 추가하기 위해 호출하는 함수로 원형은 다음과 같다.

int InsertItem(int nItem, LPCSTR lpszItem);

- nItem : 추가할 항목의 인덱스
- lpszItem : 항목의 레이블을 지정하는 문자열

CListCtrl::SetItem() 함수

SetItem() 함수는 명시된 List Control 아이템의 속성을 설정하기 위해 호출하는 함수이다. 원형은 다음과 같다.

BOOL SetItem(int nItem, int nSubItem, UINT nMask, LPCSTR lpszItem, int nImage, UINT nState,

UINT nStateMask, LPARAM lParam);

- nItem : 속성을 설정하는 항목의 인덱스
- nSubItem : 속성을 설정하는 하위 항목의 인덱스
- nMask : 유효한 항목에 대한 마스크
- lpszItem : 항목의 레이블을 지정하는 문자열
- nImage: 이미지 목록 내에서 항목의 이미지 인덱스
- nState : 리스트 항목의 상태 값
- nStateMask : 유효한 상태 비트에 대한 마스크
- lParam : 항목과 관련된 32비트 변수

---

③ 프로그램을 실행시켜 [추가] 기능을 테스트해 보자.

    ⓐ Ctrl + F5 키를 눌러 프로그램을 실행시킨다.

    ⓑ 다음 그림과 같이 학과, 학번, 이름을 나타내는 Edit Control에 데이터를 입력하고, [추가] 버튼을 눌러보자.

ⓒ 그러면 아래 그림과 같이 List Control에 학생 데이터 하나가 추가되었다는 것을 확인할 수 있을 것이다. 그리고 다른 데이터도 추가하여 보자.

Step 6 List Control의 데이터를 수정한다.

자 이제는 List Control 있는 데이터를 어떻게 수정할 것인가를 생각해보자. 잘 생각하면 다음과 같은 비슷한 과정이 생각날 것이다.

- List Control에서 선택된 아이템을 찾는다.
- 선택된 아이템의 데이터를 각각 학과, 학번, 이름을 나타내는 Edit Control에 출력한다.
- 사용자가 키보드를 통해 각 데이터를 수정한다. 그리고 [수정] 버튼을 누른다.
- Edit Control에서 수정된 데이터로 List Control의 해당 아이템을 업데이트한다.

① 현재 List Control에서 선택된 아이템을 찾는다.

조금 전에 설명한 데이터를 수정하는 첫 번째 과정을 보자. 현재 List Control에서 선택된 아이템이 무엇인지를 먼저 알아야 할 것이다. 그렇다면 프로그램은 [수정] 버튼을 클릭하기 전에 현재 어떤 아이템 선택되었는지를 찾아서 변수에 저장할 필요가 있을 것이다.

ⓐ 현재 선택된 아이템의 인덱스를 저장할 수 있는 멤버 변수를 📇 CPractice8aDlg 클래스에 추가하자. [변수 추가] 대화상자에서 다음과 같이 [이름] 항목은 m_nSelectedItem으로 입력하고 [형식] 항목은 int 형을 선택하고 [확인] 버튼을 눌러 변수를 추가한다.

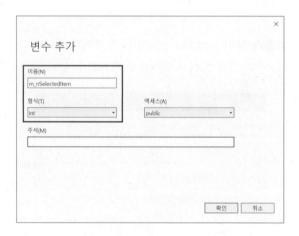

ⓑ 그럼 저장할 변수는 준비가 됐다. 그럼 아이템을 선택했을 때마다 이 멤버 변수에 선택된 아이템의 인덱스를 저장해 주면 된다. 이런 기능의 메시지 핸들러 함수는 없을까? 물론 있다. 클래스 마법사를 실행시키고 [명령] 탭이 선택된 상태에서 [개체 ID] 항목에 IDC_LIST_STUDENT를 선택하고, [메시지] 항목에 LVN_ITEMCHANGED를 선택하고 [처리기 추가(A)...] 버튼을 클릭하면 나타나는 [멤버 함수 추가] 대화상자에서 지정된 함수 이름을 그대로 두고 [확인] 버튼을 누르면 메시지 핸들러 함수가 추가된다.

ⓒ 함수를 생성한 후 [코드 편집(E)] 버튼을 누르고 다음과 같이 코딩해보자. 이렇게 하면 m_
   nSelectedItem 변수에는 현재 선택된 아이템 번호가 저장될 것이다. 또한 선택된 아
   이템 내용이 Edit Control에 출력되고 선택된 아이템 번호도 출력되는 코드이다.

```
void CPractice8aDlg::OnItemchangedListStudent(NMHDR* pNMHDR, LRESULT* pResult)
{
    LPNMLISTVIEW pNMLV = reinterpret_cast<LPNMLISTVIEW>(pNMHDR);
    // TODO: 여기에 컨트롤 알림 처리기 코드를 추가합니다.
    m_nSelectedItem = pNMLV->iItem;
```

```
    m_strSelectedItem.Format(_T("%d"), m_nSelectedItem+1);

    m_strDept = m_listStudent.GetItemText(m_nSelectedItem, 1);
    m_strID = m_listStudent.GetItemText(m_nSelectedItem, 2);
    m_strName = m_listStudent.GetItemText(m_nSelectedItem, 3);

    ((CButton*) GetDlgItem(IDC_BUTTON_MODIFY))->EnableWindow(TRUE);
    ((CButton*) GetDlgItem(IDC_BUTTON_DELETE))->EnableWindow(TRUE);

    UpdateData(FALSE);
    *pResult = 0;
}
```

CListCtrl::GetItemText() 함수

GetItemText() 함수는 List Control 아이템이나 서브 아이템의 텍스트를 반환하는 함수로 원형은 다음과 같다.

CString GetItemText(int nItem, int nSubItem) const;

- nItem : 반환될 텍스트 아이템의 인덱스
- nSubItem : 반환될 텍스트 서브 아이템을 명시

---

② [수정] 버튼에 대해 메시지 핸들러 함수를 생성한다.

ⓐ 전과 같은 방법으로 클래스 마법사를 실행시켜서 [수정] 버튼에 대한 메시지 핸들러 함수를 생성한다. 클래스 마법사를 실행하여 [명령] 탭이 선택된 상태에서 [개체 ID] 항목에 IDC_BUTTON_MODIFY를 선택하고 [메시지] 항목에 BN_CLICKED를 선택한다. 그리고 [처리기 추가(A)...] 버튼을 클릭하면 나타나는 [멤버 함수 추가] 대화상자에서 지정된 함수 이름을 그대로 두고 [확인] 버튼을 누르면 메시지 핸들러 함수가 추가된다.

ⓑ 이제는 선택된 아이템도 알 수 있으니 ▢수정 버튼에 대한 함수를 코딩해 보자.
전에도 얘기했지만, 데이터를 수정하는 과정을 잊지 말기 바라며 ▢코드 편집(E) 버튼을
누르고 다음과 같이 코딩해보자.

```
void CPractice8aDlg::OnClickedButtonModify()
{
    // TODO: 여기에 컨트롤 알림 처리기 코드를 추가합니다.
    UpdateData(TRUE);
    CString strDept, strID, strName, strIndex;
    strDept = m_strDept;
```

```
strID = m_strID;
strName = m_strName;

if( m_nSelectedItem >= 0 )
{
    if( !m_strDept.IsEmpty() && !m_strID.IsEmpty() && !m_strName.IsEmpty() )
    {
        strIndex.Format(_T("%d"), m_nSelectedItem + 1);
        m_listStudent.SetItem(m_nSelectedItem, 0, LVIF_TEXT, strIndex, 0, 0, 0, 0);
        m_listStudent.SetItem(m_nSelectedItem, 1, LVIF_TEXT, strDept, 0, 0, 0, 0);
        m_listStudent.SetItem(m_nSelectedItem, 2, LVIF_TEXT, strID, 0, 0, 0, 0);
        m_listStudent.SetItem(m_nSelectedItem, 3, LVIF_TEXT, strName, 0, 0, 0, 0);

        m_strDept.Empty();
        m_strID.Empty();
        m_strName.Empty();

        ((CButton*) GetDlgItem(IDC_BUTTON_MODIFY))->EnableWindow(FALSE);
        ((CButton*) GetDlgItem(IDC_BUTTON_DELETE))->EnableWindow(FALSE);

        UpdateData(FALSE);
    }
    else
    {
        MessageBox(_T("모든 항목을 입력해 주세요."), _T("잠깐"), MB_OK);
    }
}
else
{
    MessageBox(_T("아이템을 선택하지 않았습니다."), _T("잠깐"), MB_OK);
}
}
```

③ 프로그램을 실행시켜 [수정] 기능을 테스트해 보자.

    ⓐ Ctrl + F5 키를 눌러 프로그램을 실행시켜 Edit Control에 다음 그림과 같이 입력하고 [추가] 버튼을 눌러 데이터를 추가하도록 한다.

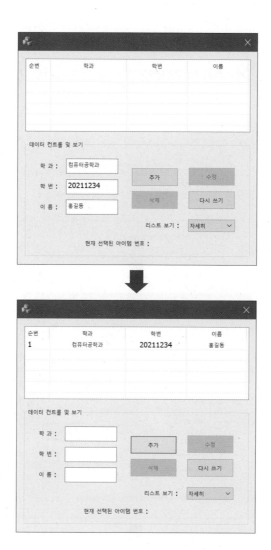

ⓑ 순번이 "1"인 아이템을 선택하면, 아이템의 내용이 Edit Control에 출력되고 선택된
아이템의 번호가 출력될 것이다. 그리고 이름을 "김철수"로 바꾸고 수정 버튼을
눌러 보자. 그러면 List Control의 기존의 아이템의 변경되는 것을 확인할 수 있을
것이다.

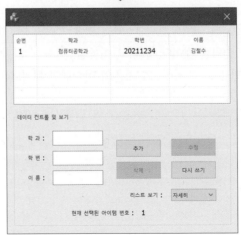

Step 7 List Control의 데이터를 삭제한다.

이제 데이터를 삭제해 볼 순서이다. 삭제는 간단히 구현할 수 있다. 다음 과정을 기억하고 있자.

- List Control에서 선택된 아이템을 찾고 List Control에서 삭제한다.

① ▢삭제▢ 버튼에 대한 메시지 핸들러 함수를 생성한다.

　ⓐ 전 단계에서 해 왔던 것처럼 클래스 마법사를 이용해 ▢삭제▢ 버튼에 대한 메시지 핸들러 함수를 만든다. 클래스 마법사를 실행하여 [명령] 탭이 선택된 상태에서 [개체 ID] 항목에 IDC_BUTTON_DELETE를 선택하고 [메시지] 항목에 BN_CLICKED를 선택한다. 그리고 ▢처리기 추가(A)...▢ 버튼을 클릭하면 나타나는 [멤버 함수 추가] 대화상자에서 지정된 함수 이름을 그대로 두고 ▢확인▢ 버튼을 누르면 메시지 핸들러 함수가 추가된다.

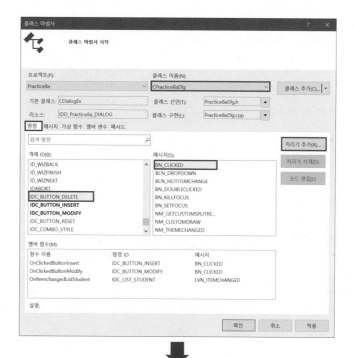

ⓑ 코드 편집(E) 버튼을 눌러 메시지 핸들러 함수에 다음과 같이 코딩해보자.

```cpp
void CPractice8aDlg::OnClickedButtonDelete()
{
    // TODO: 여기에 컨트롤 알림 처리기 코드를 추가합니다.
    if( m_nSelectedItem >= 0 )
    {
        m_listStudent.DeleteItem(m_nSelectedItem);

        for(int i = m_nSelectedItem-1; i < m_listStudent.GetItemCount(); i++ )
        {
            CString strIndex;

            strIndex.Format(_T("%d"), i+1);
            m_listStudent.SetItemText(i, 0, strIndex);
        }
        m_strDept.Empty();
        m_strID.Empty();
        m_strName.Empty();
        m_strSelectedItem.Empty();

        ((CButton*) GetDlgItem(IDC_BUTTON_MODIFY))->EnableWindow(FALSE);
        ((CButton*) GetDlgItem(IDC_BUTTON_DELETE))->EnableWindow(FALSE);

        UpdateData(FALSE);
    }
    else
    {
        MessageBox(_T("아이템을 선택하지 않았습니다."), _T("잠깐"), MB_OK);
    }
}
```

CListCtrl::DeleteItem() 함수

DeleteItem() 함수는 List Control로부터 아이템을 삭제하기 위해 호출하는 함수로 원형은 다음과 같다.

BOOL DeleteItem(int nItem);

• nItem : 삭제될 아이템의 인덱스

CListCtrl::SetItemText() 함수

SetItemText() 함수는 List Control 아이템이나 서브 아이템의 텍스트를 변경하는 함수로 원형은 다음과 같다.

BOOL SetItemText(int nItem, int nSubItem, LPTSTR lpszText);

• nItem : 변경될 텍스트 아이템의 인덱스
• nSubItem : 변경될 텍스트 서브 아이템을 명시
• lpszText : 변경될 텍스트

---

② 프로그램을 실행시켜 ￼ 삭제 ￼ 기능을 테스트해 보자.

   ⓐ Ctrl + F5 키를 눌러 프로그램을 실행시켜 다음 그림과 같이 데이터를 2개 정도 추가해 보자.

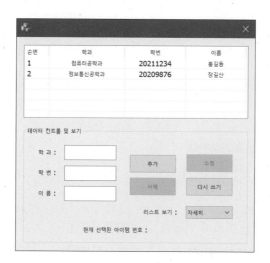

   ⓑ 순번이 "1"인 아이템을 선택하고 ￼ 삭제 ￼ 버튼을 눌러보자. 다음 그림과 같이 "홍길동"이라는 아이템이 사라지는 것을 볼 수 있을 것이다.

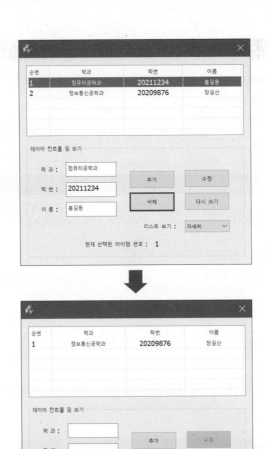

Step 8 입력한 데이터를 초기화한다.

다시 쓰기 버튼에 대해 구현을 할 차례이다. 이 버튼은 현재 입력한 데이터를 모두 초기화하는 기능을 한다.

① 다시 쓰기 버튼에 대한 메시지 핸들러 함수를 생성한다.

ⓐ 전 단계에서 해 왔던 것처럼 클래스 마법사를 이용해 다시 쓰기 버튼에 메시지 핸들러 함수를 만든다. 클래스 마법사를 실행하여 [명령] 탭이 선택된 상태에서 [개체 ID] 항목에 IDC_BUTTON_RESET을 선택하고 [메시지] 항목에 BN_CLICKED를 선택한다. 그리고 처리기 추가(A)... 버튼을 클릭하면 나타나는 [멤버 함수 추가] 대화상자에서 지정된 함수 이름을 그대로 두고 확인 버튼을 누르면 메시지 핸들러 함수가 추가된다.

ⓑ 코드 편집(E) 버튼을 눌러 메시지 핸들러 함수에 다음과 같이 코딩한다.

```
void CPractice8aDlg::OnClickedButtonReset()
{
    // TODO: 여기에 컨트롤 알림 처리기 코드를 추가합니다.
    m_strDept.Empty();
    m_strID.Empty();
    m_strName.Empty();
    UpdateData(FALSE);
}
```

Step 9 **Combo Box를 이용한 List Control 스타일을 변경한다.**

Combo Box의 선택에 따라서 List Control의 스타일을 변경할 것이다. Combo Box의 선택은 앞 단계에서 4가지 "자세히", "목록", "작은 아이콘", "큰 아이콘"으로 이미 지정해 놓았다. 그리고 대화상자가 초기화될 때 Combo Box의 기본 선택 값은 "자세히"로 설정했다.

① Combo Box의 선택이 변경될 때의 메시지 핸들러 함수를 작성한다.

ⓐ Combo Box의 선택이 변경될 때는 CBN_SELCHANGE 메시지가 발생하게 된다. 그러므로 우리는 이 메시지에 대한 핸들러 함수를 작성하면 될 것이다. 클래스 마법사를 실행하여 [명령] 탭이 선택된 상태에서 [개체 ID] 항목에 IDC_COMBO_STYLE을 선택하고 [메시지] 항목에 CBN_SELCHANGE를 선택한다. 그리고 처리기 추가(A)... 버튼을 클릭하면 나타나는 [멤버 함수 추가] 대화상자에서 지정된 함수 이름을 그대로 두고 확인 버튼을 누르면 메시지 핸들러 함수가 추가된다.

ⓑ Combo Box 선택 변경 메시지에 대한 메시지 핸들러 함수를 코딩한다. 선택에 따른 List Control의 스타일을 변경하는 코드를 기술하여야 하는데, 다음과 같은 과정을 거쳐야 할 것이다.

- Combo Box의 현재 선택된 값을 저장한다.
- 현재 설정된 List Control의 스타일을 가져온다.
- List Control의 스타일을 초기화한다.
- Combo Box의 선택된 값에 따라 List Control의 스타일을 설정한다.
- 설정한 스타일을 List Control에 적용한다.

위의 과정들을 염두에 두고 코드 편집(E) 버튼을 눌러 메시지 핸들러 함수에 다음과 같이 코딩한다.

```cpp
void CPractice8aDlg::OnSelchangeComboStyle()
{
    // TODO: 여기에 컨트롤 알림 처리기 코드를 추가합니다.
    int numSel = ((CComboBox*) GetDlgItem(IDC_COMBO_STYLE))->GetCurSel();

    switch(numSel)
    {
    case 0:
        m_listStudent.SetView(LV_VIEW_DETAILS);
        break;
    case 1:
        m_listStudent.SetView(LV_VIEW_LIST);
        break;
    case 2:
        m_listStudent.SetView(LV_VIEW_SMALLICON);
        break;
```

```
    case 3:
        m_listStudent.SetView(LV_VIEW_ICON);
        break;
    }
}
```

CListCtrl::SetView() 함수

SetView() 함수는 List Control의 보기 스타일을 설정하는 함수로 원형은 다음과 같다.

DWORD SetView(int iView) ;

• iView : 설정할 보기 스타일의 값으로 다음의 표 중에서 하나의 값으로 설정한다.

값	내 용
LV_VIEW_DETAILS	보기 스타일을 "자세히"로 설정한다.
LV_VIEW_LIST	보기 스타일을 "목록"으로 설정한다.
LV_VIEW_SMALLICON	보기 스타일을 "작은 아이콘"으로 설정한다.
LV_VIEW_ICON	보기 스타일을 "큰 아이콘"으로 설정한다.
LV_VIEW_TILE	보기 스타일을 "타일"로 설정한다.

② Combo Box를 이용하여 List Control의 스타일 변경까지 구현해보았다. 실제로 프로그램을 실행시켜서 List Control이 변경되는지 확인해보자. 그 전에 List Control의 데이터를 다음과 같이 입력해 놓자. Combo Box의 선택에 따라 다음과 같이 변경됨을 확인할 수 있을 것이다.

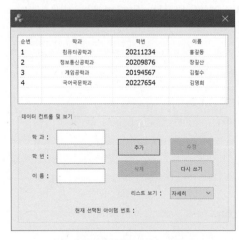

["자세히" 선택 시 실행 결과]

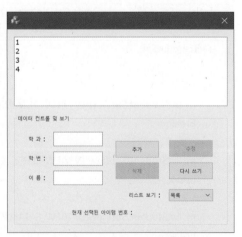

["목록" 선택 시 실행 결과]

["작은 아이콘" 선택 시 실행 결과]

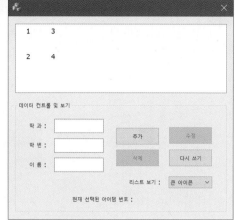
["큰 아이콘" 선택 시 실행 결과]

8.2 트리 컨트롤(Tree Control)

Tree Control은 계층구조를 가진 데이터나 항목을 표현하는 컨트롤로서 표현하고자 하는 정보를 일정한 기준으로 분류하여 주어진 정보를 전달하고자 할 때 유용하게 사용된다. 한글로 "나무"라는 것은 뿌리, 줄기, 잎과 계층적인 관계를 가지면서도 유사성 있는 정보를 가지고 있으므로 이러한 정보들을 표현할 때 Tree Control이 적합하다.

또한 정보의 일관성 있는 분류 이외에 데이터의 관계를 뚜렷이 표현할 수 있으므로 많이 사용되고 있다. 가장 쉬운 예를 들면 윈도우 탐색기의 왼쪽 윈도우가 Tree Control을 응용한 것이며, Visual C++ 2022의 솔루션 탐색기 창 또한 그 예이다.

[그림 8-6] Tree Control의 예

Tree Control의 각 항목을 노드(Node)라 하며 이 노드는 레이블과 비트맵 이미지로 구성된다. 그리고 각 노드 앞에 + 기호가 있다면 하위 노드가 존재하고 또한 확장하여 하위 노드를 검색할 수 있다. 노드가 확장되면 + 기호는 − 기호를 변환된다. 윈도우 시스템에서 많이 접해 보았기 때문에 익숙한 내용일 것이다.

Tree Control에서 가장 제어하기 어려운 점은 표현하고자 하는 데이터가 항상 변한다는 데 있다. 위에 예를 든 탐색기와 Visual C++의 솔루션 탐색기가 그러하다. 사용자에 의해 데이터가 수시로 변경된다는 점을 알고 있을 것이다. 그래서 이런 가변적인 데이터를 표현하고자 한다면 세세한 프로그래밍과 제어가 필요하다는 것이다.

그러면 다음의 실습을 통해서 그동안 눈으로만 접했던 Tree Control을 좀 더 이해하고 직접 접해 보도록 하자.

실습 8-2 대화상자에서 Tree Control 사용하기

이번 실습에서는 대화상자에서 Tree Control을 만들고 입력한 텍스트를 트리의 노드에 추가하고, 노드를 수정, 삭제해 볼 것이다.

Step 1 대화상자 기반의 프로젝트를 생성한다.

① 프로젝트 이름을 "Practice8b"라 정한다.

② [애플리케이션 종류] 단계에서 [대화상자 기반]을 선택한다.

③ [마침] 버튼을 누르고, 새로운 프로젝트의 생성을 완료한다.

[Step 2] **대화상자에 컨트롤을 배치하고 속성을 설정한다.**

① 대화상자 폼에 Tree Control, Button, Edit Control, Check Box를 배치한다.

ⓐ "TODO : 여기에 대화상자 컨트롤을 배치합니다."라고 쓰여 있는 컨트롤을 마우스로 선택하여 [Delete] 키를 눌러 삭제한다.

ⓑ 대화상자를 마우스로 눌러 대화상자의 크기를 조절하고 대화상자 폼에 미리 만들어진 [확인] 버튼과 [취소] 버튼을 선택하고 [Delete] 키를 눌러 삭제한다.

ⓒ [도구 상자]에서 [Tree Control]을 선택하여 다음 그림과 같이 배치한다.

ⓓ Tree Control에 추가할 노드의 텍스트를 입력하기 위해 [도구 상자]에서 [Static Text]과 [Edit Control]을 선택하여 다음 그림과 같이 대화상자 폼의 우측 상단에 배치한다.

ⓔ Tree Control의 노드 추가, 수정, 삭제를 위해 [도구 상자]에서 [Button] 컨트롤을 선택하여 다음 그림과 같이 배치한다.

ⓕ Tree Control에서 루트 노드의 확장/숨김을 위해 [도구 상자]에서 [Check Box] 컨트롤을 선택하여 다음 그림과 같이 배치한다.

ⓖ Tree Control에서 현재 선택된 노드를 표현하기 위해 [도구 상자]에서 [Static Text]과 [Edit Control]을 선택하여 다음 그림과 같이 Tree Control 하단 위치에 배치한다.

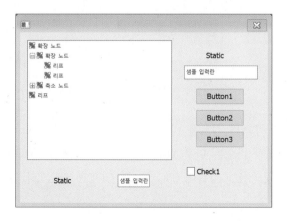

② 각 컨트롤의 속성을 설정한다.

ⓐ 대화상자 폼에서 [Tree Control]을 선택하고 오른쪽 마우스 버튼을 눌러서 나오는 단축 메뉴에서 [속성] 항목을 선택하거나 화면의 오른쪽에 도킹 되어있는 속성 탭을

클릭하여 나타나는 [Tree Control] 속성창의 [ID] 항목에 IDC_TREE_CONTROL 이라고 ID 값을 설정하고 [단추 있음] 항목, [선 있음] 항목 그리고 [선택 영역 항상 표시] 항목을 True로 변경한다.

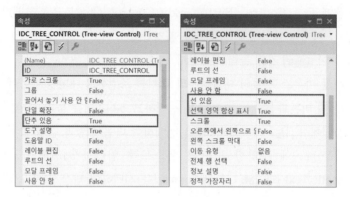

ⓑ 대화상자 폼의 우측 상단에 노드 추가를 하기 위해 배치한 [Static Text] 컨트롤을 오른쪽 마우스 버튼을 눌러서 나오는 단축 메뉴에서 [속성] 항목을 선택하여 나타 나는 [Text Control] 속성창의 [캡션] 항목에 "입력 노드 :"라 입력한다.

ⓒ 그리고 [Static Text] 컨트롤 바로 아래에 있는 [Edit Control]을 오른쪽 마우 스 버튼을 눌러서 나오는 단축 메뉴에서 [속성] 항목을 선택하여 나타나는 [Edit Control] 속성창의 [ID] 항목에 IDC_EDIT_NODE_TEXT라 입력한다.

ⓓ [Button1] 컨트롤을 오른쪽 마우스 버튼을 눌러서 나오는 단축 메뉴에서 [속성] 항
목을 선택하여 나타나는 [Button Control] 속성창의 [ID] 항목은 IDC_BUTTON_
INSERT라고 ID 값을 설정하고 [캡션] 항목에 "추가"라고 설정한다.

ⓔ [Button2] 컨트롤을 오른쪽 마우스 버튼을 눌러서 나오는 단축 메뉴에서 [속성] 항
목을 선택하여 나타나는 [Button Control] 속성창의 [ID] 항목은 IDC_BUTTON_
MODIFY라고 ID 값을 설정하고 [캡션] 항목에 "수정"이라고 설정한다.

ⓕ [Button3] 컨트롤을 오른쪽 마우스 버튼을 눌러서 나오는 단축 메뉴에서 [속성] 항
목을 선택하여 나타나는 [Button Control] 속성창의 [ID] 항목은 IDC_BUTTON_
DELETE라고 ID 값을 설정하고 [캡션] 항목에 "삭제"라고 설정한다.

ⓖ Tree Control의 바로 아래에 있는 [Static Text] 컨트롤을 오른쪽 마우스 버튼을
눌러서 나오는 단축 메뉴에서 [속성] 항목을 선택하여 나타나는 [Text Control] 속
성창의 [캡션] 항목에 "현재 선택된 노드 :"라고 설정한다.

ⓗ 바로 옆에 있는 [Edit Control]을 오른쪽 마우스 버튼을 눌러서 나오는 단축 메뉴
에서 [속성] 항목을 선택하여 나타나는 [Edit Control] 속성창의 [ID] 항목에 IDC_
EDIT_SELECTED_NODE라고 ID 값을 설정하고 [읽기 전용] 항목은 True로 변경
한다. 그리고 [테두리] 항목을 False로 변경한다.

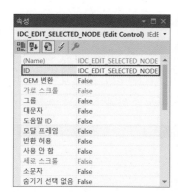 

ⓘ [Check Box] 컨트롤을 오른쪽 마우스 버튼을 눌러서 나오는 단축 메뉴에서 [속성] 항목을 선택하여 나타나는 [Check Box] 속성창의 [ID] 항목에 IDC_CHECK_EXPAND라고 ID 값을 설정하고 [캡션] 항목을 "루트 노드 확장/숨김"으로 설정한다.

ⓙ 다음과 같이 대화상자 폼이 완성되었는지 확인해보자.

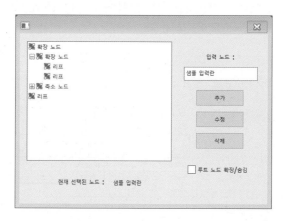

[Step 3] 각 컨트롤에 대해 멤버 변수를 연결하고 대화상자 클래스에 변수를 추가한다.

앞 단계에서 배치한 컨트롤에 대해서 멤버 변수와 연결하도록 한다. 그리고 Tree Control

의 처리에 사용할 멤버 변수를 대화상자 클래스에 추가하도록 한다.

① 각 컨트롤에 대해 멤버 변수를 연결한다.

ⓐ Ctrl + Shift + X 키를 눌러 클래스 마법사를 실행시키고 [멤버 변수] 탭을 선택하여
[멤버 변수] 항목에서 IDC_TREE_CONTROL을 선택하고 변수 추가(A)... 버튼을 누른다.

ⓑ [제어 변수 추가] 대화상자가 나타나면 [범주] 항목은 "컨트롤", [변수 형식] 항목은
CTreeCtrl을 그대로 사용하고 [이름] 항목에 m_treeControl이라고 입력한 다음
마침 버튼을 누른다.

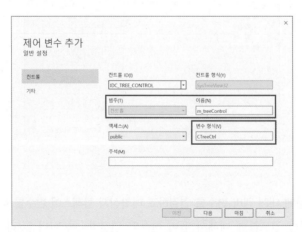

ⓒ 위와 같은 방법으로 Edit Control들을 멤버 변수와 연결해보자.

컨트롤 ID	범주	변수 형식	변수 이름
IDC_EDIT_SELECTED_NODE	값	CString	m_strSelectedNode
IDC_EDIT_NODE_TEXT	값	CString	m_strNodeText

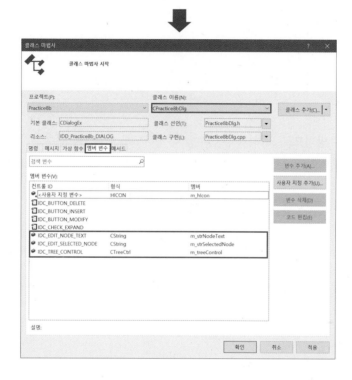

② Tree Control 처리에 필요한 변수를 🐾 CPractice8bDlg 클래스에 추가하도록 한다.

ⓐ [클래스 뷰]에서 멤버 변수를 추가할 🐾 CPractice8bDlg 클래스를 선택한 후 오른쪽
마우스 버튼을 클릭하면 나타나는 단축 메뉴에서 [추가]-[변수 추가]를 선택한다.
[변수 추가] 대화상자가 나타나면 [이름] 항목은 m_hRoot로 입력하고 [형식] 항목
은 HTREEITEM 형으로 선언한다. 이 변수는 Tree Control의 최상위 노드의 핸들
값을 저장하기 위해 변수를 추가한 것이다. 노드 삭제 시 최상위 노드를 삭제할 수
없으므로 이 변수와 비교하기 위해 저장하고 있어야 할 것이다.

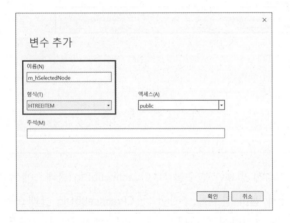

ⓑ 위와 같은 방법으로 또 하나의 변수를 추가하도록 한다. 이 변수는 Tree Control에서 현재 선택된 노드의 핸들 값을 저장하기 위한 것이다. 노드 추가, 수정 시 현재 선택된 노드를 알아야 하기 때문이다. [이름] 항목은 m_hSelectedNode로 입력하고 [형식] 항목은 HTREEITEM 형으로 선언한다.

ⓒ 위와 같은 방법으로 또 하나의 변수를 추가하도록 한다. Check Box가 체크되면 Tree Control의 루트 노드가 확장되고, 해제되면 루트 노드가 축소된다. Check Box가 체크되었는지 해제되었는지를 저장하는 변수를 추가한다. [이름] 항목은 m_bChecked로 입력하고 [형식] 항목은 bool 형으로 선택한다.

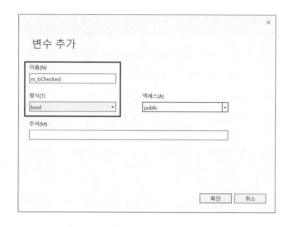

Step 4 각 컨트롤들을 초기화한다.

대화상자를 초기화시키는 멤버 함수는 🐾 OnInitDialog() 함수이다. 그러므로 각 컨트롤의 초기화 설정 루틴을 이 함수에 추가해야 할 것이다. 각 컨트롤의 초기화 순서를 고려해 보면 다음과 같을 것이다. 첫째, Tree Control에 "루트 노드"라는 이름의 최상위 노드를 생성한다. 둘째, 생성한 최상위 노드의 핸들 값을 에러 처리에 사용하기 위해 멤버 변수에 저장한다. 마지막으로 체크 박스에 체크가 되게 초기화한다. 그럼 다음 코드를 🐾 OnInitDialog() 함수에 기술해 보자.

① [클래스 뷰]에서 🐾 CPractice8bDlg 클래스의 🐾 OnInitDialog() 함수를 더블 클릭하여 함수 본체로 이동한다. 🐾 OnInitDialog() 함수에 다음과 같이 코딩한다.

```
BOOL CPractice8bDlg::OnInitDialog()
{
    CDialog::OnInitDialog();
    ...
    // TODO: 여기에 추가 초기화 작업을 추가합니다.
    m_hRoot = m_treeControl.InsertItem(_T("루트 노드"), 0, TVI_LAST);
    ((CButton *)GetDlgItem(IDC_CHECK_EXPAND))->SetCheck(TRUE);

    return TRUE;  //포커스를 컨트롤에 설정하지 않으면 TRUE를 반환합니다.
}
```

CTreeCtrl::InsertItem() 함수

InsertItem() 함수는 Tree Control에 아이템을 삽입하는 함수로 원형은 다음과 같다.

HTREEITEM InsertItem(LPCTSTR lpszItem, HTREEITEM hParent = TVI_ROOT,

　　　　　　　　　HTREEITEM hInsertAfter = TVI_LAST);

- lpszItem : 삽입 노드의 문자열
- hParent : 상위 항목의 핸들
- hInsertAfter : 삽입 노드의 위치

Step 5 Tree Control에 노드를 추가한다.

Tree Control에 노드를 추가하는 기능을 구현해보도록 한다. [추가] 버튼에 대한 메시지 핸들러 함수를 작성하기 이전에 현재 선택된 노드가 무엇인지 알아야 할 것이다. 그 이유는 노드를 추가하기 위해서는 부모 노드가 필요하기 때문이다. 먼저 현재 선택된 노드에 대한 핸들을 저장하기 위한 메시지 핸들러 함수를 작성하도록 하고 그다음 [추가] 버튼에 대한 메시지 핸들러 함수를 작성하도록 한다.

① 현재 선택한 노드에 대한 핸들 값을 저장하는 메시지 핸들러 함수를 작성한다. 이 메시지 핸들러 함수의 역할은 현재 선택된 노드의 핸들 값을 멤버 변수에 저장할 뿐만 아니라 선택된 노드의 이름을 대화상자 밑 부분에 "현재 선택된 노드" 옆에 있는 Edit Control에 표현한다.

　ⓐ Tree Control의 선택이 변경될 때 TVN_SELCHANGED 메시지가 발생하게 된다. 그러므로 우리는 이 메시지에 대한 핸들러 함수를 작성하면 될 것이다. 클래스 마법사를 실행하여 [명령] 탭이 선택된 상태에서 [개체 ID] 항목에 IDC_TREE_CONTROL을 선택하고 [메시지] 항목에 TVN_SELCHANGED를 선택한다. 그리고 [처리기 추가(A)...] 버튼을 클릭하면 나타나는 [멤버 함수 추가] 대화상자에서 지정된 함수 이름을 그대로 두고 [확인] 버튼을 누르면 메시지 핸들러 함수가 추가된다.

ⓑ 전 단계에서 현재 선택한 노드의 핸들 값을 저장할 멤버 변수를 선언했다. 그럼 노드가 선택했을 때마다 이 멤버 변수에 선택된 노드의 핸들 값을 저장해 주면 된다. 이제 코드 편집(E) 버튼을 누르고 다음과 같이 코딩해보자. 이렇게 하면 m_hSelectedNode에 현재 선택된 노드의 핸들 값이 저장되는 것이다.

```
void CPractice8bDlg::OnSelchangedTreeControl(NMHDR* pNMHDR, LRESULT* pResult)
{
    LPNMTREEVIEW pNMTreeView = reinterpret_cast<LPNMTREEVIEW>(pNMHDR);
    // TODO: 여기에 컨트롤 알림 처리기 코드를 추가합니다.
    // 현재 선택한 아이템의 핸들 값을 멤버 변수에 저장한다.
    m_hSelectedNode = pNMTreeView->itemNew.hItem;

    // 선택한 아이템의 이름을 대화상자의 Edit Control에 설정한다.
    m_strSelectedNode = m_treeControl.GetItemText(m_hSelectedNode);
    UpdateData(FALSE);          // 대화상자의 컨트롤에 데이터를 출력한다.

    *pResult = 0;
}
```

CTreeCtrl::GetItemText() 함수

GetItemText() 함수는 명시된 Tree Control 노드의 텍스트를 반환하는 함수로 원형은 다음과 같다.

CString GetItemText(HTREEITEM hItem) const;

• hItem : 반환될 텍스트 노드의 핸들

---

② [추가] 버튼에 대한 메시지 핸들러를 작성한다.

ⓐ 클래스 마법사를 이용해서 [추가] 버튼에 대한 메시지 핸들러 함수를 다음과 같이 생성한다. [명령] 탭이 선택된 상태에서 [개체 ID] 항목에 IDC_BUTTON_INSERT를 선택하고 [메시지] 항목에 BN_CLICKED를 선택한다. 그리고 [처리기 추가(A)...] 버튼을 클릭하면 나타나는 [멤버 함수 추가] 대화상자에서 지정된 함수 이름을 그대로 두고 [확인] 버튼을 누르면 메시지 핸들러 함수가 추가된다.

ⓑ 함수를 생성한 후 [코드 편집(E)] 버튼을 누르고 코딩을 시작한다. 앞에서 기술한 데이터
추가 루틴을 잘 염두에 두고 아래의 코드를 살펴보기를 바란다.

```
void CPractice8bDlg::OnClickedButtonInsert()
{
    // TODO: 여기에 컨트롤 알림 처리기 코드를 추가합니다.
    UpdateData(TRUE);
    // 에러 처리 - 입력할 텍스트가 비어 있나 검사한다.
    if( !m_strNodeText.IsEmpty() )
    {
        m_treeControl.InsertItem(m_strNodeText, m_hSelectedNode, TVI_LAST);
```

```
        m_treeControl.Expand(m_hSelectedNode, TVE_EXPAND);
    }
    else
    {
        AfxMessageBox(_T("입력 노드의 텍스트를 입력하세요."));
    }
    // Edit Box의 텍스트를 비운다.
    m_strNodeText.Empty();
    UpdateData(FALSE);
}
```

CTreeCtrl::Expand() 함수

Expand() 함수는 자식 노드의 리스트를 확장하기 위해 호출하는 함수이다. 원형은 다음과 같다.

BOOL Expand(HTREEITEM hItem, UINT nCode);

• hItem : 확장되는 트리 노드의 핸들

• nCode : 주어질 행위의 형태를 표시하는 플래그이고 이 플래그는 다음의 표 중에서 하나의 값을 가진다.

플래그 값	내 용
TVE_COLLAPSE	트리 리스트를 축소한다.
TVE_COLLAPSERESET	트리 리스트를 축소하고 자식 노드를 제거한다.
TVE_EXPAND	트리 리스트를 확장한다.
TVE_TOGGLE	트리 리스트가 현재 확장되어있으면 축소하고 축소된 상태면 트리 리스트를 확장한다.

③ 추가 버튼 기능을 테스트해 보자. 텍스트가 비어 있을 때 에러 처리가 되는지 Tree Control에 노드가 추가되는지 현재 선택한 노드의 이름이 출력되는지 확인해보자.

ⓐ 입력 노드 Edit Control에 "자식 노드 1"이라는 이름을 입력하고, 추가 버튼을 누른다. "자식 노드 1"이라는 이름의 노드가 추가되면서 확장되는 것을 볼 수 있다.

ⓑ 입력 Edit Control이 비어 있는 상태에서, 추가 버튼을 누르면 에러 메시지 상
자가 나타나면서 문제가 발생하는 것을 알 수 있다.

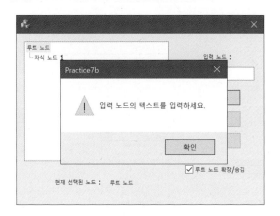

ⓒ 다음 그림과 같이 여러 개의 노드를 추가해 보고 노드를 선택해 보자. "자식 노드
3"을 선택하면 하단에 선택한 노드의 이름이 출력되는지 확인한다.

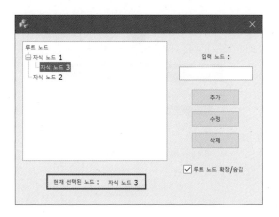

Step 6 Tree Control의 노드 이름을 수정한다.

Tree Control의 노드 이름을 수정하는 것을 구현해 볼 것이다. 수정하기 위해서는 현재 선택된 노드가 무엇인지 알아야 한다. 그렇지만 이 함수는 [추가] 기능에서 이미 구현하였다. 그럼 바로 수정 버튼에 대한 메시지 핸들러 함수를 작성해 보자.

① 수정 버튼에 대한 메시지 핸들러를 작성한다.

ⓐ 클래스 마법사를 이용해서 수정 버튼에 대한 메시지 핸들러 함수를 다음과 같이 생성한다. [명령] 탭이 선택된 상태에서 [개체 ID] 항목에 IDC_BUTTON_ MODIFY를 선택하고 [메시지] 항목에 BN_CLICKED를 선택한다. 그리고 처리기 추가(A)... 버튼을 클릭하면 나타나는 [멤버 함수 추가] 대화상자에서 지정된 함수 이름을 그대로 두고 확인 버튼을 누르면 메시지 핸들러 함수가 추가된다.

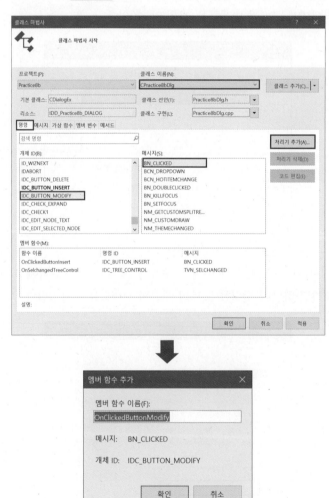

ⓑ 함수를 생성한 후 [코드 편집(E)] 버튼을 눌러 🔵 OnClickedButtonModify() 함수 본체로
이동하여 다음과 같이 코딩한다. 루트 노드는 수정해서는 안 되고 수정하려고 하면
"루트 노드는 수정해서는 안 됩니다."라는 메시지 박스를 출력한다.

```
void CPractice8bDlg::OnClickedButtonModify()
{
    // TODO: 여기에 컨트롤 알림 처리기 코드를 추가합니다.
    UpdateData(TRUE);
    // 입력할 텍스트가 비어 있는지 검사
    if( !m_strNodeText.IsEmpty() )
    {
        if ( m_hSelectedNode != m_hRoot)
        {
            // 선택된 아이템의 텍스트를 수정한다.
            m_treeControl.SetItemText(m_hSelectedNode, m_strNodeText);
            // 현재 선택된 아이템의 이름을 표현하는 Edit Control의 내용도 수정해 준다.
            m_strSelectedNode = m_strNodeText;
        }
        else
        {
            AfxMessageBox(_T("루트 노드는 수정해서는 안 됩니다."));
        }
    }
    else
    {
        AfxMessageBox(_T("수정 노드의 텍스트를 입력하세요."));
    }
    m_strNodeText.Empty();
    UpdateData(FALSE);
}
```

CTreeCtrl::SetItemText() 함수

SetItemText() 함수는 Tree Control 노드의 텍스트를 변경하는 함수로 원형은 다음과 같다.

BOOL SetItemText(HTREEITEM hItem, LPCTSTR lpszItem);

• hItem : 변경될 텍스트 노드의 인덱스
• lpszItem : 변경될 텍스트

② 수정 버튼 기능을 테스트해 보자. 텍스트가 비어 있을 때와 루트 노드를 수정하려
고 할 때 에러 처리가 되는지 Tree Control에 노드가 제대로 수정되는지 확인해보자.
ⓐ 프로그램을 실행하고 "자식 노드"라는 이름으로 노드를 하나 추가한다. 그리고
"자식 노드"를 선택하고 입력할 텍스트 창에 "수정 노드"라고 입력한다. 그리고
수정 버튼을 누르면 이름이 수정되는 것을 볼 수 있다.

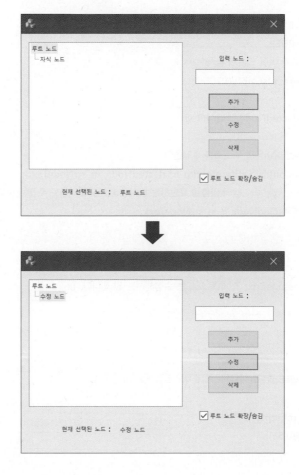

ⓑ 루트 노드를 수정하려고 하면 다음과 같이 에러 메시지 상자가 나타나는지 확인해
보자.

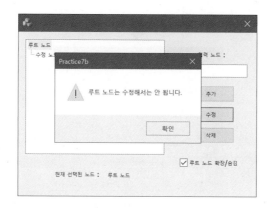

Step 7 Tree Control에 있는 노드를 삭제한다.

Tree Control 노드의 삭제 또한 추가, 수정과 같이 현재 선택된 노드가 무엇인지 알아야
한다. 추가 버튼에 대한 구현에서 이미 선택된 노드에 대한 핸들 값을 읽어오도록 하
였다. 삭제 버튼에 대한 이벤트 핸들러 함수를 구현해보고 테스트해 보자.

① 삭제 버튼에 대한 메시지 핸들러 함수를 작성한다.

    ⓐ 클래스 마법사를 이용해서 삭제 버튼에 대한 메시지 핸들러 함수를 다음과
    같이 생성한다. [명령] 탭이 선택된 상태에서 [개체 ID] 항목에 IDC_BUTTON_
    DELETE를 선택하고 [메시지] 항목에 BN_CLICKED를 선택한다. 그리고
    처리기 추가(A)... 버튼을 클릭하면 나타나는 [멤버 함수 추가] 대화상자에서 지정된 함수
    이름을 그대로 두고 확인 버튼을 누르면 메시지 핸들러 함수가 추가된다.

ⓑ 함수를 생성한 후 [코드 편집(E)] 버튼을 눌러 🔖 OnClickedButtonDelete() 함수 본체로 이동하여 다음과 같이 코딩한다. 루트 노드는 삭제해서는 안 되고 삭제하려고 하면 "루트 노드는 삭제해서는 안 됩니다."라는 메시지 박스를 출력한다.

```
void CPractice8bDlg::OnButtonDelete()
{
    // TODO: 여기에 컨트롤 알림 처리기 코드를 추가합니다.
    if( m_hSelectedNode != m_hRoot )
    {
        if( MessageBox(_T("정말 삭제하시겠습니까?"), _T("삭제 경고"), MB_YESNO) == IDYES )
            m_treeControl.DeleteItem(m_hSelectedNode);
    }
    else
    {
        AfxMessageBox(_T("루트 노드는 삭제해서는 안 됩니다."));
    }
}
```

CTreeCtrl::DeleteItem() 함수

DeleteItem() 함수는 Tree Control로부터 노드를 삭제하기 위해 호출하는 함수로 원형은 다음과 같다.

BOOL DeleteItem(HTREEITEM hItem);

• hItem : 삭제될 트리 노드의 핸들

---

② [삭제] 버튼의 기능에 대해서 테스트해 보자.

ⓐ 다음 그림과 같이 노드를 추가하고 "자식 노드2" 노드를 선택하고 [삭제] 버튼을 눌러 삭제해 보자.

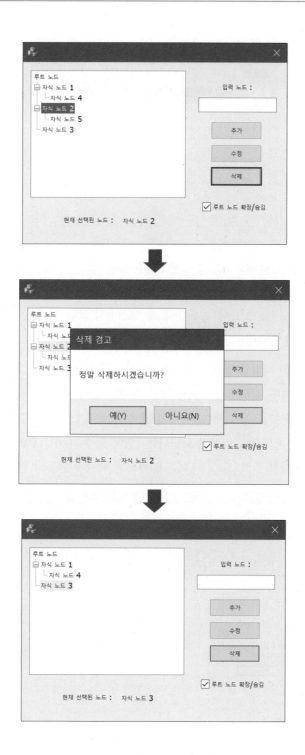

ⓑ 루트 노드를 삭제하려고 하면 다음과 같이 에러 메시지 상자가 나타나는지 확인해
보자.

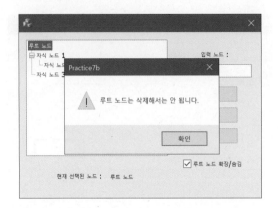

Step 8 Tree Control에서 루트 노드의 확장/숨김을 토글 한다.

Tree Control 노드 앞의 + 또는 - 버튼을 사용하여 노드의 확장 및 숨김은 토글 할 수 있다. 이 실습에서는 루트 노드에 +, - 버튼을 생성하지 않았기 때문에 체크 박스를 사용하여 루트 노드의 확장/숨김을 구현해보자.

① [Check Box] 대한 메시지 핸들러 함수를 작성한다.

ⓐ 클래스 마법사를 실행시켜 [명령] 탭이 선택된 상태에서 [개체 ID] 항목에 IDC_CHECK_EXPAND를 선택하고 [메시지] 항목에 BN_CLICKED를 선택한다. 그리고 처리기 추가(A)... 버튼을 클릭하면 나타나는 [멤버 함수 추가] 대화상자에서 지정된 함수 이름을 그대로 두고 확인 버튼을 누르면 메시지 핸들러 함수가 추가된다.

ⓑ 함수를 생성한 후 ｜ 코드 편집(E) ｜ 버튼을 눌러 🍎 OnClickedCheckExpand() 함수 본체로
이동하여 다음과 같이 코딩한다. 체크 박스를 클릭하면 현재 선택된 노드를 "루트
노드"로 변경하도록 한다.

```
void CPractice8bDlg::OnClickedCheckExpand()
{
    // TODO: 여기에 컨트롤 알림 처리기 코드를 추가합니다.
    m_bChecked = !m_bChecked;
    m_treeControl.Expand(m_hRoot, TVE_TOGGLE);
    m_hSelectedNode = m_hRoot;
    m_strSelectedNode = _T("루트 노드");
    UpdateData(FALSE);
}
```

② ☐ 루트 노드 확장/숨김 의 기능에 대해서 테스트해 보자. 체크가 해제되면 루트 노드가 축소
되고 체크하면 루트 노드가 확장되는지 확인해보자.

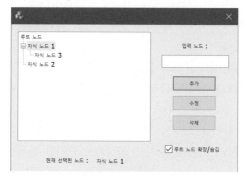

[체크 되었을 때]

[체크가 해제되었을 때]

연습문제

1 앞의 실습에서 배운 List Control, Tree Control을 이용하여 학생 정보를 처리하는 프로젝트를 작성하라.

> 왼쪽 윈도우에는 Tree control, 오른쪽 윈도우에는 List Control을 배치하여 Tree Control에 있는 학과를 선택하고 Edit Control과 Combo Box를 통해 학생의 정보를 입력하면 List Control에 데이터를 추가된다. 또한 데이터를 삭제할 수 있는 프로그램을 작성하라. Tree Control에서 학과를 선택하면 List Control에는 학과에 소속된 학생들만 표시되어야 한다. 루트를 선택하면 모든 학생이 표시되어야 한다. 다음의 요구사항에 맞게 프로그램을 작성하라.

1) 이 프로그램은 각 데이터를 Tree Control과 List Control을 연결하여 표현하는 것이다. 아래와 같이 컨트롤들을 배치하고 속성을 설정한다.

① Tree Control은 대학의 특정 학과를 표시하는 컨트롤이다. [Tree Control] 속성창에서 [ID] 항목은 IDC_TREE_DEPT이라고 ID 값을 설정하고 [선 있음] 항목을 True로 변경한다.

② List Control은 학생의 정보를 표시하는 컨트롤이다. [List Control] 속성창의 [ID] 항목에 IDC_LIST_STUDENT라고 ID 값을 설정하고, [보기] 항목에는 "Report"를 선택한다.

③ 왼쪽 맨 위의 Button 컨트롤은 학생의 정보를 List Box에 추가하는 컨트롤이다. 속성창의 [ID] 항목에는 IDC_BUTTON_INSERT라고 설정하고 [캡션] 항목에 "추가"라고 설정한다.

④ 두 번째 Button 컨트롤은 List Box에 있는 학생의 정보를 삭제하는 컨트롤이다. 속성창의 [ID] 항목에는 IDC_BUTTON_DELETE라고 설정하고 [캡션] 항목에 "삭제"라고 설정한다.

⑤ Static Control은 위의 그림과 같이 [캡션] 항목에 각각 "학 번 : ", "이 름 : ", 그리고 "학 년 : "이라고 설정한다.

⑥ 첫 번째 Edit Control은 학생의 학번을 입력하는 컨트롤이다. [Edit Control] 속성창의 [ID] 항목에 IDC_EDIT_ID라고 ID 값을 설정한다.

⑦ 두 번째 Edit Control은 학생의 이름을 입력하는 컨트롤이다. [Edit Control] 속성창의 [ID] 항목에 IDC_EDIT_NAME이라고 ID 값을 설정한다.

⑧ Combo Box는 학생의 학년을 선택하는 컨트롤이다. [Combo-box Control] 속성창의 [ID] 항목에 IDC_COMBO_YEAR라고 ID 값을 설정하고 [데이터] 항목에 "1학년;2학년;3학년;4학년"을 입력한다. 그리고 [정렬] 항목을 False로 바꿔주고 [형식] 항목을 DropDown으로 선택한다.

2) 프로그램의 기능 구현

① Tree Control : 대학의 특정 학과(컴퓨터공학과, 정보통신공학과)를 표시하며, 프로그램 실행 시 아래와 같이 학과명이 생성되어야 한다.

② List Control : Tree Control에서 선택한 학과 학생들의 정보를 표현한다.

③ 옆의 2개의 버튼은 Tree Control에서 선택한 학과에 학생 정보를 추가·삭제하는 기능을 한다.

④ 학생에 대한 정보는 학번, 이름, 학년으로 국한하며 추가 시 Edit Control과 Combo Box를 통해 입력한다. 추가 후에는 Edit Control과 Combo Box는 비어 있어야 한다.

⑤ 학생들에 대한 정보를 저장하기 위해 아래와 같은 구조체를 선언한다. 그리고 이 구조체 배열을 메인 대화상자의 멤버 변수로 선언한다.

```
typedef struct Student {
    CString strDept;
    CString strID;
    CString strName;
    CString strYear;
} Student;
```

3) 대화상자의 컨트롤을 멤버 변수와 연결한다.

① Tree Control을 "컨트롤" 형태로 멤버 변수와 연결한다.
   - IDC_TREE_DEPT : m_treeDept (변수 형식 CTreeCtrl)

② List Control을 "컨트롤" 형태로 멤버 변수와 연결한다.
   - IDC_LIST_STUDENT : m_listStudent (변수 형식 CListCtrl)

③ Edit Control 들을 "값" 형태로 멤버 변수와 연결한다.

  – IDC_EDIT_ID : m_strID (변수 형식 CString)
  – IDC_EDIT_NAME : m_strName (변수 형식 CString)
④ Combo Box는 "값" 형태로 멤버 변수와 연결한다.
  – IDC_COMBO_YEAR : m_strYear (변수 형식 CString)

4) 대화상자의 헤더파일에 필요한 멤버 변수를 추가한다.
  ① Tree Control의 루트 로드를 나타내는 변수 : m_hRoot (자료형 HTREEITEM)
  ② Tree Control에서 "컴퓨터공학과" 노드를 나타내는 변수 : m_hComputer (자료형 HTREEITEM)
  ③ Tree Control에서 "정보통신공학과" 노드를 나타내는 변수 : m_hInfomation (자료형 HTREEITEM)
  ④ 학생들에 대한 정보를 저장하는 구조체 배열 : m_StudentInfo (자료형 Student[50])
  ⑤ 배열에 저장된 학생 수를 나타내는 변수 : m_nCount (자료형 int)
  ⑥ List Control에서 어떤 아이템이 선택되었는지를 나타내는 변수 : m_nSelectedItem (자료형 int)
  ⑦ Tree Control에서 어떤 노드가 선택되었는지를 나타내는 변수 : m_hSelectedNode (자료형 HTREEITEM)

5) 대화상자를 초기화한다.
  ① Tree Control의 루트는 "한국대학교"로 설정하고 그 밑의 노드로 "컴퓨터공학과", "정보통신공학과"로 초기화한다.
  ② List Control의 Column은 3개로 구성되며 각각 "학번", "이름", "학번"으로 구성한다.
  ③ 아래 그림은 프로그램이 실행된 예를 보이고 있다.

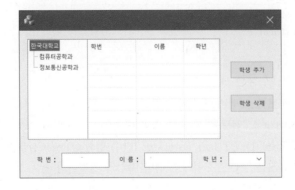

6) 프로그램 제약사항

① Tree Control의 노드 선택 시 각 해당 학과의 학생들에 대한 정보가 List Control 에 출력되어야 한다. 루트 노드인 "한국대학교"를 선택 시 모든 학생의 정보를 출력 해야 한다.

② 각 버튼은 프로그램 처음 실행 시 모두 활성화 되어야 한다.

③ 학생 추가 버튼은 Tree Control에서 학과 노드를 선택했을 때만 추가되어야 하고 루트 노드가 선택되면 "학과 노드를 선택해 주세요."라는 에러 메시지 박스를 출력 한다.

④ 학생 삭제 버튼은 Tree Control에서 학과 노드 및 루트 노드와 List Control의 학 생 아이템이 선택됐을 때 삭제된다.

⑤ 삭제 시 메시지 박스를 이용하여 삭제하기 전에 확인한다.

⑥ 추가 시 Edit Control과 Combo Box가 비어 있으면 "모든 항목을 입력해 주세요." 라는 에러 메시지 박스를 출력하고 다시 입력하게 한다.

⑦ 프로그램의 복잡성을 줄이기 위해 List Control의 학생 아이템 추가 시 중복을 체 크하지 않는다.

7) 대화상자 컨트롤들의 메시지 핸들러 함수를 구현한다.

학생의 정보 추가 시 학생의 정보는 학생 배열(m_StudentInfo)에 저장되고 Tree Control에서 학과 노드를 선택하면 List Control의 모든 아이템을 삭제하고 학과에 해당하는 학생들의 정보를 m_StudentInfo 배열에서 가져와 List Control에 아이템 을 추가하는 형태로 표시하면 된다.

① List Control의 내용을 출력하는 함수를 추가한다.

– 함수의 원형은 void InsertListItem(int nIndex) 이다.

– 현재 List Control의 아이템 개수를 GetItemCount() 함수를 이용하여 구 한다.

```
int nCount = m_listStudent.GetItemCount();
```

– 매개변수로 들어온 인덱스의 학생 정보를 학생 배열 m_StudentInfo 배열에서 가져와 List Control에 아이템으로 추가한다.

```
m_listStudent.InsertItem(nCount, m_StudentInfo[nIndex].strID);
m_listStudent.SetItem(nCount, 1, LVIF_TEXT, m_StudentInfo[nIndex].strName, 0, 0, 0, 0);
m_listStudent.SetItem(nCount, 2, LVIF_TEXT, m_StudentInfo[nIndex].strYear, 0, 0, 0, 0);
```

② Tree Control에 대한 메시지 핸들러 함수를 구현한다.

- Tree Control 노드를 선택하는 메시지는 TVN_SELCHANGED 이다.
- 현재 선택된 노드의 핸들 값(pNMTreeView->itemNew.hItem)을 m_hSelectedNode 변수에 저장한다.
- List Control의 모든 아이템을 DeleteAllItem() 함수를 이용해서 삭제한다.
- 현재 선택한 학과 노드에 해당하는 학생 배열을 찾아서 List Control에 추가한다.

```
for (int i = 0; i < m_nCount; i++)
{
    if (m_treeDept.GetItemText(m_hSelectedNode) == m_StudentInfo[i].strDept ||
                                            m_hSelectedNode == m_hRoot)
    {
        InsertListItem(i);
    }
}
```

③ List Control에 대한 메시지 핸들러 함수를 구현한다.

- List Control 노드를 선택하는 메시지는 LVN_ITEMCHANGED 이다.
- 현재 선택한 아이템의 인덱스 값(pNMLV->iItem)을 m_nSelectedItem 변수에 저장한다.

④ 학생 추가 버튼에 대한 메시지 핸들러 함수를 구현한다.

- 버튼을 선택하는 메시지는 BN_CLICKED이다.
- Tree Control에서 학과 노드를 선택했을 때만 추가되어야 하고 루트 노드가 선택되면 "학과 노드를 선택해 주세요."라는 에러 메시지 박스를 출력한다.
- Edit Control과 Combo Box가 비어 있으면 "모든 항목을 입력해 주세요."라는 에러 메시지 박스를 출력하고 다시 입력하게 한다.
- 프로그램 구조는 다음의 형태를 가지게 될 것이다.

```
UpdateData(TRUE);
int nCount = m_listStudent.GetItemCount();
if (m_hSelectedNode != m_hRoot)
{
    if (!m_strID.IsEmpty() && !m_strName.IsEmpty() && !m_strYear.IsEmpty())
    {
        ① 학생 정보를 m_StudentInfo 배열에 저장한다.
        ② InsertListItem()함수를 이용하여 학생 정보를 List Control에 추가한다.
        ③ m_nCount 값을 증가시킨다.
        ④ Empty()함수를 이용하여 정보를 입력하는 컨트롤들에 연결된 멤버 변수를 초기화한다.
        ⑤ UpdateData()함수를 이용하여 멤버 변수에 저장된 값을 컨트롤에 출력한다.
```

```
    }
    else
    {
        AfxMessageBox(_T("모든 항목을 입력해 주세요."));
    }
}
else
{
    AfxMessageBox(_T("학과 노드를 선택해 주세요."));
}
```

⑤ 학생 삭제 버튼에 대한 메시지 핸들러 함수를 구현한다.

 – 버튼을 선택하는 메시지는 BN_CLICKED이다.

 – 선택된 학생 아이템의 정보와 m_StudentInfo 배열의 내용과 비교하여 선택된 학생 아이템과 일치하는 m_StudentInfo 배열의 인덱스를 찾아낸다.

 – 선택된 아이템을 지우기 위해 m_StudentInfo 배열의 인덱스 밑에 있는 내용을 하나씩 위로 이동시키면 선택된 아이템이 지워진다.

 – List Control의 모든 아이템을 DeleteAllItem() 함수를 이용해서 삭제한다.

 – 현재 선택한 학과 노드에 해당하는 학생 배열을 찾아서 List Control에 추가한다.

 – 프로그램 구조는 다음의 형태를 가지게 될 것이다.

```
if (AfxMessageBox(_T("정말로 삭제하시겠습니까?"), MB_YESNO | MB_ICONQUESTION) == IDYES)
{
    // 선택된 학생 아이템과 학생 배열의 내용을 비교하여 일치하는 인덱스를 구한다.
    for (int i = 0; i < m_nCount; i++)
    {
        if ( (m_StudentInfo[i].strID == m_listStudent.GetItemText(m_nSelectedItem, 0)) &&
            (m_StudentInfo[i].strName == m_listStudent.GetItemText(m_nSelectedItem, 1)) &&
            (m_StudentInfo[i].strYear == m_listStudent.GetItemText(m_nSelectedItem, 2)) )
        {
            nIndex = i;
            break;
        }
    }
    ① 위에서 찾은 인덱스 밑에 있는 배열의 내용을 하나씩 위로 이동시킨다.
    ② m_nCount 값을 감소시킨다.
    ③ List Control의 모든 아이템을 DeleteAllItem() 함수를 이용해서 삭제한다.
    ④ 아이템 추가 시와 마찬가지로 현재 선택한 학과 노드에 해당하는 학생 배열을 찾아서
        List Control에 추가한다.
}
```

8) 프로그램 실행 예

　① 컴퓨터공학과에 "홍길동", "장길산" 학생의 정보를 추가한 예

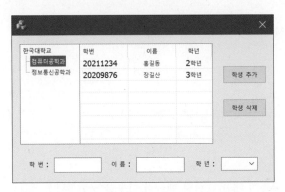

　② 위와 같은 방법으로 정보통신공학과에 "김철수", "김영희" 학생의 정보를 추가한 예

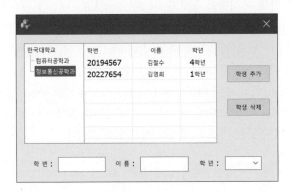

　③ 컴퓨터공학과의 "홍길동" 학생의 삭제

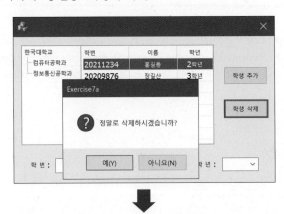

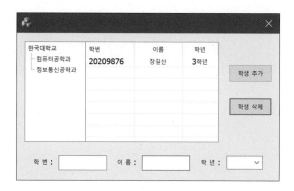

④ "한국대학교"을 선택하여 컴퓨터공학과와 정보통신공학과에 있는 모든 학생을
List Control에 표시한 예

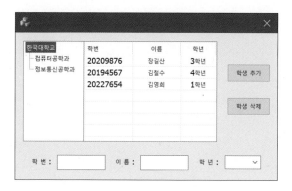

컨트롤 및 리소스 II

contents

9.1 탭 컨트롤(Tab Control)

9.2 슬라이더 컨트롤(Slider Control)

9.3 스핀 컨트롤(Spin Control)

9.4 프로그레스 바 컨트롤(Progress Bar Control)

9.5 IP 주소 컨트롤(IP Address Control)

9.6 네트워크 주소 컨트롤(Network Address Control)

9.7 날짜/시간 선택 컨트롤(Date Time Picker)

9.8 애니메이션 컨트롤(Animation Control)

09 컨트롤 및 리소스 II

이번 장에는 8장에서 배운 컨트롤 이외에 자주 사용되고 윈도우에서 흔히 볼 수 있는 여러 가지 컨트롤에 대해 배울 것이다. 컨트롤에 대해 여러 가지 지식을 가지고 있는 개발자라면 보다 향상된 인터페이스를 구성할 수 있으며 이에 따라 프로그램의 사용을 편리하게 할 수 있다. 모든 소프트웨어가 그렇지만 내부적인 구성뿐만 아니라 인터페이스의 구성을 어떻게 하느냐에 따라 사용자의 반응이 전혀 달라질 수 있으므로 여러 가지 컨트롤들을 접해 보는 것이 중요하다.

여기서는 정보를 분류하고자 할 때 사용되는 Tab Control, 마우스를 통해 일정 범위 안의 값을 입력하는 Slider Control, 간단한 동영상 재생에 사용되는 Animation Control, 세밀한 제어라든지 일정 값을 입력하는 Spin Control, 어떤 작업의 진행 상황을 시각적으로 표현하는 Progress Bar Control, 사용자로부터 인터넷 프로토콜(IP) 형식의 숫자 주소를 입력할 수 있는 IP Address Control, 특정 날짜를 입력하거나 선택하도록 하는 Date Time Picker Control에 대해 간단히 살펴보고 실습을 통해 익혀보기로 한다.

9.1 탭 컨트롤(Tab Control)

Tab Control은 주어진 탭을 선택함에 따라 해당하는 정보를 분류하여 보여준다. 흔히 등록정보 대화상자같이 작은 대화상자 안에 많은 정보를 표현하고자 할 때, 유용하게 사용되고 있다. [그림 9-1]은 윈도우의 [제어판]의 [마우스 속성] 대화상자이다. 여기서도 Tab Control을 사용함으로써 많은 정보를 관련 있는 것들로 분류해서 보여주고 있다. 이 대화상자를 보는 사용자는 정보를 한눈에 요약해서 이해할 수 있다.

[그림 9-1] 탭 컨트롤의 예

9.2 슬라이더 컨트롤(Slider Control)

Slider Control은 주어진 범위의 값이나 비연속적인 값을 입력받고자 할 때 흔히 사용한
다. 주어진 일정한 범위 안에서 마우스를 드래그 함으로써 값을 증가·감소할 수 있게 하는
컨트롤이다. 외관상으로는 스크롤바와 유사한 형태를 가지고 있다. 사용법이나 기능도 유
사하다고 할 수 있다. [그림 9-2]는 윈도우의 [볼륨 조절 대화상자]이다. Slider Control의
대표적인 예라고 할 수 있다.

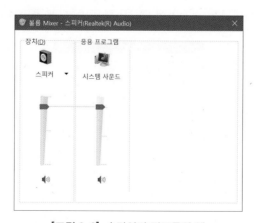

[그림 9-2] 슬라이더 컨트롤의 예

그럼 실제로 실습을 통해서 Tab Control, Slider Control을 이용해서 프로그램을 작성해 보기로 하자. 각 컨트롤에 대한 자세한 설명은 실습 과정에서 서술할 것이다.

실습 9-1 도형의 종류와 색상을 대화상자에 출력하기

이번 실습에서는 Tab Control을 이용해 "도형 선택" 탭, "색상 선택" 탭, "비율 지정" 탭으로 분류한다. "도형 선택" 탭에서는 Radio Button을 이용하여 도형을 선택하고, "색상 선택" 탭에서는 Slider Control을 이용해 빨강, 청록, 파랑 각각의 색상을 선택한다. "비율 지정" 탭에서도 Slider Control을 이용해 원의 확대, 축소비율을 수평, 수직으로 각각 입력받아 그 비율에 따른 도형을 출력한다. 또한 Check Box를 이용하여 수직, 수평 비율을 동일하게 유지 할 수 있게 인터페이스를 제공한다. 수직 비율과 수평 비율이 다를 경우 Check Box를 체크하면 비율이 큰 쪽으로 동기화되게 한다. 선택된 도형을 각각의 색상과 크기를 조합하여 대화상자에 도형을 출력하는 프로그램을 작성해 보자.

Step 1 대화상자 기반의 프로젝트를 생성한다.

① 프로젝트 이름을 "Practice9a"라 정한다.

② [애플리케이션 종류] 단계에서 [대화상자 기반]을 선택한다.

③ [마침] 버튼을 누르고, 새로운 프로젝트의 생성을 완료한다.

Step 2 대화상자에 컨트롤을 배치하고, 속성을 설정한다.

① 대화상자의 속성을 설정한다.

ⓐ 대화상자를 선택하고 오른쪽 마우스 버튼을 눌러서 나오는 단축 메뉴에서 [속성] 항목을 선택하면 나타나는 속성창의 [캡션] 항목에 "도형 출력"이라고 입력한다.

ⓑ 대화상자를 마우스로 눌러 대화상자의 크기를 조절하고 "TODO : 여기에 대화상
자 컨트롤을 배치합니다."라고 쓰여 있는 Static Text 컨트롤을 마우스로 선택하여
Delete 키를 눌러 삭제한다.

ⓒ 대화상자를 마우스로 눌러 대화상자의 크기를 조절하고 대화상자 폼에 미리 만들어
진 [확인] 버튼과 [취소] 버튼을 선택하고 Delete 키를 눌러 삭제한다.

② 도형이 출력될 [Picture Control]을 배치하고, 속성을 설정한다.

ⓐ [도구 상자]에서 [🖼 Picture Control]을 선택한다. 대화상자 폼에 드래그 앤드 드
롭 하여 다음 그림과 같이 배치한다.

ⓑ 대화상자 폼에서 [Picture Control]을 선택하고 오른쪽 마우스 버튼을 눌러서 나오
는 단축 메뉴에서 [속성] 항목을 선택하거나 화면의 오른쪽에 도킹 되어 있는 속성
탭을 클릭하여 나타나는 [Picture Control] 속성창의 [ID] 항목에 IDC_STATIC_
VIEW라고 설정한다.

③ 탭 선택에 필요한 [Tab Control]을 배치하고 속성을 설정한다.

ⓐ [도구 상자]에서 [🖼 Tab Control]을 선택하고 대화상자 폼에 드래그 앤드 드롭 하
여 다음 그림과 같이 배치한다.

Visual C++ 2022 MFC 윈도우 프로그래밍

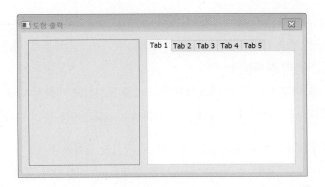

  ⓑ 대화상자 폼에서 [Tab Control]을 선택하고 오른쪽 마우스 버튼을 눌러서 나오는
     단축 메뉴에서 [속성] 항목을 선택하여 나타나는 [Tab Control] 속성창의 [ID] 항
     목에 IDC_TAB_SELECTION이라 입력하고 [단추] 항목과 [모달 프레임] 항목을
     True로 변경한다.

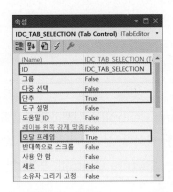

Step 3 탭 컨트롤에서 자식 윈도우로 사용할 대화상자를 추가한다.

① "도형 선택"을 위한 대화상자를 생성하고 속성을 설정한다.

  ⓐ [리소스 뷰]의 ▉ Dialog 에서 오른쪽 마우스 버튼을 눌러서 나타나는 단축 메뉴에
     서 [삽입] 항목을 선택하여 다음과 같이 대화상자 폼을 추가한다.

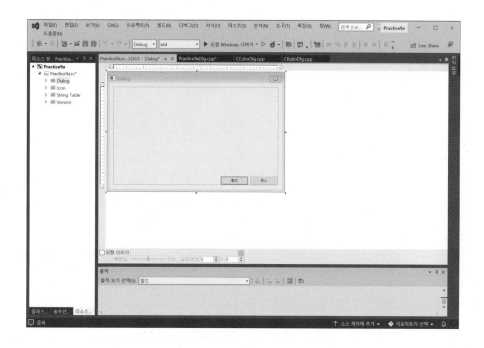

ⓑ 기본적으로 추가된 버튼을 삭제하고 탭 컨트롤의 크기와 유사하게 대화상자의 크기
를 조정한다.

ⓒ 새로운 대화상자에서 오른쪽 마우스 버튼을 누르면 나타나는 단축 메뉴에서 [속성]
을 선택한다. [Dialog] 속성 창에서 [ID] 항목에는 IDD_DIALOG_OBJECT로 설정
하고 [스타일] 항목을 "Child"로 선택한다. 그리고 [테두리] 항목을 "None"이라 선
택한다.

② 생성된 대화상자에 도형 선택에 필요한 [Radio Button]을 배치하고 속성을 설정한다.

ⓐ [도구 상자]에서 [◉　Radio Button] 컨트롤을 선택하고 대화상자 폼에 드래그 앤
드 드롭 하여 다음 그림과 같이 배치한다.

589

ⓑ 대화상자 폼에서 [Radio1]을 선택하고 오른쪽 마우스 버튼을 눌러서 나오는 단축 메뉴에서 [속성] 항목을 선택하여 나타나는 [Radio-button Control] 속성창의 [ID] 항목은 IDC_RADIO_RECT으로 입력하고 [캡션] 항목은 "사각형"으로 설정한다.

ⓒ 대화상자 폼에서 [Radio2]를 선택하고 오른쪽 마우스 버튼을 눌러서 나오는 단축 메뉴에서 [속성] 항목을 선택하여 나타나는 [Radio-button Control] 속성창의 [ID] 항목은 IDC_RADIO_CIRCLE로 입력하고 [캡션] 항목은 "원"으로 설정한다.

ⓓ 위와 같이 설정하면 다음과 같은 대화상자 폼이 완성된다.

③ 앞 단계에서 새로 만든 대화상자 자원을 다룰 클래스를 생성한다.

    ⓐ [리소스 뷰]의 📁 Dialog 폴더에서 🔳 IDD DIALOG OBJECT 항목을 더블클릭하여 나타나는 대화상자를 더블클릭하면 다음과 같은 [MFC 클래스 추가] 화면이 출력될 것이다.

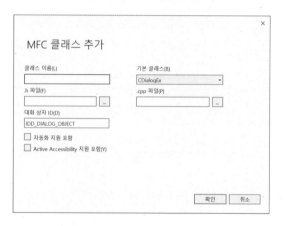

    ⓑ 🔳 IDD DIALOG OBJECT 라는 새로운 대화상자 폼을 추가하였기에 새로운 대화상자를 다룰 클래스를 연결해야 한다. [클래스 이름] 항목을 CObjectDlg라 입력하고 [기본 클래스]가 CDialogEx로 되어 있는지 확인한 후에 [확인] 버튼을 누른다.

④ "색상 선택"을 위한 대화상자를 생성하고 속성을 설정한다.

    ⓐ [리소스 뷰]의 ▮ Dialog 에서 오른쪽 마우스 버튼을 눌러서 나타나는 단축 메뉴에서 [삽입] 항목을 선택하여 대화상자 폼을 추가한다.

    ⓑ 기본적으로 추가된 버튼을 삭제하고 탭 컨트롤의 크기와 유사하게 대화상자의 크기를 조정한다.

    ⓒ 새로운 대화상자에서 오른쪽 마우스 버튼을 누르면 나타나는 단축 메뉴에서 [속성]을 선택한다. [Dialog] 속성 창에서 [ID] 항목에는 IDD_DIALOG_COLOR로 설정하고 [스타일] 항목을 "Child"로 선택한다. 그리고 [테두리] 항목을 "None"이라 선택한다.

  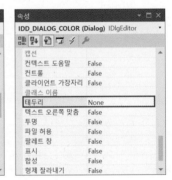

⑤ 생성된 대화상자에 색상 선택을 위한 컨트롤을 배치하고 속성을 설정한다.

    ⓐ [도구 상자]에서 [︙ Static Text] 컨트롤, [&#9庫; Slider Control] 컨트롤, [ab Edit Control] 컨트롤을 대화상자 폼에 다음 그림과 같이 배치한다.

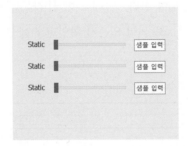

    ⓑ 대화상자 폼에서 [Static Text]를 선택하고 오른쪽 마우스 버튼을 눌러서 나오는 단축 메뉴에서 [속성] 항목을 선택하여 나타나는 [Text Control] 속성창의 [캡션] 항목을 각각 "빨강 :", "청록 :", "파랑 :"으로 입력한다.

ⓒ 대화상자 폼에서 [Slider Control]을 선택하고 오른쪽 마우스 버튼을 눌러서 나오는
단축 메뉴에서 [속성] 항목을 선택하여 나타나는 [Slider Control] 속성창의 [ID] 항
목을 각각 IDC_SLIDER_RED, IDC_SLIDER_GREEN, IDC_SLIDER_BLUE로
입력한다.

ⓓ 대화상자 폼에서 [Edit Control]를 선택하고 오른쪽 마우스 버튼을 눌러서 나오는
단축 메뉴에서 [속성] 항목을 선택하여 나타나는 [Edit Control] 속성창의 [ID] 항
목을 각각 IDC_EDIT_RED, IDC_EDIT_GREEN과 IDC_EDIT_BLUE로 설정하
고 [읽기 전용] 항목은 모두 True로 변경하고 [텍스트 맞춤] 항목을 "Center"로 변
경한다.

ⓔ 위와 같이 설정하면 다음과 같은 대화상자 폼이 완성된다.

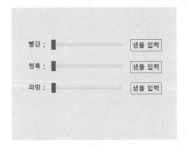

⑥ 앞 단계에서 새로 만든 대화상자 자원을 다룰 클래스를 생성한다.

    ⓐ [리소스 뷰]의 📁 Dialog 폴더에서 🔲 IDD_DIALOG_COLOR 항목을 더블클릭하여 나타나는 대화상자를 더블클릭하면 나타나는 [MFC 클래스 추가] 대화상자에 [클래스 이름] 항목을 CColorDlg라 입력하고 [기본 클래스]가 CDialogEx로 되어 있는지 확인한 후에 [확인] 버튼을 누른다.

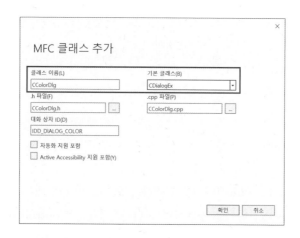

⑦ "비율 지정"을 위한 대화상자를 생성하고 속성을 설정한다.

 ⓐ [리소스 뷰]의 ▇ Dialog 에서 오른쪽 마우스 버튼을 눌러서 나타나는 단축 메뉴에서 [삽입] 항목을 선택하여 대화상자 폼을 추가한다.

 ⓑ 기본적으로 추가된 버튼을 삭제하고 탭 컨트롤의 크기와 유사하게 대화상자의 크기를 조정한다.

 ⓒ 새로운 대화상자에서 오른쪽 마우스 버튼을 누르면 나타나는 단축 메뉴에서 [속성]을 선택한다. [Dialog] 속성 창에서 [ID] 항목에는 IDD_DIALOG_RATIO로 설정하고 [스타일] 항목을 "Child"로 선택한다. 그리고 [테두리] 항목을 "None"이라 선택한다.

⑧ 생성된 대화상자에 색상 선택을 위한 컨트롤을 배치하고 속성을 설정한다.

 ⓐ [도구 상자]에서 [▙ Static Text] 컨트롤, [⬤━ Slider Control] 컨트롤, [ab｜ Edit Control] 컨트롤, [☒ Check Box] 컨트롤을 대화상자 폼에 다음 그림과 같이 배치한다.

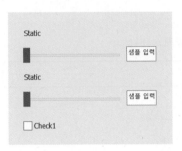

ⓑ 대화상자 폼에서 [Static Text]를 선택하고 오른쪽 마우스 버튼을 눌러서 나오는 단
축 메뉴에서 [속성] 항목을 선택하여 나타나는 [Text Control] 속성창의 [캡션] 항
목을 각각 "Horizontal Ratio", "Vertical Ratio"로 입력한다.

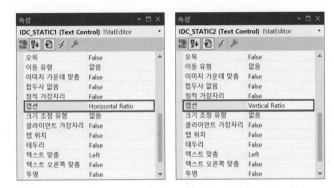

ⓒ 대화상자 폼에서 [Slider Control]을 선택하고 오른쪽 마우스 버튼을 눌러서 나오
는 단축 메뉴에서 [속성] 항목을 선택하여 나타나는 [Slider Control] 속성창의 [ID]
항목을 각각 IDC_SLIDER_HORIZONTAL, IDC_SLIDER_VERTICAL로 입력
한다.

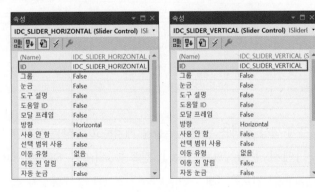

ⓓ 대화상자 폼에서 [Edit Control]를 선택하고 오른쪽 마우스 버튼을 눌러서 나오는
단축 메뉴에서 [속성] 항목을 선택하여 나타나는 [Edit Control] 속성창의 [ID] 항
목을 각각 IDC_EDIT_HORIZONTAL, IDC_EDIT_VERTICAL로 설정하고 [읽기
전용] 항목은 모두 True로 변경하고 [텍스트 맞춤] 항목을 "Center"로 변경한다.

ⓔ 대화상자 폼에서 [Check Box]를 선택하고 오른쪽 마우스 버튼을 눌러서 나오는
단축 메뉴에서 [속성] 항목을 선택하여 나타나는 [Check-box Control] 속성창의
[ID] 항목을 각각 IDC_CHECK_SAME_RATIO로 설정하고 [캡션] 항목은 "정비
율"로 설정한다.

ⓕ 위와 같이 설정하면 다음과 같은 대화상자 폼이 완성된다.

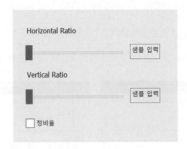

⑨ 앞 단계에서 새로 만든 대화상자 자원을 다룰 클래스를 생성한다.

ⓐ [리소스 뷰]의 ▣ Dialog 폴더에서 ▦ IDD DIALOG RATIO 항목을 더블클릭하여 나타나는 대화상자를 더블클릭하면 나타나는 [MFC 클래스 추가] 대화상자에 [클래스 이름] 항목을 CRatioDlg라 입력하고 [기본 클래스]가 CDialogEx로 되어 있는지 확인한 후에 [확인] 버튼을 누른다.

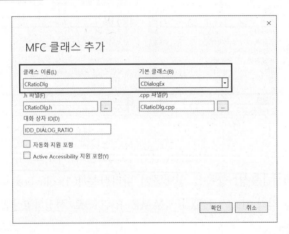

Step 4 각 컨트롤들을 멤버 변수에 연결한다.

① Tab Control을 멤버 변수에 연결한다.

ⓐ Ctrl + Shift + X 키를 눌러 클래스 마법사에서 [클래스 이름] 항목을 CPractice9aDlg을 선택한 후 [멤버 변수] 탭을 선택한다. [멤버 변수] 항목에서 IDC_TAB_SELECTION을 선택하고 [변수 추가(A)...] 버튼을 누른다. [제어 변수 추가] 대화상자가 나타나면 [이름] 항목에 m_tabSelection라고 입력하고 [범주] 항목은 "컨트롤", [변수 형식] 항목은 CTabCtrl 그대로 두고 [마침] 버튼을 누른다.

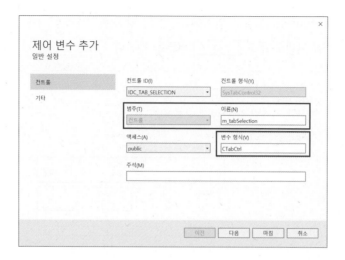

ⓑ 클래스 마법사에서 [클래스 이름] 항목을 **CPractice9aDlg**를 선택한 후 [멤버 변수]
탭을 눌러 다음 그림과 같이 나오는지 확인해보자.

② 색상 값을 선택하기 위한 Slider Control을 멤버 변수에 연결한다.

　　ⓐ [Ctrl]+[Shift]+[X] 키를 눌러 클래스 마법사에서 [클래스 이름] 항목을 CColorDlg을
선택하고 [멤버 변수] 탭을 선택한 후 [멤버 변수] 항목에 IDC_SLIDER_RED를 선
택하고 　변수 추가(A)... 　버튼을 누른다. [제어 변수 추가] 대화상자가 나타나면 [이름]

항목에 m_sliderRed 라고 입력하고 [범주] 항목은 "컨트롤", [변수 형식] 항목은 CSliderCtrl 그대로 두고 [마침] 버튼을 누른다.

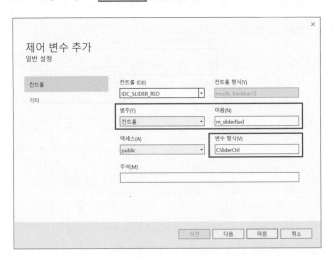

ⓑ 위와 같은 방법으로 IDC_SLIDER_GREEN을 선택하고 [변수 추가(A)...] 버튼을 누른다. [제어 변수 추가] 대화상자가 나타나면 [이름] 항목에 m_sliderGreen 이라고 입력하고 [범주] 항목은 "컨트롤", [변수 형식] 항목은 CSliderCtrl 그대로 두고 [마침] 버튼을 누른다.

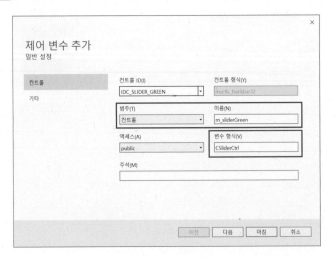

ⓒ 위와 같은 방법으로 IDC_SLIDER_BLUE를 선택하고 [변수 추가(A)...] 버튼을 누른다. [제어 변수 추가] 대화상자가 나타나면 [이름] 항목에 m_sliderBlue 라고 입력하고 [범주] 항목은 "컨트롤", [변수 형식] 항목은 CSliderCtrl 그대로 두고 [마침] 버튼을 누른다.

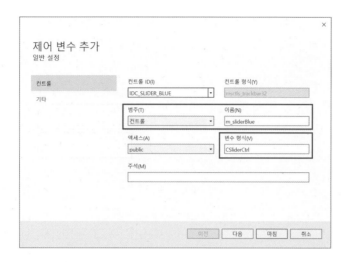

③ 색상 값을 출력하기 위한 Edit Control에 멤버 변수를 연결한다.

ⓐ 클래스 마법사에서 [멤버 변수] 탭을 선택한 후 [멤버 변수] 항목에 IDC_EDIT_ RED를 선택하고 [변수 추가(A)...] 버튼을 누른다. [제어 변수 추가] 대화상자가 나타나면 [범주] 항목은 "값"을 선택하고, [이름] 항목에 m_nRed 라고 입력하고 [변수 형식] 항목은 int를 입력한 후 [마침] 버튼을 누른다.

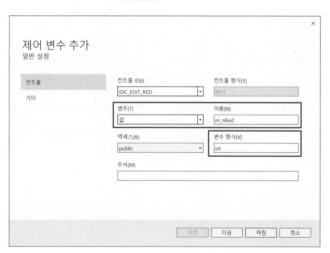

ⓑ 위와 같은 방법으로 IDC_EDIT_GREEN을 선택하고 [변수 추가(A)...] 버튼을 누른다. [제어 변수 추가] 대화상자가 나타나면 [범주] 항목은 "값"을 선택하고, [이름] 항목에 m_nGreen 이라고 입력하고 [변수 형식] 항목은 int를 입력한 후 [마침] 버튼을 누른다.

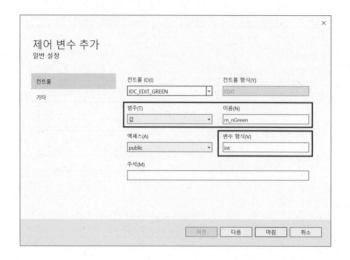

ⓒ 위와 같은 방법으로 IDC_EDIT_BLUE를 선택하고 변수 추가(A)... 버튼을 누른다. [제
어 변수 추가] 대화상자가 나타나면 [범주] 항목은 "값"을 선택하고, [이름] 항목에
m_nBlue 라고 입력하고 [변수 형식] 항목은 int를 입력한 후 마침 버튼을 누
른다.

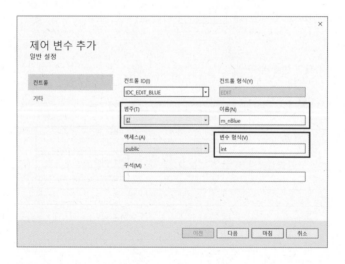

ⓓ 클래스 마법사에서 [클래스 이름] 항목을 CColorDlg을 선택한 후 [멤버 변수] 탭을
눌러 다음 그림과 같이 나오는지 확인해보자.

④ 도형 크기 비율 값을 선택하기 위한 Slider Control을 멤버 변수에 연결한다.

ⓐ Ctrl + Shift + X 키를 눌러 클래스 마법사에서 [클래스 이름] 항목을 **CRatioDlg**
을 선택하고 [멤버 변수] 탭을 선택한 후 [멤버 변수] 항목에 IDC_SLIDER_
HORIZONTAL을 선택하고 변수 추가(A)... 버튼을 누른다. [제어 변수 추가] 대화상자
가 나타나면 [이름] 항목에 m_sliderHorizontal 이라고 입력하고 [범주] 항목은 "컨
트롤", [변수 형식] 항목은 CSliderCtrl 그대로 두고 마침 버튼을 누른다.

ⓑ 위와 같은 방법으로 IDC_SLIDER_VERTICAL을 선택하고 [변수 추가(A)...] 버튼을 누른다. [제어 변수 추가] 대화상자가 나타나면 [이름] 항목에 m_sliderVertical 이라고 입력하고 [범주] 항목은 "컨트롤", [변수 형식] 항목은 CSliderCtrl 그대로 두고 [마침] 버튼을 누른다.

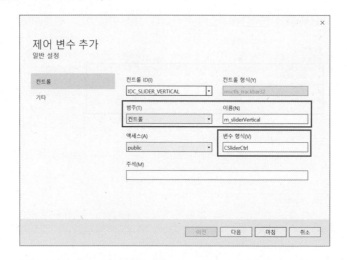

⑤ 도형 크기 비율 값을 출력하기 위한 Edit Control에 멤버 변수를 연결한다.

ⓐ 클래스 마법사에서 [멤버 변수] 탭을 선택한 후 IDC_EDIT_HORIZONTAL를 선택하고 [변수 추가(A)...] 버튼을 누른다. [제어 변수 추가] 대화상자가 나타나면 [범주] 항목은 "값"을 선택하고, [이름] 항목에 m_nHorizontal 이라고 입력하고 [변수 형식] 항목은 int를 입력한 후 [마침] 버튼을 누른다.

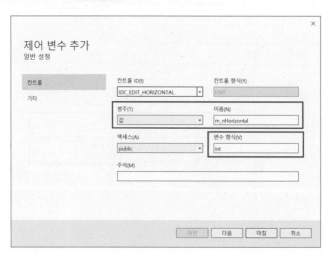

ⓑ 위와 같은 방법으로 IDC_EDIT_VERTICAL을 선택하고 변수 추가(A)... 버튼을 누른다. [제어 변수 추가] 대화상자가 나타나면 [범주] 항목은 "값"을 선택하고, [이름] 항목에 m_nVertical 이라고 입력하고 [변수 형식] 항목은 int를 입력한 후 마침 버튼을 누른다.

ⓒ 클래스 마법사에서 [클래스 이름] 항목을 CRatioDlg을 선택한 후 [멤버 변수] 탭을 눌러 다음 그림과 같이 나오는지 확인해보자.

Step 5 컨트롤 변수 이외에 사용될 멤버 변수와 멤버 함수를 클래스에 추가한다.

① 도형의 종류를 저장하기 위한 멤버 변수를 📎 CObjectDlg 클래스에 선언한다. [클래스 뷰]에서 📎 CObjectDlg 클래스를 선택하고 오른쪽 마우스 버튼을 눌러 [추가]–[변수 추가]를 선택한다. [변수 추가] 대화상자가 나타나면 [이름] 항목에 m_nSelObject라 입력하고 [형식] 항목에 int 형을 선택한 후 [확인] 버튼을 누른다.

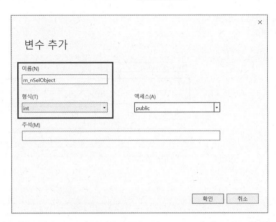

② 위와 같은 방법으로 도형의 색상을 저장하기 위한 멤버 변수를 📎 CColorDlg 클래스에 선언한다. [변수 추가] 대화상자가 나타나면 [이름] 항목에 m_colorObject라 입력하고 [형식] 항목에 COLORREF를 입력한 후 [확인] 버튼을 누른다.

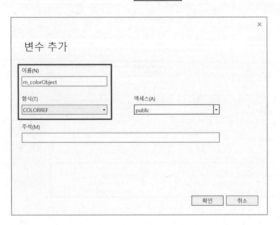

③ 도형의 비율을 저장하기 위한 멤버 변수를 📎 CRatioDlg 클래스에 선언한다.
  ⓐ 위와 같은 방법으로 "정비율" Check Box를 나타내는 변수를 선언한다. [변수 추가] 대화상자가 나타나면 [이름] 항목에 m_bSameRatio라 입력하고 [형식] 항목에 bool 형을 선택한 후 [확인] 버튼을 누른다.

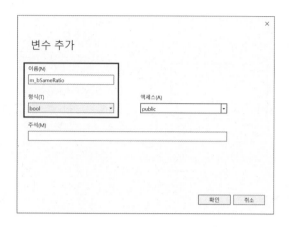

ⓑ 위와 같은 방법으로 도형의 현재 수평 비율을 나타내는 변수를 선언한다. [변수 추가] 대화상자가 나타나면 [이름] 항목에 m_nCurHScale 이라 입력하고 [형식] 항목에 int 형을 선택한 후 확인 버튼을 누른다.

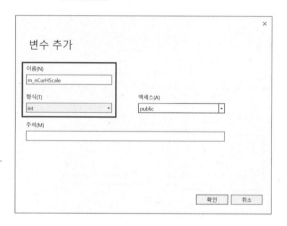

ⓒ 위와 같은 방법으로 도형의 현재 수직 비율을 나타내는 변수를 선언한다. [변수 추가] 대화상자가 나타나면 [이름] 항목에 m_nCurVScale 이라 입력하고 [형식] 항목에 int 형을 선택한 후 확인 버튼을 누른다.

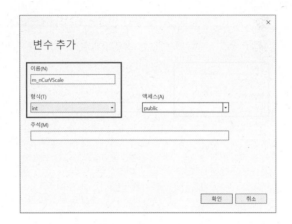

④ 탭 컨트롤의 탭을 나타낼 자식 윈도우 객체를 선언한다.

ⓐ 탭 컨트롤의 "도형" 탭을 나타낼 멤버 변수를 CPractice9aDlg 클래스에 선언한다. [클래스 뷰]에서 CPractice9aDlg 클래스를 선택하고 오른쪽 마우스 버튼을 눌러 [추가]-[변수 추가]를 선택한다. [변수 추가] 대화상자가 나타나면 [이름] 항목에 m_dlgObject라 입력하고 [형식] 항목에 CObjectDlg를 입력한 후 확인 버튼을 누른다.

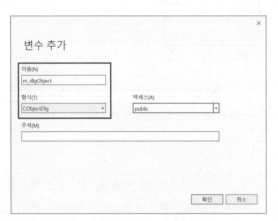

ⓑ 탭 컨트롤의 "색상" 탭을 나타낼 멤버 변수를 CPractice9aDlg 클래스에 선언한다. 위와 같은 방법으로 [변수 추가] 대화상자가 나타나면 [이름] 항목에 m_dlgColor라 입력하고 [형식] 항목에 CColorDlg를 입력한 후 확인 버튼을 누른다.

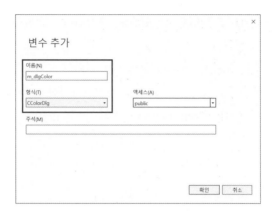

ⓒ 탭 컨트롤의 "비율" 탭을 나타낼 멤버 변수를 🔧 CPractice9aDlg 클래스에 선언한다.
위와 같은 방법으로 [변수 추가] 대화상자가 나타나면 [이름] 항목에 m_dlgRatio라
입력하고 [형식] 항목에 CRatioDlg를 입력한 후 ⎡ 확인 ⎤ 버튼을 누른다.

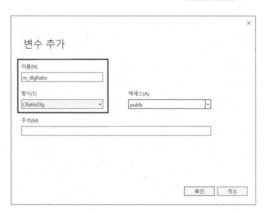

ⓓ 🔧 CPractice9aDlg 클래스에서 🔧 CObjectDlg, 🔧 CColorDlg, 🔧 CRatioDlg 클
래스를 참조하기 위해 🔧 CPractice9aDlg 클래스 헤더파일에 CObjectDlg.h,
CColorDlg.h, CRatioDlg.h 파일을 include 한다.

```
// Practice9aDlg.h: 헤더 파일
//

#pragma once
#include "CObjectDlg.h"
#include "CColorDlg.h"
#include "CRatioDlg.h"

// CPractice9aDlg 대화 상자
class CPractice9aDlg : public CDialogEx
```

⑤ 도형이 그려지는 영역을 업데이트하는 함수를 추가한다. 이 함수는 탭 컨트롤의 자식 윈도우에서 호출하기 위해서이다.

ⓐ [클래스 뷰]에서 CPractice9aDlg 클래스를 선택하고 오른쪽 마우스를 눌러서 나오는 단축 메뉴에서 [추가]-[함수 추가]를 선택한다. [함수 추가] 대화상자가 나타나면 [함수 이름] 항목에는 UpdateDrawing을 입력하고 [반환 형식] 항목에 void 형을 선택한다.

ⓑ 확인 버튼을 눌러서 함수 본체로 이동하여 다음과 같이 코딩한다.

```
void CPractice9aDlg::UpdateDrawing( )
{
    CRect rectView;
    GetDlgItem(IDC_STATIC_VIEW)->GetWindowRect(&rectView);
    ScreenToClient(&rectView);
    rectView.DeflateRect(1, 1, 1, 1);          // 테두리 영역을 제외함

    InvalidateRect(&rectView);
}
```

CWnd::GetWindowRect() 함수

GetWindowRect()함수는 CWnd 객체의 윈도우 타이틀 바와 경계선 등의 크기를 얻어 오는 함수이다. 원형은 다음과 같다.

void GetWindowRect(LPRECT lpRect) const;

- lpRect : 좌측 상위와 우측 하위의 스크린 좌표를 얻을 위치

ScreenToClient() 함수

ScreenToClient()함수는 디스플레이에 주어진 위치의 스크린 좌표를 클라이언트 좌표로 변환하는 함수이다. 이 함수의 원형은 다음과 같다.

void ScreenToClient(LPPOINT lpPoint) const;

void ScreenToClient(LPRECT lpRect) const;

- lpPoint : 전환될 스크린 좌표를 내포하는 CPoint 객체나 POINT 구조체의 위치
- lpRect : 전환될 스크린 좌표를 내포하는 CRect 객체나 RECT 구조체의 위치

Step 6 각 컨트롤들을 초기화한다.

① CPractice9aDlg 클래스의 컨트롤들을 초기화한다.

   ⓐ [클래스 뷰]에서 CPractice9aDlg 클래스의 OnInitDialog() 함수를 더블 클릭하여 소스 코드로 이동한다.

   ⓑ OnInitDialog() 함수에 다음과 같은 코드를 기술한다.

```
BOOL CPractice9aDlg::OnInitDialog()
{
    CDialogEx::OnInitDialog();
    ...
    ...
    // TODO: 여기에 추가 초기화 작업을 추가합니다.
    m_tabSelection.DeleteAllItems();
    m_tabSelection.InsertItem(0, _T("도형 선택"));
    m_tabSelection.InsertItem(1, _T("색상 선택"));
    m_tabSelection.InsertItem(2, _T("비율 지정"));

    CRect rect;
    m_dlgObject.Create(IDD_DIALOG_OBJECT, &m_tabSelection);
    m_dlgObject.GetWindowRect(&rect);
```

```
        m_dlgObject.MoveWindow(5, 25, rect.Width(), rect.Height());
        m_dlgObject.ShowWindow(SW_SHOW);

        m_dlgColor.Create(IDD_DIALOG_COLOR, &m_tabSelection);
        m_dlgColor.GetWindowRect(&rect);
        m_dlgColor.MoveWindow(5, 25, rect.Width(), rect.Height());
        m_dlgColor.ShowWindow(SW_HIDE);

        m_dlgRatio.Create(IDD_DIALOG_RATIO, &m_tabSelection);
        m_dlgRatio.GetWindowRect(&rect);
        m_dlgRatio.MoveWindow(5, 25, rect.Width(), rect.Height());
        m_dlgRatio.ShowWindow(SW_HIDE);
        UpdateData(FALSE);
        return TRUE;  // 포커스를 컨트롤에 설정하지 않으면 TRUE를 반환합니다.
}
```

CTabCtrl::InsertItem() 함수

InsertItem() 함수는 Tab Control에 새 탭을 추가하기 위해 호출하는 함수로 원형은 다음과 같다.

int InsertItem(int nItem, LPCSTR lpszItem);

• nItem : 추가할 항목의 인덱스
• lpszItem : 탭의 레이블을 지정하는 문자열

---

② 🐾 CObjectDlg 클래스에 🐾 OnInitDialog() 함수를 추가하고 Radio Button을 초기화한다.

ⓐ [Ctrl]+[Shift]+[X]를 눌러 클래스 마법사를 실행시켜 [클래스 이름] 항목에 CObjectDlg를 선택하고 [가상함수] 탭에서 OnInitDialog를 선택하고 [함수 추가(A)] 버튼을 누른다.

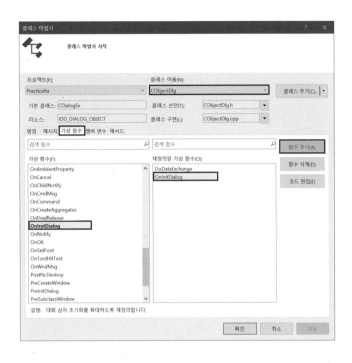

ⓑ `코드 편집(E)` 버튼을 눌러 🐾 OnInitDialog() 함수로 이동해 다음과 같이 코딩한다. 처음에 "사각형"이 출력되게 하고 "사각형" Radio Button이 체크되도록 초기화한다.

```
BOOL CObjectDlg::OnInitDialog()
{
    CDialogEx::OnInitDialog();

    // TODO: 여기에 추가 초기화 작업을 추가합니다.
    m_nSelObject = 1;
    ((CButton*) GetDlgItem(IDC_RADIO_RECT))->SetCheck(TRUE);
    return TRUE;  // return TRUE unless you set the focus to a control
                  // 예외: OCX 속성 페이지는 FALSE를 반환해야 합니다.
}
```

③ 🐾 CColorDlg 클래스에 🐾 OnInitDialog() 함수를 추가하고 컨트롤들을 초기화한다.

ⓐ 위와 같은 방법으로 `Ctrl`+`Shift`+`X`를 눌러 클래스 마법사를 실행시켜 [클래스 이름] 항목에 CColorDlg를 선택하고 [가상함수] 탭에서 OnInitDialog를 선택하고 `함수 추가(A)` 버튼을 누른다.

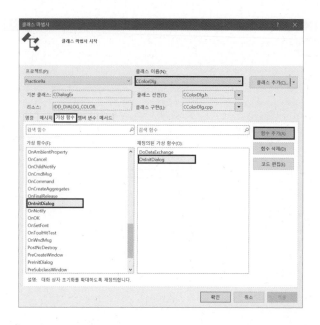

ⓑ 코드 편집(E) 버튼을 눌러 🔧 OnInitDialog() 함수로 이동해 다음과 같이 코딩한다. 도형 색상을 빨간색으로 초기화하고 Slide Control의 범위를 색상 값 범위인 0 ~ 255로 초기화한다. 빨간색 Slide Control의 위치를 255로 초기화하고 Edit Control도 255로 초기화한다.

```
BOOL CColorDlg::OnInitDialog()
{
    CDialogEx::OnInitDialog();

    // TODO: 여기에 추가 초기화 작업을 추가합니다.
    m_colorObject = RGB(255, 0, 0);
    m_sliderRed.SetRange(0, 255);
    m_sliderGreen.SetRange(0, 255);
    m_sliderBlue.SetRange(0, 255);
    m_sliderRed.SetPos(255);
    m_sliderGreen.SetPos(0);
    m_sliderBlue.SetPos(0);
    m_nRed = 255;
    m_nGreen = 0;
    m_nBlue = 0;
    UpdateData(FALSE);
    return TRUE;  // return TRUE unless you set the focus to a control
                  // 예외: OCX 속성 페이지는 FALSE를 반환해야 합니다.
}
```

CSliderCtrl::SetRange() 함수

SetPos() 함수는 슬라이더 컨트롤의 상·하위 범위를 설정하는 함수이다. 원형은 다음과 같다.

void SetRange(int nMin, int nMax, BOOL bRedraw = FALSE);

- **nMin** : 슬라이더의 최소 위치
- **nMax** : 슬라이더의 최대 위치
- **bRedraw** : 이 인수가 TRUE이면 슬라이더는 범위가 설정된 후 다시 그려진다. 그렇지 않으면 슬라이더는 다시 그려지지 않는다.

CSliderCtrl::SetPos() 함수

SetRange() 함수는 슬라이더 컨트롤에서 슬라이더의 현재 위치를 설정하는 함수이다. 원형은 다음과 같다.

void SetPos(int nPos);

- **nPos** : 새 슬라이더 위치를 지정한다.

---

④ CRatioDlg클래스에 OnInitDialog() 함수를 추가하고 멤버 변수와 컨트롤들을 초기화한다.

ⓐ 위와 같은 방법으로 Ctrl + Shift + X 를 눌러 클래스 마법사를 실행시켜 [클래스 이름] 항목에 CRatioDlg를 선택하고 [가상함수] 탭에서 OnInitDialog를 선택하고 함수 추가(A) 버튼을 누른다.

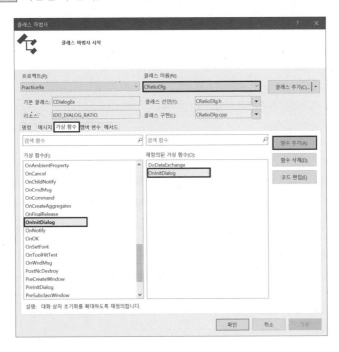

ⓑ 코드 편집(E) 버튼을 눌러 🐾 OnInitDialog() 함수로 이동해 다음과 같이 코딩한다. Check Box를 나타내는 멤버 변수(m_bSameRatio)를 True로 초기화하고 "정비율" Check Box가 체크되도록 초기화한다. Slide Control의 범위를 0 ~ 100으로 초기화한다. 수평, 수직 Slide Control의 위치를 50으로 초기화하고 Edit Control도 50으로 초기화한다. 현재 수평, 수직 비율을 나타내는 멤버 변수(m_nCurHScale, m_nCurVScale)도 50으로 초기화한다.

```
BOOL CRatioDlg::OnInitDialog()
{
    CDialogEx::OnInitDialog();

    // TODO: 여기에 추가 초기화 작업을 추가합니다.
    m_bSameRatio = TRUE;
    ((CButton*)GetDlgItem(IDC_CHECK_SAME_RATIO))->SetCheck(TRUE);

    m_sliderHorizontal.SetRange(0, 100);
    m_sliderVertical.SetRange(0, 100);
    m_sliderHorizontal.SetPos(50);
    m_sliderVertical.SetPos(50);

    m_nHorizontal = 50;
    m_nVertical = 50;
    m_nCurHScale = 50;
    m_nCurVScale = 50;
    UpdateData(FALSE);
    return TRUE;  // return TRUE unless you set the focus to a control
                  // 예외: OCX 속성 페이지는 FALSE를 반환해야 합니다.
}
```

Step 7 탭 선택을 위해 Tab Control에 대한 제어를 추가한다.

이 프로그램은 "도형 선택", "색상 선택", "비율 지정"의 세 가지 탭을 표현하려고 한다. 그렇다면 앞에서 추가한 대화상자 폼 중에서 Tab Control에서 탭을 선택했을 때 선택한 탭에 해당하는 대화상자 폼은 보여야 하고 또한 그렇지 않은 대화상자 폼은 보이지 않아야 할 것이다. 결론적으로 Tab Control의 선택 메시지를 받아 메시지 함수를 그것에 맞게 작성해야 한다.

① Tab Control의 선택 메시지 핸들러 함수를 추가한다.

ⓐ 클래스 마법사를 실행시켜 [클래스 이름] 항목에 CPractice9aDlg를 선택하고 [명령] 탭을 선택한다. [개체 ID] 항목은 IDC_TAB_SELECTION을 선택하고 [메시지] 항목은 TCN_SELCHANGE를 선택한 다음 처리기 추가(A)... 버튼을 누른다. [멤버 함수 추가] 대화상자가 나타나면 이미 지정된 값으로 하고 확인 버튼을 누른다.

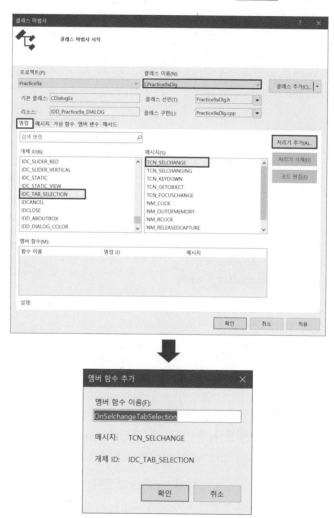

ⓑ 클래스 마법사에서 코드 편집(E) 버튼을 눌러 소스 코드 부분으로 이동하여 다음과 같이 코딩한다.

```
void CPractice9aDlg::OnSelchangeTabSelection(NMHDR* pNMHDR, LRESULT* pResult)
{
    // TODO: 여기에 컨트롤 알림 처리기 코드를 추가합니다.
    int nSelection = m_tabSelection.GetCurSel();

    switch( nSelection )
    {
    case 0:
        m_dlgObject.ShowWindow(SW_SHOW);
        m_dlgColor.ShowWindow(SW_HIDE);
        m_dlgRatio.ShowWindow(SW_HIDE);
        break;
    case 1:
        m_dlgObject.ShowWindow(SW_HIDE);
        m_dlgColor.ShowWindow(SW_SHOW);
        m_dlgRatio.ShowWindow(SW_HIDE);
        break;
    case 2:
        m_dlgObject.ShowWindow(SW_HIDE);
        m_dlgColor.ShowWindow(SW_HIDE);
        m_dlgRatio.ShowWindow(SW_SHOW);
        break;
    }
    *pResult = 0;
}
```

② 그렇다면 프로그램을 한번 테스트해 보자.

ⓐ Ctrl+F5를 눌러 프로그램을 실행시켜보자, 그러면 Tab Control의 탭이 3가지 [도형 선택], [색상 선택], [비율 지정] 항목이 생성되어 있을 것이다. 이제 탭을 하나씩 눌러보면 대화상자 폼들이 탭의 선택에 따라 사라졌다 나타났다 하는 것을 볼 수 있을 것이다. 각 대화상자의 초기화가 제대로 되었는지 확인해보자.

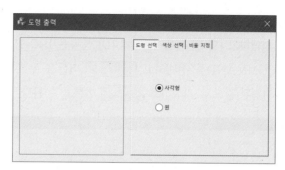

["도형 선택" 탭이 선택되었을 경우]

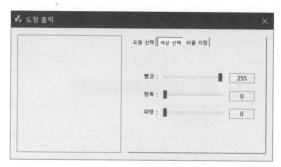

["색상 선택" 탭이 선택되었을 경우]

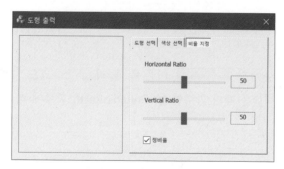

["비율 지정" 탭이 선택되었을 경우]

Step 8 **도형 선택을 위해 Radio Button에 대한 제어를 추가한다.**

이전에 도형의 종류를 저장하기 위한 변수 m_nSelObject를 추가한 것을 기억할 것이다. Radio Button의 선택에 따라 도형의 종류를 결정해서 이 변수에 저장하는 것이다. 이 변수가 "1"이면 "사각형"을 "2"이면 "원"이 출력되도록 프로그램을 작성한다.

① ⊙사각형을 선택 시의 메시지 핸들러 함수를 추가한다.

ⓐ Ctrl + Shift + X 키를 눌러 클래스 마법사를 실행시켜 [클래스 이름] 항목에 CObjectDlg을 선택하고 [명령] 탭에서 [개체 ID] 항목은 IDC_RADIO_RECT를, [메시지] 항목은 COMMAND를 선택하고 처리기 추가(A)... 버튼을 누른다. [멤버 함수 추가] 대화상자에서 지정된 값으로 지정하고 확인 버튼을 누른다.

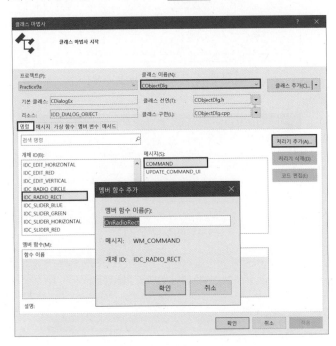

ⓑ 클래스 마법사에서 코드 편집(E) 버튼을 눌러 소스 코드 부분으로 이동하여 ◉ 사각형을 선택했을 때의 함수인 OnRadioRect() 함수에 다음과 같이 코드를 기술한다.

```cpp
void CObjectDlg::OnRadioRect()
{
    // TODO: 여기에 명령 처리기 코드를 추가합니다.
    // 탭 컨트롤을 포함하고 있는 메인 대화상자의 인스턴스를 얻는다.
    CPractice9aDlg* pMainDlg = (CPractice9aDlg*)AfxGetMainWnd();

    m_nSelObject = 1;
    pMainDlg->UpdateDrawing();
}
```

② ◉원 을 선택 시의 메시지 핸들러 함수를 추가한다.

    ⓐ Ctrl + Shift + X 키를 눌러 클래스 마법사를 실행시키자. [명령] 탭에서 [개체 ID] 항목은 IDC_RADIO_CIRCLE을, [메시지] 항목은 COMMAND를 선택하고 처리기 추가(A)... 버튼을 누른다. [멤버 함수 추가] 대화상자에서 지정된 값으로 지정하고 확인 버튼을 누른다.

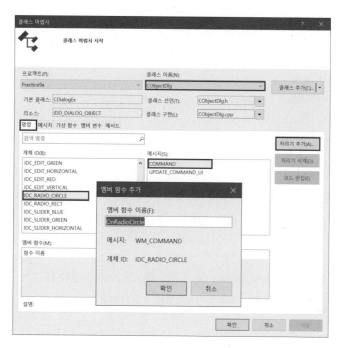

    ⓑ 클래스 마법사에서 코드 편집(E) 눌러 소스 코드 부분으로 이동하여 ◉원 을 선택했을 때의 함수인 😀 OnRadioCircle() 함수에 다음과 같이 코딩한다.

```
void CObjectDlg::OnRadioCircle()
{
    // TODO: 여기에 명령 처리기 코드를 추가합니다.
    // 탭 컨트롤을 포함하고 있는 메인 대화상자의 인스턴스를 얻는다.
    CPractice9aDlg* pMainDlg = (CPractice9aDlg*)AfxGetMainWnd();

    m_nSelObject = 2;
    pMainDlg->UpdateDrawing();
}
```

③ 🔖 CPractice9aDlg 클래스를 참조하기 위해 🔖 CObjectDlg 클래스 소스 파일에 "Practice9aDlg.h" 파일을 include 시킨다.

```
// ObjectDlg.cpp : 구현 파일
//

#include "pch.h"
#include "Practice9a.h"
#include "afxdialogex.h"
#include "CObjectDlg.h"
#include "Practice9aDlg.h"

...
```

Step 9 도형을 그린다.

이제 기본적으로 도형을 그릴 수 있다. 색상을 저장하는 변수와 도형의 종류를 저장하는 변수를 Step 6에서 초기화했기 때문이다. 이제 OnPaint() 함수를 구현하여 도형을 출력해 보자.

① [클래스 뷰]에서 🔖 CPractice9aDlg 클래스의 🔖 OnPaint() 함수를 더블 클릭하여 소스 코드로 이동한다. 그리고 다음과 같은 코드를 기술한다.

```
void CPractice9aDlg::OnPaint()
{
    if (IsIconic())
    {
        ...
    }
    else
    {
        CDialog::OnPaint();
    }

    CRect rectView, rectFigure;
    GetDlgItem(IDC_STATIC_VIEW)->GetWindowRect(&rectView);
    CPoint ptCenter = rectView.CenterPoint();
    ScreenToClient(&ptCenter);
```

```
rectFigure.left = ptCenter.x - (int)(rectView.Width() / 2.0f * m_dlgRatio.m_nCurHScale / 100.0f);
rectFigure.right = ptCenter.x + (int)(rectView.Width() / 2.0f * m_dlgRatio.m_nCurHScale / 100.0f);
rectFigure.top = ptCenter.y - (int)(rectView.Height() / 2.0f * m_dlgRatio.m_nCurVScale / 100.0f);
rectFigure.bottom = ptCenter.y + (int)(rectView.Height() / 2.0f * m_dlgRatio.m_nCurVScale / 100.0f);

CClientDC dc(this);
CBrush NewBrush, *oldBrush;

NewBrush.CreateSolidBrush(m_dlgColor.m_colorObject);
oldBrush = dc.SelectObject(&NewBrush);

switch(m_dlgObject.m_nSelObject)
{
case 1:
    dc.Rectangle(&rectFigure);
    break;
case 2:
    dc.Ellipse(&rectFigure);
    break;
}

dc.SelectObject(oldBrush);
NewBrush.DeleteObject();
}
```

② 프로그램을 테스트해 보자. Ctrl + F5 키를 눌러 프로그램을 실행시켜보자. 그러면 Radio Button의 선택에 따라 아래 그림과 같이 도형이 그려질 것이다.

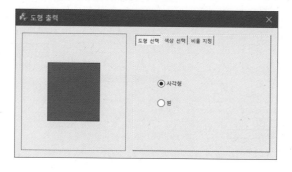

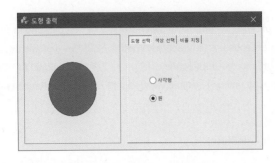

Step 10 색상 선택을 위해 Slider Control에 대한 제어를 추가한다.

Slider Control의 성격을 생각해보자. Slider Control은 마우스를 통하여 구간을 정수형으로 반환해 주고 있다. 그러면 Slider Control에서 우리는 현재 값을 어떻게 가져와서 이용할 것인가? 마우스의 이벤트를 잡는 것이다. 마우스로 Slider를 드래그하고 버튼을 떼었을 때 현재 Slider Control의 값을 얻어 와서 이용하는 것이다. 단순히 슬라이더 바를 움직였을 때 변하는 값이 필요하면 스크롤 메시지를 처리하면 된다. 이번 실습에서는 표준 가로 스크롤 막대에서 스크롤 이벤트가 발생할 때 전송되는 메시지인 WM_HSCROLL 메시지를 처리하면 된다. 이 메시지의 핸들러 함수를 추가하고 코드를 작성해 보자.

① WM_HSCROLL 메시지에 대한 메시지 핸들러 함수를 추가한다.

ⓐ Ctrl + Shift + X 키를 눌러 클래스 마법사를 실행시켜 [클래스 이름] 항목에 CColorDlg을 선택한 후 [메시지] 탭에서 [메시지] 항목은 WM_HSCROLL를 선택하고 처리기 추가(A)... 버튼을 누른다.

ⓑ 클래스 마법사에서 [코드 편집(E)] 버튼을 눌러 소스 코드 부분으로 이동하여 메시지 핸
들러 함수에 대해 다음과 같이 코드를 기술한다.

```cpp
void CColorDlg::OnHScroll(UINT nSBCode, UINT nPos, CScrollBar* pScrollBar)
{
    // TODO: 여기에 메시지 처리기 코드를 추가 및/또는 기본값을 호출합니다.
    // 탭 컨트롤을 포함하고 있는 메인 대화상자의 인스턴스를 얻는다.
    CPractice9aDlg* pMainDlg = (CPractice9aDlg*)AfxGetMainWnd();

    if (pScrollBar->GetSafeHwnd() == m_sliderRed.m_hWnd)
        m_nRed = m_sliderRed.GetPos();
    else if (pScrollBar->GetSafeHwnd() == m_sliderGreen.m_hWnd)
        m_nGreen = m_sliderGreen.GetPos();
    else if (pScrollBar->GetSafeHwnd() == m_sliderBlue.m_hWnd)
        m_nBlue = m_sliderBlue.GetPos();
    else
        return;

    m_colorObject = RGB(m_nRed, m_nGreen, m_nBlue);
    UpdateData(FALSE);
    pMainDlg->UpdateDrawing();;

    CDialogEx::OnHScroll(nSBCode, nPos, pScrollBar);
}
```

CSliderCtrl::GetPos() 함수

GetPos() 함수는 슬라이더 컨트롤의 현재 위치의 값을 반환하기 위해 호출되는 함수이다. 원형은 다음과
같다.

int GetPos( ) const;

---

② 🔖CPractice9aDlg 클래스를 참조하기 위해 🔖CColorDlg 클래스 소스 파일에
"Practice9aDlg.h" 파일을 include 시킨다.

```
// CColorDlg.cpp: 구현 파일
//

#include "pch.h"
#include "Practice9a.h"
#include "afxdialogex.h"
#include "CColorDlg.h"
#include "Practice9aDlg.h"
...
```

Step 11 크기 조정을 위해 Slider Control에 대한 제어를 추가한다.

① 크기를 조정하기 위한 WM_HSCROLL 메시지에 대한 메시지 핸들러 함수를 추가한다.

    ⓐ Ctrl + Shift + X 키를 눌러 클래스 마법사를 실행시켜 [클래스 이름] 항목에 CRatioDlg을 선택한 후 [메시지] 탭에서 [메시지] 항목은 WM_HSCROLL를 선택하고 처리기 추가(A)... 버튼을 누른다.

    ⓑ 클래스 마법사에서 코드 편집(E) 버튼을 눌러 소스 코드 부분으로 이동하여 메시지 핸들러 함수에 대해 다음과 같이 코딩한다.

```
void CRatioDlg::OnHScroll(UINT nSBCode, UINT nPos, CScrollBar* pScrollBar)
{
    // TODO: 여기에 메시지 처리기 코드를 추가 및/또는 기본값을 호출합니다.
    CPractice9aDlg* pMainDlg = (CPractice9aDlg*)AfxGetMainWnd();

    m_nCurHScale = m_sliderHorizontal.GetPos();
    m_nCurVScale = m_sliderVertical.GetPos();
    if (pScrollBar->GetSafeHwnd() == m_sliderHorizontal.m_hWnd)
    {
        if (m_bSameRatio == TRUE)
        {
            m_sliderVertical.SetPos(m_nCurHScale);
        }
    }
    else if (pScrollBar->GetSafeHwnd() == m_sliderVertical.m_hWnd)
    {
        if (m_bSameRatio == TRUE)
        {
            m_sliderHorizontal.SetPos(m_nCurVScale);
        }
    }
    else
        return;

    m_nHorizontal = m_nCurHScale;
    m_nVertical = m_nCurVScale;
    UpdateData(FALSE);
    pMainDlg->UpdateDrawing();
    CDialogEx::OnHScroll(nSBCode, nPos, pScrollBar);
}
```

② "정비율" Check Box에 대한 메시지 핸들러 함수를 추가한다.

   ⓐ Ctrl + Shift + X 키를 눌러 클래스 마법사를 실행시키자. [명령] 탭에서 [개체 ID] 항목은 IDC_CHECK_SAME_RATIO를, [메시지] 항목은 BN_CLICKED를 선택 하고 처리기 추가(A)... 버튼을 누른다. [멤버 함수 추가] 대화상자에서 지정된 값으로 지정 하고 확인 버튼을 누른다.

ⓑ 클래스 마법사에서 [코드 편집(E)] 눌러 소스 코드 부분으로 이동하여 메시지 핸들러 함
수에 대해 다음과 같이 코딩한다.

```cpp
void CRatioDlg::OnClickedCheckSameRatio()
{
    // TODO: 여기에 컨트롤 알림 처리기 코드를 추가합니다.
    UpdateData(TRUE);
    CPractice9aDlg* pMainDlg = (CPractice9aDlg*)AfxGetMainWnd();

    m_bSameRatio = !m_bSameRatio;
    if (m_bSameRatio == TRUE)
    {
        if (m_nCurHScale > m_nCurVScale)
        {
            m_nHorizontal = m_sliderHorizontal.GetPos();
            m_nVertical = m_nHorizontal;
        }
        else
        {
            m_nVertical = m_sliderVertical.GetPos();
```

```
        m_nHorizontal = m_nVertical;
    }
    m_nCurHScale = m_nHorizontal;
    m_nCurVScale = m_nVertical;
    m_sliderHorizontal.SetPos(m_nCurVScale);
    m_sliderVertical.SetPos(m_nCurVScale);
    UpdateData(FALSE);
    }


    pMainDlg->UpdateDrawing();
}
```

③ 🐾 CPractice9aDlg 클래스를 참조하기 위해 🐾 CRatioDlg 클래스 소스 파일에 "Practice9aDlg.h" 파일을 include 시킨다.

```
// CRatioDlg.cpp: 구현 파일
//

#include "pch.h"
#include "Practice9a.h"
#include "afxdialogex.h"
#include "CRatioDlg.h"
#include "Practice9aDlg.h"
...
```

[Step 12] 프로그램을 실행시켜보자.

① Ctrl+F7 키를 눌러 컴파일하고 에러가 없다면 Ctrl+F5를 눌러 프로그램을 실행시켜보자. 컨트롤의 배치가 조금씩 다를 수도 있지만, 다음 그림과 같이 실행될 것이다.

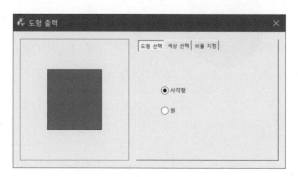

② [색상 선택] 탭을 선택하여 색상의 슬라이더 바를 마우스로 움직여 색상을 변경하여 보자.

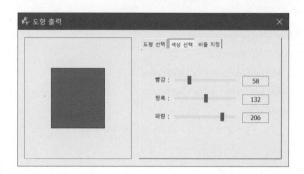

③ 다시 [도형 선택] 탭을 선택하고 라디오 버튼에서 ◉원 을 선택하면 "사각형"이 "원"으로 변경될 것이다.

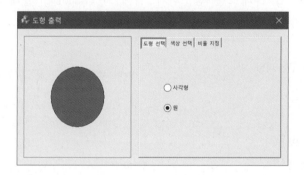

④ [비율 지정] 탭을 선택하여 수평, 수직 슬라이더 바를 마우스로 움직여 도형의 크기를 변경하여 보자. 슬라이더 바를 움직이면 수평, 수직 슬라이더 바가 같이 움직이는지 확인해보자.

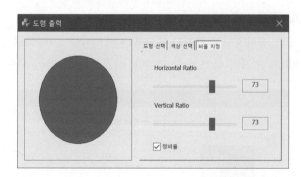

⑤ [비율 지정] 탭이 선택된 상태에서 "정비율" Check Box의 체크를 해지하고 수평, 수직 슬라이더 바를 마우스로 움직여 도형의 크기를 변경하여 보자. 수평, 수직 슬라이더 바가 각자 움직이는 것을 확인할 수 있을 것이다.

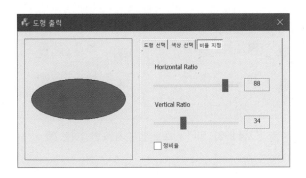

⑥ 다시, "정비율" Check Box를 체크하면 비율이 큰 쪽으로 동기화된다. 현재 수평 비율이 수직 비율보다 크므로 수직 슬라이더 바가 수평 비율로 동기화되는지 확인해보자.

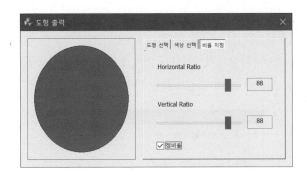

9.3 스핀 컨트롤(Spin Control)

Spin Control은 두 개의 작은 화살표 버튼으로 구성되어 사용자가 일정한 범위의 값을 입력할 수 있게 한다. 화살표의 방향은 스타일 설정에 따라 바뀔 수 있다. 일반적으로 Spin Control은 독립적으로 사용하기보다는 Edit Control 안에 붙여서 사용되는 경우가 많다. 이런 경우를 버디(Buddy) 컨트롤이라고 한다. 이 경우 버디 컨트롤의 값을 키보드가 아닌 마우스를 통해 변경시키고자 할 때 사용되는 것이다. 물론 키보드로 변경도 가능하다.

버디 컨트롤이 되기 위해서는 Spin Control의 속성에서 [맞춤] 항목은 Right Align으로 변경하고, [버디 정수 설정]과 [자동 버디] 항목을 True로 설정해야 한다. 버디 컨트롤을 구현할 때 주의할 점은 Edit Control과 Spin Control의 탭 순서는 반드시 연속적으로 배치해야 버디 컨트롤이 제대로 작동한다는 것에 주의해야 한다. 탭 순서는 [서식]의 [탭 순서] 메뉴를 선택하면 [그림 9-3]같이 확인할 수 있다.

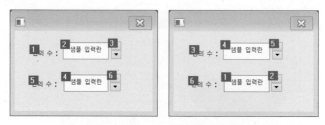

[그림 9-3] 버디 컨트롤 탭 순서를 변경하는 예

[그림 9-3] 왼쪽 대화상자에서 첫 번째 버디 컨트롤의 탭 순서는 연속적으로 배치되어 문제가 없지만, 두 번째 버디 컨트롤의 탭 순서는 연속으로 배치되어 있지 않아 Spin Control은 탭 번호(6)의 앞번호인 Static Control에 붙을 것이다. 이를 수정하기 위해서는 마우스로 Edit Control과 Spin Control을 순서대로 클릭하면 탭 순서가 [그림 9-3] 오른쪽 대화상자같이 변경될 것이다. [그림 9-4]는 [제어판]의 [마우스 등록정보]에서 [휠] 탭에 눌렀을 때 나타나는 대화상자의 예이다. 여기에서도 [3]이라는 곳에 Spin Control과 Edit Control을 같이 사용하여 버디 컨트롤을 만들어 사용하고 있다.

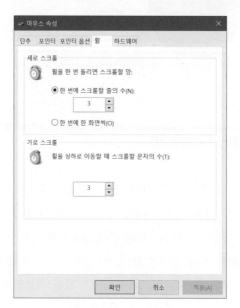

[그림 9-4] 스핀 컨트롤의 예

9.4 프로그레스 바 컨트롤(Progress Bar Control)

Progress Bar Control은 어떤 작업의 진행 상황을 표현하는 데 유용하게 사용된다. 다른 컨트롤과는 달리 임의의 데이터 입력에는 사용할 수 없다. 윈도우에서 파일 복사, 이동 작업을 할 때 대화상자에 진행 상황을 나타내주는 것이 바로 이 Progress Bar Control이다.

[그림 9-5] 프로그레스 바 컨트롤의 예

Progress Bar Control은 작업의 진행 상황을 시각적으로 표현해 줌으로써 사용자에게 다른 작업을 할 시간을 덜어줄 수도 있다. 왜냐하면 윈도우는 다중 프로세서 운영체제이기 때문이다.

9.5 IP 주소 컨트롤(IP Address Control)

IP 주소 컨트롤은 사용자로부터 텍스트를 입력받는 면에서 Edit Control과 유사한 컨트롤이다. 그러나 이 컨트롤은 다음과 같은 인터넷 프로토콜(IP) 형식의 IPv4 숫자 주소만을 입력할 수 있다.

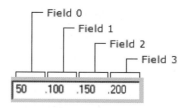

[그림 9-6] IP 컨트롤의 필드 구성

이 형식은 세 자릿수를 가진 네 개의 필드로 구성된다. 그리고 각 필드는 수치적 텍스트만을 허용하며 수의 범위 또한 0부터 255까지만 입력할 수 있다. 각 필드 입력 시 세 자리가 채워지면 자동으로 우측 다음 필드로 이동된다. [그림 9-7]은 IP 컨트롤을 사용한 예를 보여주고 있다.

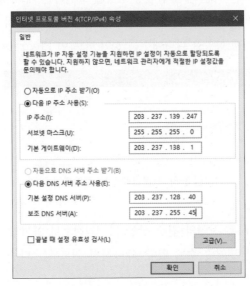

[그림 9-7] IP 컨트롤의 사용 예

9.6 네트워크 주소 컨트롤(Network Address Control)

네트워크 주소 컨트롤은 윈도우 비스타 이상의 운영체제에서만 사용되는 컨트롤이다. 기존 IP 주소 컨트롤은 IPv4 주소만 입력할 수 있도록 입력 형식이 고정되어 있지만, 이 컨트롤은 IPv4, IPv6, URL 숫자 주소를 입력할 수 있게 형식을 고정하지 않았다. 따라서 네트워크 주소 컨트롤은 외형상 Edit Control과 비슷한 컨트롤이다. 그러나 사용자가 주소가 잘못 입력되면 검사하여 문제가 있으면 사용자에게 알려준다.

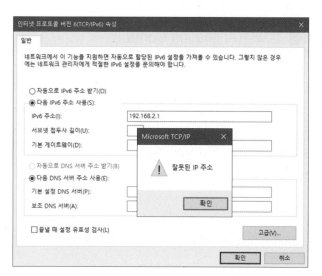

[그림 9-8] 네트워크 컨트롤의 사용 예

9.7   날짜/시간 선택 컨트롤(Date Time Picker)

Date Time Picker 컨트롤(CDateTimeCtrl)은 날짜와 시간을 직관적이고 쉽게 볼 수 있
도록 하여 특정 날짜를 입력하거나 선택하도록 하는 컨트롤이다. 기본적인 인터페이스
의 성격은 Combo Box와 유사하지만, 컨트롤을 확장하면 기본적으로 특정 날짜를 지정
할 수 있는 Month Calendar 컨트롤이 표시된다. 그리고 날짜를 선택하면 바로 Month
Calendar 컨트롤은 사라진다. 또한 컨트롤의 스타일에 따라 [그림 9-9]와 같이 다른 형식
으로 출력되기도 한다.

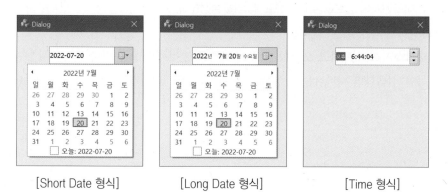

[Short Date 형식]   [Long Date 형식]   [Time 형식]

[그림 9-9] Date Time Picker의 스타일

9.8 애니메이션 컨트롤(Animation Control)

Animation Control은 AVI 동영상 파일을 재생하고 제어하는 데 이용된다. 일반적으로 AVI 파일이라면 영화라든지 만화 같은 영상을 생각할 것이다. 하지만 Animation Control에서의 AVI 파일은 단 두 가지뿐이다. RLE(Run-Length Encoding)을 사용해 압축한 파일과 압축되지 않은 파일 두 가지이다. 그리고 Animation Control은 사운드를 지원하지 않는다.

실습 9-2　각종 컨트롤을 이용한 데이터 전송 Simulator 작성하기

이번 실습에서는 IP 주소를 입력하기 위해 IP Address Control을 사용하고 전송 날짜를 제어하기 위해 Date Time Picker Control을 이용하게 된다. 또한 데이터 전송 값을 입력하기 위해 Buddy Control을 사용하고 Progress Bar Control을 이용하여 전송 진행률을 표현하는 프로그램을 작성하는 것이다. 이 실습을 통해 여러 가지 컨트롤들의 사용법을 익히게 될 것이다.

Step 1　대화상자 기반의 프로젝트를 생성한다.

① 프로젝트 이름을 "Practice9b"라 정한다.

② [애플리케이션 종류] 단계에서 [대화상자 기반]을 선택한다.

③ ▢ 마침 ▢ 버튼을 누르고, 새로운 프로젝트의 생성을 완료한다.

Step 2　대화상자에 컨트롤을 배치하고 속성을 설정한다.

① 대화상자의 속성을 설정한다.

　ⓐ 대화상자를 선택하고 오른쪽 마우스 버튼을 눌러서 나오는 단축 메뉴에서 [속성] 항목을 선택하면 나타나는 속성창의 [캡션] 항목에 "데이터 전송"이라고 입력한다.

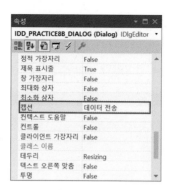

② 기본적으로 추가된 텍스트와 버튼을 삭제하고 [Group Box] 컨트롤을 배치한다.

   ⓐ [도구 상자]에서 [✎ Group Box] 버튼을 선택한다. 대화상자 위에 드래그 앤드 드롭 하여 다음 그림과 같이 추가한다.

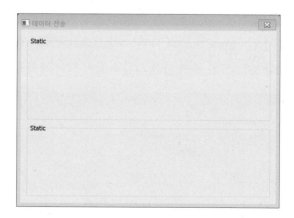

   ⓑ 위쪽에 추가한 [Group Box]를 선택하고 오른쪽 마우스 버튼을 눌러서 나오는 단축 메뉴에서 [속성] 항목을 선택하여 나타나는 [Group-box Control] 속성창의 [캡션] 항목을 "[데이터 전송 Simulator]"라고 설정한다.

ⓒ 아래쪽 [Group Box]를 선택하고 오른쪽 마우스 버튼을 눌러서 나오는 단축 메뉴에서 [속성] 항목을 선택하여 나타나는 [Group-box Control] 속성창의 [캡션] 항목을 "[데이터 전송 요약]" 라 설정한다.

② 송·수신 주소를 입력하기 위한 [Network Address] 컨트롤을 추가한다.

ⓐ [도구 상자]에서 [Aa Static Text]와 [IP Address Control]을 각각 선택하고 대화상자 위에 드래그 앤드 드롭 하여 다음 그림과 같이 각 컨트롤을 추가한다.

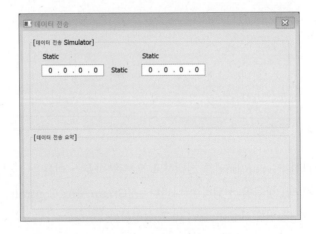

ⓑ 대화상자 폼의 [Static Text] 컨트롤을 선택하고 오른쪽 마우스 버튼을 눌러서 나오는 단축 메뉴에서 [속성] 항목을 선택하여 나타나는 [Text Control] 속성창의 [캡션] 항목을 각각 "송신자 IP 주소", "--------〉", "수신자 IP 주소"로 입력한다.

ⓒ [IP Address] 컨트롤을 선택하고 오른쪽 마우스 버튼을 눌러서 나오는 단축 메뉴에서 [속성] 항목을 선택하여 나타나는 [IP Control] 속성창의 [ID] 항목을 각각 "IDC_IPADDRESS_SENDER", "IDC_IPADDRESS_RECEIVER"라 설정한다.

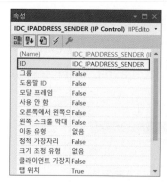 

③ 전송상태를 나타내기 위한 [Progress Bar] 컨트롤을 추가한다.

ⓐ [도구 상자]에서 [.ᴬᵃ   Static Text]와 [▥▥   Progress Control]을 각각 선택하고 대화 상자 위에 드래그 앤드 드롭 하여 다음 그림과 같이 각 컨트롤을 추가한다.

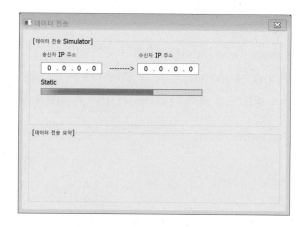

ⓑ [Static Text] 컨트롤을 선택하고 오른쪽 마우스 버튼을 눌러서 나오는 단축 메뉴에서 [속성] 항목을 선택하여 나타나는 [Text Control] 속성창의 [캡션] 항목을 "전송 진행률(%)"이라 설정한다.

ⓒ [Progress Bar] 컨트롤을 선택하고 오른쪽 마우스 버튼을 눌러서 나오는 단축 메뉴에서 [속성] 항목을 선택하여 나타나는 [Progress Bar Control] 속성창의 [ID] 항목을 "IDC_PROGRESS_TRANSMIT"라 설정한다. 그리고 [부드럽게 채우기] 항목을 True로 변경한다.

④ 날짜 선택을 위한 [Date Time Picker] 컨트롤을 추가한다.

ⓐ [도구 상자]에서 [ᴀᴢ Static Text]와 [⌚ Date Time Picker]을 각각 선택하고 대화 상자 위에 드래그 앤 드롭 하여 다음 그림과 같이 각 컨트롤을 추가한다.

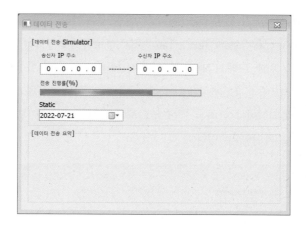

ⓑ [Static Text] 컨트롤을 선택하고 오른쪽 마우스 버튼을 눌러서 나오는 단축 메뉴에서 [속성] 항목을 선택하여 나타나는 [Text Control] 속성창의 [캡션] 항목을 "전송 날짜(년-월-일)"라 설정한다.

ⓒ [Date Time Picker] 컨트롤을 선택하고 오른쪽 마우스 버튼을 눌러서 나오는 단축 메뉴에서 [속성] 항목을 선택하여 나타나는 [Date-Time Control] 속성창의 [ID] 항목을 "IDC_DATETIMEPICKER_DATE"라 설정한다. 그리고 [Format] 항목을 "Long Date"로 설정한다.

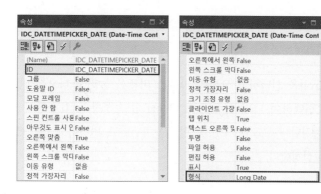

⑤ 전송할 데이터를 선택하기 위한 [Buddy] 컨트롤을 추가한다.

　ⓐ [도구 상자]에서 [**A** Static Text], [**ab** Edit Control], [♦ Spin Control]을 각각 선택하고 대화상자 위에 드래그 앤드 드롭 하여 다음 그림과 같이 각 컨트롤을 추가한다. [Edit Control]과 [Spin Control]은 버디 컨트롤로 작동하기 위해서는 탭 순서가 반드시 연속적이어야 한다는 것에 주의해야 한다. [서식]의 [탭 순서] 메뉴를 선택하면 탭 순서를 확인할 수 있다.

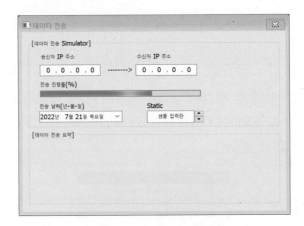

　ⓑ [Static Text] 컨트롤을 선택하고 오른쪽 마우스 버튼을 눌러서 나오는 단축 메뉴에서 [속성] 항목을 선택하여 나타나는 [Text Control] 속성창의 [캡션] 항목을 "데이터 전송 값(정수)"이라 설정한다.

　ⓒ [Edit Control]을 선택하고 오른쪽 마우스 버튼을 눌러서 나오는 단축 메뉴에서 [속성] 항목을 선택하여 나타나는 [Edit Control] 속성창의 [ID] 항목을 "IDC_EDIT_DATA"라 설정한다. 그리고 [숫자] 항목을 True로 변경하고 [텍스트 맞춤] 항목을 "Center"로 설정한다.

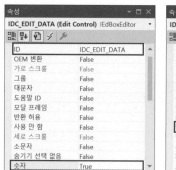 

ⓓ [Spin Control]을 선택하고 오른쪽 마우스 버튼을 눌러서 나오는 단축 메뉴에서 [속성] 항목을 선택하여 나타나는 [Spin Control] 속성창의 [ID] 항목을 "IDC_SPIN_DATA"라 설정하고 [맞춤] 항목을 "Right Align"으로 설정한다. 그리고 [버디 정수 설정] 항목과 [자동 버디] 항목을 True로 변경한다. 이제 [Spin Control]의 범위를 초기화해주면 가장 간단하게 spin의 기능을 사용할 수 있다.

⑥ 데이터 전송 [Button] 컨트롤과 전송상태 요약을 출력하기 위한 [Edit Control]을 추가한다.

ⓐ [도구 상자]에서 [Button] 버튼과 [ab   Edit Control] 버튼을 각각 선택하고 대화상자 위에 드래그 앤드 드롭 하여 다음 그림과 같이 각 컨트롤을 추가한다.

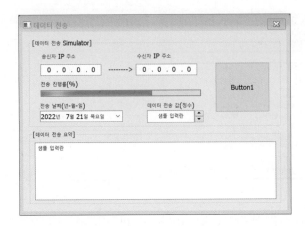

ⓑ [Button] 컨트롤을 선택하고 오른쪽 마우스 버튼을 눌러서 나오는 단축 메뉴에서 [속성] 항목을 선택하여 나타나는 [Button Control] 속성창의 [ID] 항목은 "IDC_BUTTON_TRANSMIT"라 설정하고 [캡션] 항목을 "데이터 전송"이라 설정한다.

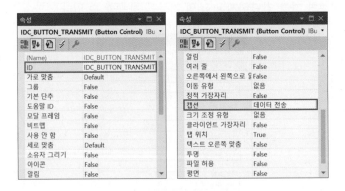

ⓒ [Edit Control]을 선택하고 오른쪽 마우스 버튼을 눌러서 나오는 단축 메뉴에서 [속성] 항목을 선택하여 나타나는 [Edit Control] 속성창의 [ID] 항목을 "IDC_EDIT_SUMMARY"라 설정한다. 그리고 [자동 VScroll] 항목, [여러 줄] 항목과 [읽기 전용] 항목은 True로 변경하고 [자동 HScroll] 항목과 [테두리] 항목은 False로 변경한다.

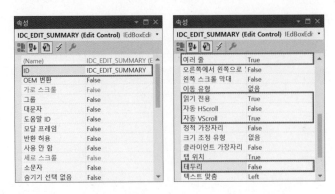

⑦ 위와 같이 모든 컨트롤을 배치하고 속성을 설정하면 다음과 같은 폼이 될 것이다.

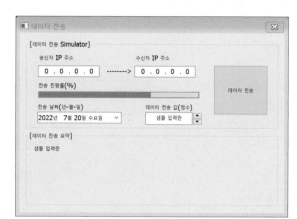

Step 3 각 컨트롤들을 멤버 변수와 연결하고 클래스에 필요한 멤버 변수를 선언한다.

① 데이터의 전송률을 저장하기 위한 클래스 멤버 변수를 선언한다.

ⓐ [클래스 뷰]에서 🐢CPractice9bDlg 클래스를 선택하고 오른쪽 마우스 버튼을 눌러서 나타나는 단축 메뉴에서 [추가]-[변수 추가]를 선택한다. [변수 추가] 대화상자가 나타나면 [이름] 항목에 m_nTransmitRate라 입력하고 [형식] 항목에 int를 선택한 다음 [확인] 버튼을 누른다.

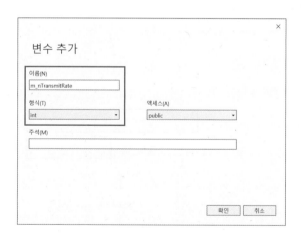

② 각 컨트롤에 대해서 대화상자 클래스 멤버 변수로 연결한다.

ⓐ 송신자 IP 주소를 입력하기 위한 IP Address 컨트롤에 대해 멤버 변수와 연결한다. Ctrl+Shift+X키를 눌러 클래스 마법사를 실행시키고 [클래스 이름] 항목은 CPractice9bDlg을 선택한 후 [멤버 변수] 탭을 선택한다. [멤버 변수] 탭에서 [컨트롤

ID] 항목에 IDC_IPADDRESS_SENDER을 선택한 후 [변수 추가(A)...] 버튼을 누른다.

ⓑ [제어 변수 추가] 대화상자가 나타나면 [이름] 항목에 m_addrSenderIP 라고 입력
하고 [마침] 버튼을 누른다.

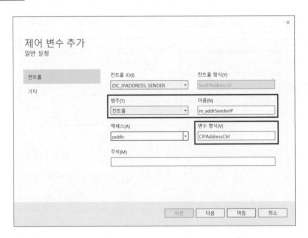

ⓒ 위와 같이 클래스 마법사를 사용하여 나머지 컨트롤에 대해서도 클래스 멤버 변수
와 연결하도록 한다. 아래 표를 참고하여 대화상자에 클래스 멤버 변수를 추가하도
록 한다.

컨트롤 ID	범주	변수 형식	변수 이름
IDC_IPADDRESS_SENDER	컨트롤	CIPAddressCtrl	m_addrSenderIP
IDC_IPADDRESS_RECEIVER	컨트롤	CIPAddressCtrl	m_addrReceiverIP
IDC_PROGRESS_TRANSMIT	컨트롤	CProgressCtrl	m_prgsTransmit
IDC_DATETIMEPICKER_DATE	컨트롤	CDateTimeCtrl	m_timeTransmit
IDC_EDIT_DATA	값	int	m_nData
IDC_EDIT_SUMMARY	컨트롤	CEdit	m_edSummary
IDC_SPIN_DATA	컨트롤	CSpinButtonCtrl	m_spinData

ⓓ 각 컨트롤과 멤버 변수가 잘 연결되었는지 클래스 마법사를 실행시켜 확인하여 보자.

Step 4 컨트롤을 초기화한다.

① 컨트롤과 멤버 변수를 초기화하는 🔧 OnInitDialog() 함수에 Progress Bar와 Spin Control을 초기화한다.

ⓐ [클래스 뷰]에서 🔧 CPractice9bDlg 클래스의 🔧 OnInitDialog() 함수를 더블 클릭하여 🔧 OnInitDialog() 함수의 소스 코드로 이동한다.

ⓑ 🔧 OnInitDialog() 함수에 다음과 같은 코드를 기술한다.

```
BOOL CPractice9bDlg::OnInitDialog()
{
    CDialogEx::OnInitDialog();

    // 시스템 메뉴에 "정보 . . ." 메뉴 항목을 추가합니다.
    ...
    ...

    // TODO: 여기에 추가 초기화 작업을 추가합니다.
    m_prgsTransmit.SetRange(0, 100);
    m_prgsTransmit.SetPos(0);
    m_spinData.SetRange(-100, 100);

    return TRUE;  // 포커스를 컨트롤에 설정하지 않으면 TRUE를 반환합니다.
}
```

CProgressCtrl::SetRange() 함수

SetRange() 함수는 프로그레스 바 컨트롤의 상·하위 제한 범위를 설정하는 함수이다. 원형은 다음과 같다.

void SetRange(short nLower, short nUpper);

• nLower : 하위의 제한 범위를 명시 (디폴트는 '0'이다.)
• nUpper : 상위의 제한 범위를 명시 (디폴트는 '100'이다.)

CProgressCtrl::SetPos() 함수

SetPos() 함수는 프로그레스 바의 현재 위치를 설정하고 진행 정도를 나타내는 바가 다시 그려지는 함수로 원형은 다음과 같다.

int SetPos(int nPos);

• nPos : 프로그레스 바의 다시 그려질 새로운 위치

Step 5 **데이터 전송에 관한 함수들을 구현해 보자.**

① [데이터 전송] 버튼에 대한 메시지 핸들러 함수를 작성한다.

ⓐ Ctrl + Shift + X 키를 눌러 클래스 마법사를 실행시킨다. [클래스 이름] 항목은 CPractice9bDlg을 선택하고 [명령] 탭의 [개체 ID] 항목에 IDC_BUTTON_TRANSMIT을, [메시지] 항목에는 BN_CLICKED를 선택하고 처리기 추가(A)... 버튼을 누른다. [멤버 함수 추가] 대화상자가 나타나면 이미 지정된 값으로 하고, 확인 버튼을 누른다.

ⓑ 클래스 마법사에서 <kbd>코드 편집(E)</kbd> 버튼을 눌러 소스 코드 부분으로 이동하여 다음과 같이 코딩한다.

```cpp
void CPractice9bDlg::OnClickedButtonTransmit()
{
    // TODO: 여기에 컨트롤 알림 처리기 코드를 추가합니다.
    // 현재 데이터 전송률을 0퍼센트로 설정한다.
    m_nTransmitRate = 0;
    // 타이머를 지정한다. 타이머 ID = 1, 구간 = 30
    SetTimer(1, 30, NULL);

    // 데이터 전송이 시작되면 버튼을 비활성화 시킨다.
    GetDlgItem(IDC_BUTTON_TRANSMIT)->EnableWindow(FALSE);
}
```

② 데이터 전송 상황을 업데이트할 수 있도록 타이머 함수를 작성한다.

ⓐ <kbd>Ctrl</kbd>+<kbd>Shift</kbd>+<kbd>X</kbd> 키를 눌러 클래스 마법사를 실행시키고 [클래스 이름] 항목은 CPractice9bDlg을 선택한다. [메시지] 탭을 선택한 후 [메시지] 항목은 WM_TIMER 를 선택하고 <kbd>처리기 추가(A)...</kbd> 버튼을 누른다. 그러면 [기존 처리기] 항목에 OnTimer() 함

수가 추가됐다는 사실을 확인할 수 있을 것이다.

ⓑ 클래스 마법사에서 [코드 편집(E)] 버튼을 누르고 소스 코드 부분으로 이동하고 메시지
핸들러 함수에 다음과 같이 코드를 기술한다. 이 코드를 설명하면 타이머가 호출될
때마다 데이터 전송률을 증가시키고 현재 전송률을 Edit Control에 나타내도록 한
다. 그리고 전송률이 100%가 되면 타이머를 중지하고 전송 버튼을 다시 활성화한다.

```cpp
void CPractice9bDlg::OnTimer(UINT_PTR nIDEvent)
{
    // TODO: 여기에 메시지 처리기 코드를 추가 및/또는 기본값을 호출합니다.
    CString strSummary;

    if( m_nTransmitRate != 100 )
    {
        m_nTransmitRate++;
        m_prgsTransmit.SetPos(m_nTransmitRate);
        strSummary.Format(_T("데이터 전송 중입니다 - %d 퍼센트\r\n\r\n 잠시 기다려주십시오......"),
                        m_nTransmitRate);
        m_edSummary.SetWindowText(strSummary);
    }
```

```
    else
    {
        KillTimer(1);
        GetDlgItem(IDC_BUTTON_TRANSMIT)->EnableWindow(TRUE);
        UpdateData(TRUE);

        CString strTrans, strDataDesc;
        m_prgsTransmit.SetPos(m_nTransmitRate);
        strTrans.Format(_T("데이터 전송을 완료했습니다. - %d 퍼센트\r\n\r\n"),
                        m_nTransmitRate);

        BYTE first, second, third, forth;
        CString strSender, strReceiver;

        m_addrSenderIP.GetAddress(first, second, third, forth);
        strSender.Format(_T("송신측 주소 : %d.%d.%d.%d\t\t"), first, second, third, forth);
        m_addrReceiverIP.GetAddress(first, second, third, forth);
        strReceiver.Format(_T("수신측 주소 : %d.%d.%d.%d\r\n\r\n"), first, second, third, forth);

        CTime timeTime;
        DWORD dwResult = m_timeTransmit.GetTime(timeTime);

        CString strDate;
        strDate.Format(_T("전송 날짜 : %s\r\n\r\n"), timeTime.Format( "%A, %B %d, %Y" ));

        CString strData;
        strData.Format(_T("전송 데이터 내용 : %d"), m_nData);

        strSummary = strTrans + strSender + strReceiver + strDate + strData;
        m_edSummary.SetWindowText(strSummary);
    }
    CDialogEx::OnTimer(nIDEvent);
}
```

OnTimer() 함수

OnTimer() 함수는 WM_TIMER 메시지가 발생할 때마다 호출되게 된다. 그러면 이 메시지를 어떻게 발생시키는가? 바로 SetTimer()라는 함수가 이 메시지를 발생시키는데 일정 시간 간격을 설정함으로써 이 일정 시간마다 WM_TIMER 메시지를 발생시킨다. 결과적으로 SetTimer() 함수에서 지정한 시간마다 OnTimer() 함수를 수행하게 되는 것이다.

Step 6 프로그램을 실행시켜보자.

① Ctrl+F7키를 눌러 컴파일하고 에러가 없다면 Ctrl+F5를 눌러 프로그램을 실행시켜보자. 처음 프로그램을 실행시키면 다음과 같이 출력될 것이다.

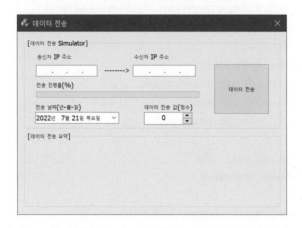

② 컨트롤에 IP 주소와 날짜, 데이터 전송 값 등을 입력하고 데이터 전송 버튼을 눌러보자. 다음과 같이 [데이터 전송 요약] 부분에 현재 전송률이 실시간으로 변하고 [데이터 전송] 버튼이 비활성화되는 것을 알 수 있다.

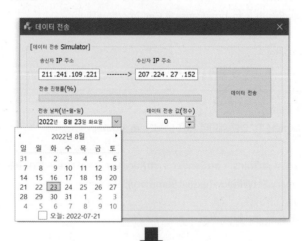

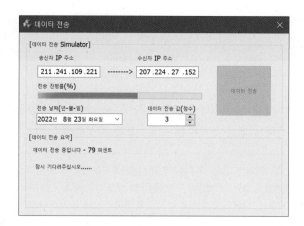

③ 다음 그림은 데이터 전송이 완료된 화면이다. 컨트롤에 입력한 내용이 요약되어 출력되고 [데이터 전송] 버튼이 다시 활성화되는 것을 확인할 수 있다.

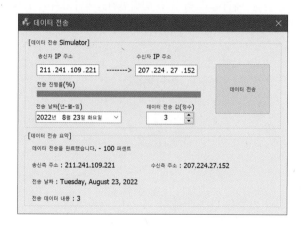

연습문제

1 〈실습 9-1〉에서 작성한 프로그램에 도형의 확대, 축소비율이 지정된 후 그 비율에 따라 애니메이션을 수행하는 탭을 추가하는 프로젝트를 작성하라.

> 이번 프로젝트는 "애니메이션" 탭을 하나 추가하고 사용자로부터 도형의 확대, 축소비율이 지정된 후 [도형 애니메이션] 버튼을 누르면 그 비율에 따라 애니메이션을 수행한다. 또한, Slider Bar 컨트롤을 이용하여 애니메이션의 특정 프레임으로 이동할 수 있도록 하며 Progress Bar도 해당 위치로 이동시킨다.

1) 대화상자의 폼을 구성한다.
   ① [애니메이션] 탭을 추가하고 탭 컨트롤 자식 윈도우 대화상자를 생성하여 다음과 같이 컨트롤들을 배치하고 속성을 설정한다. 대화상자의 ID는 IDD_DIALOG_ANIMATION으로 설정한다.

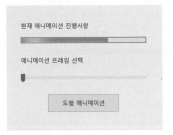

   ② 컨트롤의 ID와 기능은 다음과 같다.

Control Type	Resource ID	설명
Progress Control	IDC_PROGRESS_ANIMATION	애니메이션의 진행을 나타냄
Slider Control	IDC_SLIDER_ANIMATION	애니메이션의 특정 프레임으로 이동
Button Control	IDC_BUTTON_ANIMATION	도형의 애니메이션을 수행함

    – Slider Control 속성창의 [지점] 항목을 Botton/Right로 변경한다.
   ③ 자식 대화상자를 다룰 클래스를 작성한다.
    – [MFC 클래스 추가] 대화상자에서 [클래스 이름] 항목에 CAnimatinDlg라 입력한다.

2) 대화상자의 컨트롤들을 멤버 변수와 연결한다.
   ① Progress Control을 "컨트롤" 형태로 멤버 변수와 연결한다.

- IDC_PROGRESS_ANIMATION : m_prgsAnimation (변수 형식 CProgress
Ctrl)
② Slider Control을 "컨트롤" 형태로 멤버 변수와 연결한다.
- IDC_SLIDER_ANIMATION : m_sliderAnimation (변수 형식 CSliderCtrl)

3) 대화상자의 헤더 파일에 필요한 멤버 변수를 추가한다.
① 도형의 현재 애니메이션 수평 비율을 나타내는 변수 : m_nAniHScale(자료형 int)
② 도형의 현재 애니메이션 수직 비율을 나타내는 변수 : m_nAniVScale(자료형 int)

4) 대화상자를 초기화한다.
① Progress Control의 범위를 0에서 100으로 초기화하고 Progress Bar의 위치는
0으로 설정한다.
② Slider Control의 범위를 0에서 100으로 초기화하고 Slider Bar의 위치는 0으로
설정한다.

5) 프로그램 요구사항
① 도형 애니메이션은 0부터 최대 도형의 크기까지 자동으로 수행되도록 구현한다.
② 도형 애니메이션 실행 시 현재 애니메이션 수행상황을 Progress Control과 Slider
Control에 업데이트하여 표현한다.
③ 도형 애니메이션 수행 도중에는 [도형 애니메이션] 버튼을 비활성화시키며 애니메
이션이 끝나면 다시 활성화한다.
④ 애니메이션이나 프레임 선택할 때는 Progress Control과 Slider Control의 오른
쪽 범위는 도형의 수평 또는 수직 비율이 되도록 한다. 예를 들어 수평, 수직 비율
이 100이 아니라고 해도 애니메이션이 끝나면 Progress Bar와 Slider Bar의 위치
는 끝에 도달해야 한다.
⑤ Slider Bar의 선택을 통해서 애니메이션의 특정 프레임으로 이동할 수 있도록 하
고 Progress Bar 또한 해당 위치로 이동시킨다.

6) 대화상자 컨트롤들의 메시지 핸들러 함수를 구현한다.
① 〈실습 9-1〉에서 작성한 CPractice9aDlg 클래스의 OnInitDialog() 함수
에 [애니메이션] 탭을 추가한다. 그리고 [애니메이션] 탭을 나타낼 멤버 변수(m_
dlgAnimation)를 CPractice9aDlg 클래스에 선언하고 OnInitDialog() 함수
에 m_dlgAnimation 객체를 생성한다.
② CPractice9aDlg 클래스의 OnSelchangeTabSelection() 함수에서 [애니메이션]
탭이 선택했을 때 자식 윈도우 객체(m_dlgAnimation)를 표시되게 하고 다른 탭

이 선택했을 때는 자식 윈도우 객체(m_dlgAnimation)를 표시되지 않게 한다.

③ Slider Control의 메시지 핸들러 함수를 구현한다.

- 가로 Slider Bar에서 스크롤 이벤트가 발생할 때 전송되는 메시지는 WM_HSCROLL 메시지이다.

- Progress Control과 Slider Control의 범위를 0부터 도형의 지정된 수평 또는 수직 비율로 설정한다. 다음 코드는 지정된 수평 비율로 설정했지만, 어느 지정된 비율로 설정해도 상관없다.

```
m_prgsAnimation.SetRange(0, pMainDlg->m_dlgRatio.m_nHorizontal)
m_sliderAnimation.SetRange(0, pMainDlg->m_dlgRatio.m_nHorizontal);
```

- GetPos() 함수를 이용하여 애니메이션 Slider Bar의 현재 위치를 구해 현재 비율을 나타내는 변수(위에서 수평 비율을 사용했으므로 m_nCurHScale)에 저장한다.

- 그리고 현재 수직 비율을 나타내는 변수(m_nCurVSCale)는 현재 수평 비율에 지정된 수직 비율과 수평 비율이 종횡비(aspect ratio)를 곱한 값을 구해 저장한다.

```
pMainDlg->m_dlgRatio.m_nCurVScale = (int)((float)pMainDlg->m_dlgRatio.m_nCurHScale *
((float)pMainDlg->m_dlgRatio.m_nVertical / (float)pMainDlg->m_dlgRatio.m_nHorizontal));
```

- SetPos() 함수를 이용하여 현재 수평 비율(m_nCurHScale)로 Progress Bar를 해당 위치로 이동시킨다. 위에서 지정된 수직 비율을 사용했으면 현재 수직 비율을 사용하면 된다.

- 도형을 업데이트하는 함수인 UpdateDrawing() 함수를 호출한다.

④ [도형 애니메이션] Button의 메시지 핸들러 함수를 구현한다.

- 버튼을 선택하는 메시지는 BN_CLICKED이다.

- 애니메이션에 필요한 변수인 m_nAniHScale과 m_nAniVScale 변수를 0으로 초기화한다.

- Progress Control과 Slider Control의 범위를 0부터 도형의 지정된 수평 또는 수직 비율로 설정한다. 설명을 위해 위와 같이 지정된 수평 비율(m_nHorizontal)로 설정한다.

- 애니메이션을 수행하는 OnTimer() 함수를 호출하기 위해 SetTimer() 함수를 설정한다.

```
SetTimer(1, 30, NULL);
```

- 도형 애니메이션 수행 도중에는 [도형 애니메이션] 버튼을 비활성화시킨다.

```
GetDlgItem(IDC_BUTTON_ANIMATION)->EnableWindow(FALSE);
```

⑤ WN_TIMER 메시지 핸들러 함수를 구현한다.
- m_nAniHScale과 m_nAniVScale 변수에 값을 설정한다.
- 현재 수평, 수직 비율 변수(m_nCurHScale, m_nCurVScale)에 m_nAniHScale과 m_nAniVScale 변숫값으로 설정한다.
- SetPos() 함수를 이용하여 현재 수평 비율(m_nCurHScale)로 Progress Bar와 Slider Bar를 해당 위치로 이동시킨다. 위에서 지정된 수직 비율을 사용했으면 현재 수직 비율을 사용하면 된다.
- m_nAniHScale 변숫값이 지정된 수평 비율 값에 도달하면 KillTimer()를 사용하여 타이머를 중지시키고 [도형 애니메이션] 버튼을 활성화시킨다.
- 도형을 업데이트하는 함수인 UpdateDrawing() 함수를 호출한다.
- 프로그램 구조는 다음의 형태를 가지게 될 것이다.

```
if (m_nAniHScale != pMainDlg->m_dlgRatio.m_nHorizontal)
{
    ① m_nAniHScale 변숫값을 하나 증가시킨다.
    ② m_nAniVScale 변숫값은 현재 애니 수평 비율(m_nAniHScale)에 지정된 수직 비율과 수평 비율
       이 종횡비(aspect ratio)를 곱한 값을 구해 저장한다.
    ③ 현재 수평 비율 변수(m_nCurHScale)에 m_nAniHScale 변숫값으로 설정한다.
    ④ 현재 수직 비율 변수(m_nCurVScale)에 m_nAniVScale 변숫값으로 설정한다.
    ⑤ SetPos() 함수를 이용하여 현재 수평 비율(m_nCurHScale)로 Progress Bar를 해당 위치로 이동
       시킨다.
    ⑥ SetPos() 함수를 이용하여 현재 수평 비율(m_nCurHScale)로 Slider Bar를 해당 위치로 이동시
       킨다.
}
else
{
    ① KillTimer()함수를 이용하여 타이머를 중지시킨다.
    ② GetDlgItem()함수로 버튼의 포인터를 구하고 EnableWindow()함수로 버튼을 활성화시킨다.
}
pMainDlg->UpdateDrawing();
```

7) 다음 그림은 프로그램 실행 결과를 나타내고 있다.

① 프로그램이 실행된 첫 화면

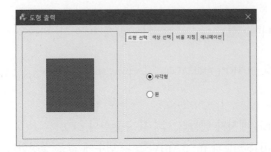

② "정비율" 체크를 해제한 상태로 수평 비율 40, 수직 비율 75로 지정한 예

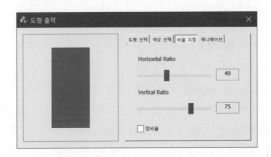

③ 수평 비율 40, 수직 비율 75로 지정된 상태에서 [도형 애니메이션]을 실행한 예

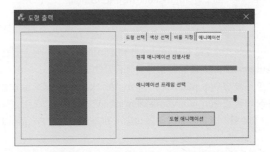

④ Slider Bar를 통해 프레임을 이동시킨 예

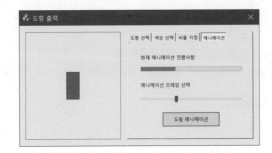

CHAPTER 10

고급 컨트롤 및 리본

---

contents

10.1 MFC Feature 컨트롤(MFC Feature Controls)

10.2 리본(Ribbon)

10 고급 컨트롤 및 리본

이번 장에는 Visual C++ 2008 Feature Pack 버전부터 새롭게 추가된 고급 MFC Feature 컨트롤("MFC" 접두어가 붙은 컨트롤)과 리본(Ribbon) 메뉴에 대해 배울 것이다. Visual C++ 2022에서는 이전 버전에서부터 제기되었던 문제점 개선과 약간의 추가 구현을 통하여 MFC 라이브러리의 안정성을 보완하였다고 할 수 있다.

MFC Feature 컨트롤은 단순한 입·출력 기능만을 제공하던 기본 컨트롤을 재정의하여 각기 유용한 고유기능을 갖는 고급화된 컨트롤로써, Window 7에서 제공하고 있는 고급화된 사용자 인터페이스의 기본이 되고 있다. 리본(Ribbon)은 Office 2007 제품군에서부터 사용자에게 제공되는 여러 가지 명령을 보다 직관적이고 효율적으로 쉽게 찾고 실행할 수 있도록 Microsoft에서 제공하는 새로운 사용자 인터페이스의 패러다임이다.

이번 장에서는 대표적인 MFC Feature 컨트롤들에 대해 간단히 설명하고, 실습을 통하여 대표적인 CMFCColorButton, CMFCFontComboBox, CVSListBox, MFC PropertyGrid 컨트롤에 대한 사용법을 배우게 될 것이다. 그리고 리본 디자이너(Ribbon Designer)를 이용한 리본 메뉴의 편집과 각 요소에 대한 이벤트 처리에 대해서 실습을 통하여 배우게 될 것이다.

10.1 MFC Feature 컨트롤(MFC Feature Controls)

MFC Feature 컨트롤은 Visual C++ 2008 Feature Pack 버전부터 새롭게 추가된 컨트롤로 강력한 사용자 인터페이스의 구현을 지원한다. 스플릿 버튼이나 명령 버튼 같은 컨트롤 윈도우가 윈도우 비스타 전용 컨트롤이었던 반면 이들 컨트롤 윈도우는 모든 윈도우 운영체제에서 사용할 수 있다.

1) MFC 버튼 컨트롤(MFC Button Control)

MFC Button은 기본적으로 CButton과 같은 속성을 갖고 있으며, 사용 목적에 따라 Radio, Check, Command 버튼으로 스타일을 변경할 수 있다. CButton 클래스를 출력 면에서 다양하게 보완한 것으로, 다양한 Flat 스타일, 배경 및 텍스트 색상의 변경, 커서 모양, Tool Tip, 아이콘, 그림 출력 등을 제어할 수 있다.

2) MFC 셀 리스트 와 셀 트리 컨트롤(MFC Shell List, MFC Shell Tree Control)

MFC Shell List와 MFC Shell Tree 컨트롤은 각각 CListCtrl, CTreeCtrl 클래스를 윈도우 상의 폴더구조를 출력하고 쉽게 접근할 수 있도록 특성화 시켜 놓았다. 이 컨트롤들을 사용하면 손쉽게 윈도우 탐색기와 같은 기능을 구현할 수 있다.

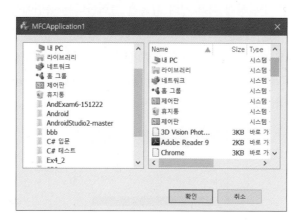

[그림 10-1] MFC 셀 리스트와 셀 트리 컨트롤의 예

3) MFC 프로퍼티 그리드 컨트롤(MFC Property Grid Control)

새롭게 추가된 컨트롤 중에서 유용한 것 중 하나가 MFC Property Grid 컨트롤이며 대표적인 사용 예시가 Visual Studio의 [속성] 창이다. 다량의 정보와 속성을 직관적으로 표현할 수 있으며 속성 설정을 위한 Combo Box, Edit Box, Color Box, Font Box 등 다양한 아이템 컨트롤을 통해 매우 쉽게 속성을 변경할 수 있다. 또한 유사한 정보끼리 그룹을 생성할 수 있으며 항목별 또는 사전순으로 정렬할 수 있다.

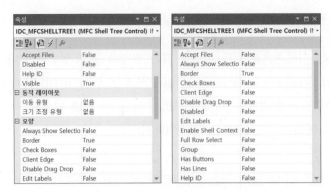

[그림 10-2] MFC 프로퍼티 그리드 컨트롤의 예

4) MFC VS 리스트 박스 컨트롤(MFC VSListBox Control)

VSListBox 컨트롤은 간단하게 여러 개의 항목을 출력한다는 측면에서 리스트 상자와 매우 흡사하지만, CListBox 클래스의 기능을 상속받은 것은 아니다. 기본적으로 추가, 삭제, 위로 이동, 아래로 이동을 위한 4가지 표준버튼을 제공하며, 이것은 속성 설정을 통하여 변경할 수 있다. 그리고 새로운 아이템 또는 추가된 아이템에서 Browse 기능을 통하여 항목을 쉽게 추가하거나 수정할 수 있다.

[그림 10-3] MFC VS 리스트 박스 컨트롤의 예

5) MFC 에디트 브라우저 컨트롤(MFC Edit Browse Control)

MFC Edit Browse 컨트롤은 윈도우 상의 폴더 또는 파일의 위치를 입력하기 위한 것으로, 맨 오른쪽 Browse 버튼을 누르면 [파일 열기] 대화상자가 출력되어 해당 위치를 선택하게 된다.

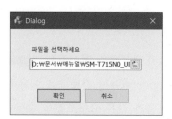

[그림 10-4] MFC 에디트 브라우저 컨트롤의 예

6) MFC 마스크 에디트 컨트롤(MFC Masked Edit Control)

MFC Masked Edit 컨트롤은 주민등록번호나 제품번호와 같은 특정 형식을 갖은 텍스트를 입력하기 위한 것이다. Input Mask를 특정 문자를 세팅함으로써 특정 형식을 사용자에게 보여주어 형식에 맞게 입력할 수 있게 한다. [그림 10-5]는 특정 형식에 맞게 입력한 예이다.

[그림 10-5] MFC 마스크 에디트 컨트롤의 예

7) MFC 폰트 콤보 박스(MFC Font ComboBox Control)

MFC Font Combo Box 컨트롤은 기본적으로 현재 윈도우에 설치된 폰트의 목록을 보여주고 선택하기 위한 것으로, CComboBox 클래스의 파생 클래스로써 콤보 상자의 인터페이스 기능에다가 선택된 폰트의 정보를 읽어올 수 있도록 구현되어 있다. 다만, 폰트의 크기나 색상은 지원하지 않는다.

[그림 10-6] MFC 폰트 콤보 박스의 예

실습 10-1 간단한 명함 제작 프로그램 만들기

이번 실습은 간단한 명함 출력 프로그램을 작성하는 것으로 CVSListBox를 이용하여 명함을 추가, 삭제하고, MFC PropertyGrid 컨트롤을 이용하여 명함의 정보를 자세히 출력하도록 할 것이다. 이 실습은 다음과 같은 요구조건을 수용하여 작성한다.

- CVSListBox 컨트롤을 이용하여 명함 데이터를 추가 및 삭제하도록 한다.
- 대화상자의 컨트롤과 MFC PropertyGrid 컨트롤의 속성변경에 따라 명함을 출력한다.

이번 실습을 통하여 여러분은 다음과 같은 내용을 배우게 될 것이다.

- CVSListBox 파생 클래스를 생성하고, 아이템의 추가, 삭제, 선택에 대한 이벤트 처리
- MFC PropertyGrid 컨트롤과 내부의 각종 아이템 컨트롤에 대한 생성 및 처리
- 대화상자에서 MFC ColorButton과 MFC FontComboBox 컨트롤의 사용

Step 1 대화상자 기반의 프로젝트를 생성한다.

① 프로젝트 이름을 "Practice10a"라 정한다.

② [애플리케이션 종류] 단계에서 [대화상자 기반]을 선택한다.

③ [마침] 버튼을 누르고, 새로운 프로젝트의 생성을 완료한다.

Step 2 대화상자에 컨트롤을 배치하고, 속성을 설정한다.

① 대화상자 폼에 Picture Control, MFC VSListBox Control, MFC PropertyGrid Control, Group Box, MFC ColorButton Control, MFC FontComboBox Control 을 배치한다.

ⓐ "TODO : 여기에 대화상자 컨트롤을 배치합니다."라고 쓰여 있는 Static Text 컨트롤을 마우스로 선택하여 [Delete] 키를 눌러 삭제한다.

ⓑ 대화상자를 마우스로 눌러 대화상자의 크기를 조절하고 대화상자 폼에 미리 만들어진 [확인] 버튼과 [취소] 버튼을 선택하고 [Delete] 키를 눌러 삭제한다.

ⓒ 명함이 출력되는 영역을 설정하기 위해 [도구 상자]에서 [🖼 Picture Control]을 선택하여 다음 그림과 같이 좌측 상단에 배치한다.

ⓓ 명함 리스트의 출력 영역을 설정하기 위해 [도구 상자]에서 [🗏 MFC VSListBox Control]을 선택하여 다음 그림과 같이 우측 상단에 배치한다.

ⓔ 명함의 속성에 대한 출력 영역을 설정하기 위해 [도구 상자]에서 [🔧 MFC PropertyGrid Control]

을 선택하여 다음 그림과 같이 우측 하단에 배치한다.

ⓕ 명함의 배경 및 연락처 출력 설정에 사용하기 위해 [도구 상자]에서 [🔲 Group Box
] 컨트롤과 [**Aa** Static Text] 컨트롤을 선택하여 다음 그림과 같이 배치한다.

ⓖ 명함의 배경색과 회사, 직위, 이름, 연락처 등 출력 텍스트의 색상을 변경하기 위해
[도구 상자]에서 [🗹 MFC ColorButton Control] 컨트롤을 선택하여 다음 그림과 같이
배치한다.

ⓗ 텍스트의 글꼴을 변경하기 위해 [도구 상자]에서 [🖹 MFC FontComboBox Control] 컨
트롤을 선택하여 Group Box 안에 다음 그림과 같이 배치한다.

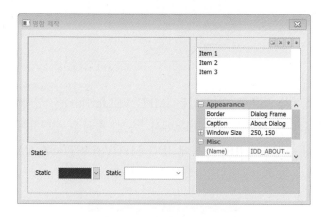

② 대화상자의 속성을 설정한다.

ⓐ 대화상자를 선택하고 오른쪽 마우스 버튼을 눌러서 나오는 단축 메뉴에서 [속성] 항
목을 선택하면 나타나는 속성창의 [캡션] 항목에 "명함 제작"이라고 입력한다.

③ 각 컨트롤의 속성을 설정한다.

ⓐ 대화상자 폼에서 왼쪽 위에 있는 [Picture Control]을 선택하고 오른쪽 마우스 버

튼을 눌러서 나오는 단축 메뉴에서 [속성] 항목을 선택하거나 화면의 오른쪽에 도킹
되어 있는 속성 탭을 클릭하여 나타나는 [Picture Control] 속성창의 [ID] 항목에
IDC_STATIC_NAMECARD라고 ID 값을 설정한다.

ⓑ 대화상자 폼에서 오른쪽 위에 있는 [MFC VSListBox]을 선택하고 오른쪽 마우
스 버튼을 눌러서 나오는 단축 메뉴에서 [속성] 항목을 선택하여 나타나는 [MFC
VSListBox] 속성창의 [ID] 항목에 IDC_MFCVSLISTBOX_CARDLIST라고 ID
값을 설정한다. 또한 [아래 단추] 항목과 [위 단추] 항목을 False로 변경한다.

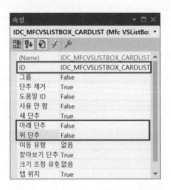

ⓒ 대화상자 폼에서 오른쪽 아래에 있는 [MFC Property Grid Control]을 선택하고
오른쪽 마우스 버튼을 눌러서 나오는 단축 메뉴에서 [속성] 항목을 선택하여 나타
나는 [MFC Property Grid Control] 속성 창에서 [머리글 사용] 항목을 False로
변경하고 [ID] 항목에 IDC_MFCPROPERTYGRID_CARD라고 ID 값을 입력한다.
그리고 [알림] 항목이 True로 설정되어 있어야 Property Grid를 마우스로 클릭할
수 있으므로 [알림] 항목이 True로 설정되어 있는지 확인하자.

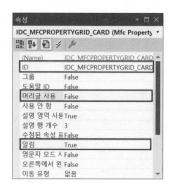

ⓓ 좌측 상단의 [Picture Control] 바로 밑에 있는 [Group Box]를 오른쪽 마우스
를 눌러서 나오는 단축 메뉴에서 [속성] 항목을 선택하여 나타나는 [Group-box
Control] 속성창의 [캡션] 항목에 "색상 및 글꼴 설정"이라고 설정한다.

ⓔ [Group Box] 내부에 추가한 [Static Text]들을 각각 오른쪽 마우스를 눌러서 나오
는 단축 메뉴에서 [속성] 항목을 선택하여 나타나는 [Text Control] 속성창의 [캡
션] 항목에 각각 "텍스트 :"과 "글꼴 :"이라고 설정한다.

ⓕ [Group Box] 내부에 추가한 [Mfc Color Button Control]들을 오른쪽 마우스를 눌러서
나오는 단축 메뉴에서 [속성] 항목을 선택하여 나타나는 [Mfc Color Button Control]
속성창의 [ID] 항목에 각각 IDC_MFCCOLORBUTTON_TEXT라고 설정한다.

ⓖ [Group Box] 내부에서 추가한 [MFC FontComboBox Control]를 오른쪽 마
우스를 눌러서 나오는 단축 메뉴에서 [속성] 항목을 선택하여 나타나는 [MFC
FontComboBox Control] 속성창의 [ID] 항목에 IDC_MFCFONTCOMBO_TEXT
라고 설정한다.

ⓗ 위와 같이 설정하면 최종적으로 다음과 같은 대화상자 폼이 완성된다.

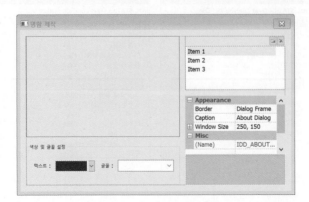

Step 3 명함을 저장하기 위한 구조체 선언과 대화상자 클래스에 변수를 추가한다.

① 명함 데이터 정의를 위한 NameCard 구조체를 선언하도록 한다.

ⓐ [클래스 뷰]에서 🐾 CPractice10aDlg 클래스를 더블클릭하여 헤더파일로 이동한다. 그리고 🐾 CPractice10aDlg 클래스 선언부의 상단에 다음과 같이 코딩한다.

```
// Practice10aDlg.h : 헤더 파일
//
#pragma once

typedef struct NameCard
{
    CString strCompany;
    CString strTitle;
    CString strName;
    CString strContact;

} NameCard;

// CPractice10aDlg 대화 상자
class CPractice10aDlg : public CDialogEx
......
```

ⓑ 🐾 CPractice10aDlg 클래스를 오른쪽 마우스를 눌러서 나오는 단축 메뉴에서 [추가]-[변수 추가] 항목을 선택해서 나타나는 [변수 추가] 대화상자에 [이름] 항목에는 m_pNameCards를 입력하고 [형식] 항목은 NameCard[20]을 ☐ 확인 ☐ 버튼을 누른다. 이 변수는 명함 데이터를 저장할 멤버 변수이다. 혹시 배열형으로 변수를 선언할 때 에러가 발생하면 🐾 CPractice10aDlg 클래스 헤더파일에 직접 NameCard m_pNameCards[20];으로 선언해주면 된다.

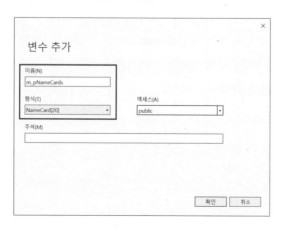

ⓒ 위와 같은 방법으로 ꙮ CPractice10aDlg 클래스에 현재 명함의 개수를 저장하는 멤버 변수와 현재 선택된 명함의 인덱스를 저장하는 멤버 변수를 추가하도록 한다.

변수 형식	변수 이름	용도
int	m_nCount	현재 명함의 개수를 저장하는 변수
int	m_nSelectedCard	현재 선택된 명함의 인덱스를 저장하는 변수

Step 4 명함 데이터 처리 관련 함수를 추가한다.

① 대화상자 클래스의 명함 데이터 배열에 데이터를 추가하는 함수를 작성하도록 한다.

ⓐ [클래스 뷰]에서 ꙮ CPractice10aDlg 클래스를 선택하고 오른쪽 마우스를 눌러서 나오는 단축 메뉴에서 [추가]–[함수 추가]를 선택한다. [함수 추가] 대화상자가 나타나면 [함수 이름] 항목에는 AddNameCard를 입력하고 [반환 형식] 항목에 void를 선택한다. [매개 변수] 항목 옆의 ⊞ 버튼을 누르고 CString strName을 입력하고 확인 버튼을 누른다.

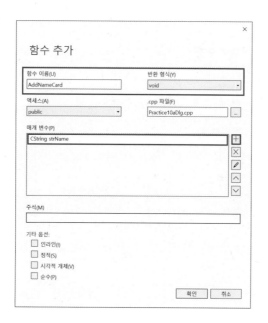

ⓑ 🔲 AddNameCard(CString strName) 함수 본체에 다음과 같이 코딩한다.

```
void CPractice10aDlg::AddNameCard(CString strName)
{
    NameCard card;
    card.strName = strName;

    m_pNameCards[m_nCount++] = card;
    DrawNameCard(card);
    InitializePropGrid(card);
}
```

② 대화상자 클래스의 명함 데이터 배열에서 데이터를 선택하는 함수를 작성하도록 한다.

ⓐ [클래스 뷰]에서 🔩 CPractice10aDlg 클래스를 선택하고 오른쪽 마우스를 눌러서 나오는 단축 메뉴에서 [추가]–[함수 추가]를 선택한다. [함수 추가] 대화상자가 나타나면 [함수 이름] 항목에는 SelectNameCard를 입력하고 [반환 형식] 항목에 void를 선택한다. [매개 변수] 항목 옆의 ⊞ 버튼을 누르고 int nIndex를 입력하고 확인 버튼을 누른다.

ⓑ 🖼 SelectNameCard(int nIndex) 함수 본체에 다음과 같이 코딩한다.

```
void CPractice10aDlg::SelectNameCard(int nIndex)
{
    m_nSelectedCard = nIndex;
    DrawNameCard(m_pNameCards[nIndex]);
    InitializePropGrid(m_pNameCards[nIndex]);
}
```

③ 대화상자 클래스의 명함 데이터 배열에 데이터를 삭제하는 함수를 작성하도록 한다.

　ⓐ [클래스 뷰]에서 🔩 CPractice10aDlg 클래스를 선택하고 오른쪽 마우스를 눌러서 나오는 단축 메뉴에서 [추가]-[함수 추가]를 선택한다. [함수 추가] 대화상자가 나타나면 [함수 이름] 항목에는 DeleteNameCard를 입력하고 [반환 형식] 항목에 void를 선택한다. [매개 변수] 항목 옆의 ⊞ 버튼을 누르고 int nIndex를 입력하고 ⌐확인⌐ 버튼을 누른다.

ⓑ 🐢 DeleteNameCard(int nIndex) 함수 본체에 다음과 같이 코딩한다.

```
void CPractice10aDlg::DeleteNameCard(int nIndex)
{
    if ( nIndex != (m_nCount-1) )
        memcpy(&m_pNameCards[nIndex], &m_pNameCards[nIndex+1],
            sizeof(NameCard) * (m_nCount-nIndex+1));
    m_nCount--;
}
```

Step 5 CVSListBox 파생 클래스를 생성하고 명함을 추가, 삭제하는 함수를 추가한다.

CVSListBox 클래스는 아이템의 변화에 대한 이벤트를 윈도우 메시지 형태가 아닌 가상 함수 형태로 구현되어 있기 때문에 파생 클래스를 생성하여 가상함수를 재정의해야 한다. 따라서 파생 클래스를 추가하고 각 아이템의 추가, 삭제, 선택에 대한 가상함수를 추가하 도록 해보자.

① 명함의 추가, 삭제 및 리스트 출력을 위한 CVSListBox 파생 클래스를 추가한다.

   ⓐ [프로젝트] 메뉴의 [클래스 마법사] 항목을 선택하여 클래스 마법사를 실행시켜 오 른쪽에 있는 클래스 추가(C)... 버튼 옆의 화살표 버튼(▾)을 클릭하여 MFC 클래스(C)... 를 선택한다.

ⓑ [MFC 클래스 추가] 대화상자에서 [클래스 이름] 항목은 "CNCardListBox"라 입력
하고, [기본 클래스] 항목은 "CVSListBox"을 선택한 후 [확인] 버튼을 누르면 클
래스가 추가된다. [클래스 뷰]에서 ☃CNCardListBox 클래스가 추가된 것을 확인할
수 있다.

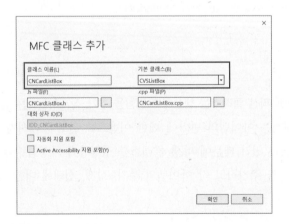

② ☃CNCardListBox 클래스에 [☑ 추가] 표준버튼 눌러 아이템이 추가될 때 수행되는
OnAfterAddItem() 가상함수를 재정의한다.

ⓐ [클래스 뷰]에서 ⚙ CNCardListBox 클래스를 선택하고 오른쪽 마우스를 눌러서 나오는 단축 메뉴에서 [추가]-[함수 추가]를 선택한다. [함수 추가] 대화상자가 나타나면 [함수 이름] 항목에는 OnAfterAddItem를 입력하고 [반환 형식] 항목에 void를 선택한다. [매개 변수] 항목 옆의 ⊞ 버튼을 누르고 int nIndex를 입력하고 확인 버튼을 누른다.

ⓑ 🛠 OnAfterAddItem(int nIndex) 함수 본체에 다음과 같이 코딩한다.

```
void CNCardListBox::OnAfterAddItem(int nIndex)
{
    // TODO: 여기에 구현 코드 추가.
    // 명함 데이터 추가하기
    CPractice10aDlg* pParent = (CPractice10aDlg*)GetParent();
    pParent->AddNameCard(GetItemText(nIndex));
}
```

ⓒ ⚙ CPractice10aDlg 클래스를 참조하기 위해서 CNCardListBox.cpp 소스 파일의 상단에 다음과 같이 "Practice10a.h" 파일을 추가하도록 한다.

```
// CNCardListBox.cpp : 구현 파일.
//

#include "pch.h"
#include "Practice10a.h"
#include "CNCardListBox.h"
#include "Practice10aDlg.h"

// CNCardListBox

IMPLEMENT_DYNAMIC(CNCardListBox, CVSListBox)
```

③ CNCardListBox 클래스에서 아이템이 선택되었을 때 수행되는 OnSelectionChanged() 가상함수를 재정의한다.

ⓐ 위와 같은 방법으로 [함수 추가] 대화상자가 나타나면 [함수 이름] 항목에는 OnSelectionChanged를 입력하고 [반환 형식] 항목에 void를 선택하고 확인 버튼을 누른다.

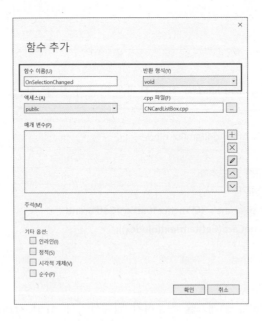

ⓑ OnSelectionChanged() 함수 본체에 다음과 같이 코딩한다.

```
void CNCardListBox::OnSelectionChanged()
{
    // TODO: 여기에 구현 코드 추가.
    int nItem;
    if( (nItem = GetSelItem()) < 0 )
    return;

    // 명함 데이터 선택하기
    CPractice10aDlg* pParent = (CPractice10aDlg*)GetParent();
    pParent->SelectNameCard(nItem);
}
```

④  CNCardListBox 클래스에 [✖ 삭제] 표준버튼을 눌러 아이템이 삭제되기 직전에 수행
되는 OnBeforeRemoveItem() 가상함수를 재정의한다.

ⓐ 위와 같은 방법으로 [함수 추가] 대화상자가 나타나면 [함수 이름] 항목에는
OnBeforeRemoveItem를 입력하고 [반환 형식] 항목에 BOOL을 입력한다. [반
환 형식] Combo Box에서 bool 형을 선택하면 안 되고 반드시 대문자로 BOOL을
입력해야 한다. [매개 변수] 항목 옆의 ⊞ 버튼을 누르고 int nIndex를 입력하고
［　확인　］ 버튼을 누른다.

ⓑ 🕹 OnBeforeRemoveItem(int nIndex) 함수 본체에 다음과 같이 코딩한다.

```
BOOL CNCardListBox::OnBeforeRemoveItem(int nIndex)
{
    // TODO: 여기에 구현 코드 추가.
    // 명함 데이터 삭제하기
    CPractice10aDlg* pParent = (CPractice10aDlg*)GetParent();
    pParent->DeleteNameCard( GetSelItem() );
    if (pParent->m_nCount == 0)
    {
        pParent->m_pNameCards[0].strCompany.Empty();
        pParent->m_pNameCards[0].strContact.Empty();
        pParent->m_pNameCards[0].strName.Empty();
        pParent->m_pNameCards[0].strTitle.Empty();
        pParent->InitializePropGrid(NameCard());       // 빈 명함으로 프로퍼티 그리드를 초기화
        pParent->DrawNameCard(NameCard());             // 빈 명함으로 명함 초기화
    }
    return TRUE;
}
```

bool 자료형과 BOOL 자료형의 차이점

BOOL 자료형은 typedef 문법을 사용하여 int 자료형을 치환한 사용자 정의 자료형이다. BOOL 자료형은 참(true), 거짓(false) 값을 저장하려고 이름만 변경했을 뿐, 본질은 int 자료형과 동일하기 때문에 크기가 4 바이트이고 일반 정숫값 저장도 가능하다. 반면에 bool 자료형은 C++ 문법에 정식 키워드로 추가된 자료형이고 크기는 1바이트이며 값은 0 또는 1로만 저장한다.

Step 6 컨트롤에 대해 멤버 변수를 연결한다.

① 명함을 추가, 삭제하는 MFCVSListBox 컨트롤을 멤버 변수에 연결한다.

ⓐ Ctrl + Shift + X 키를 눌러 클래스 마법사를 실행시키고 [클래스 이름] 항목에 CPractice10aDlg을 선택한 후 [멤버 변수] 탭을 선택하여 [멤버 변수] 항목을 IDC_MFCVSLISTBOX_CARDLIST로 선택하고 변수 추가(A)... 버튼을 누른다.

ⓑ [제어 변수 추가] 대화상자가 나타나면 [범주] 항목은 "컨트롤"을 그대로 사용하고
[이름] 항목에는 m_listNameCard을, [변수 형식] 항목은 CNCardListBox을 입력
한다. 주의할 점은 MFCVSListBox 컨트롤을 멤버 변수와 연결할 때 [변수 형식]이
CVListBox가 아니라 CNCardListBox로 연결하여야 한다. CVListBox로 연결하
면 프로그램이 제대로 작동하지 않기 때문에 제대로 연결되었는지 반드시 확인하여
야 한다.

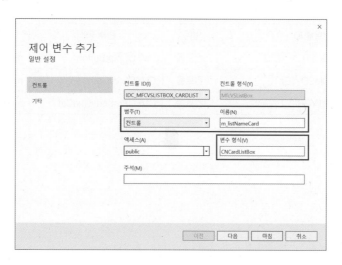

ⓒ 🐾 CNCardListBox 클래스를 참조하기 위해서 Practice10a.h 헤더파일의 상단에 다음과 같이 "CNCardListBox.h" 파일을 추가하도록 한다.

```
// Practice10a.h : 헤더 파일.
//
#pragma once
#include "CNCardListBox.h"

typedef struct NameCard
{
    CString strCompany;
    CString strTitle;
    CString strName;
    CString strContact;
} NameCard;

// CPractice10aDlg 대화 상자
class CPractice10aDlg : public CDialogEx
```

② 위와 같은 방법으로 명함의 텍스트의 색상을 변경하기 위한 MFCColorButton 컨트롤, 명함의 텍스트 글꼴을 변경하기 위한 MFCFontComboBox 컨트롤, 명함의 속성을 변경하기 위한 MFCPropertyGrid 컨트롤도 다음의 표와 같이 멤버 변수와 연결해준다. Ctrl + Shift + X 키를 눌러서 클래스 마법사를 실행시킨 후 [멤버 변수] 탭을 선택하고 다음과 같이 설정되었는지 확인해보자.

컨트롤 ID	범주	변수 형식	변수 이름
IDC_MFCCOLORBUTTON_TEXT	컨트롤	CMFCColorButton	m_cbtnText
IDC_MFCFONTCOMBO_TEXT	컨트롤	CMFCFontComboBox	m_fcbText
IDC_MFCPROPERTYGRID_CARD	컨트롤	CMFCPropertyGridCtrl	m_pgCardInfo

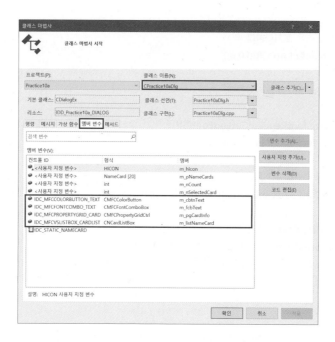

Step 7 각 컨트롤에 대한 초기화 코드 및 명함 출력 함수를 추가한다.

대화상자 초기화를 위해 🐾 OnInitDialog() 함수에 다음과 같이 멤버 변수와 각 컨트롤에 대한 초기화를 수행하는 코드를 작성하도록 한다. 첫째, 명함의 개수와 현재 선택된 명함의 인덱스를 저장하는 멤버 변수를 초기화한다. 둘째, Color Button과 FontComboBox를 초기화한다. 셋째, 명함 리스트를 출력하는 VSListBox 컨트롤과 명함 속성을 변경하는 PropertyGrid 컨트롤을 초기화한다.

그리고 NameCard 클래스를 매개 변수로 하여 명함의 설정된 속성에 따라 DC(Device Context)에 명함을 출력하는 함수를 작성해 보자.

① [클래스 뷰]에서 🐾 CPractice10aDlg 클래스의 🐾 OnInitDialog() 함수를 더블 클릭하여 함수 본체로 이동하여 🐾 OnInitDialog() 함수에 다음과 같이 코딩한다.

```
BOOL CPractice10aDlg::OnInitDialog()
{
    CDialogEx::OnInitDialog();
        ......
    // TODO: 여기에 추가 초기화 작업을 추가합니다.
    m_nCount = 0;
    m_nSelectedCard = 0;
```

```
// Color Button을 초기화한다.
m_cbtnText.SetColor(RGB(0,0,0));

// Font Combo Box를 초기화한다.
LOGFONT lf;
afxGlobalData.fontRegular.GetLogFont(&lf);
m_fcbText.SelectFont(lf.lfFaceName);

// 명함 리스트 박스를 초기화한다.
m_listNameCard.SetWindowText(_T("명함 목록));

// 명함 Property Grid를 초기화한다.
InitializePropGrid(NameCard());// 빈 명함으로 초기화
return TRUE;  // 포커스를 컨트롤에 설정하지 않으면 TRUE를 반환합니다.
}
```

② 🐾 CPractice10aDlg 클래스에 Property Grid 컨트롤을 초기화하는 함수를 추가한다.

ⓐ [클래스 뷰]에서 🐾 CPractice10aDlg 클래스를 선택하고 오른쪽 마우스를 눌러서 나오는 단축 메뉴에서 [추가]–[함수 추가]를 선택한다. [함수 추가] 대화상자가 나타나면 [함수 이름] 항목에는 InitializePropGrid를 입력하고 [반환 형식] 항목에 void를 선택한다. [매개 변수 형식] 항목 옆의 ⊞ 버튼을 누르고 NameCard card를 입력하고 ▭확인▭ 버튼을 누른다.

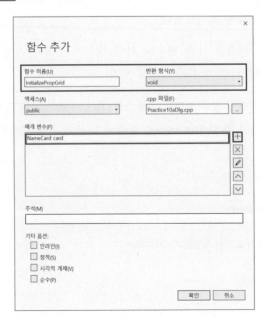

ⓑ 📄 InitializePropGrid(NameCard card) 함수 본체에 다음과 같이 코딩한다.

```cpp
void CProject10aDlg::InitializePropGrid(NameCard card)
{
    // TODO: 여기에 구현 코드 추가.
    HDITEM item;
    item.cxy = 110;
    item.mask = HDI_WIDTH;
    m_pgCardInfo.GetHeaderCtrl().SetItem(0, &item);

    m_pgCardInfo.RemoveAll();
    m_pgCardInfo.EnableHeaderCtrl(FALSE);
    m_pgCardInfo.SetVSDotNetLook();
    m_pgCardInfo.EnableDescriptionArea();

    // 1. 개인 신상 정보
    CMFCPropertyGridProperty* pGroupInfo = new CMFCPropertyGridProperty(_T("명함 정보"));

    pGroupInfo->AddSubItem(new CMFCPropertyGridProperty(_T("회  사"),
                           card.strCompany, _T("회사 이름을 입력하세요."), 0));

    CMFCPropertyGridProperty* pTitle = new CMFCPropertyGridProperty(
                           _T("직  책"), card.strTitle, _T("직책을 선택하세요."), 1);
    pTitle->AddOption(_T("대표"));
    pTitle->AddOption(_T("부장"));
    pTitle->AddOption(_T("과장"));
    pTitle->AddOption(_T("사원"));
    pTitle->AllowEdit(FALSE);
    pGroupInfo->AddSubItem(pTitle);

    pGroupInfo->AddSubItem(new CMFCPropertyGridProperty(_T("이  름"),
                           card.strName, _T("이름을 입력하세요."), 2));
    pGroupInfo->AddSubItem(new CMFCPropertyGridProperty(_T("연락처"),
                           card.strContact, _T("연락처를 입력하세요."), 3));

    m_pgCardInfo.AddProperty(pGroupInfo);
    m_pgCardInfo.UpdateData(FALSE);
}
```

CMFCPropertyGridCtrl::RemoveAll() 함수

Property Grid 컨트롤의 모든 속성 개체를 제거한다. 함수 원형은 다음과 같다.

void RemoveAll( );

CMFCPropertyGridCtrl::SetVSDotNetLook() 함수

비주얼 스튜디오 2005에서 사용했던 스타일로 Property Grid 컨트롤 스타일의 외관 속성을 설정한다. 함수 원형은 다음과 같다.

void SetVSDotNetLook(BOOL bSet=TRUE);

• bSet : Property Grid 컨트롤의 스타일을 비주얼 스튜디오 2005 스타일을 설정하려면 TRUE, 그렇지 않으면 FALSE. 기본값은 TRUE이다.

CMFCPropertyGridCtrl::EnableHeaderCtrl() 함수

Property Grid 컨트롤 상단에 있는 헤더 컨트롤을 활성화하거나 비활성화한다. 함수의 원형은 다음과 같다.

void EnableHeaderCtrl(
    BOOL bEnable=TRUE,
    LPCTSTR lpszLeftColumn=_T("Property"),
    LPCTSTR lpszRightColumn=_T("Value")
);

• bEnable : 헤더 컨트롤을 사용하려면 TRUE, 사용하지 않으려면 FALSE. 기본값은 TRUE이다.
• lpszLeftColumn : 헤더 컨트롤의 왼쪽 column의 제목이다. 기본값은 Property이다.
• pszRightColumn : 헤더 컨트롤의 오른쪽 column의 제목이다. 기본값은 Value이다.

CMFCPropertyGridCtrl::EnableDescriptionArea() 함수

Property Grid 컨트롤의 속성 목록 아래에 표시되는 설명 영역을 사용하거나 해제한다. 함수의 원형은 다음과 같다.

void EnableDescriptionArea(BOOL bEnable=TRUE);

• bEnable : 설명 영역을 사용하려면 TRUE, 사용하지 않으려면 FALSE. 기본값은 TRUE이다.

CMFCPropertyGridProperty::AddOption() 함수

속성 목록 컨트롤에 새 목록 항목을 추가한다. 함수의 원형은 다음과 같다.

void AddOption(LPCTSTR lpszOption, BOOL bInsertUnique=TRUE);

• pszOption : 추가되는 목록 항목.
• bInsertUnique : 이미 존재하지 않는 경우에만 목록 항목을 추가할 경우 TRUE, 그렇지 않으면 FALSE

CMFCPropertyGridProperty::AddSubItem() 함수

속성에 자식 항목 속성에 추가한다. 함수의 원형은 다음과 같다.

virtual BOOL AddSubItem(CMFCPropertyGridProperty* pProp);

• pProp : 추가 속성에 대한 포인터이다.

CMFCPropertyGridCtrl::AddProperty() 함수

프로퍼티 그리드 컨트롤에 새 속성을 추가한다. 함수의 원형은 다음과 같다.

int AddProperty(
 CMFCPropertyGridProperty* pProp,
 BOOL bRedraw=TRUE,
 BOOL bAdjustLayout=TRUE
);

• pProp : 속성에 대한 포인터이다.
• bRedraw : 속성을 즉시 다시 그리도록 하려면 TRUE, 그렇지 않으면 FALSE. 기본값은 TRUE이다.
• bAdjustLayout : 속성의 텍스트와 값을 그리는 방법을 다시 계산하고 속성을 그리면 TRUE, 기존 계산을 사용하여 속성을 그리면 FALSE이다. 기본값은 TRUE이다.

CMFCPropertyGridColorPropertyl::EnableAutomaticButton() 함수

색상 선택 대화상자에서 자동 버튼을 활성화한다. (표준 자동 버튼이 자동으로 표시)

void EnableAutomaticButton(LPCTSTR lpszLabel, COLORREF colorAutomatic, BOOL bEnable=TRUE);

• lpszLabel : 자동 버튼 레이블 텍스트
• colorAutomatic : 자동 (기본값) 색의 RGB 색값
• bEnable : 자동 버튼을 사용하려면 TRUE. 그렇지 않으면 FALSE. 기본값은 TRUE이다.

---

③ CPractice10aDlg 클래스에 명함을 출력하는 함수를 추가한다.

ⓐ [클래스 뷰]에서 CPractice10aDlg 클래스를 선택하고 오른쪽 마우스를 눌러서 나오는 단축 메뉴에서 [추가]-[함수 추가]를 선택한다. [함수 추가] 대화상자가 나타나면 [함수 이름] 항목에는 DrawNameCard를 입력하고 [반환 형식] 항목에 void를 선택한다. [매개 변수 형식] 항목 옆의 ⊞ 버튼을 누르고 NameCard card를 입력하고 ▢확인▢ 버튼을 누른다.

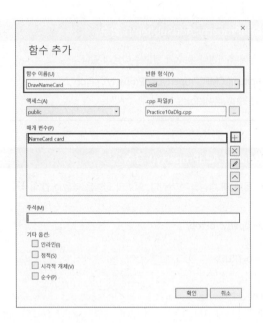

ⓑ 🔷 DrawNameCard(NameCard card) 함수 본체에 다음과 같이 코딩한다.

```
void CPractice10aDlg::DrawNameCard(NameCard card)
{
    // TODO: 여기에 구현 코드 추가.
    CRect rc;
    CFont font, *pOldFont;
    CDC* pDC = GetDlgItem(IDC_STATIC_NAMECARD)->GetDC();
    GetDlgItem(IDC_STATIC_NAMECARD)->GetClientRect(&rc);

    pDC->FillSolidRect(&rc, RGB(255, 255, 255));        // 배경

    LOGFONT lf;
    CMFCFontInfo* pInfo = m_fcbText.GetSelFont();
    afxGlobalData.fontRegular.GetLogFont(&lf);

    lf.lfCharSet = pInfo->m_nCharSet;
    lf.lfPitchAndFamily = pInfo->m_nPitchAndFamily;
    lstrcpyn(lf.lfFaceName, pInfo->m_strName, LF_FACESIZE);
    lf.lfHeight = 50;

    font.CreateFontIndirect(&lf);
```

```
    pOldFont = pDC->SelectObject(&font);
    pDC->SetTextColor(m_cbtnText.GetColor());
    pDC->TextOut(15, 15, card.strCompany);        // 회사 이름

    CRect rcTitle(rc);
    rcTitle.right = rc.CenterPoint().x;
    pDC->DrawText(card.strTitle, &rcTitle, DT_RIGHT | DT_VCENTER | DT_SINGLELINE);

    CRect rcName(rc);
    rcName.left = rc.CenterPoint().x;
    pDC->DrawText(card.strName, &rcName, DT_CENTER | DT_VCENTER | DT_SINGLELINE);

    pDC->SelectObject(pOldFont);
    font.DeleteObject();

    lf.lfCharSet = pInfo->m_nCharSet;
    lf.lfPitchAndFamily = pInfo->m_nPitchAndFamily;
    lstrcpyn(lf.lfFaceName, pInfo->m_strName, LF_FACESIZE);
    lf.lfHeight = 25;

    font.CreateFontIndirect(&lf);
    pOldFont = pDC->SelectObject(&font);
    pDC->SetTextColor(m_cbtnText.GetColor());

    CString str;
    CRect rcContact(rc);

    rcContact.right = rcContact.right - 20;
    rcContact.bottom = rcContact.bottom - 20;
    str.Format(_T("연락처 : %s"), card.strContact);
    int nHeight = pDC->DrawText(str, &rcContact, DT_RIGHT | DT_BOTTOM | DT_SINGLELINE);

    pDC->SelectObject(pOldFont);
    font.DeleteObject();
}
```

CDC::FillSolidRect() 함수

지정된 색으로 주어진 사각형 영역을 채우기 위해 멤버 함수를 호출한다.

void FillSolidRect(LPCRECT lpRect, COLORREF clr);

void FillSolidRect(int x, int y, int cx, int cy. COLORREF clr);

- lpRect : 사각형의 경계(논리 단위)를 지정한다. 이 매개 변수에 대해 RECT 데이터 구조 또는 CRect 개체에 대한 포인터를 전달할 수 있다.
- clr : 사각형을 채우는 데 사용되는 색을 지정한다.

CFont::CreateFontIndirect() 함수

LOGFONT 구조체에 주어진 특성을 가지고 **CFont** 객체를 초기화한다. 함수의 원형은 다음과 같다.

BOOL CreateFontIndirect(const LOGFONT* lpLogFont);

- lpLogFont : 논리 글꼴의 특성을 정의하는 LOGFONT 구조체의 포인터

Step 8 **MFC Property Grid의 아이템 변경에 대한 메시지 핸들러 함수를 만든다.**

MFC Property Grid의 아이템을 변경하는 메시지 핸들러 함수는 클래스 마법사를 통하여 추가할 수 없다. 따라서 메시지 핸들러 함수의 선언 및 정의 그리고 메시지 맵을 직접 코딩해 주어야 한다. 이 메시지 핸들러 함수를 통하여 현재 선택된 명함의 속성을 변경할 수 있다.

① Property Grid의 아이템을 변경했을 때의 메시지 핸들러 함수를 선언한다.

    ⓐ [클래스 뷰]에서 🐤 CPractice10aDlg 더블클릭하면 🐤 CPractice10aDlg 클래스의 헤더 파일이 나타난다.

    ⓑ 🐤 CPractice10aDlg 클래스 헤더파일에 Property Grid의 아이템을 변경했을 때의 메시지 핸들러 함수를 선언한다.

```
// CPractice10aDlg 대화 상자
class CPractice10aDlg : public CDialogEx
{
    // 생성입니다.
    public:
    CProject9aDlg(CWnd* pParent = NULL);      // 표준 생성자입니다.
    ......
    ......
    void InitializePropGrid(NameCard card);
    void DrawNameCard(NameCard card);
    afx_msg LRESULT OnPropertyChanged(WPARAM wParam, LPARAM lParam);
};
```

② 메시지 매크로를 메시지 맵에 등록한다.

    ⓐ [클래스 뷰]에서 ☜ CPractice10aDlg 클래스의 멤버 함수를 하나 선택하여 클릭하면
       ☜ CPractice10aDlg 클래스의 소스 파일이 나타난다.

    ⓑ 클래스 소스 파일의 메시지 맵에 Property Grid의 아이템을 변경했을 때의 메시지
       매크로를 추가한다.

```
BEGIN_MESSAGE_MAP(CPractice10aDlg, CDialogEx)
    ON_WM_SYSCOMMAND()
    ON_WM_PAINT()
    ON_WM_QUERYDRAGICON()
    ON_REGISTERED_MESSAGE(AFX_WM_PROPERTY_CHANGED, OnPropertyChanged)
END_MESSAGE_MAP()
```

③ 메시지 핸들러 함수를 구현한다.

    ⓐ [클래스 뷰]에서 ☜ CPractice10aDlg 클래스의 멤버 함수를 하나 선택하여 클릭하면
       ☜ CPractice10aDlg클래스의 소스 파일이 나타난다.

    ⓑ ☜ CPractice10aDlg 소스 코드 파일의 가장 하단에 다음과 같이 함수를 추가하도록
       한다.

```
LRESULT CPractice10aDlg::OnPropertyChanged(WPARAM wParam, LPARAM lParam)
{
    // wParam - control id, lParam - a pointer to property that changed
    CMFCPropertyGridProperty* pProperty = (CMFCPropertyGridProperty*)lParam;

    switch(pProperty->GetData())
    {
    case 0 :
        m_pNameCards[m_nSelectedCard].strCompany = pProperty->GetValue();
        break;
    case 1 :
        m_pNameCards[m_nSelectedCard].strTitle = pProperty->GetValue();
        break;
    case 2:
        m_pNameCards[m_nSelectedCard].strName = pProperty->GetValue();
        break;
```

```
   case 3 :
      m_pNameCards[m_nSelectedCard].strContact = pProperty->GetValue();
      break;
   }
   DrawNameCard(m_pNameCards[m_nSelectedCard]);
   return 0L;
}
```

Step 9 프로그램을 실행시켜보자.

Ctrl + F5 키를 눌러 프로그램을 실행시키고, 새로운 명함의 추가 및 명함의 선택 및 삭제 등의 기능을 테스트해 보자. 그리고 명함의 속성을 변경해 보도록 하자.

① 대화상자에서 [명함 목록] VSListBox 컨트롤의 오른쪽 위에 있는 추가 버튼[📇] 을 눌러서 나오는 [에디트 상자]에서 "홍길동"이라고 입력하도록 한다. 그러면 다음 그림과 같이 VSListBox에 "홍길동" 아이템이 추가되면서, 왼쪽에 "홍길동" 명함이 출력되고 PropertyGrid 컨트롤에는 [이름] 항목에 "홍길동"이라고 출력될 것이다.

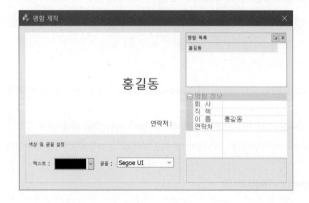

② 위와 같은 방법으로 [명함 목록] VSListBox 컨트롤을 통하여 "장길산"과 "임꺽정"이라 는 명함을 추가하고, 각 아이템을 번갈아 선택하여 테스트해 보도록 한다.

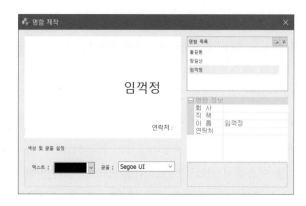

③ "홍길동" 아이템을 선택한 후 [명함 목록] VSListBox 컨트롤의 오른쪽 위에 있는 삭제
버튼[✖]을 눌러 명함을 삭제해 보도록 한다.

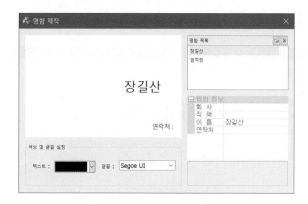

④ "장길산" 명함을 선택하고 Property Grid 컨트롤의 [회사] 항목은 "홍성 상회"를 입력
하고, [직책] 항목은 "대표"를 선택한다. 나머지 연락처 항목은 임의대로 입력해보도록
한다. 그러면 다음 그림과 같이 명함의 내용이 변경되는 것을 확인할 수 있을 것이다.

Step 10 명함의 텍스트 색상, 글꼴을 변경한다.

이제는 대화상자에 배치된 MFCColorButton과 MFCFontComboBox에 대한 이벤트 처리를 통하여 명함의 텍스트 색상과 글꼴을 변경해 보도록 한다. Button 컨트롤과 ComboBox 컨트롤의 이벤트 처리와 동일하기 때문에 간단히 추가할 수 있으며 각 컨트롤 클래스 색상 읽기, 글꼴 읽기 함수를 호출하여 명함의 출력을 변경해 보도록 하자.

① 명함의 텍스트 색상을 변경한다.

ⓐ 클래스 마법사를 이용해서 MFCColorButton 컨트롤에 대한 메시지 핸들러 함수를 다음 그림과 같이 생성한다. [클래스 이름]에 CPractice10aDlg을 선택한 후 [명령] 탭이 선택된 상태에서 [개체 ID] 항목에 IDC_MFCCOLORBUTTON_TEXT를 선택하고, [메시지] 항목에 BN_CLICKED를 선택한 후 [처리기 추가(A)...] 버튼을 클릭하면 나타나는 [멤버 함수 추가] 대화상자에서 지정된 함수 이름을 그대로 두고 [확인] 버튼을 누르면 메시지 핸들러 함수가 추가된다.

ⓑ 함수를 생성한 후 [코드 편집(E)] 버튼을 누르고 코딩을 시작한다.

```
void CPractice10aDlg::OnClickedMfccolorbuttonText()
{
    // TODO: 여기에 컨트롤 알림 처리기 코드를 추가합니다.
    DrawNameCard(m_pNameCards[m_nSelectedCard]);
}
```

② 명함의 글꼴을 선택한다.

ⓐ 클래스 마법사를 이용해서 FontComboBox 컨트롤에 대한 메시지 핸들러 함수를 다음 그림과 같이 생성한다. [클래스 이름]에 **CPractice10aDlg**을 선택한 후 [명령] 탭이 선택된 상태에서 [개체 ID] 항목에 IDC_MFCFONTCOMBO_TEXT를 선택하고, [메시지] 항목에 CBN_SELCHANGE를 선택한 후 처리기 추가(A)... 버튼을 클릭하면 나타나는 [멤버 함수 추가] 대화상자에서 지정된 함수 이름을 그대로 두고 확인 버튼을 누르면 메시지 핸들러 함수가 추가된다.

ⓑ 함수를 생성한 후 코드 편집(E) 버튼을 누르고 코딩을 시작한다.

```
void CPractice10aDlg::OnSelchangeMfcfontcomboText()
{
    // TODO: 여기에 컨트롤 알림 처리기 코드를 추가합니다.
    DrawNameCard(m_pNameCards[m_nSelectedCard]);
}
```

③ 프로그램을 실행하여 명함 출력 변경기능을 테스트해 보자.

ⓐ Ctrl + F5 키를 눌러 프로그램을 실행시키고 "홍길동", "장길산" 이름으로 명함을 추

가하도록 한다. "장길산" 명함을 선택하고 Property Grid 컨트롤의 [회사] 항목은 "홍성 상회"를 입력하고, [직책] 항목은 "대표"를 선택한다. 나머지 연락처 항목은 임의대로 입력해보도록 한다. 그리고 [텍스트] Color Button을 눌러 색상을 [■ 파랑]으로 변경하면 다음 그림과 같이 명함 텍스트의 색상이 파랑으로 변경되는 것을 알 수 있다.

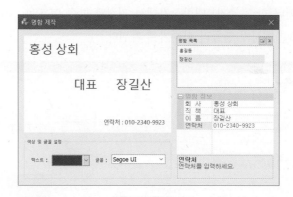

ⓑ [글꼴] Font Combo Box를 눌러 "궁서체"를 선택하면 다음과 같이 명함 텍스트의 글꼴이 변경되는 것을 확인할 수 있을 것이다.

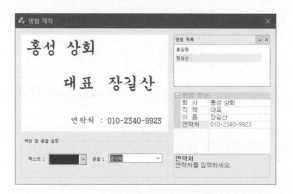

10.2 리본(Ribbon)

Microsoft는 오피스 2007의 "유연한 사용자 인터페이스"의 일부로 리본을 도입하였다. 이 리본은 명령 버튼과 아이콘이 있는 패널로 이루어져 있으며 명령어들은 탭으로 모아 구성함으로써 각각 연관된 명령을 묶어 두는 방식이다. 각 애플리케이션은 애플리케이션에서 제공하는 기능을 드러내는 각기 다른 탭 모음을 가지고 있다. 리본은 Office 2007 이전에

쓰인 메뉴 기반의 사용자 인터페이스에 견주어 보면 애플리케이션의 기능을 더 찾기 쉽게 하고 몇 번의 마우스 클릭만으로 쉽게 접근할 수 있게 한다. 탭 안의 임의 영역에 있는 동안 마우스 스크롤 휠을 움직이면 리본이 탭을 통해 순환한다. 리본 사용자 인터페이스는 윈도우 7에 포함된 그림판, 워드패드와 같은 Microsoft의 일부 애플리케이션에서 사용되기 시작하여 지금은 거의 모든 애플리케이션에서 보편적으로 사용되고 있다. [그림 10-7]은 그림판의 리본 메뉴의 한 예를 보여주고 있다.

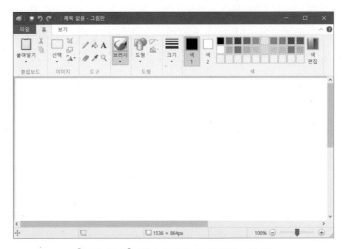

[그림 10-7] 리본 사용자 인터페이스의 예

1) 리본 메뉴의 구성 및 구현 클래스

리본 메뉴는 다음 그림과 같이 Ribbon Bar, Application Button, Quick Access Tool Bar, Category, Panel 영역과 Ribbon Panel 내부에 배치될 Ribbon Base Element로 구성되어 있다고 할 수 있다.

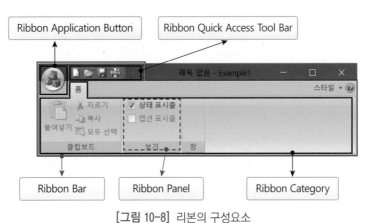

[그림 10-8] 리본의 구성요소

Ribbon Bar는 모든 구성 요소들을 가지고 있는 전역 객체이며, Application Button은 기존 풀다운(Pull-down) 메뉴 방식에서 빈번히 사용되는 [파일] 메뉴를 별도로 구성해 놓았다. Quick Access Toolbar는 사용자가 자주 사용하는 기능을 등록하여 사용할 수 있는 도구 상자로써 우측의 화살표를 눌러서 나오는 메뉴를 통하여 제어할 수 있다. 리본 메뉴에서 가장 특징적인 요소가 바로 Category와 Panel이라고 할 수 있으며 소프트웨어 에서 제공하는 기능을 독립적으로 분류해 놓은 것을 Category, 해당 기능을 수행하기 위한 액션들을 분류해 놓은 것을 Panel이라고 할 수 있다. 마지막으로 Panel 내부는 각종 유용한 컨트롤들이 배치되어 사용자와 인터페이스 할 수 있게 설계되어 있다. 다음 표는 각 구성 요소별 MFC 내부에서 구현된 클래스들을 보여주고 있다.

구성요소	구현 클래스
Ribbon Bar	CMFCRibbonBar
Application Button	CMFCRibbonApplicationButton
Quick Access Toolbar	CMFCRibbonQuickAccessToolBar
Category	CMFCRibbonCategory
Panel	CMFCRibbonPanel
Base Element	CMFCRibbonBaseElement

2) 리본 컨트롤 클래스

리본 컨트롤은 일반적인 컨트롤과 MFC Feature 컨트롤의 기능을 리본 메뉴상에서 동일하게 사용할 수 있도록 여러 종류로 구현되어 있다. 다음 그림에서 보는 것과 같이 CMFCRibbonBaseElement 가상 클래스를 전역으로 상속받은 클래스이며, 버튼 형태의 컨트롤과 비-버튼 형태 컨트롤로 크게 두 가지로 나눌 수 있다. Button, Check Box, Color Button, Edit Box, Combo Box, Font Combo Box 등이 버튼 형태의 대표적인 예이며, Slider, Tab, Progress Bar 등이 비-버튼 형태의 예라고 할 수 있다.

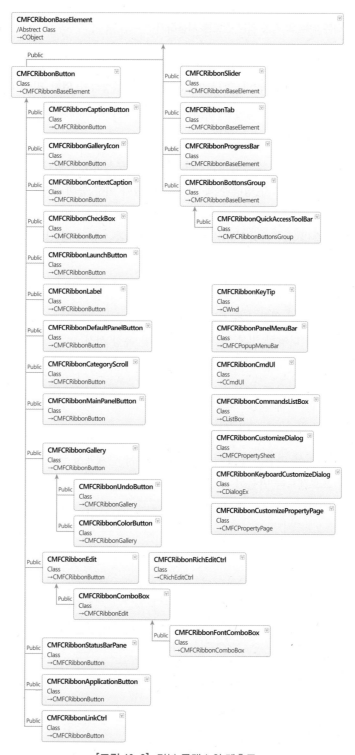

[그림 10-9] 리본 클래스의 계층도

실습 10-2 리본 메뉴 및 각종 리본 컨트롤 사용하기

이번 실습은 리본 디자이너(Ribbon Designer)를 통하여 두 개의 범주를 만들고, 그리기 명령, 그리기 객체의 선택, 텍스트의 크기, 색상 등을 설정하기 위한 리본 메뉴를 편집하고, 리본 메뉴의 각 컨트롤에 대한 이벤트 처리를 통하여 다음의 요구조건을 처리하는 프로그램을 작성하도록 한다.

- 그리기 객체의 선택, 속성 설정을 위한 리본 메뉴를 구성하도록 한다.
- 리본 메뉴를 통하여 그리기 명령과 색상, 제어점 출력 여부 등의 기능을 구현한다.
- 리본 메뉴를 통하여 텍스트의 입력, 크기, 색상을 설정하도록 한다.
- 리본 컨트롤의 슬라이더를 이용하여 뷰 영역의 확대/축소를 조절한다.

이번 실습을 통하여 여러분은 다음과 같은 내용을 배우게 될 것이다.

- 리본 메뉴를 사용하기 위한 프로젝트 설정
- 리본 디자이너에서 다양한 리본 컨트롤의 편집 및 속성 설정
- 리본 디자이너에서 각 리본 컨트롤에 대한 이벤트 처리

Step 1 Office 스타일의 SDI 기반 프로젝트를 생성한다.

① 프로젝트 이름을 "Practice10b"라 정한다.

② MFC 애플리케이션 마법사의 [애플리케이션 종류] 단계에서 [단일 문서]를 선택하여 SDI 기반의 프로젝트를 만들고, 프로젝트 스타일은 [Office]를, 비주얼 스타일 및 색은 [Office 2007(Blue theme)]를 선택하고 다음(N) 버튼을 누른다.

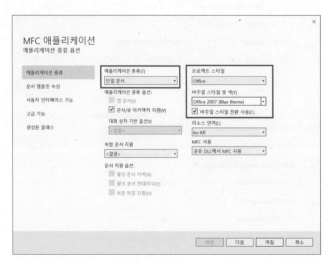

③ [사용자 인터페이스 기능] 단계의 [명령 모음(메뉴/도구 모음/리본)] 항목에서 [리본 사용]을 선택하고 [다음(N)] 버튼을 누른다.

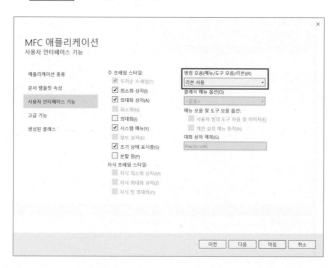

④ 마지막으로 [고급 기능] 단계에서 다음 그림과 같이 [고급 프레임 창]에서 모든 항목이 선택 해제되도록 설정한 후 [마침] 누르고 새로운 프로젝트 생성을 완료한다.

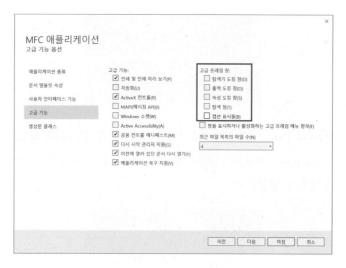

Step 2 리본 디자이너를 사용하여 리본 메뉴를 구성한다.

① "리본 디자이너"를 사용하여 리본 컨트롤을 배치한다.

　ⓐ [리소스 뷰]의 📚 **Practice10b** 리소스 트리에서 📁 Ribbon 하위의 📁 IDR RIBBON 항목을 더블클릭하면 우측의 윈도우에 [리본 디자이너]가 나타난다.

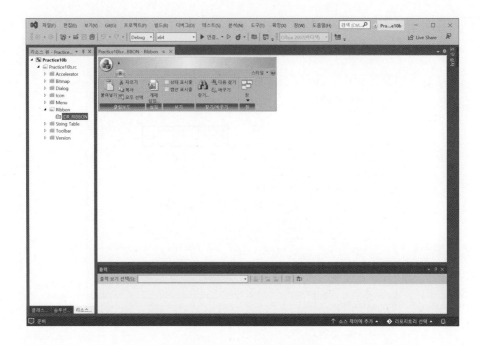

ⓑ 기본적으로 생성된 [홈] 범주를 선택하고 Delete 키를 눌러 삭제한다.

ⓒ [도구 상자]에서 [━ 범주] 항목을 "왼쪽 마우스 끌어놓기"를 사용하여 리본 메뉴
에 올려놓거나 [━ 범주]을 선택한 후 리본 메뉴에서 왼쪽 마우스 버튼을 눌러 다
음과 같이 범주를 생성한다.

ⓓ 오른쪽의 [도구 상자]에서 [▥ 패널]을 선택한 후 리본 메뉴에서 왼쪽 마우스 버튼
을 눌러 다음과 같이 3개의 패널을 [범주1] 위에 배치하도록 한다.

ⓔ 위와 같은 방법으로 [도구 상자]에서 [🎛 콤보 상자]와 [🔲 단추]를 선택하여 다음
과 같이 연속적으로 리본 메뉴의 [패널1] 위에 배치하도록 한다.

ⓕ [도구 상자]에서 [🎨 색 단추]을 선택하여 다음과 같이 리본 메뉴의 [패널2] 위에 연
속으로 2개를 배치하도록 한다.

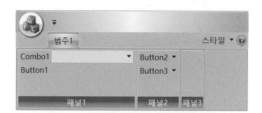

ⓖ [도구 상자]에서 [A 레이블], [▬ 슬라이더], [☑ 확인란]을 선택하여 다음과 같이
리본 메뉴의 [패널3] 위에 배치하도록 한다.

ⓗ [도구 상자]에서 [▬ 범주] 항목을 "왼쪽 마우스 끌어놓기"를 사용하여 리본 메뉴
에 올려놓거나 [▬ 범주]을 선택한 후 리본 메뉴에서 왼쪽 마우스 버튼을 눌러 다
음과 같이 또 하나의 범주를 생성한다.

ⓘ 오른쪽의 [도구 상자]에서 [▦ 패널]을 선택한 후 리본 메뉴에서 왼쪽 마우스 버튼을 눌러 다음과 같이 3개의 패널을 [범주2] 위에 배치하도록 한다.

ⓙ [도구 상자]에서 **A** 레이블, [**iA** 편집]을 선택하여 다음 그림과 같이 연속적으로 리본 메뉴의 [패널4] 위에 배치하도록 한다.

ⓙ [도구 상자]에서 [▥ 스핀 편집]을 선택하여 다음과 같이 리본 메뉴의 [패널5] 위에 배치하도록 한다.

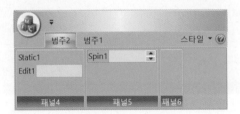

ⓚ [도구 상자]에서 [▨ 색 단추]을 선택하여 다음과 같이 리본 메뉴의 [패널6] 위에 배치하도록 한다.

① 마우스를 이용하여 [범주1]과 [범주2]의 위치를 다음 그림과 같이 이동 배치한다.

② 리본 메뉴의 각 리본 메뉴 컨트롤에 대한 속성을 설정하도록 한다.

　ⓐ [범주1] 에서 오른쪽 마우스 버튼을 눌러서 나오는 단축 메뉴에서 [속성] 항목을 선
　택하여 나타나는 [Category] 속성 창에서 [캡션] 항목을 "그리기 객체"라고 설정
　하고 [작은 이미지] 항목에는 IDB_WRITESMALL을, [큰 이미지] 항목에는 IDB_
　WRITELARGE를 선택한다.

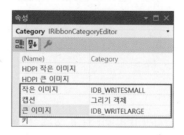

　ⓑ [패널1]에서 오른쪽 마우스 버튼을 눌러서 나오는 단축 메뉴에서 [속성] 항목을 선
　택하여 나타나는 [Panel] 속성 창에서 [세로로 열 가운데 맞춤] 항목을 "True"라고
　설정하고 [캡션] 항목에는 "그리기"를 입력한다.

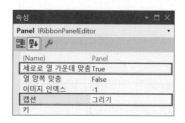

ⓒ 위와 같은 방법으로 [Combo1] 컨트롤의 [Combo-box] 속성 창에서 [ID] 항목을
"ID_COMBO_OBJECT", [너비] 항목을 "50", [데이터] 항목을 "타원;다각형", [이미
지 인덱스] 항목을 "3", [캡션] 항목을 "도형"이라고 설정한다.

ⓓ 위와 같은 방법으로 [Button1] 컨트롤의 [Button] 속성 창에서 [ID] 항목을 "ID_
BUTTON_ERASER", [큰 이미지 인덱스] 항목을 "0", [캡션] 항목을 "지우기"라고
설정한다.

ⓔ 위와 같은 방법으로 [패널2]의 [Panel] 속성 창에서 [세로로 열 가운데 맞춤] 항목을
"True", [열 양쪽 맞춤] 항목을 "True", [캡션] 항목을 "색상"이라고 설정한다.

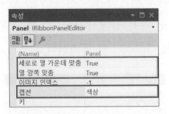

ⓕ 위와 같은 방법으로 [Button2] 컨트롤의 [Color Button] 속성 창에서 [ID] 항목을
"ID_BUTTON_LINECOLOR", [이미지 인덱스] 항목을 "4", 첫 번째 [캡션] 항목

을 "다른 색상…", 두 번째 [캡션] 항목을 "기본색", 세 번째 [캡션] 항목을 "선"이라고 설정한다. 참고로 중복되는 항목이 있으므로 속성창의 도구바에서 (항목별), (사전순) 버튼을 눌러 다음과 같은지 반드시 확인하기를 바란다.

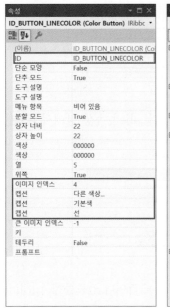

[사전순]   [항목별]

ⓖ 위와 같은 방법으로 [Button3] 컨트롤의 [Color Button] 속성 창에서 [ID] 항목을 "ID_BUTTON_FILLCOLOR", 첫 번째 [색상] 항목과 두 번째 [색상] 항목을 "ffffff", [이미지 인덱스] 항목을 "4", 첫 번째 [캡션] 항목을 "다른 색상…", 세 번째 [캡션] 항목을 "채우기"라고 설정한다.

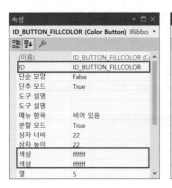

ⓗ 위와 같은 방법으로 [패널3]의 [Panel] 속성 창에서 [세로로 열 가운데 맞춤] 항목을 "True", [캡션] 항목을 "보기"라고 설정한다.

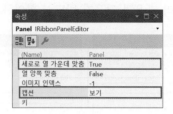

ⓘ 위와 같은 방법으로 [Static1] 컨트롤의 [Label] 속성 창에서 [캡션] 항목을 "확대/축소"라고 설정한다.

ⓙ 위와 같은 방법으로 [보기] 패널 내부의 슬라이더 컨트롤에서 [Slider] 속성 창에서 [ID] 항목을 "ID_SLIDER_ZOOM", [범위 최댓값] 항목을 "150", [범위 최솟값] 항목을 "50", [위치] 항목을 "100", [확대/취소 단추] 항목을 "True"라고 설정한다.

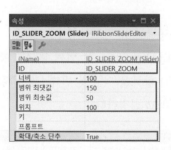

ⓚ 위와 같은 방법으로 [Check1] 컨트롤의 [CheckBox] 속성 창에서 [캡션] 항목을 "제어점", [ID] 항목을 "ID_CHECK_POINTS"라고 설정한다.

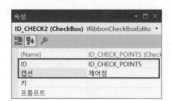

ⓛ [범주2] 에서 오른쪽 마우스 버튼을 눌러서 나오는 단축 메뉴에서 [속성] 항목을 선택하여 나타나는 [Category] 속성 창에서 [캡션] 항목을 "텍스트 객체"라고 설정하고 [작은 이미지] 항목에는 IDB_WRITESMALL을, [큰 이미지] 항목에는 IDB_WRITELARGE를 선택한다.

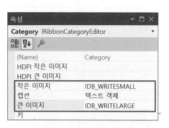

ⓜ 위와 같은 방법으로 [패널4]의 [Panel] 속성 창에서 [열 양쪽 맞춤] 항목을 "True", [캡션] 항목을 "텍스트"라고 설정한다.

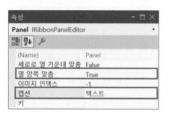

ⓝ 위와 같은 방법으로 [Static1] 컨트롤의 [Label] 속성 창에서 [캡션] 항목을 "문자열을 입력"이라고 설정한다.

ⓞ 위와 같은 방법으로 [Edit1] 컨트롤의 [Edit] 속성 창에서 [ID] 항목을 "ID_EDIT_TEXT", [너비] 항목을 "130", [이미지 인덱스] 항목을 "3"이라고 설정한다. 그리고, [캡션] 항목에 설정된 Edit1을 삭제한다.

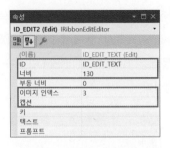

ⓟ 위와 같은 방법으로 [패널5]의 [Panel] 속성 창에서 [세로로 열 가운데 맞춤] 항목을
"True", [열 양쪽 맞춤] 항목을 "True", [캡션] 항목을 "크기"라고 설정한다.

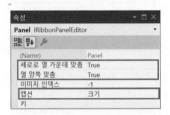

ⓠ 위와 같은 방법으로 [Spin1] 컨트롤의 속성 창에서 [ID] 항목을 "ID_SPIN_SIZE",
[너비] 항목을 "80", [범위 최댓값] 항목을 "48", [범위 최솟값] 항목을 "9", [이미지
인덱스] 항목을 "7", [텍스트] 항목을 "20"이라고 설정한다. 그리고, [캡션] 항목에
설정된 Spin1을 삭제한다.

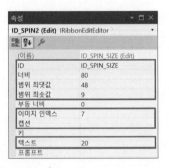

ⓡ 위와 같은 방법으로 [패널6]의 [Panel] 속성 창에서 [세로로 열 가운데 맞춤] 항목
을 "True", [열 양쪽 맞춤] 항목을 "True", [캡션] 항목을 "색상"이라고 설정한다.

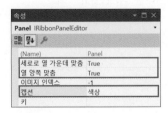

ⓢ 위와 같은 방법으로 [Button1] 컨트롤의 [Color Button] 속성 창에서 [ID] 항목을
"ID_BUTTON_TEXTCOLOR", [분할 모드] 항목을 "False", 첫 번째 [색상] 항목
과 두 번째 [색상] 항목을 "0000ff", [이미지 인덱스] 항목을 "4", 첫 번째 [캡션] 항
목을 "다른 색상...", 두 번째 [캡션] 항목을 "기본색", 세 번째 [캡션] 항목을 "텍스
트"라고 설정한다.

③ 위와 같이 설정하면 다음과 같은 리본 메뉴가 구성되는 것을 확인할 수 있을 것이다.
그리고 툴바 오른쪽 끝에 있는 [Ribbon 테스트 📠] 버튼을 눌러 애플리케이션을 실행
시켜 테스트할 수 있다.

[그리기 객체 범주를 선택했을 때]

[텍스트 객체 범주를 선택했을 때]

Step 3 그리기 객체를 위해 필요한 여러 가지 변수들은 선언하고 초기화한다.

① 🐾 CPractice10bView 클래스에 윈도우에 출력될 텍스트를 저장하는 멤버 변수를 선언
한다.

ⓐ 🐾 CPractice10bView 클래스를 오른쪽 마우스를 눌러서 나오는 단축 메뉴에서 [추가]-[변수 추가] 항목을 선택해서 나타나는 [변수 추가] 대화상자에 [이름] 항목에는 m_strText를 [형식] 항목은 CString를 입력하고 [확인] 버튼을 누른다.

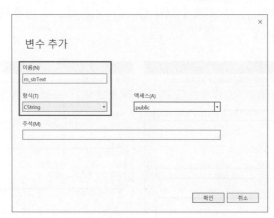

② 위와 같은 방법으로 🐾 CPractice10bView 클래스에 다음의 변수들을 선언한다.

변수 형식	변수 이름	용도
int	m_nCount	정점의 개수를 저장한다.
CPoint[20]	m_ptPoinsts	정점의 좌표를 저장한다.
int	m_nObjectType	선택한 그리기 객체의 유형을 저장한다.
bool	m_bDrawing	러버밴드 구현을 위하여 그리기 상태를 저장한다.
CPoint	m_ptPrev	러버밴드 구현시 이전 좌표를 저장한다.
LOGFONT	m_lfFont	윈도우에 출력될 텍스트 폰트를 저장한다.
COLORREF	m_colorLine	객체 그리기의 선 색상을 저장한다.
COLORREF	m_colorFill	객체 그리기의 채우기 색상을 저장한다.
COLORREF	m_colorText	출력될 텍스트의 색상을 저장한다.
float	m_fZoom	객체 그리기의 확대/축소 비율을 저장한다.
bool	m_bViewPoints	객체 그리기에서 정점 출력 유/무를 저장한다.

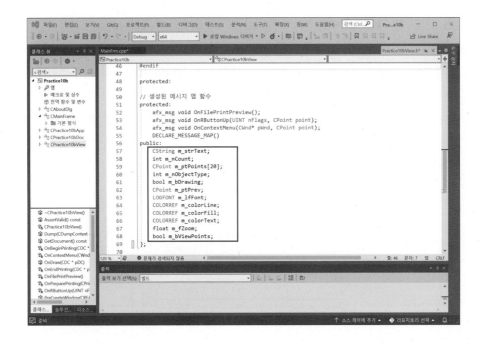

③ [클래스 뷰]에서 🔧 CPractice10bView 클래스의 생성자 함수 🔧 CPractice10bView()을
더블 클릭하여 함수 본체로 이동하여 다음과 같이 변수들을 초기화한다.

```
CPractice10bView::CPractice10bView()  noexcept
{
    // TODO: 여기에 생성 코드를 추가합니다.
    m_nCount = 0;
    m_nObjectType = -1;

    afxGlobalData.fontRegular.GetLogFont(&m_lfFont);
    m_lfFont.lfHeight = 20;

    m_colorLine = RGB(0, 0, 0);
    m_colorFill = RGB(255, 255, 255);
    m_colorText = RGB(0, 0, 255);
    m_fZoom = 1.0f;
    m_bViewPoints = true;
}
```

Step 4 윈도우에 그리기 객체와 텍스트 출력을 위하여 함수를 추가한다.

① CPractice10bView 클래스에 타원을 그리는 함수를 추가한다.

ⓐ [클래스 뷰]에서 CPractice10bView 클래스를 선택하고 오른쪽 마우스를 눌러서 나오는 단축 메뉴에서 [추가]-[함수 추가]를 선택한다. [함수 추가] 대화상자가 나타나면 [함수 이름] 항목에는 DrawEllipse를 입력하고 [반환 형식] 항목에 void를 선택한다. [매개 변수] 항목 옆의 ⊞ 버튼을 누르고 CDC* pDC를 입력하고 확인 버튼을 누른다.

ⓑ DrawEllipse(CDC * pDC) 함수 본체에 다음과 같이 코딩한다.

```
void CPractice10bView::DrawEllipse(CDC* pDC)
{
    if( !m_nCount )
        return;

    int x1, y1, x2, y2;
    if ( m_nCount < 2 )
    {
        x1 = (int)((float)m_ptPoints[0].x * m_fZoom);
        y1 = (int)((float)m_ptPoints[0].y * m_fZoom);
        if( m_bViewPoints )
            pDC->Ellipse(x1-4, y1-4, x1+4, y1+4);
```

```
    }
    else
    {
        x1 = (int)((float)m_ptPoints[0].x*m_fZoom);
        y1 = (int)((float)m_ptPoints[0].y*m_fZoom);
        x2 = (int)((float)m_ptPoints[1].x*m_fZoom);
        y2 = (int)((float)m_ptPoints[1].y*m_fZoom);
        pDC->Ellipse(x1, y1, x2, y2);

        if( m_bViewPoints )
        {
            pDC->Ellipse(x1-4, y1-4, x1+4, y1+4);
            pDC->Ellipse(x2-4, y2-4, x2+4, y2+4);
        }
    }
}
```

② 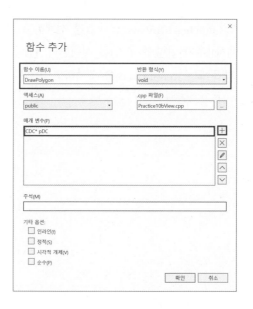 CPractice10bView 클래스에 다각형을 그리는 함수를 추가한다.

  ⓐ [클래스 뷰]에서 CPractice10bView 클래스를 선택하고 오른쪽 마우스를 눌러서 나오는 단축 메뉴에서 [추가]-[함수 추가]를 선택한다. [함수 추가] 대화상자가 나타나면 [함수 이름] 항목에는 DrawPolygon을 입력하고 [반환 형식] 항목에 void를 선택한다. [매개 변수] 항목 옆의 ⊞ 버튼을 누르고 CDC* pDC를 입력하고 [확인] 버튼을 누른다.

ⓑ 🔷 DrawPolygon(CDC * pDC) 함수 본체에 다음과 같이 코딩한다.

```
void CPractice10bView::DrawPolygon(CDC* pDC)
{
    CPoint pPoints[20];
    for (int i = 0; i < m_nCount; i++)
    {
        pPoints[i].x = (int)((float)m_ptPoints[i].x*m_fZoom);
        pPoints[i].y = (int)((float)m_ptPoints[i].y*m_fZoom);
    }

    // 다각형 그리기
    if ( m_bDrawing )
        pDC->Polyline(pPoints, m_nCount);
    else
        pDC->Polygon(pPoints, m_nCount);

    if( m_bViewPoints )
    {
        for(int i=0; i<m_nCount; i++)
            pDC->Ellipse(pPoints[i].x-4, pPoints[i].y-4, pPoints[i].x+4, pPoints[i].y+4);
    }
}
```

③ 🐾 CPractice10bView 클래스에 확대/축소를 초기화하는 함수를 추가한다.

ⓐ [클래스 뷰]에서 🐾 CPractice10bView 클래스를 선택하고 오른쪽 마우스를 눌러서 나오는 단축 메뉴에서 [추가]–[함수 추가]를 선택한다. [함수 추가] 대화상자가 나타나면 [함수 이름] 항목에는 ResetZoom을 입력하고 [반환 형식] 항목에 void를 선택하고 ▢ 확인 ▢ 버튼을 누른다.

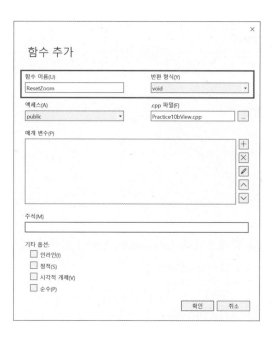

ⓑ ResetZoom() 함수 본체에 다음과 같이 코딩한다.

```
void CPractice10bView::ResetZoom()
{
    CMainFrame* pFrame = (CMainFrame*)AfxGetMainWnd();
    CMFCRibbonSlider* pZoom = DYNAMIC_DOWNCAST(CMFCRibbonSlider,
                    pFrame->GetRibbonBar()->FindByID(ID_SLIDER_ZOOM));
    pZoom->SetPos(100);

    m_fZoom = 1.0f;
    Invalidate();
}
```

④ CMainFrame 클래스를 참조하기 위하여 CPractice10bView 클래스 소스 파일의
위쪽에 "MainFrm.h" 헤더파일을 include 시킨다.

```
......

......

#include "Practice10bDoc.h"
```

```
#include "Practice10bView.h"
#include "MainFrm.h"

#ifdef _DEBUG
#define new DEBUG_NEW
#endif


......
......
```

⑤ CPractice10bView 클래스의 OnDraw(CDC * pDC) 함수에 다음과 같이 코드를 추가한다. 먼저 매개 변수의 주석을 제거한다.

```
void CPractice10bView::OnDraw(CDC* pDC)        // 주석 제거
{
    ......
    ......

    // TODO: 여기에 원시 데이터에 대한 그리기 코드를 추가합니다.
    CRect rc;
    GetClientRect(&rc);

    CPen pen, *pOldPen;
    CBrush brush, *pOldBrush;
    CFont font, *pOldFont;

    pen.CreatePen(PS_SOLID, 2, m_colorLine);
    brush.CreateSolidBrush(m_colorFill);
    font.CreateFontIndirect(&m_lfFont);

    pOldPen = pDC->SelectObject(&pen);
    pOldBrush = pDC->SelectObject(&brush);
    pOldFont = pDC->SelectObject(&font);

    switch(m_nObjectType)
    {
```

```
case 0 :
    DrawEllipse(pDC);            // 타원 그리기
    break;
case 1 :
    DrawPolygon(pDC);           // 다각형 그리기
    break;
}

pDC->SetTextColor(m_colorText);
pDC->DrawText(m_strText, &rc, DT_VCENTER | DT_CENTER | DT_SINGLELINE);

pDC->SelectObject(pOldPen);
pDC->SelectObject(pOldBrush);
pDC->SelectObject(pOldFont);

pen.DeleteObject();
brush.DeleteObject();
font.DeleteObject();
}
```

Step 5 Rubber-band를 위한 함수들을 추가한다.

① 정점 좌표의 입력과 Rubber-band 기능을 위하여 왼쪽 마우스를 눌렀을 때의 동작에 대한 메시지 핸들러 함수를 생성한다.

ⓐ 왼쪽 마우스를 눌렀을 때의 메시지 핸들러 함수를 추가하기 위해 Ctrl + Shift + X 를 눌러서 클래스 마법사를 실행시켜 [클래스 이름] 항목은 CPractice10bView 클래스를 선택하고 [메시지] 탭에서 WM_LBUTTONDOWN을 선택한 후 처리기 추가(A)... 버튼을 눌러 메시지 핸들러 함수를 추가한다.

ⓑ 코드 편집(E) 버튼을 눌러 메시지 핸들러 함수 본체로 이동하여 다음과 같이 코딩한다.

```
void CPractice10bView::OnLButtonDown(UINT nFlags, CPoint point)
{
    // TODO: 여기에 메시지 처리기 코드를 추가 및/또는 기본값을 호출합니다.
    if ( m_nObjectType == 0 )
    {
        if( m_nCount == 0 || m_nCount >= 2 )
        {
            ResetZoom();
            m_nCount = 0;
            m_bDrawing = true;
        }
        m_ptPoints[m_nCount++] = point;
        if ( m_nCount == 2 )
            m_bDrawing = false;

        Invalidate();
    }
    else if ( m_nObjectType == 1 )
```

```
{
    if( !m_bDrawing )
    {
        ResetZoom();
        m_nCount = 0;
        m_bDrawing = true;
    }
    m_ptPoints[m_nCount++] = point;
    Invalidate();
}
m_ptPrev = point;

CView::OnLButtonDown(nFlags, point);
}
```

② 왼쪽 마우스 버튼을 더블 클릭했을 때의 메시지 핸들러 함수를 생성한다.

ⓐ 왼쪽 마우스를 더블 클릭했을 때의 메시지 핸들러 함수를 추가하기 위해 [Ctrl]
+[Shift]+[X]를 눌러서 클래스 마법사를 실행시켜 [클래스 이름] 항목은
CPractice10bView 클래스를 선택하고 [메시지] 탭에서 WM_LBUTTONDBLCLK을 선
택한 후 처리기 추가(A)... 버튼을 눌러 메시지 핸들러 함수를 추가한다.

ⓑ [코드 편집(E)] 버튼을 눌러 메시지 핸들러 함수 본체로 이동하여 다음과 같이 코딩한다. 이번 실습에서는 왼쪽 마우스를 더블클릭하여 다각형을 완성한다.

```
void CPractice10bView::OnLButtonDblClk(UINT nFlags, CPoint point)
{
    // TODO: 여기에 메시지 처리기 코드를 추가 및/또는 기본값을 호출합니다.
    if ( m_nObjectType == 1 )
    {
        if( m_bDrawing )
            m_bDrawing = false;

        Invalidate();
    }
    CView::OnLButtonDblClk(nFlags, point);
}
```

③ 마우스 이동에 대한 메시지 핸들러 함수를 생성한다.

ⓐ 마우스 이동에 대한 메시지 핸들러 함수를 추가하기 위해 [Ctrl]+[Shift]+[X]를 눌러서 클래스 마법사를 실행시켜 [클래스 이름] 항목은 CPractice10bView 클래스를 선택하고 [메시지] 탭에서 WM_MOUSEMOVE을 선택한 후 [처리기 추가(A)...] 버튼을 눌러 메시지 핸들러 함수를 추가한다.

ⓑ [코드 편집(E)] 버튼을 눌러 메시지 핸들러 함수 본체로 이동하여 다음과 같이 코딩한다.

```
void CPractice10bView::OnMouseMove(UINT nFlags, CPoint point)
{
    // TODO: 여기에 메시지 처리기 코드를 추가 및/또는 기본값을 호출합니다.
    if( m_nCount<1 || !m_bDrawing )
        return;

    CClientDC dc(this);
    switch(m_nObjectType)
    {
    case 0 :
        DrawEllipse(&dc);          // 타원 그리기
        break;
    case 1 :
        DrawPolygon(&dc);// 다각형 그리기
        break;
    }
    dc.SetROP2(R2_NOT);
    dc.MoveTo(m_ptPoints[m_nCount-1]);
    dc.LineTo(m_ptPrev);

    dc.SetROP2(R2_COPYPEN);
    dc.MoveTo(m_ptPoints[m_nCount-1]);
    dc.LineTo(point);

    m_ptPrev = point;
    CView::OnMouseMove(nFlags, point);
}
```

Step 6　각 리본 메뉴의 컴포넌트에 대한 이벤트 처리를 추가한다.

① 그리기 객체 선택을 위한 [그리기] 패널의 [도형] 콤보 상자에 대한 이벤트 처리를 추가한다.

ⓐ 🐾CMainFrame 클래스에서 🐾CPractice10bView 클래스를 참조할 수 있도록 🐾CMainFrame 클래스의 소스 파일 위쪽에 "Practice10aDoc.h"과 "Practice10a View.h" 헤더파일을 include 시킨다.

```
......
......

#include "pch.h"
#include "framework.h"
#include "Practice10b.h"

#include "MainFrm.h"
#include "Practice10bDoc.h"
#include "Practice10bView.h"

#ifdef _DEBUG
#define new DEBUG_NEW
#endif

......
......
```

ⓑ Ctrl + Shift + X 키를 눌러 클래스 마법사를 실행시켜 [클래스 이름] 항목에
CMainFrame을 선택하고 [명령] 탭이 선택된 상태에서 [개체 ID] 항목에 ID_
COMBO_OBJECT를 [메시지] 항목에 COMMAND를 선택하고 처리기 추가(A)... 버튼을
클릭하면 나타나는 [멤버 함수 추가] 대화상자에서 지정된 함수 이름을 그대로 두고
확인 버튼을 눌러서 메시지 핸들러 함수를 추가한다.

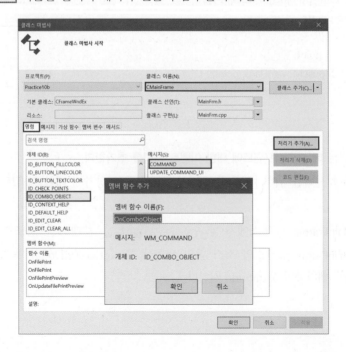

ⓒ 함수를 생성한 후 [코드 편집(E)] 버튼을 누르고 다음과 같이 코딩한다.

```cpp
void CMainFrame::OnComboObject()
{
    // TODO: 여기에 명령 처리기 코드를 추가합니다.
    CMFCRibbonComboBox* pObject = DYNAMIC_DOWNCAST(
            CMFCRibbonComboBox, m_wndRibbonBar.FindByID(ID_COMBO_OBJECT));

    CPractice10bView* pView = (CPractice10bView*)GetActiveView();
    pView->m_nObjectType = pObject->GetCurSel();
}
```

② 그리기 객체를 지우기 위한 [그리기] 패널의 🖼️ 단추에 대한 이벤트 처리를 추가한다.

    ⓐ [Ctrl]+[Shift]+[X] 키를 눌러 클래스 마법사를 실행시켜 [클래스 이름] 항목에 CMainFrame을 선택하고 [명령] 탭이 선택된 상태에서 [개체 ID] 항목에 ID_ BUTTON_ERASER를 [메시지] 항목에 COMMAND를 선택하고 [처리기 추가(A)...] 버튼을 클릭하면 나타나는 [멤버 함수 추가] 대화상자에서 지정된 함수 이름을 그대로 두고 [확인] 버튼을 눌러서 메시지 핸들러 함수를 추가한다.

ⓑ 함수를 생성한 후 [코드 편집(E)] 버튼을 누르고 다음과 같이 코딩을 시작한다.

```
void CMainFrame::OnButtonEraser()
{
    // TODO: 여기에 명령 처리기 코드를 추가합니다.
    CPractice10bView* pView = (CPractice10bView*)GetActiveView();
    pView->m_nCount = 0;
    pView->Invalidate();
}
```

③ 객체의 선 색상을 설정하기 위한 [선] 색 단추에 대한 이벤트 처리를 추가하도록 한다.

    ⓐ [Ctrl]+[Shift]+[X] 키를 눌러 클래스 마법사를 실행시켜 [클래스 이름] 항목에 CMainFrame을 선택하고 [명령] 탭의 [개체 ID] 항목에서 ID_BUTTON_LINE COLOR를 [메시지] 항목에 COMMAND를 선택하고 [처리기 추가(A)...] 버튼을 클릭하면 나타나는 [멤버 함수 추가] 대화상자에서 지정된 함수 이름을 그대로 두고 [확인] 버튼을 눌러서 메시지 핸들러 함수를 추가한다.

    ⓑ 함수를 생성한 후 [코드 편집(E)] 버튼을 누르고 다음과 같이 코딩한다.

```
void CMainFrame::OnButtonLinecolor()
{
    // TODO: 여기에 명령 처리기 코드를 추가합니다.
    CMFCRibbonColorButton* pColor = DYNAMIC_DOWNCAST(CMFCRibbonColorButton,
                            m_wndRibbonBar.FindByID(ID_BUTTON_LINECOLOR));
    CPractice10bView* pView = (CPractice10bView*)GetActiveView();
    pView->m_colorLine = pColor->GetColor();
    pView->Invalidate();
}
```

④ 객체의 채우기 색상을 설정하기 위한 [채우기] 색 단추에 대한 이벤트 처리를 추가하도
　록 한다.

　　ⓐ Ctrl + Shift + X 키를 눌러 클래스 마법사를 실행시켜 [클래스 이름] 항목
　　　에 CMainFrame을 선택하고 [명령] 탭의 [개체 ID] 항목에서 ID_BUTTON_
　　　FILLCOLOR를 [메시지] 항목에 COMMAND를 선택하고 처리기 추가(A)... 버튼을 클
　　　릭하면 나타나는 [멤버 함수 추가] 대화상자에서 지정된 함수 이름을 그대로 두고
　　　 확인 　버튼을 눌러서 메시지 핸들러 함수를 추가한다.

ⓑ 함수를 생성한 후 [코드 편집(E)] 버튼을 누르고 다음과 같이 코딩한다.

```
void CMainFrame::OnButtonFillcolor()
{
    // TODO: 여기에 명령 처리기 코드를 추가합니다.
    CMFCRibbonColorButton* pColor = DYNAMIC_DOWNCAST(CMFCRibbonColorButton,
                            m_wndRibbonBar.FindByID(ID_BUTTON_FILLCOLOR));
    CPractice10bView* pView = (CPractice10bView*)GetActiveView();
    pView->m_colorFill = pColor->GetColor();
    pView->Invalidate();
}
```

⑤ 그리기 객체의 출력에 대한 확대/축소를 위하여 [슬라이더]에 대한 이벤트 처리를 추가 하도록 한다.

ⓐ Ctrl + Shift + X 키를 눌러 클래스 마법사를 실행시켜 [클래스 이름] 항목에 CMainFrame을 선택하고 [명령] 탭의 [개체 ID] 항목에서 ID_SLIDER_ZOOM을 [메시지] 항목에 COMMAND를 선택하고 [처리기 추가(A)...] 버튼을 클릭하면 나타나는 [멤 버 함수 추가] 대화상자에서 지정된 함수 이름을 그대로 두고 [확인] 버튼을 눌 러서 메시지 핸들러 함수를 추가한다.

ⓑ 함수를 생성한 후 코드 편집(E) 버튼을 누르고 다음과 같이 코딩한다.

```
void CMainFrame::OnSliderZoom()
{
    // TODO: 여기에 명령 처리기 코드를 추가합니다.
    CMFCRibbonSlider* pZoom = DYNAMIC_DOWNCAST(CMFCRibbonSlider,
                               m_wndRibbonBar.FindByID(ID_SLIDER_ZOOM));
    CPractice10bView* pView = (CPractice10bView*)GetActiveView();
    pView->m_fZoom = (float)pZoom->GetPos() / 100.0f;
    pView->Invalidate();
}
```

⑥ 객체의 정점 출력 여부를 선택하기 위하여 [제어점] 체크 상자에 대한 이벤트 처리를 추
가하도록 한다.

ⓐ Ctrl + Shift + X 키를 눌러 클래스 마법사를 실행시켜 [클래스 이름] 항목에
CMainFrame을 선택하고 [명령] 탭의 [개체 ID] 항목에서 ID_CHECK_POINTS를
[메시지] 항목에 COMMAND를 선택하고 처리기 추가(A)... 버튼을 클릭하면 나타나는 [멤
버 함수 추가] 대화상자에서 지정된 함수 이름을 그대로 두고 확인 버튼을 눌
러서 메시지 핸들러 함수를 추가한다.

ⓑ 함수를 생성한 후 [코드 편집(E)] 버튼을 누르고 다음과 같이 코딩한다.

```
void CMainFrame::OnCheckPoints()
{
    // TODO: 여기에 명령 처리기 코드를 추가합니다.
    CMFCRibbonCheckBox* pViewPoint = DYNAMIC_DOWNCAST(
            CMFCRibbonCheckBox, m_wndRibbonBar.FindByID(ID_CHECK_POINTS));
    CPractice10bView* pView = (CPractice10bView*)GetActiveView();
    pView->m_bViewPoints = !pView->m_bViewPoints;
    pView->Invalidate();
}
```

ⓒ Ctrl + Shift + X 키를 눌러 클래스 마법사를 실행시켜 [클래스 이름] 항목에 CMainFrame 을 선택하고 [명령] 탭의 [개체 ID] 항목에서 ID_CHECK_POINTS 를 [메시지] 항목에 UPDATE_COMMAND_UI를 선택하고 [처리기 추가(A)...] 버튼을 클릭하면 나타나는 [멤버 함수 추가] 대화상자에서 지정된 함수 이름을 그대로 두고 [확인] 버튼을 눌러서 메시지 핸들러 함수를 추가한다.

ⓓ 함수를 생성한 후 코드 편집(E) 버튼을 누르고 다음과 같이 코딩한다.

```
void CMainFrame::OnUpdateCheckPoints(CCmdUI *pCmdUI)
{
    // TODO: 여기에 명령 업데이트 UI 처리기 코드를 추가합니다.
    CPractice10bView* pView = (CPractice10bView*)GetActiveView();
    pCmdUI->SetCheck(pView->m_bViewPoints);
}
```

⑦ 텍스트 입력을 위한 [텍스트 객체] 범주의 [텍스트] 패널의 에디트 상자에 대한 이벤트
처리를 추가하도록 한다.

ⓐ Ctrl + Shift + X 키를 눌러 클래스 마법사를 실행시켜 [클래스 이름] 항목에
CMainFrame을 선택하고 [명령] 탭의 [개체 ID] 항목에서 ID_EDIT_TEXT를 [메시
지] 항목에 COMMAND를 선택하고 처리기 추가(A)... 버튼을 클릭하면 나타나는 [멤버
함수 추가] 대화상자에서 지정된 함수 이름을 그대로 두고 확인 버튼을 눌러서
메시지 핸들러 함수를 추가한다.

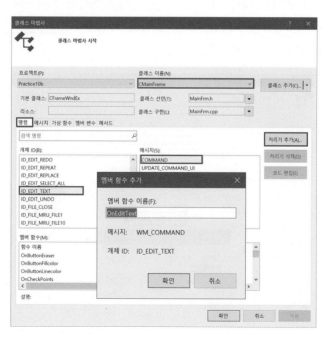

ⓑ 함수를 생성한 후 코드 편집(E) 버튼을 누르고 다음과 같이 코딩한다.

```
void CMainFrame::OnEditText()
{
    // TODO: 여기에 명령 처리기 코드를 추가합니다.
    CMFCRibbonEdit* pText = DYNAMIC_DOWNCAST(
                    CMFCRibbonEdit, m_wndRibbonBar.FindByID(ID_EDIT_TEXT));
    CPractice10bView* pView = (CPractice10bView*)GetActiveView();
    pView->m_strText = pText->GetEditText();
    pView->Invalidate();
}
```

⑧ 텍스트의 크기를 설정하기 위한 [텍스트 객체] 범주의 [크기] 패널의 스핀 편집 상자에 대한 이벤트 처리를 추가하도록 한다.

　　ⓐ Ctrl + Shift + X 키를 눌러 클래스 마법사를 실행시켜 [클래스 이름] 항목에 CMainFrame을 선택하고 [명령] 탭의 [개체 ID] 항목에서 ID_SPIN_SIZE를 [메시지] 항목에 COMMAND를 선택하고 처리기 추가(A)... 버튼을 클릭하면 나타나는 [멤버 함수 추가] 대화상자에서 지정된 함수 이름을 그대로 두고 확인 버튼을 눌러서 메시지 핸들러 함수를 추가한다.

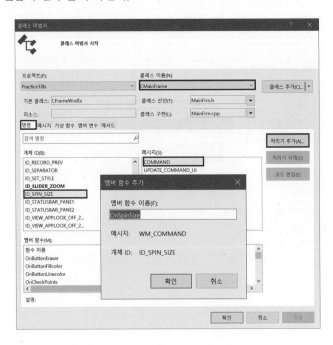

ⓑ 함수를 생성한 후 [코드 편집(E)] 버튼을 누르고 다음과 같이 코딩한다.

```
void CMainFrame::OnSpinSize()
{
    // TODO: 여기에 명령 처리기 코드를 추가합니다.
    CMFCRibbonEdit* pSize = DYNAMIC_DOWNCAST(
                    CMFCRibbonEdit, m_wndRibbonBar.FindByID(ID_SPIN_SIZE));
    CPractice10bView* pView = (CPractice10bView*)GetActiveView();
    pView->m_lfFont.lfHeight = (int)_wtoi(pSize->GetEditText());
    pView->Invalidate();
}
```

⑨ 텍스트의 색상을 설정하기 위한 [텍스트 객체] 범주의 [색상] 패널의 [텍스트] 색 단추에 대한 이벤트 처리를 추가하도록 한다.

    ⓐ Ctrl + Shift + X 키를 눌러 클래스 마법사를 실행시켜 [클래스 이름] 항목에 CMainFrame을 선택하고 [명령] 탭의 [개체 ID] 항목에서 ID_BUTTON_ TEXTCOLOR를 [메시지] 항목에 COMMAND를 선택하고 [처리기 추가(A)...] 버튼을 클릭하면 나타나는 [멤버 함수 추가] 대화상자에서 지정된 함수 이름을 그대로 두고 [확인] 버튼을 눌러서 메시지 핸들러 함수를 추가한다.

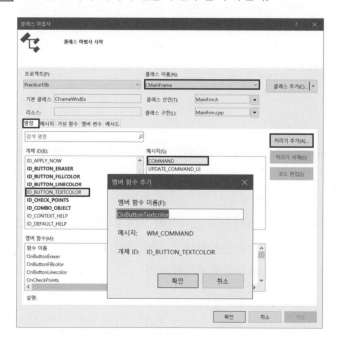

ⓑ 함수를 생성한 후 [코드 편집(E)] 버튼을 누르고 다음과 같이 코딩한다.

```
void CMainFrame::OnButtonTextcolor()
{
    // TODO: 여기에 명령 처리기 코드를 추가합니다.
    CMFCRibbonColorButton* pColor = DYNAMIC_DOWNCAST(CMFCRibbonColorButton,
                        m_wndRibbonBar.FindByID(ID_BUTTON_TEXTCOLOR));
    CPractice10bView* pView = (CPractice10bView*)GetActiveView();
    pView->m_colorText = pColor->GetColor();
    pView->Invalidate();
}
```

Step 7 프로그램을 실행시켜보자.

Ctrl + F5 키를 눌러 프로그램을 실행시켜 각 기능을 테스트해 보자.

① [그리기 객체] 범주에서 리본 메뉴 [그리기] 패널의 [도형] 콤보 상자에서 "타원"과 "다 각형"을 각각 선택한 다음 마우스를 이용하여 그리기를 해보자. 다각형을 완성하기 위 해서는 왼쪽 마우스를 더블 클릭하면 된다.

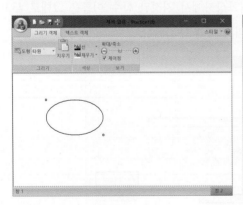 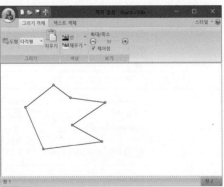

② 리본 메뉴의 [색상] 패널에서 [선] 색 단추를 눌러 색상을 "파랑"을 선택하고, [채우기] 색 단추를 눌러 색상을 "녹색"으로 선택하여 도형의 색상을 변경해 보도록 한다. 그리 고 [보기] 패널의 [제어점] 확인란 항목을 선택 해제하고 [확대/축소] 슬라이더를 왼쪽 으로 이동하여 최솟값으로 조정해 보도록 하자.

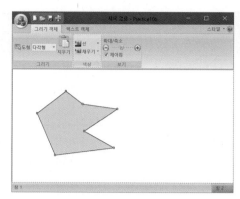
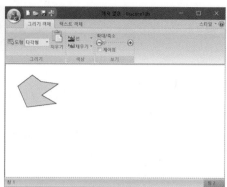

③ [그리기 객체] 범주에서 리본 메뉴 [그리기] 패널의 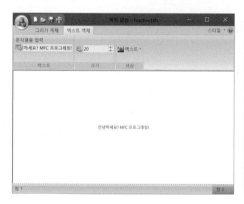 버튼을 눌러 다각형 도형 객체를 지우고 [텍스트 객체] 범주에서 리본 메뉴의 [텍스트] 패널에서 [문자열 입력] 편집에 "안녕하세요? MFC 프로그래밍!"이라고 입력한다. 그리고 텍스트의 크기를 변경하기 위해 [크기] 패널의 스핀 편집 값을 42로 변경하고 [색상] 패널의 [텍스트] 색 단추를 눌러 "빨강"을 선택하면 다음과 같은 결과를 확인할 수 있을 것이다.

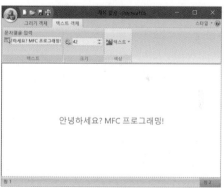

연습문제

1 다음의 요구사항을 만족하는 프로젝트를 작성하라.

> 이번 프로젝트는 List 컨트롤을 이용하여 회원 리스트를 출력하고, 버튼을 통해서 회원 추가/삭제를 수행
> 한다. 그리고 MFC Property Grid 컨트롤은 현재 선택된 회원 정보를 출력하고, 정보를 수정할 수 있는
> 프로그램을 작성하라.

1) 대화상자의 폼을 구성한다.

   ① 다음과 같이 컨트롤들을 배치하고 속성을 설정한다.

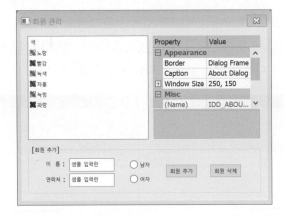

   ② 컨트롤의 ID와 기능은 다음과 같다.

Control Type	Resource ID	설명
List Control	IDC_LIST_MEMBERS	회원 정보를 출력하는 리스트
MFC PropertyGrid Control	IDC_MFCPROPERTYGRID_MEMBER	Property Grid를 출력하기 위한 MFC PropertyGrid Control
Radio Button	IDC_RADIO_MALE	남자를 나타내는 라디오 버튼
Radio Button	IDC_RADIO_FEMALE	여자를 나타내는 라디오 버튼
Edit Control	IDC_EDIT_NAME	회원 이름을 입력하는 에디트 박스
Edit Control	IDC_EDIT_CONTACT	연락처를 입력하는 에디트 박스
Button	IDC_BUTTON_ADD	회원을 추가하는 버튼
Button	IDC_BUTTON_DELETE	회원을 삭제하는 버튼

2) 대화상자의 컨트롤들을 멤버 변수와 연결한다.

① 대화상자의 List Control을 "컨트롤" 형태로 멤버 변수와 연결한다.
- IDC_LIST_MEMBERS : m_listMembers (변수 형식 CListCtrl)

② 대화상자의 MFC Property Grid Control을 "컨트롤" 형태로 멤버 변수와 연결한다.
- IDC_MFCPROPERTYGRID_MEMBER : m_propMember (변수 형식 CMFCPropertyGridCtrl)

③ 대화상자의 Edit Control들을 "값" 형태로 멤버 변수와 연결한다.
- IDC_EDIT_NAME : m_strName (변수 형식 CString)
- IDC_EDIT_CONTACT : m_strContact (변수 형식 CString)

3) 대화상자의 헤더파일에 필요한 멤버 변수를 추가한다.

① 회원의 성별을 나타내는 변수 : m_bSex(자료형 bool)

② List Control에서 어떤 회원이 선택되었는지를 나타내는 변수 : m_nSelectedMember (자료형 int)

4) 대화상자를 초기화한다.

① 위에서 추가한 멤버 변수를 초기화한다. m_bSex에 true가 세팅되면 "남자"이고 false가 세팅되면 "여자"를 의미한다. m_bSex 변수는 true로 초기화하고 m_nSeletetedMember 변수는 −1로 초기화한다.

② List Control의 Column은 4개로 구성되며 각각 "번호", "이름", "성별", "연락처"로 구성한다.

③ List Control의 스타일에 그리드 라인(LVS_EX_GRIDLINES)과 아이템 열 전체가 선택(LVS_EX_FULLROWSELECT)될 수 있게 설정한다. (SetExtendsStyle( )함수 사용)

④ 회원 정보 Property Grid를 생성하고 다음과 같이 초기화한다. (UpdatePropGrid() 함수 사용)

⑤ Radio Button은 "남자"로 초기화한다.

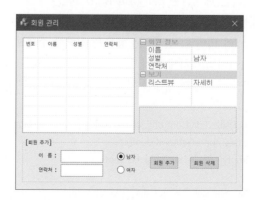

5) 프로그램의 요구사항

① [회원 추가] Group Box에서 이름과 연락처를 입력하고, 성별을 선택한 후 |회원 추가| 버튼을 누르면 List Control에 회원 리스트가 추가되며, 오른쪽 Property Grid 컨트롤에 추가된 회원 정보가 출력되어야 한다.

② 회원의 삭제는 List Control에서 회원을 선택하고, |회원 삭제| 버튼을 누르면, 다음과 같은 확인을 위한 메시지 상자에서 | 예(Y) | 버튼을 누르면 삭제된다.

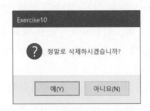

③ List Control에서 회원을 선택하면 오른쪽 Property Grid 컨트롤에 선택된 회원 의 정보가 출력되게 한다.

④ Property Grid 컨트롤에 "회원 정보", "보기" 속성 목록을 만들고 "회원 정보" 목 록에는 "이름", "성별", "연락처" 자식 항목을 추가하고 "보기" 목록에는 "리스트 뷰" 자식 항목을 추가한다. [성별] 항목은 "남자", "여자"로 구성된 Combo Box 형 태이며, [리스트 뷰] 항목은 "자세히", "목록", "큰 아이콘"으로 구성된 Combo Box 형태이다.

6) 대화상자 컨트롤들의 메시지 핸들러 함수를 구현한다.

① Property Grid를 초기화와 업데이트하는 함수를 추가한다.

– 함수의 원형은 void UpdatePropGrid(CString strName, bool bSex, CString strContact)

– 함수의 본체는 실습 10-1 InitializePropGrid() 함수를 참조하여 구현한다.

② [회원 추가] 버튼에 대한 메시지 핸들러 함수를 구현한다.

– 버튼을 선택하는 메시지는 BN_CLICKED이다.

– 이름, 연락처를 나타내는 Edit Control의 내용을 읽어온다.

– Edit Control이 비어있으면 "모든 항목을 입력해 주세요."라는 에러 메시지 박스 를 출력하고 다시 입력하게 한다.

– 프로그램 구조는 다음의 형태를 가지게 될 것이다.

```
① 이름, 연락처를 나타내는 Edit Control의 내용을 읽어온다. (UpdateData() 함수 사용)
int nCount = m_listMembers.GetItemCount();
if (!m_strName.IsEmpty() && !m_strContact.IsEmpty())
{
    ② 데이터를 List Control에 추가한다. (InsertItem(), Setitem() 함수 사용)
```

```
        ③ Property Grid Control을 업데이트한다 (UpdatePropGrid() 함수 사용)
        ④ 이름, 연락처를 나타내는 Edit Control을 초기화한다.
    }
    else
    {
        MessageBox(_T("모든 항목을 입력해 주세요."), _T("잠깐"), MB_OK);
    }
```

③ 현재 List Control에서 선택된 아이템을 찾는 메시지 핸들러 함수를 구현한다.
　－ List Control에서 선택된 아이템을 선택하는 메시지는 LVN_ITEMCHANGED
　　 이다.
　－ 선택된 아이템 인덱스를 m_nSeletetedMember 변수에 저장한다.
　－ 선택된 아이템의 내용을 구해서(GetItemText() 함수 사용) Property Grid
　　 Control을 업데이트한다. (UpdatePropGrid() 함수 사용)
④ [회원 삭제] 버튼에 대한 메시지 핸들러 함수를 구현한다.
　－ 버튼을 선택하는 메시지는 BN_CLICKED이다.
　－ 삭제를 확인하기 위한 메시지 상자를 출력하고 　예(Y)　 버튼을 누르면 삭제되
　　 게 한다.
　－ List Control에서 선택된 아이템을 삭제한다.
　－ List Control에서 삭제된 아이템 밑에 있는 아이템을 위로 이동시킨다.
　－ Property Grid Control을 초기화한다. (UpdatePropGrid() 함수 사용)
　－ m_nSeletetedMember 변수를 초기화한다.
　－ 프로그램 구조는 다음의 형태를 가지게 될 것이다.

```
if (m_nSelectedMember >= 0)
{
    if (AfxMessageBox(_T("정말로 삭제하시겠습니까?"), MB_YESNO | MB_ICONQUESTION) == IDYES)
    {
        ① List Control에서 선택된 아이템을 삭제한다. (DeleteItem() 함수 사용)
        ② List Control에서 삭제된 아이템 밑에 있는 아이템을 위로 이동시킨다.
        ③ Property Grid Control을 초기화한다. (UpdatePropGrid() 함수 사용)
        ④ m_nSeletetedMember 변수를 초기화한다.
    }
}
else
{
    MessageBox(_T("아이템을 선택하지 않았습니다."), _T("잠깐"), MB_OK);
}
```

⑤ [남자] 라디오 버튼에 대한 메시지 핸들러 함수를 구현한다.
  - 버튼을 선택하는 메시지는 COMMADN이다.
  - m_bSex를 "남자"를 의미하게 세팅한다.
⑥ [여자] 라디오 버튼에 대한 메시지 핸들러 함수를 구현한다.
  - 버튼을 선택하는 메시지는 COMMADN이다.
  - m_bSex를 "여자"를 의미하게 세팅한다.
⑦ MFC Property Grid의 아이템을 변경하는 메시지 핸들러 함수를 구현한다.
  - CExercise10Dlg 클래스 헤더파일에 Property Grid의 아이템을 변경했을 때의 메시지 핸들러 함수를 선언한다.
  - CExercise10Dlg 클래스 소스 파일의 메시지 맵에 Property Grid의 아이템을 변경했을 때의 메시지 매크로를 추가한다.
  - CExercise10Dlg 클래스 소스 파일에 함수 본체를 추가한다.
  - 프로그램 구조는 다음의 형태를 가지게 될 것이다.

```
CString  strName, strContact, strSex;
CMFCPropertyGridProperty* pProperty = (CMFCPropertyGridProperty*)lParam;
if (m_nSelectedMember >= 0)
{
    switch (pProperty->GetData())
    {
    case 0:  // 이름
        strName = pProperty->GetValue();
        ① List Control의 이름 항목을 수정한다. (SetItem() 함수 사용)
        break;
    case 1:  // 성별
        strSex = pProperty->GetValue();
        ② List Control의 성별 항목을 수정한다. (SetItem() 함수 사용)
        break;
    case 2:  // 연락처
        strContact = pProperty->GetValue();
        ③ List Control의 연락처 항목을 수정한다. (SetItem() 함수 사용)
        break;
    case 3:  // 리스트 뷰 보기
        if (((CString)pProperty->GetValue()) == _T("자세히"))
            ④ List Control의 스타일을 "자세히"로 변경한다. (SetView() 함수 사용)
        else if (((CString)pProperty->GetValue()) == _T("목록"))
            ⑤ List Control의 스타일을 "목록"으로 변경한다. (SetView() 함수 사용)
        else
            ⑥ List Control의 스타일을 "큰 아이콘"으로 변경한다. (SetView() 함수 사용)
        break;
```

```
    }
}
else
{
    MessageBox(_T("아이템을 선택하지 않았습니다."), _T("잠깐"), MB_OK);
}

return 0L;
```

7) 프로그램 실행 예

① "김철수", "김영희", "홍길동" 순으로 회원은 추가한 예이다.

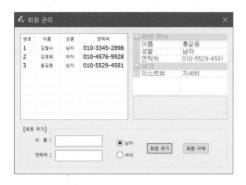

② 회원의 삭제는 [리스트 컨트롤]에서 두 번째 회원을 선택하고, [회원 삭제] 버튼을 누르면, 다음과 같은 확인을 위한 메시지 상자에서 [예(Y)] 버튼을 누르면 삭제된다.

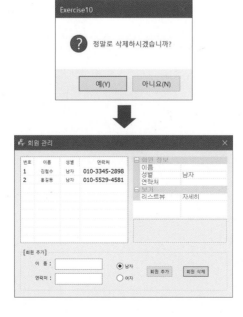

③ Property Grid 컨트롤에서 현재 선택된 회원의 정보를 수정하면 [리스트 컨트롤]
의 회원 리스트의 정보가 바로 갱신된다. 아래 그림은 위의 상태에서 "홍길동" 회
원의 성별을 "여자"로 변경하고 연락처를 010-4429-4581로 변경한 예시이다.

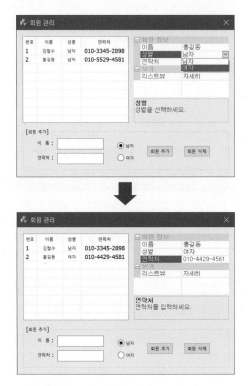

④ Property Grid 컨트롤에서 [보기] 항목의 리스트 뷰를 "큰 아이콘"으로 변경한 예
시이다.

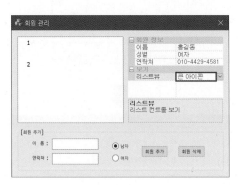

CHAPTER 11

다양한 뷰 클래스 및 분할 윈도우

contents

11.1 다양한 뷰 클래스

11.2 분할 윈도우

11.3 다중 뷰

11 다양한 뷰 클래스 및 분할 윈도우

오늘날의 애플리케이션들은 그 기능뿐만 아니라 인터페이스 부분도 중요시되고 있다. 사용자의 편의를 위해 또는 다루고자 하는 데이터의 종류에 따라서 윈도우의 뷰 영역을 좌우로 나눈다든지 뷰를 전환해 가면서 데이터를 출력한다든지 하는 것들은 데이터를 좀 더 정확하고 효율적으로 표현하기 위한 인터페이스적인 요인들이다. 이번 장에서는 이러한 부분들과 관련하여 여러 종류의 뷰 클래스에 대해서 알아보고 분할 윈도우, 다중 뷰에 대해서도 알아본다.

11.1 다양한 뷰 클래스

뷰 클래스는 프로그램에서 데이터를 입력받기도 하지만 주로 도큐먼트의 데이터를 표현하고 출력하는 역할을 한다. MFC에서는 데이터를 다양하게 표현하기 위한 여러 클래스를 제공하고 있는데 이들은 모두 CView 클래스에서 파생된 것들이다

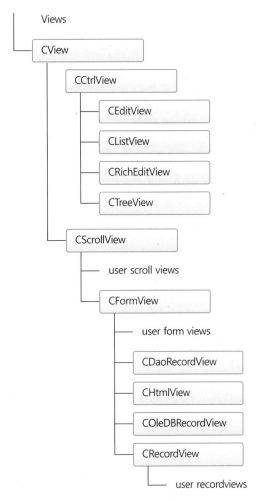

[그림 11-1] CView 클래스에서 파생된 클래스

[그림 11-1]은 CView 클래스에서 파생된 클래스들을 나타낸 것이다. CView 클래스에서
파생된 클래스는 크게 CCtrlView 클래스와 CScrollView 클래스로 나뉜다. CCtrlView
클래스는 컨트롤들의 기능을 뷰 차원에서 지원할 수 있도록 한 클래스이고 CScrollView
클래스는 그 외 일반적인 뷰의 기능을 구현한다. [표 11-1]은 각각의 뷰 클래스들에 대한
기능에 관해 설명하고 있다.

[표 11-1] 다양한 뷰 클래스의 종류 및 기능

클래스 이름	기 능
CView	모든 뷰 클래스들의 기저클래스
CCtrlView	컨트롤 기능 뷰 클래스들의 기저클래스
CEditView	에디트 관련 기능을 구현하는 뷰 클래스
CListView	리스트 컨트롤의 기능을 구현하는 뷰 클래스
CRichEditView	리치에디트 컨트롤의 기능을 구현하는 뷰 클래스
CTreeView	트리 컨트롤의 기능을 구현하는 뷰 클래스
CScrollView	스크롤이 가능한 뷰 클래스
CFormView	대화상자 기반의 문서 · 뷰 구조를 갖는 뷰 클래스
CDaoRecordView	DAO를 지원하는 뷰 클래스
CHtmlView	HTML 문서를 보여주는 뷰 클래스
COleDBRecordView	OLE DB를 지원하는 뷰 클래스
CRecordView	ODBC를 지원하는 뷰 클래스

1) 리스트 뷰 (List View)

리스트 뷰는 List Control을 기반으로 하는 뷰 클래스로, 뷰 클래스 전체가 List Control로 구성된다. 리스트 뷰 안의 리스트 구조에 아이템을 삽입하기 위해서는 CListCtrl이라는 컨트롤 객체를 얻어와야 한다. 리스트 뷰의 컨트롤 객체를 얻어 오는 함수는 GetListCtrl() 함수이다. 이 함수는 CListCtrl &형을 반환하며 사용법은 다음과 같다.

```
CListCtrl& ListCtrl = GetListCtrl( );
```

List Control 객체를 얻은 후에 이 객체를 이용하여 아이템을 추가, 수정, 삭제하는 방법은 8장에서 배운 CListCtrl의 멤버 함수인 InsertItem(), SetItem(), DeleteItem() 함수를 사용하면 된다.

2) 트리 뷰 (Tree View)

트리 뷰는 Tree Control을 기반으로 하는 뷰 클래스로, 뷰 클래스 전체가 Tree Control로 구성된다. 여러 항목의 계층 관계를 이미지와 텍스트로 보여줄 때 사용한다. 트리 뷰 안의 트리 구조에 노드를 삽입하기 위해서는 CTreeCtrl이라는 컨트롤 객체를 얻어와야 한다. 트리 뷰의 컨트롤 객체를 얻어 오는 함수는 GetTreeCtrl() 함수이다. 이 함수는 CTreeCtrl &형을 반환하며 사용법은 다음과 같다.

```
CTreeCtrl& TreeCtrl = GetTreeCtrl( );
```

Tree Control 객체를 얻은 후에 이 객체를 이용하여 노드를 추가, 수정, 삭제하는 방법은 8장에서 배운 CTreeCtrl의 멤버 함수인 InsertItem(), SetItemText(), DeleteItem() 함수를 사용하면 된다.

3) 폼 뷰 (Form View)

폼 뷰는 CView 클래스를 상속받은 SDI 형태의 프로그램 구조로 되어 있으면서도 컨트롤을 사용할 수 있는 형태를 말한다. [그림 11-1]처럼 CFormView의 계층도를 보면 알 수 있듯이 CView 클래스에서 상속받은 형태이기 때문에 CMainFrame 클래스의 자식 윈도우로서 동작하게 된다. CDialog 클래스와 마찬가지로 CFormView 클래스를 상속받아서 사용자 정의의 폼 뷰 프로그램을 작성할 수 있다

폼 뷰 형태의 프로그램은 자식 윈도우 내에서 대화상자처럼 컨트롤을 사용할 수 있다는 점을 제외하고는 CView 클래스에서 상속받은 View 클래스와 다른 점은 없다. CFormView 클래스를 상속받아서 프로젝트를 생성하면 하나의 템플릿으로 구성된 클래스 구조를 갖는 애플리케이션을 생성할 수 있다.

4) 스크롤 뷰 (Scroll View)

애플리케이션의 작업 영역의 뷰의 크기보다 크면 스크롤 기능을 이용하여 뷰 영역을 조작할 수 있다. 스크롤 기능을 구현하려면 윈도우에 스크롤바가 있어야 하고 스크롤바를 이동함으로써 뷰 영역의 원하는 위치로 이동할 수 있다. OnHScroll() 및 OnVScroll() 멤버 함수를 재정의하여 파생된 클래스에서 CView 직접 표준 스크롤을 처리할 수 있다.

CScrollView 클래스에는 CView 클래스에 3가지 기능이 추가되었다. 첫째, 창 및 뷰포트 크기와 매핑 모드를 관리한다, 둘째, 스크롤바 메시지에 대한 응답으로 자동 스크롤 된다. 셋째, 키보드, 스크롤 하지 않는 마우스 휠의 메시지에 대한 응답으로 자동 스크롤 된다.

5) HTML 뷰 (HTML View)

CHTMLView 클래스는 MFC의 문서/뷰 아키텍처 컨텍스트 내에서 WebBrowser 컨트롤의 기능을 제공한다. 이렇게 하면 실제로 애플리케이션이 웹 브라우저가 된다. WebBrowser 컨트롤은 사용자가 World Wide Web의 사이트와 로컬 파일 시스템 및 네트워크의 폴더를 찾아볼 수 있는 창이다. WebBrowser 컨트롤은 하이퍼링크와 URL 탐색을 지원하고 기록 목록을 유지 관리한다. 이 클래스를 사용하려면 시스템에 인터넷 익스플로러가 반드시 설치되어 있어야 한다.

실습 11-1   **Form View를 이용하여 문자 출력하기**

이번 실습은 폼 뷰 클래스 내에서 각 컨트롤들을 배치하고 각 컨트롤들을 조작하여 Edit Control에 입력된 글자를 화면에 출력하고 출력된 문자의 위치와 문자의 색상을 변경할 수 있게 구현하는 것이다. 이번 실습을 통해 폼 뷰를 이용한 프로그램 작성법에 대해서 자세히 익힐 수 있다.

Step 1   **SDI 기반의 폼 뷰 프로젝트를 생성한다.**

① 프로젝트 이름을 "Practice11a"라 정한다.

② MFC 애플리케이션 마법사의 [애플리케이션 종류] 단계에서 "단일 문서"를 선택하여 SDI 기반의 프로젝트를 만들고, [프로젝트 스타일] 항목은 "MFC standard"을, [비주얼 스타일 및 색] 항목은 "Windows Native/Default"을 선택한다.

③ [생성된 클래스] 단계에서 [생성된 클래스] 항목을 View로 변경하고 [기본 클래스] 항목을 CFormView 클래스로 선택한 후 마침 버튼을 눌러 프로젝트 생성을 완료한다.

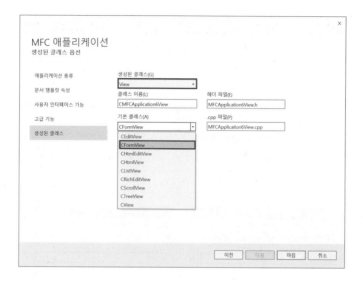

④ 프로젝트 생성을 성공적으로 마치면 다음과 같이 대화상자에서 보았던 초기화면과 같은 화면을 볼 수 있다. 하지만, [클래스 뷰]를 보면 대화상자 기반의 프로젝트와는 달리 CPractice11aApp, CMainFrame, CPractice11aDoc, CPractice11aView등과 같이 SDI 형태의 프로그램 구조와 다를 것이 없음을 알 수 있다. 즉, 폼 뷰 프로그램은 CView 클래스를 상속받은 프로그램 형태에서 클라이언트 영역에 대화상자와 같은 폼이 들어간 형태이다.

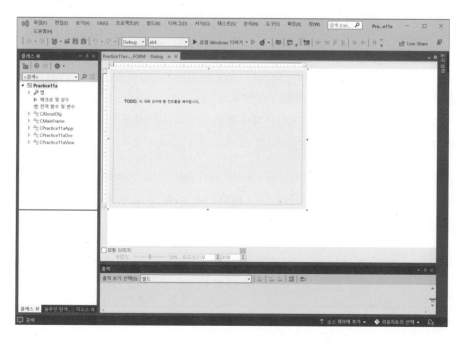

폼 뷰 기반의 프로젝트와 대화상자 기반의 프로젝트의 차이점

폼 뷰로 프로젝트를 생성하면 대화상자 기반의 프로젝트와 다음과 같은 다른 점을 볼 수 있다. 폼 뷰 프로젝트의 대화상자에서 속성 창을 보자. [스타일] 항목은 child 형태이고 [테두리] 항목이 None으로 설정되어 있음을 알 수 있다. 반면에 대화상자 기반의 프로젝트의 경우에는 [스타일] 항목은 Popup 형태이고 [테두리] 항목이 Dialog Frame으로 설정되어 있다. 왜냐하면 CFormView 클래스는 CMainFrame의 자식 윈도우이기 때문이다. 즉, 이 대화상자를 컨트롤하는 주인은 CPractice11aView 클래스이고 이 클래스는 독립적으로 작동하지 않고 CMainFrame 클래스에 삽입된 자식 윈도우란 뜻이다. 다음 그림과 같이 설정되었는지 확인해보자.

[폼 뷰 기반의 프로젝트]

[대화상자 기반의 프로젝트]

Step 2 Form View 대화상자의 폼을 구성한다.

폼 구성은 대화상자 기반 애플리케이션에서 했던 방법과 동일하게 해주면 된다. 폼에 컨트롤을 배치하는 방법을 모두 숙지했더라도 다시 한번 되짚어 보자.

① 대화상자의 폼에 [Group Box], [Static Text], [ab Edit Control], [Slider Control], [Button] 컨트롤들을 아래와 같이 배치한다. 이때 아래 여백 부분은 후에 문자열을 출력할 부분이므로 여유 있게 잡아둔다.

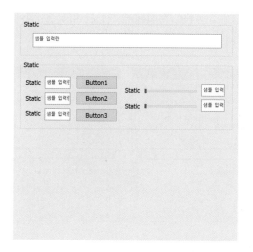

② Group Box와 Static Text의 속성을 설정한다.

   ⓐ 두 개 Group Box의 속성에서 [캡션] 항목을 각각 "[문자열을 입력하세요]"와 "[글자색 및 위치]"로 다음과 같이 설정한다.

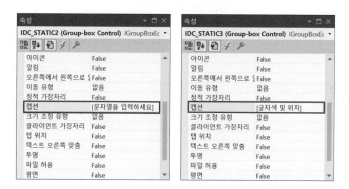

   ⓑ 왼쪽 세 개 Static Text의 속성에서 [캡션] 항목을 위에서부터 순서대로 "R :", "G :", "B :"로 다음과 같이 설정한다.

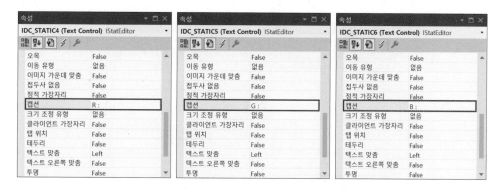

ⓒ 오른쪽 두 개 Static Text의 속성에서 [캡션] 항목을 위에서부터 순서대로 "X :", "Y :"로 다음과 같이 설정한다.

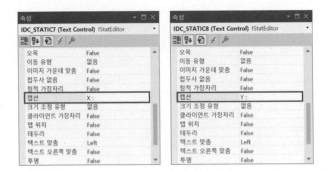

③ Edit Control의 속성을 설정한다.

ⓐ [문자열을 입력하세요] 라는 Group Box 안에 배치된 Edit Control의 속성에서 [ID] 항목을 ID_EDIT_TEXT로 다음과 같이 설정한다.

ⓑ [글자색 및 위치]라는 Group Box 안에 배치된 왼쪽 세 개 Edit Control의 속성에서 [ID] 항목은 위에서부터 순서대로 IDC_EDIT_RED, IDC_EDIT_GREEN, IDC_EDIT_BLUE로, [숫자] 항목은 "True"로, [텍스트 맞춤] 항목은 "Center"로 다음과 같이 설정한다.

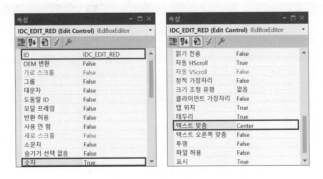

ⓒ [글자색 및 위치]라는 Group Box 안에 배치된 오른쪽 두 개 Edit Control의 속성
창에서 [ID] 항목을 순서대로 IDC_EDIT_X, IDC_EDIT_Y로, [숫자] 항목과 [읽기
전용] 항목을 "True"로, [Align Text] 항목을 "Center"로 다음과 같이 설정한다.

④ Button의 속성을 설정한다.

ⓐ [글자색 및 위치]라는 Group Box 안에 배치된 세 개 Button의 속성에서 [ID] 항목은 위에서부터 IDC_BUTTON_OUTPUT, IDC_BUTTON_COLOR, IDC_BUTTON_RESET으로 [캡션] 항목을 "출력", "글자색 변경", "초기화"로 다음과 같이 설정한다.

⑤ 이제 마지막으로 각 Slider Control의 속성을 설정한다.

ⓐ [글자색 및 위치]라는 Group Box 안에 배치된 두 개 Slider Control의 속성에서 [ID] 항목을 IDC_SLIDER_X, IDC_SLIDER_Y로 다음과 같이 설정한다.

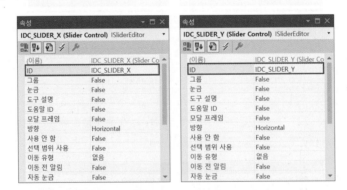

⑥ 위와 같이 속성을 모두 설정하면 다음과 같은 폼이 된다.

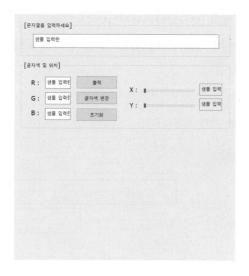

Step 3 컨트롤들을 멤버 변수와 연결한다.

폼 구성이 완료되면 컨트롤들을 멤버 변수와 연결할 차례이다. 컨트롤과 멤버 변수와 연결하는 이유는 이 멤버 변수를 통해 컨트롤을 다루기 위함이다.

① 이제 각 Edit Control에 대해 멤버 변수를 연결한다.

ⓐ Ctrl + Shift + X 키를 눌러 클래스 마법사를 실행시키고 [클래스 이름] 항목은 CPractice11aView을 선택한 후 [멤버 변수] 탭을 선택한다. [멤버 변수] 탭에서 [컨트롤 ID] 항목에 IDC_EDIT_TEXT를 선택한 후 [변수 추가(A)...] 버튼을 누른다.

ⓑ [제어 변수 추가] 대화상자가 나타나면 [범주] 항목은 "값"을 선택하고 [이름] 항목에 m_strText 라고 입력한다. [변수 형식] 항목은 CString으로 그대로 둔 후 마침 버튼을 누른다.

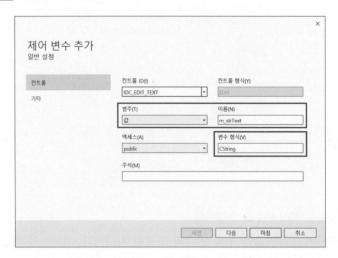

ⓒ 위와 같은 방법으로 IDC_EDIT_RED를 선택하고 변수 추가(A)... 버튼을 누른다. [제어 변수 추가] 대화상자가 나타나면 [범주] 항목은 "값"을 선택하고, [이름] 항목에 m_nRed라고 입력하고 [변수 형식] 항목은 int를 입력한 후 다음 버튼을 누른다. [기타] 컨트롤 시트에서 색상의 범위는 0에서 255이므로 [최솟값] 항목에 0을 [최댓값] 항목에 255로 설정한 후 마침 버튼을 누른다.

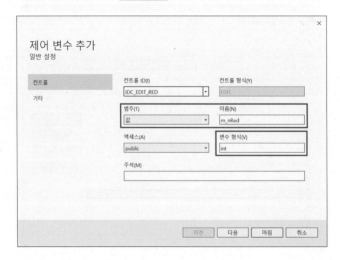

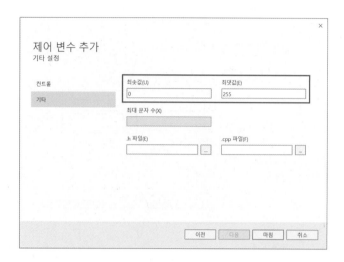

ⓓ 위와 같은 방법으로 [글자색 및 위치] Group Box 안에 있는 왼쪽의 두 번째, 세 번
째 Edit Control과 오른쪽 두 개 Edit Control을 다음과 같이 연결한다.

컨트롤 ID	범주	변수 형식	이름	최솟값	최댓값
IDC_EDIT_GREEN	값	int	m_nGreen	0	255
IDC_EDIT_BLUE	값	int	m_nBlue	0	255
IDC_EDIT_X	값	int	m_nX		
IDC_EDIT_Y	값	int	m_nY		

② 각 Slider Control에 대해 멤버 변수를 연결한다.

ⓐ [글자색 및 위치] Group Box 안에 있는 두 개 Slider Control을 다음과 같이 연결
한다. [제어 변수 추가] 대화상자에서 [범주] 항목과 [변수 형식] 항목은 그대로 두
고, [이름] 항목은 m_sliderX, m_sliderY라고 각각 입력한 후 ⟨ 마침 ⟩ 버튼을 누
른다.

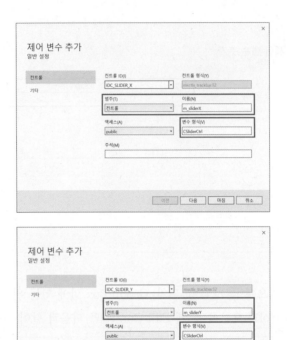

③ 클래스 마법사의 [멤버 변수] 탭을 선택하여 올바르게 연결되었는지 확인해보자.

Step 4   입력한 문자열의 색상을 저장하는 멤버 변수를 추가하고 초기화한다.

① 입력한 문자열의 색상을 저장할 수 있는 멤버 변수를 추가한다.

ⓐ [클래스 뷰]에서 CPractice11aView 클래스를 선택하고 오른쪽 마우스 버튼을 눌러서 나오는 단축 메뉴에서 [추가]–[변수 추가]를 선택한다. [변수 추가] 대화상자가 나타나면 [이름] 항목은 m_colorText로 입력하고 [형식] 항목은 COLORREF으로 설정한다.

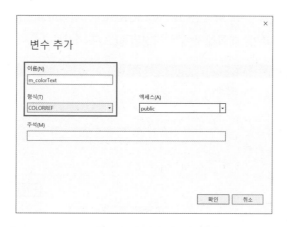

② 위에서 선언한 변수와 문자열의 위치를 나타내는 변수를 생성자 함수인 CPractice11aView()에서 다음과 같이 초기화시킨다.

```
CPractice11aView::CPractice11aView() noexcept
    : CFormView(IDD_PRACTICE11A_FORM)
    , m_strText(_T(""))
    , m_nRed(0)
    , m_nGreen(0)
    , m_nBlue(0)
    , m_nX(0)
    , m_nY(0)
{
    // TODO: 여기에 생성 코드를 추가합니다.
    m_colorText = RGB(0, 0, 0);
    m_nX = 30;
    m_nY = 400;          // 대화상자의 크기와 배치된 컨트롤에 따라 변경될 수 있다.
}
```

Step 5 Button에 대한 메시지를 처리한다.

Button이 눌러졌을 때 Edit Control에 입력된 문자열을 출력하고 색상을 변경하고 위치를 변경하는 메시지 핸들러 함수들을 만든다.

① [출력] 버튼에 대한 메시지 핸들러 함수를 만든다.

    ⓐ [Ctrl]+[Shift]+[X] 키를 눌러 클래스 마법사를 실행시켜 [클래스 이름] 항목에 **CPractice11aView**을 선택하고 [명령] 탭에서 [개체 ID] 항목은 IDC_BUTTON_OUTPUT을, [메시지] 항목은 BN_CLICKED를 선택하고 [처리기 추가(A)...] 버튼을 누른다. [멤버 함수 추가] 대화상자에서 지정된 값으로 지정하고 [확인] 버튼을 누른다.

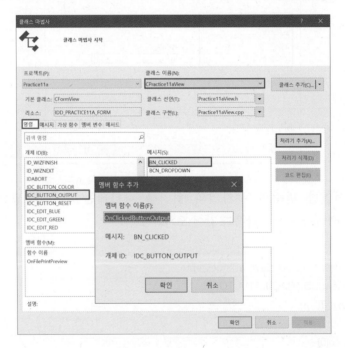

    ⓑ 클래스 마법사의 [코드 편집(E)] 버튼을 눌러 소스 코드 부분으로 이동하여 다음과 같이 코드를 입력한다.

```
void CPractice11aView::OnClickedButtonOutput()
{
    // TODO: 여기에 컨트롤 알림 처리기 코드를 추가합니다.
    UpdateData(TRUE);
    m_colorText = RGB(m_nRed, m_nGreen, m_nBlue);   // 입력된 색상을 문자 색상으로 저장
    //잘못된 색상일 경우 에러 메시지를 보낸다.
```

```
if (m_nRed > 255 || m_nRed < 0 || m_nGreen > 255 || m_nGreen < 0 ||
    m_nBlue > 255 || m_nBlue < 0)
{
    AfxMessageBox(_T("잘못된 색상입니다."));
}
else
{
    Invalidate();
}
}
```

② 글자색 변경 버튼에 대한 메시지 핸들러 함수를 만든다.

ⓐ 위와 같은 방법으로 클래스 마법사를 실행시켜 [클래스 이름] 항목에
CPractice11aView을 선택하고 [명령] 탭에서 [개체 ID] 항목은 IDC_BUTTON_
COLOR를, [메시지] 항목은 BN_CLICKED를 선택하고 처리기 추가(A)... 버튼을 누른다.
[멤버 함수 추가] 대화상자에서 지정된 값으로 지정하고 확인 버튼을 누른다.

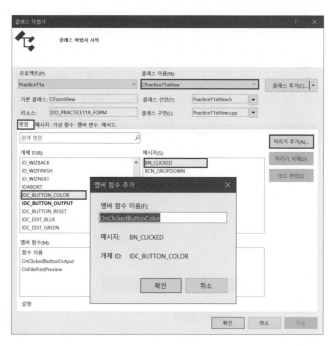

ⓑ 클래스 마법사의 코드 편집(E) 버튼을 눌러 소스 코드 부분으로 이동하여 다음과 같이
코드를 입력한다.

```
void CPractice11aView::OnClickedButtonColor()
{
    // TODO: 여기에 컨트롤 알림 처리기 코드를 추가합니다.
    // 색상 다이얼로그를 띄운다.
    CColorDialog colorDlg;
    if (colorDlg.DoModal() == IDOK)
    {
        m_colorText = colorDlg.GetColor();
    }
    //색상을 나타내는 RGB EditBox에 각 색의 RGB값을 넣어준다.
    m_nRed = GetRValue(m_colorText);
    m_nGreen = GetGValue(m_colorText);
    m_nBlue = GetBValue(m_colorText);

    UpdateData(FALSE);
    Invalidate();
}
```

③ 초기화 버튼에 대한 메시지 핸들러 함수를 만든다.

ⓐ 위와 같은 방법으로 클래스 마법사를 실행시켜 [클래스 이름] 항목에
CPractice11aView을 선택하고 [명령] 탭에서 [개체 ID] 항목은 IDC_BUTTON_
RESET을, [메시지] 항목은 BN_CLICKED를 선택하고 처리기 추가(A)... 버튼을 누른다.
[멤버 함수 추가] 대화상자에서 지정된 값으로 지정하고 확인 버튼을 누른다.

ⓑ 클래스 마법사의 코드 편집(E) 버튼을 눌러 소스 코드 부분으로 이동하여 다음과 같이 코드를 입력한다.

```
void CPractice11aView::OnClickedButtonReset()
{
    // TODO: 여기에 컨트롤 알림 처리기 코드를 추가합니다.
    m_strText.Empty();
    m_nRed = 0;
    m_nGreen = 0;
    m_nBlue = 0;
    m_nX = 30;
    m_nY = 400;
    m_sliderX.SetPos(30);
    m_sliderY.SetPos(400);
    UpdateData(FALSE);
    Invalidate();
}
```

Step 6 Slider Control에 대한 메시지를 처리한다.

Slider Control을 움직일 때 문자열의 위치를 변경하고 Edit Control에 변경된 좌푯값을 출력하는 메시지 핸들러 함수들을 만든다. 이번 실습에서는 표준 가로 Slider Control에서 스크롤 이벤트가 발생할 때 전송되는 메시지인 WM_HSCROLL 메시지를 처리하면 된다.

① WM_HSCROLL 메시지에 대한 메시지 핸들러 함수를 만든다.

ⓐ Ctrl + Shift + X 키를 눌러 클래스 마법사를 실행시켜 [클래스 이름] 항목에 CPractice11aView을 선택하고 [메시지] 탭에서 [메시지] 항목은 WM_HSCROLL를 선택한 후 처리기 추가(A)... 버튼을 누른다.

ⓑ 클래스 마법사의 [코드 편집(E)] 버튼을 눌러 소스 코드 부분으로 이동하여 다음과 같이 코드를 입력한다.

```
void CPractice11aView::OnHScroll(UINT nSBCode, UINT nPos, CScrollBar* pScrollBar)
{
    // TODO: 여기에 메시지 처리기 코드를 추가 및/또는 기본값을 호출합니다.
    if (pScrollBar->GetSafeHwnd() == m_sliderX.m_hWnd)
        m_nX = m_sliderX.GetPos();
    else if (pScrollBar->GetSafeHwnd() == m_sliderY.m_hWnd)
        m_nY = m_sliderY.GetPos();
    else
        return;

    UpdateData(FALSE);
    Invalidate();
    CFormView::OnHScroll(nSBCode, nPos, pScrollBar);
}
```

② OnInitialUpdate() 함수에 Slider Control의 범위를 지정하고 초기화한다.

ⓐ [클래스 뷰]에서 CPractice11aView 클래스의 OnInitialUpdate() 함수를 더블 클릭하여 소스 코드로 이동한다.

ⓑ 🐾 OnInitialUpdate() 함수에 다음과 같은 코드를 기술한다.

```
void CPractice11aView::OnInitialUpdate()
{
    CFormView::OnInitialUpdate();
    GetParentFrame()->RecalcLayout();
    ResizeParentToFit();

    m_sliderX.SetRange(30, 550);        // 범위는 대화상자의 크기와 컨트롤의 배치에 따라 조정
    m_sliderY.SetRange(320, 650);
    m_sliderX.SetPos(30);
    m_sliderY.SetPos(400);
}
```

Step 7 Edit Control에 대한 메시지를 처리한다.

① Red 색상 값을 직접 Edit Control에 입력해도 글자 색이 변경될 수 있게 IDC_EDIT_RED의 ID를 가진 Edit Control에 대한 메시지 핸들러 함수를 만든다.

ⓐ Ctrl + Shift + X 키를 눌러 클래스 마법사를 실행시켜 [클래스 이름] 항목에 CPractice11aView을 선택하고 [명령] 탭에서 [개체 ID] 항목은 IDC_EDIT_RED를, [메시지] 항목은 EN_CHANGE를 선택하고 처리기 추가(A)... 버튼을 누른다. [멤버 함수 추가] 대화상자에서 지정된 값으로 지정하고 확인 버튼을 누른다.

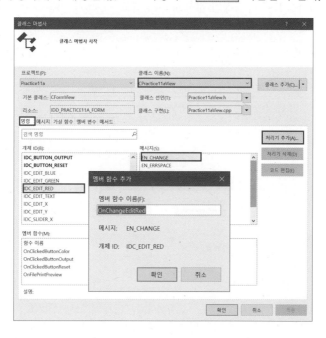

ⓑ 클래스 마법사의 코드 편집(E) 버튼을 눌러 소스 코드 부분으로 이동하여 다음과 같이 코드를 입력한다.

```
void CPractice11aView::OnChangeEditRed()
{
    // TODO:  RICHEDIT 컨트롤인 경우, 이 컨트롤은
    // CFormView::OnInitDialog() 함수를 재지정
    // 하고 마스크에 OR 연산하여 설정된 ENM_CHANGE 플래그를 지정하여
    // CRichEditCtrl().SetEventMask()를 호출하지 않으면
    // 이 알림 메시지를 보내지 않습니다.

    // TODO:  여기에 컨트롤 알림 처리기 코드를 추가합니다.
    UpdateData(TRUE);
    m_colorText = RGB(m_nRed, m_nGreen, m_nBlue);
    Invalidate();
}
```

② Green 값을 직접 Edit Control에 입력해도 글자 색이 변경될 수 있게 IDC_EDIT_GREEN의 ID를 가진 Edit Control에 대한 메시지 핸들러 함수를 만든다.

ⓐ 위와 같은 방법으로 클래스 마법사를 실행시켜 [클래스 이름] 항목에 CPractice11aView 을 선택하고 [명령] 탭에서 [개체 ID] 항목은 IDC_EDIT_GREEN 을, [메시지] 항목은 EN_CHANGE를 선택하고 처리기 추가(A)... 버튼을 누른다. [멤버 함수 추가] 대화상자에서 지정된 값으로 지정하고 확인 버튼을 누른다.

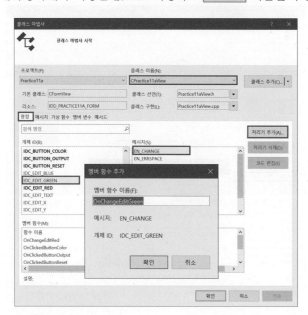

ⓑ 클래스 마법사의 코드 편집(E) 버튼을 눌러 소스 코드 부분으로 이동하여 다음과 같이 코드를 입력한다.

```
void CPractice11aView::OnChangeEditGreen()
{
    // TODO:  RICHEDIT 컨트롤인 경우, 이 컨트롤은
    // CFormView::OnInitDialog() 함수를 재지정
    // 하고 마스크에 OR 연산하여 설정된 ENM_CHANGE 플래그를 지정하여
    // CRichEditCtrl().SetEventMask()를 호출하지 않으면
    // 이 알림 메시지를 보내지 않습니다.

    // TODO: 여기에 컨트롤 알림 처리기 코드를 추가합니다.
    UpdateData(TRUE);
    m_colorText = RGB(m_nRed, m_nGreen, m_nBlue);
    Invalidate();
}
```

③ Blue 값을 직접 Edit Control에 입력해도 글자 색이 변경될 수 있게 IDC_EDIT_BLUE의 ID를 가진 Edit Control에 대한 메시지 핸들러 함수를 만든다.

ⓐ 위와 같은 방법으로 클래스 마법사를 실행시켜 [클래스 이름] 항목에 CPractice11aView을 선택하고 [명령] 탭에서 [개체 ID] 항목은 IDC_EDIT_BLUE를, [메시지] 항목은 EN_CHANGE를 선택하고 처리기 추가(A)... 버튼을 누른다. [멤버 함수 추가] 대화상자에서 지정된 값으로 지정하고 확인 버튼을 누른다.

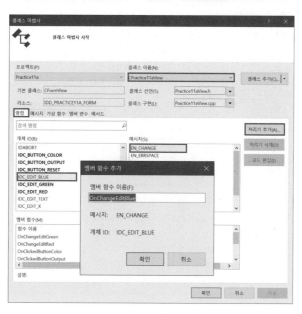

ⓑ 클래스 마법사의 [코드 편집(E)] 버튼을 눌러 소스 코드 부분으로 이동하여 다음과 같이
코드를 입력한다.

```
void CPractice11aView::OnChangeEditBlue()
{
    // TODO:  RICHEDIT 컨트롤인 경우, 이 컨트롤은
    // CFormView::OnInitDialog() 함수를 재지정
    // 하고 마스크에 OR 연산하여 설정된 ENM_CHANGE 플래그를 지정하여
    // CRichEditCtrl().SetEventMask()를 호출하지 않으면
    // 이 알림 메시지를 보내지 않습니다.

    // TODO:  여기에 컨트롤 알림 처리기 코드를 추가합니다.
    UpdateData(TRUE);
    m_colorText = RGB(m_nRed, m_nGreen, m_nBlue);
    Invalidate();
}
```

Step 8 윈도우에 문자열을 출력한다.

① 🔧 CPractice11aView 클래스에 OnDraw() 함수를 추가한다.

ⓐ [Ctrl]+[Shift]+[X] 키를 눌러 클래스 마법사를 실행시켜 [클래스 이름] 항목에
CPractice11aView을 선택하고 [가상함수] 탭에서 OnDraw 를 선택하고 [함수 추가(A)] 버
튼을 누른다.

ⓑ [코드 편집(E)] 버튼을 눌러 💡 OnDraw(CDC * pDC)함수로 이동해 다음과 같이 코딩한다. 코딩 전에 매개변수에 주석 처리된 부분을 제거한다.

```
void CPractice11aView::OnDraw(CDC* pDC)      // /*pDC*/ 주석을 제거한다.
{
    // TODO: 여기에 특수화된 코드를 추가 및/또는 기본 클래스를 호출합니다.
    pDC->SetTextColor(m_colorText);
    pDC->TextOut(m_nX, m_nY, m_strText);
}
```

[Step 9] 프로그램을 실행시켜보자.

① [Ctrl]+[F7] 키를 눌러 컴파일하고 에러가 없다면 [Ctrl]+[F5]를 눌러 프로그램을 실행시켜보자. 다음과 같이 출력되는 것을 볼 수 있다.

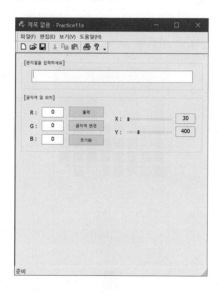

② 다음과 같이 문자열을 입력하고 [출력] 버튼을 눌러 문자열을 출력해 보자.

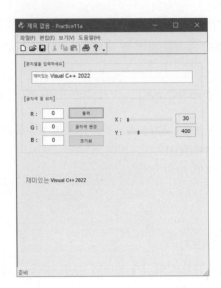

③ 글자색 변경 버튼을 누르거나 직접 Edit Control에 입력하여 글자의 색상을 변경해 보자.
색상 대화상자에서 "파랑색"을 선택해 보자.

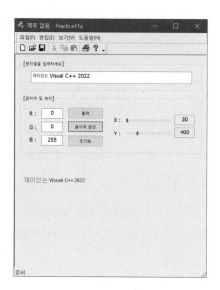

④ Slider Control을 조작해서 글자의 위치를 (270, 550)으로 변경해 보자.

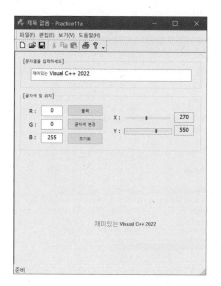

⑤ 　초기화　 버튼을 누르면 글의 입력란과 글자 색을 나타내는 Edit Control의 내용, 글자
의 위치를 나타내는 Slider Control 및 Edit Control의 내용이 초기화되고 출력한 데
이터도 지워지는지 확인해보자.

11.2 분할 윈도우

분할 윈도우(Split Windows)라는 것은 프레임의 뷰 영역을 두 개 이상의 영역으로 나누어 서 보여주기 위한 것이다. 분할된 뷰 영역에서 같은 내용을 보이기도 하지만 주사용 목적 은 관련 있는 데이터를 서로 다른 모습으로 보이거나 도큐먼트의 서로 다른 부분을 보여주 기 위함이다. 분할 윈도우에는 동적 분할 윈도우와 정적 분할 윈도우가 있다.

동적 분할 윈도우는 처음에는 하나의 뷰 영역을 나타내지만, 사용자가 원하면 뷰 영역을 나눌 수 있는 것이고 정적 분할 윈도우는 프로그램 실행 처음부터 뷰 영역이 나누어져 있 는 것이다. 정적 분할 윈도우는 동적 분할 윈도우와는 달리 프로그램 실행 도중에 윈도우 의 영역을 나눌 수 없다.

다음 그림과 같은 탐색기 프로그램이 분할 윈도우를 사용한 것인데 가운데 뷰 영역을 나 누는 분할 바를 기준으로 왼쪽은 디스크의 폴더를 트리 형태로 보여주는 것이고 오른쪽은 리스트 형태로 보여주는 것이다.

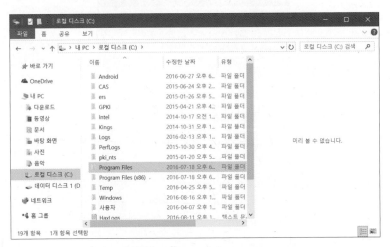

[그림 11-2] 분할 윈도우의 예

● 동적 분할 윈도우 생성 방법

동적 분할 윈도우는 별도의 코드 추가 없이 애플리케이션 마법사에서 자동으로 만들어 준다.

① [사용자 인터페이스 기능] 단계에서 다음과 같이 [주 프레임 스타일] 항목에서
☐ 분할 창(P) 항목에 체크 표시를 한 후 [마침] 버튼을 누르면 동적 분할 윈도우가 만 들어진다.

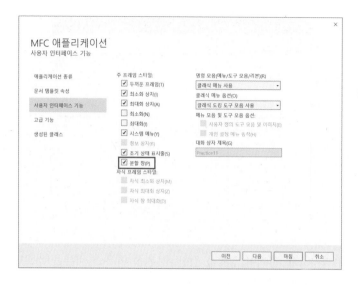

② 프로젝트의 생성을 완성한 후 Ctrl+F7 키를 눌러 컴파일하고 에러가 없다면 Ctrl +F5를 눌러 프로그램을 실행시켜 보자. 다음 그림과 같이 실행될 것이다.

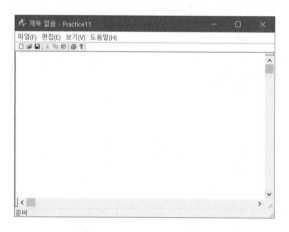

③ 언뜻 보기엔 전혀 분할 윈도우 같지 않아 보일 것이다. 그러나 [보기] 메뉴의 [분할] 항 목을 선택해 보자, 다음 그림과 같이 분할된 윈도우 영역을 선택할 수 있는 분리선이 나타날 것이다.

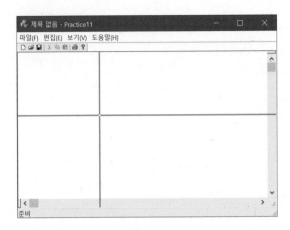

④ 이 상태에서 마우스를 움직여 영역을 정한 후 왼쪽 마우스 버튼을 누르면 다음 그림과 같이 뷰 영역이 분할될 것이다.

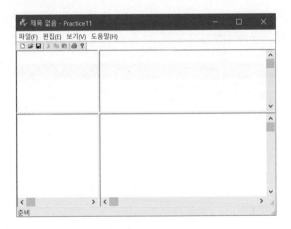

⑤ 이렇게 해서 사용자가 추가적인 소스 코드 작업 없이 동적 분할 윈도우가 생성됐다. 말 그대로 프로그램을 한 것이 아니라 애플리케이션 마법사에 의해 저절로 생성된 것이다. 이렇게 뷰 영역이 분할된 상태에서 분할 영역의 크기를 변경시키고자 할 때는 분할 바에 마우스 커서를 위치시킨 후 클릭한 상태에서 드래그하면 영역 설정 바가 생겨나서 분할 영역 크기를 다시 조정할 수 있다. 그리고 다시 원래 상태대로 분할 영역을 없애고 싶다 면 분할 바에 마우스 커서를 위치시킨 후 더블클릭하게 되면 분할 바가 없어질 것이다.

⑥ 자동으로 생성된 소스 프로그램을 분석해보자

ⓐ 분할 윈도우를 만들기 위해서는 CSplitterWnd 클래스를 사용하는데 이 클래스의 객체가 🔧 CMainFrame 클래스에 멤버 변수로 등록되었음을 확인할 수 있다.

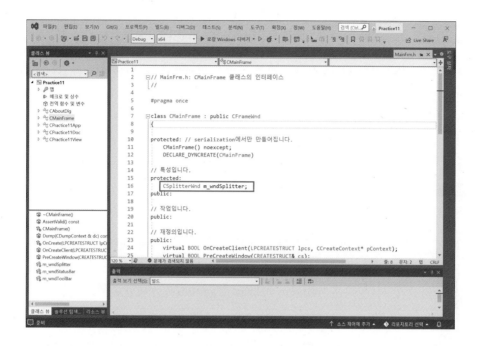

ⓑ ⚙ CMainFrame 클래스의 멤버 함수인 OnCreateClient() 함수에서 CSplitterWnd 클래스의 Create() 함수를 이용해서 분할 윈도우를 만드는 것이다. 동적 분할 윈도우는 Create() 함수를 이용해서 만들고 정적 분할 윈도우는 CreatStatic() 함수를 이용하여 만든다는 사실을 알아두자. OnCreateClient() 함수는 뷰 영역이 생성될 때 자동으로 호출되는 함수인데 이 함수에서 동적 분할 윈도우를 만드는 것이다. 다음 소스 코드를 동적 분할 윈도우를 생성하는 코드이다.

```
BOOL CMainFrame::OnCreateClient(LPCREATESTRUCT /*lpcs*/, CCreateContext* pContext)
{
    return m_wndSplitter.Create(this,
        2, 2,                    // TODO: 행 및 열의 개수를 조정합니다.
        CSize(10, 10),           // TODO: 최소 창 크기를 조정합니다.
        pContext);
}
```

● 정적 분할 윈도우 생성 방법

⚙ CMainFrame 클래스의 멤버 함수인 OnCreateClient() 함수에서 CSplitterWnd 클래스의 CreateStatic() 함수를 이용해서 정적 분할 윈도우를 만든다. 정적 분할 윈도우를 생성하는 자세한 방법은 〈실습 11-2〉를 통해 익히게 될 것이다.

실습 11-2 정적 분할 윈도우를 이용한 트리를 생성하는 프로그램 만들기

이번 실습은 정적 분할 윈도우를 이용하여 한쪽은 Form View, 다른 한쪽은 CTreeView
를 배치한다. 그리고 Form View에서 노드 정보를 입력하고 노드를 추가하면 Tree View
영역에 트리를 보여주고 Form View에는 트리의 노드를 추가, 수정, 삭제할 수 있는 기능
을 가지는 프로젝트를 생성한다.

Step 1 SDI 기반의 프로젝트를 생성한다.

① 프로젝트 이름을 "Practice11b"라 정한다.

② MFC 애플리케이션 마법사의 [애플리케이션 종류] 단계에서 "단일 문서"를 선택하여
SDI 기반의 프로젝트를 만들고, [프로젝트 스타일] 항목은 "MFC standard"을, [비주
얼 스타일 및 색] 항목은 "Windows Native/Default"을 선택한다.

③ [생성된 클래스] 단계에서 [생성된 클래스] 항목을 View로 변경하고 [기본 클래스] 항목
을 CTreeView 클래스로 선택한 후 [마침] 버튼을 눌러 프로젝트 생성을 완료한다.

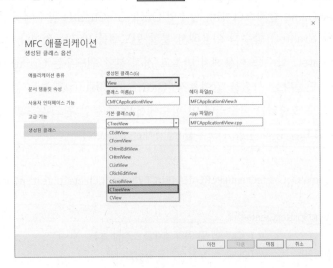

Step 2 왼쪽 분할 영역에 나타날 폼 뷰를 생성한다.

① 트리에 노드를 추가, 수정, 삭제하는 기능을 가진 대화상자를 생성하고 속성을 설정한다.

ⓐ [리소스 뷰]에서 ▣ Dialog를 선택하고 오른쪽 마우스를 눌러 나타나는 단축 메뉴에
서 [리소스 추가]를 클릭하면 [리소스 추가] 대화상자가 나타난다. [리소스 추가] 대
화상자에서 [리소스 형식] 항목에서 ▣ Dialog의 트리를 확장하고 ▣ IDD_FORMVIEW
를 선택한 다음 [새로 만들기(N)] 버튼을 눌러 대화상자가 생성한다.

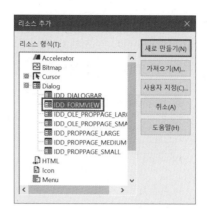

② 새로 생성된 대화상자에 다음과 같이 컨트롤을 배치하고 속성을 설정한다.

ⓐ [도구상자]를 이용하여 각 컨트롤을 다음과 같이 배치한다.

ⓑ 대화상자 폼에서 [Static Text]를 선택하고 오른쪽 마우스 버튼을 눌러서 나오는 단
축 메뉴에서 [속성] 항목을 선택하여 나타나는 [Text Control] 속성창의 [캡션] 항
목을 각각 "입력 노드 :", "내가 선택한 노드 :"라고 입력한다.

ⓒ 대화상자 폼에서 위에 있는 [Edit Control]을 선택하고 오른쪽 마우스 버튼을 눌러서 나오는 단축 메뉴에서 [속성] 항목을 선택하여 나타나는 [Edit Control] 속성창의 [ID] 항목을 IDC_EDIT_NODE라고 입력한다.

ⓓ 대화상자 폼에서 아래에 있는 [Edit Control]을 선택하고 오른쪽 마우스 버튼을 눌러서 나오는 단축 메뉴에서 [속성] 항목을 선택하여 나타나는 [Edit Control] 속성창의 [ID] 항목을 IDC_EDIT_SELECTED_NODE라고 입력하고 [읽기 전용] 항목을 True로 [테두리] 항목을 False로 변경한다.

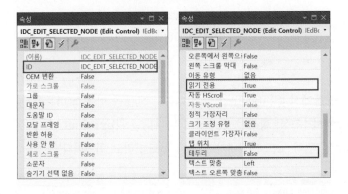

ⓔ 대화상자 폼에서 [Button]을 선택하고 오른쪽 마우스 버튼을 눌러서 나오는 단축 메뉴에서 [속성] 항목을 선택하여 나타나는 [Button Control] 속성창의 [ID] 항목을 위에서부터 차례로 IDC_BUTTON_INSERT, IDC_BUTTON_MODIFY, IDC_BUTTON_DELETE라고 입력하고 [캡션] 항목은 각각 "추가", "수정", "삭제"로 설정한다.

ⓕ 위와 같이 모두 설정하였으면 다음과 같은 폼이 만들어질 것이다.

③ 새로 생성된 대화상자와 연결할 클래스를 생성한다.

    ⓐ 지금 생성한 대화상자를 더블클릭하면 [MFC 클래스 추가] 대화상자가 나타난
다. [MFC 클래스 추가] 대화상자에서 새로운 대화상자의 [클래스 이름] 항목은
CLeftViewDlg로 설정하고 [기본 클래스]는 CFormView 클래스로 설정한다. 다음
그림과 같이 지정되었으면 [확인] 버튼을 눌러 새로운 클래스를 생성한다.

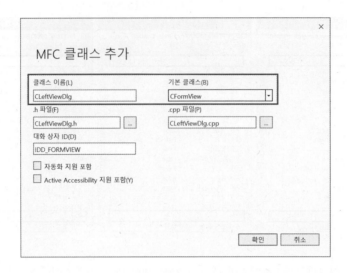

Step 3 컨트롤들을 멤버 변수와 연결하고 클래스에 필요한 멤버 변수를 선언한다.

① Ctrl + Shift + X 키를 눌러 클래스 마법사를 실행시키고 [클래스 이름] 항목에
CLeftViewDlg을 선택하고 [멤버 변수] 탭에서 [컨트롤 ID] 항목은 IDC_EDIT_NODE를
선택하고 변수 추가(A)... 버튼을 누른다.

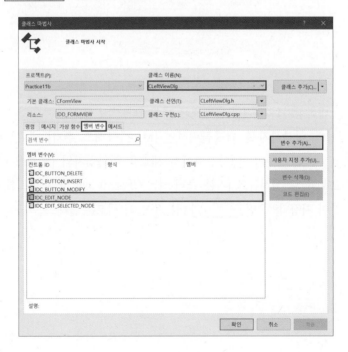

② [제어 변수 추가] 대화상자가 나타나면 [범주] 항목을 "값"으로 선택하고 [이름] 항목에 m_strNodeText라고 입력하고 [변수 형식] 항목은 CString으로 그대로 두고 [마침] 버튼을 누른다.

③ 위와 같이 클래스 마법사를 사용하여 나머지 Edit Control에 대해서도 멤버 변수와 연결하도록 한다. [제어 변수 추가] 대화상자가 나타나면 [범주] 항목에 "값"을 [이름] 항목에 m_strSelectedNode이라고 입력하고 [변수 형식] 항목은 CString으로 그대로 두고 [마침] 버튼을 누른다.

④ 각 컨트롤과 멤버 변수가 잘 연결되었는지 클래스 마법사의 [멤버 변수] 탭을 선택하여 확인해보자.

⑤ [클래스 뷰]에서  **CPractice11bView** 클래스를 선택하고 오른쪽 마우스 버튼을 눌러서 나타나는 단축 메뉴에서 [추가]–[변수 추가]를 선택한다. [변수 추가] 대화상자가 나타나면 [이름] 항목은 m_hRoot로 [변수 형식] 항목은 HTREEITEM으로 입력하고 확인 버튼을 눌러 멤버 변수를 추가한다. 이 변수는 Tree View의 최상위 노드의 핸들 값을 저장하기 위해 변수를 추가한 것이다. 노드 삭제 시 최상위 노드를 삭제할 수 없으므로 이 변수와 비교하기 위해 저장하고 있어야 할 것이다.

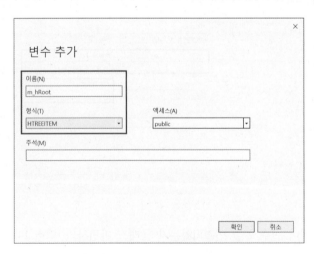

⑥ 위와 같은 방법으로 [변수 추가] 대화상자가 나타나면 [이름] 항목은 m_
hSelectedNode로 [변수 형식] 항목은 HTREEITEM으로 입력하고 확인 버튼을
눌러 멤버 변수를 추가한다. 이 변수는 Tree View에서 현재 선택된 노드의 핸들 값을
저장하기 위한 것이다. 노드 추가, 수정, 삭제 시 현재 선택된 노드를 알아야 하기 때문
이다.

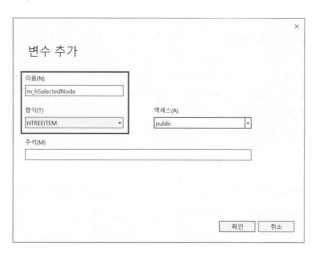

Step 4 오른쪽 분할 영역인 Tree View를 초기화한다.

Tree View를 초기화시키는 멤버 함수는 🔧 OnInitialUpdate() 함수이다. 그러므로 Tree
View의 초기화 설정 루틴을 이 함수에 추가해야 할 것이다. 초기화 순서를 고려해 보면
다음과 같을 것이다. 첫째, Tree View에 "루트 노드"라는 이름의 최상위 노드를 생성한
다. 둘째, 생성한 최상위 노드의 핸들값을 에러 처리에 사용하기 위해 멤버 변수에 저장한
다. 그럼 다음 코드를 🔧 OnInitialUpdate() 함수에 기술해 보자.

① [클래스 뷰]에서 🔩 CPractice11bView 클래스의 🔧 OnInitialUpdate() 함수를 더블 클릭
하여 함수 본체로 이동한다. 🔧 OnInitialUpdate() 함수에 다음과 같이 코딩한다. 일반
Tree View 안의 트리 구조에 노드를 삽입하기 위해서는 CTreeCtrl 이라는 컨트롤 객
체를 얻어와야 한다. Tree View의 컨트롤 객체를 얻어 오는 함수는 GetTreeCtrl( )
함수이다.

```
void CPractice11bView::OnInitialUpdate()
{
    CTreeView::OnInitialUpdate();
    CTreeCtrl& TreeCtrl = GetTreeCtrl();

    m_hRoot = TreeCtrl.InsertItem(_T("루트노드"), 0, TVI_LAST);
    TreeCtrl.ModifyStyle(0,TVS_LINESATROOT | TVS_HASBUTTONS | TVS_HASLINES | TVS_SHOWSELALWAYS);
    m_hSelectedNode = m_hRoot;

    CLeftViewDlg* pDlg = (CLeftViewDlg*)this->GetNextWindow(GW_HWNDPREV);
    pDlg->m_strSelectedNode = TreeCtrl.GetItemText(m_hSelectedNode);
    pDlg->UpdateData(FALSE);
}
```

② 🐾 OnInitialUpdate() 함수에서 🐾 CLeftViewDlg 클래스의 참조 객체를 생성하고 있다. 그러나 🐾 CPractice11bView 클래스는 🐾 CLeftViewDlg 클래스에 대한 아무런 정보도 가지고 있지 않으므로 Practice11bView.cpp 파일에 🐾 CLeftViewDlg 클래스의 헤더파일을 추가해야 한다.

```
// Practice11bView.cpp: CPractice11bView 클래스의 구현
//

#include "pch.h"
#include "framework.h"
// SHARED_HANDLERS는 미리 보기, 축소판 그림 및 검색 필터 처리기를 구현하는 ATL 프로젝트에서 정의할 수 있으며
// 해당 프로젝트와 문서 코드를 공유하도록 해 줍니다.
#ifndef SHARED_HANDLERS
#include "Practice11b.h"
#endif

#include "Practice11bDoc.h"
#include "Practice11bView.h"
#include "CLeftViewDlg.h"

#ifdef _DEBUG
#define new DEBUG_NEW
#endif
```

Step 5 정적 분할 윈도우를 설정한다.

윈도우를 정적으로 분할하여 왼쪽에는 Form View를 오른쪽에는 Tree View가 배치되도록 설정한다.

① 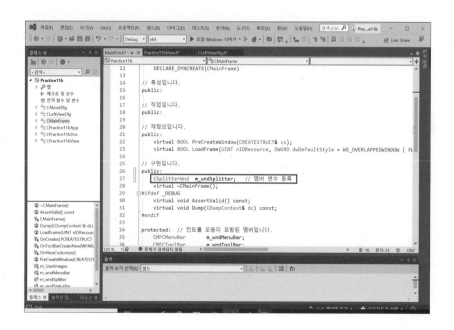 CMainFrame 클래스에 CSplitterWnd 클래스의 객체를 멤버 변수로 등록한다. [클래스 뷰]에서 CMainFrame 클래스를 더블 클릭하면 CMainFrame 클래스가 정의된 MainFrm.h 파일로 이동한다. MainFrm.h 파일에 다음과 같이 코드를 기술한다.

```
// 구현입니다.
public:
    CSplitterWnd  m_wndSplitter;   // 멤버 변수 등록
    virtual ~CMainFrame();
#ifdef _DEBUG
    virtual void AssertValid() const;
    virtual void Dump(CDumpContext& dc) const;
#endif
```

② Ctrl + Shift + X 키를 눌러 클래스 마법사를 실행시키고 [클래스 이름] 항목에 CMainFrame 클래스를 선택하고 [가상함수] 탭에서 OnCreateClient를 선택한 후 함수 추가(A) 버튼을 눌러 OnCreateClient() 함수를 추가시킨다.

OnCreateClient() 함수

OnCreateClient() 함수는 프레임 윈도우의 클라이언트 영역이 생성될 때 애플리케이션 프레임워크로부터 호출되는 함수이다. 분할 윈도우를 사용하기 위해서 **CSplitterWnd** 클래스의 객체를 메인 프레임 클래스에 멤버 변수로 등록하였는데 이 객체를 OnCreateClient() 함수 내에서 Create() 함수나 CreateStatic() 함수를 사용하여 분할 윈도우를 생성하는 것이다.

virtual BOOL OnCreateClient(LPCREATESTRUCT lpcs, CCreateContext* pContext);

• lpcs : 윈도우 CREATESTRUCT 구조를 위한 포인터
• pContext : CCreateContext 구조를 위한 포인터

③ 코드 편집(E) 버튼을 눌러서 🔩 OnCreateClient() 함수에 다음과 같이 코드를 입력한다. 다음 코드는 CSplitterWnd 클래스의 객체인 m_wndSplitter의 CreateStatic() 함수를 이용해서 정적 분할 윈도우를 생성시키고 각 영역에 특정 뷰를 설정하기 위해서는 CreateView() 함수를 이용한다.

```
BOOL CMainFrame::OnCreateClient(LPCREATESTRUCT lpcs, CCreateContext* pContext)
{
    // TODO: Add your specialized code here and/or call the base class
    m_wndSplitter.CreateStatic(this, 1, 2);
    m_wndSplitter.CreateView(0, 0, RUNTIME_CLASS(CLeftViewDlg), CSize(300, 300), pContext);
    m_wndSplitter.CreateView(0, 1, RUNTIME_CLASS(CPractice11aView), CSize(600,300), pContext);

    return TRUE;
    //return CFrameWndEx::OnCreateClient(lpcs, pContext);
}
```

CreateStatic() 함수

CreateStatic() 함수는 정적 분할 윈도우를 만들기 위한 멤버 함수로 함수의 원형은 다음과 같다.

BOOL CreateStatic(CWnd* pParentWnd, int nRows, int nCols, DWORD dwStyle = WS_CHILD |
    WS_VISIBLE, UINT nID = AFX_IDW_PANE_FIRST);

- pParentWnd : 분할 윈도우의 부모 프레임 윈도우의 핸들
- nRows : 행의 수
- nCols : 열의 수
- dwStyle : 윈도우 스타일 명시
- nID : 윈도우의 차일드 윈도우 ID

CreateView() 함수

CreateView() 함수는 정적 분할 윈도우 창을 생성하기 위해 호출되는 멤버 함수로 정적 분할 윈도우의 사용자가 창(영역) 열 또는 행을 분할하고자 할 때 새 창을 생성해준다. 이 함수의 원형은 다음과 같다.

virtual BOOL CreateView(int row, int col, CRuntimeClass* pViewClass, SIZE sizeInit, CCreateContext* pContext);

- row : 새로운 뷰 윈도우를 위한 분할 윈도우의 행
- col   새로운 뷰 윈도우를 위한 분할 윈도우의 열
- pViewClass : 새로운 뷰의 CRunTimeClass를 명시
- sizeInit : 새로운 뷰 윈도우의 처음 크기
- pContext : 새로운 뷰 윈도우와 연결하고자 하는 도큐먼트의 정보를 가지는 포인터

④ ⁂ OnCreateClient() 함수에서 ⁂ CPractice11bView 클래스와 ⁂ CLeftViewDlg 클래스를 두 개의 뷰로 분할된 영역에 설정하였다. 그러나 ⁂ CMainFrame 클래스는 이 두 클래스

에 대한 아무런 정보도 가지고 있지 않으므로 MainFrm.cpp 파일에 이 두 뷰 클래스의 헤더파일을 추가해야 한다. 또한 ☙ CPractice11bDoc 클래스의 헤더파일도 추가한다.

```
// MainFrm.cpp : CMainFrame 클래스의 구현
//
#include "pch.h"
#include "framework.h"
#include "Practice11b.h"

#include "MainFrm.h"
#include "Practice11bDoc.h"
#include "Practice11bView.h"
#include "CLeftViewDlg.h"
```

⑤ ☙ CMainFrame 클래스의 ☙ PreCreateWindow(CREATESTRUCT & cs) 함수에 다음과 같이 추가한다. 이 코드는 출력되는 전체 윈도우의 크기를 설정해주는 것이다.

```
BOOL CMainFrame::PreCreateWindow(CREATESTRUCT& cs)
{
    if( !CFrameWnd::PreCreateWindow(cs) )
        return FALSE;
    // TODO: CREATESTRUCT cs를 수정하여 여기에서
    //    Window 클래스 또는 스타일을 수정합니다.
    cs.x = 0;
    cs.y = 0;
    cs.cx = 800;
    cs.cy = 600;
    return TRUE;
}
```

⑥ Ctrl+F7 키를 눌러 컴파일하고 에러가 없다면 Ctrl+F5를 눌러 프로그램을 실행시켜보자. 다음 그림과 같이 실행될 것이다. 우리가 원하던 대로 분할 바의 왼쪽 영역은 Form View의 형태이고 오른쪽 영역은 Tree View의 모습이다.

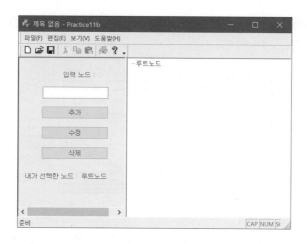

Step 6 Form View의 각 컨트롤에 대한 메시지 핸들러 함수를 생성한다.

Tree Control에 노드를 추가, 수정, 삭제하기 위해서는 현재 선택된 노드가 무엇인지 알아야 할 것이다. 먼저 현재 선택된 노드에 대한 핸들을 저장하기 위한 메시지 핸들러 함수를 작성하고 추가, 수정, 삭제 버튼에 대한 메시지 핸들러 함수를 작성하도록 한다.

① 현재 선택한 노드에 대한 핸들 값을 저장하는 메시지 핸들러 함수를 작성한다. 이 메시지 핸들러 함수의 역할은 현재 선택된 노드의 핸들 값을 멤버 변수에 저장할 뿐만 아니라 선택된 노드의 이름을 대화상자 밑 부분에 "현재 선택된 노드" 옆에 있는 Edit Control에 출력한다.

ⓐ Tree Control의 선택이 변경될 때 =TVN_SELCHANGED 메시지가 발생하게 된다. 이 메시지에 대한 핸들러 함수를 작성하기 위해 클래스 마법사를 실행하여 [클래스 이름] 항목에서 **CPractice11bView**을 선택하고 [메시지] 항목에 =TVN_SELCHANGED를 선택한다. 그리고 처리기 추가(A)... 버튼을 클릭하면 메시지 핸들러 함수가 추가된다.

ⓑ 클래스 마법사에서 [코드 편집(E)] 버튼을 눌러서 함수 본체로 이동하여 다음과 같이 코딩한다.

```
void CPractice11bView::OnTvnSelchanged(NMHDR* pNMHDR, LRESULT* pResult)
{
    LPNMTREEVIEW pNMTreeView = reinterpret_cast<LPNMTREEVIEW>(pNMHDR);
    // TODO: 여기에 컨트롤 알림 처리기 코드를 추가합니다.
    *pResult = 0;
    m_hSelectedNode = pNMTreeView->itemNew.hItem;

    CLeftViewDlg* pDlg = (CLeftViewDlg*)this->GetNextWindow(GW_HWNDPREV);
    pDlg->m_strSelectedNode = GetTreeCtrl().GetItemText(m_hSelectedNode);
    pDlg->UpdateData(FALSE);
}
```

② [추가] 버튼에 대한 메시지 핸들러를 작성한다.

ⓐ 클래스 마법사를 이용해서 [추가] 버튼에 대한 메시지 핸들러 함수를 다음과 같이 생성한다. [클래스 이름] 항목에서 CLeftViewDlg을 선택하고 [명령] 탭이 선택된 상태에서 [개체 ID] 항목에 IDC_BUTTON_INSERT를 선택하고 [메시지] 항목에 BN_CLICKED를 선택한다. 그리고 [처리기 추가(A)...] 버튼을 클릭하면 나타나는 [멤버 함

수 추가] 대화상자에서 지정된 함수 이름을 그대로 두고 [확인] 버튼을 누르면 메
시지 핸들러 함수가 추가된다.

ⓑ 함수를 생성한 후 [코드 편집(E)] 버튼을 누르고 다음과 같이 코딩한다.

```
void CLeftViewDlg::OnClickedButtonInsert()
{
    // TODO: 여기에 컨트롤 알림 처리기 코드를 추가합니다.
    CPractice11bView* pView = (CPractice11bView*)this->GetNextWindow();
    UpdateData(TRUE);
    if (!m_strNodeText.IsEmpty())
    {
        pView->GetTreeCtrl().InsertItem(m_strNodeText, pView->m_hSelectedNode, TVI_LAST);
        pView->GetTreeCtrl().Expand(pView->m_hSelectedNode, TVE_EXPAND);
    }
    else
    {
        AfxMessageBox(_T("입력 노드의 텍스트를 입력하세요."));
    }
    m_strNodeText.Empty();
    UpdateData(FALSE);
}
```

ⓒ CPractice11bView 클래스의 인스턴스를 얻기 위해 CLeftViewDlg 클래스의 소스 파일 상단에 CPractice11bDoc 클래스와 CPractice11bView 클래스의 헤더 파일을 include 시킨다.

```
// CLeftViewDlg.cpp: 구현 파일
//

#include "pch.h"
#include "Practice11b.h"
#include "CLeftViewDlg.h"
#include "Practice11bDoc.h"
#include "Practice11bView.h"
```

③ 수정 버튼에 대한 메시지 핸들러를 작성한다.

ⓐ 클래스 마법사를 이용해서 수정 버튼에 대한 메시지 핸들러 함수를 다음과 같이 생성한다. [클래스 이름] 항목에서 CLeftViewDlg을 선택하고 [명령] 탭이 선택된 상태에서 [개체 ID] 항목에 IDC_BUTTON_MODIFY를 선택하고 [메시지] 항목에 BN_CLICKED를 선택한다. 그리고 처리기 추가(A)... 버튼을 클릭하면 나타나는 [멤버 함수 추가] 대화상자에서 지정된 함수 이름을 그대로 두고 확인 버튼을 누르면 메시지 핸들러 함수가 추가된다.

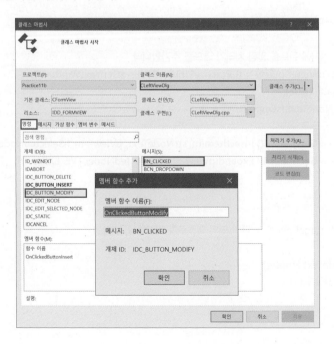

ⓑ 함수를 생성한 후 [코드 편집(E)] 버튼을 누르고 다음과 같이 코딩한다.

```
void CLeftViewDlg::OnClickedButtonModify()
{
    // TODO: 여기에 컨트롤 알림 처리기 코드를 추가합니다.
    CPractice11bView* pView = (CPractice11bView*)this->GetNextWindow();
    UpdateData(TRUE);
    if (!m_strNodeText.IsEmpty())
    {
        if (pView->m_hSelectedNode != pView->m_hRoot)
        {
            pView->GetTreeCtrl().SetItemText(pView->m_hSelectedNode, m_strNodeText);
            m_strSelectedNode = m_strNodeText;
        }
        else
        {
            AfxMessageBox(_T("루트 노드는 수정해서는 안 됩니다."));
        }
    }
    else
    {
        AfxMessageBox(_T("수정 노드의 텍스트를 입력하세요."));
    }
    m_strNodeText.Empty();
    UpdateData(FALSE);
}
```

④ [삭제] 버튼에 대한 메시지 핸들러를 작성한다.

ⓐ 클래스 마법사를 이용해서 [삭제] 버튼에 대한 메시지 핸들러 함수를 다음과 같이 생성한다. [클래스 이름] 항목에서 **CLeftViewDlg**을 선택하고 [명령] 탭이 선택된 상태에서 [개체 ID] 항목에 IDC_BUTTON_DELETE를 선택하고 [메시지] 항목에 BN_CLICKED를 선택한다. 그리고 [처리기 추가(A)...] 버튼을 클릭하면 나타나는 [멤버 함수 추가] 대화상자에서 지정된 함수 이름을 그대로 두고 [확인] 버튼을 누르면 메시지 핸들러 함수가 추가된다.

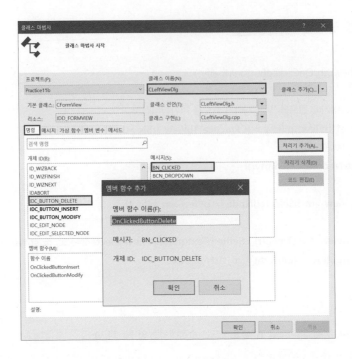

ⓑ 함수를 생성한 후 코드 편집(E) 버튼을 누르고 다음과 같이 코딩한다.

```
void CLeftViewDlg::OnClickedButtonDelete()
{
    // TODO: 여기에 컨트롤 알림 처리기 코드를 추가합니다.
    CPractice11bView* pView = (CPractice11bView*)this->GetNextWindow();
    if (pView->m_hSelectedNode != pView->m_hRoot)
    {
        if (AfxMessageBox(_T("정말 삭제하시겠습니까?"), MB_YESNO | MB_ICONQUESTION) == IDYES)
        {
            pView->GetTreeCtrl().DeleteItem(pView->m_hSelectedNode);
        }
    }
    else
    {
        AfxMessageBox(_T("루트 노드는 삭제해서는 안 됩니다."));
    }
}
```

Step 7 프로그램을 실행시켜보자.

① Ctrl+F7 키를 눌러 컴파일하고 에러가 없다면 Ctrl+F5를 눌러 프로그램을 실행시켜보자. 다음 그림과 같이 출력될 것이다.

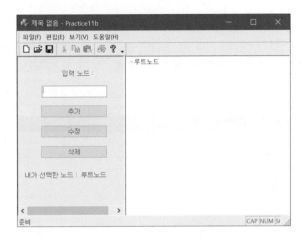

② [입력 노드] Edit Control에 데이터를 입력하고 추가 버튼을 눌러 다음과 같이 여러 개의 노드를 추가해 보고 Tree View 영역에서 노드를 선택하면 Form View 하단에 선택된 노드의 이름이 출력되는지 확인해보자.

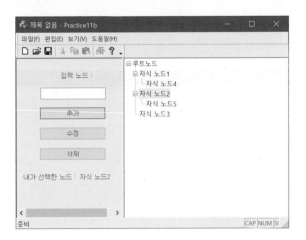

③ 만약 노드를 입력하는 Edit Control에 정보를 입력하지 않고 추가 버튼을 누르면 다음과 같은 에러 메시지 박스가 출력된다.

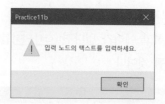

④ "자식 노드2"를 선택하고 입력할 텍스트 창에 "수정 노드"라고 입력한다. 그리고 수정 버튼을 누르면 노드 이름이 수정되는 것을 볼 수 있다.

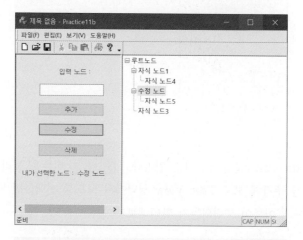

⑤ "자식 노드5"를 선택하고 삭제 버튼을 눌러 노드를 삭제해 보자.

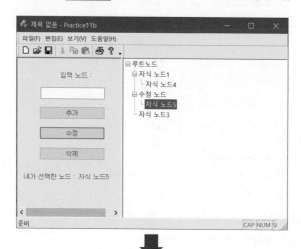

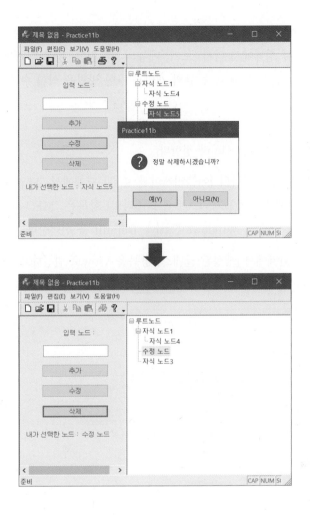

11.3 다중 뷰

다중 뷰 역시 하나의 도큐먼트에 여러 가지의 뷰가 설정된 형태이나 분할 윈도우와 다른 점은 뷰 화면이 나뉜 것이 아니라 뷰 자체가 바뀐다는 것이다. 그러나 분할 윈도우 역시 다중 뷰라고 말할 수 있다.

실습 11-3 다중 뷰 만들기

이번 실습은 다중 뷰를 구현하는 프로그램을 작성하는 것이다. 이 프로그램은 폼 뷰에서 문자를 입력하고 도큐먼트에 저장시킨 상태에서 [보기] 메뉴의 [뷰 전환] 항목을 선택하면 일반 뷰의 형태로 바뀐다. 이때 Form View에서 도큐먼트에 저장시킨 문자가 일반 뷰에도 출력이 된다. 일반 뷰 상태에서 다시 [보기] 메뉴의 [뷰 전환] 항목을 선택하면 폼 뷰의 형태로 바뀐다. 이번 실습을 통해 다중 뷰의 개념과 구현 방법을 익힐 수 있다.

Step 1 프로젝트를 생성한다.

① 프로젝트 이름을 "Practice11c"라 정한다.

② MFC 애플리케이션 마법사의 [애플리케이션 종류] 단계에서 "단일 문서"를 선택하여 SDI 기반의 프로젝트를 만들고, [프로젝트 스타일] 항목은 "MFC standard"을, [비주얼 스타일 및 색] 항목은 "Windows Native/Default"을 선택한다.

③ [생성된 클래스] 단계에서 [생성된 클래스] 항목을 View로 변경하고 [기본 클래스] 항목을 CFormView 클래스로 선택한 후 마침 버튼을 눌러 프로젝트 생성을 완료한다.

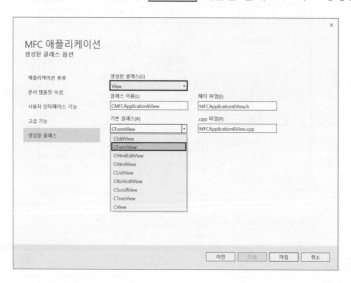

Step 2 새로운 뷰 클래스를 생성한다.

① Ctrl + Shift + X 또는 [프로젝트] 메뉴의 [클래스 마법사]를 선택하여 클래스 마법사를 실행시키고 클래스 추가(C)... 버튼의 ▼ 를 눌러 나타내는 메뉴에서 MFC 클래스(C)... 를 선택한다. [MFC 클래스 추가] 대화상자에서 새로운 대화상자의 [클래스 이름] 항목은 CSecondView로 설정하고 [기본 클래스]항목은 CView 클래스로 설정한다. 다음 그림과 같이 지정되었으면 확인 버튼을 눌러 새로운 클래스를 생성한다.

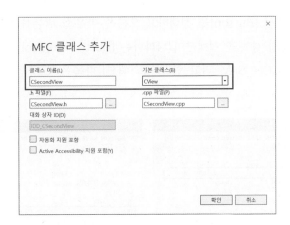

Step 3 Form View의 대화상자에 컨트롤을 배치한다.

① [도구상자]에서 [**ab'** Edit Control] 컨트롤과 [▭ Button]을 다음과 같이 배치한다.

② 컨트롤들의 속성을 설정한다.

ⓐ 대화상자 폼에서 [Edit Control]을 선택하고 오른쪽 마우스 버튼을 눌러서 나오는
단축 메뉴에서 [속성] 항목을 선택하여 나타나는 [Edit Control] 속성창의 [ID] 항
목을 IDC_EDIT_INPUT이라고 입력한다.

ⓑ 대화상자 폼에서 [Button]을 선택하고 오른쪽 마우스 버튼을 눌러서 나오는 단축
메뉴에서 [속성] 항목을 선택하여 나타나는 [Button Control] 속성창의 [ID] 항목
을 IDC_BUTTON_SAVE라고 입력하고 [캡션] 항목은 "도큐먼트에 저장하기"로 설
정한다.

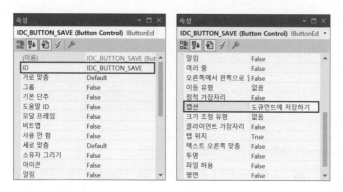

③ 위와 같이 속성을 설정하면 다음과 같은 폼이 될 것이다.

Step 4 다중 뷰를 위한 코드를 입력한다.

① CMainFrame 클래스의 헤더파일에 다음과 같이 두 개의 객체를 선언한다.

```
class CMainFrame : public CFrameWndEx
{
protected: //serialization에서만 만들어집니다.
    CMainFrame()  noexcept;
    DECLARE_DYNCREATE(CMainFrame)

// 특성입니다.
public:
```

```
// 작업입니다.
public:
    CPractice11cView *m_pFirstView;        // 두 개의 뷰 클래스에 대한
    CSecondView *m_pSecondView;            // 객체를 선언한다.
```

② CMainFrame 클래스의 헤더파일에 CPractice11cView 클래스와 CSecondView 클래스의 헤더파일을 include 시킨다. 또한 프로그램 내부적으로 각각의 뷰를 상숫값으로써 구분하기 위해 define 문을 다음과 같이 추가한다.

```
// MainFrm.h : CMainFrame 클래스의 인터페이스
//

#pragma once

#include "Practice11cDoc.h"        // 도큐먼트 클래스의 헤더파일 추가
#include "Practice11cView.h"       // 폼 뷰 클래스의 헤더파일 추가
#include "CSecondView.h"           // 일반 뷰 클래스의 헤더파일 추가

#define FIRST_VIEW      1          // 폼 뷰에 대한 상숫값 설정
#define SECOND_VIEW     2          // 일반 뷰에 대한 상숫값 설정

class CMainFrame : public CFrameWndEx
{
protected: // serialization에서만 만들어집니다.
    CMainFrame()   noexcept;
    DECLARE_DYNCREATE(CMainFrame)
```

Step 5 메뉴에 [뷰 전환] 항목을 만든다.

① [리소스 뷰]에서 ■ Menu 항목을 확장하여 ▤ IDR_MAINFRAME을 더블 클릭한다.

② [보기] 메뉴를 클릭하여 부메뉴가 나타난 상태에서 [여기에 입력] 부분에 "뷰 전환"을 입력한다.

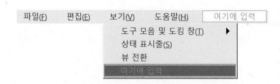

③ 새로 만든 [뷰 전환] 메뉴를 오른쪽 마우스 버튼을 눌러서 나오는 단축 메뉴에서 [속성] 항목을 선택하여 [속성] 대화상자가 나타나면 [ID] 항목에는 ID_VIEW_CHANGE를 입력한다.

Step 6 멤버 함수를 작성한다.

① [뷰 전환] 메뉴에 대한 메시지 핸들러 함수를 생성한다.

    ⓐ 클래스 마법사를 실행시키고 [클래스 이름] 항목에 **CMainFrame** 클래스를 선택하고 [명령] 항목에서 ID_VIEW_CHANGE를 선택하고 [메시지] 항목에서 COMMAND를 선택한 후 [처리기 추가(A)...] 버튼을 누른다. [멤버 변수 추가] 대화상자에서 지정된 값으로 지정하고 [확인] 버튼을 눌러서 메시지 핸들러 함수를 추가한다.

ⓑ 코드 편집(E) 버튼을 눌러 ❤ OnViewChange() 함수로 이동하여 다음과 같이 코드를 기술한다.

```
void CMainFrame::OnViewChange()
{
    if (m_nViewFlag == SECOND_VIEW)        // 뷰가 일반 뷰인 상태에서 [보기/뷰 전환]
    {                                      // 메뉴를 선택하면 FirstView( ) 호출
        FirstView();
        m_nViewFlag = FIRST_VIEW ;
    }
    else if(m_nViewFlag == FIRST_VIEW)     // 뷰가 폼 뷰인 상태에서 [보기/뷰 전환]
    {                                      // 메뉴를 선택하면 SecondView( ) 호출
        SecondView();
        m_nViewFlag = SECOND_VIEW;
    }
    RecalcLayout();
}
```

ⓒ ❤ CMainFrame 클래스에 int 형의 m_nViewFlag라는 이름을 가지는 멤버 변수를 추가한다. m_nViewFlag 멤버 변수는 프로그램 실행 시 FIRST_VIEW 값을 갖고

있다가 뷰가 전환되면 SECOND_VIEW로 설정된다. 이 상태에서 뷰가 다시 폼 뷰로 바뀐다면 m_nViewFlag는 FIRST_VIEW로 다시 설정될 것이다.

ⓓ CMainFrame 클래스의 생성자 함수인 CMainFrame()에서 m_nViewFlag 변수를 다음과 같이 초기화한다.

```
CMainFrame::CMainFrame() noexcept
{
    // TODO: 여기에 멤버 초기화 코드를 추가합니다.
    m_nViewFlag = FIRST_VIEW;                // 처음에 FIRST_VIEW (폼 뷰)로 설정.
}
```

② FirstView( ) 함수를 작성한다.

ⓐ CMainFrame 클래스를 마우스 오른쪽 버튼을 눌러서 나오는 단축 메뉴에서 [추가]-[함수 추가]를 선택한다. [함수 추가] 대화상자가 나타나면 [함수 이름] 항목은 FirstView로 입력하고 [반환 형식] 항목은 void 형으로 변경하여 함수를 다음과 같이 생성한다.

ⓑ  FirstView() 함수 본체로 이동하여 다음과 같이 코드를 기술한다.

```
void CMainFrame::FirstView( )
{
    SetActiveView(m_pFirstView);                      // 폼 뷰를 활성화한다.
    m_pSecondView->ShowWindow(SW_HIDE);               // 에디트 뷰를 숨긴다.
    m_pFirstView->ShowWindow(SW_SHOW);                // 폼 뷰를 화면에 보이게 한다.
    m_pFirstView->SetDlgCtrlID(AFX_IDW_PANE_FIRST);   // 메시지가 발생할 경우
    RecalcLayout();                                   // 폼 뷰에서 처리하도록 설정
}
```

SetActiveView() 함수

SetActiveView() 함수는 CFrameWnd 클래스의 멤버 함수로 특정 뷰를 활성화되어 있는 뷰로 설정한다. 함수의 원형은 다음과 같다.

void SetActiveView(CView* pViewNew, BOOL bNotify = TRUE);

• pViewNew   : CView 객체를 위한 포인터 명시
• bNotify   : 활성화된 뷰인지를 명시

SetDlgCtrlID() 함수

SetDlgCtrlID() 함수는 윈도우ID, 컨트롤ID를 설정하는 함수로 원형은 다음과 같다.

int SetDlgCtrlID(int nID);

• nID : 컨트롤의 ID를 설정하기 위한 값

RecalcLayout() 함수

RecalcLayout() 함수는 프레임 윈도우 크기를 재설정하거나 표준 컨트롤 바들이 on 또는 off로 토글 될 때 프레임워크에 의해서 호출되는 함수이다. 이 함수의 원형은 다음과 같다.

virtual void RecalcLayout(BOOL bNotify = TRUE);

• bNotify : 프레임 윈도우가 레이아웃 변경의 보고를 얻기 위해 아이템의 활성인지를 결정한다.

---

③ SecondView() 함수를 작성한다.

ⓐ 위와 같은 방법으로 🐾CMainFrame 클래스에 [함수 추가] 대화상자가 나타나면 [함수 이름] 항목은 SecondView로 입력하고 [반환 형식] 항목은 void 형으로 변경하여 함수를 다음과 같이 생성한다.

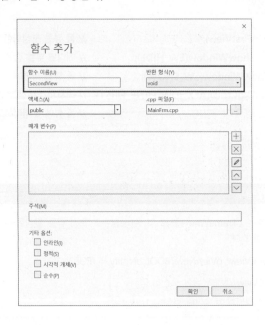

ⓑ 🔷 SecondView() 함수 본체로 이동하여 다음과 같이 코드를 기술한다.

```
void CMainFrame::SecondView( )
{
    m_pFirstView = (CPractice11cView *)GetActiveView();    // 현재 활성화되어 있는 뷰를 얻는다.
    if(m_pSecondView == NULL)                    // 객체가 아직 생성된 적이 없다면 if 블록 실행
    {
        m_pSecondView = new CSecondView;           // 객체 생성
        CCreateContext context;                      // 도큐먼트에 대한 정보가 있는 객체 생성

        context.m_pCurrentDoc = m_pFirstView->GetDocument();    //도큐먼트를 얻는다.
        m_pSecondView->Create(NULL, NULL, 0L, CFrameWnd::rectDefault, this, 2, &context);
        m_pSecondView->OnInitialUpdate();           // 뷰 업데이트

    }
    SetActiveView(m_pSecondView);                  // 두 번째 뷰를 활성화한다.
    m_pSecondView->ShowWindow(SW_SHOW);       // 활성화한 두 번째 뷰를 화면에 표시
    m_pFirstView->ShowWindow(SW_HIDE);          // 첫 번째 뷰를 숨긴다.
    m_pSecondView->SetDlgCtrlID(AFX_IDW_PANE_FIRST);
    RecalcLayout();
}
```

CCreateContext 클래스

CCreateContext 클래스는 현재 인스턴스화된 도큐먼트에 대한 정보를 가지고 있는 클래스다. 템플릿 개념에서 뷰는 도큐먼트와 쌍으로 존재한다고 설명했다. 그러므로 새로운 뷰가 생성되기 위해서는 현재 사용되고 있는 도큐먼트에 대한 정보가 있어야 한다. 이 도큐먼트에 대한 정보를 가지고 있는 클래스가 바로 CCreateContext 클래스이다.

④ ❀ CSecondView 클래스의 생성자 함수를 헤더파일에서 보면 protected 멤버 함수로 되어 있는데 이를 아래와 같이 public 형으로 바꾼다. 그 이유는 ❀ CSecondView 클래스의 객체 m_pSecondView가 ❀ CMainFrame 클래스 즉 외부클래스에 있는 함수에서 생성되기 때문에 ❀ CSecondView 클래스의 생성자 함수를 공개 멤버 함수로 설정해주어야 한다.

```
Class CSecondView : public CView
{
    DECLARE_DYNCREATE(CSecondView)

public:
    CSecondView();                    // 동적 만들기에 사용되는 protected 생성자입니다.
    virtual ~CSecondView();

public:
    virtual void OnDraw(CDC* pDC);    // 이 뷰를 그리기 위해 재정의되었습니다.
```

⑤ ✿ CMainFrame 클래스의 OnCreate() 함수에 m_pSecondView = NULL; 문장을 추가한다. 그 이유는 프로그램이 처음 실행되어 메모리에 로드된 상태에서는 뷰의 형태가 폼 뷰의 형태이고 두 번째 뷰의 객체 m_pSecondView는 아직 생성되지 않았기 때문에 NULL 값으로 초기화한다. 그리고 사용자가 [보기] 메뉴에서 [뷰 전환]을 클릭하는 순간 ✿ CSecondView 클래스의 생성자 함수가 호출되면서 ✿ CSecondView 클래스의 객체가 생성되는 것이다.

```
int CMainFrame::OnCreate(LPCREATESTRUCT lpCreateStruct)
{
    ...

    // TODO: 도구 모음 및 메뉴 모음을 도킹할 수 없게 하려면 이 다섯 줄을 삭제하십시오.
    m_wndMenuBar.EnableDocking(CBRS_ALIGN_ANY);
    m_wndToolBar.EnableDocking(CBRS_ALIGN_ANY);
    EnableDocking(CBRS_ALIGN_ANY);
    DockPane(&m_wndMenuBar);
    DockPane(&m_wndToolBar);

    m_pSecondView = NULL;

    ...
}
```

Step 7　폼 뷰에서 입력한 문자를 도큐먼트에 저장하고 뷰 전환 시 일반 뷰에 출력한다.

① 문자열을 저장할 변수를 추가한다.

　ⓐ [클래스 뷰]에서 🧩CPractice11cDoc 클래스를 선택하고 오른쪽 마우스 버튼을 눌러
　　서 나오는 단축 메뉴에서 [추가]–[변수 추가]를 선택한다. [변수 추가] 대화상자가 나
　　타나면 [이름] 항목은 m_strSaveInput으로 입력하고 [형식] 항목은 CString 형으
　　로 설정한다.

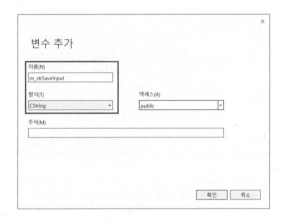

② 폼 뷰 대화상자의 Edit Control을 멤버 변수와 연결한다.

　ⓐ [Ctrl]+[Shift]+[X]를 눌러서 클래스 마법사를 실행시키고 [클래스 이름] 항목에는
　　CPractice11cView를 선택하고 [멤버 변수] 탭을 누르면 다음 그림과 같이 컨트롤의
　　ID 항목들을 볼 수 있다.

ⓑ 위와 같이 IDC_EDIT_INPUT을 선택하고, [변수 추가(A)...] 버튼을 누르게 되면 다음과 같이 컨트롤에 연결할 멤버 변수를 설정하는 대화상자가 출력된다. [제어 변수 추가] 대화상자에서 [범주] 항목은 "값"으로 변경하고 [이름] 항목에 m_strInput이라고 입력한다. 그리고 [변수 형식] 항목은 CString 그대로 두고 [마침] 버튼을 누른다.

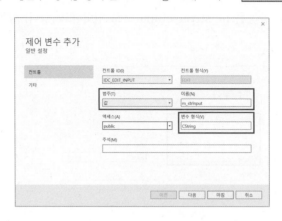

③ [도큐먼트에 저장하기] 버튼에 대한 메시지 핸들러 함수를 만든다.

ⓐ Ctrl + Shift + X 를 눌러서 클래스 마법사를 실행시키고 [클래스 이름] 항목은 CPractice11cView를, [명령] 탭을 선택한 후 [ID 개체] 항목은 IDC_BUTTON_SAVE를 선택하고 [메시지] 항목은 BN_CLICKED를 선택하고 [처리기 추가(A)...] 버튼을 누른다. [멤버 변수 추가] 대화상자에서 지정된 값으로 지정하고 [확인] 버튼을 눌러서 메시지 핸들러 함수를 추가한다.

ⓑ 클래스 마법사의 [코드 편집(E)] 버튼을 눌러 소스 코드 부분으로 이동하여 다음과 같이
코드를 입력한다.

```
void CPractice11cView::OnClickedButtonSave()
{
    // TODO: 여기에 컨트롤 알림 처리기 코드를 추가합니다.
    CPractice11cDoc* pDoc = GetDocument();
    UpdateData(TRUE);
    pDoc->m_strSaveInput = m_strInput;
}
```

④ 일반 뷰에 뷰 변환 시 문자열을 출력한다.

ⓐ [클래스 뷰]에서 🔧 CSecondView 클래스의 🔲 OnDraw(CDC * pDC) 함수를 더블 클
릭하여 함수 본체로 이동한 후 다음과 같이 코딩한다.

```
void CSecondView::OnDraw(CDC* pDC)
{
    CDocument* pDoc = GetDocument();
    // TODO: 여기에 그리기 코드를 추가합니다.
    CPractice11cDoc* pDoc2 = (CPractice11cDoc*)GetDocument();

    pDC->TextOut(1, 1, pDoc2->m_strSaveInput);
}
```

ⓑ 🔧 CSecondView 클래스에 🔧 CPractice11cDoc 클래스에 대한 정보가 없으므로
다음과 같이 🔧 CSecondView 클래스의 소스 파일 상단에 "Practice11cDoc.h" 파
일을 include 한다.

```
// CSecondView.cpp: 구현 파일
//

#include "pch.h"
#include "Practice11c.h"
#include "CSecondView.h"
#include "Practice11cDoc.h"
```

Step 8 프로그램을 실행시켜보자.

Ctrl + F7 키를 눌러 컴파일하고 에러가 없다면 Ctrl + F5 를 눌러 프로그램을 실행시켜 보자.
다음 그림과 같이 실행될 것이다.

① Edit Control에 문자를 입력한 뒤 도큐먼트에 저장하기 버튼을 누르고 [보기] 메뉴에서
[뷰 전환] 항목을 선택하면 다음과 같이 폼 뷰에서 일반 뷰로 전환된다.

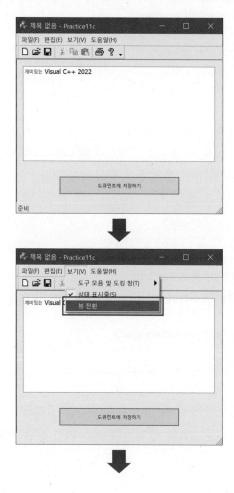

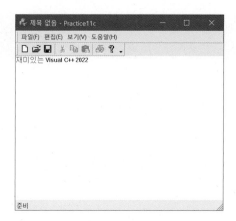

② 다시 [보기] 메뉴에서 [뷰 전환] 항목을 선택하면 다음과 같이 폼 뷰로 전환된다.

연습문제

1 다음의 요구사항을 만족하는 프로젝트를 작성하라.

> 정적 분할 윈도우를 이용하여 왼쪽에는 List View, 오른쪽에는 CView를 배치한다. List View에서 아이템을 선택하면 선택된 아이템 인덱스를 도큐먼트 클래스 보내고 그에 해당하는 도큐먼트 클래스의 도형 정보를 이용하여 오른쪽 뷰에 도형을 출력하는 프로젝트를 작성하라.

1) 프로그램 제약사항

① 초기화 화면에는 List View에 아이템이 선택되어서는 안 되고 도형도 출력되면 안된다.

② 리스트 뷰에 아이템을 선택하면 선택된 아이템 인덱스를 도큐먼트 클래스 보내고 그에 해당하는 도큐먼트 클래스의 도형 정보를 이용하여 오른쪽 뷰에 도형을 출력한다.

③ 왼쪽 뷰(List View)의 아이템 선택 시, 곧바로 오른쪽 뷰의 도형이 출력되어야 한다.

④ 왼쪽 뷰를 나타내는 클래스(CExercisellView)에는 도형 정보를 저장하기 위한 어떠한 멤버 변수를 선언하면 안 된다. 그리고 도형 정보를 저장하기 위한 멤버 변수는 도큐먼트 클래스에 선언해야 한다.

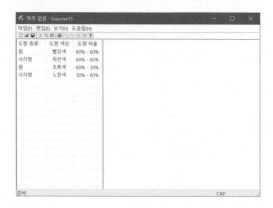

2) 왼쪽 뷰를 담당할 프로젝트와 오른쪽 뷰를 담당할 클래스를 생성한다.

① MFC 애플리케이션 마법사의 [애플리케이션 종류] 단계에서 "단일 문서"를 선택하여 SDI 기반의 프로젝트를 만들고, [프로젝트 스타일] 항목은 "MFC standard"을, [비주얼 스타일 및 색] 항목은 "Windows Native/Default"을 선택한다.

② 마지막 단계인 [생성된 클래스] 단계에서 [생성된 클래스] 항목을 View로 변경하고 [기본 클래스] 항목을 CListView로 변경한다.

③ 오른쪽 뷰인 일반 CView를 생성하기 위해서는 클래스 마법사에서 클래스 추가(C)...

버튼에서 [MFC 클래스(C)...]를 선택한다. [MFC 클래스 추가] 대화상자가 나타나
면 [클래스 이름]은 "CRightView"로, [기본 클래스] 항목은 "CView"로 설정하고
[확인] 버튼을 눌러 새로운 클래스를 추가한다.

3) 정적 분할 윈도우를 이용하여 왼쪽에는 List View, 오른쪽에는 CView를 배치한다.
   ① CMainFrame 클래스에 CSplitterWnd 클래스의 객체를 멤버 변수로 등록한다.
   ② 분할 윈도우를 생성한다.
      – CMainFrame 클래스에 OnCreateClient() 가상 함수를 추가하고, 그 함수
        에 분할 윈도우 생성 코드와 뷰 생성 코드를 기술한다.
      – 왼쪽 뷰는 List View(크기 330, 600)로, 오른쪽 뷰는 CView(크기 600, 600)
        를 배치한다.
   ③ 전체 윈도우의 크기를 적절하게 조정한다.
      – CMainFrame 클래스의 PreCreateWindow(CREATESTRUCT & cs) 함수에서
        조정한다.
      – 오른쪽 뷰가 정사각형이 되도록 조정한다.
        (예 : cs.x =0; cs.y =0; cs.cx = 960; cs.cy = 700;)

4) 도큐먼트 클래스에 필요한 변수를 추가한다. (CExercise11Doc.h)
   ① 도형에 대한 정보는 도큐먼트 클래스에 저장이 되며 이 저장된 정보를 두 개의 뷰
      에서 사용하게 된다. 데이터를 저장하는 구조체는 도큐먼트 클래스에 다음과 같이
      선언하고 사용하여야 한다.

```
struct Data
{
    int FigureKind;          // 도형 종류
    COLORREF color;          // 도형 색상
    int hRatio, vRatio;      // 도형 비율
};
```

② 도형 종류를 나타내기 위한 매크로를 선언한다.

```
#define  ELLIPSE          1
#define  RECTANGLE        2
```

③ 도형 정보를 저장할 수 있는 배열 : FigureData (자료형 Data[4])
④ 왼쪽 뷰에서 선택된 아이템의 인텍스를 저장하는 변수 : m_nSelItem (자료형 int)

5) 위에서 선언한 변수를 초기화한다. (CExercise11Doc.cpp)

① 도큐먼트 클래스의 생성자 함수에서 FigureData 배열의 멤버들을 다음 값으로 초기화한다.

FigureData	FigureKind	FigureColor	hRatio	vRatio
FigureData[0]	ELLIPSE	RGB(255, 0, 0)	60	60
FigureData[1]	RECTANGLE	RGB(0, 0, 255)	60	60
FigureData[2]	ELLIPSE	RGB(0, 255, 0)	60	30
FigureData[3]	RECTANGLE	RGB(255, 255, 0)	30	60

예) FigureData[0] = {ELLIPSE, RGB(255, 0, 0), 50, 50}

② m_nSelItem 변수는 초기화하지 않는다.

6) List View를 초기화한다.

① List View 클래스(CExercise11View)의 🔧 OnInitialUpdate()) 함수에 초기화 코드를 기술한다.

– 3개의 컬럼을 생성한다. 컬럼의 이름은 "도형 종류", "도형 색상", "도형 비율"로 설정한다.

– 컬럼의 너비는 110으로 설정한다.

– 아이템은 다음과 같이 4개를 추가한다.

도형 종류	도형 색상	도형 비율
원	빨강색	60% – 60%
사각형	파랑색	60% – 60%
원	초록색	60% – 30%
사각형	노란색	30% – 60%

② 일반 리스트 뷰 안의 리스트 구조에 컬럼과 아이템을 삽입하기 위해서는 CListCtrl 이라는 컨트롤 객체를 얻어 와야 한다. List View의 컨트롤 객체를 얻어 오는 함수는 GetListCtrl( )함수 이다. 이 함수는 CListCtrl &형을 반환하며 사용법은 다음과 같다.

```
CListCtrl& ListCtrl = GetListCtrl( );
```

③ 컬럼을 설정하는 함수는 CListCtrl의 멤버 함수 InsertColumn( ) 함수를 사용한다.

예) ListCtrl.InsertColumn(0, _T("도형 종류"), LVCFMT_CENTER, 110);

④ List View의 스타일 변경을 위해 SetExtendStyle( ) 함수를 사용한다. 확장 스타일로 LVS_EX_FULLROWSELECT와 LVS_EX_GRIDLINES를 사용한다.

⑤ 아이템을 삽입하기 위해서는 CListCtrl의 멤버 함수 InsertItem()과 SetItem()함수를 사용한다.

```
예) ListCtrl.InsertItem(0, _T("원"));
    ListCtrl.SetItem(0, 1, LVIF_TEXT, _T("빨강색"), 0, 0, 0, 0);
    ListCtrl.SetItem(0, 2, LVIF_TEXT, _T("60% - 60%"), 0, 0, 0, 0);
```

⑥ 세부 내용은 교재의 실습 8-1을 참조한다.

7) List View 생성 시 스타일을 설정한다.

① List View 클래스(CExercise11View)에 메시지 핸들러 함수 OnCreate() 함수를 추가하고 List View의 스타일 설정하는 코드를 첫 줄에 다음과 같이 기술한다.

```
lpCreateStruct->style |= LVS_REPORT | LVS_SHOWSELALWAYS;
```

8) List View에서 선택된 아이템을 확인하기 위한 메시지 핸들러 함수를 추가한다.

① List View에서 아이템을 선택하는 메시지는 =LVN_ITEMCHANGED 이다.

② 선택된 아이템을 오른쪽 뷰에 출력하기 위해서는 선택된 아이템 인덱스를 도큐먼트 클래스의 변수(m_nSelItem)에 치환해야 한다. 도큐먼트 클래스의 변수에 치환하기 위해서는 도큐먼트 클래스의 인스턴스를 얻어 와야 한다. 인스턴스를 얻어오는 방법은 다음과 같다.

```
CMainFrame *pFrame = (CMainFrame *) AfxGetMainWnd();
CExercise11Doc* pDoc = (CExercise11Doc *)pFrame->GetActiveDocument();
```

③ 선택된 아이템 인덱스 정보는 pNMLV->iItem에 들어 있으므로 이것을 m_nSelItem 변수에 치환하고 왼쪽 뷰를 갱신하면 도형이 바로 업데이트된다.

④ 도큐먼트 클래스의 인스턴스로 뷰 클래스를 갱신하는 방법은 다음과 같다.

```
pDoc->UpdateAllViews(NULL);
```

9) 오른쪽 뷰(CView)에 도형을 그린다.

　① 🔧 CRightView 클래스의 💿 OnDraw(CDC * pDC) 함수에 구현한다.

　② 🔧 CExercise11Doc 클래스는 🔧 CExercise11View 클래스와 연결되어 있다. 따라서 🔧 CRightView 클래스의 💿 OnDraw(CDC * pDC) 함수에서 호출된 GetDocument()는 🔧 CExercise11Doc 클래스의 인스턴스를 가져오지 못한다. 🔧 CRightView 클래스의 💿 OnDraw(CDC * pDC) 함수에서 🔧 CExercise11Doc 클래스의 인스턴스를 얻기 위해서는 다음과 같은 방법으로 🔧 CExercise11Doc 클래스의 인스턴스(pDoc2)를 얻어 와서 사용해야 한다.

```
CMainFrame *pFrame = (CMainFrame *) AfxGetMainWnd();
CExercise11Doc* pDoc2 = (CExercise11Doc *)pFrame->GetActiveDocument();
```

　③ 클라이언트 영역 얻어 오는 방법은 다음과 같다.

```
CRect rectClient;
GetClientRect(&rectClient);
```

　④ 도형을 그리기 위한 사각형 영역의 계산하는 방법은 다음과 같다.

```
CPoint center = rectClient.CenterPoint();

int nWidth, nHeight;
nWidth = (int)((rectClient.Width( )/2) * pDoc2->FigureData[pDoc2->m_nSelItem].hRatio/100.0f);
nHeight = (int)((rectClient.Height( )/2) * pDoc2->FigureData[pDoc2->m_nSelItem].vRatio/100.0f);

CRect rect;
rect.left = center.x - nWidth;
rect.right = center.x + nWidth;
rect.top = center.y - nHeight;
rect.bottom = center.y + nHeight;
```

　⑤ 도형을 그린다.

　　– Solid Brush를 설정한다. (7장 참조)

　　– 도형 종류가 1이면 원을 그리고 도형 종류가 2이면 사각형을 그린다.

```
if (도형 종류 == 1 (원))    // 도형종류는 구조체의 FigureKind 변숫값이 1이면 원
    pDC->Ellipse(&rect);
else
    pDC->Rectangle(&rect);
```

– Solid Brush를 삭제한다. (7장 참조)

⑥ 위의 코드는 (🔧 CExercise11Doc 클래스의 인스턴스를 얻는 코드 제외) List View
   의 아이템이 선택되었을 때만 작동해야 한다. 따라서 pDoc2–>m_nSelItem 의 값
   이 0에서 3일 경우만 작동해야 하므로 위의 코드는 if 문 안에 구현해야 한다.

```
if (pDoc2->m_nSelItem >= 0 && pDoc2->m_nSelItem <= 3)
{
 .....
}
```

10) 프로그램의 실행 예
   ① 프로그램 초기화면

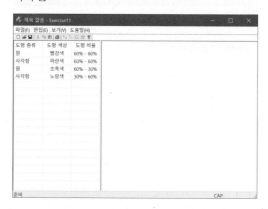

   ② 왼쪽 List View에서 첫 번째 아이템을 선택한 화면

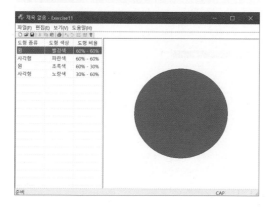

③ 왼쪽 List View에서 두 번째 아이템을 선택한 화면

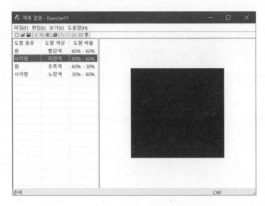

④ 왼쪽 List View에서 세 번째 아이템을 선택한 화면

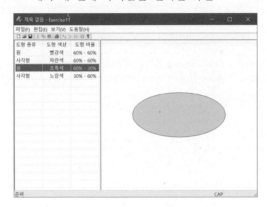

⑤ 왼쪽 List View에서 네 번째 아이템을 선택한 화면

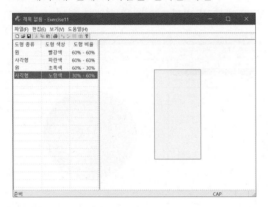

12

동적 연결 라이브러리 DLL

contents

12.1 DLL의 링크

12.2 DLL의 종류

12 동적 연결 라이브러리 DLL

이 장에서는 동적 연결 라이브러리 DLL을 만드는 방법에 대하여 설명한다. 동적 연결 라이브러리 DLL이란 Dynamic Link Library의 약자이다. 동적 연결 라이브러리란 프로그램 내부에 라이브러리가 있는 것이 아니라 외부에 따로 독립적으로 실행 가능한 파일로 설정되어 있어 필요시 로드할 수 있는 라이브러리를 말한다. DLL은 프로그램을 작성할 때 모듈별로 나누어서 프로그램을 작성하는 것이 가능하다. 그로 인해 유지보수가 쉽고 여러 사람이 나누어서 프로그램을 만들 수 있다. 자주 쓰는 모듈 같은 경우 DLL로 제작하여두면 프로그램의 재사용과 프로그램의 크기 또한 줄일 수 있다. Windows에서는 기본적으로 많이 쓰는 DLL을 윈도우 자체적으로 설치해 OS 자체나 다른 프로그램들이 사용하게 하고 있다. 이장에서는 DLL의 링크 방법과 종류에 대해 살펴보고 실습을 통해 사용 방법을 익혀보기로 한다.

12.1 DLL의 링크

DLL을 링크하는 방법은 Implicit 링킹과 Explicit 링킹의 두 가지 방법이 있다. Implicit 링킹은 프로그램이 시작되면서 해당 DLL을 바로 로드하는 방법으로 DLL을 만들고 난 후 세 가지 파일을 이용하여 메인 프로그램을 작성하는 반면에 Explicit 링킹은 세 가지 파일이 필요 없이 단순하게 DLL을 이용하여 로드할 수 있는 방법을 의미한다.

1) Implicit 링킹

Implicit 링킹은 프로그램이 시작되면서 해당 DLL을 바로 로드하는 방식이다. 이때 필요한 파일은 DLL 파일과 LIB 파일과 .H의 확장자를 가진 헤더파일이다. DLL 파일은 함수명만 가지고 있으며 필요한 인자 값은 가지고 있지 않다. 이런 인자를 맞춰주기 위하여

DLL 파일과 함께 헤더파일과 LIB 파일이 필요하다. 이러한 인자 설정은 헤더파일(.H 파일)에서 해주게 된다. 메인 프로그램을 컴파일할 때 DLL을 컴파일하지는 않고 실행 시에만 DLL 파일에 접근하기 때문에 컴파일 에러가 난다. 그 이유는 DLL 안에 있는 함수들은 메인 프로그램에 있는 어느 것과도 링크되어 있지 않기 때문이다. 이것을 방지하기 위하여 LIB 파일 안에는 아무런 기능도 하지 않는 가상적인 함수를 만들어 주어 컴파일 시에는 이 함수로 컴파일을 하게 된다.

2) Explicit 링킹

Explicit 링킹은 단순히 DLL과 LIB만을 가지고 로드를 한다. Explicit 링킹으로 DLL을 로드할 경우 세 자지의 함수를 이용한다. 이 세 가지 함수는 DLL을 로드할 때 사용하는 LoadLibrary() 함수, 함수의 포인트를 찾을 때 사용하는 GetProcAddress() 함수, 라이브러리를 해제할 때 사용하는 FreeLibrary() 함수이다. 세 가지 함수의 사용법은 다음과 같다.

① LoadLibrary() 함수는 DLL을 로드할 때 사용하는 함수이다.
ⓐ 이 함수의 원형은 다음과 같다.

```
HINSTANCE LoadLibrary(LPCTSTR lpLibFileName);
•lpLibFileName : 로드하고자 하는 DLL 파일명
```

ⓑ 이 함수로 DLL을 로드하는 사용법은 아래와 같다.

```
HINSTANCE hDll;
hDll = LoadLibrary("Practice12aDLL.dll");
```

② GetProcAddress() 함수는 필요한 함수의 포인터를 찾을 때 사용하는 함수이다. LoadLibrary() 함수를 이용하여 DLL을 로드하면 인스턴스 핸들을 반환한다. 이 인스턴스 핸들을 이용하여 필요한 함수의 포인터를 찾는다.
ⓐ 이 함수의 원형은 다음과 같다.

```
FARPROC GetProcAddress(HMODULE hModule, LPCSTR lpProcName);
•hModule : DLL의 인스턴스 핸들
•lpProcName : DLL 안에 있는 함수 이름
```

ⓑ 이 함수로 로드된 DLL 함수의 주소를 받아오는 사용법은 아래와 같다.

```
typedef int(*CalenderFunc)(int num);
CalenderFunc lpCalenderFunc;
lpCalenderFunc = (CalenderFunc)GetProcAddress(hDll, "Calender");
```

lpCalenderFunc()을 실행하는 것은 DLL의 Calender() 함수를 실행하는 것과 같다.

③ FreeLibrary() 함수는 라이브러리에서 함수를 실행한 후 DLL 사용을 종료할 때 사용하는 함수이다. 만약 이때 다른 프로그램에서 해당 DLL을 사용할 때 DLL은 메모리에서 사라지지 않고 다른 프로그램을 위해서 존재한다.
　　ⓐ 이 함수의 원형은 다음과 같다.

```
BOOL FreeLibrary(HMODULE hLibModule);
•hLibModule : 로드된 DLL의 핸들
```

ⓑ 이 함수로 로드된 DLL을 종료하는 사용법은 아래와 같다.

```
FreeLibary(hdll);
```

12.2 DLL의 종류

DLL의 종류에는 정규 DLL과 확장 DLL 두 가지가 있다. 정규 DLL이란 Win32 프로그램으로 설정되어 MFC를 사용하지 않는 다른 프로그램과도 원활히 연결할 수 있는 DLL이고 확장 DLL은 MFC 전용 DLL을 의미한다.

1) 정규 DLL

정규 DLL은 Win32 프로그래밍 환경에서 만든다. 즉 클래스 형태가 아닌 C 함수 형태로 DLL을 제작하기 때문에 정규 DLL은 MFC를 사용하지 않는 다른 프로그램에서도 사용할 수 있다. 하지만 내부적으로는 클래스를 사용할 수 있다. 정규 DLL이 MFC 라이브러리를 사용할 때 라이브러리를 공유하거나 아니면 자체적으로 모두 가지고 있거나 둘 중 하나를 선택할 수 있다.

● 정규 DLL 작성법

① void Calender()라는 함수를 DLL로 만들려고 할 때 선언 시 함수 앞에 다음과 같이 설정하여야 한다. 이렇게 설정하면 현재 함수는 DLL 외부에서 호출하여 사용할 수 있는 함수가 된다.

```
extern "C" __declspec(dllexport) void Calender();
```

② 위와 같이 선언한 후 함수 앞에 _declpspec(dllexport)를 쓰고 함수를 만들어 함수 내용을 코딩하면 된다.

```
_declspec(dllexport) void Calender()
{
    // 함수 본체
}
```

③ 이렇게 한 후 컴파일하면 DLL 파일과 LIB 파일이 생성된다.

● 정규 DLL 사용법

① void Calender()라는 함수를 호출하려면 선언 시 함수 앞에 다음과 같이 설정하여야 한다. 선언할 때 함수명과 같아야 하고 단 dllexport를 dllimport로 바꾸어 주면 된다.

```
extern "C" __declspec(dllimport) void Calender();
```

② DLL의 함수를 호출하여 사용하면 된다.

2) 확장 DLL

확장 DLL은 C++로 DLL을 만들 수 있는 MFC 전용 DLL이다. 즉 클래스를 라이브러리로 사용하고 호출할 수 있는 형태로 제작된 DLL이다. 메인 프로그램에서 DLL을 호출할 때 클래스로서 호출할 수 있고 MFC 구조체와 원활하게 연결될 수 있는 구조체로 되어 있다. 쉽게 말하면 그냥 클래스 사용하듯이 사용하면 된다. DLL이 MFC에서만 사용된다면 이 방법으로 DLL을 작성하여 사용하는 것이 좋다.

● 확장 DLL 작성법

① 확장 DLL은 클래스 명 선언 앞에 단순히 AFX_EXT_CLASS를 설정한다.

```
class AFX_EXT_CLASS CCalenderDlg : Public CDialog
```

② 이렇게 한 후 컴파일하면 DLL 파일과 LIB 파일이 생성된다.

● 확장 DLL 사용법

① Implicit 링킹을 이용하여 LIB 파일을 링크시킨다.
② DLL 클래스 헤더파일을 포함한다.
③ 일반적인 클래스를 사용하듯이 확장 DLL 클래스를 사용하면 된다.

> **실습 12-1** Implicit 링킹을 통한 정규 DLL 달력 만들기

이번 실습은 연도와 달을 넘겨주면 해당하는 달력이 반환되는 DLL 함수를 만드는 프로젝트를 만들고 또한 이 DLL 함수를 사용하여 달력을 출력할 수 있는 프로젝트를 만드는 것이다. 이번 실습에서 DLL을 링킹할 때 Implicit 링킹 방법을 사용한다. 따라서 이번 실습을 통해 정규 DLL 작성법 및 사용법과 Implicit 링킹 방법을 익히게 된다.

Step 1 실제로 DLL의 함수를 호출하여 화면에 보여줄 프로젝트를 생성한다.

DLL을 작성한 후 DLL을 이용하는 프로그램이 있어야 할 것이다. 먼저 DLL의 Calender() 함수를 이용하여 대화상자에 달력을 출력하는 프로젝트를 만들 것이다

① [파일] 메뉴에서 [새로 만들기]-[프로젝트]를 선택하여 애플리케이션 마법사를 실행시킨다.

② [새 프로젝트 구성] 컨트롤 시트에서 프로젝트 이름을 "Practice12a"라 정하고 [솔루션 및 프로젝트를 같은 디렉터리에 배치] 항목을]의 체크를 해제한다.

③ [애플리케이션 종류] 단계에서 [대화상자 기반]을 선택한다.

④ [마침] 버튼을 누르고, 새로운 프로젝트의 생성을 완료한다.

Step 2) DLL 프로젝트를 생성한다.

① [파일] 메뉴에서 [새로 만들기]-[프로젝트]를 선택하여 애플리케이션 마법사를 다시 실행시킨다.

② [새 프로젝트 만들기] 컨트롤 시트가 나오면 프로젝트 템플릿에서 [MFC 동적 연결 라이브러리] 템플릿을 선택하고 [다음(N)] 버튼을 누른다.

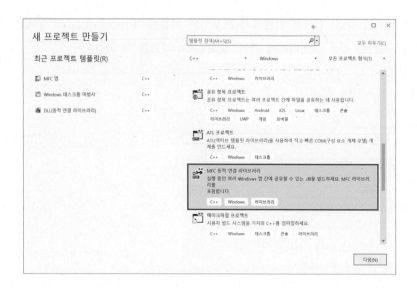

③ [새 프로젝트 구성] 컨트롤 시트에서 프로젝트 이름을 "CalenderDll"이라 입력한다. 이 프로젝트를 전 단계에서 생성한 솔루션에 추가하기 위하여 [솔루션] 항목에서 [솔루션 추가]를 반드시 선택하고 만들기(C) 버튼을 누른다.

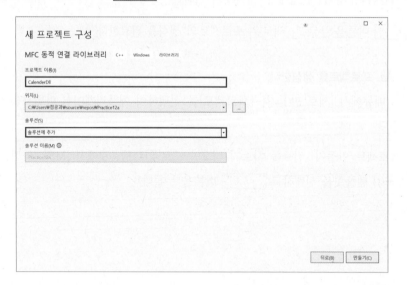

④ 애플리케이션 마법사가 실행되면 다음과 같은 [MFC DLL] 대화상자가 나타난다. [DLL 형식] 항목을 [공유 MFC DLL을 사용하는 기본 DLL]을 선택하고 확인 버튼을 누르면 프로젝트 생성이 완료된다.

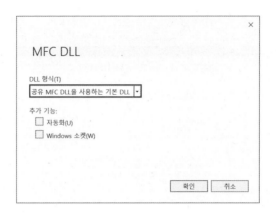

첫째로 어떤 스타일의 DLL을 만들 것인지 다음 3가지 옵션 중 원하는 것을 선택한다.

ⓐ [공유 MFC DLL을 사용하는 기본 DLL] : 정규 DLL 생성 옵션이다. 이 옵션은 DLL 에서 사용한 MFC 함수나 클래스 등을 DLL에 포함하지 않고 MFC와 공유한다는 뜻 이다. MFC를 사용하지 않는 프로그램에서는 사용할 수 없다.

ⓑ [MFC를 정적으로 링크한 기본 DLL] : 정규 DLL 생성 옵션이다. 이 옵션은 DLL에서 사용한 MFC 함수나 클래스 등을 DLL에 모두 포함한다는 옵션이다. 이 옵션을 선택하 면 DLL의 크기는 커지나 MFC를 사용하지 않는 프로그램에서도 MFC의 함수나 클래 스 사용이 가능해진다.

ⓒ [MFC 확장 DLL] : 확장 DLL 생성 옵션이다. 이 옵션을 사용하여 DLL을 생성할 때 확장 DLL이 생성된다.

둘째로 DLL 프로그램 파일에 어떤 기능을 추가시킬 것인지를 선택하게 된다.

ⓐ [자동화] : OLE Automation을 이용할 것인가를 선택한다.
ⓑ [Windows 소켓] : 네트워크 프로그램인 소켓 프로그램을 지원한다.

Step 3 **CalenderDll.cpp에 외부에서 사용할 함수들을 만든다.**
정규 DLL은 C 함수 형태로 호출하는 것이기 때문에 함수의 선언 및 함수 내용을 여러분 이 직접 코딩해야 한다.

① [솔루션 탐색기]에서 ⊞ CalenderDll 프로젝트의 ▽ 소스 파일을 확장한 후 ⁺₊ CalenderDll.cpp 파일을 더블 클릭하여 소스 코드로 이동한다.

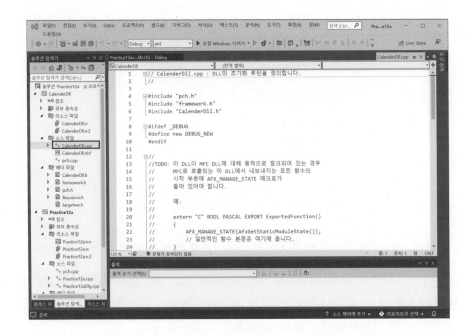

② DLL 외부에서 호출하여 사용할 함수와 필요한 변수들을 선언하고 초기화시킨다. 아래
나오는 코드를 ⁺+ CalenderDll.cpp 파일의 맨 끝부분에 추가하여 코딩한다.

```cpp
BOOL CCalenderDllApp::InitInstance()
{
    CWinApp::InitInstance();

    return TRUE;
}

// 외부에서 호출할 함수
extern "C" __declspec(dllexport) void Calender(int year, int month, int *Days);

// Calender 함수에서 사용할 함수들로서 미리 선언한다.
int FirstDay(int year, int month);
bool IsLeapYear(int year);

// 윤년일 때와 윤년이 아닐 때의 각 달에 대한 날자 수를 변수에 저장한다.
static int DaysOfMonth[2][12] =
{
    { 31, 28, 31, 30, 31, 30, 31, 31, 30, 31, 30, 31 },
    { 31, 29, 31, 30, 31, 30, 31, 31, 30, 31, 30, 31 }
```

```
};

// 시작 연도와 마지막 연도를 설정한다.
int m_nStartYear    = 1583;
int m_nEndYear      = 4040;
int m_nStartMonth   = 0;
```

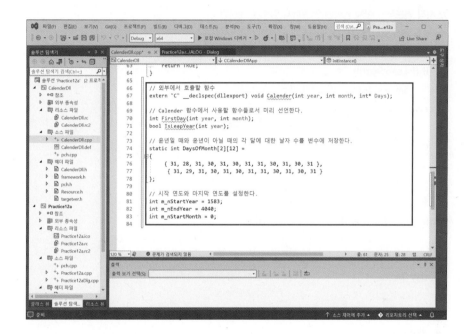

③ 입력받은 연도가 윤년인지 아닌지를 판단하는 함수를 추가한다. 윤년을 판단하는 기준
은 우선 서력기원 연수가 4로 나누어떨어지는 해는 우선 윤년으로 하고 그중에서 100
으로 나누어떨어지는 해는 평년으로 하며, 다만 400으로 나누어떨어지는 해는 다시 윤
년으로 정하였다. 이 기준에 맞추어서 다음과 같이 코딩하면 된다. 이 코드는 앞에서
코딩한 다음부터 바로 코딩해 주면 된다.

```
bool IsLeapYear(int year)
{
    if (((year % 4 == 0) && (year % 100 != 0)) || (year % 400 == 0))
        return true;                    // 윤년입니다.
    else
        return false;                   // 윤년이 아닙니다.
}
```

④ 입력받은 연도와 월을 바탕으로 무슨 요일이 그 월의 1일 인지를 알아내는 함수를 추가한다. 이 코드 역시 앞에서 코딩한 다음부터 바로 코딩해 주면 된다.

```
int FirstDay(int year, int month)
{
    int i, day = 0;

    // 시작 연도부터 현재 입력된 연도까지 일수를 계산한다.
    for (i = m_nStartYear; i < year; i++)
    {
        if (IsLeapYear(i))
            day += 366;     //윤년일 경우는 366일로 계산한다.
        else
            day += 365;     //윤년이 아닌 경우는 365일로 계산한다.
        day %= 7;
    }

    // 1월부터 전달까지의 날짜 수를 더한다.
    for (i = m_nStartMonth; i < month; ++i)
    {
        day += DaysOfMonth[IsLeapYear(year)][i];
        day %= 7;
    }
    if (day == 0)
        day = 7;

    return (day - 1);
}
```

⑤ 이제 실제 DLL 외부에서 호출하여 사용할 함수를 추가한다. 이 함수는 연도와 월을 인자로 주면 그달의 달력을 만드는 함수이다. 이 코드 역시 앞에서 코딩한 다음부터 바로 코딩해 주면 된다.

```
_declspec(dllexport) void Calender(int year, int month, int *Days)
{
    int ThisDay,  EndDay, Week, i;
```

```
    // 그 달의 첫 번째 날이 무슨 요일에 시작하는지를 구한다.
    ThisDay = FirstDay(year, month);

    // 그 달이 며칠까지 있는지를 계산한다.
    EndDay = DaysOfMonth[IsLeapYear(year)][month];
    Week = 0;

    //각 날짜를 호출한 함수에서 받은 6*7 행렬에 저장한다.
    for(i = 1 ; i <= EndDay; i++)
    {
        *(Days+(Week*7)+ThisDay) = i;
        ThisDay++;
        if(ThisDay == 7)
        {
            ThisDay = 0;
            Week++ ;
        }
    }
}
```

> **Step 4**   대화상자 폼에 컨트롤들을 배치하고 속성을 설정한다.

이제 DLL을 작성하였으니 이 단계에서는 작성한 DLL의 Calender() 함수를 이용하여 달력을 출력할 수 있는 대화상자의 폼을 구성한다.

① [리소스 뷰]에서 **Practice12a** 프로젝트를 확장하고 IDD_PRACTICE12A_DIALOG를 선택하여 대화상자를 로드하고 대화상자의 속성을 설정한다.

ⓐ 대화상자를 선택하고 오른쪽 마우스 버튼을 눌러서 나오는 단축 메뉴에서 [속성] 항목을 선택하면 나타나는 속성창의 [캡션] 항목에 "달력 정보"라고 입력한다.

② 기본적으로 설치된 Static Text와 Button Control을 삭제한다.

 ⓐ "TODO : 여기에 대화상자 컨트롤을 배치합니다."라고 쓰여 있는 컨트롤을 마우스로 선택하여 [Delete] 키를 눌러 삭제한다.

 ⓑ 대화상자를 마우스로 눌러 대화상자의 크기를 조절하고 대화상자 폼에 미리 만들어진 [확인] 버튼과 [취소] 버튼을 선택하고 [Delete] 키를 눌러 삭제한다.

③ 연도를 나타낼 Edit Control과 Spin Control을 배치하고 속성을 설정한다.

 ⓐ [도구상자]에서 [**ab** Edit Control] 컨트롤과 [⬍ Spin Control] 컨트롤을 선택하여 대화상자 폼에 드래그 앤드 드롭 하여 다음 그림과 같이 배치한다.

 ⓑ 대화상자 폼에서 [Edit Control]을 선택한 후 오른쪽 마우스 버튼을 누르면 나타나는 단축 메뉴에서 [속성]을 선택한다. [Edit Control] 속성 창이 나타나면 [ID] 항목에 IDC_EDIT_YEAR이라고 입력한다.

 ⓒ 대화상자 폼에서 [Spin Control]을 선택한 후 오른쪽 마우스 버튼을 누르면 나타나는 단축 메뉴에서 [속성]을 선택한다. [Spin Control] 속성 창이 나타나면 [ID] 항목에 IDC_SPIN_YEAR이라고 입력한다. 그리고 [맞춤] 항목은 Right Align으로

변경하고, [버디 정수 설정] 항목, [자동 버디] 항목, 그리고 [천 단위 없음] 항목은
True로 변경한다.

④ 월을 선택할 수 있는 Combo Box를 배치하고 속성을 설정한다.

　ⓐ [도구상자]에서 [🔡　Combo Box] 컨트롤 선택하여 대화상자 폼에 드래그 앤드 드
롭 하여 다음 그림과 같이 배치한다.

　ⓑ 대화상자 폼에서 [Combo Box]를 선택한 후 오른쪽 마우스 버튼을 누르면 나타나
는 단축 메뉴에서 [속성]을 선택한다. [Combo-box Control] 속성 창이 나타나면
[ID] 항목에 IDC_COMBO_MONTH라고 입력하고 [데이터] 항목은 다음과 같이 1
월부터 12월까지 데이터를 추가한다. 개체를 구분하기 위해서는 항목이 끝에 세미콜
론(;)을 이용하여 구분하여준다. 그리고 [정렬] 항목은 False로 변경한다.

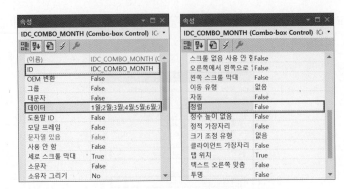

⑤ 달력을 표시할 영역인 Group Box를 배치하고 속성을 설정한다.

    ⓐ [도구상자]에서 [Group Box] 컨트롤 선택하여 대화상자 폼에 드래그 앤드 드롭하여 다음 그림과 같이 배치한다.

    ⓑ 대화상자 폼에서 [Group Box]를 선택한 후 오른쪽 마우스 버튼을 누르면 나타나는 단축 메뉴에서 [속성]을 선택한다. [Group-box Control] 속성 창이 나타나면 [캡션] 항목을 지운다.

Step 5 각 컨트롤들을 멤버 변수에 연결한다.

① Edit Control을 멤버 변수에 연결한다.

ⓐ Ctrl + Shift + X 키를 눌러 클래스 마법사를 실행시켜 [프로젝트] 항목은 Practice12a를, [클래스 이름] 항목은 CPractice12aDlg를 선택한다. [멤버 변수] 탭을 선택하고 [컨트롤 ID] 항목에서 IDC_EDIT_YEAR을 선택한 후 변수 추가(A)... 버튼을 누른다.

ⓑ [제어 변수 추가] 대화상자가 나타나면 [범주] 항목은 "값"을 선택하고 [이름] 항목에 m_nYear를 입력한다. 그리고 [변수 형식] 항목은 int를 입력한 후 마침 버튼을 누른다.

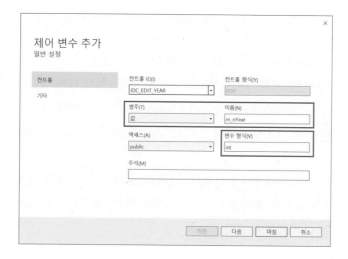

② Spin Control을 멤버 변수에 연결한다.

ⓐ Ctrl + Shift + X 키를 눌러 클래스 마법사를 실행시켜 [프로젝트] 항목은 Practice12a를, [클래스 이름] 항목은 CPractice12aDlg를 선택한다. [멤버 변수] 탭을 선택하고 [컨트롤 ID] 항목에서 IDC_SPIN_YEAR을 선택한 후 변수 추가(A)... 버튼을 누른다.

ⓑ [제어 변수 추가] 대화상자가 나타나면 [범주] 항목을 "컨트롤"을 선택하고 [이름] 항목에 m_spinYear를 입력한다. 그리고 [변수 형식] 항목은 CSpinButtonCtrl을 그대로 두고 마침 버튼을 누른다.

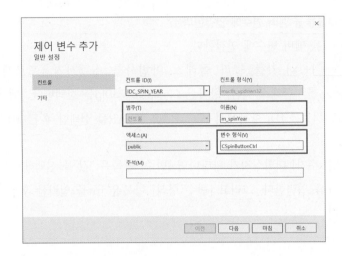

③ 마지막으로 Combo Box Control을 멤버 변수에 연결한다.

ⓐ Ctrl + Shift + X 키를 눌러 클래스 마법사를 실행시켜 [프로젝트] 항목은 Practice12a를, [클래스 이름] 항목은 CPractice12aDlg를 선택한다. [멤버 변수] 탭을 선택하고 [컨트롤 ID] 항목에서 IDC_COMBO_MONTH를 선택한 후 변수 추가(A)... 버튼을 누른다.

ⓑ [제어 변수 추가] 대화상자가 나타나면 [범주] 항목을 "컨트롤"을 선택하고 [이름] 항목에 m_cbMonth를 입력한다. 그리고 [변수 형식] 항목은 CComboBox을 그대로 두고 마침 버튼을 누른다.

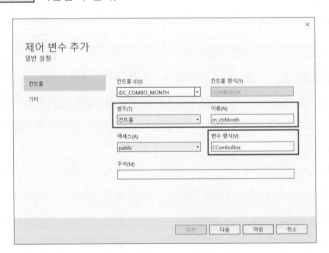

④ 위와 같이 설정하면 다음과 같이 컨트롤이 멤버 변수에 연결되었는지 클래스 마법사에서 확인해보자.

DLL을 호출할 준비를 한다.

메인 프로그램에서 DLL 파일이 포함된 프로젝트를 참조하기 위하여 다음과 같이 설정한다.

① [클래스 뷰]에서 **Practice12a** 프로젝트를 오른쪽 마우스 버튼을 눌러 나타나는 단
   축 메뉴에서 [참조 추가]를 선택하면 [참조 추가] 대화상자에서 나타난다. 대화상자에서
   [프로젝트]–[솔루션]을 선택하고 ☑ CalenderDll 를 체크한다.

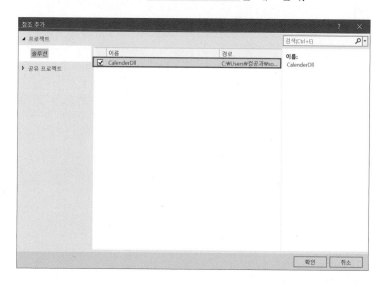

② [솔루션 탐색기]에서 🔋 **Practice12a** 프로젝트의 「+ Practice12aDlg.cpp 파일을 더블
클릭하여 소스 코드로 이동한 후 다음과 같이 사용할 DLL 함수를 선언해 준다. 여기
서 DLL을 사용할 때는 dllexport가 아닌 dllimport를 사용해야 한다.

```
// Practice12aDlg.cpp: 구현 파일
//

#include "pch.h"
#include "framework.h"
#include "Practice12a.h"
#include "Practice12aDlg.h"
#include "afxdialogex.h"

#ifdef _DEBUG
#define new DEBUG_NEW
#endif

extern "C" __declspec(dllimport) void Calender(int year, int month, int *Days);
```

Step 7 클래스에 필요한 멤버 변수를 추가하고 각 컨트롤들을 초기화시킨다.

① [클래스 뷰]에서 🐢 CPractice12aDlg 클래스에 현재의 월을 저장할 멤버 변수를 추가한
다. [변수 추가] 대화상자에서 [이름] 항목은 m_nMonth를 입력하고 [형식] 항목은 int
를 선택한다.

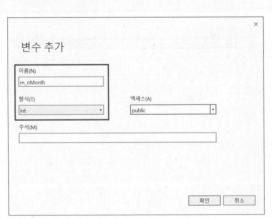

② ♣ CPractice12aDlg 클래스의 ♣ OnInitDialog() 함수에서 컨트롤들을 다음과 같이 초기화한다.

　ⓐ [클래스 뷰]에서 ♣ CPractice12aDlg 클래스를 선택한다. 그리고 ♣ OnInitDialog() 함수를 더블 클릭하여 소스 코드로 이동한다.

　ⓑ ♣ OnInitDialog() 함수에 다음과 같은 코드를 기술한다.

```
BOOL CPractice12aDlg::OnInitDialog()
{
    CDialog::OnInitDialog();

    ...

    ...
    // TODO: 여기에 추가 초기화 작업을 추가합니다.
    // 현재의 날짜를 불러와서 Combo Box와 Edit Box에 표시하여준다.
    CTime time = CTime::GetCurrentTime();
    m_nYear = time.GetYear();
    m_nMonth = time.GetMonth() - 1;

    m_cbMonth.SetCurSel(m_nMonth);
    m_spinYear.SetRange(1583, 4040);
    m_spinYear.SetPos(m_nYear);
    return TRUE;  //포커스를 컨트롤에 설정하지 않으면 TRUE를 반환합니다.
}
```

Step 8 각 컨트롤들의 이벤트 핸들러 함수를 생성한다.

① Combo Box Control에 대해 메시지 핸들러 함수를 추가한다.

　ⓐ Ctrl + Shift + X 키를 눌러 클래스 마법사를 실행시켜 [프로젝트] 항목은 Practice12a를, [클래스 이름] 항목은 CPractice12aDlg를 선택한다. [명령] 탭에서 [개체 ID] 항목은 IDC_COMBO_MONTH를, [메시지] 항목은 CBN_SELCHANGE를 선택한 후 처리기 추가(A)... 버튼을 누른다. [멤버 함수 추가] 대화상자에서 지정된 값으로 지정하고 확인 버튼을 누른다.

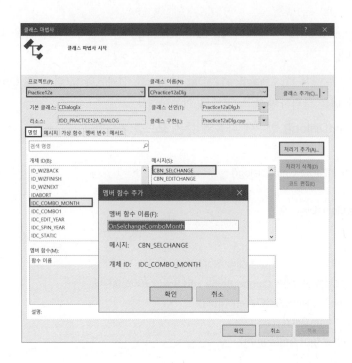

ⓑ 클래스 마법사에서 코드 편집(E) 버튼을 눌러 소스 코드 부분으로 이동하여 다음과 같
이 코드를 기술한다.

```
void CPractice12aDlg::OnSelchangeComboMonth()
{
    // TODO: 여기에 컨트롤 알림 처리기 코드를 추가합니다.
    // 현재 선택된 아이템이 몇 월인지를 저장한 다음 화면을 갱신한다.
    int nItem = m_cbMonth.GetCurSel();
    m_nMonth = nItem;
    Invalidate();
}
```

② Spin Control에 대해 메시지 핸들러 함수를 추가한다.

ⓐ Ctrl + Shift + X 키를 눌러 클래스 마법사를 실행시켜 [프로젝트] 항목은
Practice12a를, [클래스 이름] 항목은 CPractice12aDlg를 선택한다. [명령] 탭에서 [개
체 ID] 항목은 IDC_SPIN_YEAR을, [메시지] 항목은 UDN_DELTAPOS를 선택하
고 처리기 추가(A)... 버튼을 누른다. [멤버 함수 추가] 대화상자에서 지정된 값으로 지정하
고 확인 버튼을 누른다.

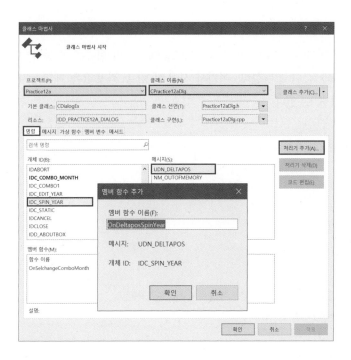

ⓑ 클래스 마법사에서 코드 편집(E) 버튼을 눌러 소스 코드 부분으로 이동하여 다음과 같이 코드를 기술한다.

```
void CPractice12aDlg::OnDeltaposSpinYear(NMHDR* pNMHDR, LRESULT* pResult)
{
    NM_UPDOWN* pNMUpDown = (NM_UPDOWN*)pNMHDR;
    // TODO: 여기에 컨트롤 알림 처리기 코드를 추가합니다.
    // 연도를 설정한다.
    m_nYear += pNMUpDown->iDelta;
    // 최소 연도와 최고 연도의 범위를 벗어나지 않도록 설정한다.
    if (m_nYear <= 1583)
        m_nYear = 1583;
    if (m_nYear > 4040)
        m_nYear = 4040;
    Invalidate();
    *pResult = 0;
}
```

Step 9 달력을 화면에 출력한다.

① 최종적으로 🐾 CPractice12aDlg 클래스의 🐾 OnPaint() 함수로 이동하여 실제로 그려줄 부분을 다음과 같이 코팅한다. 여기서 사용된 x, y 좌푯값은 대화상자 컨트롤의 위치에 따라 변경될 수 있다.

```cpp
void CPractice12aDlg::OnPaint()
{
    if (IsIconic())
    {
        ...
    }
    else
    {
        // 날짜를 저장할 변수를 지정한 뒤 모두 0으로 초기화한다.
        int m_nDays[6][7] = {0,};
        int i, j, x, y;

        x = 60;
        y = 100;          // x, y 좌표는 대화상자와 컨트롤의 배치에 따라 변경될 수 있다.

        CString m_WeekDays[7] = {_T("Sun"), _T("Mon"), _T("Tue"), _T("Wed"),
                                 _T("Thu"), _T("Fri"), _T("Sat")};
        CString m_Number;

        CPaintDC dc(this);
        dc.SetBkColor(RGB(240, 238, 228));

        // 월화수목금토일 등의 문자를 제일 처음 설정하여준다.
        for(i = 0; i < 7; i++)
        {
            dc.TextOut(x, y, m_WeekDays[i]);
            x += 40;
        }
        // DLL로 제작한 함수를 사용한다.
        Calender(m_nYear, m_nMonth, &m_nDays[0][0]);

        // 날짜를 표시하여준다. 단 날짜 데이터가 0일 경우는 표시하지 않는다.
        for( i = 0 ; i < 6 ; i++)
```

```
        {
            x = 60;
            for( j = 0; j < 7 ; j++)
            {
                if(m_nDays[i][j] != 0)
                {
                    m_Number.Format(_T("%d"), m_nDays[i][j]);
                    dc.TextOut(x, y+20, m_Number);
                }
                x += 40;
            }
            y += 30;
        }
        CDialog::OnPaint();
    }
}
```

Step 10 프로그램을 실행시켜보자.

① Ctrl + F7 키를 눌러 컴파일하고 에러가 없다면 Ctrl + F5 를 눌러 프로그램을 실행시켜보자. 다음 그림과 같이 실행될 것이다.

② Spin Control을 사용하여 연도를 변경시키고 Combo Box에서 원하는 월을 선택해 보자. 그러면 선택된 년, 월에 대한 달력이 출력될 것이다.

실습 12-2 Explicit 링킹을 통한 정규 DLL 달력 만들기

〈실습 12-1〉은 Implicit 링킹을 통한 DLL의 사용법이었다. 이번에는 Explicit 링킹을 통하여 DLL의 함수를 불러와서 달력을 출력하는 프로젝트를 만들어보자. 앞에서 설명한 것처럼 세 가지 함수를 이용하여 DLL을 링크하고 사용하여 보자.

Step 1 〈실습 12-1〉의 프로젝트를 연다.

① 〈실습 12-1〉에서 작성한 프로젝트를 복사한다. 복사된 폴더 이름을 "Practice12b"로 이름을 변경한다.

② [파일] 메뉴에서 [열기]-[프로젝트/솔루션]을 선택한다. 파일 열기 대화상자에서 지금 복사하여 이름을 변경한 폴더 "Practice12b"로 이동하여 Practice12a.sln 파일을 연다.

Step 2 Implicit 링킹으로 읽어왔던 부분을 삭제한다.

① ⁺⁺ CalenderDll.cpp 파일 상단에 코딩한 Implicit 링킹 방법으로 읽어왔던 부분을 아래와 같이 주석 처리한다.

```
// Practice12aDlg.cpp: 구현 파일
//

#include "pch.h"
#include "framework.h"
#include "Practice12a.h"
#include "Practice12aDlg.h"
#include "afxdialogex.h"
```

```
#ifdef _DEBUG
#define new DEBUG_NEW
#endif

// 이 부분을 주석 처리한다.
// extern "C" __declspec(dllimport) void Calender(int year, int month, int *Days);
```

Step 3 Explicit 링킹으로 DLL을 읽어서 사용한다.

① CPractice12aDlg 클래스의 OnPaint() 함수에 다음 부분을 추가한다.

```
void CPractice12aDlg::OnPaint()
{
    if (IsIconic())
    {
    ...
    }
    else
    {
        ...
        ...
        // 월화수목금토일 등의 문자를 제일 처음 설정하여준다.
        for(i = 0; i < 7; i++)
        {
            dc.TextOut(x, y, m_WeekDays[i]);
            x += 40;
        }
        // Calender(m_nYear, m_nMonth, &m_nDays[0][0]);      // 이 부분은 주석 처리한다.

        HINSTANCE hDll;
        hDll = LoadLibrary(_T("CalenderDll.dll"));           // DLL 파일을 읽어온다.

        // DLL에서 읽어올 함수 형을 지정한다.
        typedef int (*CalenderFunc)(int year, int month, int *Days);

        CalenderFunc lpCalender;

        // Calender 함수를 읽어온다.
```

```
lpCalender = (CalenderFunc)GetProcAddress(hDll, "Calender");

// DLL로 제작한 함수를 사용한다.
lpCalender(m_nYear, m_nMonth, &m_nDays[0][0]);

// 날짜를 표시하여준다. 단 날짜 데이터가 0일 경우는 표시하지 않는다.
for( i = 0 ; i < 6 ; i++)
{
    x = 60;
    for( j = 0; j < 7 ; j++)
    {
        if(m_nDays[i][j] != 0)
        {
            m_Number.Format(_T("%d"), m_nDays[i][j]);
            dc.TextOut(x, y+20, m_Number);
        }
        x += 40;
    }
    y += 30;
}
CDialog::OnPaint();
}
```

Step 4 프로그램의 실행시켜보자.

① Ctrl + F7 키를 눌러 컴파일하고 에러가 없다면 Ctrl + F5 를 눌러 프로그램을 실행시켜보자. 〈실습 12-1〉과 같은 결과가 출력될 것이다.

실습 12-3 확장 DLL을 통한 비만도 계산 프로그램 만들기

이번 실습은 고객의 신장과 체중을 이용해 비만도를 계산하는 확장 DLL을 작성하고 확장 DLL을 이용하여 비만도를 구하는 기능을 하는 프로그램을 작성한다. 이번 실습을 통해 확장 DLL의 작성법과 사용법을 배우게 된다.

Step 1 확장 DLL을 호출하는 프로젝트를 생성한다.

① [파일] 메뉴에서 [새로 만들기]-[프로젝트]를 선택하여 애플리케이션 마법사를 실행시킨다.

② [새 프로젝트 구성] 컨트롤 시트에서 프로젝트 이름을 "Practice12c"라 정하고 [솔루션 및 프로젝트를 같은 디렉터리에 배치] 항목의 체크를 해제한다.

③ [애플리케이션 종류] 단계에서 [대화상자 기반]을 선택한다.

④ [마침] 버튼을 누르고, 새로운 프로젝트의 생성을 완료한다.

Step 2 DLL 프로젝트를 생성한다.

① [파일] 메뉴에서 [새로 만들기]-[프로젝트]를 선택하여 애플리케이션 마법사를 다시 실행시킨다.

② [새 프로젝트 만들기] 컨트롤 시트가 나오면 프로젝트 템플릿에서 [MFC 동적 연결 라이브러리] 템플릿을 선택하고 [다음(N)] 버튼을 누른다.

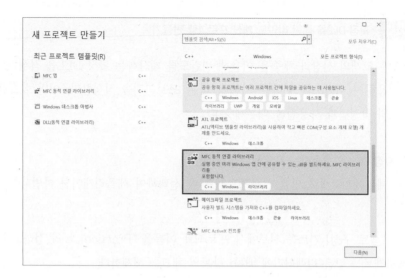

③ [새 프로젝트 구성] 컨트롤 시트에서 프로젝트 이름을 "BMIDll"이라 입력한다. 이 프로젝트를 전 단계에서 생성한 솔루션에 추가하기 위하여 [솔루션] 항목에서 [솔루션 추가]를 반드시 선택하고 만들기(C) 버튼을 누른다.

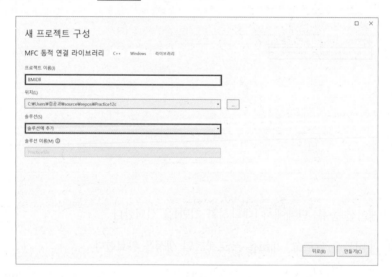

④ 애플리케이션 마법사가 실행되면 다음과 같은 [MFC DLL] 대화상자가 나타난다. [DLL 형식] 항목을 [MFC 확장 DLL]을 선택하고 확인 버튼을 누르면 프로젝트 생성이 완료된다.

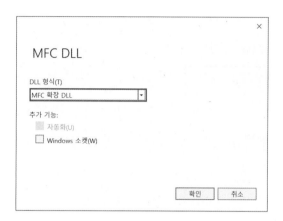

Step 3   이제 생성된 BMIDll 프로젝트에 클래스를 추가한다.

① 비만도를 계산하는 함수를 구현할 클래스를 생성한다.

　　ⓐ [클래스 뷰]에서 🔟 BMIDll 프로젝트를 선택한 후 [프로젝트] 메뉴의 [클래스 추가]
　　　를 클릭하면 [클래스 추가] 대화상자가 나타난다.

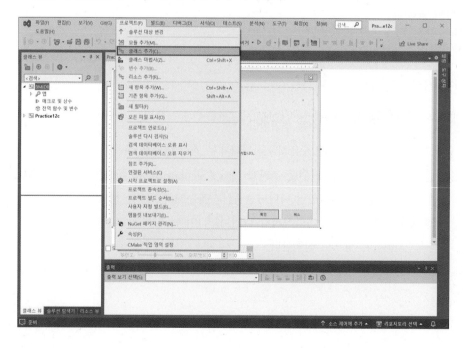

　　ⓑ [클래스 추가] 대화상자에서 [클래스 이름] 항목을 CCalculatorBMI라고 입력하고
　　　 확인 버튼을 누른다.

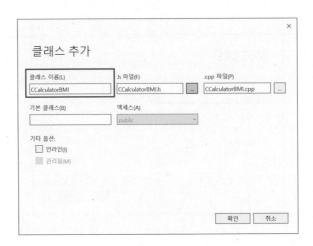

② 생성한 대화상자 클래스를 확장 DLL로 만들어 준다. 확장 DLL로 만들기 위해서는 단순히 클래스 이름 선언 앞에 AFX_EXT_CLASS를 다음과 같이 추가해주면 된다.

```
#pragma once
class AFX_EXT_CLASS CCalculatorBMI
{
};
```

Step 4 비만도를 측정하는 함수를 추가한다.

① 비만도를 측정하는 체질량지수(BMI)를 나타내는 멤버 변수를 추가한다.

ⓐ [클래스 뷰]에서 멤버 변수를 추가할 CCalculatorBMI 클래스를 선택한 후 오른쪽 마우스 버튼을 클릭하면 나타나는 단축 메뉴에서 [추가]-[변수 추가]를 마우스로 선택한다. [변수 추가] 대화상자가 나타나면 [이름] 항목은 m_dBMI로 하고 [형식] 항목은 double 형으로 선택한다.

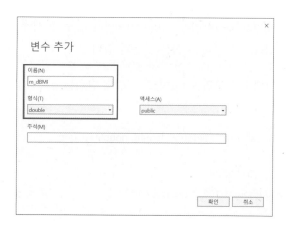

② 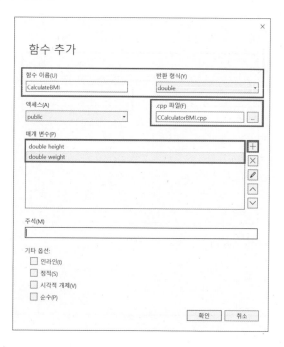 CCalculatorBMI 클래스에 체질량지수(BMI)를 계산하는 함수를 추가한다.

    ⓐ [클래스 뷰]에서 CCalculatorBMI 클래스를 선택하고 오른쪽 마우스 버튼으로 눌러서 나오는 단축 메뉴에서 [추가]-[함수 추가]를 선택한다. [함수 추가] 대화상자가 나타나면 [함수 이름] 항목에는 CalculateBMI를 입력하고 [반환 형식] 항목에 double을 선택한다. [.cpp 파일] 항목이 비어 있으면 CCalculatorBMI.cpp를 입력한다. 그리고 [매개 변수] 항목 옆의 ⊞ 버튼을 누르고 double height를 입력하고 다시 ⊞ 버튼을 누르고 double weight를 입력한 후 ▭확인▭ 버튼을 눌러 2개의 매개 변수를 추가한다.

ⓑ 🔧 CalculateBMI(double height, double weight) 함수 본체에 다음과 같이 코딩한
다. 체질량지수(BMI)를 구하는 식은 다음과 같다.

$BMI = \dfrac{체중}{신장^2}$ (체중의 단위는 kg이고, 신장의 단위는 m이다.)

```
double CCalculatorBMI::CalculateBMI(double height, double weight)
{
    // TODO: 여기에 구현 코드 추가.
    m_dBMI = weight / ((height/100) * (height / 100));
    return m_dBMI;
}
```

③ 🔧 CCalculatorBMI 클래스에 체질량지수(BMI)로 비만도를 판정하는 함수를 추가한다.
  ⓐ [클래스 뷰]에서 🔧 CCalculatorBMI 클래스를 선택하고 오른쪽 마우스 버튼으로 눌
    러서 나오는 단축 메뉴에서 [추가]-[함수 추가]를 선택한다. [함수 추가] 대화상자가
    나타나면 [함수 이름] 항목에는 DetermineObesity를 입력하고 [반환 형식] 항목에
    CString을 입력한다. [.cpp 파일] 항목에 CCalculatorBMI.cpp가 설정되어 있는지
    확인한다.

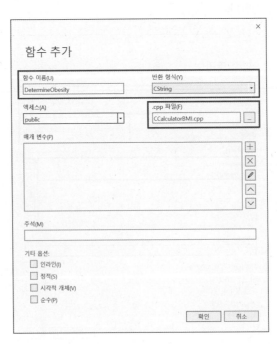

ⓑ 🔷 DetermineObesity() 함수 본체에 다음과 같이 코딩한다. BMI로 비만도를 판정하는 기준은 다음과 같다.

BMI 지수	비만도	BMI 지수	비만도
18.5 이하	저체중	25.0 ~ 29.9	경도비만
18.6 ~ 22.9	정상체중	30.0 ~ 34.9	중도비만
23.0 ~ 24.9	과체중	35.0 이상	고도비만

```cpp
CString CCalculatorBMI::DetermineObesity()
{
    // TODO: 여기에 구현 코드 추가.
    CString obesity;
    if (m_dBMI < 18.5)
    {
        obesity = "저체중";
    }
    else if (m_dBMI < 23.0)
    {
        obesity = "정상체중";
    }
    else if (m_dBMI < 25.0)
    {
        obesity = "과체중";
    }
    else if (m_dBMI < 30.0)
    {
        obesity = "경도비만";
    }
    else if (m_dBMI < 35.0)
    {
        obesity = "중도비만";
    }
    else
    {
        obesity = "고도비만";
    }
    return obesity;
}
```

④ 🔩 CCalculatorBMI 클래스에 표준체중을 계산해 반환하는 함수를 구현한다.

ⓐ [클래스 뷰]에서 🔩 CCalculatorBMI 클래스를 선택하고 오른쪽 마우스 버튼으로 눌러서 나오는 단축 메뉴에서 [추가]-[함수 추가]를 선택한다. [함수 추가] 대화상자가 나타나면 [함수 이름] 항목에는 CalculateStdWeight를 입력하고 [반환 형식] 항목에 double을 선택한다. 그리고 [매개 변수] 항목 옆의 ⊞ 버튼을 누르고 char gender를 입력하고 다시 ⊞ 버튼을 누르고 double height를 입력하고 다시 ⊞ 버튼을 누르고 double weight를 입력한 후 ⎡ 확인 ⎤ 버튼을 눌러 3개의 매개 변수를 추가한다.

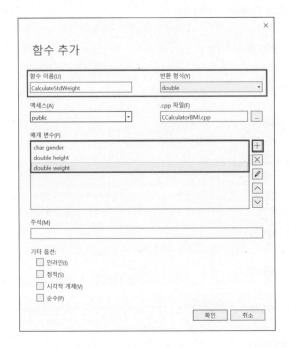

ⓑ 💠 CalculateStdWeight(char gender, double height, double weight) 함수 본체에 다음과 같이 코딩한다. 표준체중을 구하는 식은 다음과 같다.

남자 : 신장^2×22   (신장의 단위는 m이다.)

여자 : 신장^2×21

```
double CCalculatorBMI::CalculateStdWeight(char gender, double height, double weight)
{
    // TODO: 여기에 구현 코드 추가.
```

```
    switch (gender)
    {
    case 'M':
        return (height / 100) * (height / 100) * 22;
        break;
    case 'F':
        return (height / 100) * (height / 100) * 21;
        break;
    }
}
```

Step 5 Practice12c 프로젝트의 대화상자 폼에 컨트롤들을 배치하고 속성을 설정한다.

이제 확장 DLL을 작성하였으니 이 단계에서는 작성한 확장 DLL의 함수를 이용하여 성별, 신장, 체중을 입력한 후 비만도 계산 결과를 출력해주는 대화상자 폼을 구성한다.

① [리소스 뷰]에서 **Practice12c** 프로젝트를 확장하고 IDD_PRACTICE12C_DIALOG 를 선택하여 대화상자를 로드하고 대화상자의 속성을 설정한다.

  ⓐ 대화상자를 선택하고 오른쪽 마우스 버튼을 눌러서 나오는 단축 메뉴에서 [속성] 항목을 선택하면 나타나는 속성창의 [캡션] 항목에 "비만도 계산기"라고 입력한다.

② 기본적으로 설치된 Static Text와 Button Control을 삭제한다.

  ⓐ "TODO : 여기에 대화상자 컨트롤을 배치합니다."라고 쓰여 있는 컨트롤을 마우스로 선택하여 Delete 키를 눌러 삭제한다.

  ⓑ 대화상자를 마우스로 눌러 대화상자의 크기를 조절하고 대화상자 폼에 미리 만들어진 확인 버튼과 취소 버튼을 선하고 Delete 키를 눌러 삭제한다.

③ [⚏ Group Box] 컨트롤, [⊙ Radio Button] 컨트롤, [▲ Static Text] 컨트롤,
[**ab** Edit Control] 컨트롤을 배치하고, 속성을 설정한다.

ⓐ [도구 상자]에서 [⚏ Group Box] 컨트롤, [⊙ Radio Button] 컨트롤,
[▲ Static Text] 컨트롤, [**ab** Edit Control] 컨트롤을 다음과 같이 배치한다.

ⓑ [Group Box]를 선택하고 오른쪽 마우스 버튼을 눌러서 나오는 단축 메뉴에서 [속
성] 항목을 선택하여 나타나는 [Group-box Control] 속성창의 [캡션] 항목을 "개
인 정보"라고 설정한다.

ⓒ [Radio1]를 선택하고 오른쪽 마우스 버튼을 눌러서 나오는 단축 메뉴에서 [속성]
항목을 선택하여 나타나는 [Radio-button Control] 속성창의 [ID] 항목을 IDC_
RADIO_MALE이라 입력하고 [캡션] 항목을 "남자"라고 설정한다.

ⓓ [Radio2]를 선택하고 오른쪽 마우스 버튼을 눌러서 나오는 단축 메뉴에서 [속성]
항목을 선택하여 나타나는 [Radio-button Control] 속성창의 [ID] 항목을 IDC_
RADIO_FEMALE이라 입력하고 [캡션] 항목을 "여자"라고 설정한다.

ⓔ 오른쪽부터 차례로 [Static Text]를 선택하고 오른쪽 마우스 버튼을 눌러서 나오는
단축 메뉴에서 [속성] 항목을 선택하여 나타나는 [Text Control] 속성창의 [캡션]
항목을 오른쪽에서부터 "신장 :", "cm", "체중 :", "kg"이라고 설정한다.

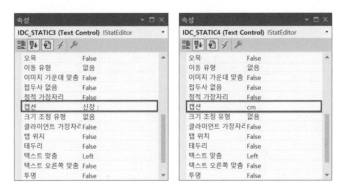

ⓕ 첫 번째 [Edit Control]을 선택하고 오른쪽 마우스 버튼을 눌러서 나오는 단축 메뉴
에서 [속성] 항목을 선택하여 나타나는 [Edit Control] 속성창의 [ID] 항목을 IDC_
EDIT_HEIGHT라고 입력하고 [숫자] 항목은 True로 변경한다.

ⓖ 두 번째 [Edit Control]을 선택하고 오른쪽 마우스 버튼을 눌러서 나오는 단축 메뉴
에서 [속성] 항목을 선택하여 나타나는 [Edit Control] 속성창의 [ID] 항목을 IDC_
EDIT_WEIGHT라고 입력하고 [숫자] 항목은 True로 변경한다.

④ [도구상자]에서 [■ Button] 컨트롤을 배치하고, 속성을 설정한다.

ⓐ [도구상자]에서 [■ Button] 컨트롤을 다음과 같이 배치한다.

ⓑ 첫 번째 [Button] 컨트롤을 선택하고 오른쪽 마우스 버튼을 눌러서 나오는 단축 메뉴에서 [속성] 항목을 선택하여 나타나는 [Button Control] 속성창의 [ID] 항목에 IDC_BUTTON_CALCULATE로 입력하고 [캡션] 항목을 "계산"이라고 설정한다.

ⓒ 두 번째 [Button] 컨트롤을 선택하고 오른쪽 마우스 버튼을 눌러서 나오는 단축 메뉴에서 [속성] 항목을 선택하여 나타나는 [Button Control] 속성창의 [ID] 항목에 IDC_BUTTON_RESET으로 입력하고 [캡션] 항목을 "초기화"라고 설정한다.

⑤ [🔲 Group Box] 컨트롤, [**ab** Edit Control] 컨트롤을 배치하고, 속성을 설정한다.

ⓐ [도구상자]에서 [🔲 Group Box] 컨트롤, [**ab** Edit Control] 컨트롤을 다음과 같이 배치한다.

ⓑ [Group Box]를 선택하고 오른쪽 마우스 버튼을 눌러서 나오는 단축 메뉴에서 [속성] 항목을 선택하여 나타나는 [Group-box Control] 속성창의 [캡션] 항목을 "비만도 결과"라고 설정한다.

ⓒ [Edit Control]을 선택하고 오른쪽 마우스 버튼을 눌러서 나오는 단축 메뉴에서 [속성] 항목을 선택하여 나타나는 [Edit Control] 속성창의 [ID] 항목을 IDC_EDIT_RESULT라고 입력한다. [여러 줄] 항목과 [읽기 전용] 항목은 True로 변경하고 [테두리] 항목은 False로 변경한다.

⑥ 위와 같이 속성을 설정하면 다음과 같은 폼이 만들어질 것이다.

Step 6   Practice12c 프로젝트에 DLL을 호출할 수 있도록 설정한다.

Practice12c 프로그램에서 DLL 파일이 포함된 프로젝트를 참조하기 위하여 다음과 같이 설정한다.

① [클래스 뷰]에서 **Practice12c** 프로젝트를 오른쪽 마우스 버튼을 눌러 나타나는 단축 메뉴에서 [참조 추가]를 선택하면 [참조 추가] 대화상자에서 나타난다. 대화상자에서 [프로젝트]−[솔루션]을 선택하고 ☑ BMIDll 를 체크한다.

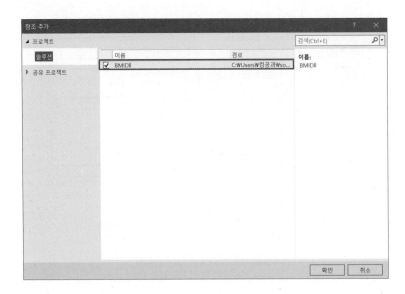

② [클래스 뷰]에서 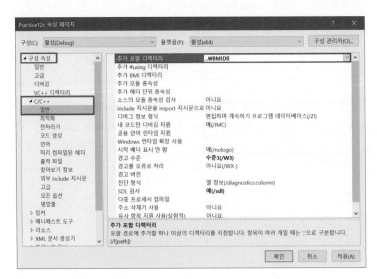 **Practice12c** 프로젝트를 선택하고 [프로젝트]–[속성] 메뉴를 선택
한다. [Practice12c 속성 페이지] 대화상자에서 [구성 속성]–[C/C++]–[일반] 탭을 선
택하여 다음과 같이 CCalculatorBMI 클래스의 헤더파일을 참조하기 위해 [추가 포함
디렉터리] 항목에 다음과 같이 "..\BMIDll"을 입력하여 디렉터리를 추가한다.

Step 7 각 컨트롤들을 멤버 변수에 연결한다.

① Edit Control을 멤버 변수에 연결한다.

ⓐ Ctrl + Shift + X 키를 눌러 클래스 마법사에서 [클래스 이름] 항목을

CPractice12cDlg을 선택한 후 [멤버 변수] 탭을 선택한다. [멤버 변수] 항목에서
IDC_EDIT_HEIGHT를 선택하고 [변수 추가(A)...] 버튼을 누른다. [제어 변수 추가] 대
화상자가 나타나면 [범주] 항목은 "값"을 선택하고, [이름] 항목에 m_strHeight 라
고 입력하고 [변수 형식] 항목은 CString 그대로 두고 [마침] 버튼을 누른다.

ⓑ 위와 같은 방법으로 IDC_EDIT_WEIGHT를 선택하고 [변수 추가(A)...] 버튼을 누른다.
[제어 변수 추가] 대화상자가 나타나면 [범주] 항목은 "값"을 선택하고, [이름] 항목
에 m_strWeight 라고 입력하고 [변수 형식] 항목은 CString 그대로 두고 [마침]
버튼을 누른다.

ⓒ 위와 같은 방법으로 IDC_EDIT_RESULT를 선택하고 [변수 추가(A)...] 버튼을 누른다.
[제어 변수 추가] 대화상자가 나타나면 [범주] 항목은 "값"을 선택하고, [이름] 항목
에 m_strResult 라고 입력하고 [변수 형식] 항목은 CString 그대로 두고 [마침]
버튼을 누른다.

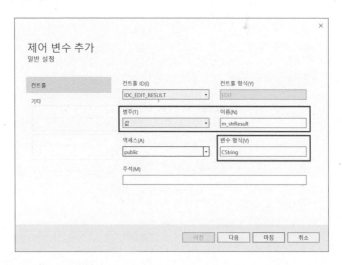

ⓓ 클래스 마법사에서 [클래스 이름] 항목을 CPractice12cDlg를 선택한 후 [멤버 변
수] 탭을 눌러 다음 그림과 같이 나오는지 확인해보자.

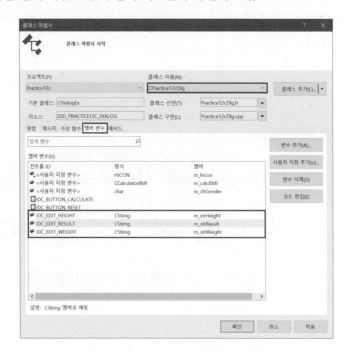

Step 8 메인 대화상자에 필요한 변수를 추가한다.

① DLL 함수들을 호출하기 위해 CCalculatorBMI 클래스의 객체를 추가한다.

  ⓐ [클래스 뷰]에서 🔧 CPractice12cDlg 클래스를 선택하고 오른쪽 마우스 버튼을 눌러서 나타나는 단축 메뉴에서 [추가]-[변수 추가]를 선택한다. [변수 추가] 대화상자가 나타나면 [이름] 항목은 m_calcBMI를 입력하고 [형식] 항목은 CCalculatorBMI형을 입력하여 변수를 추가한다.

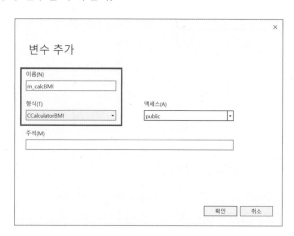

  ⓑ [클래스 뷰]에서 🔧 CPractice12cDlg 헤더파일에 다음과 같이 CCalculatorBMI.h 헤더파일을 include 시킨다.

```
// Practice12cDlg.h: 헤더파일
//

#pragma once
#include "CCalculatorBMI.h"

// CPractice12cDlg 대화상자
class CPractice12cDlg : public CDialogEx
{
// 생성입니다.
```

② 성별을 저장하는 변수를 추가한다.

  ⓐ [클래스 뷰]에서 🔧 CPractice12cDlg 클래스를 선택하고 오른쪽 마우스 버튼을 눌러서 나타나는 단축 메뉴에서 [추가]-[변수 추가]를 선택한다. [변수 추가] 대화상자

가 나타나면 [이름] 항목은 m_chGender를 입력하고 [형식] 항목은 char 형을 선택하여 변수를 추가한다.

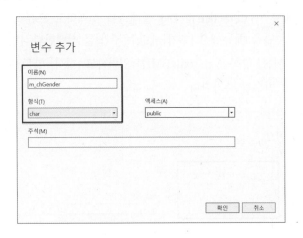

Step 9 버튼에 대해 메시지 핸들러 함수를 만든다.

Radio Button을 선택하고 [계산] Button을 누르면 비만도 계산 결과를 출력해주어야 한다. 그리고 [초기화] 버튼을 누르면 모든 Radio Button과 Edit Control을 초기화한다.

① Radio Button에 대해 메시지 핸들러 함수를 만든다.

ⓐ Ctrl + Shift + X 키를 눌러 클래스 마법사를 실행시켜 [프로젝트] 항목에는 **Practice12c**을 [클래스 이름] 항목에는 **CPractice12cDlg**을 택한다. 그리고 [명령] 탭을 선택한 후 [개체 ID] 항목은 IDC_RADIO_MALE를 선택하고 [메시지] 항목은 COMMAND를 선택한 다음 [저리기 추가(A)...] 버튼을 누른다. [멤버 함수 추가] 대화상자가 나타나면 지정된 함수 이름을 그대로 두고 [확인] 버튼을 누른다.

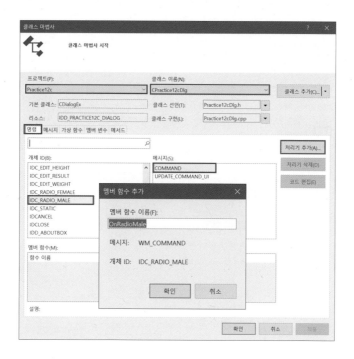

ⓑ 클래스 마법사에서 ┌──────┐ 버튼을 눌러 소스 코드 부분으로 이동하여 다음과 같
   └ 코드 편집(E) ┘
   이 코딩한다.

```
void CPractice12cDlg::OnRadioMale()
{
    // TODO: 여기에 명령 처리기 코드를 추가합니다.
    m_chGender = 'M';
}
```

ⓒ 위와 같은 방법으로 두 번째 Radio Button에 대해 메시지 핸들러 함수를 만든
   다. 클래스 마법사에서 [명령] 탭을 선택한 후 [개체 ID] 항목은 IDC_RADIO_
   FEMALE를 선택하고 [메시지] 항목은 COMMAND를 선택한 다음 [처리기 추가(A)...] 버튼
   을 누른다. [멤버 함수 추가] 대화상자가 나타나면 지정된 함수 이름을 그대로 두고
   [확인] 버튼을 누른다.

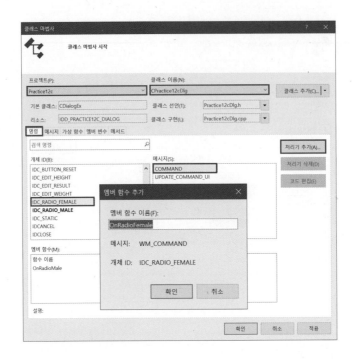

ⓓ 클래스 마법사에서 [코드 편집(E)] 버튼을 눌러 소스 코드 부분으로 이동하여 다음과
같이 코딩한다.

```
void CPractice12cDlg::OnRadioFemale()
{
    // TODO: 여기에 명령 처리기 코드를 추가합니다.
    m_chGender = 'F';
}
```

② [계산] Button에 대해 메시지 핸들러 함수를 만든다.

ⓐ Ctrl + Shift + X 키를 눌러 클래스 마법사를 실행시켜 [프로젝트] 항목에는
Practice12c을 [클래스 이름] 항목에는 CPractice12cDlg을 선택한다. 그리고 [명
령] 탭을 선택한 후 [개체 ID] 항목은 IDC_BUTTON_CALCULATE를 선택하고
[메시지] 항목은 BN_CLICKED를 선택한 다음 [처리기 추가(A)...] 버튼을 누른다. [멤버
함수 추가] 대화상자가 나타나면 지정된 함수 이름을 그대로 두고 [확인] 버튼을
누른다.

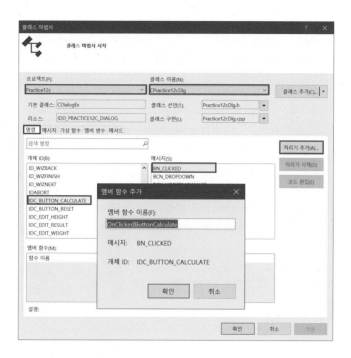

ⓑ 클래스 마법사에서 코드 편집(E) 버튼을 눌러 소스 코드 부분으로 이동하여 다음과
같이 코딩한다.

```
void CPractice12cDlg::OnClickedButtonCalculate()
{
    // TODO: 여기에 컨트롤 알림 처리기 코드를 추가합니다.
    CString result1, result2;
    double height, weight, std_weight, bmi;

    UpdateData(TRUE);
    height = _wtoi(m_strHeight);
    weight = _wtoi(m_strWeight);

    bmi = m_calcBMI.CalculateBMI(height, weight);
    std_weight = m_calcBMI.CalculateStdWeight(m_chGender, height, weight);

    result1.Format(_T("당신의 비만도는 %.2f 이고, %s 입니다."), bmi, m_calcBMI.DetermineObesity());

    if (bmi < 18.50)
    {
```

```
        result2.Format(_T("당신의 표준체중은 %.1fkg 이므로 %.1fkg 증량이 필요합니다."),
                    std_weight, std_weight - weight);
    }
    else if (bmi < 23)
    {
        result2.Format(_T("당신의 표준체중은 %.1fkg 이고 현재 정상체중입니다."), std_weight);
    }
    else
    {
        result2.Format(_T("당신의 표준체중은 %.1fkg 이므로 %.1fkg 감량이 필요합니다."),
                    std_weight, weight - std_weight);
    }

    m_strResult = result1 + _T("\r\n") + result2;
    UpdateData(FALSE);
}
```

③ [초기화] Button에 대해 메시지 핸들러 함수를 만든다.

ⓐ [Ctrl]+[Shift]+[X]키를 눌러 클래스 마법사를 실행시켜 [프로젝트] 항목에는 Practice12c을 [클래스 이름] 항목에는 CPractice12cDlg을 선택한다. 그리고 [명령] 탭을 선택한 후 [개체 ID] 항목은 IDC_BUTTON_RESET을 선택하고 [메시지] 항목은 BN_CLICKED를 선택한 다음 [처리기 추가(A)...] 버튼을 누른다. [멤버 함수 추가] 대화상자가 나타나면 지정된 함수 이름을 그대로 두고 [확인] 버튼을 누른다.

ⓑ 클래스 마법사에서 [코드 편집(E)] 버튼을 눌러 소스 코드 부분으로 이동하여 다음과
같이 코딩한다.

```
void CPractice12cDlg::OnClickedButtonReset()
{
    // TODO: 여기에 컨트롤 알림 처리기 코드를 추가합니다.
    ((CButton*)GetDlgItem(IDC_RADIO_MALE))->SetCheck(FALSE);
    ((CButton*)GetDlgItem(IDC_RADIO_FEMALE))->SetCheck(FALSE);
    m_strHeight.Empty();
    m_strWeight.Empty();
    m_strResult.Empty();
    UpdateData(FALSE);
}
```

Step 10 프로그램을 실행시켜보자.

① [Ctrl]+[F7] 키를 눌러 컴파일하고 에러가 없다면 [Ctrl]+[F5]를 눌러 프로그램을 실행시켜보
자. 다음 그림과 같이 실행될 것이다.

② Radio Button을 클릭하고 신장과 체중을 입력한 후 [계산] 버튼을 누르면 비만도 계산 결과가 출력된다.

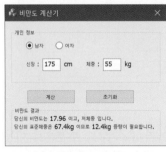

[저체중의 경우]

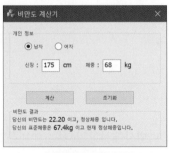

[정상체중의 경우]

[과체중의 경우]

[경도비만의 경우]

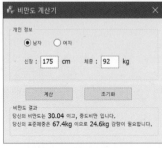

[중도비만의 경우]

[고도비만의 경우]

[정상체중 남자의 경우]

[정상체중 여자의 경우]

③ [　초기화　] 버튼을 누르면 모든 Edit Control과 Radio Button이 초기화되는지 확인해보자.

연습문제

1 다음의 요구사항을 만족하는 프로젝트를 작성하라.

> 이 프로젝트는 사칙연산을 담당하는 확장 DLL을 작성하고 확장 DLL을 이용하여 계산기 기능을 하는 프로그램을 작성하라.

1) 확장 DLL을 만든다.
    ① 프로젝트 이름을 "CalculatorDll"이라 설정한다.
    ② 계산기에서 사칙연산을 담당하는 함수 구현을 위해 확장 DLL 클래스를 추가한다.
    – 클래스 이름은 CCalculator로 설정한다.
    – C++ 클래스를 추가한 후 확장 DLL로 만들기 위해서는 단순히 클래스명 선언 앞에 AFX_EXT_CLASS를 설정해주면 된다.
    – 매개 변수로 받은 2개의 값을 더해서 반환하는 Add() 함수를 구현한다.
    – 매개 변수로 받은 2개의 값을 빼서 반환하는 Subtract() 함수를 구현한다.
    – 매개 변수로 받은 2개의 값을 곱해서 반환하는 Multiply() 함수를 구현한다.
    – 매개 변수로 받은 2개의 값을 나누어서 반환하는 Divide() 함수를 구현한다.

2) 확장 DLL를 호출하는 프로젝트를 만든다.
    ① DLL을 로드하는 프로젝트의 대화상자 폼은 다음과 같이 만든다.

    ② 컨트롤의 ID와 속성은 다음과 같이 설정한다.

Control Type	Resource ID	속성
Radio Button	IDC_RADIO_NUM1	캡션 : 숫자 1
Radio Button	IDC_RADIO_NUM2	캡션 : 숫자 2
Static Test	IDC_STATIC	캡션 : 계산 결과
Edit Control	IDC_EDIT_NUM1	읽기 전용 : True, 텍스트 맞춤 : Center
Edit Control	IDC_EDIT_NUM2	읽기 전용 : True, 텍스트 맞춤 : Center
Edit Control	IDC_EDIT_RESULT	읽기 전용 : True, 텍스트 맞춤 : Center
Button	IDC_BUTTON_1	캡션 : 1
Button	IDC_BUTTON_2	캡션 : 2
Button	IDC_BUTTON_3	캡션 : 3
Button	IDC_BUTTON_4	캡션 : 4
Button	IDC_BUTTON_4	캡션 : 5
Button	IDC_BUTTON_5	캡션 : 6
Button	IDC_BUTTON_6	캡션 : 6
Button	IDC_BUTTON_7	캡션 : 7
Button	IDC_BUTTON_8	캡션 : 8
Button	IDC_BUTTON_9	캡션 : 9
Button	IDC_BUTTON_0	캡션 : 0
Button	IDC_BUTTON_ADD	캡션 : +
Button	IDC_BUTTON_SUBTRACT	캡션 : -
Button	IDC_BUTTON_MULTIPLY	캡션 : *
Button	IDC_BUTTON_DIVIDE	캡션 : /
Button	IDC_BUTTON_BACCK	캡션 : Back
Button	IDC_BUTTON_CLEAR	캡션 : Clear
Button	IDC_BUTTON_EQUAL	캡션 : =

③ 전 단계에서 작성한 확장 DLL을 호출할 준비를 한다.

ⓐ 메인 대화상자 [속성 페이지] 대화상자에서 DLL 파일이 포함된 프로젝트를 참조할 수 있도록 참조를 추가한다.

ⓑ [속성 페이지] 대화상자에서 [구성 속성]-[C/C++]-[일반] 탭을 선택하여 확장 DLL 클래스의 헤더파일을 참조하기 위해 디렉터리(..\CalculatorDll)를 추가한다.

3) 대화상자의 헤더파일에 필요한 멤버 변수를 추가한다.

   ① CCalculator 객체를 나타내는 변수 : m_calculator (자료형 CCalculator)

   ② 첫 번째와 두 번째 피연산자를 구분하는 변수 : m_nOperand (자료형 int)

   ③ 사칙 연산자를 구분하는 변수 : m_chOperator (자료형 char)

4) 대화상자 컨트롤들의 메시지 핸들러 함수를 구현한다.

   ① Radio Button에 대한 명령 메시지 핸들러 함수를 만든다.

     – 피연산자를 구분하는 변수에 "숫자 1"인 경우 1, "숫자 2"인 경우 2를 치환한다.

   ② 숫자 버튼을 눌러 5자리까지 숫자를 만드는 함수를 만든다.

     – 함수 이름은 MakeNumber로 설정한다. 함수 원형은 다음과 같다.

```
void CExercise12Dlg::MakeNumber(int nNumber)
```

     – 프로그램 구조는 다음의 형태를 가지게 될 것이다.

```
UINT operand1, operand2;
switch (m_nOperand)
{
case 1:
    operand1 = GetDlgItemInt(IDC_EDIT_NUM1, NULL, FALSE);
    if (operand1 < 10000)
        operand1 = operand1 * 10 + nNumber;
    else
        AfxMessageBox(_T("자릿수는 5자리까지만 가능합니다."));

    SetDlgItemInt(IDC_EDIT_NUM1, operand1, FALSE);
    break;
case 2:
    operand2 = GetDlgItemInt(IDC_EDIT_NUM2, NULL, FALSE);
    if (operand2 < 10000)
        operand2 = operand2 * 10 + nNumber;
    else
        AfxMessageBox(_T("자릿수는 5자리까지만 가능합니다."));

    SetDlgItemInt(IDC_EDIT_NUM2, operand2, FALSE);
    break;
default:
    AfxMessageBox(_T("먼저 입력하려는 숫자의 라디오 버튼을 선택하세요."));
}
```

③ 숫자 버튼의 핸들러 함수를 만든다.

– 입력한 숫자를 ❀ MakeNumber(int nNumber)의 매개 변수로 보내 피연산자 숫자를 만든다.

④ 연산자 Button에 대해 메시지 핸들러 함수를 만든다.

– 사칙 연산자를 구분하는 변수에 누르는 사칙연산 Button에 따라 '+', '−', '*', 또는 '/' 문자를 치환한다.

⑤ [Back] Button에 대해 메시지 핸들러 함수를 만든다.

– 이 핸들러 함수는 숫자를 잘못 입력했을 때 입력한 값을 지워준다.

– 자릿수는 10으로 나누어 지운다.

⑥ [Clear] Button에 대해 메시지 핸들러 함수를 만든다.

– 이 핸들러 함수는 모든 Radio Button과 Edit Control 들을 초기화한다.

– Radio Button은 GetDlgItem() 함수를 이용하여 객체의 포인트를 얻은 후 SetCheck() 함수를 이용하여 초기화한다.

– Edit Control은 SetDlgItem()를 이용하여 초기화한다.

⑦ [=] Button에 대해 메시지 핸들러 함수를 만든다.

– 사칙 연산자의 선택에 따라 사칙연산을 수행하여 결과를 출력한다.

– 프로그램 구조는 다음의 형태를 가지게 될 것이다.

```
CString strResult;
int nNum1, nNum2, nResult;
float fResult;


nNum1 = GetDlgItemInt(IDC_EDIT_NUM1, NULL, FALSE);
nNum2 = GetDlgItemInt(IDC_EDIT_NUM2, NULL, FALSE);


switch (m_chOperator)
{
case '+':
    ① Add() 함수를 이용하여 덧셈 연산을 수행하고 결과를 nResult 변수에 치환한다.
    strResult.Format(_T("%d"), nResult);
    break;
case '-':
    ② Subtract() 함수를 이용하여 뺄셈 연산을 수행하고 결과를 nResult 변수에 치환한다.
    strResult.Format(_T("%d"), nResult);
    break;
case '*':
    ③ Multiply() 함수를 이용하여 곱셈 연산을 수행하고 결과를 nResult 변수에 치환한다.
    strResult.Format(_T("%d"), nResult);
    break;
```

```
case '/':
    ④ Divide() 함수를 이용하여 곱셈 연산을 수행하고 결과를 fResult 변수에 치환한다.
    strResult.Format(_T("%.2f"), fResult);
    break;
}
⑤ SetDlgItemText() 함수를 이용하여 strResult 변수의 내용을 결과 Edit Control에 설정한다.
```

5) 프로그램 제약사항

① Radio Button을 선택하지 않고 숫자 Button을 클릭하면 다음과 같은 에러 메시지를 출력하고 계산하지 않고 다시 숫자를 입력하게 한다.

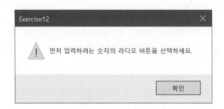

② 0으로 나누는 경우는 다음과 같은 에러 메시지를 출력해야 한다.

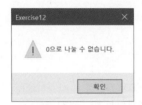

③ 계산을 위한 숫자 1과 숫자 2를 나타내는 Edit Control의 값을 가져오고 세팅하기 위해서 컨트롤에 멤버 변수를 연결하지 말고 다음의 함수를 사용하여 값을 가져오고 또는 설정한다.

```
SetDlgItemText()     // 컨트롤의 문자열을 설정하는 함수
GetDlgItemText()     // 컨트롤에 문자열을 가져오는 함수
```

6) 프로그램 실행 예

① Radio Button을 클릭하고 숫자 버튼을 눌러 숫자를 입력하고 연산자 버튼을 누른 후 [=] 버튼을 누르면 계산 결과가 출력된다.

[초기화면]

[라디오 버튼을 선택하지 않았을 경우]

[숫자를 입력]

[Back 버튼을 클릭한 경우]

[+(더하기)]

[−(빼기)]

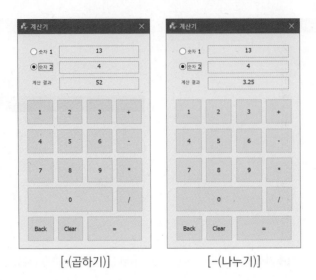

[×(곱하기)]   [−(나누기)]

② 0으로 나눌 때는 에러 메시지를 다음과 같이 출력하고 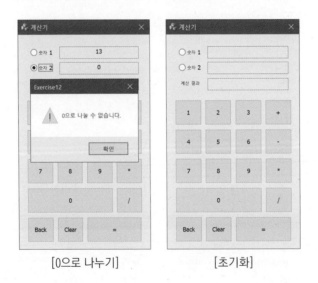 버튼을 누르면 모든 Edit Control과 Radio Button을 초기화한다.

[0으로 나누기]   [초기화]

네트워크 프로그래밍

contents

13.1 네트워크 프로그램의 개요

13

네트워크 프로그래밍

이번 장에는 네트워크 프로그래밍 중에 채팅 프로그램을 작성해 볼 것이다. 채팅 프로그램은 서버를 생성하고 클라이언트가 서버에 접속하여 채팅하는 것이 일반적이다. 이번 13장에서 채팅 프로그램을 구현함으로써, 윈도우 프로그램 방식에서 채팅 프로그램이 동작하는 원리와 작성 방법에 관해 공부할 것이다.

13.1 네트워크 프로그램의 개요

1) CAsyncSocket 클래스

MFC에서는 Winsock API를 쉽게 사용할 수 있도록 캡슐화하여 CAsyncSocket과 CSocket이라는 두 개의 소켓 클래스를 제공하고 있다.

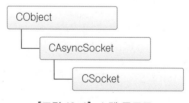

[그림 13-1] 소켓 구조도

CAsyncSocket 클래스는 CObject 클래스로부터 상속된 클래스로 비동기적으로 동작하는 소켓이다. 접속 시점을 알 수 없을 때 사용하는 소켓으로 서버는 대부분 CAsyncSocket을 사용한다. 왜냐하면 서버는 클라이언트와의 접속 여부에 상관없이 자신의 처리를 수행해야 하기 때문이다. 채팅이나 메신저 프로그램은 대부분 CAsyncSocket을 사용한다. CAsyncSocket 클래스는 이벤트가 발생하였을 때 다시 말해 CAsyncSocket 클래스의 멤버 함수인 연결을 시도하는 Connect() 함수, 연결된 상태에서 데이터를 클라이언트나 서버로 보내는 Send() 함수, 연결된 상태에서 데이터를 서버나 클라이언트로부터 받는 Receive() 함수 등의 호출이 끝나기 전에 반환하고 다음 코드가 실행된다.

2) CSocket 클래스

CSocket은 CAsyncSocket 클래스로부터 상속된 클래스이다. 부모클래스인 CAsyncSocket 클래스의 멤버 함수를 사용하기 편리하게 한 것이다. 그리고 CSocket 클래스는 동기 소켓의 특성을 제공하고 있다. CSocket은 비동기 소켓을 확장한 것으로 비동기 소켓의 이벤트 처리 모듈을 기본적으로 내장하고 있다. 동기 소켓은 비동기 소켓과는 반대로 이벤트가 발생하였을 때 다시 말해 CSocket 클래스의 멤버 함수인 연결을 시도하는 Connect() 함수, 연결된 상태에서 데이터를 서버나 클라이언트로 보내는 Send() 함수, 연결된 상태에서 데이터를 서버나 클라이언트로 받는 Recieve() 함수 등을 호출하면 그 함수의 내부 동작이 모두 끝난 다음에 다음 코드가 실행된다.

CAsyncSocket 클래스와 CSocket 클래스는 비동기 소켓과 동기 소켓이라는 차이점이 있지만, 그 외에는 특별히 차이점이 있지 않다.

실습 13-1 채팅 프로그램 제작하기

이번 실습은 MFC 소켓을 이용한 네트워크 채팅 프로그램이다. CAsyncSocket 클래스를 이용하여 Server를 생성하고 Client 측에서는 생성된 서버의 IP에 접속하여 서로 간의 채팅을 할 수 있는 프로그램이다. 이번 실습을 통해 간단한 소켓을 이용하여 채팅 프로그램을 작성하는 방법을 익힐 수 있다.

Step 1 대화상자 기반의 프로젝트를 생성한다.

① 프로젝트 이름을 "Practice13a"라 정한다.

② [응용 프로그램 종류] 단계에서 [대화상자 기반]을 선택한다.

③ [고급 기능] 단계까지 [다음] 버튼을 누른다.

④ [고급 기능]에서 [Windows 소켓(W)] 항목을 선택한 후 [마침] 버튼을 눌러 프로젝트의 생성을 완료한다.

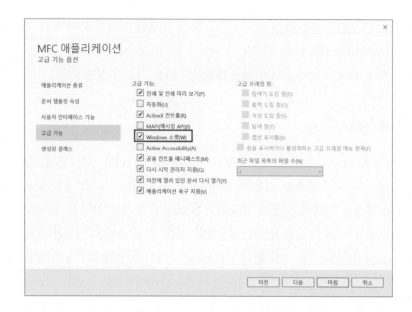

⑤ 생성된 대화상자를 선택하고 오른쪽 마우스 버튼을 눌러서 나오는 단축 메뉴에서 [속성] 항목을 선택한다. 속성 창에서 다음과 같이 [ID] 항목은 IDD_CHATTING_ DIALOG로 입력하고 [캡션] 항목은 "채팅 프로그램"으로 설정한다.

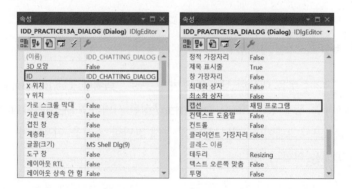

Step 2 메인 대화상자의 폼을 구성한다.

우선 메인 대화상자의 폼을 구성해 보자. 이 대화상자는 [⊙　Radio Button], [**Aa**　Static Text], [····　IP Address Control], [▦　List Box], [**ab**　Edit Control], 그리고 [▭　Button] 컨트롤을 사용하여 만들 것이다.

① 대화상자에 있는 기본적으로 생성된 컨트롤들을 삭제한다.

ⓐ "TODO : 여기에 대화상자 컨트롤을 배치합니다."라고 쓰여 있는 Static Text 컨트

롤을 마우스로 선택하여 [Delete] 키를 눌러 삭제한다.

ⓑ 대화상자를 마우스로 눌러 대화상자의 크기를 조절하고 대화상자 폼에 미리 만들어
진 [확인] 버튼과 [취소] 버튼을 선택하고 [Delete] 키를 눌러 삭제한다.

② Radio Button, Static Text, IP Address Control, List Box 컨트롤을 만들고 속성
을 설정한다.

ⓐ [도구상자]에서 [⊙　Radio Button], [🔠　Static Text], [⬚⬚ 　 IP Address Control],
[▦　List Box]컨트롤을 선택하여 다음과 같이 배치한다.

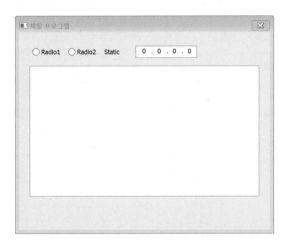

ⓑ 첫 번째 Radio Button을 오른쪽 마우스 버튼을 눌러서 나오는 단축 메뉴에서 [속
성] 항목을 선택하여 [Radio Button Control] 속성 창에서 [ID] 항목은 IDC_
RADIO_SERVER로 입력하고 [캡션] 항목은 "Server"로 설정한다. 또한 [그룹] 항
목을 True로 변경한다.

ⓒ 두 번째 Radio Button을 오른쪽 마우스 버튼을 눌러서 나오는 단축 메뉴에서 [속

성] 항목을 선택하여 [Radio Button Control] 속성 창에서 [ID] 항목은 IDC_RADIO_CLIENT로 입력하고 [캡션] 항목은 "Client"로 설정한다.

ⓓ Static Text를 오른쪽 마우스를 눌러서 나오는 단축 메뉴에서 [속성] 항목을 선택하여 [Text Control] 속성 창에서 [캡션] 항목은 "Server IP"로 다음과 같이 설정한다.

ⓔ IP Address Control을 오른쪽 마우스 버튼을 눌러서 나오는 단축 메뉴에서 [속성] 항목을 선택하여 [IP Control] 속성 창에서 [ID] 항목은 IDC_IPADDRESS_SERVER로 다음과 같이 설정한다.

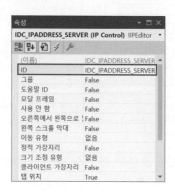

ⓕ List Box를 오른쪽 마우스 버튼을 눌러서 나오는 단축 메뉴에서 [속성] 항목을 선택하여 [Listbox Control] 속성 창에서 [ID] 항목은 IDC_LIST_CHAT로 다음과 같이 설정한다. 또한 속성 창에서 [선택] 항목을 "None"으로 [정렬] 항목은 "False"로 변경한다.

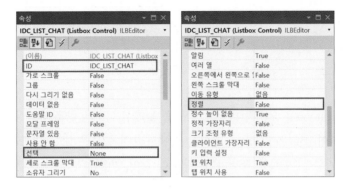

③ Edit Control, Button 컨트롤을 배치하고 속성을 설정한다.

   ⓐ [도구상자]에서 [**ab** Edit Control], [▭ Button] 컨트롤을 선택하여 다음과 같이 배치한다.

   ⓑ 첫 번째 Button을 오른쪽 마우스 버튼을 눌러서 나오는 단축 메뉴에서 [속성] 항목을 선택하여 [Button Control] 속성 창에서 [ID] 항목은 IDC_BUTTON_CONNECT로 입력하고 [캡션] 항목은 "Connect"로 다음과 같이 설정한다.

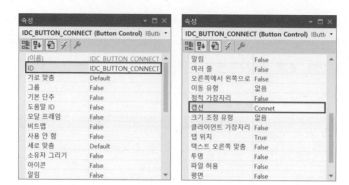

ⓒ 두 번째 Button을 오른쪽 마우스 버튼을 눌러서 나오는 단축 메뉴에서 [속성] 항목을 선택하여 [Button Control] 속성 창에서 [ID] 항목은 IDC_BUTTON_SEND로 입력하고 [캡션] 항목은 "Send"로 다음과 같이 설정한다. 또한 [기본 단추] 항목을 True로 변경한다.

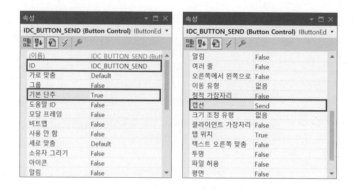

ⓓ Edit Control을 오른쪽 마우스 버튼을 눌러서 나오는 단축 메뉴에서 [속성] 항목을 선택하여 [Edit Control] 속성 창에서 [ID] 항목은 IDC_EDIT_SEND로 다음과 같이 설정한다.

④ 위와 같이 설정하면 다음과 같은 대화상자 폼이 된다.

Step 3 컨트롤들을 멤버 변수와 연결한다.

① Ctrl + Shift + X 키를 눌러 클래스 마법사를 실행시키고 [클래스 이름] 항목에서
CPractice13aDlg 를 선택한다. [멤버 변수] 탭을 선택한 후 [컨트롤 ID] 항목에서
IDC_IPADDRESS_SERVER를 선택하고 　변수 추가(A)...　 버튼을 누른다.

② [제어 변수 추가] 대화상자가 나타나면 [범주] 항목은 "컨트롤"을, [변수 형식] 항목은
CIPAddressCtrl을 그대로 두고 [이름] 항목에 m_IPAddress 라고 입력하고 　마침　
버튼을 누른다.

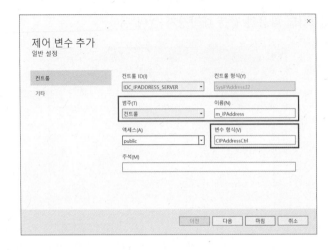

③ 위와 같이 클래스 마법사를 사용하여 나머지 컨트롤에 대해서도 멤버 변수를 연결하도록 한다. 아래 표를 참고하여 대화상자에 클래스 멤버 변수를 선언하도록 한다.

컨트롤 ID	범주	변수 형식	변수 이름
IDC_LIST_CHAT	컨트롤	CListBox	m_listChat
IDC_RADIO_SERVER	값	int	m_nChatMode

④ 각 컨트롤과 멤버 변수가 잘 연결되었는지 클래스 마법사를 실행시켜 확인하여 보자.

Step 4 대화상자 클래스에 필요한 멤버 변수를 추가한다.

① [클래스 뷰]에서 ⚙ CPractice13aDlg 클래스를 선택하고 오른쪽 마우스 버튼을 눌러서 나오는 단축 메뉴에서 [추가]–[변수 추가]를 선택한다. [변수 추가] 대화상자가 나타나면 [이름] 항목은 m_strMyIP로 입력하고 [형식] 항목은 CString형으로 설정한다.

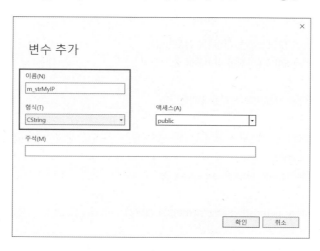

② 위와 같은 방법으로 [이름] 항목은 m_strOtherIP로 입력하고 [형식] 항목은 CString 형으로 설정하여 멤버 변수를 하나 더 추가한다.

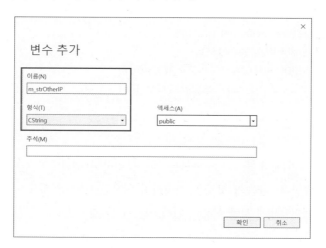

Step 5 IP 주소 저장 및 컨트롤을 초기화한다.

① 컨트롤 및 멤버 변수를 초기화하는 ⚙ OnInitDialog() 함수에 초기화한다.

ⓐ [클래스 뷰]에서 ⚙ CPractice13aDlg 클래스를 선택하고 ⚙ OnInitDialog() 함수를 더블 클릭하여 ⚙ OnInitDialog() 함수 소스 코드로 이동하여 다음과 같은 코드를 기술한다.

```
Bool CPractice13aDlg::OnInitDialog()
{
    CDialogEx::OnInitDialog();

        ...

        ...

    SetIcon(m_hIcon, TRUE);// 큰 아이콘을 설정합니다.
    SetIcon(m_hIcon, FALSE);// 작은 아이콘을 설정합니다.

    // TODO: 여기에 추가 초기화 작업을 추가합니다.
    // IP 주소 가져오기
    char name[255];
    PHOSTENT hostinfo;
    if ( gethostname(name, sizeof(name)) == 0)
    {
        if ((hostinfo = gethostbyname(name)) != NULL)
        {
            m_strMyIP = inet_ntoa (*(struct in_addr *)*hostinfo->h_addr_list);
        }
    }

    //컨트롤 초기화
    m_IPAddress.SetWindowText(m_strMyIP);
    m_IPAddress.EnableWindow(FALSE);
    SetDlgItemText(IDC_BUTTON_CONNECT,_T("Open"));
    return TRUE;  // 포커스를 컨트롤에 설정하지 않으면 TRUE를 반환합니다.
}
```

ⓑ [솔루션 탐색기]에서 🔖 pch.h 파일을 더블클릭하여 헤더파일 상단에 다음과 같은 코드를 기술한다. 다음의 코드를 기술하지 않으면 IP주소 저장 시 Visual Studio 2015부터 까다로워진 보안 이유로 인해 에러가 뜰 것이다.

```
#// pch.h: 미리 컴파일된 헤더 파일입니다.
// 아래 나열된 파일은 한 번만 컴파일되었으며, 향후 빌드에 대한 빌드 성능을 향상합니다.
// 코드 컴파일 및 여러 코드 검색 기능을 포함하여 IntelliSense 성능에도 영향을 미칩니다.
// 그러나 여기에 나열된 파일은 빌드 간 업데이트되는 경우 모두 다시 컴파일됩니다.
// 여기에 자주 업데이트할 파일을 추가하지 마세요. 그러면 성능이 저하됩니다.
```

```
#ifndef PCH_H
#define PCH_H

#define _WINSOCK_DEPRECATED_NO_WARNINGS

// 여기에 미리 컴파일하려는 헤더 추가
#include "framework.h"

#endif //PCH_H
```

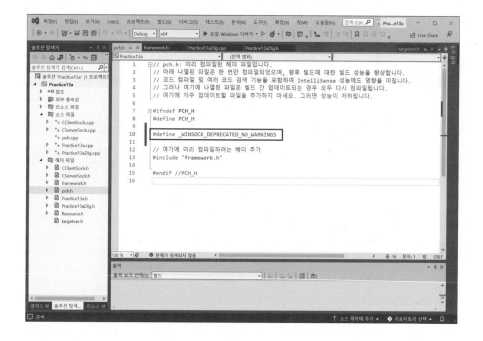

Step 6 Server 클래스와 Client 클래스를 생성한다.

① Server 클래스를 생성한다.

ⓐ [클래스 뷰]에서 ![] **Practice13a** 프로젝트를 선택한 후 [프로젝트] 메뉴의 [클래스 추가]를 클릭하면 [클래스 추가] 대화상자가 나타난다.

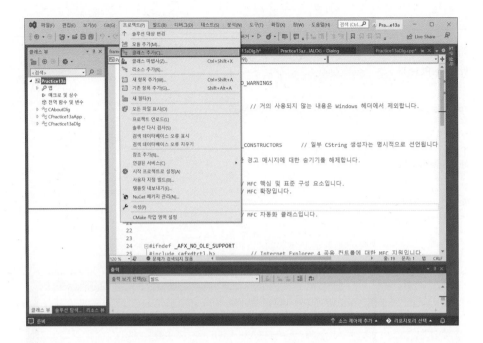

ⓑ [클래스 추가] 대화상자에서 [클래스 이름] 항목에 CServerSock을 입력하고 [기본 클래스] 항목을 CAsyncSocket으로 설정하고 [확인] 버튼을 눌러 클래스를 추가한다.

② Client 클래스를 생성한다.

ⓐ 위와 같은 방법으로 [클래스 추가] 대화상자에서 [클래스 이름] 항목에 CClientSock을 입력하고 [기본 클래스] 항목을 CAsyncSocket으로 설정하고 [확인] 버튼을 눌러 클래스를 추가한다.

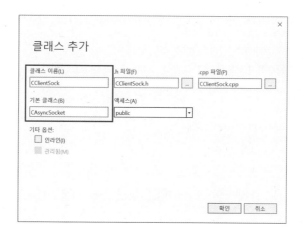

Step 7 Server 클래스와 Client 클래스에 필요한 함수를 추가한다.

① 🐾 CServerSock 클래스에 OnAccept() 함수를 추가한다.

ⓐ Ctrl + Shift + X 누르고 클래스 마법사를 실행시켜 [클래스 이름] 항목은
CServerSock 클래스를 선택한다. 그리고 [가상 함수] 탭에서 OnAccept를 선택한
후 함수 추가(A) 버튼을 눌러서 함수를 추가한다.

ⓑ 코드 편집(E) 버튼을 눌러서 함수 본체로 이동하여 다음과 같이 코딩한다.

```
void CServerSock::OnAccept(int nErrorCode)
{
    // TODO: 여기에 특수화된 코드를 추가 및/또는 기본 클래스를 호출합니다.
    ((CPractice13aApp*)AfxGetApp())->Accept();

    CAsyncSocket::OnAccept(nErrorCode);
}
```

ⓒ 🐾 CServerSock 클래스의 소스 파일 상단부에 "Practice13a.h" 헤더파일을 include 시킨다.

```
#include "pch.h"
#include "CServerSock.h"
#include "Practice13a.h"

void CServerSock::OnAccept(int nErrorCode)
{
```

② 🐾 CClientSock 클래스에 OnReceive() 함수를 추가한다.
　ⓐ Ctrl + Shift + X 누르고 클래스 마법사를 실행시켜 [클래스 이름] 항목은 CClientSock 클래스를 선택한다. 그리고 [가상 함수] 탭에서 OnReceive를 선택한 후 함수 추가(A) 버튼을 눌러서 함수를 추가한다.

ⓑ [코드 편집(E)] 버튼을 눌러서 함수 본체로 이동하여 다음과 같이 코딩한다.

```
void CClientSock::OnReceive(int nErrorCode)
{
    // TODO: 여기에 특수화된 코드를 추가 및/또는 기본 클래스를 호출합니다.
    ((CPractice13aApp*)AfxGetApp())->ReceiveData();

    CAsyncSocket::OnReceive(nErrorCode);
}
```

ⓒ 🐾 CClientSock 클래스의 소스 파일 상단부에 "Practice13a.h" 헤더파일을 include 시킨다.

```
#include "pch.h"
#include "CClientSock.h"
#include "Practice13a.h"

void CClientSock::OnReceive(int nErrorCode)
{
```

③ 🐾 CClientSock 클래스에 OnClose() 함수를 추가한다.
ⓐ [Ctrl]+[Shift]+[X] 누르고 클래스 마법사를 실행시켜 [클래스 이름] 항목은 CClientSock 클래스를 선택한다. 그리고 [가상 함수] 탭에서 OnClose를 선택한 후 [함수 추가(A)] 버튼을 눌러서 함수를 추가한다.

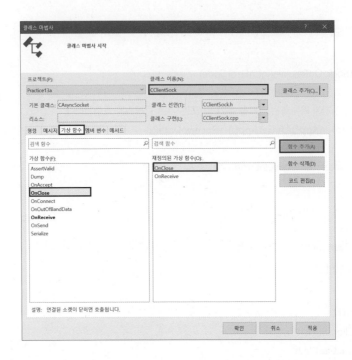

ⓑ [코드 편집(E)] 버튼을 눌러서 함수 본체로 이동하여 다음과 같이 코딩한다.

```
void CClientSock::OnClose(int nErrorCode)
{
    // TODO: 여기에 특수화된 코드를 추가 및/또는 기본 클래스를 호출합니다.
    ((CPractice13aApp*)AfxGetApp())->CloseChild();

    CAsyncSocket::OnClose(int nErrorCode);
}
```

Step 8 CPractice13aApp 클래스에 함수 및 변수를 추가한다.

① 서버와 클라이언트 객체 변수를 추가한다.

ⓐ [클래스 뷰]에서 CPractice13aApp 클래스를 선택하고 오른쪽 마우스를 눌러서
나오는 단축 메뉴에서 [추가]-[변수 추가]를 선택한다. [변수 추가] 대화상자가 나타
나면 [이름] 항목은 m_pServer로 입력하고 [형식] 항목은 CServerSock* 형으로
설정한다.

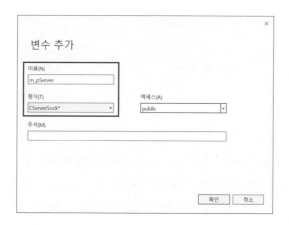

ⓑ 위와 같은 방법으로 [이름] 항목은 m_pClient로 입력하고 [형식] 항목은 CClient Sock* 형으로 설정하여 멤버 변수를 추가한다.

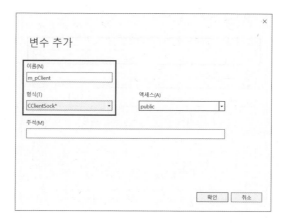

ⓒ CPractice13aApp 클래스에 CServerSock 클래스와 CClientSock 클래스에 대한 정보가 없으므로 CPractice13aApp 클래스의 헤더파일 상단에 "CServerSock.h"와 "CClientSock.h" 헤더파일을 다음과 같이 include 시킨다.

```
// Practice13a.h: PROJECT_NAME 애플리케이션에 대한 주 헤더 파일입니다.
//

#pragma once

#ifndef __AFXWIN_H__
    #error "PCH에 대해 이 파일을 포함하기 전에 'pch.h'를 포함합니다."
```

```
#endif

#include "resource.h"        // 주 기호입니다.
#include "CServerSock.h"
#include "CClientSock.h"
```

② CPractice13aApp 클래스에 서버를 초기화할 InitServer() 함수를 추가한다.

    ⓐ [클래스 뷰]에서 CPractice13aApp 클래스를 선택하고 오른쪽 마우스를 눌러서 나오는 단축 메뉴에서 [추가]-[함수 추가]를 선택한다. [함수 추가] 대화상자가 나타나면 [함수 이름] 항목에는 InitServer을 입력하고 [반환 형식] 항목에 void를 선택하고 [확인] 버튼을 누른다.

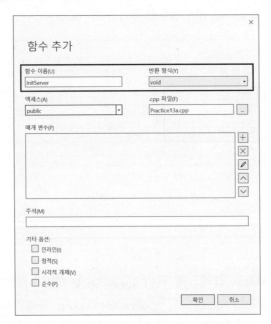

    ⓑ InitServer() 함수 본체에 다음과 같이 코딩한다.

```
void CPractice13aApp::InitServer()
{
    // TODO: 여기에 구현 코드 추가.
    m_pServer = new CServerSock;
    m_pServer->Create(7777);
    m_pServer->Listen();
}
```

CAsyncSocket::Create() 함수

Create() 함수는 통신할 소켓을 생성해주고 사용할 소켓에 IP 주소와 포트를 연결해주는 역할을 하는 함수이다. 함수의 원형은 다음과 같다.

BOOL Create(UNIT nSocketPort = 0; int nSocketType = SOCK_STREAM, long lEvent = FD_READ | FD_WRITE | FD_OOB | FD_ACCEPT | FD_CONNECT | FD_CLOSE, LPCTSTR lpszSocketAddress = NULL);

- nSocketPort : 소켓 응용 프로그램 작성 시 프로그램에서 사용할 포트 번호이다.
- nSocketType : 생성한 소켓의 타입을 설정한다. SOCK_STREAM일 경우 TCP를 SOCK_DGRAM일 경우에는 UDP를 사용하는 소켓으로 동작한다.
- lEvent : 어떠한 형태의 메시지를 소켓에서 처리할지를 정한다. 이 값이 디폴트로 설정될 경우에는 모든 형태의 메시지를 소켓에서 처리하게 된다.
- lpszSocketAddress : 소켓 응용 프로그램이 사용할 IP 주소가 들어간다.

CAsyncSocket::Listen() 함수

Listen() 함수는 서버와 클라이언트의 접속 요청이 있을 때까지 대기하도록 만든다.

BOOL Listen(int nConnectionBacklog = 5);

- nConnectionBacklog : 이 값은 서버 프로그램의 실행 시 최대로 접속할 수 있는 클라이언트의 숫자를 나타낸다. 범위는 1에서 5까지이며, 디폴트값은 5이다. 숫자가 5라고 해도 이것은 다중 접속을 지원한다는 의미는 아니다.

---

③ CPractice13aApp 클래스에 클라이언트 접속을 처리할 Accept() 함수를 추가한다.
　ⓐ [클래스 뷰]에서 CPractice13aApp 클래스를 선택하고 오른쪽 마우스 버튼으로 눌러서 나타나는 단축 메뉴에서 [추가]-[함수 추가]를 선택한다. [함수 추가] 대화상자가 나타나면 [함수 이름] 항목에는 Accept를 입력하고 [반환 형식] 항목에 void를 선택하고 [확인] 버튼을 누른다.

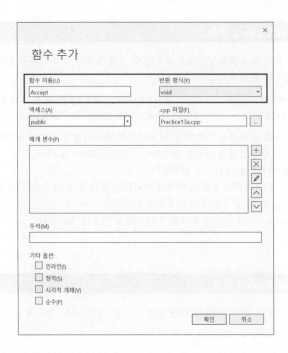

ⓑ Accept() 함수 본체에 다음과 같이 코딩한다.

```
void CPractice13aApp::Accept()
{
    // TODO: 여기에 구현 코드 추가.
    if (m_pClient == NULL)
    {
        m_pClient = new CClientSock;
        m_pServer->Accept(*m_pClient);
        CString strSock;
        UINT nPort;
        m_pClient->GetPeerName(strSock,nPort);
        ((CPractice13aDlg*)m_pMainWnd)->Accept(strSock);
    }
}
```

CAsyncSocket::Accept() 함수

Accept()함수는 클라이언트에서 서버로 접속 요청을 하게 되면, 서버에서는 이러한 접속의 요청을 받아들이기 위해 서버가 두는 함수이다. 함수의 원형은 다음과 같다.

virtual BOOL Accpept(CAsyncSocket& rConnectedSocket, SOCKADDR* lpSockAddr = NULL, int* lpSockAddrLen = NULL);

- rConnetedSocket : 클라이언트와 연결될 소켓의 참조 주소이다.
- lpSockAddr : 현재 연결 중인 클라이언트의 주소를 가진 **SOCKADDR**의 포인터를 말한다.
- lpSockAddrLen : lpSockAddr에 있는 주소의 바이트 단위 길이의 포인터를 말한다.

---

④ 🔧 CPractice13aApp 클래스에 서버와 클라이언트의 종료를 처리할 CleanUp() 함수를 추가한다.

ⓐ [클래스 뷰]에서 🔧 CPractice13aApp 클래스를 선택하고 오른쪽 마우스 버튼으로 눌러 단축메뉴에서 [추가]-[함수 추가]를 선택한다. [함수 추가] 대화상자가 나타나면 [함수 이름] 항목에는 CleanUp을 입력하고 [반환 형식] 항목에 void를 선택하고 [확인] 버튼을 누른다.

ⓑ 🖳 CleanUp() 함수 본체에 다음과 같이 코딩한다.

```
void CPractice13aApp::CleanUp()
{
    // TODO: 여기에 구현 코드 추가.
    if (m_pServer)
        delete m_pServer;

    if (m_pClient)
        delete m_pClient;
}
```

⑤  CPractice13aApp 클래스에 서버에 접속하는 Connect() 함수를 추가한다.

　ⓐ [클래스 뷰]에서 CPractice13aApp 클래스를 선택하고 오른쪽 마우스 버튼을 눌러서 나오는 단축 메뉴에서 [추가]–[함수 추가]를 선택한다. [함수 추가] 대화상자가 나타나면 [함수 이름] 항목에는 Connect를 입력하고 [반환 형식] 항목에 void를 선택한다. 그리고 [매개 변수] 항목 옆의 ⊞ 버튼을 누르고 CString strIP를 입력하고 ▭확인▭ 버튼을 눌러 매개 변수를 추가한다.

　ⓑ Connect(CString strIP) 함수 본체에 다음과 같이 코딩한다.

```
void CPractice13aApp::Connect(CString strIP)
{
    // TODO: 여기에 구현 코드 추가.
    m_pClient = new CClientSock;
    m_pClient->Create();
    m_pClient->Connect(strIP, 7777);
}
```

CAsyncSocket::Connect() 함수

Connect() 함수는 클라이언트가 서버와 통신하려면 먼저 서버와 연결되어야 하는데 이를 위하여 클라이언트가 호출하는 함수이다. 함수의 원형은 다음과 같다.

BOOL Connect(LPCTSTR lpszHostAddress, UNIT nHostPort);

- lpszHostAddress : 접속을 요청할 서버의 주소를 뜻한다.
- nHostPort : 서버와 통신하기 위해 사용될 서버의 포트 번호를 말한다.

⑥ CPractice13aApp 클래스에 수신 데이터를 처리할 ReceiveData() 함수를 추가한다.
 ⓐ [클래스 뷰]에서 CPractice13aApp 클래스를 선택하고 오른쪽 마우스 버튼을 눌러서 나오는 단축 메뉴에서 [추가]-[함수 추가]를 선택한다. [함수 추가] 대화상자가 나타나면 [함수 이름] 항목에는 ReceiveData를 입력하고 [반환 형식] 항목에 void를 선택하고 [확인] 버튼을 누른다.

ⓑ 🔷 ReceiveData() 함수 본체에 다음과 같이 코딩한다.

```
void CPractice13aApp::ReceiveData()
{
    // TODO: 여기에 구현 코드 추가.
    wchar_t temp[MAX_PATH];
    m_pClient->Receive(temp, sizeof(temp));
    ((CPractice13aDlg*)m_pMainWnd)->ReceiveData(temp);
}
```

CAsyncSocket::Receive() 함수

Receive() 함수는 Send() 함수로 전송한 데이터를 수신하는 함수이다. 함수의 원형은 다음과 같다.

virtual int Receive(void* lpBuf, int nBufLen, int nFlags = 0);

· lpBuf : 전송될 데이터를 저장하고 있는 버퍼를 말한다.
· nBufLen : 데이터를 저장하고 있는 lpBuf의 바이트 단위 길이이다.
· nFlags : Send() 함수가 호출되는 방식을 결정한다.

⑦ 🔧 CPractice13aApp 클래스에 데이터를 전송할 SendData() 함수를 추가한다.

ⓐ [클래스 뷰]에서 🔧 CPractice13aApp 클래스를 선택하고 오른쪽 마우스 버튼을 눌러서 나오는 단축 메뉴에서 [추가]-[함수 추가]를 선택한다. [함수 추가] 대화상자가 나타나면 [함수 이름] 항목에는 SendData를 입력하고 [반환 형식] 항목에 void를 선택한다. 그리고 [매개 변수] 항목 옆의 ⊞ 버튼을 누르고 CString strData를 입력하고 확인 버튼을 눌러 매개 변수를 추가한다.

ⓑ SendData(CString strData) 함수 본체에 다음과 같이 코딩한다.

```
void CPractice13aApp::SendData(CString strData)
{
    // TODO: 여기에 구현 코드 추가.
    if (m_pClient)
    {
        m_pClient->Send((LPCTSTR)strData, sizeof(TCHAR)*(strData.GetLength()+1));
    }
}
```

CAsyncSocket::Send() 함수

Send() 함수는 데이터를 전송하는 함수이다. 함수의 원형은 다음과 같다.

virtual int Send(const void* lpBuf, int nBufLen, int nFlags = 0);

- lpBuf : 전송될 데이터를 저장하고 있는 버퍼를 말한다.
- nBufLen : 데이터를 저장하고 있는 lpBuf의 바이트 단위 길이이다.
- nFlags : Send() 함수가 호출되는 방식을 결정한다.

⑧ 🐾 CPractice13aApp 클래스에 클라이언트를 종료를 처리할 CloseChild() 함수를 추가
한다.

ⓐ [클래스 뷰]에서 🐾 CPractice13aApp 클래스를 선택하고 오른쪽 마우스 버튼을
눌러서 나오는 단축 메뉴에서 [추가]-[함수 추가]를 선택한다. [함수 추가] 대화상자
가 나타나면 [함수 이름] 항목에는 CloseChild를 입력하고 [반환 형식] 항목에 void
를 선택하고 ☐ 확인 ☐ 버튼을 누른다.

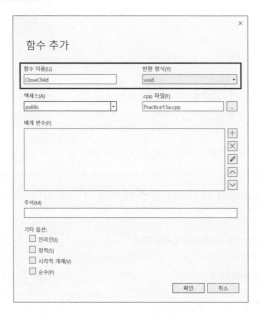

ⓑ 📄 CloseChild() 함수 본체에 다음과 같이 코딩한다.

```
void CPractice13aApp::CloseChild()
{
    // TODO: 여기에 구현 코드 추가.
    AfxMessageBox(_T("상대방 연결 끊김"));
    delete m_pClient;
    m_pClient = NULL;
}
```

⑨ 🐾 CPractice13aApp 클래스의 헤더파일에 보면 지금까지 추가한 함수들이 선언되어
있는데 현재는 protected 멤버로 다른 클래스에서 액세스할 수 없다. 그러므로 public
으로 선언하여 다른 클래스에서도 액세스할 수 있도록 해 준다.

```
// Practice13a.h : PROJECT_NAME 응용 프로그램에 대한 주 헤더파일입니다.
//
    ...
    ...


class CPractice13aApp : public CWinApp
{
public:
    CPractice13aApp();

// 재정의입니다.
public:
    virtual BOOL InitInstance();

// 구현입니다.
    DECLARE_MESSAGE_MAP()

public:
    CServerSock* m_pServer;
    CClientSock* m_pClient;
    void InitServer();
    void Accept();
    void CleanUp();
    void Connect(CString strIP);
    void ReceiveData();
    void SendData(CString strData);
    void CloseChild();
};
```

Step 9 Radio Button 컨트롤에 대한 메시지 핸들러 함수를 생성한다.

① ◯ **Server** Radio Button에 메시지 핸들러 함수를 생성한다.

ⓐ Ctrl + Shift + X 키를 눌러 클래스 마법사를 실행시켜 [클래스 이름] 항목에 **CPractice13aDlg**을 선택한다. [명령] 탭에서 [개체 ID] 항목은 IDC_RADIO_ SERVER을 선택하고 [메시지] 항목은 BN_CLICKED를 선택한 후 처리기 추가(A)... 버튼을 누른다. [멤버 함수 추가] 대화상자에서 지정된 값으로 지정하고 확인 버튼을 누른다.

ⓑ 코드 편집(E) 버튼을 누르면 함수 본체로 이동되었을 것이다. 다음과 같이 소스 코드를 추가한다.

```
void CPractice13aDlg::OnBnClickedRadioServer()
{
    // TODO: 여기에 컨트롤 알림 처리기 코드를 추가합니다.
    m_IPAddress.SetWindowText(m_strMyIP);
    m_IPAddress.EnableWindow(FALSE);
    SetDlgItemText(IDC_BUTTON_CONNECT, _T("Open"));
}
```

② ⬤ Client Radio Button에 대한 메시지 핸들러 함수를 생성한다.

　ⓐ Ctrl + Shift + X 키를 눌러 클래스 마법사를 실행시켜 [클래스 이름] 항목에 CPractice13aDlg을 선택한다. [명령] 탭에서 [개체 ID] 항목은 IDC_RADIO_ CLIENT를 선택하고 [메시지] 항목은 COMMAND를 선택한 후 처리기 추가(A)... 버튼을 누른다. [멤버 함수 추가] 대화상자에서 지정된 값으로 지정하고 확인 버튼을 누른다.

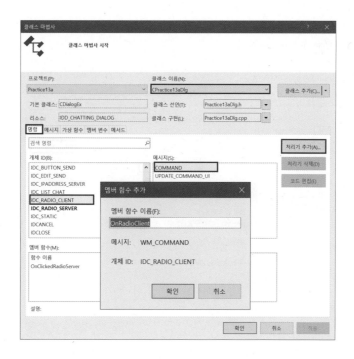

ⓑ 코드 편집(E) 버튼을 눌러서 함수 본체로 이동하여 다음과 같이 코딩한다.

```
void CPractice13aDlg::OnRadioClient()
{
    // TODO: 여기에 컨트롤 알림 처리기 코드를 추가합니다.
    m_IPAddress.SetWindowText(_T(""));
    m_IPAddress.EnableWindow(TRUE);
    SetDlgItemText(IDC_BUTTON_CONNECT,_T("Connect"));
}
```

Step 10 Button 컨트롤에 대한 메시지 핸들러 함수를 생성한다.

① Connect 버튼에 대한 메시지 핸들러 함수를 생성한다.

ⓐ 클래스 마법사를 실행시켜 [클래스 이름] 항목에 **CPractice13aDlg**을 선택하고 [명령] 탭에서 [개체 ID] 항목은 IDC_BUTTON_CONNECT를 선택하고 [메시지] 항목은 BN_CLICKED를 선택한 후 처리기 추가(A)... 버튼을 누른다. [멤버 함수 추가] 대화상자에서 지정된 값으로 지정하고 확인 버튼을 누른다.

ⓑ <kbd>코드 편집(E)</kbd> 버튼을 눌러서 함수 본체로 이동하여 다음과 같이 코딩한다.

```cpp
void CPractice13aDlg::OnBnClickedButtonConnect()
{
    // TODO: 여기에 컨트롤 알림 처리기 코드를 추가합니다.
    UpdateData();
    if (!m_nChatMode)
    {
        ((CPractice13aApp*)AfxGetApp())->InitServer();
        GetDlgItem(IDC_RADIO_SERVER)->EnableWindow(FALSE);
        GetDlgItem(IDC_RADIO_CLIENT)->EnableWindow(FALSE);
        GetDlgItem(IDC_BUTTON_CONNECT)->EnableWindow(FALSE);
    }
    else
    {
        CString strIP;
        GetDlgItemText(IDC_IPADDRESS_SERVER, strIP);
        if (strIP != _T("0.0.0.0"))
        {
            GetDlgItem(IDC_RADIO_SERVER)->EnableWindow(FALSE);
```

```
        GetDlgItem(IDC_RADIO_CLIENT)->EnableWindow(FALSE);
        GetDlgItem(IDC_BUTTON_CONNECT)->EnableWindow(FALSE);
        ((CPractice13aApp*)AfxGetApp())->Connect(strIP);
        m_strOtherIP = strIP;
    }
    else
    {
        AfxMessageBox(_T("접속할 서버의 IP 주소를 입력하세요."));
    }
}
}
```

② | Send | 버튼에 대한 메시지 핸들러 함수를 생성한다.

ⓐ 클래스 마법사를 실행시켜 [클래스 이름] 항목에 **CPractice13aDlg**을 선택하고 [명령] 탭에서 [개체 ID] 항목은 IDC_BUTTON_SEND를 선택하고 [메시지] 항목은 BN_CLICKED를 선택한 후 | 처리기 추가(A)... | 버튼을 누른다. [멤버 함수 추가] 대화상자에서 지정된 값으로 지정하고 | 확인 | 버튼을 누른다.

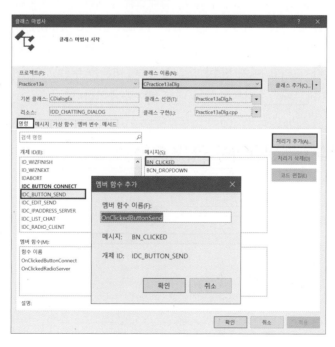

ⓑ <u>코드 편집(E)</u> 버튼을 눌러서 함수 본체로 이동하여 다음과 같이 코딩한다.

```
void CPractice13aDlg::OnBnClickedButtonSend()
{
    // TODO: 여기에 컨트롤 알림 처리기 코드를 추가합니다.
    CString strSend, strInsert;
    GetDlgItemText(IDC_EDIT_SEND, strSend);
    strInsert.Format(_T("[%s]:%s"), m_strMyIP, strSend);
    theApp.SendData(strSend);
    int sel = m_listChat.InsertString(-1, strInsert);
    m_listChat.SetCurSel(sel);
    SetDlgItemText(IDC_EDIT_SEND, _T(""));
}
```

Step 11 🐾 CPractice13aDlg 클래스에 멤버 함수를 추가한다.

① 🐾 CPractice13aDlg 클래스에 수신된 데이터를 List Box에 출력해 줄 ReceiveData() 함수를 추가한다.

ⓐ [클래스 뷰]에서 🐾 CPractice13aDlg 클래스를 선택하고 오른쪽 마우스 버튼을 눌러서 나오는 단축 메뉴에서 [추가]-[함수 추가]를 선택한다. [함수 추가] 대화상자가 나타나면 [함수 이름] 항목에는 ReceiveData를 입력하고 [반환 형식] 항목에 void를 선택한다. 그리고 [매개 변수] 항목 옆의 ⊞ 버튼을 누르고 CString strReceive를 입력하고 <u>확인</u> 버튼을 눌러 매개 변수를 추가한다.

ⓑ 🪟 ReceiveData(CString strReceive) 함수 본체에 다음과 같이 코딩한다.

```
void CPractice13aDlg::ReceiveData(CString strReceive)
{
    // TODO: 여기에 구현 코드 추가.
    CString strInsert;
    strInsert.Format(_T("[%s]:%s"), m_strOtherIP, strReceive);
    int sel = m_listChat.InsertString(-1, strInsert);
    m_listChat.SetCurSel(sel);
}
```

② 🪟 CPractice13aDlg 클래스에 Accept() 함수를 추가한다.

ⓐ [클래스 뷰]에서 🪟 CPractice13aDlg 클래스를 선택하고 오른쪽 마우스 버튼을 눌러서 나오는 단축 메뉴에서 [추가]–[함수 추가]를 선택한다. [함수 추가] 대화상자가 나타나면 [함수 이름] 항목에는 Accept를 입력하고 [반환 형식] 항목에 void를 선택한다. 그리고 [매개 변수] 항목 옆의 ⊞ 버튼을 누르고 CString strSock를 입력하고 [확인] 버튼을 눌러 매개 변수를 추가한다.

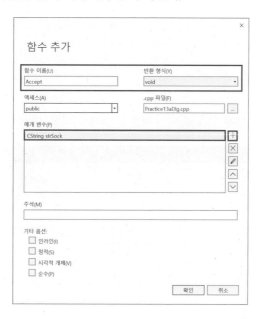

ⓑ 🪟 Accept(CString strSock) 함수 본체에 다음과 같이 코딩한다.

```
void CPractice13aDlg::Accept(CString strSock)
{
    // TODO: 여기에 구현 코드 추가.
    m_strOtherIP = strSock;
}
```

Step 12 프로그램을 실행시켜 보자.

Ctrl + F7 키를 눌러 컴파일하고 에러가 없다면 Ctrl + F5 를 눌러 프로그램을 실행시켜 보자.
다음 그림과 같이 실행될 것이다.

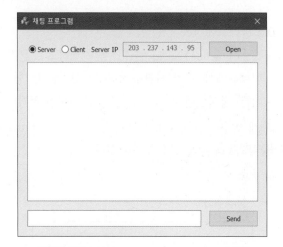

① Server를 실행시켜 보자. [Open] 버튼을 눌러 서버를 실행한다.

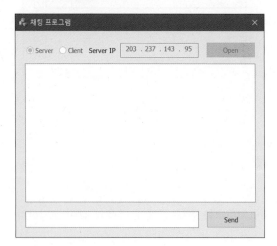

② 다시 Client 용 프로그램을 실행시켜 보자. ◯ **Client** Radio Button을 누르고 서버의 IP 주소를 입력하고 [Connect] 버튼을 눌러 Client 측에서 Server에 접속하도록 한다.

③ 이제 채팅을 해보자. 각자 Edit Control에 내용을 입력하고 [Send] 버튼을 누르면 Server 사용자와 Client 사용자가 입력한 내용이 보일 것이다.

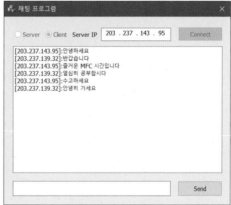

[Server 사용자화면]   [Client 사용자화면]

④ Server 사용자와 Client 사용자 중 프로그램을 종료하면 상대방의 접속이 종료되었다 는 대화상자가 나타날 것이다.

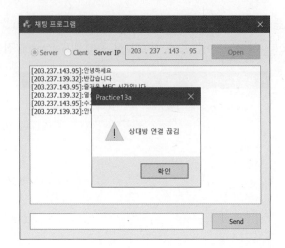

연습문제

1 다음의 요구사항을 만족하는 프로젝트를 작성하라.

> Window Socket을 이용하여 Server를 생성하고 여러 Client가 접속하여 다자간 채팅을 할 수 있는 프로젝트를 작성하라. 송신하는 모든 메시지는 모든 클라이언트가 공유할 수 있도록 프로그램을 구현하라.

1) 프로그램 제약사항

　① 하나의 프로그램으로 서버와 클라이언트를 선택할 수 있어야 한다.

　② 서버일 경우 여러 클라이언트가 접속할 수 있어야 한다.

　③ 송신하는 모든 메시지는 모든 클라이언트가 공유해야 한다.

　④ 메시지는 메시지 송신자를 식별할 수 있어야 한다.

2) Windows 소켓을 이용하여 다자간 채팅을 할 수 있는 프로젝트를 작성하라.

　① 대화상자 기반으로 프로젝트를 생성하고, [고급 기능]에서 Windows 소켓을 추가한다.

　② 〈실습 13-1〉을 참조하여 다음과 같은 형태로 대화상자를 구성한다.

　③ 컨트롤들을 멤버 변수와 연결한다.

컨트롤 ID	범주	변수 형식	변수 이름
IDC_IPADDRESS_SERVER	컨트롤	CIPAddressCtrl	m_IPAddress
IDC_LIST_CHAT	컨트롤	CListBox	m_listChat
IDC_RADIO_SERVER	값	int	m_nChatMode

3) 대화상자의 헤더파일에 필요한 멤버 변수를 추가한다.
　① 본인의 IP를 나타내는 변수 : m_strMyIP (자료형 CString)
　② 다른 사용자의 IP를 나타내는 변수 : m_strOtherIP (자료형 CString)

4) Server 클래스와 Client 클래스를 생성하고 필요한 함수를 추가한다.
　① 프로젝트에 CAsyncSocket을 상속받아 CServerSock과 CClientSock 클래스를 생성한다.
　② CServerSock 클래스에 가상 함수 OnAccept()를 재정의 한 후 CExercise13App 클래스에 Accept() 함수를 선언하고 호출한다.
　③ CClientSock 클래스에 가상 함수 OnClose() 함수를 재정의 한 후 CExercise13App 클래스에 CloseChild(CClientSock * pClose) 함수를 선언하고 호출한다.
　④ CClientSock 클래스에 가상 함수 OnReceive() 함수를 재정의 한 후 CExercise13App 클래스에 ReceiveData(CClientSock * pClient) 함수를 선언하고 호출한다.

5) CExercise13App 클래스에 필요한 멤버 변수를 추가한다.
　① 서버의 객체를 나타내는 변수 : m_pServer (자료형 CServerSock*)
　② 클라이언트의 객체를 나타내는 변수 : m_pClient (자료형 CClientSock*)
　③ 서버에 접속된 클라이언트 리스트 저장하는 변수 : m_ClientList (자료형 CObList)

6) CExercise13App 클래스에 다음 함수를 추가하고 설명된 기능을 수행하도록 한다.
　① void InitServer();　　　　// 서버를 초기화하고, 접속 대기시킨다.
　② void Accept();　　　　// 서버에 접속 요청한 클라이언트를 초기화한다.
　　– 접속한 클라이언트 객체의 포인터를 m_ClientList에 추가한다.

```
CClientSock* pClient = new CClientSock;
if (m_pServer->Accept(*pClient))
{
    m_ClientList.AddTail(pClient);        // 리스트에 클라이언트 포인터 주소 추가
}
```

　③ void CleanUp();　　　　// 서버와 클라이언트 종료.
　　– 서버 모드일 경우 서버 객체의 메모리를 해제하고, m_ClientList에 추가된 클라이언트 객체들의 메모리를 모두 해제한다.

```
if (m_pServer)
{
    delete m_pServer;
    m_pServer = NULL;

    if (m_ClientList.GetCount() > 0)
    {
        CClientSock* pClient;
        POSITION pos = m_ClientList.GetHeadPosition();   // 리스트의 처음
        while (pos != NULL)
        {
            pClient = (CClientSock*)m_ClientList.GetAt(pos);
            m_ClientList.RemoveAt(pos);
            delete pClient;
            m_ClientList.GetNext(pos);        // 현재 포지션의 다음 포지션
        }
    }
}
```

- 클라이언트 모드일 경우 클라이언트 객체의 메모리만 해제한다.

```
if (m_pClient)
    delete m_pClient;
```

④ void CloseChild(CClientSock* pClose);   // 접속 종료한 클라이언트 제거
　　- 리스트에서 pClose의 포인터 주소를 삭제하고, pClose의 메모리를 해제한다.

```
if (m_pClient == pClose)
{
    AfxMessageBox(_T("상대방 연결 끊김"));
    delete m_pClient;
    m_pClient = NULL;
}
else
{
    if (m_ClientList.GetCount() > 0)
    {
        CClientSock* pClient;
        POSITION pos = m_ClientList.Find(pClose);   // pSock과 같은 위치 탐색
```

```
        if (pos != NULL)
        {
            pClient = (CClientSock*)m_ClientList.GetAt(pos);
            if (pClient == pClose)
            {
                m_ClientList.RemoveAt(pos);        // 리스트에서 pos 위치 데이터 삭제
                delete pClient;                    // 클라이언트 메모리 해제
            }
        }
    }
}
```

⑤ void Connect(CString strIP);   // 클라이언트를 초기화하고 서버에 접속
⑥ void ReceiveData(CClientSock* pSock);   // 데이터 수신 처리
   – pSock으로부터 전송된 메시지를 수신한다.
   – 서버 모드일 경우 화면에 메시지를 출력하고, pSock을 제외한 다른 클라이언트
     들에게 동일한 메시지를 송신한다.
   – 클라이언트 모드일 경우 수신된 메시지를 화면에 출력한다.

```
wchar_t temp[MAX_PATH];
int nSize = pClient->Receive(temp, sizeof(temp));
CString strOut;
if (m_pServer)
{
    CString strIP;
    UINT nPort;
    pClient->GetPeerName(strIP, nPort);
    strOut.Format(_T("[%s]:%s"), strIP, temp);
    ((CExercise13Dlg*)m_pMainWnd)->ReceiveData(strOut);

    if (m_ClientList.GetCount() > 1)
    {
        CClientSock* pReceive;
        POSITION pos = m_ClientList.GetHeadPosition();
        while (pos != NULL)
        {
            pReceive = (CClientSock*)m_ClientList.GetAt(pos);
            if (pClient != pReceive)
            {
                pReceive->Send((LPCTSTR)strOut, sizeof(TCHAR) * (strOut.GetLength() + 1));
```

```
        }
            m_ClientList.GetNext(pos);
        }
        int nCount = (int)m_ClientList.GetCount();
    }
}
else
    ((CExercise13Dlg*)m_pMainWnd)->ReceiveData(temp);
```

⑦ void SendData(CString strData);   // 데이터 송신
   – 서버 모드일 경우 모든 클라이언트에 메시지를 전송한다.
   – 클라이언트 모드일 경우 서버에만 메시지를 전송한다.

```
if (m_pClient)
{
  m_pClient->Send((LPCTSTR)strData, sizeof(TCHAR) * (strData.GetLength() + 1));
}
else
{
    CClientSock* pClient;
    POSITION pos = m_ClientList.GetHeadPosition();
    CString strSend;
    while (pos != NULL)
    {
        strSend.Format(_T("[%s]:%s"), ((CExercise13Dlg*)m_pMainWnd)->m_strMyIP, strData);
        pClient = (CClientSock*)m_ClientList.GetAt(pos);
        pClient->Send((LPCTSTR)strSend, sizeof(TCHAR) * (strSend.GetLength() + 1));
        m_ClientList.GetNext(pos);
    }
}
```

7) CExercise13Dlg 클래스의 컨트롤에 대한 메시지 핸들러 함수를 생성한다.
   ① ◯**Server** Radio Button에 메시지 핸들러 함수를 생성한다.
   ② ◯**Client** Radio Button에 대한 메시지 핸들러 함수를 생성한다.
   ③ [Connect] 버튼에 대한 메시지 핸들러 함수를 생성한다.
   ④ [Send] 버튼에 대한 메시지 핸들러 함수를 생성한다.

8) CExercise13Dlg 클래스에 멤버 함수를 추가한다.
   ① 수신된 데이터를 List Box에 출력해 줄 ReceiveData() 함수를 추가한다.

부록   Visual C++ 2022 설치

이 책에서 사용하는 Visual Studio 2022는 여러 버전이 있지만, Community 버전은 학생이나 개인 사용자가 무료로 다운로드 받아 필요한 요소만 선택하여 설치할 수 있다.

1. 공식 사이트에 접속하여 Visual Studio 2022 설치 프로그램을 다운로드 받는다.

   https://visualstudio.microsoft.com/ko/downloads/

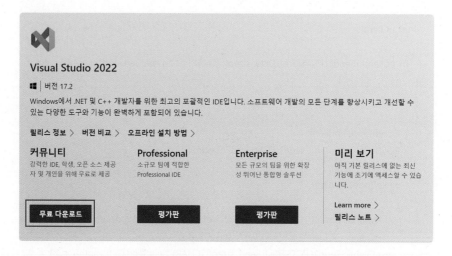

2. 다운로드 받은 설치 파일(VisualStudioSetup.exe)을 실행한다.

   ① 설치 프로그램을 실행하면 초기화면이 다음과 같이 나온다.

② 계속(O) 버튼을 클릭하면 파일들이 자동으로 다운로드되어 설치된다.

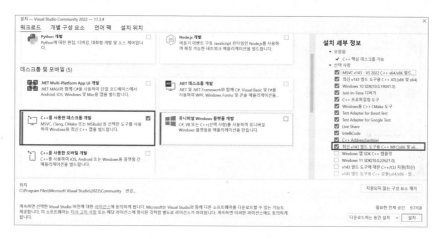

③ [워크로드] 탭에서 [C++를 사용한 데스크톱 개발]을 체크하면 오른쪽에 설치 세부 요소들이 선택되어 있다. MFC를 사용하기 위해 화면 오른쪽에서 기본 선택된 것들 외에 "v143 빌드 도구용 C++ MFC(x86 및 x64)"를 추가로 선택한다.

④ Window SDK를 윈도우 버전에 맞게 다음 그림과 같이 선택한다. 혹시 Window 11 운영체제를 사용하는 개발자라면 "Windows 11 SDK"를 선택하면 된다.

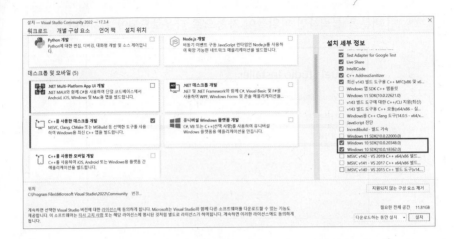

⑤ 다른 버전의 Visual Studio 프로젝트를 함께 사용하고 싶다면 다른 버전의 빌드 도구를 선택하면 된다. 디스크 용량이 가능하다면 VS2015, VS2017, VS2019 빌드 도구를 선택하는 것이 좋다.

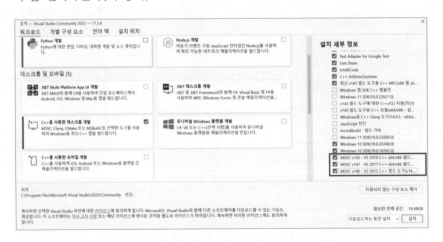

⑥ 모든 선택이 끝났다면 [설치] 버튼을 누르면 설치가 시작된다.

⑦ 설치가 완료되면 Visual Studio 2022가 실행됩니다. 이렇게 자동으로 실행되는 것은 "설치 후 시작" 옵션이 체크되었기 때문이다.

3. Visual Studio 2022를 실행한다.

① Visual Studio 2022가 설치되고 처음 실행되면 로그인 화면이 출력된다. 로그인에 사용되는 계정은 Microsoft 계정을 사용해야 하므로 계정이 없으면 "계정 만들기" 라고 되어 있는 링크를 클릭하여 계정을 만들면 된다.

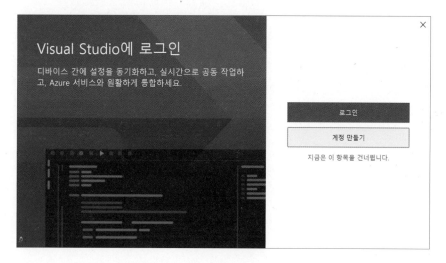

② [로그인] 버튼을 클릭하고 로그인에 성공하면 잠시 동기화 대기 화면이 출력된다.

③ 동기화에 성공하면 Visual Studio 2022 시작화면이 나온다. 이 화면에서 기존의
프로젝트 파일을 열거나 새 프로젝트를 만들 수 있다.

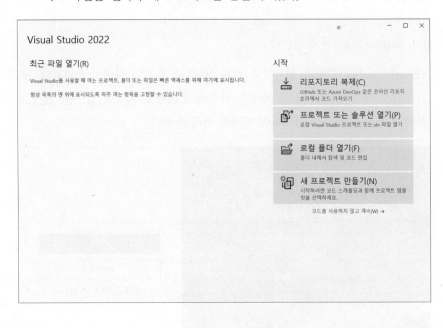

찾아보기

ㄱ

가상키 코드 148
공용 대화상자 226

ㄴ

날짜/시간 선택 컨트롤 635
네트워크 주소 컨트롤 634

ㄷ

다중 뷰 795
단축키 69, 336
대화상자 179
도큐먼트 272
도킹 팬 윈도우 383
동적 분할 윈도우 770
디바이스 컨텍스트 429

ㄹ

래스터 오퍼레이션 438
러버밴드 444
리본(Ribbon) 694
리본 디자이너 698
리스트 뷰 744
리스트 컨트롤 516

ㅁ

마우스 메시지 126
멀티바이트 인코딩 25
메뉴 330
메시지 맵 114
메시지 박스 34
메시지 핸들러 함수 115, 124

모달 대화상자 224
모덜리스 대화상자 224
문맥 메뉴 331
문자열 표현 형식 33

ㅂ

버디 컨트롤 631
베지어 곡선 437
브러쉬(Brush) 433
비트맵(Bitmap) 439

ㅅ

상태 표시줄 371
스크롤 뷰 745
스핀 컨트롤 631
슬라이더 컨트롤 585

ㅇ

애니메이션 컨트롤 636
애플리케이션 마법사 54
액세스키 347
윈도우 메시지 113
유니코드 26

ㅈ

정규 DLL 823
정적 분할 윈도우 773

ㅋ

컨트롤 통지 메시지 113
클래스 마법사 54, 81
키보드 메시지 147

ㅌ

탭 컨트롤 584
툴바 363
트리 뷰 744
트리 컨트롤 549

ㅍ

파일 대화상자 226
파일 입출력 275
팝업 메뉴 331
펜(Pen) 432
폰트(Font) 441
폰트 대화상자 228, 443
폼 뷰 745
프로그레스 바 컨트롤 633

ㅎ

헝가리언 표기법 40
확장 DLL 824

A

ActiveX 컨트롤 64, 185
Animation Control 636

B

BOOL 자료형 678
Brush 클래스 467
Buddy Control 636

C

CArchive 클래스 273
CAsyncSocket::Accept() 903
CAsyncSocket::Connect() 905
CAsyncSocket::Create() 901
CAsyncSocket::Listen() 901
CAsyncSocket::Receive() 906
CAsyncSocket::Send() 907
CAsyncSocket 클래스 882

CBrush::CreateHatchBrush() 434
CBrush::CreateSolidBrush() 434
CClientDC 클래스 430
CCmdTarget 클래스 71
CColorDialog 클래스 230
CComboBox::AddString() 207
CComboBox::GetCurSel() 219
CComboBox::ResetContent() 207
CComboBox::SetCurSel() 408
CCreateContext 클래스 805
CDC::DrawText() 105
CDC::Ellipse() 453
CDC::FillSolidRect() 688
CDC::IntersectClipRect() 510
CDC::Rectangle() 453
CDC::SetBkMode() 442
CDC::TextOut() 86
CDialogEx 클래스 179
CDockablePane::Create() 402
CDocument 클래스 73
CFileDialog 클래스 226
CFont::CreateFontIndirect() 688
CFontDialog 클래스 228
CFrameWnd 클래스 72
Check Box 182
ClientToScreen() 451
ClipCursor() 451
CListBox::AddString() 209
CListBox::DeleteString() 221
CListBox::GetCount() 207
CListBox::GetText() 220
CListBox::SetCurSel() 268
CListBox::SetSel() 412
CListCtrl::DeleteItem() 543
CListCtrl::GetItemCount 531
CListCtrl::GetItemText() 536
CListCtrl::InsertColumn() 528
CListCtrl::InsertItem() 531

CListCtrl::SetExtendedStyle() 529
CListCtrl::SetItem() 532
CListCtrl::SetItemText() 543
CMFCPropertyGridCtrl::AddProperty() 685
CMFCPropertyGridCtrl::EnableHeaderCtrl() 684
CMFCPropertyGridCtrl::RemoveAll() 684
CMFCPropertyGridCtrl::SetVSDotNetLook() 684
CMFCPropertyGridProperty::AddOption() 684
CMFCPropertyGridProperty::AddSubItem() 685
CObject 클래스 70
COLORREF 데이터형 447
Combo Box 182
CPen::CreatePen() 432
CPoint 클래스 109
CProgressCtrl::SetPos() 648
CProgressCtrl::SetRange() 648
CRect 클래스 105
CSliderCtrl::GetPos() 625
CSliderCtrl::SetPos() 615
CSliderCtrl::SetRange() 615
CSocket 클래스 883
CString::Delete() 155
CString::Empty() 218
CString::GetLength() 155
CString::IsEmpty() 217
CString 클래스 79
CTabCtrl::InsertItem() 612
CTime::GetCurrentTime() 139
CTime 클래스 138
CTreeCtrl::DeleteItem() 570
CTreeCtrl::Expand() 564
CTreeCtrl::GetItemText() 562
CTreeCtrl::InsertItem() 560
CTreeCtrl::SetItemText() 567
CView 클래스 73
CWinApp 클래스 71
CWinThread 클래스 71
CWnd::GetDlgItem() 395

CWnd::GetWindowRect() 262
CWnd::MoveWindow() 262
CWnd::ShowWindow() 263
CWnd 클래스 72

D

Date Time Picker 635
DDX 193
DLL 822
DrawBezier() 472
DrawCurve() 471
DrawLine() 469
DrawPolygon() 471
DrawRectangle() 470
DrawString() 472
DrawText() 35

E

Edit Control 181
Explicit 링킹 821

F

Form View 745

G

GDI 428
GDI+ 464
GDI 객체 431
GetClientRect() 105
GetFirstViewPosition() 298
GetNextView() 299
Graphics 클래스 465
Group Box 181

H

HatchBrush 클래스 468
HTML 뷰 746

I

Implicit 링킹 820
Invalidate() 84
IP 주소 컨트롤 633

K

KillTimer() 144

L

LinearGradientBrush 클래스 468
LineTo() 435
List Box 182
List View 744

M

MDI 52
MessageBox() 36
MFC Edit Browse Control 662
MFC Feature 컨트롤 660
MFC Font ComboBox Control 663
MFC Masked Edit Control 663
MFC Property Grid Control 661
MFC Shell List 661
MFC Shell Tree 661
MFC VSListBox 662
MFC 기본 컨트롤 181
MoveTo() 435

O

OLE 59
OnCreateClient() 784
OnTimer() 651

P

PAINTSTRUCT 구조체 39
클래스 466
er() 437
436

Polyline() 436

Q

Quick Access Toolbar 696

R

Radio Button 182
RecalcLayout() 804
ReleaseCapture() 451
RGB 매크로 447
Ribbon Bar 696

S

ScreenToClient() 611
Scroll View 745
SDI 302
Serialize() 함수 274
SetActiveView() 803
SetCapture() 451
SetDashStyle() 467
SetDlgCtrlID() 804
SetTimer() 134
Slider Control 585
SolidBrush 클래스 468
Spin Control 631
Static Text 181

T

Tab Control 584
Tree View 744

U

UpdateData() 217

W

WinMain() 28
WNDCLASSEX 구조체 38
WndProc() 31